BULLETIN CRITIQUE

PUBLIÉ SOUS LA DIRECTION

DE MM.

BEURLIER, DUCHESNE, membre de l'Institut
LESCŒUR, THÉDENAT

Secrétaires de la rédaction

A. BAUDRILLART ET A. ROUSSEL

DEUXIÈME SÉRIE

1896

TOME IIe

PARIS

Ancienne Librairie Thorin et Fils

ALBERT FONTEMOING, ÉDITEUR
LIBRAIRE DES ÉCOLES FRANÇAISES D'ATHÈNES ET DE ROME,
DU COLLÈGE DE FRANCE, DE L'ÉCOLE NORMALE SUPÉRIEURE,
ET DE LA SOCIÉTÉ DES ÉTUDES HISTORIQUES.

4, Rue Le Goff, 4

1896

BULLETIN CRITIQUE

1. — **Selects passages from ancient writers illustrative of the History of Greek sculpture**, edited with a translation and notes by H. STUART JONES, M. A. fellow of Trinity college, Oxford. 1 vol. in-12. Londres. 1895, Macmillan and C°.

Le livre de M. H. Stuart Jones est spécialement destiné aux étudiants de l'Université d'Oxford. En effet, ceux d'entre eux qui se présentent aux examens classiques sont interrogés sur l'histoire de la sculpture grecque de 600 à 323 avant J.-C.

M. Jones a voulu mettre à leur disposition un recueil moins complet que les *Antiken Schriftquellen* d'Overbeck. Laissant de côté tous les passages relatifs à la peinture, il a extrait les plus importants ou les plus difficiles de ceux qui ont pour objet la sculpture et il y a ajouté une traduction anglaise, un commentaire, et une introduction. Cette introduction est intéressante. L'auteur y résume d'abord rapidement l'histoire des écrivains anciens qui ont traité de l'art et des artistes [1], il indique ensuite les traits caractéristiques des grands mouleurs en bronze, en commentant le passage de Pline l'ancien (*Hist. nat.* XXXIV, 55, sq.) ; il étudie le canon des sculpteurs d'après les textes de Quintilien (XII, 10, 7), de Cicéron (Brutus, XVIII, 70) et de Strabon (VIII, p. 372) ; enfin il donne la table chronologique de Pline (*Hist. nat.*, XXXIV, 49, sq.)

Les passages cités dans le recueil sont bien choisis. Le commentaire est suffisant pour servir de point de départ au travail des étudiants. La liste des œuvres de chaque artiste est à peu près complète et, à la suite de chacune d'elles, M. Jones a donné les ré-

[1]. C'est évidemment par inattention qu'à la page XXV, il fait de Pline le Jeune le fils de Pline l'Ancien.

férences des passages qu'il n'a pas cités. Si l'ouvrage d'Overbeck demeure le livre fondamental en la matière [1], celui de M. Jones n'en rendra pas moins de grands services aux jeunes archéologues.

E. BEURLIER.

---

2. — Le capitaine Emile ESPÉRANDIEU, correspondant du ministère de l'instruction publique, officier de l'instruction publique. **Recueil des cachets d'oculistes romains.** Paris, Leroux, 1894, in-8°.

J'expliquerai ici, en quelques mots, pour les lecteurs qui l'ignoreraient — car c'est chose qu'un honnête homme peut ignorer — ce que c'est qu'un cachet d'oculiste.

On donne ce nom à de petites pierres taillées, de forme le plus souvent rectangulaire, épaisses d'un centimètre environ. Les tranches formées par cette épaisseur portent des inscriptions gravées au rebours, dont voici un exemple pris au hasard :

DGALLISESTI
DIVINVADASP

Ce qui se lit : *D(ecimi) Galli(i) Sesti divinu(m) ad asp(ritudines)*, c'est-à-dire : *(Collyre) divin de D. Gallius Sestus contre l'aspritudo* (les granulations des paupières). Les collyres étaient des petits bâtonnets sur lesquels on imprimait, quand leur pâte était encore molle, les inscriptions gravées sur les pierres. C'est pour cela que les lettres sont tracées au rebours ; de là vient aussi le nom de cachet que nous avons donné à ces monuments. Leurs textes, qui offrent, comme le montre l'exemple cité, un nom de médecin ou praticien, un nom de collyre et le nom de la maladie contre laquelle ce collyre était employé, fournissent l'occasion de rapprochements instructifs avec les textes des médecins anciens traitant des maladies des yeux et de leurs remèdes. Les cachets d'oculistes étaient en usage, non pas en Gaule seulement comme on l'a cru longtemps,

---

1. M. Jones a ajouté avec raison un certain nombre d'inscriptions qui ne se trouvent pas dans Overbeck (p. 59, 115, 122, 139). Il est regrettable qu'il ait écarté systématiquement presque toutes celles qui se trouvent dans les *Inschriften griechischer Bildhauer* de Lœwy. En les citant, il eut complété son recueil, sans le grossir considérablement.

mais dans toute l'étendue de l'empire romain. A mesure qu'on a étudié ces petits monuments avec plus de soin et de précision, l'attention a été davantage attirée sur eux ; on en a sans cesse et de plus en plus signalé et découvert de nouveaux, avec une abondance même qui a inquiété quelques archéologues. Aujourd'hui on en connaît plus de deux cents.

C'est le recueil de ces monuments que M. Espérandieu a livré au public.

Dans sa préface, M. Espérandieu nous dit que la plupart de ses copies ont été vérifiées sur des empreintes, des moulages et souvent aussi sur des originaux ; puis il cite une liste d'érudits auxquels il doit de la reconnaissance. Cela est très bien comme déclaration générale ; mais quand on lit, dans le recueil de M. Espérandieu, le texte d'un cachet, on ne sait pas si, pour ce cachet en particulier, la copie a été vérifiée sur une empreinte, un moulage ou un original, ou fournie par un confrère ou un auteur précédent ; le lecteur n'a pas le moyen de faire ce contrôle et ne sait pas quelle autorité attribuer au texte qu'il a sous les yeux ; nous verrons plus loin que ce n'est pas la bibliographie de M. E. qui le tirera d'embarras. Voilà donc un grave défaut qui intéresse tout l'ouvrage.

Sans chicaner M. Espérandieu sur des points omis et des lettres à tort liées ou non liées — je sais combien il est difficile d'obtenir sur ce point l'exactitude typographique — je présenterai, entre autres, un certain nombre d'observations de détail : N° 3 : la lecture *Lippitudines odent(es) die(m)* a été empruntée par M. Espérandieu à des auteurs auxquels il aurait dû l'attribuer, car cette lecture nouvelle leur est personnelle. N° 4 : les plats portent des graffites que M. Espérandieu ne signale pas. N° 18 : il faut lire *Epicteti*, nom connu, et non pas *Epitecti*. N° 27 : C·ATTICI·LATIN IVLCHELIDON ; à la lecture de M. E. je préférerais la suivante : *G(aiorum) Attici(orum) Latin(i) (et) Jul(iani) chelidon(ium)*. N° 63 : si M. E. avait regardé la planche de Poggi, dont il donne d'ailleurs une référence inexacte, il aurait trouvé un texte bien préférable à celui qu'il adopte. N° 66 : les graffites des plats sont omis. N° 68 : les deux plats de ce cachet portent des graffites très compliqués ; M. E. en donne un excellent dessin et une non moins bonne lecture ; n'eût-il pas été convenable de dire que dessins et lecture ont ét empruntés à Zangemeister? N° 78 : CASVTAMAND, pourquoi lire *G(aii) Asu(e)t(inii)* quand le nom bien connu *G(aii) Asut(ii)* se présente tout naturellement. N° 81 : j'ai entre les mains un moulage de ce cachet, qui ne ressemble guère au dessin de l'auteur. N° 84 : par quel tour de force M. E. trouve-t-il dans le texte L·VIIIILI le nom T(*iti*) ANT(*onii*) ? Je préfère de beaucoup la conjecture du corpus des inscriptions latines. N° 91 : il y a un graffite. N° 101 : sur un des plats, on lit, en graffite Q D, initiales du nom gravé sur la tranche. N° 105 : M. E., tout en citant Castan, qui en donne de bons fac-similés, paraît ignorer complètement l'existence des graffites dont sont couverts les deux plats de ce cachet. N° 107 : je trouve absolument inacceptable la lecture proposée. N° 111 : je graffite est mal lu ; il y a certainement *scripsit* (P et S liés), comme sur les plats du n° 68 ; puis, après *scripsit*, on lit *Primigenius*. N° 138, tr. 2 : DIABSORADOMNEMCLARFAC ; l'auteur lit : *diabsor(icum) ad omnem clar(itatem) fac(iendam ?)* ; je préfère lire ainsi : *diabsor(icum) ad omnem clar(itatem) fac(iens)*. C'est l'expression employée par tous les médecins, grecs et latins, pour indiquer l'efficacité d'un médicament : ποιεῖ πρός, *facit ad*. N° 159 : je serais assez porté à croire que ce cachet n'est pas aussi incomplet qu'on le pense généralement, et, à la longue restitution du *Corpus*, suivie par M. E., je préférerais la suivante :

1° LIVLIVENISD*iop*
O BALSAMATV*mal*

2° *di*ASMYRNESBIS
*ai*MPETVEXOVO

La seconde tranche serait anonyme ; fait assez souvent observé. N° 173 : il existe, aux archives de Sienne, une copie ancienne d'où l'on peut, avec des rectifications tout indiquées, extraire un texte meilleur :

1° PAELTHEOPHILETIS
COENON·ADCLAR

2° PAEL·THEOPHILETIS
STACTVMOPOB

3° PAELTHEOPHILETIS
DIARODON

4° PAELTHEOPHILETIS
CLORON

N° 184 : il n'y a pas, sur la tranche 2 DIASM·C·CIC, *diasm(yrnes) c(ontra) c(icatrices)*, mais DIASM·C·CIS ; l'examen de l'empreinte ne laisse subsister aucun doute ; il faut donc lire : *diasm(yrnes) G(aii) Cis(pii)*. N° 193 : ce numéro n'a jamais été un cachet d'oculiste ; il faut le rejeter parmi les tablettes ou *coticulae*, dont M. E.

donne une liste qu'on ferait facilement plus complète ; l'inscription CANDIDVS est un graffite gravé sur le plat. — Un cachet, publié seulement en 1894, mais conservé depuis longtemps au Musée de Lausane, manque. Un cachet inédit, en forme de barillet, provenant sans doute de Rouen manque également : CAMELI·L·LYRIP autour d'une étoile à 8 pointes. Carron du Villards, dans son *Guide des maladies des yeux* (t. I, p. 103, 1847) donne, d'après une empreinte, un cachet que personne n'a relevé : MTVLLIOPOBALSA MVMADSVFFVSIONEM.

On sait qu'on a trouvé, à Reims, dans un tombeau, avec un cachet d'oculiste, des fragments de collyre portant encore des restes de l'empreinte. Aux fragments dont M. E. publie les textes, on peut en ajouter une dizaine d'autres, donnant les noms de *M. Duron(ius)*, *Marcellinus*, et *M. Cl(audius) Martinus* ; ces deux derniers noms se rencontrent sur des cachets de Reims [1].

M. E., qui donne, à la suite des cachets, une liste des vases à collyres liquides, aurait bien dû l'alléger du n° 5, simple marque de verrier où M. Héron de Villefosse et moi, dans un moment d'égarement, avons cru reconnaître une inscription médicale [2].

Les textes d'un recueil de ce genre doivent être accompagnés de tous les renseignements relatifs à l'histoire du monument : lieu, date et circonstances de la découverte ; collections et musées où il a passé et où il est conservé ; dimensions ; particularités. Enfin on est en droit d'attendre de l'auteur une bibliographie soigneusement établie, distinguant les éditeurs originaux de ceux qui n'ont fait que publier le cachet d'après leurs devanciers.

1. 1° M DVRON*i(i)*... || *ad c*ICA*trices*, copie de Léon Renier. 2° MAR*cellini* || *nardi*NVM. 3° *m*ARC*ellini* || DIOX*us*. 4° *m*ARC*ellini* || ... VM A*d*. 5 ... O... || TVSC.... 6° *nar*DINVM (V et M liés). (Les n°° 2-6 sont au Musée de Saint-Germain ; copie Villefosse-Thédenat.). 7° M. CL(*audii*) [*Martini*] || .... [*ad c*]ICA[*trices*]. 8° *ex* OVo... 9° [*m*] CL(*audii*) M[*artini*] || ...VS... (Les n°ˢ 7-9 m'ont été autrefois communiqués par M. Duquénelle. Copie Villefosse-Thédenat).

2. Villefosse-Thédenat, *Cachets d'oculistes*. I, p. 33. — Nous devons faire le même aveu à propos de l'inscription CN·TELESIN*I* FLOS qui est, non une inscription médicale, mais une vulgaire marque de briquetier (Ibid., p. 35).

Je suis forcé de constater que toute cette partie du travail de M. Espérandieu est d'une insuffisance déplorable. Il se contente d'indiquer le nom du lieu d'où provient le cachet, sans relater aucune des circonstances de la découverte. Ces circonstances ont cependant leur intérêt. Il est utile de constater si ces petits objets, d'un transport si facile, ont bien l'origine que semble leur assigner le lieu de la découverte. Il en sera ainsi quand le cachet aura été recueilli dans un tombeau ou parmi les débris d'un milieu romain bien caractérisé; si, au contraire, il a été trouvé dans une couche plus récente, s'il est percé de trous indiquant qu'il a été porté comme amulette, il est probable qu'il a été déplacé et que le lieu de provenance n'est pas le lieu d'origine. Tous ces renseignements, que M. E. omet soigneusement, étaient cependant nécessaires, surtout dans un recueil où le classement adopté est l'ordre alphabétique des lieux de provenances.

Pour les collections privées ou publiques auxquelles les cachets ont appartenu, même discrétion : nous savons dans quelle collection se trouve aujourd'hui le cachet [1], mais rien de plus ; s'il est perdu, nous ne savons pas même à qui il appartenait en dernier lieu.

Pour indiquer la date à laquelle les cachets ont été trouvés, M. E. a adopté un système absolument bizarre. Il eût été bien simple, n'est-ce pas, de mettre, pour chaque cachet, à côté du lieu de la provenance, la date de la découverte. M. E. a jugé beaucoup plus ingénieux de dresser, à la fin de son volume, une liste des cachets dans l'ordre chronologique de leur découverte; de telle sorte que,

---

[1]. Le n° 9 est donné comme trouvé en Angleterre : Le *Corp. inscr. lat.* fournit cependant une indication qui mérite d'être recueillie : « Servabat Trefford Leigh Esq. unde ex Asia Minore provenisse conjicit Franck ». N° 26 : était au Musée de Bayeux, paraît perdu — Ce cachet n'a jamais été au Musée de Bayeux, mais dans les collections Lambert, puis de Farcy, puis Doucet; depuis la mort de ce dernier on ignore où il se trouve. N° 35 : appartient à M. Delfortrie. — M. Delfortrie est mort il y a une dizaine d'années; on ignore ce qu'est devenu le cachet. N° 58 : paraît perdu. — Il est au musée de Caen. N° 86 : — n'a pas été trouvé à Londres, mais en Auvergne au XVIII° siècle. N° 108 : trouvé à Naix, en 1830. — Je ne crois pas, malgré le témoignage unanime des auteurs, qu'il provienne de Naix ; il était dès 1820 au Musée de Vienne; il n'a donc pas été trouvé en 1830.

si, m'occupant d'un cachet en particulier, je veux chercher, dans la liste de M. E., la date de sa découverte, il me faut parcourir toute la liste. Je puis rendre le témoignage personnel que cet exercice met de mauvaise humeur et ne pousse pas à l'indulgence. Et cela d'autant plus que M. E. ne facilite pas les recherches. Je prends par exemple le n° 94 ; je veux savoir en quelle année il a été trouvé : je vois, dans la bibliographie qui suit le texte, que M. Wetzel l'a publié en 1860 ; je vais donc chercher, dans la liste chronologique, avant 1860 ; il me semble convenable que le cachet ait été découvert avant d'être publié. Eh bien ! je me trompais ; publié, d'après M. E. en 1860, ce cachet, d'après le même M. E., a été trouvé en 1863 ; le n° 98, également publié en 1860, a été trouvé six ans plus tard, en 1866 ; le n° 57, trouvé en 1837, avait été publié l'année précédente, en 1836 ; Lersch a publié en 1843 le n° 51, trouvé vers 1850 ! N° 37 : trouvé en 1845 ; — on voit, d'après les auteurs même cités dans la bibliographie que c'est quelques années avant 1872. N° 39 trouvé avant 1801 — c'est en 1795. N° 48 : trouvé en 1752 ; — si M. E. avait lu les renseignements fournis par le corpus des inscriptions romaines, auquel il renvoie cependant, il verrait que c'est avant 1719. N° 80 : trouvé vers 1875 — l'*Ephemeris epigraphica*, citée par M. E., donne la date exacte, 1873, etc.

En voilà bien assez, trop même, sur ce point. Si M. E. ne nous a donné aucun renseignement sur les circonstances où ont été découverts les cachets, c'est parce que, pour donner ces renseignements, il aurait dû lire les auteurs qu'il cite. Pour le même motif, il eut bien mieux fait de s'abstenir aussi de donner des dates.

Ce qui précède nous donne une idée suffisante de ce que doit être la bibliographie. M. E. n'ayant pas l'habitude de lire les auteurs qu'il cite, sa bibliographie est nécessairement innocente de toute critique. Les auteurs qui ont eu le monument original entre les mains et ont soigneusement étudié le texte avant de le publier, et ceux qui empruntent leur copie de seconde, troisième ou quatrième main, sont tous cités au même titre ; de telle sorte que le lecteur qui déjà cherche en vain comment M. E. a établi sa propre copie, ne peut pas non plus, d'après la bibliographie, reconnaître quels sont les éditeurs directs.

La bibliographie est en outre aussi incomplète qu'elle est peu critique : Le n° 1 a été publié dans le *Philologische Wochenschrift*,

(1883, col. 848), que M. E. cite cependant à la même année et à la même page, à propos du n° 35. Le n° 2 a été l'objet d'une communication de Léon Renier, *Comptes r. de l'Ac. des I. et B. L.*, n^lle série, t. VI, 1870, p. 79 et a été publié, d'après Baudot, par Lersch, dans le *Bon. Jahrbuch*, t. II, 1843, p. 87. Le n° 3 a été mentionné, sans le texte, par Crosnier, *Congr. arch. de France*, tenu à Moulins en 1854, t. XXI, 1853, p. 98. Le n° 5, a été publié par E. Desjardins, *Revue médicale*, n° 46, 1880, p. 678. Le n° 7 a été publié, d'après Dufour, par M. Espérandieu (qui oublie de se citer lui-même), dans la *Revue générale d'ophtalmologie*, 1890, p. 541 et par Sichel, *Nouveau Recueil*, p. 17. Le n° 8 a été publié par Simpson, *Archaeological essays*, t. II, p. 265. pl. n. VI. Le n° 11 a été publié par Castan, dans les *Mémoires de la société d'émulation du Doubs*, séance du 14 novembre, 1874. J'arrête ici cette énumération fastidieuse ; je pourrais continuer indéfiniment. On ne me reprochera pas d'avoir choisi les n°s ; j'ai commencé par le n° 1, allant toujours à la suite. Si j'avais voulu choisir, je n'aurais pas été en peine de trouver de plus fortes lacunes dans le n° 48, par exemple, ou dans les n°s 89, 164, 184, 190 etc., etc. Je puis affirmer que, dans plus de la moitié des n°s, la bibliographie est incomplète.

Un recueil comme celui-là veut une préface. M. Espérandieu a fait la sienne. Que de questions intéressantes, je ne dis pas à résoudre toujours, mais au moins à poser sur ces curieux petits monuments !

Qu'étaient les personnages dont les noms figurent sur les cachets d'oculistes ? Etaient-ce les noms des médecins qui possédaient les cachets ? Les noms des pharmacopoles ? Les noms d'inventeurs de collyres estimés et en possession de la confiance publique ? — Cette dernière opinion est peut-être la plus vraisemblable ; les médecins, dans leurs œuvres n'indiquent pas autrement les collyres en vogue : *Collyre Thalasserum d'Hermophilus* (Galien, Aétius) ; *Critonis melina medicamenta* (Galien) ; *Lucii melinum* (Galien) etc. Et, comme se rattachant à cette question : Que penser des cachets portant des noms différents ? Des cachets portant des tranches effacées puis gravées de nouveau ?

Quelle était la condition des personnages dont les noms sont inscrits sur les cachets ? — Des affranchis sans doute, comme l'indique souvent un cognomen servile accolé au gentilice d'une grande famille ; ou des gens d'une humble condition, car parfois ils n'ont qu'un nom barbare.

A quelle époque se servait-on des cachets ? On a quelques éléments pour étudier la question : un graffite donne la date consulaire de l'an de Rome 958-205 ap. J.-C.; les gentilices impériaux fournissent aussi un indice chronologique.

Que penser des graffites gravés sur les plats des cachets ? Les uns sont l'œuvre du premier venu et n'ont aucune signification ; c'est admis. Mais les autres ? M. Klein, qui a écrit une excellente préface que M. E. paraît ignorer complètement, divise ces graffites en trois classes. Il était facile d'adopter cette classification et de compléter l'étude grâce aux découvertes plus récentes.

Pourquoi a-t-on des cachets d'oculistes et pas d'autres spécialistes ?

Quelques noms de collyre pouvaient être l'objet d'études ou d'observations spéciales : *Spongia*, *penicillum*, *lene*, *lenem* ; quelques maladies aussi : *claritas*, par exemple. Ce mot désigne-t-il l'effet salutaire produit par le collyre, comme tout le monde l'a cru jusqu'ici et comme le veut le sens du mot *claritas* chez les auteurs classiques? — Mais alors comment expliquer les cachets mentionnant des collyres employés *ad omnen* claritatem ? Pourquoi aussi, sur un autre cachet, *claritates* au pluriel?

M. E. a laissé complètement de côté toutes ces questions, et d'autres que le nombre considérable des cachets connus permet maintenant d'aborder ; ou, quand par hasard il en parle, c'est en passant et d'une manière insuffisante. Il a préféré ramasser, à peu de frais, ce qui traîne çà et là dans les commentaires de ses prédécesseurs et l'entasser, sans méthode et sans références, en quelques pages. De telle sorte que sa préface est bien inférieure à celles de Grotefend et de Klein, plus anciennes cependant — celle de Grotefend est de 1867 et celle de Klein de 1874 — mais où sont abordées, autant qu'on le pouvait alors, plusieurs des questions que je viens d'indiquer.

En somme, M. E. a fait ce livre comme ceux qu'il a déjà publiés et dont je m'étais jusqu'ici abstenu de parler pour n'en pas médire. Ni soin ni conscience dans les recherches; le souci de bien faire sacrifié à la fièvre d'aboutir vite et à tout prix. Il était né-

cessaire que cela fût dit une bonne fois à un auteur qui pourrait, s'il le voulait, faire des ouvrages meilleurs, plus utiles et plus estimés.
Henry Thédenat.

3. — Pagart d'Hermansart, secrétaire général de la société des Antiquaires de la Morinie : **Les Procureurs de ville à Saint-Omer,** 1032-1790 : Saint-Omer ; d'Homont, éditeur, 1894, in-8° de 123 pages.

M. Pagart d'Hermansart poursuit ses études sur le personnel des *officiers de ville* de la commune de Saint-Omer, dont les institutions caractéristiques ont justement provoqué la curiosité des historiens. Dans un précédent mémoire, il avait fait connaître les conseillers pensionnaires de la ville : tout naturellement il en vient maintenant aux procureurs de ville : après l'avocat, l'avoué. Les procureurs, agents permanents qui apparaissent dans les documents au commencement du xiv° siècle, ont d'ailleurs des fonctions bien plus complexes que celles qui appartiendraient de nos jours à l'avoué chargé d'occuper ordinairement pour une ville. L'auteur énumère avec soin ces diverses attributions, judiciaires administratives, charitables, politiques : il fait connaître les rivaux qu'avait rencontrés sur sa route le procureur de ville et les controverses séculaires qu'il dut soutenir. Puis il analyse les règles relatives au recrutement et à la nomination des procureurs, à l'exercice de leurs fonctions, aux nombreuses incompatibilités par lesquelles était sauvegardée leur indépendance. Quelques comparaisons entre les procureurs de Saint-Omer et ceux des autres villes du Nord éclairent cet exposé, qui se termine par la liste chronologique des procureurs de ville et par quelques pièces justificatives heureusement choisies.
P. Fournier.

4. — Bonet-Maury. **Le Congrès des religions à Chicago en 1893.** Paris, Hachette, 1895, in-16, de ix-346 pages. Pr. 3 fr. 50.

Assurément cet ouvrage vaut la peine d'être lu, et bien que nous ne puissions, sur beaucoup de points, admettre les conclusions de M. Bonet-Maury, nous reconnaîtrons volontiers le talent avec lequel il a su, d'abord défendre une thèse qui lui est chère, et aussi résumer en un petit volume très personnel des débats dont le compte-rendu officiel ne tient pas moins de seize cents pages in-8°.

La réunion du *Parlement des Religions* à Chicago doit être regardée comme un événement tout à fait intéressant dans l'histoire de la pensée religieuse. Peut-être serait-on fondé à y voir une sorte d'aboutissement dans l'ordre pratique des spéculations de l'école traditionaliste, en particulier de l'*Essai sur l'Indifférence*. Fait assez curieux à constater en un temps où certaines théories politiques et sociales de Lamennais ne sont pas sans avoir conquis quelque faveur. La pensée d'une révélation universelle et de l'harmonie des grands prophètes de l'humanité a été l'idée capitale qui a inspiré l'organisateur et le président du Congrès. A Chicago, on a découvert le christianisme dans toutes les religions et l'on a même tenté d'en faire le fond de la religion universelle ou de la religion future de l'humanité. Mais à quel prix? Il faut bien l'avouer : en dépouillant le christianisme de son caractère propre et de sa valeur absolue. Ecoutons sur ce point M. Bonet-Maury : « En conservant aux symboles des Eglises leur valeur *historique,* écrit-il (p. 270), *il faut en dégager notre foi* pour la réveiller, pour la laisser s'orienter et s'attacher librement aux objets *communs* et éternels de *la* religion. » On ne saurait mieux préciser, ajoute-t-il, la base de réunion adoptée avec succès au Congrès de Chicago et qui nous paraît la seule pratique pour l'avenir. Au surplus, M. Bonet-Maury se charge lui-même d'indiquer l'étendue des sacrifices qu'il est prêt à consommer. « En bonne conscience, de quel droit imposerions-nous à ces peuples de culture avancée des dogmes qui étaient inconnus des chrétiens des trois premiers siècles et qu'une nombreuse élite de la chrétienté moderne a rejetés (p. 275)? » Or c'est du dogme de la Trinité et de l'idée d'un Dieu mourant sur une croix que parle en de pareils termes le professeur de la Faculté de théologie protestante de Paris. En vérité, n'a-t-on pas raison de demander : Que reste-t-il après cela de la doctrine chrétienne? La morale? Mais la morale chrétienne ne repose-t-elle pas tout entière sur le dogme de la rédemption par un Dieu mort sur une croix? Et si les premiers chrétiens avaient pu renoncer « au scandale de la croix » n'auraient-ils pas fait tomber du même coup la grande objection des Grecs et des Romains. Seulement, ils ne le pouvaient pas.

Allons plus loin : que subsisterait-il d'aucune religion positive avec les théories du congrès de Chicago? « Je voudrais voir tout le monde ici confesser qu'un culte *sincère* en quelque lieu qu'il soit rendu est un culte *vrai*, » s'écrie le Rév. Rexford (p. 94), dont tout le discours à ce point de vue est des plus curieux. Telle est la tendance logique du *Parlement des religions* et de toute entreprise du même genre : n'en avons-nous pas eu récemment, à Paris, une preuve nouvelle et décisive ?

La religion naturelle même serait-elle fort en sûreté, si l'on en juge par le discours du docteur Brodbeck, de Hanovre, qui sous le nom d'*idéalisme* ou *la nouvelle religion*, a prêché la négation de toute croyance, l'agnosticisme le plus radical. « Nous ne prétendons pas a-t-il dit, avoir une connaissance quelconque des choses qui sont au delà de cette vie..... Nous ne savons pas quelle est l'origine des choses, ni même si les choses ont eu une origine..... Nous ne croyons ni à la résurrection, ni à l'immortalité individuelle..... Nous croyons que ce qu'on entend par devoir, responsabilité etc. ne dépend pas de la question de savoir s'il y a libre arbitre ou non..... Nous croyons qu'il y a une puissance absolue sur laquelle nous n'avons aucune action..... La prière, à nos yeux, consiste à nous plonger avec respect dans le grand mystère de la vie de ce monde, à acquiescer à ses lois immuables et à nous conformer au bon esprit qui est en nous, dans l'humanité et dans l'univers; mais nous trouvons déraisonnable de prier pour obtenir quelque chose de contraire au cours naturel etc., etc. » (p. 94-95).

Chose étrange même aux yeux de M. Bonet-Maury, cette théorie a été fréquemment applaudie par une partie de l'auditoire! (p. 96).

C'est qu'à vrai dire ce congrès des religions nous paraît avoir été composé en majorité de libres-penseurs religieux ou, pour parler plus exactement, de libres-penseurs à tendances religieuses. Une seule Eglise constituée y était officiellement représentée, l'Eglise catholique des Etats-Unis; elle s'est présentée là, comme saint Paul à l'Aréopage, sachant que, dans le milieu américain, elle avait, en agissant ainsi, beaucoup à gagner et rien à perdre : elle a bien fait. Mais suivant une remarque de l'un de nos directeurs, M. Beurlier[1], la propre église du docteur Barrows, l'initiateur du Congrès

---

1. Moniteur universel du 2 décembre 1895.

c'est-à-dire l'Eglise presbytérienne de Chicago, a refusé de le seconder dans son entreprise. L'assemblée générale des Eglises presbytériennes d'Amérique, réunie à Portland, a condamné solennellement le projet. L'Eglise russe a répondu par une fin de non-recevoir. Le refus de l'archevêque de Cantorbéry a amené l'abstention de la majorité du clergé anglican. L'Islam n'a eu pour représentant qu'un *Américain converti* : le Sultan n'a pas voulu se commettre avec les Infidèles et sa décision a eu pour contre-coup l'abstention des évêques orientaux. Il n'y a pas eu, que nous sachions, de délibérations émanant d'assemblées de bonzes ou de brahmanes. Ceux qui ont parlé au nom des religions de l'Asie étaient des hommes fort intelligents et habiles, mais qui peut-être n'obtiendraient pas fort aisément de leur Eglise un certificat d'orthodoxie.

Bref ce Parlement des Religions ressemblait moins, quoi qu'en pense M. Bonet-Maury, à un concile vraiment libre et universel qu'à une école des sciences religieuses où se seraient faufilés quelques prédicateurs convaincus. Ou, si nous voulons tenir un compte légitime d'un sentiment religieux auquel il serait injuste de ne pas rendre hommage, voyons dans cette réunion, une tentative du protestantisme le plus libéral, analogue par plus d'un côté à l'*Œuvre de l'Union pour l'action morale* fondée à Paris par M. Paul Desjardins.

Cette sorte de protestantisme qui ne réclame même pas un acte de foi explicite en Jésus-Christ, mais se contente du sentiment religieux commun à tous les hommes, teinté de christianisme par une vague application des paroles du Christ à la Samaritaine et du Discours sur la Montagne, paraît bien être en effet le seul terrain où puissent se rencontrer les âmes religieuses abandonnées à leurs propres spéculations, et rebelles d'instinct aux croyances positives. Mais, qu'on nous permette de rappeler cette considération très élémentaire, toute la question est de savoir si, oui ou non, il a plu à Dieu de parler aux hommes par une révélation déterminée, de leur faire connaître une vérité précise et d'établir ici-bas une Eglise qui la conserve et qui l'enseigne. Si bien réellement, comme nous le croyons, une telle révélation, une telle vérité, une telle Eglise existent, la logique veut qu'en dehors d'elle il n'y ait point de salut, — donnant d'ailleurs à ce mot le sens le plus large, le plus charitable et le plus conforme à la bonté divine. Or, à cette question, le Congrès de Chicago n'a fait faire et ne pouvait faire faire un seul pas.

Condamnerons-nous donc tout ce qui s'est fait, tout ce qui s'est dit dans la docte et respectable assemblée ? Nullement. Tout d'abord il s'y est échangé un très grand nombre d'idées dont la culture générale ne peut que profiter. Je ne dis pas que la science des religions y ait accompli de notables progrès. Le simple manuel de l'abbé de Broglie, *Problèmes et conclusions de l'histoire des Religions*, contient assurément autant de faits et de renseignements précis que les meilleurs exposés présentés au Parlement. Mais les vues générales sur l'état religieux du monde sont très remarquables ; certains discours, — par exemple celui du rabbin Hirsch sur la religion définitive, — peuvent sous ce rapport être tenus pour de purs chefs-d'œuvre. L'idée de la persistance et de l'intensité du sentiment religieux, à travers toutes les époques, même les plus scientifiques, a brillé d'un plus vif éclat ; celle de la tolérance et du respect mutuel s'est encore fortifiée. De ces discussions enfin me paraît ressortir une conception plus pratique et plus juste des procédés auxquels le christianisme devra dorénavant recourir pour se répandre dans le monde.

Les missionnaires chrétiens, il faut bien le dire, ont passé au Congrès plus d'un mauvais quart d'heure. Attaqués avec hauteur par les représentants des cultes indigènes, ils paraissent avoir été mollement défendus et, de fait, les théories religieuses préconisées à Chicago, devraient, en bonne logique, aboutir à l'abandon de toute propagande et de toute mission ; si toute religion sincère est une religion vraie, ne tirons pas les gens de leur sincérité.

Mais d'autre part, remarque très digne d'attention, le plus grand éloge que ces mêmes païens ont su faire de leurs systèmes, c'est de montrer qu'au fond ils ressemblent au christianisme. Très certainement les idées chrétiennes tendent à pénétrer les autres religions. Quiconque est en relation avec de bonnes familles israélites sait à quel point, en religion naturelle et en morale, elles partagent nos idées et nos vues ; l'acte solennel du rabbin Hirsch, récitant publiquement le *Pater*, comme l'expression parfaite de la prière humaine, se répète chaque jour dans l'intimité de plus d'un foyer juif. Au contact des Européens, les Mahométans eux-mêmes se laissent gagner : tous ceux qui ont visité la Turquie d'Europe et celle d'Asie savent combien la monogamie a fait de progrès dans les classes riches du monde musulman ; le Khédive d'Egypte, en déclarant l'an passé qu'il épouserait la femme dont il attendait un héritier et en ajoutant qu'il n'aurait pas d'autre femme, n'a fait que sanctionner, par son exemple, une coutume déjà adoptée par son peuple. Si de l'Islamisme nous passons au Bouddhisme, l'évolution est plus sensible encore. « Jésus-Christ, pouvons-nous dire avec le Révérend Boardman, est en train d'unifier l'humanité par sa doctrine. »

Comment hâter ce mouvement ? Nous ne sommes pas disposés à faire bon marché de nos héroïques missionnaires : ne sont-ils pas l'auréole de l'Eglise ? Leurs conquêtes individuelles, mais complètes, seront longtemps encore les seules possibles et les seules bonnes au milieu des populations barbares ou des classes inférieures de nations déjà civilisées. Mais pour les races et les classes supérieures, là n'est pas, ce nous semble, le vrai moyen d'action. La lente infiltration de nos coutumes, de nos mœurs, de nos idées, peut amener une sorte de conversion progressive des peuples, une élévation graduelle des autres religions au christianisme, ascension dont le terme final sera la pleine possession du vrai moral et religieux. Si l'on veut bien y réfléchir, les choses se sont-elles autrement passées pour la plupart des nations de l'Europe ? Sans doute, à un jour donné, les Germains et les Slaves ont reçu le baptême, mais combien de temps leur a-t-il fallu pour parvenir au christianisme parfait ? Autrefois, par des procédés plus ou moins sommaires, encore que justifiables, on amenait d'abord les infidèles au baptême ; désormais c'est par là qu'il faudra finir. Les Universités, les collèges, les écoles deviendront le grand véhicule des idées chrétiennes en pays infidèle et les idées achemineront aux croyances. N'est-ce pas ce que les Jésuites, dans leur zèle éclairé, avaient entrevu, bien avant tous les autres, puis pleinement compris et merveilleusement pratiqué dans l'Empire chinois ? N'était-ce pas aussi sur cette sorte de pénétration qu'avait fini par compter le grand cardinal Lavigerie pour amener à la vraie foi les Musulmans d'Algérie ?

Pourquoi les catholiques n'imiteraient-ils pas le superbe exemple, qu'au lendemain même du Congrès, une protestante de Chicago, madame Haskell, donnait à tous les chrétiens ? Outre deux donations royales à l'Université de cette ville, elle faisait une troisième donation de vingt mille dollars, afin d'établir à Calcutta ou dans tel autre grand centre des Hindous, une chaire pour l'étude des rapports du christianisme avec les autres religions. « Ces cours, écrivait-elle, au président de l'Université de Chicago, seront faits tous les ans ou tous les deux ans, par des savants chrétiens d'Europe, d'Asie ou d'Amérique. Ils y exposeront les grandes vérités du christianisme, ses harmonies avec les autres religions, ses droits légitimes et les meilleures méthodes de les faire valoir, d'une manière modérée et conciliante, et avec l'esprit fraternel qui animait le Congrès des religions..... J'espère qu'avec l'aide de notre Père céleste, cette chaire contribuera à l'extension de l'influence salutaire de notre université et surtout à l'avancement des plus nobles intérêts de l'humanité : la vérité et la charité. » Admirables paroles ! Mais hélas ! combien sont-ils ceux qui, chez nous, comprennent que la grande puissance de notre âge scientifique, le plus fort levier, le plus sûr moyen d'apostolat, dans tous les ordres, c'est l'enseignement supérieur ? Combien, parmi les plus éclairés, envisagent sans trembler les progrès de la science des religions, comme si notre croyance n'était pas de taille à défier toutes les comparaisons, ou comme si les paroles du Christ étaient de celles qui peuvent passer.

Alfred Baudrillart.

CHRONIQUE ANGLAISE

1. — L'*Academy* dans ses numéros des 14 et 28 septembre, des 5, 12, 19, 26 octobre et 16 novembre, renferme une série de notes de MM. Anscombe, Nicholson et Stephenson, sur la date du *De excidio Britanniae* publié récemment par M. Mommsen. Tandis que M. Anscombe, après avoir hésité entre plusieurs dates, se décide pour le milieu du VIIe siècle, MM. Stephenson et Nicholson se rangent à l'avis de M. Mommsen et datent l'écrit du temps du pape Vigile. La viduité de l'Eglise romaine à laquelle il est fait allusion (ch. I, p. 25-26), est causée par l'exil de Vigile, et le *tributum* ce sont les taxes qu'imposa Justinien (Procope, *De Bello Gothico* III, 21).

2. — Le dernier volume de l'*Archaeologia* (LIV, 2e partie) renferme un mémoire du plus haut intérêt pour l'archéologie classique : c'est une étude de M. Oldfield sur la restitution du tombeau de Mausole.

3. — Parmi les publications récentes, de la *Clarendon Press*, il faut si-

gnaler : 1) l'*Adamnani vita S. Columbae*. Le texte est celui du Dr Reeve M. J. T. Fowler y a ajouté des notes, un glossaire et une introduction sur l'histoire de l'Eglise primitive d'Irlande. 2) *The universities of Europe in the middle age* de M. Hastings Rashdall, en deux volumes dont le second comprend deux tomes. Le premier volume est consacré aux Universités de Salerne, de Bologne et de Paris; le second aux autres parmi lesquelles une place d'honneur est donnée à Oxford et à Cambridge. La bibliographie placée en tête de chaque section est une des parties les meilleures de l'ouvrage. 3) *The utopia of Sir Thomas More* par M. J. H. Lupton.

4. — Le second volume paru de l'*International critical commentary* publié par Clark (Edimbourg) est intitulé A *critical and exegetical commentary on Epistle to the Romans*; il est dû à la collaboration de MM. W. Sanday et A. C. Headlam.

5. — M. St. Chad. Boscawen vient de faire paraître un volume intitulé *The Bible and the monuments* (Eyre et Spottiswoode). L'auteur y fait preuve d'une profonde connaissance de l'antiquité assyrienne. A son avis, si les critiques ont raison de distinguer les éléments Jéhovistes des éléments Elohistes dans le Pentateuque, la fusion entre les deux a pu avoir lieu au moins dix siècles avant la date de la naissance de Moïse. Le livre est illustré de très belles photographies.

6. — On vient de traduire en anglais sous le titre de *The Constitutional History and Constitution of the Church of England* (Sonnenschein) l'important ouvrage de M. Makower sur ce sujet.

7. — M. W. Bousset vient de publier un livre intitulé *Der Antichrist* (Gottingen) où il a réuni et discuté tous les passages relatifs à l'Antechrist qui se trouvent dans les Pères et dans les auteurs du moyen-âge. Le numéro du 26 octobre de l'*Academy*, contient la traduction d'un passage de la vie de saint Nersès, traduit de l'arménien par M. Conybeare, qui est une intéressante addition à la littérature du sujet. Voir aussi les numéros du 2 et 9 novembre.

8. — A la Séance du lundi 18 novembre de la Société des antiquaires de Cambridge, M. Montagu James a lu un mémoire sur les légendes de sainte Anne et de sainte Anastasie.

9. — Le numéro II des *Studia Sinaitica* que vient de publier miss Margaret Dunlop Gibson contient la version arabe des Epîtres de saint Paul aux Romains, aux Corinthiens et aux Galates et une partie de l'Epître aux Ephésiens, d'après un manuscrit du ixe siècle trouvé dans le couvent de sainte Catherine au mont Sinaï.

10. - L'*Egypt exploration fund* a tenu sa séance annuelle le 14 novembre.

Le secrétaire a présenté à la Société le premier volume de la grande publication relative à Deir el Bahari. Ce volume contient 21 planches. Le comité se propose de publier toutes les peintures et toutes les inscriptions du temple. Le dernier volume contiendra les conclusions que suggèrent l'étude de ces documents. Bientôt paraîtra un mémoire portant pour titre *Beni Hasan* III, qui sera également composé de fac-similés d'hiéroglyphes reproduits en couleurs. L'*archeological report* pour 1894-5, en cours de distribution, contient un rapport avec carte et plans, sur les fouilles de M. Hogarth à Alexandrie, des rapports de M. Naville sur le travail entrepris à Deir el Bahari, et de MM. Crum et Kenyon sur les progrès des études coptes et gréco-égyptiennes, enfin le rapport ordinaire sur les études égyptologiques.

11. — Le *British Museum* vient d'acquérir un manuscrit arabe de grand intérêt. Il contient deux traités de théologie en langue copte. Le premier est anonyme, le second, qui a pour objet le culte des images de Jésus-Christ et des Saints, est de Theodoros Abukurrah, évêque d'Harran. Le manuscrit est daté de l'an 877 après J.-C.

12. — Dans la séance du lundi 4 novembre, miss Jane Harrison a lu à la *Société des Etudes Helléniques* un mémoire sur la fontaine *Ennea Krounos*. Elle pense que le chapitre xv du second livre de Thucydide n'a pas été compris et que les fouilles de M. Dœrfeld prouvent que la fontaine était située entre l'Aréopage, l'Acropole et le Pnyx. M. E. Gardner a exprimé l'avis qu'il fallait suspendre son jugement jusqu'à ce qu'on fournisse des preuves plus évidentes.

13. — L'*Academy* dans son numéro du 5 octobre contient une note curieuse de M. Anscombe sur un texte de l'auteur du *De excidio Britanniae* qu'il applique au monothélisme (Ed. Mommsen, c. i, p. 25, 26). Dans le numéro du 26 octobre, M. Stevenson discute la date du même écrit. Mommsen le fait dater de 547, c'est aussi l'avis de M. Stevenson, qui combat longuement les arguments de M. Anscombe, d'après lequel le livre aurait été écrit entre 640 et 681. Dans les numéros du 14 septembre M. Anscombe lui assigne la date de 607, du 28 la date de 633 peut être 655, enfin du 5 octobre entre 640 et 641. — Nicholson est de l'avis de Mommsen; il est fait allusion à l'exil de Vigile, l'église est *vidua* et sub tributo à cause des taxes que lui fait subir Justinien. (Procope, *De bello Gothico*, III, 21, 19 octobre). 16 Novembre réponse de M. Anscombe. 12 décembre, Nicholson, Anscombe.

14. — Le numéro du 30 novembre de l'*Academy* contient une lettre de M. W. Sanday qui renferme une longue et intéressante note de notre collaborateur M. S. Berger, sur la découverte du fragment du

Codex Lugdunensis faite à Lyon par M. Léopold Delisle. Dans le même numéro, M. Bennett signale, dans un manuscrit de Sénèque appartenant au Lincoln collège, deux feuilles de parchemin contenant un fragment de la Vulgate (Luc. VIII, 13-49) qui n'a pas encore été remarqué. Ce fragment est du huitième siècle et de la famille du *Durham Book* du British museum. M. Bennett relève les variantes de ce fragment comparé à l'édition Wordsworth.

15. — Deux vies de John Knox viennent d'être publiées à la fois. Celle de M. Hume Brown (*John Knox, a biography*, 2 vol. Black) est un travail considérable, où l'auteur fait preuve de longues et consciencieuses recherches, mais qui est déparé par une absence complète d'impartialité. Pour M. Brown, Knox est impeccable; quant aux papistes, tous leurs actes sont crimes ou à peu près. L'autre biographe, Madame Maccunn, est également une admiratrice de John Knox, mais plus modérée. Elle se permet quelques critiques, parmi lesquelles il en est de mordantes. (*John Knox*, par Florence A. Maccunn. Methuen et C°.)

16. — Le *Stationery office* vient de publier les documents suivants : *Calendar of patent rolls* (1292-1301); *Acts. of. the privy council of. England*, vol. IX (1575-7); *Calendar of the close rolls* (1318-23). Signalons en même temps la publication du *Calendar of state papers relating to the negociations between England and Spain*, vol. VI, part II. Henry VIII; par P. de Gayargos chez MM. Eyre et Spottiswoode.

SOCIÉTÉ NATIONALE DES ANTIQUAIRES DE FRANCE

Séance du 4 décembre. — L'ordre du jour appelle le scrutin pour le renouvellement du bureau pour l'année 1896. Sont élus : *Président* : le Vte de ROUGÉ; 1er *vice-président*, M. l'abbé THÉDENAT; 2e *vice-président*, M. G. BAPST; *secrétaire*, M. BABELON; *secrétaire-adjoint*, M. DURRIEU; *trésorier*, M. Ch. RAVAISSON; *bibliothécaire-archiviste*, M. PROU. *Membres de la Commission des impressions* : MM. A. de BARTHÉLEMY; L. COURAJOD, Samuel BERGER, HÉRON DE VILLEFOSSE; *Membres de la Commission des Fonds* : MM. l'abbé DUCHESNE, de BOISLISLE, Ulysse ROBERT. — M. le président félicite M. MARTHA, nommé professeur d'éloquence latine à la faculté des lettres de Paris. — M. ENLART fait une communication sur l'architecture gothique en Grèce, et soumet à la Compagnie des photographies du porche du monastère de Daphni et du clocher gothique de Métra. Ces deux monuments témoignent d'une influence champenoise. — M. BABELON fait une communication sur des monnaies étrusques de bronze qui représentent, au droit, une tête de nègre, et, au revers, un éléphant africain. Ces monnaies sont toujours trouvées sur les bords du lac de Trasimène, en particulier dans la vallée de la Chiana, dans les environs de Chiusi, l'antique Clusium. M. Babelon propose de reconnaître dans les types de ces monnaies le souvenir des éléphants de l'armée d'Annibal, qui fut victorieux à Trasimène en 217. — M. Mowat expose l'état des travaux exécutés par la *Reichs-Limes-Commission* le long de la frontière des provinces de Germanie et de Rhétie. — M. l'abbé Beurlier, communique la description envoyée par Mgr Anthime Alexandris, métropolitain d'Amassia, d'une stèle découverte à Sinope, et représentant deux jeunes filles, dont l'une tient à la main un oiseau. D'après la description, ce monument doit être un tableau de genre.

ACADÉMIE DES INSCRIPTIONS ET BELLES-LETTRES

Séance du 22 *novembre*. — L'Académie reçoit les dernières feuilles du dictionnaire siamois-français-anglais, achevé par la mission catholique française. — M. Muntz démontre que la collection de portraits de Paul Jove (1483—1552) ne mérite pas le crédit dont elle jouit. Jove faisait exécuter lui-même les portraits d'après les monuments les plus divers. — M. Menant présente une statuette votive hétéenne en or, haute de 0ᵐ 039, achetée par M. Chantre et provenant des environs de Césarée. Elle rappelle certains personnages des bas-reliefs de la Ptérie. — M. L. Delisle communique un fascicule provenant de la bibliothèque de M. de Verna. C'est un manuscrit en onciales contenant le livre de Josué et celui des Juges presque en entier. Il appartenait au manuscrit de la bibliothèque de Lyon donnant une traduction du *Pentateuque* antérieure à la Vulgate, et en est la continuation exacte, reprenant, au milieu d'une phrase, le texte là où s'arrête le manuscrit de Lyon. — M. G. Boissier lit un mémoire de M. Hild sur une inscription trouvée au Peu Berland, dédiée à Apollon qui y porte un nom celte.

Henry Thédenat.

L'Éditeur-Propriétaire-Gérant : Albert Fontemoing.

BULLETIN CRITIQUE

5. — **Le prix de la vie,** par Léon OLLÉ-LAPRUNE, maître de conférences à l'école normale supérieure. Paris, Belin, 490 pp. in-18, jésus.

« Que penser et que faire de la vie. » Après avoir étudié cette double question devant son auditoire de l'École normale, M. Ollé-Laprune la reprend et la traite devant le grand public, ami des choses de l'âme et curieux de celles de la philosophie. Elle fait l'objet de l'ouvrage qu'il a intitulé « le prix de la vie. »

Le prix de la vie ! est-il donc encore à chercher depuis qu'il y a des hommes... et qui vivent ? Sans aucun doute, et la raison comme l'avantage de vivre, seront mis en question tant que l'humanité durera. Nous ne voulons pas dire seulement que le problème de l'existence s'impose à chacun de nous, et même, est le problème par excellence, auquel se rapportent tous les autres. Ne sommes-nous pas ici-bas, en effet, pour nous enquérir de notre destinée, et, celle-ci une fois trouvée, pour régler notre conduite de manière à l'accomplir ? — Mais la vie renferme tant d'éléments contraires, on peut la considérer de tant de points de vue, lui assigner des buts si différents, et lui imprimer des directions si opposées, qu'elle se dresse comme une énigme devant la pensée, et que les philosophes, selon leurs habitudes d'esprit, leurs préférences, leurs préjugés ou leurs lumières, doivent nécessairement être et rester en désaccord touchant la solution de cette énigme et les conséquences pratiques qui en découlent. Toutefois il y a un véritable point de vue, et un seul, d'où la vie apparaît intelligible et bonne. Il y a un but, et un seul, qui soit réellement digne de la vie. Et ce but, cette direction de la vie, si l'individu est obligé de les déterminer pour son propre compte, néanmoins l'humanité n'en est plus à les découvrir. On n'a pas attendu jusqu'à nos jours pour se placer au vrai point de vue d'où l'on aperçoit le sens de la vie et l'usage qu'il convient d'en faire. Mais la raison s'est mise à déraisonner. Et nos modernes moralistes ont si bien réussi à brouiller les idées, que quiconque les écoute ne voit plus que ténèbres et mystères dans l'existence. Il s'agit de rappeler, de produire de nouveau, l'exacte et raisonnable doctrine de la vie. C'est à cette tâche, noble entre toutes, que M. Ollé-Laprune consacre les ressources variées d'une dialectique aisée, souple, pénétrante, qui se meut du mouvement même de la vie, aborde les questions particulières, enveloppées dans le problème général de la vie, selon l'ordre même où les pose une pensée vivante ; dialectique largement humaine, qui non seulement comprend, mais sent les choses de la vie, ses misères comme ses grandeurs ; dialectique saine, qui puise aux sources profondes auxquelles s'alimentent et le bon sens de la foule et le génie des maîtres de la philosophie ; dialectique lumineuse, qui s'éclaire au radieux foyer où l'homme du peuple va chercher ses plus sûres intuitions et le spéculatif ses conceptions les plus élevées ; dialectique conciliante, qui accorde la sagesse antique et la sagesse moderne ; dialectique harmonieuse enfin, qui réconcilie le fait et le droit, l'idéal et le réel, l'ordre de la nature et l'ordre moral, l'ordre de l'intelligence et l'ordre de la foi.

C'est en philosophe et en homme religieux, en moraliste et en chrétien, que M. Ollé-Laprune pose, discute et tranche le problème de la vie. Loin de s'en cacher, il le confesse loyalement. « Il y a dans nos conceptions philosophiques, écrit-il, dans nos questions et préoccupations philosophiques, dans toute cette théorie philosophique de la vie, objet de nos investigations et de notre étude, il y a bien des éléments d'origine *chrétienne*. Je ne m'en défends pas. Ce que je fais ici, ce que j'édifie comme je peux dans les chapitres successifs dont se compose ce livre, c'est bien une philosophie, une philosophie morale, une philosophie des choses humaines, une philosophie de la vie : car c'est bien l'œuvre de la réflexion sincère, curieuse, scrutatrice, avide de clarté et d'ordre, soucieuse de raisons et de preuves, reconnaissant, cherchant les difficultés et tâchant de les surmonter par un effort méthodiquement conduit. Mais je n'ai jamais prétendu philosopher dans le vide. J'ai dit dès le premier instant de ces recherches : je philosopherai avec tout moi-même, dans une atmosphère tout imprégnée de christianisme. Je philosophe en homme qui pense, homme vivant, homme complet, et chrétien. Ce n'est pas cesser d'être philosophe, apparemment. » Et à coup sûr, en quoi serait-il contraire à l'esprit, aux exigences, aux droits de la philosophie, de poser des problèmes que la raison ne soulèverait pas d'elle-même, mais qu'elle voit correspondre à des difficultés réelles, lorsqu'ils lui ont été suggérés ? ou encore d'accepter des solutions qu'elle n'eût pas su inventer toute seule, mais dont elle comprend le bien fondé, la valeur intelligible, la beauté, lorsqu'elles lui ont été enseignées ? Si la religion pénètre plus profondément que la philosophie dans le vif des questions, si ce que la philosophie entrevoit, elle le précise, ce que la philosophie affirme, elle le confirme, en quoi serait-ce manquer à la philosophie que d'accueillir, et avec gratitude, ce surcroît de lumière et ce supplément de force ? Ne serait-ce pas plutôt la défiance à l'égard de la religion et la négligence de ses enseignements et de son autorité qui causerait un grave dommage à la philosophie ? Il n'est pas douteux que la religion rend le penseur plus philosophe, si on l'ose dire, puisqu'elle lui donne une intelligence plus nette et plus complète des vérités de l'ordre moral, lequel a son aboutissement et son couronnement dans l'ordre des vérités religieuses. Les divers écrits de M. Ollé-Laprune pourraient servir de preuve de ce fait, et en particulier le beau livre dont nous nous occupons en ce moment. C'est à la foi chrétienne que l'auteur de la *Certitude morale*, de la *Philosophie et le temps présent*, et du *Prix de la vie*, doit de parler des choses morales avec la délicatesse qu'on lui connaît, et, selon le précepte qu'il recommande et qu'il pratique si bien, de traiter des choses morales moralement.

De ce point de vue à la fois moral et religieux, M. Ollé-Laprune écarte sans peine certaines conceptions de la vie, très aristocratiques et par suite très séduisantes, mais inconsistantes en somme, et destructives des ressorts même de la vie, qui ont cours et sont en faveur à l'heure présente : — la conception du dilettante qui prend la vie en artiste, moins encore peut-être, en amateur, voit en elle un jeu destiné à plaire et tâche que le jeu soit aussi agréable, aussi amusant que possible — celle du savant qui désire avant tout comprendre, et se déclare satisfait s'il parvient à réduire la vie en formules où le déterminisme des faits soit respecté, — celle du critique pour qui le but de la vie est de tout voir, tout pénétrer, tout expliquer, de s'identifier avec tout, de vivre en tout et de tout, et pour ainsi dire de vivre soi-même de toute vie. A la place de ces théories dissolvantes, M. Ollé-Laprune établit, ou si l'on aime mieux, rétablit la vraie théorie de la vie, celle qui en montre la vraie signification et le convenable emploi. Instruit du sérieux de la vie par les lois mêmes de toute vie, qui par essence est agissante, reçoit mais dépense, accepte mais donne et se donne, il prouve que l'homme a été placé sur la terre pour faire œuvre d'homme ; et déployant les multiples replis de cette riche et belle formule, il en expose le contenu et en tire les conséquences. Pour bien juger de cette œuvre d'homme dont l'accomplissement est le but de la vie, il faut partir du devoir, fait unique, *sui generis*, proprement moral, qui nous conduit presque au Bien substantiel ou Dieu, principe de l'obligation morale et terme vers lequel elle nous acheminera, si nous le voulons. Avec le devoir et grâce à lui, apparaît la grandeur de l'homme en même temps que sa dépendance, — sa grandeur, car le devoir nous introduit dans le monde de l'esprit, nous élève à la dignité de personnes, de citoyens d'un état spirituel, où nous participons du gouvernement et de l'obéissance, puisque en recevant la loi morale, non du dehors mais de la raison, nous en sommes en quelque sorte les législateurs, et nous reconnaissons en elle l'expression de notre vraie essence, — sa dépendance, car le devoir s'impose à nous, nous est supérieur, nous rend responsables devant un maître dont nous sommes naturellement les sujets. Par le devoir et grâce à lui, se révèle l'essence toute bonne du vivant parfait qui est notre maître, Celui pour qui l'on vit et pour qui, s'il le faut, on meurt, Celui par qui l'on vit. Avec le devoir, et grâce à lui, les misères de la vie deviennent intelligibles, tolérables, aimables même, car le mal a un sens et un rôle à jouer dans notre existence. Il est un moyen d'éducation et de perfectionnement pour l'individu comme pour la société ; il est le grand moteur de la pitié qui rapproche les hommes et les porte à s'aider les uns les autres ; il est l'indispensable instrument de l'épreuve à laquelle doit servir toute vie humaine. Par le devoir et grâce à lui, se découvre le rapport naturel et légitime du bien et du bonheur, le bonheur suprême étant et ne pouvant être que la jouissance suprême goûtée dans la vertu et par la vertu. Par le devoir, et grâce à lui, on comprend que la terre est pour l'homme un lieu de passage, le temps dans lequel s'écoule sa vie, une étape de l'existence dont la fin est ailleurs, dans le Bien absolu ; on apprend qu'il faut se garder de juger de la vie seulement par ce qui s'en voit, que Dieu dispose d'une infinité de moyens pour agir sur les âmes, les attirer à lui, c'est-à-dire à leur fin. Par le devoir, et grâce à lui, le renoncement, le sacrifice, la mortification s'expliquent, se justifient ; et qui admet le devoir, comme la raison l'exige, est forcé de juger que la vie est bonne parce que le but en est bon, et que malgré les faiblesses si étranges, si déconcertantes, si scandaleuses au premier abord de notre nature, ce but est accessible à tous. Par le devoir et grâce à lui, en un mot, *le prix de la vie* nous est enseigné, car la raison dernière de la vie est l'amour du Bien ou de Dieu, auquel notre intelligence nous incline d'elle-même et que la religion chrétienne excite, réchauffe, dilate, facilite, en nous ménageant le secours de la *grâce* que chacun peut obtenir parce que chacun peut le demander.

M. Ollé-Laprune établit ainsi qu'il y a, pour parler avec Bossuet, « un ordre supérieur qui rappelle tout à lui, par une loi immuable. » Il ne s'arrête pas là. Après avoir montré que la vie est bonne et dit pourquoi elle est bonne, il recherche la forme que nous devons donner à notre vie pour qu'elle soit ce qu'il convient qu'elle soit ; puis il déduit les devoirs qui incombent particulièrement à l'heure présente à « ceux qui pensent ou prétendent penser et surtout aux jeunes gens. » Très précieuses, très pratiques, très persuasives aussi sont ses instructions sur la retraite et la vie active dans le monde, sur l'esprit unique qui doit inspirer, animer les formes variées de la vie, sur les préceptes moraux prohibitifs et impulsifs, sur la correction et le souffle dans la vie morale, l'état de vie et la vocation, la largeur d'âme et d'esprit, sur la nécessité d'oser faire des choses qui étonnent par obéissance pleine à la vérité, sur les moyens de pacifier les intelligences et la société, sur le devoir d'aller jusqu'au bout de ses vues, de montrer son christianisme quand on est chrétien, d'étudier le christianisme quand on ne le professe pas encore, sur l'attitude du chrétien en face des hommes et des choses, sur la véritable humilité qui nous met en état de faire grand et nous rend capables de remplir notre tâche qui est grande et ardue. Toutes les pages consacrées à ces intéressantes exhortations sont d'actualité, comme on dit. Il y a profit à les lire, ou plutôt à les méditer.

Nous espérons en avoir dit assez pour faire ressortir l'intérêt et la haute portée du beau livre que nous venons d'analyser rapidement. Ce livre tient la promesse de son titre : il nous aide à comprendre le prix de la vie. M. Ollé-Laprune, possède cette originalité, si rare aujourd'hui, et d'autant plus digne d'estime, de savoir débarrasser des sophismes par lesquels on les a obscurcies les vérités de l'ordre moral. Il en possède encore une autre, et celle-là, nous ne saurions mieux la définir qu'en lui empruntant les excellents termes dans lesquels il la loue chez Malebranche. « Etre original, dit-il, ce n'est pas proposer des théories qui ne se rencontrent nulle part ailleurs, qui n'aient pas d'histoire ; c'est dire souvent ce que d'autres disent ou ont dit, mais le dire d'une façon telle qu'il faut en chercher l'origine dans l'âme même. » M. Ollé-Laprune, en étudiant la vie, nous livre son âme : c'est celle d'un philosophe clairvoyant et d'un chrétien zélé.

Eugène BEURLIER.

---

6. — **Les artistes célèbres. Polyclète,** par M. P. PARIS, un vol. in-4° de 96 pp. Paris, librairie de l'Art, 1895.

Si les archéologues ont depuis près d'un siècle redoublé d'efforts pour renouveler et préciser la science de l'antiquité, le public n'a pas à se plaindre qu'ils gardent égoïstement pour eux le secret de leurs découvertes. L'effort le plus intelligent des auteurs et des éditeurs multiplie les beaux ouvrages illustrés. A côté des luxueux et savants travaux d'ensemble, les élégantes plaquettes. C'est dans la collection des *Artistes célèbres* que M. Pierre Pâris nous donne une excellente étude sur Polyclète, illustrée avec choix et abondance.

Comme il arrive trop souvent pour les maîtres les plus illustres, même moins éloignés de nous, Polyclète n'a pas d'histoire. Le nom même de son père, chose relativement rare pour les artistes anciens, est inconnu. C'est qu'au contraire de Phidias dont la vie si publique et si active rappelle celle d'un Lebrun, le maître d'Argos vit plus volontiers retiré dans le silence de l'atelier, d'où il rayonne par la seule force du génie. Phidias est l'homme des vastes conceptions, l'artiste à l'imagination fougueuse, aux puissantes envolées, Polyclète est l'homme d'une idée, profondément et patiemment mûrie, au prix des études les plus exactes et les plus méthodiques. Comme le dit fort bien M. Pâris, Polyclète a eu un idéal bien à lui, et il l'a réalisé. A cette idée qui lui est commune avec les maîtres ses contemporains, qu'il faut chercher « l'homme vrai derrière et par delà les apparences trompeuses de l'homme réel », il joint celle-ci, que la beauté artistique réside dans une combinaison rationnelle des éléments que fournit la nature, et cette combinaison, il l'a trouvée, « c'est par la science qu'il a voulu créer le beau, et il l'a créé. » Pour tout dire d'un mot, son œuvre, c'est le *canon*.

M. P. Pâris fait ressortir avec raison les progrès que les arts durent à la vieille Ecole Argienne. C'est Argos qui la première tira la peinture de la grossièreté primitive ; c'est un Argien qui invente la frappe des monnaies. L'impulsion donnée par les maîtres Crétois, Dépoinos et Scyllis, ne s'arrête pas de longtemps. Polyclète doit beaucoup à son maître, l'audacieux Agelaïdas, qui eut aussi pour disciples Miron et Phidias. Mais si l'œuvre de Polyclète est, comme l'a dit M. Guillaume, l'aboutissement et le couronnement de toute une école, on doit reconnaître aussi avec M. Pâris, qu'elle fut par ailleurs un point de départ. La puissance productive de l'Ecole n'est pas épuisée par ce suprême effort, et toute une pépinière de disciples pleins de talent se forme sous la direction de Polyclète. Mais ne convient-il pas d'ajouter cependant que Polyclète paraît être le dernier grand créateur de l'Ecole et que ses successeurs cherchent moins à s'ouvrir une voie nouvelle qu'à suivre fidèlement celle que leur a d'avance tracée le maître et le professeur ?

Quelle était la règle du *canon* ? Question bien obscure et bien difficile à résoudre avec certitude puisque le livre où Polyclète expliquait ses principes et sa méthode est malheureusement perdu. M. Pâris, avec les ménagements qui convenaient à son public, passe rapidement sur le problème. C'est donc aux savantes recherches de M. Guillaume que les lecteurs français continueront à s'en référer de préférence pour l'étude de ce point délicat. En revanche, si M. Pâris ne prétend apporter aucun élément nouveau dans la question du *canon*, il analyse à merveille les œuvres sorties de cette règle mal connue. Et à ce propos, il remarque, en insistant très justement sur cette observation, qu'il faut se mettre en garde contre l'impression produite par les répliques célèbres du *Doryphore* et du *Diadumène*. Sans aller jusqu'à qualifier avec lui de médiocre le Doryphore de Naples, il est certain que cette statue n'est pas exempte de lourdeur, ou du moins d'un excès de carrure dans les lignes, d'une exagération peu agréable des muscles. Comme il arrive d'ordinaire, les copistes ou les imitateurs, pour faire ressortir les caractères originaux du modèle, ont exagéré ces caractères et ne les ont pas toujours compris. Il y aurait donc autant de témérité que d'injustice à relever dans le maître des défauts qui ne lui sont pas sans doute imputables. Plus une œuvre a de parti-pris et plus il est malaisé de reproduire ce parti-pris sans faire d'une qualité un défaut et plus un principe est arrêté, plus il arrive que l'on en tire des conséquences extrêmes qu'eût désavouées leur créateur.

A propos du Diadumène de Vaison, M. Pâris croit indispensable de joindre ses « récriminations » à celles de M. Rayet contre M. de Nieuwerkerke qui en 1868 refusa « pour de mesquines rancunes politiques » d'accepter les offres patriotiques d'Eugène Raspail. Assurément le surintendant des Musées Impériaux commit une faute en n'acquérant pas ce marbre intéressant, et si ce fut pour des motifs politiques qu'il ne le fit pas, il commit une double faute. Mais ne la lui a-t-on pas assez reprochée, et n'y aurait-il pas quelque justice à rappeler quelquefois les trésors dont s'enrichit le Louvre sous son administration? mais hélas! à quoi ne se mêle pas la politique, et qu'il est facile aux partis de se renvoyer la balle! Si l'on en eût cru les journaux du parti de M. Raspail, l'empereur ne faisait-il pas une grande sottise en se rendant acquéreur, pour notre Musée, de la collection Campana, une des gloires du Louvre?

Pour en revenir à Polyclète il y aurait exagération à se le figurer exclusivement comme l'homme d'une idée. Le génie n'a pas de ces étroitesses. Aussi le maître argien ne laissa-t-il pas échapper l'occasion que lui offrait la cité de s'illustrer dans un genre tout différent : la statue chryséléphantine de l'Héra d'Argos n'était pas moins goûtée des anciens que ses œuvres plus classiques. Par malheur, si nous pouvons, grâce surtout au texte fameux de Lucien nous imaginer à peu près le procédé d'assemblage des diverses pièces qui composaient ces ouvrages compliqués, il nous est bien difficile de nous figurer quel en pouvait être l'aspect, quelles étaient les beautés spéciales d'un genre si complètement perdu.

Au sujet de l'Hermès de Lysimacheia, M. Pâris donne d'irréfutables arguments pour ne pas le reconnaître dans le type monétaire des villes voisines, mais il a bien raison d'écarter l'une de celles que donne M. Legrand, à savoir la multiplicité de ces représentations et leur banalité. Le raisonnement contraire serait assurément plus juste.

Enfin Polyclète n'a pas été seulement le sculpteur impeccable des formes masculines. Il ne fut pas moins bien inspiré quand il s'agit d'exprimer la beauté féminine, mais avec cet accent de vigueur qui convenait particulièrement à son talent. C'est même, suivant M. Pâris, à son goût pour les formes amples et robustes qu'il dut sans doute la victoire dans le concours institué entre plusieurs des premiers artistes de la Grèce, parmi lesquels Phidias, pour exécuter une Amazone destinée au sanctuaire de Delphes. L'Amazone de Berlin justement, mieux qu'aucune autre statue Polyclétéenne, peut nous donner une idée approchée de ce que pouvait être une œuvre originale du grand rival de Phidias.

M. Pâris a su présenter avec beaucoup d'habileté toute la partie érudite de son sujet. Il y a toujours quelque aridité au fond, dans les discussions de ce genre, pour qui n'y est pas initié et intéressé par ses études personnelles. M. Pâris en a évité jusqu'à l'apparence sans que son travail y perde en rien de sa valeur scientifique. La forme très soignée ajoute beaucoup d'agrément à un sujet par lui-même fort intéressant, et M. Pâris se montre aussi fin lettré que critique d'art délicat et érudit bien informé. C'est plus qu'il n'en faut pour nous mettre en goût et nous faire souhaiter l'apparition du *Miron*, du *Scopas*, et du *Lysippe* qu'il nous promet dans la même collection.

André BAUDRILLART.

---

7. — Bibliothèque Liturgique, tome I : **Poésie Liturgique du moyen-âge** ; Rythme et histoire ; Hymnaires Italiens, par le chanoine Ulysse CHEVALIER. Paris et Lyon ; Picard et Witte, 1893, in-8° de 229 pages.

8. — Bibliothèque Liturgique, tome V, 1ʳᵉ Livraison. **Prosolarium Ecclesiæ Aniciensis,** office en vers de la Circoncision, publié par le chanoine Ulysse CHEVALIER. Paris ; Picard, 1894, in-8° de 64 pages.

9. — Études liturgiques : **L'hymnologie dans l'office divin,** par le chanoine Ulysse CHEVALIER ; Lyon et Paris ; Witte et Picard, 1894, in-8° de 47 pages[1].

On a déjà mentionné dans le *Bulletin* le Répertoire hymnologique publié par M. le chanoine Ulysse Chevalier dans la collection des *Analecta Bollandiana* : ce répertoire est arrivé aujourd'hui à la fin de la lettre R et au n° 17605. Il convient de faire connaître aux lecteurs du *Bulletin* les nouveaux services que, par les diverses publications indiquées ci-dessus, l'infatigable érudit vient de rendre à l'histoire de la poésie liturgique.

Dans son étude sur le rythme, il détermine le principe fondamental de cette poésie. Entendue au sens des grammairiens, la poésie est le discours construit d'après des lois étroites qui gouvernent le nombre et la disposition des syllabes et par suite des mots employés. Or le principe dont s'inspirent ces lois peut être soit la quantité des syllabes (longue ou brève), soit l'accent fort ou faible) auquel se joint habituellement l'assonance ou la rime. L'observation de la quantité a engendré la poésie métrique, celle de l'accent a engendré la poésie rythmique : celle-là convient en général aux lettrés, celle-ci au populaire. Après quelques observations sur le rôle du rythme en Orient et en Grèce, M. Chevalier, concentrant son attention sur les Latins, constate l'existence « parallèle », dans le monde Romain, de la poésie métrique et de la poésie rythmique. Les poètes chrétiens des bas temps ont emprunté les formes de la poésie métrique ; mais en maints endroits, par suite de l'oubli des règles ou des nécessités du chant, ils ont subi l'influence évidente du rythme. Par exemple on trouve, dans une hymne de date ancienne, le *Lucis Creator,*

Cœlorum pulset intimum.

Le second pied est un spondée (--) alors qu'il devrait être un iambe (ᴗ--). Mais aux yeux de l'auteur de l'hymne, la longue qui

---

[1]. Ce mémoire est l'introduction d'un volume qui doit paraître sous ce titre : *Poésie liturgique traditionnelle de l'Eglise Catholique en Occident.*

termine le mot *cœlorum* étant au point de vue de l'accent une faible peut sans difficulté tenir lieu d'une brève. Ainsi tandis que les formes de la poésie métrique subsistent, l'accent commence à supplanter la quantité. Ce mouvement ne fit que s'accentuer : « le sentiment métrique alla en s'affaiblissant », si bien que les rares grammairiens qui étaient familiers avec les règles de la prosodie classique purent « voir avec étonnement saint Bernard composer des hymnes prétendues saphiques qui n'avaient de commun avec ce mètre que le nombre des syllabes ». M. l'abbé Chevalier est ainsi visiblement favorable aux doctrines de M. Léon Gautier, d'après lesquelles, le rythme, cher au peuple, a reconquis les formes de la poésie métrique qui étaient le monopole des savants [1].

Cette évolution ne s'accomplit pas seulement par transformation de l'hymne proprement dite : elle s'opère aussi par l'introduction des séquences, phrases de prose rythmée dont, à l'origine, l'unique loi est « de s'adapter aux phrases musicales qui constituent le chant traditionnel du verset alléluiatique ». Bientôt la séquence se rendit indépendante de l'*Alleluia*; elle devint elle-même une véritable œuvre poétique dont les compositions d'Adam de S. Victor présentent les types les plus remarquables ; mais cette poésie est naturellement fondée sur le rythme. En somme toute la poésie liturgique du moyen-âge manifeste le triomphe du rythme sur le mètre. Remarquez que le même phénomène s'est produit dans les écrits non poétiques : l'antiquité et surtout la décadence latine ont souvent employé une prose ordonnée (à la fin des phrases) selon les règles d'un *cursus* fondé sur la quantité : or il est démontré que ce *cursus* métrique fut au moyen-âge supplanté par un *cursus* rythmique. Remarquez en outre que toute la phonétique des langues romanes est fondée sur l'influence de l'accent tonique : vous pourrez alors appprécier à sa juste valeur l'importance de la victoire de l'accent sur la quantité, non seulement dans l'histoire de la poésie, mais dans celle de la littérature et de la langue.

Après avoir exposé le fondement de la théorie du rythme, M. Chevalier consacre une étude à l'histoire des hymnes. Elles sont fort anciennes dans l'Eglise ; dès le second siècle les hérétiques

---

1. Voir la *note sur la versification rythmique en général* dans le tome I *Epopées françaises* (2e édition), pp. 281 et ss.

en composaient pour faire concurrence aux orthodoxes ; mais, transmises le plus souvent sans nom d'auteurs, comme une sorte de poésie impersonnelle, elles présentent une foule de problèmes presque insolubles au critique qui veut en scruter l'origine. Cependant depuis fort longtemps la curiosité des érudits s'applique à rendre son bien à chacun des écrivains dont on a des raisons de croire qu'ils ont composé des hymnes. Le mémoire de M. Ulysse Chevalier expose sommairement le résultat de ces longs et minutieux travaux. L'auteur n'a pas manqué d'enrichir un grand nombre de pages de notes contenant de précieuses indications bibliographiques, soit sur les publications de textes, soit sur les travaux de la critique.

Il ne lui suffit pas d'avoir ainsi fait connaître la nature et le développement des hymnes liturgiques. Dans le mémoire intitulé « *L'hymnologie et l'office divin,* » M. Chevalier se propose de déterminer le rôle liturgique des hymnes. Tout d'abord il esquisse l'histoire de l'office divin, sans mentionner un remarquable chapitre du livre de M. l'abbé Duchesne sur les *Origines du Culte chrétien*[1]. Ensuite il montre les hymnes s'introduisant dans l'office : ce ne fut pas l'affaire d'un jour. Sans doute elles furent accueillies avec faveur par les moines, mais elles ne pénétrèrent que lentement dans le bréviaire romain ; c'est seulement au xiie siècle qu'elles triomphèrent définitivement.

Malheureusement toute cette masse de poésies, témoignage de la piété des générations, n'est pas arrivée intacte dans la liturgie moderne. La vieille poésie liturgique a rencontré deux ennemis que M. Chevalier a grandement raison de dénoncer. Ce sont d'abord les humanistes. Ils ne se contentent pas d'introduire dans les hymnes nouvelles qu'ils composent les artifices d'une rhétorique purement factice, le *Numen* de la Divinité,

Audite, o populi : Numen amabile,
Lictoris rabidi sustinet impetum.

---

[1]. De même, dans ce mémoire, M. l'abbé Chevalier affirme qu'à son origine le rit ambrosien ne diffère pas du romain, sans mentionner l'opinion divergente émise dans un chapitre du même livre des *Origines* de M. l'abbé Duchesne.

ou encore l'Olympe :

> *At celer summo veniens Olympo,*
> *Angelus...*

Bien plus, ils veulent remettre à la mode du jour les anciennes hymnes et les expurger des taches qu'ils imputent à la barbarie, par exemple de ces traces de l'influence du rythme qui faisait concurrence à la quantité. Pour donner une preuve péremptoire des ravages causés par ces tentatives, fort analogues aux traitements qu'infligeaient aux cathédrales gothiques les architectes du xviiie siècle M. Chevalier publie, l'un en regard de l'autre, le texte ancien et le texte réformé de l'hymne du temps pascal : *Ad cœnam Agni providi*, maintenant *Ad regias Agni dapes*. — D'autres ennemis, plus modernes, se sont montrés non moins impitoyables pour les vieux chants des Eglises françaises, hymnes et proses : ce sont, dans beaucoup de diocèses, les commissions épiscopales qui, il y a trente ou quarante ans, ont accompli la réforme liturgique par laquelle l'Eglise de France a été ramenée au rit romain. Trop souvent, pour ne pas manquer le but, on l'a dépassé : par un zèle exagéré pour l'unité (le Français ne connaît guère les tempéraments), on a fait disparaître ou laissé ensevelis dans les manuscrits les chants qui avaient bercé les générations chrétiennes; dans tel diocèse où l'on se donnait le luxe d'un propre diocésain, on se garda bien de l'emprunter à la liturgie du moyen-âge; on préféra construire de toutes pièces. M. Chevalier appelle de ses vœux une restauration de la liturgie qui sauve des antiques liturgies de France tout ce qui mérite d'en être sauvé.

Il me reste à signaler les textes inédits que M. Chevalier vient de livrer au public. Ils sont nombreux et importants. Le volume sur la poésie liturgique au moyen-âge se termine par l'étude de deux hymnaires d'origine italienne, étroitement apparentés entre eux, contenus dans deux manuscrits, le Vatic. Palat. latin 7172 et le Paris. latin 1092. Le manuscrit de Paris est du xie siècle; quant au manuscrit du Vatican, les meilleurs juges demeurent dans l'incertitude : les caractères paléographiques ne permettent pas de déterminer s'il est du ixe ou du xie siècle. M. l'abbé Ulysse Chevalier le date de la fin du xe siècle, et attache une grande importance à cette date. Voici pourquoi : Le manuscrit ne lui paraît pas un archétype, mais une copie ; or, si la copie est de la fin du x⁰ siècle, l'original doit être bien antérieur. Or on trouve dans ce manuscrit une hymne à saint Alexis, qui, sans doute, devait figurer dans l'original : il en résulte que le culte de saint Alexis en Occident serait antérieur à la fin du x⁰ siècle. J'avoue que la conclusion me paraît tout aussi incertaine que le point de départ. Ceci n'est d'ailleurs qu'un point accessoire : l'important, c'est que M. Chevalier nous donne la table des deux hymnaires et imprime *in extenso* plus de quatre-vingts hymnes demeurées inédites. — En outre, dans le fascicule destiné à ouvrir le tome V de sa *Bibliothèque liturgique*, M. Chevalier publie un copieux office pour la fête de la Circoncision, à l'usage de l'Eglise du Puy, d'après un manuscrit qui date du commencement du xvi⁰ siècle. Cet office, très long, se signale par diverses particularités, dont l'origine semble au moins remonter au xiv⁰ siècle. Il est tout rempli de poésies latines célébrant le mystère de la divine Maternité.

Paul Fournier.

CHRONIQUE

17. — *A Bethléem*. Avent, Noël, Epiphanie. Lectures pour les temps de la Sainte Enfance, entretiens et instructions sur la foi, par M. l'abbé H. Pierre, 1 fort vol. in-18 jésus. Paris, Bloud et Barral. 3.50.

Une note ainsi conçue accompagne ce volume. Elle indique à merveille le but que s'est proposé l'auteur et la nature du livre.

« C'est donc à vous, âmes pieuses, que s'adresse cet ouvrage, à vous qui aimez durant le saint temps de Noël, à vous entretenir du divin Enfant, de sa vie, de ses vertus, de sa doctrine, de ses exemples, de ses bienfaits et de ses récompenses, comme aussi de ses châtiments.

Mais c'est à vous surtout qu'il est destiné, prêtres, qui devez faire naître, croître et se perfectionner l'image de Jésus-Christ dans les âmes, à vous les imitateurs, les prédicateurs, les continuateurs de Jésus-Christ. Combien et pendant combien d'années, il vous servira dans la préparation de vos instructions, vous en jugerez par vous-mêmes. Ce que vous mettez de longues heures à chercher, à méditer, le voilà, c'est trouvé, c'est préparé, il ne vous reste plus qu'à vous l'assimiler. »

A. B.

18. — Nous avons reçu et nous signalons avec grand plaisir le

compte-rendu de la séance solennelle de rentrée (21 novembre 1895) de l'Université catholique de Lille. Elle était présidée par Mgr l'archevêque de Cambrai. Mgr Baunard a d'abord pris la parole pour retracer, en termes éloquents, la situation prospère de l'Université, avec ses six cents étudiants, ses cinq facultés et ses écoles annexes. Puis successivement les doyens, — M. le Chanoine Didiot, M. de Vareilles-Sommières, M. le docteur Eustache, M. Amédée de Margerie, M. le chanoine Boulay, — ont fait connaître les progrès réalisés depuis un an, et les résultats obtenus pendant l'année scolaire de 1894-1895. Ces rapports témoignent d'une grande vitalité et d'un labeur courageux dont nous félicitons l'Université de Lille.

19. — A signaler, en attendant un compte-rendu développé, le tirage à part de la très remarquable étude de notre collaborateur M. Guérin sur le *Fondement juridique des persécutions dirigées contre les chrétiens pendant les deux premiers siècles* [1]. Après avoir discuté à fond les théories de Mommsen et de Neumann, M. Guérin propose la sienne qu'il établit principalement sur l'Apologétique de Tertullien, étudiée de près. Selon M. Guérin, les chrétiens ont été poursuivis en tant que chrétiens, et non en vertu des lois de majesté ou de sacrilège, ou du droit de coërcition ; le seul nom de chrétien était réputé impliquer un certain nombre de crimes. La première persécution légale remonte au règne de Néron; la première épître de S. Pierre en porte le témoignage et a été écrite pendant cette persécution (64). Très vraisemblablement un édit impérial (de Néron), fut la première base légale des persécutions contre les chrétiens. A la lumière de ces trois assertions s'expliquent aisément les attitudes successives de l'Etat romain envers l'Eglise chrétienne pendant les deux premiers siècles.

20. — En annonçant à l'Académie des inscriptions et belles-lettres la mort du Vte Th. Cl. Henri Hersart de la Villemarqué, M. Maspéro a apprécié comme il suit son œuvre et son caractère :

« L'Académie vient d'éprouver une nouvelle perte. M. de la Villemarqué s'est éteint sans secousse le 6 décembre, au fond de la Bretagne, dans le château où il vivait retiré. Il ne siégeait plus qu'en de rares occasions, lorsque l'urgence d'une affaire privée ou le devoir d'une élection parmi vos membres libres le ramenaient à Paris. Il vous appartenait depuis trente-sept ans passés ; mais ses absences de plus en plus longues, sans relâcher le lien qui vous l'attachait, l'avaient

[1]. Extraits de la Nouvelle Revue historique du droit français et étranger. (Octobre et Décembre 1895).

empêché de nouer avec les générations entrées après lui ces rapports de familiarité cordiale ou d'amitié parfois tendre que l'usage de vos réunions établit forcément entre vos élus. La plupart d'entre vous ne connaissent de lui que le nom ou tout au plus une silhouette entrevue quelques intants et évanouie presque aussitôt.

» Son œuvre datait de haut ; aussi, quand nous cherchons à en apprécier le mérite, lui appliquons-nous trop strictement les méthodes dont nous usons pour éprouver les travaux qui paraissent de nos jours. Il l'entreprit dans un temps où l'étude des chants populaires ne se donnait pas encore pour la science exacte qu'elle essaye de devenir, non sans un succès réel ; c'était affaire moitié d'érudit, moitié d'amateur ou de lettré, et la plupart de ceux qui s'en occupaient n'y apportaient point le scrupule de fidélité littérale qu'ils auraient ressenti s'ils avaient voulu donner l'édition du plus détestable écrivain ancien ou moderne. Il n'y avait licence qu'on ne pût se permettre en cette matière fugitive et sans maître ; on redressait les vers faux et l'on restaurait les incomplets en adoucissant les traits de férocité ou d'impudeur choquante ; on éliminait les couplets qu'on jugeait superflus ; on ajustait les fragments de plusieurs versions différentes pour en former un morceau unique, et l'on s'imaginait de bonne foi n'avoir fait métier que d'éditeur lorsque, au lieu de donner la chanson telle qu'on l'avait saisie sur les lèvres paysannes, on l'avait recomposée presque en entier. M. de la Villemarqué n'agit point d'autre sorte ; mais, comme il joignait à l'intelligence instinctive de la poésie populaire un tact littéraire des plus fins et une vigueur réelle de style, la douceur mélancolique de plusieurs pièces, la gravité religieuse de certaines autres ou leur fond tragique se trouvèrent merveilleusement rehaussés de la forme qu'il leur prêtait. Beaucoup de lecteurs les goûtèrent en France ou à l'étranger et en subirent l'attrait, qui n'en auraient pas été touchés s'il leur avait laissé fidèlement leur aspect fruste et leur rudesse authentique.

» Que vous dire des luttes qui suivirent? Le bruit en est tombé peu à peu et la mort a réuni dans une paix commune les plus acharnés des combattants. M. de la Villemarqué eut peine à se persuader que les procédés dont il s'était servi ne répondaient pas aux exigences minutieuses de la critique. Lorsque l'un d'entre vous l'eut enfin convaincu, il ne ferma point les yeux à la lumière, mais il confessa sa méprise avec la bonne grâce un peu triste qui convient à pareil cas. L'historien et le philosophe savent aujourd'hui ce qu'ils doivent penser de ces adaptations bretonnes ; ils y ont déterminé la part qui appartient premièrement au peuple, celle qui revient à l'éditeur, et celui-ci n'a pas toujours lieu de s'en plaindre. Maintenant que les questions d'origine sont tranchées, chacun peut, en parcourant le livre, se laisser séduire par la poésie qu'il exhale et en respirer sans scrupule le charme pénétrant. »

SOCIÉTÉ NATIONALE DES ANTIQUAIRES DE FRANCE

Séance du 11 décembre. — M. A. BLANCHET est élu membre résident en remplacement de M. de Montaiglon décédé. — Sont élus correspondants: Le R. P. DELATTRE, à Carthage; les R. P. GERMER-DURAND et SÉJOURNÉ à Jérusalem; M. HÉNAULT à Valenciennes et M. DUMOULIN à Roanne. — M. René VALLETTE fait une communication sur deux tombeaux à couvercle sculpté, récemment découverts à Antigny (Vendée), et qui semblent appartenir à l'époque mérovingienne ou carolingienne. — M. HÉRON de VILLEFOSSE signale à la société une intéressante inscription latine trouvée en Italie à San Liberato (*Forum Claudii*) et récemment publiée par M. Vaglieri dans les *Notizie degli scavi* (septembre 1895). Cette inscription nous fait connaître la carrière d'un personnage nommé Publius Memorialis, gouverneur de la Corse sous Vespasien. — Le baron de BAYE communique une image russe peinte sur bois représentant saint Demetrius terrassant un roi barbare. Cette image reproduit le sujet qui orne un côté de la bannière dite d'Iermak, conservée à Omsk, à la cathédrale des Cosaques. Les images de saint Demetrius sont fort rares en Russie et appartiennent généralement à l'école fondée par Strogonoff dans les gouvernements de Vologda et de Viatka. — M. Edouard BLANC, au retour d'un nouveau voyage dans l'Asie centrale fait une communication sur l'extension de la civilisation grecque, après Alexandre, à l'orient du Pamir dans le bassin du lac Lob Nor, ancien pays des Casiens, et jusque dans la Chine occidentale. Il signale l'existence d'un royaume gréco-chinois ou sino-bactrien dont la capitale paraît avoir été à Khotan et qui a constitué, pendant plusieurs siècles, l'extrême avant-garde de la civilisation et de l'art dans des pays où, jusqu'à présent, on ne soupçonnait pas qu'ils eussent pénétré, surtout sous la forme grecque.

ACADÉMIE DES INSCRIPTIONS ET BELLES-LETTRES

Séance du 29 novembre. — L'Académie se forme en comité secret pour examiner les titres des candidats à la place de membre ordinaire laissée vacante par la mort de M. Derembourg. — Le Dr HAMY rappelle que, à la séance du 18 octobre, il a présenté les photographies d'une pierre portant des inscriptions runiques et ramenée par la drague en avant des jetées du Havre. Cet objet, déjà publié, était tombé dans la baie de la Seine du bateau qui le ramenait en Norvège d'où on l'avait envoyé pour figurer à l'exposition universelle de 1867.

Séance du 6 décembre. — L'Académie procède à l'élection d'un membre ordinaire, en remplacement de M. J. Derembourg : 1er tour : Le marquis de BAUCOURT, directeur de la *Revue des questions historiques*, 7 voix; M. CAGNAT, professeur au collège de France, 8; M. CORDIER, professeur à l'Ecole des langues orientales, 5; M. DEVERIA, professeur à la même École, 5; M. GIRY, professeur aux écoles des Chartes et des hautes études, 5; M. Aristide MARRE, professeur à l'Ecole des langues orientales, 0; M. Salomon REINACH, conservateur adjoint au musée de Saint-Germain-en-Laye, 6. Au second tour M. CAGNAT est élu par 25 voix contre 10 à M. de Beaucourt, et 1 à M. S. Reinach. — M. HÉRON de VILLEFOSSE communique, de la part du commandant DEMAECHT, une inscription trouvée à Altava (auj. Lamoricière), relative à l'insurrection des Maures dirigée par Faraxen (253-260). La révolte, d'après cette inscription, s'étendit à l'ouest de la province et la cohorte des Sardes figura parmi les troupes qui la réprimèrent. — M. MASPERO dit que les objets égyptiens et les scarabées trouvés à Eleusis ne peuvent apporter aucun appui aux théories de M. Foucart sur les mystères; ce sont des amulettes de l'époque ptolémaïque en faveur près des dévots de la période gréco-romaine. M. SÉNART donne le texte rectifié d'une inscription du règne du roi indien Kanichka qui régnait à la fin du Ier siècle, après J. C. Ce texte, trouvé en 1834 par le général Court dans un monument boudhique du Penja, est aujourd'hui au cabinet de France.

Séance du 13 décembre. — M. CAGNAT, élu membre ordinaire, prend place parmi ses nouveaux confrères. — M. MASPERO, président, annonce la mort du Vte Théodore-Claude Henri de la Villemarqué, membre libre, et caractérise, en quelques mots, l'œuvre du défunt [1]. — M. BARBIER de MEYNARD rend compte de l'exploration épigraphique de M. Max van Berchem; l'explorateur Génevois possède aujourd'hui 1500 inscriptions arabes recueillies dans la Syrie septentrionale. Elles offrent un grand intérêt pour l'histoire, l'administration, le droit, la géographie politique. — M. CLERMONT GANNEAU dit que M. Max van Berchem, n'a pas négligé l'épigraphie des époques clas-

---

[1]. Voir plus haut la Chronique, no 20.

siques ; il a, entre autres, relevé à Cheikh-Barakah (région d'Alep) des inscriptions grecques mal connues, d'une grande utilité pour l'étude du panthéon sémitique. Par contre, M. Fossey, recherchant des inscriptions grecques dans la région du Djôlan et du Djedour, a relevé une soixantaine de vieilles inscriptions coufiques qu'il met à la disposition de M. Max van Berchem. M. Clermont Ganneau lit ensuite un mémoire sur deux inscriptions palmyréennes relevées par M. Chediac. La première est une épitaphe de l'an 95 ap. J. C. La seconde est une dédicace à la divinité de nom inconnu, souvent invoquée sur les monuments de Palmyre sous cette formule: *le Dieu bon et miséricordieux*. Ce texte fait connaître un mois jusqu'ici inconnu, le mois *mihian* ou mois du comput. — M. Abel Lefranc, secrétaire du collège de France, annonce qu'il a découvert, à la bibliothèque nationale, le recueil, complètement inconnu, des dernières poésies de la reine Marguerite de Navarre contenant environ 15000 vers: poésies exquises, compositions dramatiques, épîtres en vers, dialogues, chansons, deux grands poèmes (*Le navire et Les prisons*). Ces poésies composées pendant les cinq dernières années de la vie de Marguerite expriment, avec un accent véridique et poignant, les tristesses et les désillusions de l'épouse répudiée de Henri IV.

Séance du 20 *décembre*. — M. P. Berger communique un rapport de M. Hélo sur une nécropole punique découverte, par l'auteur du rapport, à Collo (province de Constantine). Les tombes sont creusées dans le roc qui forme une corniche longeant la mer. Les tombes les plus anciennes sont de la fin de la période punique, les autres de la période numide. Elles se composent d'une entrée suivie d'un couloir qui mène à la chambre funéraire ; l'intérieur était bouleversé et plein de terre ; M. Hélo a cependant trouvé quelques objets et des poteries de type égyptisant. D'autres sépultures, plus simples, consistaient en une amphore pleine d'ossements recouverte de briques faisant toiture. Les vases trouvés par M. Hélo sont anthropoïdes, avec des têtes, des bras et des seins, comme les poteries de Rhodes ; quelques-uns portent des marques puniques de bonne époque, gravées au burin. Le plus grand nombre des sépultures n'est pas à incinération. — M. Cagnat présente quelques-unes des poteries trouvées par M. Hélo. — M. Foucart lit une note de M. Nicole, de Genève, sur une soixantaine de papyrus trouvés dans le Fayoum en 1893 et contenant la correspondance officielle ou privée de Flavius Abinius, commandant une aile de cavalerie campée près d'Arsinoé. Cette correspondance comprend les années 343-350. M. Nicole a traduit deux pièces : l'ordre du préfet d'Egypte enjoignant à Abinius de remettre le commandement à son successeur et un contrat pour la vente de deux belles vaches. — M. Havet lit le rapport rédigé au nom de la commission chargée d'examiner les textes inédits trouvés par M. Bernardakis et concluant à l'impression de la lettre d'Arcadius et de la relation qui l'accompagne, des fragments de Plutarque, des vers de Demetrios Moschos.

Séance du 27 décembre. — Sont élus correspondants étrangers : MM. Ramkrishma Gopal Rhandarkar, de Pouna (Indes anglaises), Benndorf, de Vienne, Kirchhoff, de Berlin. — MM. G. Schlumberger et Héron de Villefosse sont élus, le premier, président, le deuxième, vice-président pour l'année 1896. — L'Académie élit les membres de diverses commissions : *Prix Gobert* : MM. Meyer, Viollet, Longnon, Gautier. *Travaux littéraires* : MM. Delisle, Hauréau, Le Blant, de Rozière, Deloche, Girard, Barbier de Meynard, d'Arbois de Jubainville. *Antiquités de la France* : MM. Delisle, Hauréau, de Rozière, Paris, Bertrand, Longnon, de Barthélemy, de Lasteyrie. — *Nord de l'Afrique* : MM. Le Blant, Heuzey, Perrot, Barbier de Meynard, Oppert, Boissier, Berger, Cagnat. — *Ecoles d'Athènes et de Rome*. MM. Girard, Heuzey, Perrot, Paris, Foucart, Weil, Boissier, Croiset. *Commission administrative* : MM. Delislle, Deloche. — M. Héron de Villefosse annonce que le Musée du Louvre vient d'acquérir la boîte aux osselets présentée par M. Helbig dans la séance du 18 octobre.

Henry Thédenat.

BULLETIN CRITIQUE

10. — **Les Indo-Européens avant l'histoire.** Œuvre posthume de R. von Jhering, traduite de l'allemand par O. de Meulenaere, conseiller à la cour d'appel de Gand. — Paris, Marescq, 1895, in-8°, pp. ix-453.

L'impression que l'on emporte de la lecture de cet ouvrage est assez complexe. Si d'une part, on ne peut se défendre d'une profonde admiration pour l'érudition de l'auteur, de l'autre on demeure sceptique à l'égard de bon nombre des conclusions qu'il propose.

Jhering était intimement convaincu qu'il reste, dans les institutions de Rome, un fonds considérable de survivance de l'époque primitive. De quelle époque primitive ? Mais de celle où le Romain ne se distinguait pas encore des autres Aryas, ses frères, et de celle aussi où il émigra d'Asie en Europe. Jhering avait rêvé d'écrire, après l'*Esprit du droit romain*, une grande *Histoire du développement du droit romain*. Il fallait, pour atteindre ce but, étudier les Romains dès leurs plus lointaines origines et faire le départ entre les institutions venues de l'Orient, ou berceau commun des peuples de langue aryenne, et celles qui furent adoptées plus tard sur le sol du Latium.

C'est le résultat, seulement partiel, de ce travail préliminaire qui nous est donné dans l'œuvre posthume du savant juriste de Gottingue. Et ce travail lui-même n'est pas achevé. De plusieurs des chapitres que l'auteur s'était proposé d'écrire, il n'y a que le titre ou une ébauche sommaire. Pourtant tel qu'il est, ce livre mérite l'attention, et nous devons des remerciements à M. Victor Ehrenberg qui l'a édité et à M. le conseiller de Meulenaere qui l'a traduit.

Deux idées originales donnent à l'œuvre de Jhering son cachet spécial. Jusqu'à présent l'histoire primitive des Indo-Européens avait été aux mains des philologues, des ethnographes, des anthropologistes. La voici aux mains d'un historien du droit romain, qui prétend retrouver, dans les anciennes institutions du Latium, les traditions du pays d'origine des Aryas et les traits primitifs de leur civilisation. Cette prétention s'étend à des détails fort précis, et l'on ne sera pas peu surpris d'apprendre que les antiquités romaines fournissent la date exacte de l'exode des Aryas : c'est « au commencement de mars, le 1er mars juste, d'après la tradition romaine fixée dans le culte de Vesta. » Impossible d'entrer ici dans le détail de cette argumentation, mais l'énoncé seul du résultat laisse rêveur.

Hâtons-nous d'ajouter qu'heureusement les recherches de Jhering n'ont abouti que rarement à de pareils résultats. En général cependant, il a trop vu l'histoire des Indo-Européens dans le droit romain; il y a donc bien des explications hasardées, bien des conjectures hardies, bien des rapprochements forcés. Comme d'autre part tout cela est présenté avec infiniment d'érudition, avec une science étonnante du droit romain, mais que d'autre part les conclusions sont inacceptables, le lecteur est parfois agacé de tant de dépense scientifique faite en pure perte. Veut-on savoir, par exemple, pourquoi la connaissance du métal était inconnue à l'époque primitive ? Rien de plus aisé à démontrer : c'est que les Romains excluent le fer de toutes les cérémonies solennelles. Ainsi le fécial déclare la guerre au moyen de la *hasta praeusta*, lance en bois dont la pointe a été durcie au feu. Pas de fer à la *hasta pura* donnée en signe de bravoure, ni à la *festuca* de la revendication. L'animal offert en holocauste est immolé avec une hache en silex; pas de clous de fer au *pons sublicius*; la vestale doit tirer le feu nouveau non pas du fer et de la pierre, mais du bois, à la façon des sauvages. Tout semble attester, nous l'accordons volontiers, un état de civilisation où le fer était inconnu. Mais il serait téméraire d'en rien conclure pour l'histoire primitive des Indo-Européens. D'abord ces usages sont-ils italo-aryens ? Ne peuvent-ils avoir été pris par les Romains aux peuples qui occupaient avant eux le sol du Latium et avec lesquels ils firent sans doute vie commune pendant quelques siècles ? Voilà un point qui serait à élucider avant de faire des institutions romaines un critérium infaillible pour l'histoire primitive des Indo-Européens.

Aussi les meilleurs chapitres du livre de Jhering sont, à notre avis, ceux qui ne dépendent pas directement de ce critérium, par exemple, ceux du livre II où il étudie les Aryas et les Sémites. Ils répondent de tous points au titre et au but de l'ouvrage. Quoi qu'en ait dit jadis une certaine école, les Aryas doivent beaucoup aux Sémites et aux autres races de l'Asie. C'était, il y a quelques semaines à peine, la conclusion d'un article très suggestif de M. Fritz Hommel [1], article qui, du reste n'a pas passé inaperçu [2].

Dans les chapitres que nous venons de signaler, il y a surtout à remarquer les pages où Jhering prouve péremptoirement que les premiers navigateurs furent non pas, comme on le croit communément, les Phéniciens, mais les Babyloniens. Pour l'histoire primitive, ce fait est gros de conséquences [3].

Nous ne pouvons pas dire autant de bien du parallèle établi par l'auteur entre les Aryas et les Sémites au point de vue religieux. Il conteste le monothéisme primitif des Hébreux ; pour lui, Abraham était un idolâtre ; Moïse a prêché une nouvelle doctrine en contradiction avec l'antique foi du peuple ; le Christ a subi l'ascendant hellénique de son époque. C'est assez d'énoncer ces propositions pour rappeler combien elles sont, non seulement discutables, mais contraires aux données de l'histoire.

Il nous déplairait de clore ce compte rendu sur ces remarques un peu désagréables, qui pourraient faire prendre le change sur la valeur du livre que nous avons présenté au lecteur. Pour avoir été obligé de faire des critiques et des restrictions, nous n'en recommandons pas moins vivement la lecture et l'étude du livre de Jhering à tous ceux qui s'intéressent à l'histoire primitive de l'humanité.

J. Van den Gheyn, S. J.

---

11. — **A critical and exegetical Commentary on Judges**, by the R. G. F. Moore. Edimbourg, Clark. 1895, in-8°, L-476 pages.

Ce volume appartient à l'importante collection de Commentaires

---

1. *Zur ältesten Geschichte der Culturpflanzen und Hausthiere* dans Beilage zur Allgemeinen Zeitung, n° 197, 28 août 1895.

2. Cfr. *The Academy*, 5 oct. 1895, p. 276.

3. Cfr. *Stimmen aus Maria Laach*, 1895, p. 438 suiv.

sur l'Ancien et le Nouveau Testament (*The international critical Commentary*) dont la librairie Clark, d'Edimbourg, a entrepris la publication, avec le concours de plusieurs savants exégètes, enseignant dans les Universités de la Grande-Bretagne ou des Etats-Unis. L'objet de cette publication est purement scientifique ; mais son esprit est très large, nullement sceptique ou rationaliste dans le sens ordinaire et étroit du mot. Cettte observation n'est jamais inutile à faire dans un pays comme le nôtre, où l'on comprend malaisément que l'étude critique de la Bible soit compatible avec un autre esprit que celui de Renan.

Le travail du Dr Moore sur le livre des Juges est tout à fait remarquable. On y trouve une critique aussi minutieuse que dans les plus savants commentaires allemands, et beaucoup plus d'ordre et de clarté. Toutes les questions générales sont traitées dans l'introduction : caractère du livre, sources, composition, chronologie, texte original et versions, principaux commentaires. Le livre des Juges est composé de trois parties faciles à distinguer : c. i-ii, 5, sorte de résumé historique touchant l'occupation de la Palestine par les tribus israélites; ii, 6-xvi, 31, histoire des Juges, partie principale du livre et qui lui a valu son nom; xvii-xxi, sorte d'appendice où il n'est pas question de Juges, mais de faits concernant les tribus de Dan et de Benjamin. L'auteur principal, celui qui a encadré l'histoire des Juges dans le schéma régulièrement appliqué aux récits de la partie moyenne, était un des écrivains qu'on appelle deutéronomistes et vivait dans la première moitié du vi^e siècle avant notre ère. Il a travaillé sur une compilation plus étendue, dont faisait également partie l'histoire d'Eli et de Samuel, et dont la rédaction se place au commencement du viie siècle, avant la découverte du Deutéronome et la réforme de Josias. C'est de là que viennent les parties secondaires, i-ii, 5 et xvii-xxi, que l'auteur deutéronomiste paraît avoir exclues de son recueil systématique, et que le rédacteur définitif, au ve ou au ive siècle, rétablit par manière d'introduction et d'appendice. Le livre prédeutéronomique n'était pas une composition originale, mais il avait été formé, tout comme les parties historiques de l'Hexateuque, par la combinaison de sources antérieures. La plus ancienne de ces sources, que l'on rapporte au commencement du ixe siècle, fixait par écrit les traditions anciennes touchant l'occupation de la Terre promise, les luttes soutenues contre les populations cananéennes ou contre les Philistins, et les exploits des héros qui avaient conduit Israël dans ces combats. Ce document ne serait pas autre chose que la continuation de l'histoire jéhoviste qui commence au paradis terrestre et dont les critiques suivent la trace jusque dans le livre de Josué. Une autre source, moins ancienne d'un siècle, contenait en partie les mêmes histoires, en en serrant de moins près la réalité historique, et cette source, complétée vers l'an 700 par un auteur tout pénétré de l'enseignement des prophètes, principalement d'Osée, préparait les voies au deutéronomiste par l'interprétation religieuse et morale qu'elle joignait à la relation des faits. Elle présente les mêmes caractères que le document E de l'Hexateuque (élohiste ancien), dont elle paraît être la suite, comme la source plus ancienne paraît être la suite du document J. Le cantique de Débora, morceau contemporain du fait auquel il se rapporte, n'a pas dû être pris dans la tradition populaire, mais dans un recueil de chants héroïques, par exemple le *Iasar*, où se trouvaient l'apostrophe de Josué au soleil (fragment de poème) et l'élégie de David sur la mort de Jonathas. Prise ainsi dans ses grandes lignes, cette analyse, conforme à celle qu'a donnée le Dr Budde (*Richter und Samuel*, 1890) est fondée sur de très sérieux indices et ne prête à aucune objection décisive. La discussion des détails nous entraînerait trop loin.

La question de chronologie a été bien exposée ; il semble néanmoins qu'on puisse pousser plus avant la discussion. Les données chronologiques ne viennent pas toutes de la même source. Peut-être ne serait-il pas impossible d'en établir la provenance. En tout cas, c'est uniquement par ce moyen que la confusion actuelle peut être débrouillée, si elle peut l'être. L'équivalence des années des petits Juges avec les années d'oppression est un fait bien curieux : on peut douter que les unes et les autres appartiennent au même système de chronologie et qu'elles n'aient pas eu dès l'origine un caractère cyclique. Peut-être aussi le savant commentateur est-il allé un peu vite en présentant comme la plus ancienne version grecque des Juges celle qui est à la base de la recension hexaplaire, de celle de Lucien, et qui est contenue dans le ms. Alexandrin. Ce texte, en beaucoup d'endroits, se rapproche de l'hébreu massorétique lorsque le ms. Vatican s'en éloigne. Ni le m. Alexandrin ni le ms. Vatican ne représentent une version originale ; il n'est pas prouvé non plus qu'ils représentent deux versions primitivement distinctes ; ce sont plutôt les témoins de deux recensions, et, quand même la recension du ms. Vatican serait postérieure à l'autre, il ne s'ensuivrait pas nécessairement qu'elle soit plus chargée que celle-ci d'éléments étrangers à la version primitive.

Le commentaire est aussi complet que possible sans être diffus. Les notes purement critiques sont renvoyées à la fin de chaque paragraphe et imprimées en plus petit caractère. Le tout se lit facilement et même, pour qui est tant soit peu initié aux difficultés du sujet, avec un véritable plaisir. Les renseignements géographiques sont donnés avec un soin particulier. La discussion des sources est conduite avec lucidité, rigueur et prudence. L'auteur se défend parfois d'admettre telle hypothèse alléchante des critiques allemands, parce que les textes ne l'appuient pas suffisamment. Il se réserve. A propos de certains problèmes historiques soulevés par de récentes découvertes, notamment les documents assyriologiques d'El-Amarna, il se borne à laisser entendre que l'on sera peut-être amené un jour à concevoir l'histoire primitive d'Israël tout autrement qu'on ne fait maintenant. On pourrait appeler ce genre de critique, l'art de ne pas fermer les portes du côté de l'avenir. C'est là qu'est la vraie prudence, et non dans des subtilités d'exégèse ou des artifices d'apologétique.

A. Loisy.

12. — **The Politict of Aristotle** a revised text, with introduction, analysis and commentary, by Franz Susemihl professor in Greifswald and R. D. Hicks, fellow of Trinity College, Cambridge, Books i-v. un vol. in-8. Londres. 1894. Macmillan and co.

Depuis 1879, date de sa première édition de la *Politique* d'Aristote, M. Susemihl n'a cessé de travailler avec ardeur à l'amélioration du texte et du commentaire qui l'accompagnait. L'édition de 1894, parue dans la collection Teubner, marque un progrès sensible sur les précédentes. C'est ce texte que M. Hicks donne dans son adaptation anglaise dont a paru le premier volume contenant les livres i à v. Mais il ne s'est pas contenté de traduire les notes allemandes ; lui-même et ses collaborateurs, en particulier M. Jackson, y ont ajouté de nombreuses et excellentes remarques. Tant de questions importantes sont étudiées dans le commentaire que nous ne pouvons même les énumérer. Nous nous contenterons donc de signaler l'introduction et les *excursus* qui accompagnent chaque livre.

L'introduction est divisée en dix chapitres. Le premier est consacré à l'étude des manuscrits et des éditions de la *Politique*. Il se termine par une bibliographie des travaux relatifs à ce traité, d'après l'ordre chronologique de leur publication. Un second chapitre a pour objet la compilation et l'histoire du traité, en d'autres termes l'étude des interpolations et des gloses introduites dans la *Politique*; un troisième, l'estime en laquelle les philosophes et les hommes politiques ont tenu l'œuvre d'Aristote ; un quatrième, l'organisation de la famille (l'œconomique), l'esclavage et la théorie de la richesse; un cinquième, une étude critique sur les théories précédentes et sur les constitutions; un sixième, les principes fondamentaux de la science politique ; un septième, la monarchie ; un huitième la *pathologie* ou l'étude des vices des constitutions ; enfin le neuvième, la date de la *Politique* et les liens qui la rattachent à la *Morale à Nichomaque*. A ces neuf chapitres, qui sont de M. Susemihl, M. Hicks en a ajouté un dixième sur la critique récente des manuscrits, chapitre rempli d'observations ingénieuses et où l'auteur fait preuve d'une excellente méthode.

Aux *excursus* de M. Susemihl, parmi lesquels méritent une attention spéciale ceux qui ont pour objet : Epiménide, Hippodame de Milet, les Celtes, les Ephores et les Κόσμοι, la constitution de Carthage, la constitution de Solon, la classification des formes de gouvernement, enfin la musique grecque, M. Hicks en a ajouté d'autres sur la raison et la vertu dans l'esclave, sur l'Arcadie, sur la base du texte, sur la catharsis. Il a complété ceux qui traitent de l'esclavage, de la constitution de la famille, des périœques crétois, des *fragmenta vaticana*, des Ἐξωτερικοὶ λόγοι, etc. Ces *excursus* sont d'excellentes dissertations sur chacun de ses sujets.

Une importante liste d'*addenda* indique entre autres les points de contact entre la *Politique* et la *Constitution d'Athènes*.

En résumé, l'édition de MM. Susemihl et Hicks est un instrument de travail indispensable pour ceux qui voudront étudier la *Politi-*

que, c'est la meilleure et la plus complète de celles qui ont paru jusqu'à ce jour.

E. Beurlier.

---

13. — **Traité de droit naturel théorique et appliqué,** par Tancrède Rothe, professeur aux facultés catholiques de Lille, t. III, Paris, Laroze, et Lecoffre, 1 vol. in-8°, 1896.

Nous connaissons déjà les deux premiers volumes du *Traité de droit naturel* de M. Tancrède Rothe. Ils ont été analysés ici même, peu après leur publication. Disons-le franchement. Ce traité était attendu. Il appartenait à un membre de l'enseignement supérieur catholique, plus peut-être qu'à tout autre, de l'écrire. Ce n'est pas, tant s'en faut, que les catholiques l'aient inventé, ce droit, pour en vivre comme on les en accuse; — si cela était vrai, ils en vivraient d'une manière très frugale; — mais c'est qu'en fait la loi naturelle, règle de toutes les démarches humaines, est à leurs yeux et doit être le principe de toutes les lois. Ils tiennent que cette loi qui commande à l'homme la recherche et l'amour du souverain bien est commune à tous les hommes et constitue, selon l'expression de M. Lucien Brun, le plan social, l'ordre divin. Rien d'étonnant donc à ce que les catholiques regardent la conformité à l'ordre divin comme le fondement immuable du droit positif. C'est bien l'idée que se fait M. Rothe du droit naturel et qui lui a inspiré son travail : sous la fluidité continuelle des législations, il importe de retrouver quelque chose qui dure et qui demeure ; voilà tout le secret de la sympathie et de l'intérêt que sa généreuse entreprise doit nous inspirer.

Il l'a poursuivie d'ailleurs avec une résolution, une liberté, une franchise remarquables. Ni les grands mots ne lui en imposent, ni les objections ne l'intimident, ni les critiques ne le découragent. Il a conscience de combattre le bon combat et ne désespère pas de convaincre ceux-là même qui lui ont le plus résisté. Il ne s'arrête pas à la surface des principes qu'il proclame, mais essaye d'en saisir et d'en critiquer le sens intérieur et d'en déduire logiquement les conséquences sans se demander s'il en verra un jour l'application. Peut-on attendre qu'il la propose et ne suffit-il pas qu'il puisse d'avance la justifier?

Pour nous qui avons applaudi des deux mains à son dessein et qui en avons suivi le développement avec une vive curiosité, nous croyons déférer au vœu le plus cher d'un auteur passionné comme lui pour la vérité en exprimant sinon quelques doutes, du moins deux ou trois réserves sur les théories exposées dans son troisième volume. Celui-ci, le dernier qui soit relatif à la famille, est consacré à l'autorité paternelle, à la tutelle, à l'éducation et aux successions. M. Tancrède Rothe reconnaît avec raison qu'aujourd'hui la puissance du père est diminuée, que les lois naturelles et surnaturelles sur l'éducation sont méconnues, que le culte des traditions domestiques n'est plus compris et que le vrai régime successoral, qui fait la durée des familles, n'est en quelque sorte qu'un objet de scandale ; qu'enfin les pouvoirs publics envahissent et tendent à détruire l'union domestique. Il entend resserrer les liens du père et des fils pour guérir ces plaies de la société moderne. Le but est excellent ; la voie proposée est irréprochable et Le Play l'avait déjà formellement indiquée. Elle est évidemment dans le plan divin. Mais à l'aide de quel véhicule la parcourir ?

Passons rapidement sur l'autorité paternelle et sur la tutelle, sur le droit de correction et les devoirs du père, au sujet desquels M. Rothe émet des opinions très justes et très sensées. Cette autorité est de celles qu'on ne saurait affaiblir ou énerver sans violer la loi naturelle. Mais faut-il aller jusqu'à la restauration de l'institution d'héritier romaine et jusqu'au droit d'aînesse ? Et l'une n'est-elle pas, en principe, contradictoire à l'autre ? Sans doute, l'héritier peut être naturellement regardé comme le continuateur de la personne du défunt, mais si cet héritier est de droit le fils aîné, à quoi bon l'institution ? Le savant professeur est pénétré du désir de conserver la famille et, pour atteindre ce résultat, de maintenir les biens patrimoniaux entre les mains du représentant présumé le plus digne et le plus fort de la race. C'était la conception du moyen-âge ; elle a réalisé en partie les espérances qu'il en attendait. Mais ce n'était qu'un expédient social déterminé par une forme contingente de la société. La loi de justice, qu'il convient de ne pas oublier, s'accorde-t-elle bien avec le droit d'aînesse que M. Le Play a du reste sagement distingué de la liberté de tester, et M. Rothe a-t-il une confiance absolue dans l'efficacité des lois civiles pour contraindre les aînés à remplir tous les devoirs qui leur incomberaient à l'égard des cadets? N'a-t-il pas, en un mot, modelé trop vigoureusement la famille sur la royauté, telle que la comprenait l'ancienne France, l'antiquité elle-même, et peut-on dire que cette royauté domestique fasse nécessairement partie du plan divin?

Il serait peut-être aisé de multiplier ces points d'interrogation. Contentons-nous de celui-ci, parce qu'il est le principal, autour duquel viendraient se grouper les autres. Nous oserions aussi timidement exprimer le désir que l'écrivain condensât davantage sa matière, qu'il renouvelât moins fréquemment des arguments déjà exposés par lui, qu'il donnât enfin à son style un peu plus de légèreté et d'alacrité. Le lecteur moderne est si inattentif, si prompt à se lasser! On a tant de peine à le retenir! Mais c'est là une observation presque futile, très accessoire en tout cas et qui n'enlève rien au mérite intrinsèque, à la valeur juridique, à la solidité morale de l'œuvre elle-même.

Henri BEAUNE.

14. — Joseph du TEIL : **Le livre de Raison de noble Honoré du Teil** : Digne, 1894, in-8° de xv-35 pages.

Ce fragment du livre de raison d'Honoré du Teil concerne les années 1571 à 1586. Il ne présente qu'un intérêt assez médiocre pour l'histoire générale. Aussi l'éditeur l'a-t-il étoffé en y insérant quelques documents étrangers, par exemple le récit de Vauclause sur la Saint-Barthélemy en Provence et une lettre du cardinal de Lorraine à sa sœur la duchesse de Nemours, du 20 novembre 1574. En guise d'introduction une intéressante notice sur Honoré du Teil fait connaître ce personnage, qui, comme tant d'hommes du xvie siècle, fut en même temps un soldat, un jurisconsulte et un poète. La brochure se termine par trois sonnets d'Honoré du Teil.

M. C.

15. — **La poésie bretonne au XIXe siècle.** Ouvrage orné de 23 portraits par Joseph ROUSSE. In-12, 300 pages, prix 3 fr. 50, Paris, Lethielleux.

Ce joli volume, dont le vrai titre serait : « Les poètes bretons au xixe siècle », a été composé avec amour par son jeune auteur qui a mis dans ces pages, consacrées à la gloire de la Bretagne, sa *petite patrie*, tout son cœur et aussi le meilleur de son talent. Il parle des Bretons qui, au siècle présent, se sont le plus distingués dans la poésie. Deux noms d'un éclat sans rival ouvrent cette longue liste : ceux de Chateaubriand et de Lamennais. Le nom fameux de Renan revient parfois sous la plume de l'auteur lequel, pour être complet, ne pouvait oublier le père du dilettantisme contemporain, cet homme dont le style, pour le moins aussi enchanteur que la harpe de Merlin ou les charmes de Viviane, sut captiver tant d'esprits, enivrer tant d'âmes qu'il entraîna dans l'abîme de l'incrédulité, au moyen de sophismes subtils et d'ingénieux mensonges. Le plus souvent ses victimes ne demandaient pas mieux que de boire ce breuvage mortel, pour peu qu'il leur fût présenté dans une coupe finement ciselée ; elles furent servies à souhait.

Brizeux est par excellence le chantre de la Bretagne. Au milieu de cette pléiade de poètes que nous présente M. Rousse, il apparaît comme le maître du chœur. *Marie, Les Bretons, Primel et Nola* sont les trois chefs-d'œuvre de Brizeux ; on ne se lasse pas de les relire. Il les composa en français, ce qui les a rendus accessibles au grand public et d'ailleurs il ne savait peut-être pas assez le breton pour les écrire dans cet idiome ; les quelques sônes bretons qu'il publia sont bien inférieurs à ses autres poésies. Grâce au Barzaz Breiz, ce recueil d'exquises légendes, M. de la Villemarqué, leur éditeur — d'aucuns disent leur *arrangeur*, sinon leur *inventeur* — mérite une place de choix dans cette galerie armoricaine. Nous avons retrouvé avec plaisir, dans le livre de M. Rousse, les figures toujours sympathiques d'Hippolyte de la Morvonnais, le chantre harmonieux, mais un peu monotone, de la *Thébaïde des Grèves* et d'Hippolyte Violeau qui écrivit des poésies *familiales* d'où s'exhale le parfum le plus pur, le plus évangélique. L'auteur a bien fait de ne point revendiquer pour la Bretagne Leconte de Lisle qui d'ailleurs ne lui appartient, ni par la naissance, ni par l'esprit.

Il faut bien avouer que bon nombre de poètes dont M. Rousse évoque le souvenir sont tombés dans l'oubli, quelques-uns même avant d'avoir été connus. Il eût pu, sans difficulté, laisser leur ombre en paix et s'étendre davantage sur les écrivains de mérite qu'il mêle à ces renommées d'un jour ou plutôt d'une heure. D'autre part, comme il s'impose la loi de ne parler que des défunts ou des poètes âgés de plus de soixante ans qu'il regarde, sans doute déjà, comme *morts* à la poésie, il garde le silence sur l'essaim de jeunes poètes qui voltige actuellement en Bretagne. Il aurait pu au moins conseiller à ces jeunes muses de se méfier de leur amour des couleurs, surtout de certaine couleur; et, parce que le miel est *blond*, les avertir qu'il y a autre chose que le *blond* dans les teintes de l'arc-en-ciel ou de l'*écharpe d'Iris*. Quelques-uns d'entre eux se rangent même parmi les décadents; nous ne saurions les en féliciter. Ce que nous prenons la liberté, ils voudront bien nous le pardonner, de leur recommander, c'est de continuer d'être sincères avant tout et de ne pas voir seulement, dans les grandes choses et les nobles dévouements, de beaux thèmes poétiques à développer. Que chacun d'eux, en chantant la religion et la famille, la foi et le foyer, puisse se rendre le témoignage que se rendait l'un de ces poètes bretons, mort au début de cette année (1895), que nous avons beaucoup connu et que nous reprochons à M. Rousse d'avoir oublié dans sa galerie pourtant si complète :

> Ma parole est toujours fille de ma pensée;
> Mes actes, ses enfants généreux et hardis.
> L'intérêt, ni la peur ne l'ont jamais faussée;
> Je dis ce que je pense et fais ce que je dis [1].

A. R.

---

16. — **Histoire du Second Empire,** par Pierre de la Gorce; Plon, 2 volumes in-8° de 500 pages.

M. de la Gorce s'est proposé de composer une histoire *véridique* du second empire et d'éviter comme il le dit lui-même, avec une certaine *solennité* : « le mensonge de l'adulation et le mensonge de la calomnie », que l'on rencontre chez ses devanciers.

Son travail est loin d'être achevé, les deux volumes déjà parus contiennent seulement le récit des événements compris entre le 2 décembre et le commencement de la guerre d'Italie. La question d'Orient, la guerre de Crimée, la campagne diplomatique du Levant y sont étudiées avec conscience, et la lecture en pourrait pa-

---

1. *Voix des Bois*, par l'abbé Neveu.

raître un peu aride, si de jolis portraits de Nicolas Ier, de Napoléon III, de Victor Emmanuel et de Cavour ne délassaient l'attention fatiguée. Les détails inédits sur les affaires intérieures sont relativement moins nombreux. D'ailleurs, la Constitution ne favosait guère les débats politiques, et la censure, veillant sur les journaux et les livres, étouffait autant que possible l'esprit public.

I

Par la Constitution, empruntée à celle de l'an VIII, les membres du corps législatif, que la malignité publique appela les *muets*, votaient ordinairement en silence les lois préparées par le Conseil d'Etat. « Que sommes-nous donc, s'écria un jour Montalembert » dans un superbe mouvement d'impatience., je rêvais pour le » corps législatif une existence modeste et utile comme celle d'un » grand conseil général de département, sans prétentions oratoires, » sans prétentions politiques, qui ne s'occupât pas de faire ou de » défaire des ministres... Nous sommes une espèce de conseil gé- » néral à la merci du conseil de préfecture que voilà », et l'auteur montrait les Conseillers d'Etat effarouchés d'une pareille sortie.

La somnolence du corps législatif gagnait jusqu'aux adversaires du bonapartisme. Les légitimistes *s'abstenaient* pour obéir au mot d'ordre venu de Frohsdorff, le comte de Paris manquait d'argent, par suite de la confiscation de ses biens, les chefs républicains, réfugiés en Belgique ou en Angleterre, végétaient en donnant des leçons ou en se consacrant à d'obscurs travaux d'imprimerie. L'esprit d'opposition ne se manifestait guère qu'aux enterrements d'hommes célèbres, tels que Lamennais ou Béranger. Le gouvernement, sous prétexte de rendre hommage au mort, déployait des forces qui dissipaient les groupes. De tous les journaux républicains, il ne subsistait que le *Siècle*, qui jouait avec l'empire un rôle de compère. Il se rappelait parfois à l'attention de ses abonnés par quelques doctrines *subversives* (pour employer le style de l'époque) ; mais aussitôt, un journal *bien pensant* l'écrasait sous le poids de ses arguments. La vie intellectuelle se réfugiait à l'Académie ou au Palais de Justice, lorsqu'on entendait un discours de réception, tel que celui de Berryer, ou une plaidoirie de Jules Favre. Les curés de campagne, qui ne goûtaient guère ces fêtes littéraires, lisaient avec enthousiasme l'*Univers*, et transformaient Veuillot en une espèce d'évêque laïque, auquel ils obéissaient plus volontiers qu'à leurs chefs hiérarchiques. Ils applaudissaient cette attitude agressive contre les libres penseurs qui vengeait les prêtres de longues années d'humiliation. Incapables, pour la plupart, de saisir les nuances, ces ecclésiastiques peu éclairés, exagéraient souvent les paroles de leur ami et lui prêtaient des propos que certes il eut désavoués le premier, malgré la violence de son langage. Tandis que les prélats le regardaient comme un intrus lorsqu'il se mêlait d'affaires théologiques et particulièrement de celle de Donoso Cortez, le Pape le traitait avec indulgence, et tout en recommandant plus de modération à l'enfant terrible, lui pardonnait en raison de sa foi et de son talent. Enfin il existait d'autres groupes de catholiques qui préféraient les œuvres au tapage : les uns employaient leur activité dans les sociétés de Saint Vincent de Paul ou de saint François Xavier ; d'autres se consacraient à la fondation et à la direction d'institutions d'enseignement secondaire, autorisées par la loi de 1850. Mgr Sibour voulait que son clergé ne le cédât en lumières à personne. La Congrégation de l'Oratoire secondait ses vues avec des hommes tels que l'abbé Gratry, l'abbé Petétôt, l'abbé Perraud et enfin l'abbé Perreyve. Les Jésuites continuaient l'œuvre des conférences de N. D. et le P. Félix distribuait à ses auditeurs un enseignement solide qui ne souffrait pas toutefois la comparaison avec celui de Lacordaire « demeuré dans le silence, mais non dans le repos. »

II

Une querelle entre les catholiques et les orthodoxes fut la cause d'une guerre longue et sanglante qui nous coûta près de 100000 hommes, sans aucune compensation territoriale. Le Turc redoutait à la fois la Russie et la France, il rendit en conséquence dans la question des lieux saints, deux firmans contradictoires. La vérité se découvrit bientôt et l'empereur Nicolas voulut profiter de la circonstance pour hâter la fin de *l'homme malade*. Il espérait gagner l'Angleterre par la concession de l'Egypte et de Candie, mais lord Aberdeen écarta ces propositions, refus qui étonne quand on songe au bombardement d'Alexandrie et aux convoitises actuelles. La Turquie rassembla ses troupes, mais sa flotte fut détruite à Sinope par la marine russe. Les Anglais et les Français pénétrèrent dans la mer Noire, et la lutte se fixa en Crimée aux environs de Sébastopol. A Traktir, on vit, à côté des uniformes français et anglais, celui des Piémontais.

La présence de ces quelques milliers d'hommes fut une habile manœuvre de Cavour, pour permettre au petit roi de Sardaigne d'intervenir dans le Congrès de Paris et d'intéresser les alliés à ses vues ambitieuses, en réclamant le prix du sang versé. C'était plutôt le ministre que le roi qui désirait l'unité italienne. Victor Emmanuel se serait contenté de vivre loin de la cour et de l'étiquette, qu'il détestait, chassant le chamois et se livrant à des plaisirs de corps de garde. Cavour entraînait son maître à Paris ou à Londres; la singulière tournure du souverain amusa les Français et choqua la pruderie anglaise. Cavour, petit, gros, myope, les yeux cachés derrière des lunettes guettait l'occasion favorable, tout en se donnant des apparences d'indifférence et de nonchalance. Il causait volontiers d'art, de belles-lettres, d'agriculture même, de toutes choses enfin étrangères à son perpétuel souci. Aucun obstacle ne le décourageait. Cependant quelques remords religieux troublaient celui qui voulait s'emparer du domaine pontifical et se souvenait en même temps qu'il appartenait à la maison de saint François de Sales. Il avait fait jurer à un ecclésiastique de ne pas le laisser mourir sans les secours religieux. En remettant au moment de l'agonie le suprême repentir, cette âme italienne voulait assurer à la fois sa fortune dans ce monde et son salut dans l'autre; il dupait l'Empereur des Français et semblait tenter d'agir de même avec le Roi du Ciel.

A force de patience et d'habileté, il unit par un mariage la famille Bonaparte à celle de Victor Emmanuel, il obtint l'intervention des troupes françaises en Italie et, aux yeux de l'Europe, prit l'attitude de la modération, car les Autrichiens donnèrent dans ses pièges et attaquèrent les premiers.

Le tome deuxième de M. de la Gorce, se termine au commencement des hostilités austro-italiennes. L'auteur a-t-il atteint le but qu'il s'était proposé ? Lui-même par excès de modestie sans doute reconnaît que son œuvre n'est pas définitive. Peut-être dégoûté des mensonges répandus sur ce règne, s'est-il un peu trop hâté de vouloir faire justice de l'adulation et de la calomnie. La vérité est particulièrement difficile à connaître sur une époque si rapprochée de la nôtre, les documents officiels restent enfermés dans les archives, et les mémoires particuliers tendent toujours à l'éloge de leur auteur. Après ces réserves, rendons hommage à M. de la Gorce, à son courage et à sa loyauté, ainsi qu'au charme de ses récits. Il montre la route aux esprits impartiaux qui marcheront sur ses traces. Ce qu'il a publié a été discuté, cela prouve la valeur du travail, car on ne s'attaque pas aux morts.

F. ROUSSEAU.

CHRONIQUE

21. — Sous ce titre : *De l'organisation du suffrage universel ; La crise de l'État moderne*, Charles Benoît a fait paraître chez Didot (1895) une remarquable étude. Les vices du système présent sont présentés avec beaucoup de verve et de justesse. « C'est à ce mal que l'état moderne est en proie : le suffrage universel inorganique, le suffrage universel anarchique, le suffrage universel mis en coupe réglée ; donnant, comme produits, une représentation nulle, une législation pleine de heurts et d'à-coups, un gouvernement qui ne peut plus gouverner : étouffant le vrai pays qui vit, au profit d'un pays illégal de politiciens, qui ne vit pas. C'est cela la crise de l'État moderne ; c'est en face d'elle que nous sommes ; et elle nous met en face de ce problème : Etant donné que l'État moderne est et restera un État de droit, qu'il restera construit par en bas, sur le suffrage universel, comment le guérir de son mal ? comment faire que le suffrage universel ne soit pas anarchique, soit sincère, donne une représentation qui représente dans tous les sens du mot, une législation sage, suivie, composée, harmonique, un gouvernement qui gouverne ? comment faire que le vrai pays vivant ne soit plus sacrifié au faux pays politiquant ? La solution de ce problème ? Une seule. La fin de cette crise ? Une seule. Le remède à ce mal ? Un seul : organiser le suffrage universel ; substituer au suffrage universel inorganique, le suffrage universel organisé. » Comment ? une prochaine étude nous le dira.

22. — *Les amitiés de Jésus*, simple étude par le R. P. M. J. OLLIVIER, des Frères-Prêcheurs. 1 vol. grand in-8 de XXXI — 433 pp. Paris, P. Lethielleux, et A. Roger et F. Chernoviz.

Sous ce titre, le R. P. Ollivier a publié un volume, que nous signalons à l'attention de nos lecteurs. En voici le résumé très sommaire : Liv. I. *Les amitiés du sang* : la sainte Vierge, saint Joseph, les parents de Jésus-Christ, et particulièrement Zacharie, Elisabeth et Jean le Précurseur. Liv. II. *Les amitiés du choix* : Lazare, Marthe et Marie-Madeleine. Liv. III. *Les amitiés de mission* : Les apôtres, et surtout Pierre, Jacques le Majeur et Jean l'Évangéliste, les disciples et les saintes Femmes ; les convertis de Jésus-Christ.

N'oublions pas non plus les chapitres consacrés à l'amour du divin Maître pour sa patrie et pour l'Église.

Nous n'avons pas à faire l'éloge de l'écrivain : le P. Ollivier a traité ce sujet à la manière large qui lui est naturelle et qui rappelle par certains côtés celle du P. Lacordaire. Quant au fond du livre, il mérite aussi certainement des éloges. L'auteur a reconstitué avec science et habileté le cadre de la vie de ses personnages : ce qu'il nous dit, par exemple, de la Judée et de la Galilée, nous donne une idée plus nette, plus complète et plus vivante de l'histoire de Jésus-Christ et de ses prédications.

Là où les documents historiques font défaut, le P. Ollivier invoque la tradition. Peut-être a-t-il accordé trop d'importance et d'autorité à certaines traditions : par exemple, quand il discute l'espèce animale à laquelle la *Tarasque* pouvait appartenir. Mais nous ne voulons pas entrer ici dans des discussions qui nous entraîneraient trop loin.

23. — M. l'abbé Lepitre, professeur à la Faculté catholique des Lettres de Lyon, a fait un tirage à part de son mémoire sur *la Phonétique indo-européenne et ses progrès depuis trente ans*, présenté au dernier Congrès scientifique international des Catholiques (59 pp. gr. in-8°). C'est une étude fouillée et complète, des progrès, ou, pour employer une expression plus discrète, des changements apportés dans les doctrines phonétiques depuis l'apparition du *Compendium* de Schleicher (1862) L'auteur est bien au courant de ce qui s'est publié de plus important sur ces matières, en France, en Italie et surtout en Allemagne, comme le prouvent de nombreuses références aux linguistes les plus autorisés. Son exposition est méthodique et lucide, et ses conclusions très nettes. Ceux de nos lecteurs qui s'intéressent à la grammaire comparée, seront certainement heureux de parcourir ce consciencieux travail.

24. — *Le tour du monde*. — 1895. Nouvelle série. — 1re année, brochée en un vol. 25 fr. (Hachette et Cie.)

On trouve dans ce volume les récits de voyages de MM. E. Girardin, en Australie ; de Soudak, à travers les résidences impériales de

Crimée ; Marguillier, à travers le Salzkammergut ; d'Albéca, au pays des Eoués ; Vuillier, en Sicile ; de Soudak, aux villes mortes de Crimée ; Foureau, chez les Touaregs Azdzer ; l'abbé le Camus, aux sept églises de l'Apocalypse ; Schrader, à Bordeaux ; Mlle de Bovet, en Ecosse ; le lieutenant Garde, au Groenland ; Lapique, dans l'Océan Indien ; Ranson, dans la Haute-Gambie ; Servières, en Bavière ; Bernac, à Davos ; illustrés de 500 gravures d'après les dessins de Boudier, Girardin, Lavée, Taylor, Vuillier, etc.

L'année contient en outre 416 pages de chroniques hebdomadaires, sous le titre : à travers le monde et conseils aux voyageurs, avec 400 gravures ou cartes et 104 pages de tableaux graphiques du Tour du Monde Guide.

J. M. B.

25. — *Les temps préhistoriques en Suède et dans les autres pays scandinaves* par Oscar MONTELIUS. Ouvrage traduit par Salomon Reinach, conservateur adjoint des musées nationaux, un vol. Leroux.

J'ai sous la main la traduction de Kramer de la Suède préhistorique, parue à Stockholm en 1874. C'est un tout petit volume de 172 pages, illustré de 132 gravures. La nouvelle traduction contient, dans un texte de 352 pages, une carte, 20 planches et 427 figures. Du premier travail, il ne reste que le plan et c'est véritablement un livre nouveau.

La partie bibliographique, qui manquait dans les éditions précédentes est très soignée dans celle-ci. C'est un livre indispensable pour un archéologue.

J. M. B.

26. — *Anatomie et physiologie végétales,* par J. GUIBERT, prêtre de Saint-Sulpice, professeur de Sciences naturelles au séminaire d'Issy. Un vol. in-18 jésus, 296 pages, 479 figures. Victor Retaux.

Voici un excellent manuel de Botanique ; il prendra vite une des premières places parmi les meilleurs. Clair, méthodique, au courant des dernières découvertes, il répond surabondamment aux exigences des programmes du baccalauréat ès-lettres, du baccalauréat de l'enseignement secondaire moderne et du brevet supérieur.

A l'exemple de L. Mangin, notre auteur fait suivre chaque chapitre d'un résumé qui facilitera à l'élève le travail de révision.

Le livre premier est la partie vraiment originale de ce manuel ; il est consacré à des notions générales de Biologie indispensables aux étudiants désireux d'acquérir une vraie formation scientifique. A mentionner également quelques excellentes pages sur la reproduction des cryptogames.

J. M. BORDES.

SOCIÉTÉ NATIONALE DES ANTIQUAIRES DE FRANCE

Séance du 18 janvier. — M. l'abbé Morillot écrit pour contester la lecture d'une inscription de Saint-Honoré-les-Bains, publiée par M. R. Mowat dans le *Bulletin* de la société (1895, p. 140 et s.). M. Mowat regarde ce texte comme votif; M. l'abbé Morillot la croit funéraire et envoie un estampage à l'appui de sa démonstration. M. Mowat fait observer que l'abbé Morillot a déjà publié cette inscription; il fait circuler un estampage meilleur que celui de l'abbé Morillot et démontre que les mots *qui aedem cum suis ornamentis donavit* indiquent, d'une façon certaine, qu'il ne peut pas être question ici d'une inscription funéraire. — M. A. Maignan présente un cavalier sculpté dans un maxillaire de baleine, trouvé à Amiens. Les détails du costume et le harnachement du cheval permettent d'attribuer cette sculpture au XIIe siècle. L'ornementation du bouclier donne un nouvel exemple de la persistance des traditions mérovingiennes. La lance offre cette particularité curieuse qu'elle est emmanchée dans un sabot polygonal destiné à protéger la main. M. Schlumberger fait ressortir l'intérêt de cette pièce qu'il croit d'origine scandinave. M. Molinier croit que c'est une pièce d'échiquier reproduisant un type du XIe siècle. M. Babelon signale des pièces d'échiquier conservées au cabinet des médailles, dont plusieurs relèvent de la même tradition — M. Cagnat fait une communication relative à une liste de vigiles connue seulement jusqu'à ce jour par des copies. L'original, possédé par M. Le Blant, permet à M. Cagnat de donner un texte rectifié. — M. A. Blanchet communique un miroir antique formé par les deux côtés d'une monnaie en bronze de quatre as de l'empereur Antonin le Pieux. — M. Ed. Blanc présente des miniatures provenant de Kachgar (Turkestan Chinois) et dont il est difficile de dire si elles sont nestoriennes ou boudhistes, mais qui diffèrent de l'art musulman. Il présente en outre un manuscrit du XVIe siècle provenant de la Transoxiane et qui est l'œuvre de Maoulana-ech-Chéraf. Il est orné de nombreuses miniatures dont l'une représente l'arrivée d'Européens qu'il serait intéressant de pouvoir identifier.

ACADÉMIE DES INSCRIPTIONS ET BELLES-LETTRES

Séance du 3 janvier. — Après quelques mots adressés à ses collègues, M. Maspero cède le fauteuil de la présidence à M. G. Schlumberger qui remercie l'Académie de l'avoir élu et fait voter des remerciements au président sortant. M. Héron de Villefosse prend place au bureau en qualité de vice-président. — M. Clermont-Ganneau continue la lecture de son mémoire sur les inscriptions de Syrie et le calendrier palmyréen. — L'Académie procède à l'élection des membres de plusieurs commissions : *Benoit-Garnier*, MM. Barbier de Meynard, Schefer, Sénart, Hamy ; *Piot*, MM. L. Delisle, Heuzey, Perrot, Maspero, de Lasteyrie, Muntz, Collignon, Saglio : *prix ordinaire*, MM. Girard, Boissier, Croiset, Havet ; *prix Duchalais*, MM. de Vogüé, Delisle, de Barthélemy, Muntz ; *prix Bordin*, MM. L. Delisle, Meyer, Paris, Gautier ; *prix La Fons Melicocq*, MM. Delisle, Longnon, de Barthélemy, Gautier ; *prix Stanislas Julien*, MM. Schefer, Sénart, Barbier de Meynard ; *prix Fould*, MM. Heuzey, de Lasteyrie, Muntz, Collignon ; *prix Delalande Guérineau*, MM. Barbier de Meynard, Schefer, Sénart, Berger ; *prix La Grange*, MM. Paris, Meyer, Longnon, Gautier ; *prix Saintour*, MM. Saglio, de Barthélemy, de Lasteyrie, Muntz.

Henry Thédenat.

L'Éditeur-Propriétaire-Gérant : Albert Fontemoing.

BULLETIN CRITIQUE

17. — **Bible, Science et Foi,** par le père Zahm, traduit de l'anglais par l'abbé Flageolet. — Un vol. in-18, Paris, Lethielleux.

Sous ce titre sont réunies trois études, l'une sur l'Hexaméron mosaïque, la seconde sur le Déluge, la dernière sur l'antiquité de l'espèce humaine. Publiées en anglais par le père Zahm, elles ont été mises à la portée des lecteurs français dans une traduction élégante et facile.

Faut-il s'attendre à trouver dans ces pages des aperçus nouveaux sur des questions tant de fois rebattues ? Assurément non. Quiconque a lu certains chapitres des *Livres Saints et la critique rationaliste* de M. Vigouroux, le *Déluge biblique* du chanoine Motais, tels et tels articles du *Dictionnaire apologétique de la Foi catholique* se retrouve ici en pays de connaissance. Nous ne disons pas que le père Zahm n'ait puisé qu'à ces sources, — ses nombreuses références protesteraient au besoin contre notre téméraire assertion, — nous constatons seulement un fait, c'est que les aperçus et les arguments présentés par l'auteur sont de ceux qu'on a déjà rencontrés quelque part. En somme c'est un résumé facile, trop facile peut-être, des travaux antérieurs; il pourra servir à ceux qui n'ont ni le goût, ni le loisir de recherches plus étendues.

Les questions traitées dans ce livre ont assurément leur importance; mais ont-elles toutes également cette importance majeure que les apologistes aiment à leur attribuer ? Nous ne le pensons pas. D'abord il en est, à notre avis, d'insolubles, celle sur l'antiquité de l'homme par exemple. Dès lors pourquoi venir annoncer pompeusement une solution qu'on est dans l'impossibilité de donner avec une rigoureuse précision ? Qu'on dise : tels et tels systèmes qui croient l'homme vieux de cent mille ans et plus sont manifestement faux, rien de mieux ; mais pouvons-nous opposer à ces fantaisies des chiffres *précis et exacts* ? Non. En effet l'écart entre les diverses supputations sur l'âge de l'humanité se chiffre par le nombre assez respectable de 3500 ans, on sait de plus que des lacunes existent très probablement dans les listes généalogiques base de tous ces calculs, enfin les chiffres eux-mêmes peuvent avoir été altérés là et ailleurs ; par suite ne vaut-il pas mieux faire le modeste aveu de notre ignorance ? C'est en définitive la conclusion à laquelle aboutit le père Zahm, mais est-ce bien celle à laquelle est préparé son lecteur après les promesses qui la précèdent et semblent en appeler une autre moins vague et moins indécise ?

Nous ferons à la première étude le reproche de n'avoir pas de conclusion du tout. Le père Zahm nous répondra sans doute que c'était là son dessein, et que, dans cet examen de la cosmogonie mosaïque, il se proposait surtout de montrer la liberté laissée par l'Eglise dans cet ordre de recherches. D'accord ; mais si la véracité du récit biblique sort indemne de cette épreuve, l'esprit du lecteur est quelque peu dérouté par le résultat final. Il est bien certain en effet que si l'explication *concordiste* de l'Hexaméron est vraie, l'explication *liturgiste* ne peut pas l'être ; l'une voit des révélations scientifiques sous les moindres mots, l'autre n'en voit nulle part ; pour l'une l'Hexaméron est un récit historique, pour l'autre une hymne ou un chant sabbatique destiné à célébrer l'unité et la toute-puissance du Dieu créateur, cela se ressemble comme le jour et la nuit. Quels motifs y a-t-il de préférer une interprétation à l'autre ? Nous aurions aimé à voir la question envisagée sous cet aspect, et nous sommes persuadé que bon nombre de lecteurs l'auraient aimé comme nous.

Dans son étude sur le Déluge, le père Zahm accepte la non-universalité à tous points de vue géologique, zoologique et même anthropologique. Cette dissertation nous paraît la mieux conduite et la plus concluante. L'auteur a fait valoir d'une façon nette et claire les principaux arguments du regretté M. Motais, et il sort ici de cette indécision que nous lui reprochions tout à l'heure.

Malgré ses lacunes et ses défauts que nous n'avons pas cachés, il se dégage de ce petit volume une impression salutaire et bienfaisante : c'est qu'à ces prétendus conflits entre les diverses scien-

ces et la Bible on trouve assez facilement une solution quand on la cherche. A des esprits de bonne foi et que les affirmations tapageuses des demi-savants auraient troublés, on peut donc conseiller la lecture de ce livre, il ne peut que les rassurer et leur faire du bien.
D. Le Hir.

---

18. — H. François Delaborde. **Jean de Joinville et les seigneurs de Joinville,** suivi d'un catalogue de leurs actes. Paris. Imp. nat. 1894, 1 vol. in-4° 534 p.

M. Delaborde n'a pas voulu écrire l'histoire de J. de J., historien de saint Louis, mais celle de Jean, seigneur de Joinville, et faire de ce personnage le plus important de sa race, le centre d'une étude sur la famille de Joinville, de ses origines à sa disparition : d'où la disproportion apparente de son ouvrage. Sur 218 p. de texte, plus de 100 sont consacrées à J. de J.; le reste se partage entre ses ancêtres et ses successeurs.

Originaires de la Champagne, les Joinville apparaissent avec Et. de-Vaux, en même temps que les Brienne ; soldats de fortune, pillards de monastères, s'établissant en un endroit fort où ils s'empressent d'élever un château, ils s'étendent sans scrupule, aux dépens de leurs voisins, surtout de leurs voisins ecclésiastiques. Et. de-Vaux fixé à Nouveau-Château, devient avoué à Saint-Urbain; allié aux Brienne, il obtient l'avouerie du pays de la Blaise, dépendant de Montiérender : Saint-Urbain et Montiérender devaient être deux sources importantes de la future fortune des Joinville. D'où venait le chef de cette nouvelle maison féodale ? on ne sait. M. D. examine toutes les hypothèses grâce auxquelles on a voulu rattacher les Joinville, soit à la famille de Boulogne, soit à celle de Godefroy de Bouillon, soit à celle de Broye, par une similitude d'armes résultant de la semi-fraternité de Geoffroy IV et de Hugues de Broye. Les successeurs de Et. de-Vaux se montrèrent comme lui mauvais voisins et mauvais administrateurs des biens d'église. Avec Roger, son troisième successeur, ils paraissent à la cour des comtes de Champagne. Geoffroy III, croisé avec le fils de Thibaud II, Henri, obtient en 1147 la charge de sénéchal de Champagne. De ce moment, les sires de Joinville sont intimement liés à l'histoire de cette province. Tous les Joinville depuis Geoffroy III, se croisèrent. L'un des plus illustres d'entre eux fut Geoffroy V ; mêlé aux luttes du comte de Champagne, contre les Lusignan et les Brienne, il le suivit dans son alliance avec Richard Cœur de Lion, où il gagna d'ajouter le lion des Plantagenet aux armes des Joinville, et redevint avec Thibaud V, fidèle à Philippe-Auguste. Les efforts des Joinville, du jour où ils avaient obtenu la sénéchaussée de Champagne, avaient tendu à la rendre héréditaire dans leur famille. Ce fut Simon, frère et successeur de Geoffroy V, qui après avoir pris successivement parti pour Simon IV et les Brienne, obtint du comte de Champagne en 1214, puis en 1218, la reconnaissance de l'hérédité de la charge de sénéchal dans la famille des Joinville. Simon, après avoir suivi le comte Thibaud dans les luttes de la minorité de saint Louis, après avoir sauvé Troyes de l'invasion bourguignonne, mourut en 1236, laissant comme héritier un fils mineur Jean.

J. de J. évoque saint Louis ; on le représente surtout comme ami et biographe du roi ; sa vie semble se résumer dans la période où il vécut avec lui. Cependant, lors de la croisade, J. avait vingt-trois ans ; bien qu'avec peu de documents, M. D. a essayé de retracer sa vie. Né en 1225, il avait épousé en 1239 Aimée de Grandpré, fille du comte de Bar. Il avait suivi le comte de Champagne dans ses expéditions, pris part à l'assemblée de Saumur où fut célébrée la chevalerie de Alfonse de Poitiers, fait la campagne de Taillebourg en 1241-2. En 1244, il se croisa en même temps que saint Louis. Dans le récit de la croisade, il y avait surtout à éviter de laisser Joinville se raconter lui-même, en résumant, sa chronique. M. D. l'a évité et a su en dégager et faire ressortir, tout en la laissant dans son cadre, et à sa juste place, la figure de son héros. L'on peut suivre pas à pas Joinville, dans le débarquement, dans les premières escarmouches, dans la retraite après la Mansourah, enfin dans la captivité, dont nous avons un touchant récit, assister à la progression de l'intimité du roi et de Joinville, dévouement et respect affectueux de la part du sujet, bonté et profonde influence de la part du roi; intimité qui aboutit au Credo, représentant, non pas tant la foi de J. lui-même, que la foi du roi communiquée à J. Rentrés en France, cette intimité ne diminue pas. Maintes fois, J. réside à la cour, et sa présence devient encore plus fréquente à la suite du mariage de Thibaud avec Isabelle fille de saint Louis. Après la mort du roi, qu'il ne suivit pas dans sa dernière croisade, son amitié ne diminua pas, et lors de la canonisation de Louis IX, sa déposition fut l'une des plus importantes. Malheureusement, les documents font défaut pour toute la seconde partie de la vie de Joinville. Il parut à la cour en 1297, dut prendre part à l'entrevue de Vaucouleurs, entreprit en 1305 à la demande de la reine Jeanne de Champagne, l'histoire de saint Louis, et en 1314 fit partie de la coalition dirigée contre Philippe IV. A la mort de Louis X, il se prononça en faveur de Philippe V. Sauf ces données, et quelques mentions relatives à ses conflits avec les moines de Saint-Urbain, à ses fonctions de garde général en 1285, à ses luttes avec le duc de Lorraine en 1311, on ne sait rien d'autre sur lui jusqu'à sa mort en 1317. M. D. était naturellement amené à parler de l'œuvre littéraire de Joinville. Il l'a fort bien fait. Après avoir rappelé que c'est au xvie siècle que la chronique fut remise en honneur, il l'étudie en elle-même, montrant surtout qu'elle est un ouvrage de souvenirs personnels, quelquefois inexacts par suite de l'oubli, mais toujours sincères. Si Joinville parfois est terne, on le doit à ce qu'il ne rend compte que de ce qu'il a vu; sans doute il manque de profondeur, il ne sait pas dégager les causes des événements. Mais sa narration toujours précise, est avant tout sincère.

Dans la troisième partie, M. D. retrace la vie des successeurs de J. Moins sympathique que son père, Anseau, homme de cour et avare, conseiller de Philippe V et de Philippe VI, sut augmenter la fortune de sa maison. Henri, héritier du comte de Vaudemont, ne fut pas indigne de ses aïeux. Il servit fidèlement le roi de France durant la guerre de Cent ans, fut fait prisonnier à Poitiers, fut chargé en 1359 de la répression de la Jacquerie et des grandes compagnies. Homme de guerre de valeur, il n'eut malheureusement pas d'héritiers mâles. Avec lui le nom des Joinville s'éteignit et passa dans la maison de Lorraine. Il devait au xvie siècle revivre avec les Guise.

L'ouvrage de M. D. établi sur de nombreux documents, formant un catalogue de 1071 actes, est fort intéressant et d'une grande érudition. La lecture en est attachante et facile, et c'est le meilleur modèle que l'on puisse signaler pour les études de ce genre.

Léon Mirot.

19. — **De Genève à Rome**, *Impressions et Souvenirs*, par Théodore de la Rive, un vol. in-18 de lii-243 pages, Paris, librairie Plon, 1895.

Issu d'une vieille famille calviniste de Genève, M. de la Rive avait vingt-cinq ans, l'âge des mâles résolutions qui déterminent une vie, lorsqu'il abjura le protestantisme pour revenir à la foi catholique abandonnée, trois siècles auparavant, par ses ancêtres. A peine venait-il de se convertir qu'il songea à écrire le récit de sa conversion. Son désir, en entreprenant ce travail, n'était pas seulement de préserver de l'oubli les souvenirs précieux d'une période décisive de sa vie intérieure; il espérait surtout que l'expérience qu'il avait faite pourrait éclairer ses anciens coreligionnaires, et que son exemple serait propre à les entraîner. Sans délai, il se mit à l'œuvre.

La préface, qu'il a, depuis lors, jointe à ce récit pour le présenter au lecteur, nous indique d'après quel plan il avait primitivement conçu son ouvrage. D'abord, remontant jusqu'à son enfance, il recherchait, à travers le cours de sa vie passée, les préliminaires, le « point de départ » de sa conversion. Puis, dans une seconde partie, il exposait l'évolution proprement dite de sa pensée religieuse, il reconstituait tout le travail de réflexion, de lectures, de recherches historiques, de raisonnements philosophiques qui l'avait amené à reconnaître l'erreur dans le protestantisme, la vérité dans la doctrine catholique. Enfin, la conclusion de son livre nous faisait assister au « terme du voyage; » nous y devenions les témoins des actes qui avaient manifesté sa conversion, qui l'avaient fait membre de l'Eglise, les confidents des sentiments et des émotions dont son âme avait été remplie en ces jours mémorables.

De ce plan, il commença par exécuter le morceau du début et celui de la fin. C'étaient les plus engageants; il suffisait de parler d'abondance du cœur, et de puiser dans de chers et vivants souvenirs. Mais lorsque le moment fut venu d'aborder la seconde partie, celle à laquelle l'auteur, dans sa première pensée, attribuait le plus d'importance, il hésita. Reproduire toute la longue série de raisonnements et de lectures qu'il avait parcourue, la tâche était lourde. Les fruits seraient-ils, du moins, proportionnés au labeur ? Etait-ce un bon moyen d'attirer les protestants que d'entrer dans la discussion des doctrines? N'allait-on pas plutôt provoquer des répliques? Un vivant exemple, présenté avec simplicité, accompagné seulement de paroles d'union et de paix, n'était-il point mieux fait pour les toucher? D'ailleurs, toute cette controverse n'offrait guère de nouveauté; il y avait même quelque impertinence, ou quelque naïveté, à montrer en public ce petit essai personnel de critique du protestantisme, d'apologie de la doctrine catholique, après l'*Histoire des Variations* et l'*Exposé de la doctrine*. Ne valait-il pas mieux, de toute façon, renvoyer à Bossuet et aux bons auteurs? C'est à ce dernier parti que M. de la Rive a fini par se ranger; il nous donne en appendice, à la suite de son livre, la liste des ouvrages qui lui furent utiles, et cette liste, à elle seule, vaut un enseignement. Pour lors, renonçant à écrire cette seconde partie, renonçant à cette grande œuvre qu'il avait rêvée, il jeta son manuscrit dans un tiroir. Quinze années s'écoulèrent, le temps passe vite, jusqu'au jour où il alla tirer ces pages de leur sommeil, et où il se décida enfin à les livrer à l'impression, sans y rien ajouter, telles qu'il les retrouvait.

Nous devons l'en remercier. Le livre qu'il nous offre aujourd'hui, pour n'être que le fragment d'un ensemble abandonné, n'en a pas moins son prix. Ce qui y manque, c'est tout le côté abstrait, général de la conversion, c'en est le lieu commun; mais c'est de quoi nous nous passons le plus volontiers. Et ce qui en reste gagne à cette suppression; c'est un gros poids dont le livre est déchargé. Sans doute, l'œuvre n'a plus maintenant le caractère ni les prétentions que l'auteur lui avait d'abord assignés. Au lieu d'un ambitieux traité de sa conversion, nous n'en recevons qu'un récit modeste. Perdons-nous au change?

Les deux parties dont se compose aujourd'hui le livre n'étaient pas destinés à se rejoindre; et cependant, simplement juxtaposées, elles se relient, se complètent. Ensemble, elles montrent tout le côté personnel et vécu de la conversion. Ce livre nous fournit ainsi un document humain pris sur le vif, direct, original, en même temps que plein de signification et de portée. Il n'est pas fait seulement pour plaire aux catholiques; il mérite d'intéresser quiconque est curieux de vérité, comme aussi quiconque professe, à l'exemple du poète, que rien d'humain ne lui est étranger. Rien au monde, je l'avoue, ne me paraît plus attachant que de regarder un homme qui cherche la vérité religieuse, ni plus satisfaisant que de le voir la trouver; et c'est une heureuse fortune que d'être convié par cet homme même à suivre de près ce noble spectacle. Le récit d'une conversion qui, par ses circonstances, appartient au domaine des faits, par sa tendance et son terme au domaine des idées, réunit les deux genres d'intérêt que peuvent présenter les ouvrages de l'esprit et que ces ouvrages n'offrent d'ordinaire que séparément; l'un qui s'attache à toute description de la réalité, par dessus tout à la peinture du cœur humain, à la représentation de la vie, l'autre qui appartient à la poursuite et à la découverte du vrai dans le monde des idées. Et même, un pareil récit possède naturellement ces deux genres d'intérêt à un degré éminent. Car de toutes les vérités, celle qui nous inquiète et nous touche le plus, c'est la vérité religieuse. Quoi que l'on fasse, on n'y saurait rester indifférent; on peut se passer des autres, de celle-ci on a besoin pour vivre. Et, d'autre part, il ne se présente, par là même, dans le cours d'une destinée humaine, aucune situation, quelque émouvante, quelque passionnée, quelque dramatique qu'on l'imagine, où l'homme soit déterminé à penser, à sentir, à vouloir, à vivre, en un mot, avec plus d'intensité, ni par suite où il soit un plus intéressant objet d'observation et d'étude, que lorsqu'il traverse une crise religieuse. Cette crise le remue jusqu'au fond de l'être; elle réveille, stimule, surexcite toutes ses énergies. Et si, par surcroît, c'est vers la vérité qu'elle tend à le conduire, cette vérité, même avant qu'il ne l'aperçoive, le remplit de sa vertu et lui communique une force supérieure. Elle n'élève pas seulement l'intelligence, elle dilate le cœur; elle sollicite et prend l'homme tout entier. A mesure qu'elle l'attire, elle affermit son caractère, affine sa sensibilité, épure ses intentions, non moins qu'elle n'éclaire son esprit. Elle l'oblige, pour s'élever jusqu'à elle, à devenir meilleur, à se surpasser lui-même. Enfin, lorsqu'elle s'est livrée à lui, elle achève l'épanouissement de ses facultés, et porte à une puissance supérieure ce qu'il possède d'humanité.

Le héros de ce drame intime, qui est une conversion, s'il entreprend de nous le raconter, n'a que faire, pour assurer à son récit le double intérêt dont j'ai parlé, d'y mettre de l'art, et de composer, et de ménager les effets. Tout artifice, tout arrangement ne pourrait que gâter et qu'affaiblir la réalité. Il a seulement besoin d'être sincère, véridique, et de dire le plus simplement du monde comme les choses se sont passées. S'il sait écrire, tant mieux; mais qu'il se garde de toute littérature. Cette simplicité, cette sincérité on est heureux de les rencontrer chez M. de la Rive; il s'ouvre, se confie à nous, et nous admet dans l'intimité de sa vie religieuse. Il nous parle du ton le plus franc, le plus naturel; son style, d'ailleurs très pur, a beaucoup de charme, parce que les mots n'y sont rien et que l'on y croit saisir les sentiments et les pensées mêmes. Non pas que ce style manque de couleur, de chaleur et de mouvement; mais ce qui le colore, l'échauffe et l'anime, c'est la vie qu'il traduit avec fidélité. Nulle part, dans son livre, on ne rencontre l'auteur, et partout l'on s'y trouve en présence de l'homme.

Et cet homme, que nous apprenons ainsi à connaître, est vraiment quelqu'un. A la clarté d'une intelligence que la culture a développée, il joint la délicatesse, la chaleur du sentiment; ces moyens, il les met au service d'un caractère élevé. On reconnaît une de ces heureuses natures qui semblent aspirer d'elles-mêmes vers le bien, et dont la marque est, presque toujours, d'être, même en dehors de toute religion, profondément religieuses. Un tel homme était éminemment capable de comprendre et de rendre dans toutes ses parties, de réaliser sous tous ses aspects l'œuvre complexe, à la fois rationnelle et vivante, réfléchie et spontanée, d'une conversion. Pour que cette œuvre soit solide, recevable, légitime, il faut que le premier rôle y appartienne à la raison; et ce fut à la raison, à elle seule que M. de la Rive ne cessa de le réserver. En se séparant des croyances de sa famille et de son enfance, il n'obéit à aucune considération personnelle; loin de là, toutes les convenances, toutes les traditions, toutes les affections de sa vie le détournaient de cette abjuration. Il ne se laissa guider ou plutôt vaincre que par le respect et le courageux amour de la vérité. Lors même que son caractère personnel n'eût pas suffi à nous en donner l'assurance, le fait seul qu'il fût protestant nous en serait encore une forte garantie. D'autres peuvent venir au catholicisme pour des motifs étrangers au culte pur de la vérité; ce sont des artistes, qui y cherchent la beauté, des mystiques, l'amour, et des malheureux, la prière. Mais l'art, le mysticisme, l'élan de piété, les pratiques de dévotion, voilà précisément ce qu'il y a, dans la religion catholique, de plus propre à offusquer un protestant. Et n'est-ce point contre toute cette partie sensible du christianisme que fut dirigée la Réforme? La religion réformée se réduit à du raisonnement; de là son abstraction, sa désolante aridité, mais de là, aussi, il faut le reconnaître, ses qualités de conscience et de probité intellectuelle. Il n'est pas possible que des protestants, pour se diriger vers l'Eglise, prennent d'abord une autre voie que celle du libre examen et de l'étude critique des doctrines; c'est ce qui distingue leur conversion et ce qui lui donne, rendons-leur ce juste hommage, une valeur particulière.

Mais si, dans la formation de ses convictions religieuses, M. de la Rive apporta la sévère méthode, il ne se crut point obligé d'y apporter aussi la froideur et la sécheresse protestantes; il ne pensa heureusement pas que ce fût une faiblesse d'y mettre, avec toute sa raison, tout son cœur. Il fit de l'un l'associé respectueux, mais fidèle et chaleureux du labeur austère de l'autre. En même temps il ne lui interdisait point de manifester librement l'intérêt qu'il prenait à tous les incidents du drame intérieur; il le laissa gémir des ruptures nécessaires, souffrir des blâmes et des abandons inévitables, déplorer les blessures faites à de chères affections, comme se réjouir des secours prêtés par l'amitié, et se confier avec reconnaissance aux directions sûres; il lui permit de ressentir à mesure et de traduire par ses émotions, d'abord les contre-coups de la lutte, ensuite l'allégresse pieuse de la victoire. Dans les dernières pages de son livre, l'auteur nous a peint toutes ces émotions, et il sait nous les faire partager. Il a voulu y parcourir de nouveau, devant nous, les suprêmes étapes du grand voyage de son âme. Nous sommes les témoins de son triste départ de Genève, au milieu de l'abandon des siens. Puis nous le suivons jusqu'à Rome; et là, dans le cadre de la Ville éternelle dont la religieuse grandeur nous a, dès l'abord, saisis comme lui, nous assistons aux scènes décisives et au dénouement de sa conversion. Après avoir été les confidents de ses efforts et de ses peines, nous le devenons de sa joie et de sa récompense. Aux inquiétudes, aux doutes du passé, nous voyons succéder en lui la sérénité d'une paix intérieure qu'il n'avait encore jamais connue et qu'il ne devait, ce semble, plus jamais perdre.

Ainsi, rien n'a manqué à cette conversion ; sous quelque aspect qu'on l'examine, on est satisfait. Lors même que nous voudrions, pour la juger, lui appliquer ces règles communes d'après lesquelles on apprécie les actions humaines et les événements naturels, nous lui accorderions encore la valeur d'une action vraiment belle, louable, digne d'un homme. Elle fut si manifestement pour M. de la Rive le progrès et l'achèvement de tout son être, qu'à ce titre seul elle devient un réconfortant spectacle. Elle fut pour lui un si grand bonheur, que tout le monde se voit obligé de s'en réjouir avec lui et de l'en féliciter. Quelles que soient les opinions religieuses du lecteur, il est contraint de reconnaître que ce récit ne pouvait recevoir de meilleure conclusion ; il emportera pour le moins de sa lecture cette salutaire impression que laissent les bons livres qui finissent bien.

Paul Festugière.

LETTRE DU CAPITAINE ESPÉRANDIEU

Marseille le 15 janvier 1896.

A *Monsieur le Secrétaire de la rédaction du* Bulletin Critique. *Paris.*

Monsieur,

Le *Bulletin Critique* n'est pas une tribune, et je me serais certainement dispensé de vous demander, pour les lignes qui vont suivre, une hospitalité que j'attends de votre courtoisie beaucoup plus encore que de mon droit, si le compte-rendu que l'on me communique, et qui a paru dans le numéro du 5 janvier dernier de votre journal, ne me paraissait empreint d'une partialité qui m'étonne sous la plume de M. Thédenat. Lorsque j'ai publié mon *Recueil des Cachets d'oculistes romains*, je ne me faisais aucune illusion sur les difficultés de ma tâche. Je ne prévoyais pourtant pas que je soulèverais autant de colère, et que, dans un article d'où a été soigneusement banni tout soupçon de bienveillance, M. Thédenat s'attacherait à me prouver que l'on ne marche pas impunément sur les brisées d'autrui.

Je dis ici nettement ce que je pense, *sans me préoccuper des dénégations qui peuvent se produire*. Que M. Thédenat, qui est beaucoup trop intéressé dans la question pour être bon juge, — le voulut-il, — *commence par m'affirmer sur l'honneur* que la publication de mon travail ne lui a causé aucun dépit. Je reconnaîtrai *peut-être, après cela*, que si les critiques qu'il m'adresse ne sont pas toutes justifiées, leur indépendance du moins ne fait aucun doute. Jusque-là, je ne retranche rien de mes suppositions [1].

M. Thédenat a peut-être été surpris de ne pas trouver son nom sur la liste des érudits auxquels je dois de la reconnaissance pour les renseignements qu'ils ont eu la complaisance de me fournir. Qu'il ne s'en prenne qu'à lui-même, et veuille bien se souvenir qu'il a refusé de m'être utile la seule fois où je le lui ai demandé [2].

Notes de M. l'abbé Thédenat

1. Les passages que j'ai fait mettre en italiques signifient-ils, dans la pensée du capitaine Espérandieu, ce qu'ils semblent signifier, à savoir : 1° que si je nie sans donner ma parole d'honneur, M. E. dira que je mens ; 2° que si je donne ma parole d'honneur, M. E. me dira *peut-être* ? S'il m'était démontré que telle est en réalité la pensée de M. E., je refuserais d'entrer en discussion avec lui.

J'aime à croire, pour M. E., que ce n'est pas là ce qu'il a voulu dire, et, sous le bénéfice de cette supposition, je consens à lui répondre, sans céder toutefois à sa sommation..... déplacée.

J'affirme, et cela suffit, jamais on ne m'a demandé davantage ; j'affirme que le livre de M. E. ne me cause aucun dépit et que je n'ai été, en composant mon compte-rendu, sous l'influence d'aucune préoccupation de ce genre. Et comment en serait-il autrement ? — Après examen du livre, mon collaborateur M. Héron de Villefosse et moi l'avons jugé assez mauvais pour n'être pas un obstacle à la publication du nôtre que nous n'en avons pas moins continué, avec la lenteur de collaborateurs à tout moment et alternativement distraits par des occupations étrangères à l'œuvre commune. (V. plus loin la note 3). Bien plus, nous avons pensé que le livre de M. E. nous fournirait, dans une certaine mesure, l'aide que les travaux antérieurs, fussent-ils insuffisants, apportent toujours aux auteurs plus récents. J'ai apprécié autrefois, avec plus de sévérité encore que le recueil de M. E., *l'Épigraphie des Alpes-Maritimes* (*Bulletin critique*, t. I, p. 296 et s.) et l'*Histoire de Vercingétorix* (*Ibid*. III, p. 101 et s.) ; je ne préparais cependant ni le Recueil des inscriptions des Alpes-Maritimes, ni l'Histoire de Vercingétorix. La vérité est que, quand j'ai à examiner un livre fait sans conscience et sans soin, ma mauvaise humeur dépasse toute mesure et je me laisse aller parfois, je l'avoue, à l'exprimer avec trop de véhémence : *facit indignatio versum*. Libre à M. E. de me supposer d'autres intentions moins désagréables pour son amour-propre. — H. T.

2. Je n'ai manifesté aucune surprise de ce genre. M. E. m'a en effet écrit en 1892, pour me demander si le nombre de 203 cachets que j'avais indiqué à M. de Laugardière était bien exact ou s'il en fallait déduire les 12 ou 13 vases portant des empreintes médicales. « Je ne connais, ajoutait M. E., que 187 » cachets ; et vous me feriez le plus grand plaisir, si vous vouliez bien me » faire connaître si j'en oublie. Ce renseignement me serait d'autant plus utile

En donnant une fin de non-recevoir à la lettre que je lui avais écrite, M. Thédenat craignait de déflorer, me disait-il, un recueil général des cachets d'oculistes romains qu'il avait rédigé en collaboration, et qui était « sur le point de paraître ». Il y a quatre ans de cela et l'ouvrage, que je sache, n'a pas encore été publié. On me permettra de ne pas insister [3].

Cela posé, voyons à quoi se résument les amers reproches qui me sont faits. A constater, tout simplement, que sur les deux cents cachets dont se compose mon travail, il en est quelques-uns, une demi-douzaine tout au plus, pour lesquels j'ai omis de parler des graffites gravés sur leurs plats, et deux ou trois autres dont on pourrait donner une interprétation différente de la mienne, sinon meilleure [4]. Ai-

---

» que j'ai en ce moment à l'impression, un recueil général des cachets d'ocu-
» listes. » Je répondis à M. E. qu'il existait vraiment 203 cachets ; que j'étais embarrassé pour le renseigner davantage, car j'avais rédigé en collaboration avec M. Héron de Villefosse un recueil qui allait bientôt paraître. Et comment aurai-je donné à M. E. le renseignement qu'il me demandait ? Comment, s'il ne m'indiquait pas les cachets qu'il connaissait, savoir, pour les lui signaler, les quinze cachets environ qu'il ignorait ? Fallait-il lui livrer mes notes et un travail de collaboration de plusieurs années ? Qui l'eût fait à ma place ? Si M. E. m'avait demandé des renseignements particuliers sur tel ou tel cachet, je les lui aurais fournis volontiers comme je l'ai fait maintes fois pour d'autres archéologues, français et étrangers, comme l'a fait, pour M. E. lui-même et avec mon entière approbation, mon collaborateur, M. Héron de Villefosse. — H. T.

3. A la fin de 1892, je croyais de bonne foi que notre volume, forcément interrompu en 1884, quand L. Palustre a quitté le *Bulletin monumental*, allait enfin paraître. J'étais alors, depuis 1887, absorbé par des travaux imposés par mes supérieurs ecclésiastiques, travaux qui n'avaient rien d'archéologique, qui ont nécessité quatre voyages et un séjour de près de deux ans à Rome, dont le terme, que je croyais toujours prochain, reculait toujours, et qui n'ont pris fin qu'avec l'année 1893. En 1894 et en 1895, j'ai fait deux maladies d'une durée de quatre mois environ chacune ; redevenu libre, j'ai trouvé mon collaborateur pris à son tour par l'organisation de la salle des antiquités africaines, puis par la confection du catalogue du département dont il est conservateur. M. E. voit donc qu'il pouvait insister. — Nous avons encore à vérifier un certain nombre d'empreintes qui manquent à notre collection et à recenser encore une fois notre bibliographie. M. Espérandieu ne sait pas par expérience, l'heureux homme, combien il est long et ennuyeux de vérifier avec soin une bibliographie. — H. T.

4. Je ferai observer à M. E. qu'il n'y a rien d' « amer » dans la façon dont je parle de ses textes. Je dis simplement que je présenterai, entre autres, un certain nombre d'observations de détail ; c'est la façon dont on procède dans tous les comptes-rendus. Je ne suis « amer », pour conserver l'expression impropre de M. E., que là où j'apprécie sa méthode et ses procédés scientifiques.

je besoin d'ajouter que les graffites omis ne présentent aucun intérêt, ce qui explique que mes correspondants ne s'en soient pas occupés lorsqu'ils m'ont envoyé les empreintes dont je me suis servi 5 ?

Pour le cachet n° 63, M. Thédenat me reproche de ne pas avoir consulté la planche de Poggi et de m'en être tenu à une copie peu certaine de R. de Minicis. La Bibliothèque nationale, si elle est à la disposition de tout le monde, n'est pas à la portée de chacun. J'étais en Corse, à Bonifacio, lorsque j'ai fait mon livre 6.

Les graffites du n° 68 ont bien été lus par M. Zangemeister, — qui ne songe pas à m'incriminer de lui avoir emprunté ses dessins, — mais il m'appartient pleinement d'avoir formé une seule phrase des deux légendes séparées. Au surplus M. Thédenat estimerait-il que ces graffites ne se lisent pas très clairement sur les dessins de M. Zangemeister 7 ?

L'arithmétique de M. E. n'est pas exacte; mes observations portent sur un plus grand nombre de cachets qu'il ne le dit, sans compter les omissions signalées ; je pourrais en ajouter d'autres encore en faisant un nouveau choix dans les notes dont j'ai criblé mon exemplaire du livre de M. E. D'ailleurs je n'ai pas dit que l'ensemble des textes fût mauvais chez M. E. ; et en effet, les cachets difficiles à déchiffrer sont excessivement rares; en outre la plupart des cachets ont été publiés bien des fois, et très souvent avec exactitude ; il faudrait vraiment le faire exprès pour que le plus grand nombre des textes ne fût pas à peu près satisfaisant. — H. T.

5. M. E. se trompe; tout, dans un monument antique, a son intérêt, et, quand on le publie, on doit le faire entièrement. — M. E. a grand tort de s'en prendre à ses correspondants : tous les graffites que je lui reproche d'avoir complètement ignorés sont publiés dans les auteurs que M. E. cite dans sa bibliographie, et que, dans sa liste bibliographique, il déclare avoir consultés *directement* (N° 4, Danicourt; n° 66, *Corpus*; n° 91, Boissieu; n° 101, Keller). Je dis que M. E. déclare avoir consulté directement ces auteurs, parce que, au titre de sa bibliographie, il ajoute cette note : « *Les ouvrages que je n'ai pu consulter directement ont été marqués d'un astérisque.* » Or, aucun des auteurs précités n'est marqué de l'astérisque. — H. T.

6. En écrivant mon compte-rendu, pour n'avoir pas à recourir à tout moment à la liste bibliographique de M. E., je m'étais fait une liste des auteurs au nombre de 16 qu'il n'a pas consultés directement et a signalés par l'astérisque; Poggi ne figurait pas parmi les seize; en vérifiant, je constate que M. E. l'a oublié dans sa liste bibliographique où il ne figure ni avec, ni sans astérisque. Ce n'est pas ma faute. — M. E. a tort de se plaindre de Bonifacio : sur 207 auteurs dont se compose sa liste bibliographique, il en a vu directement 191. Jusqu'à présent, je n'ai pas été aussi heureux, même à Paris. — H. T.

7. Je ne comprends pas ce que signifie cette dernière question puisque j'ai déclaré le dessin excellent. Le graffite est fidèlement reproduit, mais la lec-

Le « dessin » du n° 81, si répréhensible à ce qu'il paraît, est une composition typographique. M. Thédenat « qui sait, dit-il, combien il est difficile d'obtenir l'exactitude sur ce point », ne s'en est pas souvenu lorsqu'il m'a critiqué [8].

Je ne crois pas avoir accompli un « tour de force » en retournant, pour mieux la lire, la légende mal connue de la seconde tranche du cachet perdu n° 84. A la lecture : LVIIIILISDVCLVCIVUI, j'ai substitué *dubitativement* la suivante, dont le dernier mot, du reste, est certain : TANT STACTA CLARI. Si je me suis trompé, je ne dois pas être bien coupable [9] !

M. Thédenat regrette que je ne lui aie pas fourni le moyen de savoir quelle autorité doit être attribuée aux cachets de mon recueil, et me reproche de ne pas avoir dit si mes copies avaient été vérifiées sur des empreintes, des moulages ou les originaux, ou fournies par un confrère ou un auteur précédent. M. Thédenat s'est répandu en regrets d'autant plus inutiles que la distinction a été faite. Il suffit de le vouloir pour s'en convaincre. Lorsque je n'ai pas connu le cachet, soit en original, soit par un moulage ou par de bonnes empreintes, ce qui revient au même, j'ai pris soin de le dire, et d'indiquer la provenance de ma copie. Tel est le cas pour les cachets n°s 16, 22, 26, 27, 28, 33, 34, 37, etc. J'assume donc toute la responsabilité des copies pour lesquelles je n'ai rien dit [10].

---

ture en est difficile ; M. Zangemeister seul l'a déchiffré ; son dessin et sa lecture sont à lui. Je maintiens donc que, reproduisant l'un et l'autre, M. E. devait le dire. Il aurait dû mieux profiter du sévère avertissement qu'il a déjà reçu (*Revue historique,* 1894, t. 54, p. 337, n. 1).

8. « Sans chicaner M. E. sur des points omis et des lettres à tort liées ou « non liées — je sais combien il est difficile d'obtenir *sur ce point* l'exactitude « typographique... » Voilà ce que j'ai dit ; et il ne s'agit ici que de textes de cachets, c'est-à-dire de composition typographique et non de dessins. Mais vouloir représenter typographiquement un cachet, en remplaçant les dessins qui y sont gravés par des fleurons quelconques que possède déjà l'imprimeur, et, à une colombe, substituer un petit canard parce que l'imprimeur a un poinçon représentant ce volatile de basse-cour, cela me paraît un comble ! — H. T.

9. Je n'ai rien dit contre le dernier mot que je regarde aussi comme certain. Pour le commencement de l'inscription, je continue à préférer la conjecture du *Corpus.* Cependant, puisque M. E. paraît y tenir, je lui concède très volontiers que sa lecture n'est pas un tour de force. — H. T.

10. M. Espérandieu mentionne, je le sais très bien, les auteurs auxquels il emprunte la lecture des cachets qu'il sait perdus et aussi de quelques autres. Veut-il dire ici qu'il a vu lui-même, en originaux, en moulages ou en empreintes *tous* les autres, sans aucune exception ? — Même s'il en était ainsi, je main-

M. Thédenat me reproche, avec beaucoup d'aigreur, de « ne pas avoir l'habitude de lire les auteurs que je cite ». N'en déplaise à mon très savant confrère, je possède dans ma bibliothèque, et j'ai lu les neuf dixièmes des publications mentionnées dans mon recueil. Et si le dernier dixième m'a échappé, ou n'est cité que de seconde main, on voudra bien me croire sur parole lorsque j'affirmerai qu'il n'a pas dépendu de moi qu'il en fût autrement. Encore une fois, tout le monde n'est pas placé, comme M. Thédenat, pour avoir le facile accès de nos grandes bibliothèques [11].

M. Thédenat s'est donné l'innocent plaisir de me mettre en contradiction avec moi-même et de relever que certains cachets de ma liste chronologique sont cités comme ayant été découverts *après* avoir été publiés. Eh bien oui, le fait a pu se produire, et il s'est produit quelquefois, pour si étrange que cela paraisse ! Je n'ai pas à apprendre à M. Thédenat — car il le sait aussi bien que personne — que les deux prépositions *en* et *dans* n'ont pas du tout la même signification. Un cachet découvert *en* 1863, peut avoir été publié *dans* un volume de *mémoires pour* l'année 1860. Il suffit que la publication du volume ait subi un retard de trois ou quatre ans, — ce qui n'est pas rare, — et qu'un archéologue ait été pressé de tirer parti d'une découverte [12].

---

tiendrais que cela n'est pas assez expliqué dans son livre. Pourquoi n'avoir pas mis, comme on doit le faire dans tout bon recueil, après chaque texte : ma copie d'après l'original ; ou d'après des empreintes communiquées par M. X. ; ou d'après un moulage donné par M. X. ? — H. T.

11. Tout ce paragraphe est sans portée ; presque toutes mes observations ont trait à des ouvrages que M. E. déclare avoir consultés directement. — H. T.

12. Ce paragraphe encombré d'une puérile démonstration grammaticale n'est pas heureux ; en français plus intelligible il signifie ceci : Quelquefois un recueil est publié en retard, portant cependant comme date la mention de l'année pendant laquelle il aurait dû paraître ; un auteur peut donc y introduire un monument découvert entre l'année inscrite sur la couverture et l'année réelle de la publication. Cela en effet arrive quelquefois. Mais pourquoi M. E. parle-t-il de cela ici ? Il ne peut pas ignorer cependant, puisqu'il a lu les auteurs qu'il cite, que cette excuse n'est valable pour aucune des contradictions que je lui reproche : suivant M. E. en effet, le n° 94 et le n° 98, trouvés l'un et l'autre à Mandeure, le premier en 1863, le second en 1866, auraient été cependant publiés par Wetzel en 1860. M. Wetzel a en effet publié, en 1860, un mémoire sur un cachet de Mandeure ; mais, dans ce mémoire, *consulté directement* par M. E. cela va sans dire, Wetzel parle du cachet connus en 1860, et, comme de juste, il n'y est pas question des deux qui n'ont été découverts qu'en 1863 et en 1866 ; ce qui n'empêche pas M. E. de les y avoir vus...... directement. Le n° 57, tr. en

Au surplus, on peut commettre des erreurs matérielles dans le classement de ses notes, et ne pas être taxé, pour cela, de négligence ou d'impéritie. M. Thédenat, qui a lu mon livre — et le prouve — a bien commis l'erreur de dire que j'ignorais *complètement* l'existence des graffites dont sont couverts les plats du cachet n° 105, alors que j'ai écrit textuellement ceci à leur sujet, p. 185 : « Sur les plats de ce cachet on remarque, d'un côté l'image en creux d'un objet peu distinct, au centre d'un encadrement formé de cercles grossièrement tracés ; de l'autre, dans un encadrement analogue, une triple ligne de ces mêmes cercles » [13]. On peut juger, par cette seule citation, de l'intérêt que présentent la majeure partie des graffites que M. Thédenat me reproche si amèrement de ne par avoir reproduits [14] ! Des erreurs ? Mais qui n'en commet pas ? M. Thédenat, qui s'étend avec beaucoup de complaisance, et le plus souvent d'une façon byzantine, sur les fautes qu'il a remarquées, ferait-il figurer dans ses listes de noms gaulois, s'il avait à les refaire, une quantité de noms romains ou ibériens qui s'y trouvent à tort, et n'empêchent cependant pas son travail d'être consulté avec fruit [15] ?

1837, aurait été publié, d'après M. E. en 1836, non dans une revue, mais dans un journal portant la date non seulement de l'année, mais du jour, qui, par conséquent, ne peut pas être en retard d'un an et que M. E. a consulté, directement bien entendu. Pour le n° 51, trouvé en 1850, il faudrait établir que le *Jahrbuch* de Bonn de l'année 1843 a paru après 1850, c'est-à-dire plus de sept ans en retard !

Non, je ne me suis pas donné *l'innocent plaisir* de mettre M. E. en contradiction avec lui-même ; j'ai voulu, dans ce paragraphe, très sérieux au fond (p. 6-7 de mon compte-rendu) caractériser la façon dont M. E. lit ses auteurs et ce qu'il entend par les consulter directement. C'est ce manque de soin et de conscience dans les recherches qui m'a indigné et a donné à mon compte-rendu sa forme définitive. — H. T.

13. M. E. qui avait oublié de mettre ce renseignement à sa place dans le corps de l'ouvrage, l'a ajouté aux *additions et corrections* ; je reconnais que je ne m'en étais pas aperçu. — H. T.

14. M. E. se trompe complètement ; on a au contraire donné une grande importance à ce graffite. Castan y a vu la figure d'une plante et une inscription contenant une formule médicale ; Klein, d'après le dessin de Castan, aurait préféré y reconnaître une racine ; H. Monin a cru y trouver les éléments d'une inscription gauloise. Quand même tout cela ne serait pas exact, un graffite si étudié, et par des hommes compétents, a de l'importance et demande même, pour qu'on en puisse juger, à être reproduit par un dessin..... non typographique. — H. T.

15. M. E. ignore peut-être qu'il y a des noms à la fois barbares et romains, et qu'il y a aussi des noms douteux sur lesquels on peut différer d'avis ; cela

La bibliographie que je donne est incomplète ? Mais je n'en ai jamais douté, et le contraire m'étonnerait plus encore ! M. Thédenat est-il bien sûr qu'il n'a jamais rien omis des travaux de ses devanciers [16] ? Je fais ici amende honorable aux personnes que je n'ai pas citées par oubli, mais je ne vois pas en quoi les copies que je donne ont souffert de cet oubli, alors surtout que j'ai eu les cachets sous les yeux ? M. Thédenat a poussé le scrupule jusqu'à me reprocher de ne pas m'être cité moi-même ! C'est peut-être fort spirituel mais ce n'est sûrement pas sérieux [17] !

Que M. Thédenat se rassure, je n'ai pas « ramassé à peu de frais ce qui traînait çà et là dans les commentaires de mes prédécesseurs. » Qu'il veuille bien croire que mon livre, si imparfait qu'il soit, n'en représente pas moins une certaine somme d'efforts personnels [18]. J'ai possédé les empreintes, ou j'ai disposé librement, de presque tous les cachets qui ne sont pas perdus. M. Thédenat peut se renseigner auprès de M. Zangemeister, qui se sert en ce moment de

posé, je reconnais parfaitement qu'il s'est glissé des noms romains dans mes listes, en ayant trouvé moi-même. M. E. me reproche aussi d'y avoir mis des noms *ibériens*; je suis surpris de son peu de perspicacité : outre les noms *ibériens*, il aurait pu trouver aussi des noms *ligures* ou d'autres nationalités barbares. Si M. E. avait lu la préface de cette publication, que je lui ai envoyée autrefois, il y aurait vu ceci : « j'ai cru devoir ne pas me borner à relever seulement « les noms supposés gaulois, *j'y ai joint tous les noms d'apparence barbare.* » Mais je reconnais qu'il serait cruel de demander à M. E. de lire une préface ; si avant de parler de ma liste, il avait seulement regardé la couverture, il aurait lu ce titre en gros caractères : « *Liste de noms gaulois, barbares ou supposés tels.* » — Toujours le même ; on ne le changera pas ! — H. T.

16. Certainement, j'en ai omis quelquefois, comme tout le monde. Les revues sont si nombreuses, les œuvres si dispersées que ces accidents sont inévitables. Mais c'est une question de mesure. Un recueil de 200 inscriptions, contenant, au minimum de 115 à 120 n⁰ˢ dans lesquels la bibliographie est incomplète d'un ou de plusieurs ouvrages, est à bon droit regardé comme un livre qui n'a été ni préparé ni fait avec le soin suffisant ; c'est le cas du recueil de M. E. — H. T.

17. Puisque c'est spirituel (je ne m'en doutais pas), continuons ; cela fatigue d'être toujours sérieux : M. E. a encore oublié de se citer au n° 97 (*Revue générale d'ophtalmologie*, 1890) ; il l'a également oublié au n° 98 (*Revue archéologique*, 1891). Au n° 133, M. E., qui a seul publié ce cachet, se cite trois fois ; il aurait dû le faire deux fois de plus : *Antiquaires de France* (1890) ; *Antiquaires de l'Ouest* (1890). Je crois bien qu'il y a encore d'autres oublis de ce genre ; je n'en suis pas sûr et n'ai pas le temps de chercher ; redevenons sérieux. — H. T.

18. M. Espérandieu, qui a certainement lu mon compte-rendu, a ici une distraction : c'est de sa préface seule que j'ai dit cela, et non de son livre. — H. T.

mes notes pour la rédaction du tome XIII du *Corpus*. J'ai pu me procurer, en particulier, les empreintes de tous les cachets que mon savant confrère a décrits. Et si mes lectures ne diffèrent pas des siennes, cela prouve, tout simplement, que je n'ai pas trop mal lu[19].

M. Thédenat me fait encore un grief de ne pas avoir abordé une foule de questions que le nombre des cachets connus permet peut-être de résoudre. Je le ferai tôt ou tard, pour peu qu'il y tienne, dussé-je lui fournir matière à de nouvelles critiques, mais l'heure n'était pas venue lorsque j'ai fait paraître mon livre et je n'avais aucune intention d'épuiser le sujet. Il me suffisait, comme je l'ai dit, de réunir pour la commodité du plus grand nombre, les éléments essentiels d'une monographie [20].

Quant au dernier reproche qui m'est adressé de « sacrifier le souci de bien faire à la fièvre d'aboutir vite et à tout prix », je ne l'accepte que dans la plus étroite mesure. Il trahit pleinement le dépit dont je parlais tout à l'heure, et je laisse à ceux qui me liront le soin de décider s'il est préférable de disposer tout de suite d'un instrument de travail, même imparfait, ou d'attendre vainement, pendant quinze ans, l'œuvre impeccable d'un maître [21].

Si mon ouvrage est dépourvu de tout mérite, M. Thédenat dispose d'un moyen bien simple pour le condamner à l'oubli: qu'il fasse paraître en 1896 le recueil définitif qu'il faisait pressentir en 1881, et dont il m'annonçait la publication très prochaine, il y a quatre ans[22]. Nul plus que moi ne s'en félicitera, et si je suis appelé à rendre compte de son œuvre, je le ferai sûrement avec beaucoup moins de passion qu'il ne m'en a témoigné.

19. Voir plus haut note 4. — H. T.

20. M. E. fait un recueil complet des cachets d'oculistes ; il y joint une préface, et *l'heure n'était pas venue*, dit-il, de faire cette préface complète! Et M. E. avait les textes de plus de 200 cachets! Il possédait dans sa bibliothèque et avait lu les neuf dixièmes des ouvrages qui traitent la question ; sur 207 numéros de bibliographie, 16 seulement avaient eu la bonne fortune d'échapper à ses recherches directes. Et le moment n'était pas venu de faire la préface complète! — H. T.

21. M. Camille Jullian écrivait à propos du recueil de M. E. : « Y a-t-il véri« tablement avantage pour la science à publier avec une telle hâte les recueils « d'inscriptions déjà connues et déjà réunies ? Nos maîtres nous ont appris « que l'épigraphie profite plus de la patience que de la vitesse. » (*Revue historique*, 1894, t. LIV, p. 332.). Et plus loin, après avoir apprécié sévèrement deux autres travaux de M. E. : « Le mal vient encore et toujours de ce que M. Es« pérandieu a eu hâte d'en finir. » (Id., *ibid.*, p. 336). — H. T.

22. V. plus haut, note 3. — H. T.

M. Thédenat termine son compte-rendu en englobant dans une même réprobation la totalité de mes travaux. Il s'est abstenu jusqu'ici d'en parler « pour n'en pas médire ». M. Thédenat fait erreur ; il en a parlé jadis pour en dire du bien [23]. Il y a plus ; le 30 avril 1890, en s'excusant de ne pas m'avoir accusé réception plus tôt de quelques ouvrages que je lui avais envoyés, M. Thédenat m'écrivait que mes *Inscriptions du Poitou*, — le plus inexpérimenté sans contredit de tous mes livres, — lui avaient fait énormément de plaisir. « Je suis le plus abominable correspondant qu'on puisse imaginer, me disait-il, mais j'espère, un de ces jours, vous témoigner ma reconnaissance dans le *Bulletin critique* ». M. Thédenat ne voudrait pas que je l'accuse d'avoir manqué de sincérité dans cette circonstance. Alors ?

Alors, la conclusion arrive toute seule : *Quantum mutatus ab illo*...! Et pourquoi [24] ?

Veuillez me pardonner, Monsieur, cette trop longue lettre et recevez, avec toutes mes excuses, l'entière assurance de ma considération la plus distinguée.
Emile ESPÉRANDIEU.

---

23. Je l'ai oublié, mais c'est possible et je ne le regrette pas ; j'ai dû dire ce que je pensais. — H. T.

24. M. E. introduit dans la discussion une lettre amicale et privée dont les nécessités de la défense ne le contraignaient pas à parler ; je crois qu'il aurait mieux fait de s'en abstenir. En tout cas, il ne me met pas dans l'embarras. J'ai en effet été heureux de recevoir ses *Inscriptions du Poitou* ; quelque inexpérimenté que ce livre puisse être, il contient cependant des textes et des renseignements utiles. Je l'ai négligemment feuilleté, comme un livre à consulter à l'occasion et non à lire d'un bout à l'autre. Plus tard, ayant reçu d'autres livres du capitaine Espérandieu, je l'ai remercié tardivement, c'est vrai, et lui ai promis un compte-rendu, c'est vrai encore. Quand, voulant venir au fait, j'ai examiné les livres de plus près (j'avais l'intention d'en réunir plusieurs dans le même compte-rendu), j'y ai renoncé parce qu'il aurait fallu en médire. Il me répugnait de maltraiter des livres que leur auteur m'avait offerts.

Ceci dit, et pour en finir avec cette discussion qui doit fatiguer nos lecteurs, je maintiens mon compte-rendu et sa juste sévérité.

Le capitaine Espérandieu avait annoncé à notre éditeur une réponse « modérée ». Je l'attendais, disposé, sans toutefois pouvoir abandonner mes critiques, à verser plus d'huile que de vinaigre sur les blessures de mon confrère que je n'avais pas voulu atteindre personnellement au delà de son livre. Je regrette beaucoup qu'il ait, dès le début et en plusieurs endroits de sa réponse, porté la discussion sur un terrain extra-scientifique, m'interdisant ainsi de donner suite à mes intentions pacifiques.
Henry THÉDENAT.

L'Éditeur-Propriétaire-Gérant : ALBERT FONTEMOING.

N° 5   15 Février   1896

BULLETIN CRITIQUE

———⋆◊⋆———

20. — **La Fontaine**, par Georges Lafenestre, de l'Institut, in-16 de 208 pages, avec portrait. Paris, Hachette, 1895, 2 fr. — Collection des Grands Écrivains français.

Le moment était venu, après l'achèvement de la grande édition des Œuvres de La Fontaine en 11 volumes par M. Henri Régnier, de vulgariser les résultats des travaux modernes entrepris sur le fabuliste; mais quel ne fut pas l'étonnement dans le monde des lettres à la nouvelle que la maison Hachette en avait chargé un critique d'art, le salonnier érudit et délicat, M. Georges Lafenestre !

L'on peut apprécier maintenant l'heureuse inspiration de ce choix. Il en est bien peu parmi les « professionnels, » parmi ceux qui ont fait et fait faire trop de dissertations littéraires sur La Fontaine, qui eussent été capables d'écrire la *Vie* du Bonhomme, que nous donne M. Lafenestre dans les 100 premières pages de son étude. Cette première moitié du livre est réellement admirable : c'est une *Vie*, mais une vraie *Vie* vivante (ce qui est si rare), composée avec beaucoup de documents, mais où les documents, bien choisis et bien interprétés, s'animent sous la chaude sympathie de l'historien, laissant apparaître peu à peu la double personnalité morale et littéraire du poète, avec l'évolution suivie par chacune d'elles. Et que de couleurs! que de nuances! que d'esprit et de mots heureux ! C'est une brillante fête pour l'imagination comme pour le jugement.

Quatre tableaux. Le premier représente *La Jeunesse*, 1621-1657. Il faut lire ce début sur Corot et La Fontaine, où est analysée l'influence champenoise : c'est du Taine remis au point juste par un artiste de race. — L'on n'avait pas encore non plus aussi finement apprécié les distractions du Grand Enfant et montré tout ce qu'elles cachent d'intentions et d'impertinence voulue. Mais pourquoi, après avoir si bien expliqué comment les devoirs du mariage et de la paternité étaient contraires à son tempérament mobile, paraître l'excuser de les avoir négligés? ayons donc le courage, — car on dirait qu'il en faut pour porter le moindre jugement moral sur un écrivain, — d'avouer que La Fontaine, si grand par d'autres côtés, manquait de sens moral, et que l'idée du devoir lui était étrangère, en dehors des devoirs de l'amitié dont il s'acquitta avec un admirable zèle. Mais M. Lafenestre est bien trop enthousiaste de son héros pour faire, pour songer même sans doute à faire ces graves réserves.

Le second tableau, *La Fontaine et Fouquet* 1657-1663 est le meilleur. Il est vraiment excellent. Personne, à ma connaissance, ne nous avait aussi bien montré les grands rêves lyriques, épiques et dramatiques, qu'apportait à Paris le poète, en descendant du coche de Château-Thierry, et auxquels il ne se décida jamais à renoncer, sans regrets. On devait en retrouver plus d'une trace dans ses Fables, et il dépensa alors en menue monnaie des biens qu'il n'avait jamais réussi à placer en bloc, à cause du changement de modes littéraires. Pour ce qui est de ses envies lyriques, La Fontaine débutant était sous l'influence expresse de Malherbe, il est regrettable que M. Lafenestre ne le montre pas, à la suite de M. Maurice Souriau : je crains un peu du reste que le brillant critique, en général très bien informé, n'ait pas lu les 60 pages si précises consacrées à son auteur dans l'*Evolution du Vers français au* XVIIe *siècle* [1]. Mais quelle perspicace analyse, en revanche, des rapports du poète avec son protecteur Fouquet et de cette « mendi- » cité littéraire qui n'était ni plus ni moins ignoble pour s'exercer » vis-à-vis des hauts personnages, que pour être pratiquée dans » les antichambres officielles, les officines de librairies, les cou- » pe-gorge du journalisme. »

Le troisième tableau, *L'Age mûr* 1663-1687 présente la suite des publications et des amitiés, et met heureusement en relief la modestie littéraire de La Fontaine, une de ses plus grandes vertus à coup sûr, et toute l'appréhension qu'il eut à se faire imprimer. On lira de belles pages aussi sur sa libre esthétique, sur son univer-

---

[1]. Paris, Hachette, 1893.

selle sympathie, que M. Lafenestre appelle dans son enthousiasme « le beau, le vrai dilettantisme des âmes saines et actives, le dilet-
» tantisme, fortifiant et heureux, des esprits larges et généreux,
» celui des grands hommes de l'Antiquité et de la Renaissance, des
» grands poètes modernes, Gœthe et Victor Hugo. »

Le quatrième tableau, l'*Académie. — La Conversion* 1683-1695, retrace sobrement les dernières années et la fin du fabuliste, qui mourut le 13 avril 1695 « avec une constance admirable et toute chrétienne »;... et dire que malgré notre manie aiguë de centenaires, nul n'a songé à faire le sien !

Après avoir parcouru avec un guide aussi sûr les étapes toutes riantes de cette carrière, on emporte une idée nette, non seulement de l'homme, mais de l'homme de lettres. O la belle biographie, où le récit et l'analyse littéraire alternent en se complétant ! Elle pourrait en vérité servir de modèle. On ne voit même pas trop, tant elle est complète et décisive, ce qui reste à dire sur La Fontaine, tout au plus à élucider quelques questions uniquement littéraires, à moins qu'on n'ait l'art de les insérer elles-mêmes dans des parties de la biographie.

Mais hélas ! M. Lafenestre suit la méthode traditionnelle qui nous tyrannise tous ; aussi bien, comment ses lecteurs ne seraient-ils point désorientés s'ils n'avaient un ouvrage de critique littéraire en deux points : 1° l'homme, 2° l'écrivain, tout comme nos pères ne souffraient de sermons qu'en trois points ? La plupart du temps c'est la *Vie* qui est sacrifiée et traitée avec une étonnante sécheresse, et l'étude littéraire absorbe tout le soin du critique. Ici, par extraordinaire, c'est l'opposé : le biographe a du talent, et alors il a par avance vidé, pour ainsi dire, l'escarcelle du critique.

Le premier chapitre de cette seconde partie en est le meilleur. Sous le titre singulièrement vague de *L'Œuvre* il analyse avec une précision élégante la *sincérité* de l'artiste, qui est suivie dans ses divers genres d'ouvrages, particulièrement dans les Contes, étudiés, à vrai dire, avec quelque complaisance, et dans les Fables. On nous montre comment l'intrigue première de celles-ci est presque toujours empruntée : « Quel bonheur, pour un voluptueux
» songeur, de trouver devant lui, toute faite, une maçonnerie d'é-
» dicule qu'il n'aura qu'à sculpter, peindre, meubler, peupler d'ha-
» bitants agiles et aimables, spirituels et babillards ! Ce sont là

» toutes besognes ingénieuses et délicates, auxquelles il s'entend
» à merveille. » Ce fait très connu, mais si bien dit est amplement
confirmé par une statistique que nous avons eu récemment l'occasion d'établir : sur 239 fables il n'est que 15 sujets qui paraissent
appartenir en propre à l'auteur.

Le critique étudie ensuite *L'Imagination* du fabuliste, qu'il ne
craint pas de mettre en parallèle avec celle de Shakespeare et qu'il
montre en œuvre dans la description, dans la narration, dans le
dialogue. Mais ne sont-ce pas là surtout choses de *style*? Ici se marquent de plus en plus les inconvénients de cette méthode de classification arbitraire. Si d'aventure quelques lecteurs commençaient
par le chapitre de *La Sensibilité* et le trouvaient insuffisant sur
l'amour de la campagne, sur l'amour, sur l'amitié, ou la pitié pour
les humbles, nous leur dirions de lire bien vite la biographie, où ils
trouveraient tous ces sentiments analysés et mis, pour ainsi dire,
en actes dans la vie même du poète, et nous leur expliquerions
que l'auteur, ne voulant pas se répéter, se contente cette fois de
nous tirer galamment sa révérence, comme il le dit quelque part
de son héros. Pourtant, si l'on reprenait ce sujet, ne pouvait-on y
apporter une précision plus rigoureuse, et montrer par exemple
en quoi consiste au juste l'amour de la nature chez La Fontaine,
jusqu'où il va et où il s'arrête, en quoi il diffère de celui de Virgile
ou de celui de M. François Fabié, quels sont les poètes précédents,
aimés du fabuliste, qui l'ont encouragé, par leur timide exemple,
à l'exprimer dans ses vers? Sur la sensibilité de La Fontaine tirons
une conclusion qui coûterait trop à M. Lafenestre, c'est qu'elle
fut plus vive et variée que profonde.

Le chapitre IV, qui porte le titre assez énigmatique de *La Pensée*,
examine d'abord la morale de La Fontaine, ou plutôt la défend
contre Jean-Jacques et Lamartine. « Lisez à un enfant, s'écrie
M. Lafenestre, *La Cigale et la Fourmi;* à moins qu'un sot magister
ne lui ait d'avance gâté le jugement, pour qui son petit cœur battra-t-il? » La discussion littéraire ne pouvant guère aboutir sur ce
point, je me permets de soumettre à M. Lafenestre un fait d'observation personnelle : ayant eu plusieurs fois l'occasion de faire
réciter cette fable à un enfant de six ans qui n'avait pas « le jugement gâté par un sot magister », l'intonation et la mimique expressives de l'enfant en disant le : « Dansez maintenant! » ne laissaient

aucun doute sur son véritable sentiment; il ne pouvait évidemment se traduire que par : Tant pis pour la Cigale! — Quel est donc le poète qui a dit: « Cet âge est sans pitié » ?... Sur la morale des Fables, « notre unique catéchisme laïque, » comme dit l'auteur, entre Rousseau et M. Lafenestre, entre l'indignation et l'enthousiasme il semble vraiment qu'il puisse y avoir place pour une opinion calme et moyenne. Mais ne chicanons point, et laissons-nous aller au charme des belles pages qui suivent sur la hardiesse sociale du poète et sur sa conception assez positiviste de l'univers.

Tout le génie de La Fontaine, ou du moins une bonne part ne résiderait-elle pas dans *Le Style*, c'est-à-dire dans le choix et l'arrangement des mots, et une étude approfondie du poète ne pourrait-elle point à la rigueur commencer par une étude exacte de ses procédés ou, si l'on préfère, de ses habitudes de style ? Pour ne prendre qu'un exemple, on rendrait compte sans doute de cette brièveté si pleine en faisant voir que le conteur concentre toute la lumière sur deux ou trois faces importantes de l'action, sur deux ou trois traits caractéristiques du personnage, de manière à évoquer en nous l'impression complète de l'action, la silhouette totale du personnage, tout comme un musicien fait connaître une gamme entière simplement au moyen de trois notes déterminantes. A défaut d'une étude scientifique de ce genre, nous pouvons lire dans M. Lafenestre de belles pages animées sur l'harmonie, la variété et le mouvement des phrases et des rythmes du poète.

Le dernier chapitre résume *L'Influence* sourde, mais considérable qu'a exercée La Fontaine en France parce qu'il est le représentant le plus pur de l'*esprit français*. Nous signalerons ici une dernière omission de ce livre, mais qu'on ne saurait, celle-là, reprocher à l'auteur: parmi ceux qu'il salue comme « les petits-fils de La Fontaine », parmi tous ceux des écrivains contemporains « qui con-
» servent le goût de la composition expressive et concentrée, du
» sentiment naturel et sain, l'amour de la pensée nette, de l'ex-
» pression claire, du langage simple, pittoresque, vivant », il serait certainement équitable de faire une place à M. Georges Lafenestre.

Ce n'est que dans les toutes dernières pages qu'apparaissent les premières réserves morales sur le libre poète. Il était temps. A parler franchement, je les eusse préférées plus tôt, car il n'est jamais permis d'oublier, lorsqu'on parle de La Fontaine, que, si voilà dix générations d'enfants qui s'ouvrent par les Fables à l'expérience pratique, voilà en même temps dix générations d'adolescents qui sont initiées par les Contes au libertinage précoce.

Donc ne demandons pas à M. Lafenestre une ferme critique morale sur le Bonhomme. Ne lui demandons pas non plus une détermination rigoureuse ni une analyse philosophique de son génie de poète : exige-t-on des amoureux qu'ils mesurent et disséquent les mérites de l'objet de leur culte ? Mais cherchons dans son livre une ardente sympathie qui lui a fait vraiment revivre la vie de son homme et l'a aidé à nous la retracer admirablement, comme on pourrait l'attendre d'un ami intime, confident de toutes les pensées de son ami, jusqu'aux plus secrètes, et qui de plus aurait lui-même du talent, un talent fait de sincérité, de chaleur et d'éclat. Quiconque ne voudra lire qu'un livre sur La Fontaine devra désormais prendre celui-là, de préférence même à celui de Taine si éclatant ou profond par endroits, si faux le plus souvent par esprit de système [1].   Louis ARNOULD.

[1]. L'érudition en général très sûre de M. Lafenestre ne peut être mise en défaut que sur un nombre infime de points : p. 8 il affirme que La Fontaine fit ses premières études au collège de Château-Thierry, mais on ne le sait pas au juste, peut-être fût-ce à celui de Reims (voir Notice de P. Mesnard, édition Régnier t. I, p. X). — P. 71 les deux dates sont inexactes, la 1re édition de la *Joconde* de La Fontaine étant de 1665, et la *Joconde* de Bouillon ayant paru en 1663. — P. 194, parmi les influences des écrivains grecs il conviendrait de noter au premier rang celle de Platon.

Les inadvertances sont très rares : p. 30, 3e avant-dernière ligne, au lieu de « frère *aîné* » lire « frère *puîné* ». — P. 67, 12e ligne avant la fin, au lieu de *princesse* lire *duchesse* (de Bouillon). — P. 70, est-ce avec intention que La Fontaine est appelé « bon *vieux* provincial » alors qu'il n'est âgé que de quarante-trois ans ? — En plusieurs passages l'auteur traite les animaux des Fables de « petites bêtes » : n'y en a-t-il pas autant de grosses que de petites ? mais ne nous exposons point au reproche de chercher ... la petite bête dans un excellent livre.

21. — **L'enseignement élémentaire en Roussillon depuis ses origines jusqu'au commencement du XIXe siècle,** par Philippe TORREILLES, professeur au Grand Séminaire de Perpignan, Emile DESPLANQUE, archiviste départemental des Pyrénées-Orientales. Extrait du XXXVIe *Bulletin* de la Société agricole, scientifique et littéraire des Pyrénées-Orientales. Perpignan, imprimerie de Charles Latrobe, 1895, gr. in-8° de 254 p.

Un recueil dû à la collaboration de deux érudits tels que M. l'abbé Ph. Torreilles et M. l'archiviste E. Desplanque ne peut être qu'excellent. J'ai grand plaisir à constater que tout est à louer dans leur volume depuis l'*Introduction* (p. 2-6) jusqu'aux *Appendices* (p. 239-253).

Les auteurs résument fort bien, dans leur claire *Introduction,* des recherches qui ont été très approfondies. Ils signalent ainsi (p. 3-4) leurs deux plus importantes trouvailles : « Le type de l'école communale du moyen-âge conservé au XVIIe » et « l'identité de l'effort, qui, depuis le milieu du XVIIIe siècle, sous des régimes politiques très différents, créa pièce à pièce l'école primaire moderne en Roussillon ». Ils ajoutent qu'ils virent là volontiers une contribution à la théorie historique de Tocqueville et de Taine, qui rapporte à l'ancien Régime les origines des institutions administratives de la France contemporaine. »

L'ouvrage est divisé en deux parties : la première, œuvre de M. Delplanque (p. 7-100) embrasse la période comprise entre les origines et la réunion du Roussillon à la France ; la seconde, due à M. l'abbé Torreilles (p. 101-233) s'étend de 1660 à nos jours. La première partie, lit-on dans l'*Introduction,* (p. 4) « s'arrête au temps où l'administration française s'organise et prélude à l'installation de l'école primaire moderne. Nous avons tâché de découvrir, en reculant aussi loin que possible, comment l'on apprenait alors la lecture et l'écriture, si les sujets pouvaient et voulaient instruire leurs enfants, si le Prince, la Commune et l'Eglise les y aidaient. Dans la seconde partie nous sommes descendus des édits de Louis XIV aux ordonnances des intendants, aux œuvres de la Révolution, aux règlements pédagogiques de la Restauration, jusqu'à cette loi Guizot qu'on a appelée la charte de l'enseignement primaire. »

Les renseignements intéressants et instructifs abondent dans les divers chapitres intitulés : I. *Exposé historique des moyens mis successivement à la portée des populations pour acquérir les éléments de l'Instruction;* II. *Du système des diverses écoles usitées en Roussillon;* III. *Traits principaux de l'enseignement élémentaire donné en Roussillon avant l'établissement des Français dans cette province.* — I. *L'enseignement primaire* (de 1660 à 1789); II. *L'organisation scolaire en 1789;* III. *L'Ecole pendant la Révolution* (1789-1880); IV. *L'Ecole après la Révolution* (1800-1833) [1].

Indiquons quelques points particulièrement curieux : reproduction (p. 37), à propos de la dureté du métier de copiste, d'un distique latin inscrit dans un registre de notaire, par un scribe mécontent de son sort; mention (p. 67) de payements en nature (à Thuir, l'école valait 10 ducats et quatre charges 1/2 de blé. A Collioure les consuls donnaient au maître une part au produit de la pêche du thon, faite à la madrague commune. Ailleurs, payements en vin, en comestibles, même en vêtements); mention (p. 69) des divers emplois, indépendants de l'école, remplis par le maître, tantôt organiste, tantôt chargé de l'horloge publique [2], tantôt même médecin communal [3]; mention (p. 76) de l'usage des distributions de prix introduit par les Jésuites au milieu du XVIIe siècle et totalement inconnu avant cette époque; mention (p. 77) des punitions, notamment de la terrible *ferula* qui était encore appliquée en Gas-

---

1. Voici les subdivisions des 4 chapitres de la seconde partie : I. *La création de l'enseignement primaire, la situation scolaire de 1700 à 1760, La réaction en faveur du latin* (1760-1780), *La campagne de M. de Saint-Sauveur contre le latin* (1780-1789). — II. *La création, la conservation, le local scolaire, les régents, les élèves.* — III. *La réaction scolaire de 1789, la loi du 29 frimaire, an II, la loi du 27 brumaire an III, l'organisation Barailon, l'Ecole sous le Directoire.* — IV *L'Ecole au lendemain du 18 brumaire, la loi du 18 floréal an X; l'ordonnance royale du 29 février 1816.* Chacune de ces subdivisions est minutieusement analysée dans des paragraphes spéciaux mis en tête des 4 chapitres. Il suffit de parcourir ces sommaires pour connaître en ses plus petits détails le contenu de chaque chapitre.

2. Au moyen-âge en Roussillon, la mission de surveiller l'horloge et de la faire marcher était fort honorable. A Perpignan, une des deux personnes chargées de sonner les heures à l'horloge de Saint-Jean, *pulsatores horarum*, était toujours un prêtre.

3. Conférez p. 158.

cogne il y a un demi-siècle [1] ; mention (p. 94-95) des rétributions scolaires comparées au prix de la journée d'ouvrier, de l'hectolitre de blé, de la viande de bœuf et de mouton, etc., avec cette conclusion : « On voit qu'en somme l'instruction élémentaire coûtait peu et se trouvait à la portée de presque toutes les familles. Pour les pauvres cette charge n'existait pas. Sur un billet des consuls ou du secrétaire de la commune, le maître devait recevoir les enfants indigents et les fils de *povres viudes* » ; énumération (p. 113) des communes où la gratuité absolue remplaçait la gratuité relative ; description (p. 157), à propos du logement parfois fourni à l'instituteur, d'une très insuffisante installation, retracée (1671) par la victime même, le régent de Thuir : « C'est tout ce qu'on pourrait offrir à un bouvier. En effet le lit est composé de trois bancs en planches, d'une paillasse extrêmement étroite, d'un vieux matelas, d'un traversin qui est formé d'un sac rempli de vieille laine et d'une couverture si mal ajustée qu'on ne peut s'en servir ; la table est assez vieille et n'a que deux pans de largeur, etc. »

Les sources de l'*Enseignement élémentaire en Roussillon* sont « en immense majorité inédites » et beaucoup même n'avaient jamais été signalées. L'ouvrage est donc entièrement neuf et c'est un éloge de plus à lui donner. Les deux auteurs, qui ont interrogé avec un zèle si méritoire des milliers de documents dans les archives communales, paroissiales et départementales, expriment le noble regret de n'avoir pu « utiliser plus à fond » les minutes notariales et les registres de l'état civil avant 1789, où l'on trouverait, soit sur l'origine des écoles, soit sur la statistique de l'instruction, de précieuses informations qui leur ont fait défaut. Nous appelons sur ce point, disent-ils modestement, « l'attention de ceux qui voudraient compléter, perfectionner et corriger nos recherches. » A ceux-là il faudrait souhaiter d'être aussi dignes de leurs devanciers que MM. Torreilles et Desplanque sont dignes de leur savant et vénéré

---

1. A Perpignan, en cas de désordres graves, le maître pouvait invoquer contre ses écoliers l'appui du « bras séculier », c'est-à-dire appeler en classe la police municipale. Voir (p. 169) un piquant paragraphe sur le fouet « le grand moyen au XVIIIe siècle pour forcer la paresse des écoliers », « l'orbilisme régnant alors aussi bien dans les écoles de village qu'au collège »

maître, M. le Chanoine Allain, qui gardera toujours l'honneur d'avoir été, pour les travaux relatifs à l'histoire de l'enseignement, comme M. de Ribbe pour les travaux relatifs aux livres de raison, un initiateur des plus fervents, un semeur des plus féconds.

T. de L.

---

22. — **The life and letters of E. A. Freeman**, by Stephens. — (*La vie et les lettres de E. A. Freeman*, par Stephens). 1895, 2 vol. in-8°, Macmillan et C°, éditeurs.

Il est en Angleterre une pieuse coutume que nous aurions dû emprunter, de préférence à beaucoup d'autres, à nos voisins d'outre-Manche. Aussitôt après la mort d'un homme éminent, quelqu'un parmi ses amis ou ses admirateurs, soit de lui-même, soit à la requête de la famille, entreprend, avant que les souvenirs contemporains soient effacés, d'écrire la biographie du défunt et de publier ce qui peut être livré au public de sa correspondance. Il se forme ainsi une compendieuse collection qui constitue, outre un magasin de documents historiques de premier ordre, un excellent moyen d'éducation, le récit de la vie des hommes qui se sont distingués par leurs vertus ou leurs talents pouvant exercer une influence salutaire sur l'esprit des lecteurs.

Les deux gros volumes que M. Stephens vient de consacrer à la vie et à la correspondance de l'historien anglais Freeman constituent une des contributions les plus récentes à cette littérature biographique. Ils fournissent une occasion favorable de faire un peu plus connaître en France la figure d'un homme que l'Angleterre contemporaine s'était plu à considérer comme le premier de ses historiens.

Edouard Auguste Freeman est né à Mitchley Abbey, dans le Staffordshire, le 2 août 1823, d'une vieille famille anglaise. Sa mère comptait parmi ses ancêtres le colonel Carless qui s'était distingué à la bataille de Worcester et auquel Freeman consacra plus tard une ballade dans le recueil publié en 1850 par le Rev. Thomson[1]. Le futur historien de la conquête de l'Angleterre par les Normands se montra d'une précocité remarquable. Enfant, il

---

1. *Original ballads by living Authors.*

apprit avec une facilité extrême le latin, le grec et même l'hébreu. A douze ans, il avait composé de nombreuses pièces de vers, dont quelques-unes eurent l'honneur d'être publiées dans un journal local. A dix-sept ans, le jeune érudit traduisait les Perses et l'Agamemnon d'Eschyle en vers anglais, certains passages de Shakespeare en vers iambiques grecs, et des pièces du poète anglais Campbell en vers latins. En même temps, et parallèlement à ces études littéraires, Freeman s'intéressait à la théologie, lisait les Pères de l'Eglise grecque et latine, publiait des articles dans lesquels il revendiquait les droits des ministres contre le pouvoir arbitraire que s'étaient arrogé les évêques de l'Eglise établie, ainsi qu'un poème latin sur l'indifférence religieuse et l'ignorance du temps.

Ainsi préparé, il semblait que la voie des honneurs universitaires dût s'ouvrir large devant le jeune homme qui venait demander à l'Université d'Oxford le couronnement de ses études. Il n'en fut cependant rien : Freeman eut toujours peu de succès dans les examens et dans les concours ; il échoua en 1840, lorsqu'il se présenta pour obtenir un *scholarship* au collège de Bailliol. L'année suivante, cependant, il fut plus heureux et cette fois gagnait un *scholarship* au collège de la Trinité.

Au moment où Freeman y entrait, ce collège se distinguait par la piété de ses membres. L'illustre Newmann y avait étudié. Son souvenir y était encore vivant et plus d'un, parmi les collègues du nouveau *scholar* devait le suivre jusqu'au bout dans l'évolution logique qui le conduisit au catholicisme. On remarquait parmi eux Isaac William et M. Copeland qui devaient devenir les collaborateurs de Newmann, George Bowen, actuellement devenu, après avoir occupé de hautes fonctions publiques, *Right Honorable Bowen*, G. W. Cox, dont les récits sur la mythologie sont bien connus, H. J. Coleridge qui entra dans la compagnie de Jésus et devint éditeur du journal catholique *the Month*, James Patterson, plus tard évêque catholique d'Emmaüs. Suivant l'expression de l'un d'entre eux, il y avait là un cercle de jeunes gens qui reconnaissaient à la religion un droit de contrôle supérieur sur leurs paroles, leurs actes et leurs pensées. Dans ce milieu, les idées de Freeman prirent une teinte de plus en plus religieuse. Un moment, il songea sérieusement à devenir membre de l'Eglise établie ; mais ayant conçu le dessein d'unir sa vie à celle de Miss Eléanor Gutch, il abandonna ce projet par scrupule de conscience ; car il considérait le célibat comme absolument nécessaire à l'état ecclésiastique. Mais cette crise religieuse ne passa pas sans laisser en lui des traces profondes. Il y puisa, à l'égard des catholiques, des idées plus justes que celles que professaient alors la plupart de ses concitoyens et son biographe le montre, au sortir d'un sermon, notant avec indignation et dégoût les sauvages attaques contre Rome, dont le prédicateur avait cru devoir émailler son discours. Ce fut, en outre, le point de départ d'études sur l'architecture religieuse, auxquelles sont dues quelques-unes de ses meilleurs ouvrages.

La carrière universitaire de Freeman, comme ses débuts, fut loin d'être brillante au sens où l'on entend habituellement ce mot. Il échoua successivement dans ses diverses tentatives pour obtenir les récompenses universitaires et ne put emporter sur ses rivaux ni l'*Ireland scholarship*, ni le prix de poésie grecque ou latine. Aux examens de sortie, il ne fut même pas classé parmi les *first classes*. Fait encore plus digne de remarque, l'Université ayant proposé comme sujet du concours pour le *Chancellor's English Prize*, « les effets de la conquête de l'Angleterre par les Normands » Freeman, qui avait déposé un mémoire, ne put obtenir le prix, qui fut décerné à M. Chichester Fotescue, depuis Lord Carlingford. Mais, malgré ses échecs successifs, on avait conçu à l'Université d'Oxford une telle idée du mérite du jeune étudiant qu'il fut, en 1845, élu à un *fellowship* au collège de la Trinité.

Le nouveau *fellow* ne conserva pas longtemps sa dignité. Dès l'année suivante, il la perdait par suite de son mariage avec Miss Gutch, et quittait l'Université pour aller s'installer d'abord à Littlemore, ensuite à Oakland, dans la belle vallée de la Cam. A partir de ce moment, la vie de Freeman s'écoule, presque sans incidents, remplie par un labeur incessant et acharné. Pendant quarante-huit ans, il entasse volume sur volume, donnant entre temps une collaboration assidue à la *Saturday Review* ainsi qu'à d'autres revues, auxquelles il fournissait des articles sur les questions du jour, principalement celles relatives à la politique étrangère. Une curieuse statistique, empruntée à son biographe, montre à quel degré était portée cette activité. De 1860 à 1869, Freeman a publié dans la seule *Saturday Review*, trois cent quatre-vingt-onze comptes-rendus d'ouvrages divers, plus trois cent trente-deux articles sur divers sujets, appelés en anglais *middles*, parce qu'ils sont intercalés entre les articles politiques, placés au commencement de la livraison et les comptes-rendus d'ouvrages qui figurent à la fin ; dans le *Guardian*, quatre-vingt-deux comptes-rendus ; plus nombre de travaux envoyés à divers autres recueils. Pendant la même période, Freeman faisait paraître son livre sur le gouvernement fédéral, les trois premiers volumes de l'histoire de la conquête de l'Angleterre, l'histoire ancienne de l'Angleterre racontée aux enfants ; il préparait son grand ouvrage sur la géographie de l'Europe. Ajoutez à ce bilan, pour avoir un tableau exact, les occupations imposées à un propriétaire foncier résidant et qui prend une large part à l'administration de la circonscription qu'il habite, car Freeman occupait le poste de *justice of peace* et faisait partie d'un grand nombre de ces innombrables *boards* auxquels incombe en Angleterre le maniement des affaires locales.

Ce labeur incessant n'était interrompu que par des voyages à l'étranger presque toujours nécessités par le désir de visiter les lieux où s'étaient passés les principaux faits historiques qu'il se proposait de relater. C'est ainsi que Freeman visita successivement l'Italie, la Sicile, l'Allemagne, la Grèce, qui excitait au plus haut degré sa sympathie, les Etats-Unis, l'Espagne où il devait trouver la mort, au cours de son excursion.

Ce furent également les nécessités de ses travaux historiques qui le conduisirent à faire en France de nombreux voyages, malgré la haine qu'il professait pour notre pays. « Il avait, nous dit son bio» graphe, une répugnance spéciale contre l'ambition insatiable des » Français, contre leur amour de gloriole qui avait si souvent causé » des bouleversements en Europe... Tous les défauts de ce peuple » lui paraissaient concentrés à Paris et dans les Parisiens. Il n'y » avait aucun endroit en Europe qui lui inspirât autant de répu» gnance. » Cette gallophobie, encore aujourd'hui beaucoup plus fréquente en Angleterre qu'on ne le pense généralement, s'était pendant longtemps concrétisée dans la personne de Napoléon III et cela d'une manière assez puérile [1]. Après la chute du second

---

1. Freeman dans sa correspondance n'appelait jamais l'Empereu que le *Tyran*, et l'Impératrice la mère Bonaparte (*mother* B.)

Empire, il ne cessa de poursuivre de ses attaques la famille déchue et exilée ; il ne désarma même pas devant la mort, puisqu'avec assez peu de tact et de convenance, il ne craignit pas d'élever la voix contre les manifestations de sympathie qui se produisirent en Angleterre, lorsque celui qui avait été le prince Impérial, tomba sous les coups des indigènes africains.

Dans une telle disposition d'esprit, la guerre de 1870 devait être pour Freeman une grande joie. Aussi ne manqua-t-il pas d'applaudir à tous nos désastres et de célébrer l'abaissement de la France et l'exaltation de l'Allemagne unifiée. Le 25 novembre 1870, il publiait un long article dans lequel il affirmait que le Rhin était, avant tout un fleuve exclusivement allemand, que la France n'avait cessé de grandir par la violence et la fraude, que l'Allemagne avait reçu du ciel la haute mission de mettre un terme à la conspiration éternelle de cette nation vaniteuse contre la paix du monde et de la rendre impuissante à l'avenir. En mars 1871, il prenait encore la plume pour affermir et soutenir les droits historiques de l'Allemagne sur l'Alsace et la Lorraine. Plus tard encore, au cours d'un voyage en France, il écrivait à l'un de ses amis pour lui peindre, avec sa joie d'avoir vu les soldats prussiens occuper Reims et Epernay, ses regrets que cette occupation ne fût que temporaire.

Freeman avait eu deux grandes ambitions. Toute sa vie, il caressa, sans pouvoir le réaliser, le rêve d'entrer au Parlement. Successivement candidat libéral aux élections de 1857, 1859, 1860, il n'éprouva que des échecs. Son second desideratum était d'enseigner l'histoire moderne à Oxford. Mais malgré les titres qu'il pouvait invoquer, Freeman se vit préférer, lors d'une vacance de la chaire en 1858, Mr. Goldwin Smith. En 1874, cette même chaire devenue de nouveau vacante par suite de l'élévation de M. Stubbs à l'évêché de Chester, lui fut offerte par M. Gladstone. Freeman accepta, mais cette nomination qui l'eût rendu si heureux, venant quand il la sollicitait pour la première fois, arrivait trop tard. Sa santé commençait à être sérieusement ébranlée. Le corps universitaire s'était presque complètement renouvelé et Freeman rentré à Oxford après trente-six années d'absence, se trouvait dans un milieu absolument différent de celui dans lequel il avait autrefois vécu. Aussi son enseignement fut-il loin d'avoir l'éclat que l'on pouvait conjecturer d'après le renom du professeur et le caractère de son talent.

Il est regrettable que Freeman ait été appelé aussi tard et dans des conditions aussi défavorables au poste qu'il était plus que qui que ce fût en Angleterre, capable d'occuper. C'était en effet, non pas un grand historien, quoique son pays se soit plu à lui en donner le titre, mais un très éminent professeur d'histoire. Ses livres sont des livres d'enseignement, des manuels remarquables plutôt que des livres d'histoire au sens que l'on attache aujourd'hui à ce mot. Freeman était dépourvu de cette puissance de vision, d'évocation, d'adaptation au milieu dont la résurrection est entreprise, qui exige dans les âmes modernes l'existence d'une parcelle de l'âme du passé. Ce n'était pas non plus un philosophe, capable de voir et de juger de haut toute une époque, et de tracer les lois d'après lesquelles une nation a évolué pendant une période de son histoire. S'il avait été tout cela, il n'aurait certes pas entrepris de retracer à la fois l'histoire des anciens Grecs, des Siciliens, des Sarrazins, des Anglo-Normands, en même temps que celle des nations modernes. Entreprendre une telle tâche, c'était se borner à la simple exposition des faits historiques, sans les interpréter et sans pénétrer dans la vie intérieure des peuples.

La figure de Freeman n'en reste pas moins des plus intéressantes, et l'on doit remercier M. Stephens d'en avoir conservé le souvenir. Les deux volumes qu'il a consacrés à son héros sont d'une lecture attachante et fournissent de précieux détails, non seulement sur Freeman mais encore sur le milieu dans lequel il a vécu et les hommes avec lesquels il s'est trouvé en relation. Quoiqu'ayant peut-être un peu atténué certains côtés étroits du caractère de Freeman [1], M. Stephens a su cependant éviter de céder à la tendance habituelle des biographes, qui tournent assez facilement à l'hagiographe. Ses deux excellents volumes, que l'éditeur a imprimés avec luxe et ornés de trois beaux portraits représentant Freeman à diverses époques de sa vie, seront consultés avec fruit par quiconque s'intéresse au mouvement des esprits dans l'Angleterre contemporaine.   L. Guérin.

---

1. C'est ainsi notamment qu'il passe sous silence les célèbres démêlés avec l'historien Froude, que Freeman détestait presque à l'égal de la France.

23. — **Journal du maréchal de Castellane.** — Tome II, Plon in-8° de 500 pages.

Sous le règne des Bourbons, Castellane remplit les fonctions de maréchal de camp. Il passe des inspections et des revues, il distribue largement les arrêts aux officiers coupables des moindres négligences, il conserve dans son grade de général l'esprit taquin et méticuleux d'un adjudant et se réjouit de montrer à ses subordonnés qu'il connaît tous les tours du métier. Malheur à ceux qui s'habillent en bourgeois, malheur aux soldats qui placent dans leurs shakos une partie de leur fourniment. On retrouve en lui quelque ressemblance avec le héros d'Edmond About, le capitaine Bitterlin.

Comme ce dernier « il rêvait en bon militaire l'embrasement de l'Europe, il n'y eut que des feux de cheminée et il ne fut pas chargé de les éteindre. »

Castellane ne prit part part ni à la guerre d'Espagne, ni à la campagne de Morée, ni à celle d'Alger. Ce fut à grand'peine qu'il obtint un commandement en Catalogne que d'ailleurs M. de Villèle s'empressa de lui retirer. Le duc d'Angoulême opposait à toutes ses démarches la force d'inertie et répétait avec un entêtement que nulle raison ne pouvait convaincre. « On n'emploiera pas de cavalerie dans cette expédition ». Aussi l'ancien soldat de l'Empire montre-t-il de la mauvaise humeur et son jugement sur l'affaire du Trocadéro est-il marqué de quelque dépit. Il hausse les épaules au bruit de cette victoire que l'on fait sonner si haut et « qui sous Napoléon eût été considérée comme le simple enlèvement d'un poste. » Il se moque du prince de Carignan et des épaulettes de laine rouge que lui ont offertes les grenadiers avec lesquels il est monté à l'assaut.

Le général de Castellane se distrait de ses ennuis en allant aux Tuileries et dans le monde où il s'asseoit volontiers à la table des gourmets de l'époque. Il recueille les petits potins et les consigne dans son journal, il assiste aux parties de whist de Charles X avec le prince de Talleyrand. Comme le roi est mauvais joueur, il se fâche contre son partenaire qui se disculpe en gesticulant beaucoup. « Vous aurez beau faire vos *Dominus vobiscum,* s'écrie brusquement Charles X.... » mais il n'achève pas sa phrase et rougit jusqu'aux oreilles tandis que l'ancien évêque d'Autun demeure impassible.

La mort de Louis XVIII est racontée avec détails, la duchesse d'Angoulême, éconduite par le prince agonisant, s'adresse à madame du Cayla pour que le *roi très chrétien* consente au moins à recevoir l'extrême onction.

La grande dévotion de Charles X avait frappé les ouvriers et les petits bourgeois, aussi le bruit circulait-il parmi eux que leur souverain était prêtre, disait la messe dans sa chambre et ne se montrait à l'église que pour le bon exemple.

L'éducation du duc de Bordeaux était confiée à un évêque et à M. le duc de Rivière. Ce dernier imposait à son élève de nombreux exercices religieux contre lesquels l'évêque protestait en déclarant qu'il s'agissait de préparer ce prince à régner et non pas à entrer au séminaire.

Le démon de la politique s'empara de Castellane, mais ce ne fut qu'une aberration momentanée ; une des grandes réformes qu'il méditait consistait à imposer un uniforme aux députés et aux sénateurs, comme sous l'Empire, lorsqu'ils votaient en silence les lois préparées par le maître avec son Conseil d'Etat.

Le second volume se termine à l'avénement de Louis-Philippe, tout empêtré du soin de sa popularité et des conseils de La Fayette, qui s'est nommé, pour la circonstance, général en chef des gardes nationales du royaume.

Castellane se rallie volontiers au drapeau tricolore et à la famille d'Orléans, mais il n'estime pas que le roi se conduise habilement en flattant l'opposition, et il se montre choqué du fameux chapeau gris surmonté d'une cocarde ainsi que des poignées de main à la populace.

F. ROUSSEAU.

CHRONIQUE

27. — Georges WEILL, *Pages choisies de Mignet*. — Perrin, in-12, 280 pages.

Ce recueil commence à la formation de l'unité française et finit au dix-neuvième siècle. — Augustin Thierry a senti naître sa vocation d'historien en lisant les *Martyrs* ; peut-être ce livre allumera-t-il le feu sacré dans l'âme des écoliers qui pourront le parcourir. Nous aimons à l'espérer, bien que Mignet soit un peu démodé. Pourquoi ? il n'est pourtant pas ennuyeux. Cette qualité mettrait justement peut-être les esprits en défiance, s'il faut en croire la spirituelle comédie de Pailleron. Mignet d'ailleurs avait été journaliste et le savant gardait l'empreinte du polémiste, du disciple de Manuel ; puis son œuvre touchait à trop de sujets différents pour n'être pas souvent inexacte. En plein romantisme on n'y regardait pas de si près et l'histoire servait de matière à de beaux développements. Aujourd'hui l'esprit scientifique domine partout. Chacun choisit sa case, s'y enferme et se spécialise, sauf à ignorer le travail du voisin. On finit par ressembler à ce naturaliste que décrit M. Anatole France, qui connaît la vitrine des bolides, la *sienne*, mais n'a jamais jeté les yeux sur la salle du mammouth. F. R.

28. — Le baron de Baye a rapporté de Russie, parmi beaucoup de choses intéressantes, une remarquable étude sur *l'œuvre de Victor Vasnetzoff devant l'école moderne de peinture* en Russie (Reims, 1893). C'est une véritable découverte que celle de ce peintre, à la fois symbolique et classique de forme, qui a décoré la cathédrale de Saint-Vladimir, à Kiev, de peintures du caractère le plus personnel et en même temps le plus national. Cette étude est accompagnée de figures très instructives. S. B.

SOCIÉTÉ NATIONALE DES ANTIQUAIRES DE FRANCE

Séance du 8 janvier. — M. Ulysse ROBERT, président sortant, fait le discours d'usage et rend hommage à la mémoire des membres défunts : M. de MONTAIGLON, membre résidant ; MM. MALLAY, GRÉAU, MANNIER, correspondants. — Le vicomte de ROUGÉ le remplace au fauteuil. — La comtesse OUVAROFF, envoie le portrait de son mari, ancien correspondant de la société. — M. DURRIEU communique une miniature du commencement du XVIe siècle, découpée dans un manuscrit et de travail certainement flamand sur laquelle on a jadis apposé un faux monogramme d'Albert Dürer. Il cite d'autres cas analogues où le faux n'est pas moins patent. En principe il faut tenir pour très suspects tous les monogrammes du même genre ainsi apposés sur des miniatures *isolées*. Cette observation s'applique notamment à un monogramme H B, porté sur des fragments d'un manuscrit apparenté de près au bréviaire Grimani que possède la bibliothèque de Cassel. — M. MEIGNAN présente des objets trouvés dans des tombeaux de l'époque archaïque, probablement en Béotie. Ces monuments sont des quadrupèdes en bronze, des fibules, une pierre gravée de style égyptisant. Les monuments de bronze, au moins les fibules, ont des traces de dorure et des ornements géométriques. M. Collignon fait remarquer que les statuettes d'animaux ressemblent, d'une manière frappante, aux bronzes les plus archaïques trouvés à Olympie. — M. Ulysse Robert annonce la découverte récente, dans la collection d'un amateur lyonnais, M. Dauphin-Duvernat, d'un manuscrit très ancien contenant les livres de *Josué* et des *Juges*. Cette portion des livres bibliques est la suite exacte et immédiate du *Pentateuque* publié par M. Ulysse Robert en 1881. M. Robert annonce qu'il va publier les nouveaux fragments comme il a publié les premiers, et il fait ressortir l'importance de ces manuscrits pour l'histoire du texte de l'Ecriture sainte dans les premiers siècles du christianisme. Les nouveaux fragments sont entrés dans la bibliothèque de Lyon. M. Samuel Berger insiste à son tour sur l'importance de cette découverte. C'est le plus ancien manuscrit connu de Josué et des juges. Ce texte, dont on n'avait que des fragments cités par les Pères, est voisin de celui dont s'est servi S. Augustin, et c'est exactement celui de Lucifer, évêque de Cagliari. Pour la première fois, nous avons, par la découverte d'un *octateuque*, une preuve vraisemblable de l'existence d'une bible complète contenant une version du texte sacré antérieure à S. Jérôme. — M. Michon soumet quelques remarques sur une étude relative à des monuments inédits du musée de Sophia (Bulgarie), récemment publié par M. Salomon Reinach dans le *Bulletin archéologique du comité des travaux historiques.*

Séance du 15 janvier. — M. Cagnat entretient la société des fouilles poursuivies en 1893 dans le voisinage du collège de France. — M. de Villenoisy commence la lecture d'un mémoire dans lequel il combat l'opinion que la patine des bronzes antiques serait l'œuvre des artistes de l'antiquité. — M. Héron de Villefosse présente une petite tête en marbre représentant Ptolémée, le dernier roi de Maurétanie. Cette tête, trouvée à Hammam Kira, est récemment entrée au Musée du Louvre. — M. Lambin demande la parole pour protester contre le grattage dont la cathédrale de Soissons a été intérieurement l'objet en 1891. Ce grattage a été fait dans de telles conditions que l'épiderme de la pierre a été enlevé et les joints refaits en creux, ce qui ôte au monument une partie de sa valeur archéologique. Plusieurs membres de la Société prennent la parole pour s'associer à cette protestation. — M. Casati présente une observation à propos d'une médaille en plomb de Laure de Noves publiée dans l'annuaire de la Société numismatique. M. Babelon fait observer que cette médaille est l'œuvre d'un faussaire.

ACADÉMIE DES INSCRIPTIONS ET BELLES-LETTRES

Séance du 10 janvier. — La place de membre libre de M. Hersart de la Villemarqué, décédé, est déclarée vacante. — MM. G. Maspero et Barbier de Meynard sont élus membres de la commission du *Corpus inscriptionum semiticarum* en remplacement de MM. Waddington et Derembourg. — M. Clermont-Ganneau continue la lecture de son mémoire sur des inscriptions palmyréennes que lui a communiquées M. Chédiac. — Le Dr Hamy communique le journal et les notes de M. Leroy, qui, après avoir accompagné M. Foureau jusqu'à El-Alia, était revenu de cette localité à Biskra par une voie peu fréquentée, afin de visiter les plateaux compris entre l'Itel et le Djedi. Il a découvert, aux sources de l'Oued-Itel, une citadelle romaine commandant le passage entre les vallées de l'Itel et du Djedi, et, dans la même région, les restes de la ville berbère appelée dans les légendes arabes *Rammadal-el-Kommadi*. Plus au nord, entre Douzène et Biskra, il a retrouvé les traces de l'occupation romaine dans la vallée du Djédi. — M. L. Havet dit que dans le vers de Virgile (*Aen.* IX, 679), au lieu de *liquentia flumina*, il faut lire : *Liquetia flumina*; c'est la Livenza désignée comme l'Anio dans un autre vers : *Aniena fluenta*. Virgile nomme successivement trois rivières : La Livenza, l'Adige et le Pô, et caractérise en deux vers le paysage de la Vénétie.

Séance du 17 janvier. — MM. Daumet et Larroumet ont été désignés par l'Académie des Beaux-Arts pour faire partie de la commission du prix Fould. — M. Clermont-Ganneau achève la lecture de son mémoire sur les rapports des calendriers palmyréen et grec. — M. Sénart signale, d'après M. Foucher en mission à Ceylan, des peintures du ve siècle, admirablement conservées sur le mont Sijiri. Il en envoie des photographies prises, malheureusement, dans un mauvais jour, sur des dessins récents. M. Foucher a envoyé en même temps un mémoire sur les rapports de l'art de Ceylan avec l'art de l'Inde dans une haute antiquité. — M. Croiset commence la lecture d'un rapport sur les fouilles de Delphes adressé par M. Homolle au ministre de l'instruction publique.

Henry Thédenat.

L'Éditeur-Propriétaire-Gérant : Albert Fontemoing.

BULLETIN CRITIQUE

24. — **L'idée,** par M. l'abbé Piat, docteur ès-lettres, agrégé de philosophie, professeur à l'Institut Catholique de Paris. — 1 vol. petit in-8°. — Paris, Poussielgue, 1895.

En 1890, M. l'abbé Piat a soutenu brillamment devant la Faculté des Lettres de Paris une thèse sur l'intellect actif. Dans cette thèse, il s'inspirait de la doctrine de S. Thomas d'Aquin sur la connaissance intellectuelle sans prétendre d'ailleurs la reproduire et la défendre dans son intégrité. Ce n'est plus seulement au point de vue de leur origine que M. Piat considère aujourd'hui les idées, mais il en fait une étude complète où il examine leur rapport à la conscience, à leurs caractères généraux, au phénomène empirique et à l'être. Dès le début de son livre, il établit la distinction de l'idée et des représentations sensibles. On pressent qu'il se tiendra à égale distance des sensualistes qui prétendent expliquer toutes nos connaissances par des sensations ou des images, et des cartésiens pour qui les données des sens sont des idées confuses. Avec Aristote, S. Thomas, Bossuet, M. Piat maintient une distinction essentielle entre l'ordre sensible et l'ordre intellectuel.

M. Piat étudie d'abord le rapport de l'idée à la conscience. « Nous voyons nos idées comme elles sont. » On peut en toute vérité leur appliquer le mot de Berkeley : *Esse est percipi.* « L'être et l'apparaître y coïncident. » Notre âme même se révèle, bien que d'une manière inadéquate, dans l'observation intérieure. L'hypothèse de Kant, selon laquelle nous ne nous atteignons pas dans notre être propre, ne tient pas en face de l'expérience : ce n'est pas une simple apparence, c'est une réalité véritable, une activité persistante que nous saisissons en nous par la conscience. « Chacun de nous, dit M. Piat, se saisit dans la mesure même où il agit. » — Cependant une certaine dualité existe entre la conscience et l'idée considérée en son contenu. La conscience que nous avons d'une idée ou d'un groupe d'idées est absolument indivisible ; sans doute elle a des degrés divers d'intensité, elle se développe, mais elle ne se scinde pas. Au contraire, envisagée au point de vue objectif, l'idée enveloppe le plus souvent une certaine multiplicité. De plus, la conscience est essentiellement active. Quant à l'idée, elle est tantôt active, tantôt passive selon la nature de l'objet qu'elle représente. On sait quelle place la théorie des idées-forces occupe dans la philosophie contemporaine. M. Piat n'a garde de méconnaître la part de vérité dont elle est l'expression : mais il fait de justes réserves. Toute idée n'enferme pas une tendance à se traduire en mouvement : il existe aussi des idées « purement statiques. » A l'appui de cette assertion M. Piat cite plusieurs exemples heureusement choisis. « J'entre dans une bibliothèque et j'y trouve un livre en chinois. Les caractères dont il est plein et que j'ai le malheur de ne pas comprendre ne disent rien à mon activité motrice... Les idées-spectacles ne sont donc pas encore totalement bannies du domaine de la pensée. » Enfin il existe entre la conscience et l'idée une différence à la fois plus significative et plus profonde. Ma conscience constitue ma personnalité. L'idée au contraire, considérée en son contenu représentatif, « se déroule sous le regard de ma pensée à la manière d'un spectacle... Elle est ce que je vois, non ce que je suis. » Et de cette remarque M. Piat tire une réponse très juste à ceux qui prennent pour des dédoublements de la personnalité les objectivations observées dans certaines suggestions hypnotiques. Ces faits ne révèlent pas « une scission du moi, mais un simple changement de son champ de vision. » — Après avoir indiqué cette dualité de la conscience et de l'idée, M. Piat montre leur unité fondamentale. « Idée et conscience jaillissent d'une seule et même source ; idée et conscience s'unissent en un même sujet qui est l'âme toute seule. » L'unité est essentielle à ce principe commun : cependant une certaine diversité s'y retrouve. M. Piat ne craint pas de prendre la défense de ces facultés de l'âme, sur lesquelles les positivistes sont parvenus à jeter quelque discrédit. Des différences irréductibles séparent certains faits de conscience : il est donc légitime de reconnaître dans l'âme des modes divers d'activité, des pouvoirs distincts, des facultés spéciales. Les néothomistes seront même charmés de trouver en M. Piat un champion de leur doctrine sur la distinction réelle de l'essence de l'âme et de ses modes [1] et facultés. Et ce qui ne manque pas de piquant, il s'autorise pour établir cette thèse de certain principe de Kant. « Rien ne plaît, dit-il, comme ce baiser de réconciliation que se donnent aux profondeurs de la métaphysique les tenants des systèmes les plus opposés. »

La seconde question examinée par M. Piat est celle des caractères généraux de l'idée : toute idée est abstraite, universelle et nécessaire. L'idée est d'abord abstraite. « L'entendement part du concret et arrive à un résultat d'un ordre tout différent, où le fait de l'existence ne compte plus, qui ne renferme plus qu'un groupe de propriétés prises à l'état nu, où l'on ne trouve comme résidu que des éléments logiques, une pure essence. L'abstrait est donc la nature d'un objet considérée en tant qu'elle ne relève plus de tel ou tel individu, prise pour ainsi dire à l'état d'émancipation. » Qu'on ne se méprenne pas sur la portée de ces expressions : M. Piat ne prétend nullement que par une simple inspection de l'esprit nous pénétrions l'essence des êtres qui nous entourent. Même après de longues investigations, la nature des forces physiques nous échappe. Si besoin en était, il suffirait pour s'en convaincre de lire les articles que M. Duhem a publiés sur les théories physiques et chimiques dans la *Revue des questions scientifiques* (Bruxelles, 1892) et dans la *Revue des Deux-Mondes* (1894, 1895). A plus forte raison l'essence de la vie reste-t-elle un mystère pour nous. M. Piat est sans illusion à cet égard. « La multiplicité infinie et l'incessante mobilité de la vie, dit-il avec finesse, sont chose désolante pour la faiblesse de notre entendement. » L'idée qu'il se fait de l'abstrait est donc indépendante de la conception aristotélicienne de la nature. — En second lieu, l'idée est universelle. « Par le fait qu'elle passe à l'état abstrait, l'idée peut, sans cesser d'être une,

---

1. Cependant la pensée de M. Piat au sujet de la nature du mode et de son rapport avec la substance est un peu indécise. « Il s'agit de savoir si le mode n'est que la substance elle-même dans un tel état ou si c'est une réalité qui s'en distingue, bien qu'elle en dérive. » A la page 252, M. Piat déclare le problème insoluble. Tantôt en effet, il penche vers la première solution (p. 29, 30), tantôt vers la seconde (p. 239, 343).

se rapporter à plusieurs individus. Elle se soustrait à toutes les conditions de l'espace et du temps. » Tout être fini est en effet conçu par la raison comme indéfiniment réalisable : Dieu seul est nécessairement unique. Mais, qu'on le remarque bien, l'universel n'existe que dans l'esprit et par l'esprit : dans la réalité tout est individuel. « L'universalité, dit très bien M. Piat, ne consiste pas en ce qu'une idée en soi se puisse répandre identique à elle-même dans une série d'individus... Elle ne consiste pas dans la possibilité de réaliser le même, mais le semblable. L'universalité, c'est l'imitabilité. » — Enfin l'idée implique une double nécessité. « Il y a d'abord en chaque idée une sorte de nécessité intrinsèque. Du moment qu'un être ou un phénomène ont été une fois réalisés, ils sont éternellement réalisables; ils ne peuvent pas ne pas l'être. » En outre nos idées contiennent une nécessité de rapport. Entre plusieurs de nos concepts se révèle une liaison nécessaire et immuable. Nous pouvons, grâce à ces considérations, éviter un double excès: celui de Spinoza pour qui tout ce qui n'est pas réel, est absolument impossible, et celui de Descartes qui exagère la contingence des êtres créés, puisqu'il l'étend à leur essence même.

M. Piat met à profit cette analyse des caractères généraux de l'idée pour montrer combien est ruineux le fondement du Kantisme. L'expérience, d'après Kant, ne renferme que de l'individuel et du contingent. C'est là une des erreurs qui ont servi de point de départ à son système. « En ce point décisif il a été victime d'un préjugé traditionnel. Depuis Descartes on croyait partout en Allemagne que l'expérience ne fournit que des groupes mobiles; et cette croyance s'était confirmée sous l'influence sans cesse croissante de l'empirisme anglais. » Sans doute notre sensibilité ne perçoit dans les choses que du particulier; mais l'entendement ne s'arrête pas aux apparences et au sein de la réalité empirique il découvre l'universel et le nécessaire. — La doctrine kantienne trouve trop de faveur en ce moment pour que M. Piat se contente de cette critique d'ordre général; il l'examine dans le détail et fait voir quelles sont ses conséquences. Nous ne pouvons résumer ici cette puissante argumentation qui demande à être étudiée de très près dans tous ses développements; mais nous la croyons de nature à porter la conviction dans tout esprit non prévenu.

Quel rapport existe-t-il entre l'idée et le phénomène empirique?

Telle est la troisième question examinée par M. Piat. D'après lui, ce rapport est très étroit. « Ce n'est pas seulement à l'occasion ou bien en vertu du phénomène empirique que l'idée de ce phénomène s'éveille en moi... L'idée est un aspect du phénomène empirique, le contenu logique du concret vu dans le concret... Elle est contenue de quelque manière ou du moins exigée par les données immédiates de l'expérience... Quelque effort que je fasse, je ne puis la saisir qu'avec et dans l'impression ou l'image qui l'évoque... Quand une représentation sensible n'est plus, impossible de se rappeler l'idée qu'elle contenait. En disparaissant de l'esprit, elle a emporté cette idée tout entière et la conscience est restée en face d'un mot. » Ces dernières observations font voir à quel aspect de vérité répond le nominalisme ; elles expliquent en même temps l'intime dépendance de la mémoire intellectuelle à l'égard de la mémoire sensible, qui nous est attestée par les altérations du souvenir. Ainsi c'est de l'expérience que nous viennent nos idées, ou du moins c'est elle qui les suscite. Pour le montrer, M. Piat fait une analyse de nos principales notions qui est le plus souvent très heureuse. Mais où le succès de ses efforts nous semble douteux, c'est lorsqu'il s'agit de l'origine des idées d'Infini et de Parfait. D'abord nous craignons que quelque équivoque ne se glisse dans la critique qu'il fait de l'idée d'Infini. « L'infini, dit-il, est essentiellement indéterminé. » Tel est en effet le sens attaché par les anciens Grecs au mot d'ἄπειρον. Mais l'Infini, tel que l'ont conçu les scolastiques et Descartes, est la plénitude de l'être, la Perfection même. Le concept qui l'exprime est au fond identique à celui de l'Idée du Bien de Platon ou à celui de l'Acte pur d'Aristote. Une simple diversité d'aspect constitue la différence de ces notions. Comment acquérons-nous cette idée ? Selon M. Piat, c'est en réunissant la totalité des perfections existantes et possibles dans un même sujet. Mais ce procédé n'est-il pas en réalité le même que celui de Locke et ne donne-t-il pas prise aux mêmes objections ? La pluralité des perfections possibles est indéfinie : mais en ajoutant même indéfiniment perfections relatives à perfections relatives, atteindra-t-on jamais la Perfection absolue ? Un abîme infranchissable sépare le fini de l'Infini. Sans doute lorsqu'on essaie de se représenter d'une manière explicite ce qu'est l'Etre Parfait, on aboutit à une multiplicité de concepts ; mais cette multiplicité, loin d'engendrer l'unité, n'en sort-elle pas tout au contraire? N'est-ce pas parce que nous concevons Dieu comme la Perfection infinie que nous lui attribuons l'omniscience, la sainteté, etc.? « Notre intelligence, dit encore M. Piat, passe naturellement du contraire au contraire : c'est là une de ses lois. L'idée d'acte suffit à susciter celle de possibilité, l'idée de contingence celle de nécessité, l'idée du fini celle de l'infini. Et dès lors, quel mystère à ce que l'idée d'imperfection que nous fournit la hiérarchie naturelle des choses, nous élève comme par ricochet jusqu'au concept d'être parfait? » L'acte assurément explique la possibilité, et, si l'existence des êtres créés nous apparaît comme contingente, leur essence se révèle à nous comme nécessaire. Mais l'idée de fini peut-elle susciter celle d'Infini? Les idées négatives ne se conçoivent que par la perfection dont elles sont la négation : ainsi du mal par rapport au bien, de l'obscurité et du silence par rapport à la lumière et au son, etc... Par conséquent, il ne semble possible de concevoir l'imperfection radicale des êtres créés que grâce à l'idée implicite de la Perfection absolue. Ces raisons nous portent à croire avec Bossuet que le Parfait est le premier non seulement en soi, mais encore dans nos idées : ainsi l'idée d'Infini tiendrait au fond même de l'esprit humain et elle s'éveillerait en nous à la vue des degrés divers de perfection et des défauts que l'observation constate. Et si tel est le caractère de l'idée d'Infini, on ne s'étonnera peut-être pas qu'à notre avis, l'argument ontologique de S. Anselme garde, même après la critique de Kant, toute sa force.

Le cartésianisme nous paraît donc renfermer une part de vérité. En revanche, nous sommes d'accord avec M. Piat, lorsqu'avec une sagacité remarquable il dévoile le défaut commun à toutes les théories de la connaissance qui ont eu cours dans cette école. « Les idées et les images, dit-il, forment deux ordres de connaissances qui se développent à l'infini, sans jamais se rencontrer, deux mondes qui restent éternellement unis et éternellement distincts ». « Il n'y a rien dans nos idées, dit en effet Descartes, qui ne soit naturel à l'esprit, si seulement on excepte certaines circonstances qui n'appartiennent qu'à l'expérience ; par exemple, c'est la seule expérience qui fait que nous jugeons que telles ou telles idées, que nous avons maintenant présentes à l'esprit, se rapportent à quelques choses qui sont hors de nous ». Les idées adventices ne sont que des sensations et les idées factices que des combinaisons de l'imagination ; toutes les idées claires et distinctes, toutes les notions de l'entendement sont innées. Ainsi, comme le dit excellemment M. Piat, « Descartes a omis dans sa théorie de la raison ce qui fait la raison elle-même, l'activité, et s'est vu contraint par la logique à rejeter en dehors de la nature tout ce qui porte l'empreinte de l'absolu, à fonder en Dieu l'édifice entier de la connaissance intellectuelle. Et cette manière de voir a eu des conséquences funestes ; elle a jeté les esprits dans une fausse voie. On s'est demandé depuis lors, et pendant deux siècles, comment les lois de la pensée s'accordent avec les lois des choses ; et le problème ainsi posé ne pouvait avoir de solution ». Tout en considérant le sensible comme une dégradation de l'intelligible et en ramenant la distinction qui les sépare à une différence de degré, les cartésiens n'ont pas vu que c'est avec les données empiriques que l'esprit élabore la connaissance. C'est donc à juste titre, si nous faisons exception pour l'idée du parfait, que M. Piat rejette l'innéisme de Descartes et de Leibnitz, tout comme la vision en Dieu de Malebranche [1]. Des faits contingents et particuliers l'entendement dégage par sa propre activité l'essence universelle et nécessaire ; « à travers ce qui passe, il atteint ce qui ne passe pas » et si de l'Eternelle Lumière il saisit le reflet dans la création, il n'en perçoit pas directement le foyer.

Après avoir établi l'activité de l'esprit, M. Piat peut rejeter les jugements synthétiques *a priori* de Kant. Il n'a pas de peine à montrer qu'en mathématiques les liaisons d'idées sont essentiellement

---

1. Cependant M. Piat nous paraît dénaturer les doctrines de Malebranche, de Bossuet et de Leibnitz en affirmant que ces philosophes s'accordent avec les Kantiens pour « voir dans la nécessité des idées une chose extrinsèque aux idées » (p. 170). Cette assertion s'applique à Descartes : car, d'après lui, contingentes sont les essences des êtres créés et contingents aussi leurs rapports ; Dieu les crée librement. Il n'existe de liaison nécessaire qu'entre la Perfection absolue et l'existence. Mais pour ce qui est de Malebranche, de Bossuet et de Leibnitz, leur vraie pensée ne serait-elle pas que la nécessité *inhérente* aux idées et à leurs rapports logiques fait qu'elles exigent une substance nécessaire où elles trouvent un fondement absolu et où elles soient conçues éternellement.

analytiques. Le principe de causalité offre plus de difficultés. Depuis la critique de Hume, il a beaucoup préoccupé les philosophes. M. Piat en fait une analyse très pénétrante. Le principe de causalité, d'après lui, se ramène à l'évidence et cette évidence n'a pas un caractère absolument spécial. « Le concept de commencement enveloppe directement l'idée d'une indigence essentielle, indirectement l'idée d'une cause. Or cet enveloppement indirect est le propre de toute évidence logique... Il y a dans certaines propriétés une exigence constitutive en vertu de laquelle elles ne peuvent exister, si d'autres choses n'existent aussi. Les éléments logiques de la réalité s'emboîtent les uns dans les autres; et c'est cet emboîtement essentiel qui forme la nécessité de rapport. » Platon n'était donc pas éloigné de la vérité, lorsqu'il parlait du *mélange des idées* qui fonde le jugement; Hume au contraire se trompait en concevant les événements comme « décousus et détachés les uns des autres » et Kant avait également tort de prétendre que l'entendement est un simple pouvoir de lier les phénomènes. « L'entendement ne lie pas au sens strict du mot: il découvre et formule les liaisons que contiennent les faits et les idées. »

Il est facile de voir combien la doctrine de M. Piat s'écarte du sensualisme. L'idée se distingue de l'image par ses caractères essentiels. M. Piat n'a qu'à les faire ressortir pour convaincre d'erreur le nominalisme sensualiste de Taine, de M. Ribot, et de M. Paulhan. Leur doctrine est inférieure à celle de Locke: ce psychologue avait compris que la puissance abstractive de l'esprit n'a pas pour rôle de séparer ou de réunir des fragments d'images. Les sensualistes au contraire, n'admettant pas de faculté supérieure aux sens, ne font que la psychologie de l'animal : « ils ignorent dans l'homme ce qui caractérise l'homme, l'idée. » Ce défaut capital se retrouve encore dans le sensualisme perfectionné d'Herbert Spencer. M. Piat fait de ce système une critique décisive : mais il n'omet pas de signaler « l'âme de vérité » qu'il contient. M. Piat rejette un innéisme « où l'on conçoit la pensée comme pourvue de catégories ou d'idées directrices antérieures aux faits. » Mais il accepte volontiers un innéisme héréditaire. On ne peut en effet adresser à ce système les critiques qui portent contre celui de Descartes et celui de Kant. « Il ne compromet nullement la connaissance du réel; il la favorise au contraire en attribuant à l'intelligence une énergie plus féconde et comme une anticipation des données de l'expérience. » Dans certaines familles on a maintes fois observé la transmission héréditaire des qualités de l'intelligence et les faits nous révèlent quelque chose d'analogue pour les peuples. « Le surplus d'intelligence que se sont acquis les ancêtres par leurs efforts personnels, se transmet au sein des nations comme au sein des familles et pour s'accroître encore. Mais à un moment donné la marche ascendante s'arrête et tout recommence à descendre. » M. Piat croit même que « certaines idées fondamentales, telles que les notions d'être, de cause, d'effet, d'énergie, de temps et d'espace, finissent par s'identifier avec l'âme humaine, se transmettent d'une certaine manière avec la vie et se trouvent au fond de chacun de nous comme un résidu de l'expérience ancestrale. » Peut-être cependant est-ce exagérer l'influence de l'hérédité que de l'étendre jusqu'à la transmission des concepts d'être et de cause ? Peut-être aussi est-ce faire une conjecture hasardée que d'affirmer que le génie « condense l'effort séculaire de tout un peuple » ? Ne serait-il pas plus vrai de dire, sans méconnaître les conditions corporelles dont il dépend, qu'il est avant tout un don du Créateur et que l'esprit souffle où il veut ?

La dernière question traitée par M. Piat est celle du rapport de l'idée à l'être. L'idée n'est pas adéquate à l'être et ne lui est pas essentielle. Au dehors de nous et en nous-mêmes que de faits échappent à notre pensée ! D'ailleurs de longs siècles se sont écoulés avant l'apparition de la vie et de la conscience sur notre planète et peut-être après leur disparition de longs siècles s'écouleront-ils encore. L'être et la pensée sont donc séparables. De plus, c'est l'être qui fonde l'idée. Cette assertion va à l'encontre de l'idéalisme objectif de Hegel. Selon Hegel en effet, « l'univers n'est que de la logique en mouvement. L'idée fait le fond immuable de la mobile nature, et c'est de son éternelle action que procèdent les phénomènes d'ordre divers qui se déploient dans l'espace et le temps. » Déjà M. Piat avait trouvé l'occasion de discuter cette doctrine, lorsqu'il se demandait si l'essence était toute faite dans les choses ou s'il était besoin d'un acte de l'esprit pour l'en dégager. Il avait établi que l'idéalisme hégélien est « la négation de la personnalité et de toute individualité [1]. » A vrai dire, il ne paraît pas facile de con-

1. M. Piat combat avec raison la conception d'une liberté intempo-

cilier cette critique avec certaines assertions émises plus haut (p. 29, 30). Quoi qu'il en soit, M. Piat montre justement que Hegel s'est mépris sur le véritable caractère de l'idée. Sans doute l'être est essentiellement intelligible ; mais l'idée n'existe que dans l'esprit et par l'esprit. Elle dérive de la réalité concrète, et comme elle enferme d'éternelles et nécessaires possibilités, elle suppose par là même comme dernier fondement un Etre absolu, principe de toute essence comme de toute existence.

Telles sont les principales questions étudiées par M. Piat. Nous avons indiqué en toute franchise sur quels points nous ne partageons pas entièrement sa manière de voir. Mais, en terminant ce compte-rendu, nous craignons de n'avoir pas assez dit quelle ingéniosité de conception, quelle vigueur de dialectique, quelle richesse de développements on trouve dans son livre. La lecture de l'ouvrage est d'ailleurs nécessaire pour que l'on puisse apprécier ces qualités à leur juste valeur.

F. MOMAS.

---

25. — **Histoire économique de la Propriété, des Salaires, des Denrées et de tous les prix en général,** depuis l'an 1200 jusqu'en l'an 1800 par le vicomte G. d'AVENEL. Paris, Imprimerie Nationale.

L'ouvrage que nous présentons aux lecteurs de ce *Bulletin* mérite certainement une place d'honneur parmi ceux qui, dans ces dernières années, ont honoré la science économique française. En 1887 et en 1889, l'Académie des Sciences morales et politiques avait

---

relle qui a été adoptée par certains philosophes. Cependant n'est-ce pas dépasser la mesure que de dire : « La liberté intemporelle n'est pas seulement un mythe, c'est un concept contradictoire » ? En donnant à cette assertion un caractère aussi absolu, M. Piat oublie la liberté divine. — De même ne s'avance-t-il pas trop, lorsqu'il dit : « Il ne se produit de changement en dehors de la cause que s'il s'en produit dans la cause elle-même. L'acte pur est trop énergie pour être cause ». M. Piat admet pourtant l'immutabilité de la Cause première (p. 253). Quoi d'étonnant d'ailleurs que la conciliation de l'action libre de Dieu avec son immutabilité reste un mystère et que les essais d'explication des théologiens (cf. S. Thomas, *Contra Gentes*, I, c. 82) n'aboutissent qu'à le formuler exactement.

choisi comme sujet de deux concours pour le prix du comte Rossi, la question suivante : « Histoire économique de la valeur et du revenu de la terre du xiiie siècle à la fin du xviiie siècle, en France ; » le sujet était si vaste qu'on pouvait craindre qu'aucun économiste n'osât l'aborder. Et pourtant cette tâche parut légère à M. le vicomte d'Avenel qui élargit encore le thème de l'étude sollicitée; entreprenant une enquête sans limites sur les prix de toutes choses pendant six siècles, il présenta à l'Académie deux mémoires en douze volumes; huit volumes in-folio contenaient une liste de 50,000 prix, méthodiquement classés, des principales choses usuelles ; quatre volumes in-quarto exposaient les conclusions qui se dégageaient de ces minutieuses recherches.

L'attribution des deux prix Rossi n'était point une récompense suffisante pour un labeur aussi consciencieux et il est heureux que le Ministère de l'Instruction publique, sur la proposition du Comité des travaux historiques et scientifiques, ait pu se charger de la publication d'une partie de l'œuvre couronnée. Ainsi se trouve comblée pour notre pays une lacune dont les économistes déploraient depuis longtemps l'existence et le grand ouvrage de M. Thorold Rogers, *Agriculture and prices in England de* 1258 *à* 1800, trouvera désormais chez nous un pendant qui puisse lui être comparé.

Il fallait beaucoup de courage joint à une grande érudition pour mener à bien une pareille enquête. Il est relativement facile de dresser un immense catalogue des prix des principales choses usuelles, dans les six siècles qui ont précédé le nôtre; d'innombrables monographies locales publiées par les membres des Sociétés Savantes peuvent être utilisées et M. d'Avenel prend soin de nous avertir qu'il n'a point fouillé lui-même les anciennes archives ni pâli sur les vieux parchemins. Mais cette première compilation faite, une triple difficulté doit être surmontée. Si l'on me dit que vers l'an 1300 ou 1400 le jaloi de terre à Saint-Quentin valait 10 sous, la vergée de bois à Lisieux 1 livre, la salmée de vigne dans le Comtat Venaissin 1 florin, que la mencandée de bois en Flandre se vendait 15 patars et le penal de seigle en Franche Comté 28 engrognes, cela ne m'apprend absolument rien. Il faut traduire en un langage moderne ces expressions bizarres et cette traduction est malaisée, car la variété des mesures est indéfinie; chaque petit village a les siennes et dans la même circonscription, un terme unique désigne des mesures différentes. A Soissons, il y avait pour les grains cinq muids : celui du chapître, celui du comté, celui de la ville, celui du quartier l'Evêque et celui de l'ancien marché ; pareillement le boisseau se subdivise en boisseau *ras*, en boisseau *grains sur bord* et en boisseau *comble*.

Supposons pourtant que je sois arrivé à déterminer avec précision à quelle mesure moderne correspond un penal et quel poids d'argent contient une engrogne, ce résultat même est peu de chose, et il faut affronter encore une deuxième épreuve, plus redoutable que la première. Un poids donné de métal précieux or ou argent, n'a pas, à toutes les époques, une valeur fixe et son *pouvoir d'achat, toutes choses égales d'ailleurs,* varie très sensiblement ; si donc on trouve que telle pièce de monnaie de l'an 1350 contenait vingt-deux grammes et demi d'argent fin, il ne faudra pas conclure que sa valeur correspondait à celle de notre pièce de cinq francs qui a même poids et on devra multiplier par 3 et demi ce dernier chiffre, ce qui donne une valeur effective de 17 francs cinquante centimes. Malheureusement, cette recherche du pouvoir de l'argent est exposée à de si nombreuses chances d'erreur qu'une approximation est seule possible. La méthode suivie par M. d'Avenel et qui consiste à dresser les budgets de trois familles prises dans la classe riche, dans la classe bourgeoise et dans la classe ouvrière présente peut-être certains avantages sur celle que plusieurs de ses devanciers ont suivie et qui consistait dans la simple comparaison des prix d'un grand nombre de marchandises ; malheureusement, elle laisse encore place à une trop grande inexactitude.

Les altérations de monnaie, si fréquentes dans les siècles passés, viennent en dernier lieu compliquer aussi cette recherche des prix des choses. Ces altérations revêtaient deux formes bien distinctes : tantôt elles portaient sur la nature du métal, tantôt elles rehaussaient ou abaissaient la valeur en livres de telle pièce déterminée. Nos ancêtres qui se montraient indulgents pour cette seconde forme, protestaient énergiquement contre la première ; au surplus les seigneurs et les rois considéraient l'une et l'autre comme un attribut légitime de leur souveraineté. Le duc de Bourgogne *accorde* en 1190 à l'évêque de Langres qu'il n'altérera ni le titre ni le poids de la monnaie de Dijon, pendant sa vie, sans le consentement du dit évêque, mais il réserve, sur cette prérogative, les droits de son fils et successeur. C'est aussi par faveur que l'évêque d'Agen renonce en 1233, envers les bourgeois de sa ville épiscopale, à l'exercice de ce privilège.

On est étonné de constater que ces altérations des monnaies étaient presque toujours sans influence sur les prix ; nos ancêtres, qui avaient sur la monnaie des notions si justes et si précises, maintenaient les prix anciens et se bornaient à convertir la valeur nominale des pièces frelatées, au taux de la monnaie non altérée.

La valeur d'une œuvre ne se mesure pas seulement à la difficulté vaincue ; elle a aussi pour coefficient l'importance du résultat obtenu. M. d'Avenel expose dans une introduction de 481 pages les conclusions qui se dégagent de son enquête et ce guide éclairé et judicieux nous fait assister au développement providentiel des institutions humaines, sous l'action des lois éternelles qui président à leur marche.

Nous renonçons à trier parmi ces conclusions celles qui, par leur importance plus grande, mériteraient plus spécialement d'être rapportées ici. Prenons seulement deux exemples. On sait qu'il est aujourd'hui bien porté de déclarer que l'organisation sociale de notre temps est très défectueuse, que le riche y devient automatiquement plus riche, tandis que le pauvre, condamné à vivre sous la loi d'airain du salaire, ne peut que voir empirer encore sa situation lamentable. Voilà l'affirmation : prenons maintenant les faits. Ils nous disent, qu'en dehors de la fortune immobilière dont la plus value a été bien moins élevée qu'on ne le pense communément, les capitaux mobiliers se sont constamment volatilisés ; le rentier qui en l'an 1200 avait un capital de 97,965 lui rapportant 9,796 francs ne retrouverait plus aujourd'hui, s'il ressuscitait, que 950 francs lui rapportant, s'il a fait un placement heureux, la modeste somme de 38 francs. Sous la triple action de la diminution du pouvoir d'achat des métaux précieux, de la baisse du taux de l'intérêt et de la dépréciation de la monnaie de compte qui, tout en conservant son nom de *livre*, signifie une quantité de plus en plus petite d'or ou d'argent, une somme de 1000 francs de l'an 1200 ne représente plus aujourd'hui que 3 francs 70. Tel est le fait, constaté d'une manière si précise que l'auteur a pu dire sans témérité « qu'il n'y a pas, dans ce résultat, place pour la moindre hypothèse, pour le moindre doute, c'est un calcul brutal et simple. »

De même certains esprits, que chagrine la perpétuelle mobilité des organismes modernes, notamment de la famille, de la propriété et du travail, se complaisent à faire l'éloge de la stabilité ancienne, alors que chacun trouvait dans la fixité immuable des institutions économiques plus de sécurité et plus de bien-être. Ce thème, dont les variations harmonieuses charment volontiers une oreille française semble destiné à ne séduire que des auditoires de moins en moins nombreux, et chaque année l'érudition démontre que cette prétendue fixité fut beaucoup moins grande qu'on ne le croit communément. Même au XVIIe siècle, époque marquée par un grand mouvement de concentration de la propriété foncière « on ne peut pas ouvrir un chartrier, un inventaire d'archives quelconques, sans y rencontrer des myriades de ventes et d'achats de terre faits à ou par des laboureurs. »

Il n'est pas jusqu'à la question monétaire actuelle que les savantes recherches de M. d'Avenel n'éclairent d'une vive lumière et ceux qui pensent établir artificiellement un rapport stable entre la valeur des deux métaux précieux, feraient bien de lire le récit des échecs de toutes les tentatives similaires du passé. « Les gouvernements d'autrefois croyaient dur comme fer qu'il existait entre l'or et l'argent un juste rapport. Partout, les plus honnêtes estimaient avoir le droit et même le devoir de maintenir ce rapport, puisqu'il était *juste*. Quand l'un des deux métaux renchérissait, bien vite des édits, ordonnances ou déclarations solennelles commençaient par lui ordonner de reprendre son ancien prix; à quoi naturellement il n'avait garde d'obtempérer. Désespérant de vaincre cette résistance et de faire rentrer dans l'ordre cette marchandise rebelle, impuissant contre ce *cours abusif*, comme il le nommait, le pouvoir essayait souvent de rétablir le rapport auquel il tenait en élevant le prix du métal qui restait stationnaire. Mais l'élévation *légale* de ce dernier était immédiatement suivie d'une élévation *commerciale* correspondante de l'autre. La lutte s'engageait entre l'Etat qui courait après son *juste rapport* avec une persévérance tout à fait bouffonne et le public qui voulait précisément changer ce rapport : les prix du marc d'or et du marc d'argent montaient alternativement jusqu'à ce que le souverain et ses ministres, vaincus par la force des choses, battissent en retraite. »

Nous nous arrêterons sur cette constatation finale; cette conclusion résume en effet tout l'enseignement qui se dégage du savant ouvrage de M. d'Avenel. Quel que soit le sujet que l'on étudie, qu'il s'agisse de la propriété foncière ou du taux de l'intérêt, des salaires ou des méthodes de travail, du système monétaire ou de l'affranchissement du travailleur manuel, partout et toujours on constate la même impuissance de l'homme à lutter contre les forces sociales. Saluons avec joie cette impuissance, car elle évite à l'humanité, dans tous les temps, les innombrables commotions que l'esprit de système lui ménagerait et elle est compensée par les merveilleux résultats auxquels l'homme parvient lorsque, renonçant à contrecarrer l'action de ces forces, il consent humblement à collaborer avec elles. Paul BUREAU.

26. — **Voyage à Madagascar**, par le docteur Louis Catat. (1889-1890), 1 vol. in-4° avec 169 grav. et 4 cartes. Paris, Hachette et Cie. 25 fr.

Chargé à la fin de 1888, par le ministère de l'Instruction publique, d'une mission scientifique à Madagascar, M. Catat a parcouru précisément la route que devait suivre plus tard, la colonne expéditionnaire chargée de rétablir notre autorité sur la grande île africaine. Il a noté les étapes, la durée des trajets, les difficultés du chemin, et il nous donne à la fin du volume, des notes circonstanciées sur les itinéraires de Majunga et de Tamatave à Tananarive.

Plein d'actualité, ce livre a une grande valeur, car il est l'œuvre consciencieuse d'un observateur de premier ordre, qui non seulement a exploré l'île en tous sens, mais a pu compléter ses observations durant le temps qu'il a occupé la résidence française à Majunga.

Que de faits intéressants à signaler sur les différentes tribus madécasses que le docteur a visitées ; je me contente de noter en passant la présence des pierres levées, (*vatotsangana vatolahy*) dans les régions du massif central chez les Antimerina et les Betsileo et sur le versant oriental, chez les Antonosy et les Betsimisaraka. « Ces menhirs isolés ou groupés représentent aux yeux des Malgaches non une divinité que l'on doit adorer, mais le souvenir d'un événement important, d'une conquête, d'un jugement célèbre, d'un vœu solennel ; ce sont des monuments érigés pour rappeler à la postérité les actes des ancêtres et souvent aussi pour garder la mémoire des morts dont les restes perdus au loin n'ont pu revenir dans le tombeau de la famille. Cependant à ces évocations du passé, le peuple madécasse, si superstitieux a bien vite ajouté un culte véritable ; il honore la pierre pour les vertus qu'il lui suppose, pour les pouvoirs qu'il lui prête sur l'univers entier. Il la prie, lui fait des offrandes, qui consistent presque toujours en onctions graisseuses sur les parois ou en appositions sur le sommet de quelques cailloux de quartz. Si le Vatolahy n'exauce pas ses vœux, l'indigène, passe dédaigneux devant le menhir, l'injurie, crache et siffle, souvent même il frappe le monolithe. » Dans l'Imerina, les pierres levées sont généralement isolées. Ces monuments si curieux à Madagascar n'éprouvent chez les autres tribus que de faibles changements dans la forme et la disposition générale. Chez les Betsileo, les monolithes sont entourés de bois sculptés ; chez les Bara, les larges dalles ; chez les Manambia, les menhirs enfermés dans une enceinte de cailloux superposés ; chez les Antanory, les hauts monolithes érigés à côté les uns des autres à proximité d'un pieu aigu surmonté d'un oiseau.

Laissons encore la parole à notre docteur pour nous raconter une singulière aventure. Il vient d'arriver à Mandritrara, ville de douze cents habitants. « Le lendemain de mon arrivée, je vais dîner chez le gouverneur, après avoir fait les photographies de tout son état-major; ses officiers sont absolument grotesques, sanglés dans des redingotes d'occasion, et coiffés de chapeaux hauts de forme qui ont dû voir la Révolution de 1848.

Le ∫gouverneur Rakotondravoavy quatorzième honneur, veut bien me donner des guides et des soldats, pour m'accompagner dans ma marche vers l'ouest, mais il m'impose une condition fort bizarre en vérité. Il veut qu'aujourd'hui dimanche je me rende au service divin à l'église des protestants et que j'y prononce un sermon pour l'édification des fidèles. Vu mon ignorance en langue malgache, il m'autorise à prononcer mon discours en français et même à le lire dans le livre que je jugerai bon. C'est très ému que je montais en chaire pour y prononcer ma première conférence, et je lus en entier le chapitre III de l'abrégé de Géologie de A. de Lapparent, traitant de la dynamique terrestre interne. A la fin du chapitre, les Antimerina, le gouverneur en tête, donnèrent des marques non équivoques d'une vive approbation. Mon étonnement était grand ; il se changea en stupéfaction, lorsque l'interprète officiel du gouvernement vint traduire mon discours : « Oh ! peuple, Sakalava et Betsimisaraka, ce Français envoyé par son gouvernement vient de vous décrire les volcans et les sources d'eau chaude qui sortiraient de terre pour vous faire périr jusqu'au dernier, si vous vous révoltiez contre le gouvernement de Sa Majesté Ranavalona III. »

Le docteur Catat n'est pas partisan du protectorat, il veut l'anexion pure et simple et il en donne des raisons qui ne seront peut-être pas très goûtées par les théoriciens du quai d'Orsay.

Voici le mot de la fin : « Après avoir séjourné cinq ans à Madagascar, après avoir parcouru dans ce pays plus de 6000 kilomètres. Je suis convaincu que : 1° cette grande île africaine formera un jour notre plus belle colonie, tant pour le peuplement que pour l'exploitation ; 2° je suis aussi convaincu que la France ne pourra administrer utilement, ce beau et bon pays qu'en en confiant les destinées à un département ministériel indépendant des pressions extérieures, non hypnotisé et pas davantage médusé par le spectre britannique. J'ai voyagé quelque peu en Asie, beaucoup en Amérique, davantage en Afrique, de toutes mes pérégrinations à travers le monde, j'ai rapporté par dessus tout la croyance absolue en cet axiome pour nous Français : *En matière coloniale, la crainte de l'Angleterre n'est pas le commencement de la sagesse.* »

J. M. B.

CHRONIQUE

29. — M. Hauréau a inséré, dans le tome XXXIV°, 2° partie (pages 318-362) des *Notices et Extraits des manuscrits de la Bibliothèque Nationale,* une *Notice sur le n° 16409.* Ce manuscrit, donné aux pauvres écoliers de la petite Sorbonne par Thomas de Cracovie, docteur en théologie, fut rédigé vers la fin du XIV° siècle, et renferme des extraits des vespéries, des auliques, et autres disputes, soutenues dans l'Université, à cette époque. Aucun autre recueil ne fait mieux connaître quelles étaient alors les questions agitées entre les théologiens de Paris, comment ils les discutaient et s'efforçaient de les résoudre. Ces questions se rapportent principalement à la

prescience, à la puissance et à la notion même de Dieu, à la prédétermination et à la liberté de l'homme, à la cause du mal, au péché véniel, à la vision intuitive. Beaucoup de docteurs sont nommés, sur lesquels M. Hauréau, s'aidant du *Chartularium Universitatis Parisiensis* de Denifle et Châtelain, donne divers éclaircissements. Plusieurs d'entre eux ont avancé des propositions hardies, déjà signalées d'après ce manuscrit, non sans quelques erreurs d'attribution, par d'Argentré. D'autres ont agité des questions insolubles, et donné pour ou contre des arguments d'égale valeur. M. Hauréau termine en disant que l'Église, fatiguée, effrayée, par cette théologie contentieuse « se précipita, les yeux fermés, dans le mysticisme. Le manifeste de cette fougueuse réaction est le livre que nous appelons aujourd'hui l'*Imitation de Jésus-Christ* ». D'autres causes encore, et de plus profondes, croyons-nous, contribuèrent à la naissance de ce livre étonnant.

Dans le tome XXXVe, 1re partie (p. 118-130), M. Paul Meyer a publié deux notices sur trois manuscrits en langue romane importants pour l'étude de cette langue et pour l'histoire littéraire du moyen-âge.

La 1re a pour objet *deux manuscrits* (XIVe *siècle*) *de la Vie de saint Remi, en vers français, ayant appartenu à Charles V*, et actuellement à la bibliothèque nationale de Bruxelles sous les n°s 6409 et 5365. On y apprend qu'ils contiennent tous deux une même vie de saint Remi, d'environ 8250 vers, composée par un inconnu, nommé Richier, d'après la vie latine de ce saint dont Hincmar est l'auteur, vers la fin du XIIIe siècle, à la requête des moines de saint Remi de Reims. M. Paul Meyer en cite les 408 premiers vers, et les 100 derniers. La première page du poème est reproduite photographiquement. Ces deux exemplaires de cette vie sont les seuls qui restent sur trois qui étaient signalés par les catalogues.

La 2e notice s'applique au manuscrit français 24862 de la Bibliothèque nationale, qui contient divers ouvrages, composés ou écrits en Angleterre, vers le milieu du XIIIe siècle. On y signale, entre autres, un *Commentaire sur le livre des Proverbes*, encore inconnu, et de plus, une traduction partielle en vers des *Vitas patrum*, et spécialement de la vie de sainte Thaïs, traduction ayant pour auteur un templier, nommé Henri d'Arci. Ce nom est fourni par le manuscrit de Paris, mais il ne se trouve pas dans un manuscrit de Londres qui renferme les mêmes vers. D'ailleurs auteur et poème étaient également inconnus jusqu'ici, et M. Paul Meyer, le premier, en cite d'assez longs extraits. Le manuscrit de Paris donne encore, du même Henri d'Arci, un poème sur l'*Antechrist*, traduction du traité latin d'Adson, moine de Moutier en Der, et un autre sur la *Descente de saint Paul en enfer*. — La notice reproduit aussi en entier un vieux sermon français sur *la Pentecôte* : les sermons en cette langue et de cet âge sont, en effet, bien rares. — Enfin l'on trouve, dans ce manuscrit, une *Vie de sainte Galla*, d'après les *Dialogues de Saint Grégoire*, et des *Sermons français*, de Maurice de Sully, évêque de Paris. Mais ces deux derniers morceaux sont déjà connus.

CLERVAL.

ACADÉMIE DES INSCRIPTIONS ET BELLES-LETTRES

Séance du 24 janvier. — M. WALLON donne lecture du rapport semestriel sur les travaux de l'Académie. — L'Académie se forme en comité secret pour l'examen des titres des candidats à la succession de M. de la VILLEMARQUÉ : MM. E. GUIMET, L. HERVIEUX, CH. JORET, E. PICOT, ULYSSE ROBERT, baron de RUBLE.

Séance du 31 janvier. — L'Académie procède à l'élection d'un membre libre en remplacement de M. de la VILLEMARQUÉ. MM. GUIMET et JORET ont retiré leur candidature. 1er tour : Baron de RUBLE, 17 voix; E. PICOT, 16; Ulysse ROBERT, 7; HERVIEUX, 5. Au 2me tour, le baron de RUBLE est élu par 26 voix contre 17 à M. E. PICOT et 2 à M. Ulysse ROBERT. — M. CAGNAT communique quatre inscriptions latines gravées sur trois bases trouvées à Assouan (Syène) par MM. Jouguet, membre de l'école française de Rome et Bouriant, directeur de la mission du Caire. Ces inscriptions indiquent quels étaient, à différentes époques, le préfet d'Egypte, le préfet de la légion d'Alexandrie et la composition de la garnison de Syène. Elles nous apprennent qu'en 39 ap. J. C. le pays était gouverné par C. Vitrasius Pollion, peut-être le fils du préfet de Tibère, qu'en 162 la place était occupée par M. Annius Suriacus et que le camp de Syène, fortement occupé au début de l'empire, pendant la période des guerres éthiopiennes, fut progressivement dégarni de troupes, à mesure que la frontière du sud devint plus sûre :

1º Inscriptions de la première base; 1º Face (27 février, 39 ap. J. C.) : c. caesari. aug. germanico. divi. aug. || pronepoti. ti. caesaris. aug. n. germanici. caesaris... f || cos. ii. trib. potest. pontif. maximo. imp. patri. patriae || per. c. vitrasium. pollionem. praef. aegyp. cohors. ituraeor || cui. praest. l. eienus. l. f. ful. saturninus. anno. iii. c. caesaris. augusti || germanici iii. Kal maias n. d. h. iii. — 2º Inscription latérale (entre le 1er janvier et le 18 septembre

98 ap. J.-C.) : *imp. caesar[i] || nervae traiano aug || germ. pont. max. tribunic || potest. cos. ii. p. p per c. pompeium || plantam. praef. aeg. et. l. genucium. priscum || praef. castror. coh. tres. i. hispanor. eq. cui. praeest. q. claudius || africanus. et. ii. itur. eq. cui. praeest. ti. claudius. berenicianus || et. i. theb. eq. cui. praeest. p. claudius. iustus. curam. agente. p. claudio || iusto. praef. coh. i. theb. eq. et. curatore. coh. i. hispanor. eq. et || coh. ii. ituraeor. equit.*

Inscription de la deuxième base (C. Avidius Heliodorus étant préfet d'Égypte, 140-143 ap. J.-C.) : *imp. caesari. divi. hadriani. fil || divi. traiani. parthici. nepoti || divi. nervae. pro. nepoti || t. aelio. caesari. hadriano. antonino. aug. pio. || per. c. avidium heliodorum. praef. aeg. et || m. oscium. drusum. praef. castror. || coh. i. fl. cilic. equit. || curam agente. t. aridio. marcellino. 7. leg. ii. tr. for.*

Inscription de la troisième base (162 ap. J.-C.) : *imp. caesari. l. aurelio vero. aug. || divi antonini. fil. divi. hadriani. nepot. || divi. traiani. pronepot. divi. nervae. abnepoti || pont. max. trib. potest. ii. cos. p. p. per || m. annium. suriacum. praef. aeg. et l. cintasium. casianum. praef. castr. coh. i. fl. cil. eq. || curante. valerio. cordo. 7. leg. ii. tr. fort.*

M. G. Boissier présente quelques observations sur la personnalité de C. Vitrasius Pollion, préfet d'Égypte, mentionné dans la première inscription. — M. Salomon Reinach communique les photographies de deux autels gallo-romains récemment découverts à Sarrebourg (ancien département de la Meurthe) au cours de la construction d'une caserne. Sur l'un de ces autels figure le couple, depuis longtemps connu, du dieu au maillet et d'une divinité féminine. Pour la première fois, l'autel de Sarrebourg nous apprend qu'ils s'appelaient *Sucellus* et *Nautosvelta*. M. Michaelis, qui a publié le monument, s'en sert pour réfuter une théorie émise en France, d'après laquelle le dieu au maillet serait identique au Dieu suprême des Gaulois, que César appelle *Dispater*. M. Reinach s'applique à montrer que cette doctrine reste parfaitement soutenable et qu'au contraire, la nouvelle découverte tend à écarter l'opinion de ceux qui assimilent le dieu au maillet au dieu romain Silvanus. — M. Héron de Villefosse communique des observations envoyées par M. Richard Engelmann relatives à diverses communications insérées dans les comptes rendus de l'Académie pour l'année 1895.

Henry Thédenat.

BULLETIN CRITIQUE

27. — **Les Psaumes,** traduction française sur le texte hébreu corrigé d'après les résultats de la critique moderne et disposée selon toute la rigueur des parallélismes et des strophes ; livre I, ps. i-xli, par E.-S. de Neuilly. Paris, société d'éditions scientifiques, 1896. In-8°, 154 pp.

Le titre est bien long pour un livre aussi court. Il en dit trop, bien qu'il ne promette pas plus que le livre ne tient. Le pseudonyme de l'auteur, car il y a pseudonyme, pourrait peut-être égarer les soupçons de certaines personnes et causer quelque préjudice à celui qui l'a choisi. Mais M. de Neuilly ne travaille pas pour la gloire. Il travaille pour la vérité ; et il en sème, des vérités, le plus qu'il peut, non seulement dans les notes qui accompagnent sa traduction, mais dans son « avertissement », texte et notes, et dans son « appendice », texte et notes ; car il y a de longues notes à toutes les pages de ces deux morceaux, et souvent même deux étages de notes. L'auteur y tient conversation avec le lecteur, et il lui fait dire par les Pères de l'Eglise, par Abailard, l'abbé Le Dieu, secrétaire de Bossuet, et d'autres écrivains notables, beaucoup de choses fort curieuses, mais qui n'ont parfois qu'un rapport assez éloigné avec la critique textuelle. Les petites dissertations qu'on trouve de loin en loin sur la difficulté que présentent, au point de vue du dogme théologique de l'inspiration, quelques passages des Psaumes et les citations qui en sont faites dans le Nouveau Testament, ne sont pas du tout à leur place dans un livre qui veut nous donner une traduction des Psaumes fondée sur une critique sérieuse du texte hébreu. C'est pourquoi je suppose que l'ouvrage de M. de Neuilly ne comprend que la traduction du premier livre des Psaumes, avec l'apparat critique indispensable, afin de pouvoir dire que ce travail est très bon. La traduction est soignée, correcte sans fausse élégance. La critique du texte est faite fort minutieusement, selon les principes du Dr Bickell à qui le livre est dédié. On n'a qu'à lire pour s'assurer que la strophique des Psaumes n'est pas une chimère.

Que le jeune exégète, car il est certainement jeune, sache, en poursuivant son œuvre, se renfermer dans le cadre que lui-même a choisi, et qu'il nous donne en français, après les Psaumes, les autres « poèmes et cantiques des Hébreux », comme il semble nous le promettre dans le titre supérieur de son volume : il aura droit à notre reconnaissance. Peut-être fera-t-il bien aussi de ne pas s'exagérer la certitude ou l'importance des résultats obtenus par la critique moderne. Le fleuve de la critique charrie avec fracas sur ses bords des flots troubles et qu'on dirait chargés de débris. Ceux qui naviguent le long du rivage s'imaginent parfois emporter avec eux le sol du pays qu'ils traversent, et les gens d'alentour les regardent passer avec terreur. Il y a tout juste un peu de gravier qui se déplace. Le petit nombre des vieux nautoniers qui ont poussé leur barque jusqu'au milieu du fleuve, savent qu'il y règne un large courant d'eau profonde, mais claire et paisible, roulant sans bruit sur un fond de sable uni et fin où se reflète l'azur du ciel.

A. Loisy.

---

28. — **Les Origines des églises de France et les Fastes épiscopaux,** par Ch. Félix Bellet. Paris, Picard, 1896 ; in-8° de xv-275 pages.

Le tome Ier de mes *Fastes épiscopaux de l'ancienne Gaule* m'a valu beaucoup de tribulations. Des protestations irritées se sont produites dans nombre de journaux et revues ecclésiastiques. Mes contradicteurs laissent, il est vrai, à désirer pour la compétence, mais non pour la violence de leurs propos [1]. En ceci j'ai surtout à me plaindre de certaines *Semaines religieuses*, imparfaitement surveillées, je veux le croire, par les prélats qu'elles compromettent aussi manifestement.

J'ai laissé passer cet orage, ne voyant ni le moyen d'empêcher

---

[1]. Cf. *Analecta Bollandiana*, t. XIV, p. 441.

les gens de vociférer contre moi, ni la nécessité de leur donner la réplique. A la longue ce silence a inquiété quelques amis, bien convaincus, il est vrai, que ce sont mes contradicteurs qui ont tort, mais préoccupés plus que moi de l'impression que le public pourrait recevoir si je laissais dire avec trop de patience. C'est malgré moi que je cède à leurs exhortations. Il est en effet assez clair que les personnes compétentes et notamment les PP. Bollandistes de Bruxelles ne m'ont jamais donné tort, bien au contraire. Pas plus que moi, ces bons religieux ne sauraient être suspects de gallicanisme, de jansénisme, de rationalisme et, en général, de toutes ces horreurs d'intentions que des abbés courroucés prêtent volontiers à ceux qu'ils combattent. En fait de traditions hagiographiques, les rédacteurs des *Acta Sanctorum* sont, à l'heure qu'il est, les spécialistes par excellence. Il ne leur manque rien, ni sous le rapport de l'information, ni au point de vue des dispositions subjectives. Ce sont les plus qualifiés des experts : le public sérieux doit le savoir.

Cependant je vais répondre cette fois-ci. Ce n'est pas que la contradiction soit beaucoup plus importante que celles qui l'ont précédée ; mais elle est polie ; d'une politesse extérieure, il est vrai, car tout le long du livre on insinue que je suis de mauvaise foi : en fait d'égards je dois me contenter de peu. De plus elle se présente avec un appareil imposant. L'auteur porte le titre de protonotaire apostolique ; son livre est recommandé chaleureusement par un supérieur de chanoines réguliers et par un évêque, l'évêque de Valence. On peut bien faire pour ces grands prélats ce qu'on ne ferait pas pour de moindres personnages.

Commençons par les patrons. Le chanoine régulier, dom Gréa, est une personne pour laquelle j'ai le plus religieux respect. Qu'il veuille bien se souvenir de moi dans ses prières! Mais je le sais auteur d'un livre où les institutions hiérarchiques de l'Eglise sont déduites des relations entre les personnes de la sainte Trinité, et je crains que cette mystique n'ait influé sur ses jugements. Du reste, il commence sa lettre en se déclarant attristé des « attaques aussi » violentes qu'injustes dirigées contre les plus vénérables tradi- » tions de notre pays. » Or ces *vénérables traditions*, qui ne sont en réalité que des fictions fort peu respectables, je ne les ai jamais attaquées, ni surtout avec violence et injustice. On ne se bat pas contre les morts; ces prétendues traditions ont été rayées de l'histoire, non par la critique du xixᵉ siècle, mais par celle du xviiᵉ. Je n'ai jamais cherché à prouver qu'elles sont fausses, c'eût été perdre mon temps; mais à montrer comment elles se sont formées, ce qui n'avait pas toujours été fait. En cela je ne vois pas quelle injustice j'ai pu commettre. Quant aux violences, dom Gréa aurait bien fait de n'en parler que pour déplorer celles que je subis. Il se réclame de De Rossi qui lui a donné, comme à tout le monde, de bonnes paroles. Mais je sais ce que De Rossi pensait de nos *Apostolicistes* de France et de la critique de Tillemont. Sur ceci on pourra donner le change à un public préparé; on ne me le fera pas prendre.

Mgr l'évêque de Valence développe son approbation en une longue lettre dont certains passages m'ont beaucoup étonné. Sa Grandeur a constaté que « depuis quelques années, une école critique, » dont les vues ne sont pas toutes des ¹, semble s'être donné, au » nom de la science, la mission spéciale de battre en brèche, pour » les ruiner, *toutes les traditions* relatives à l'évangélisation de nos » contrées, *et cela parce que* ces traditions consacrent, pour beau- » coup d'églises, des origines apostoliques ². »

Je dois répondre, au nom de l'école en question, dont S. G. dit que je suis le chef le plus accrédité, que, loin de chercher à ruiner toutes les traditions relatives à l'évangélisation de nos contrées, elle cherche au contraire à les mettre en lumière et en honneur, en écartant résolument, mais sans brutalité, les végétations parasites que d'impudents ou imprudents faussaires ont fait pousser dessus. Je répondrai en second lieu, et en mon nom seul, puisqu'il s'agit d'intentions, que mes conclusions contre ces légendes ne viennent nullement de ce qu'elles consacrent pour beaucoup d'é-

---

1. C'est ce que je me tue à répéter : S. G. aurait pu s'épargner cette malice.

2. Ce n'est pas, en tout cas, pour l'église de Valence. Ici la « tradition » nous apprend que le premier évêque fut saint Apollinaire, frère de saint Avit, installé à la fin du vᵉ siècle. « L'école critique » établit au contraire que, dès le ivᵉ siècle à tout le moins, Valence avait des évêques; elle peut même en nommer trois avant saint Apollinaire. V. mes *Fastes*, p. 211 et suiv.

glises des origines apostoliques, mais seulement de ce qu'elles ne me paraissent pas fondées en tradition. En m'imputant un parti pris contre les origines apostoliques de nos églises, en disant que mes études sont subordonnées à ce parti pris, Mgr l'évêque de Valence est injuste à mon égard.

« Les exigences de cette école, continue-t-il, sont vraiment bien
» extraordinaires. Il lui faut des documents et des témoignages
» remontant aux premiers siècles chrétiens, et tout ce qui n'est pas
» affirmé par des écrits datant de cette période primitive est pour
» elle de nulle valeur. On irait loin avec ce raisonnement, et on
» aurait bien vite supprimé les trois quarts de l'histoire *et même du*
» *dogme catholique.* »

Je prie mes lecteurs de croire que ce n'est pas moi qui prête ces propos à un évêque. La phrase est bel et bien imprimée dans le livre de M. Bellet, p. VIII-IX des préliminaires. Ainsi, d'après Mgr de Valence, les trois quarts du dogme catholique n'auraient pas d'attestation remontant aux premiers siècles chrétiens.

Il ne m'appartient pas de porter un jugement sur ces paroles épiscopales. Tout ce que je crois devoir dire c'est que, comme chrétien et comme historien, je réprouve absolument l'idée qu'elles expriment. Je suis autorisé aussi, je pense, à ne pas aller plus loin dans l'examen de cette lettre approbative.

Venons donc à M. Bélet.

Son travail peut se diviser en trois parties; dans la première il renverse l'argument que j'ai tiré des listes épiscopales; dans la deuxième il remet sur pied les traditions de Provence; dans la troisième il rend le même service à la chronologie d'Adon, par laquelle la fondation de l'église de Vienne a été reportée aux temps des Apôtres.

Les listes épiscopales, bien entendu les bonnes, celles qui nous sont présentées comme traditionnelles par les églises, et qui, en outre, sont vérifiées par des documents sérieux, depuis le Ve siècle ou le VIe au moins, offrent prise à M. Bélet : 1° parce qu'elles *peuvent être* incomplètes au commencement; 2° parce qu'elles offrent *peut-être* des lacunes; 3° parce qu'elles *peuvent* mentionner des évêques qui auraient siégé fort longtemps.

A cela j'ai déjà répondu dans mon livre : ces *peut-être* seraient à considérer s'il s'agissait d'une seule liste; mais il s'agit de vingt-quatre listes. Il serait bien extraordinaire qu'elles eussent toutes eu à souffrir des mêmes accidents et uniquement de ces accidents, c'est-à-dire de ceux qui auraient eu pour effet de contrecarrer les prétentions aux origines apostoliques.

M. B. a un autre argument. A s'en tenir, dit-il, aux listes épiscopales, M. D. serait peut-être fondé dans ses déductions; mais la preuve qu'il ne faut pas s'en tenir à ces listes, c'est que des églises d'Orient, qui sont sûrement de fondation apostolique, ont des listes tout aussi courtes. Ainsi, en 325, Alexandre est le quatrième évêque de Thessalonique, Pistus le quatrième évêque d'Athènes, Ménophante le sixième évêque d'Ephèse, et ainsi de suite. Or ces églises ont été fondées par les apôtres; donc les listes ne prouvent rien.

— *Réponse*. — Elles ne prouvent rien, quand elles n'existent pas; c'est le cas ici, non pour nos listes, mais pour celle des églises invoquées par M. B. Car on ne peut pas prendre pour des listes épiscopales, comme celles dont j'ai parlé, qui existaient sûrement dès le sixième siècle, les séries établies par le P. Le Quien au siècle dernier. L'Orient aurait fourni à M. B. deux termes de comparaison dans les successions épiscopales d'Antioche et d'Alexandrie, églises apostoliques aussi, mais qui, à la différence des autres, avaient conservé des catalogues de leurs évêques. Il y aurait vu que le concile de Nicée réunit le 23e évêque d'Antioche et le 19e d'Alexandrie. Il aurait vu en même temps que son objection n'est pas fondée et qu'il n'en peut rester que le souvenir d'une remarquable assimilation entre des choses qui existent et des choses qui n'existent pas [1].

---

1. M. B. ne parvient pas à faire la différence entre les listes traditionnelles et les séries constituées par les érudits modernes. C'est pour cela qu'il dit, p. 8, que 119 listes ont été passées au crible de ma critique. Je n'ai jamais vu ces 119 listes ailleurs que dans le *Gallia christiana*. Fortunat nous dit que Léonce II était le 13e évêque de Bordeaux, mais il ne nous donne pas les noms des 12 autres. M. B. va voir à Gams (!! Pourquoi pas au *Gallia christiana*?) lequel ne donne que ceux que l'on a pu repêcher çà et là dans les auteurs, et il n'en trouve que huit. « On voit par là, dit-il, si une liste épiscopale peut présenter « des lacunes? » Je crois que si l'on voit ici des lacunes, c'est ailleurs

Il continue en faisant l'exégèse de certains textes d'Eusèbe et de saint Irénée qui lui semblent inconciliables avec l'idée, suggérée par les catalogues, que l'évêque de Lyon ait été jusqu'au iiie siècle le seul évêque de la Gaule celtique et germanique. — *Réponse.* — Je n'ai pas demandé à ces textes de déposer en faveur de cette idée : je me suis seulement efforcé de montrer qu'ils n'y contredisent pas. On pourra discuter sur le mérite de mon interprétation; mais il faudra la présenter avec fidélité. Je ne refuse pas le moins du monde d'admettre divers groupes chrétiens disséminés, dès le iie siècle, dans la Gaule celtique; je ne vois pas pourquoi ces groupes n'auraient pas été désignés par le nom d'églises, comme cela se pratiquait, aux temps apostoliques, pour des groupes situés dans la même ville; mais je demande que l'on me cite un évêque, un seul, en dehors de Lyon, avant le iiie siècle. M. B. ne l'a point fait.

Pour le iiie siècle il est plus heureux; il découvre, grâce à un texte de S. Cyprien, que la seule province de Lyonnaise contenait, en 254, plusieurs sièges épiscopaux. La preuve c'est que l'évêque de Lyon Faustin, ayant écrit au pape Etienne, à propos d'un évêque d'Arles, d'autres évêques « de la même province » en firent autant. Il y avait donc d'autres évêques dans la Lyonnaise, à Sens, Paris, etc. — *Réponse.* — Cette objection repose sur l'idée que *in eadem provincia* désigne seulement la province de Lyonnaise, et non pas la Gaule dans son ensemble, comme on l'a cru jusqu'à présent. Je ne pense pas qu'il y ait lieu de sacrifier l'interprétation reçue à la solution imaginée par M. B. D'abord cette acception strictement administrative du terme *provincia* est contraire à l'ancien usage ecclésiastique. Avant le ive siècle les groupements épiscopaux étaient tout à fait indépendants des circonscriptions provinciales[1]. Même après, la correspondance des papes avec la Gaule nous montre le terme *provincia* employé dans un sens plus ou moins large. Ici, du reste, il est aisé de voir que les *caeteri coepiscopi nostri in eadem provincia constituti* représentent le même groupe épiscopal qui est désigné un peu plus bas dans la même lettre par les mots *coepiscopi nostri in Gallia constituti*. L'exégèse de M. B. n'at-

que dans les listes épiscopales. Il serait bon, quand on prétend réfuter quelqu'un, de comprendre au moins ce qu'il a dit.

1. Duchesne, *Origines du culte chrétien*, p. 18; Beurlier, *Le culte rendu aux empereurs romains*, p. 305.

teint donc ni la certitude, ni même la probabilité; il n'en résulte aucune objection sérieuse.

Je passerai quelques questions de détail, traitées avec le même bonheur, et je me bornerai, car je crains d'être trop long, à trois points seulement.

M. B. affecte de me mettre en contradiction avec moi-même; voici comment. Dans un cahier de leçons autographiées, écrit il y a une quinzaine d'années, j'avais parlé avec quelque méfiance des listes du *Gallia christiana*, dont la plupart, comme celles des églises grecques alléguées par M. B., ne sont que des restitutions artificielles, ou reposent sur des catalogues que l'on trouve souvent en défaut. Depuis, les recherches de M. Delisle ayant facilité l'accès de ces catalogues, je les ai soumis moi-même à une étude méthodique d'où il est résulté que, s'il y en a de mauvais, il y en a aussi de bons. C'est de ceux-ci que j'argumente. Les choses étant ainsi, il était naturel de s'en tenir à Duchesne mieux informé et de laisser dans l'ombre Duchesne mal informé, lequel n'a plus rien à voir dans la question présente. Agir autrement est un procédé que je ne qualifierai pas, mais dont je ne voudrais pas me servir.

Second point: M. B. entreprend de réfuter ce que j'ai dit sur l'origine de la « tradition provençale » relative à sainte Marie-Madeleine et sur la découverte de ses reliques à Saint-Maximin, en 1279. Il conteste que la tradition provençale dérive des légendes fabriquées à Vézelay vers le milieu du xie siècle, et, pour le prouver, il allègue, quoi? Des documents provençaux antérieurs à cette date? Nullement. Il allègue des chartes dont la plus ancienne serait, si elle était authentique, ce que je ne veux pas examiner, de l'année 1070 ou d'une dizaine d'années après. Ces chartes ne contiennent d'ailleurs aucun détail qui ne dérive de la légende de Vézelay: elles ne prouvent donc absolument rien.

Pour éliminer la tradition éphésienne constatée, avant le ixe siècle, par Grégoire de Tours, Willibald et le patriarche Modeste, on dédaigne le premier de ces auteurs, qui pourtant ne rapporte ici aucun de ces miracles, de ces traits édifiants, racontés sans critique, dont M. B. s'autorise pour diminuer la valeur de son témoignage; on oublie le second; on croit écarter le troisième en disant que son texte ne nous est connu que par Photius; enfin on invoque Polycrate d'Ephèse, lequel, au IIe siècle, ne parle pas du tombeau de Marie-Madeleine. Mais il ne s'agit pas ici du IIe siècle, il s'agit du VIe et des suivants.

Quant à la découverte de 1279, on se rappelle que la principale pièce est un parchemin qui aurait été déposé dans le sarcophage de sainte Madeleine le 6 décembre 710, et que ce parchemin soulève les plus graves objections. Il est daté par l'ère de la Nativité du Christ; il indique une année où les Sarrasins, censés menacer l'église de Saint-Maximin, étaient encore en Afrique; enfin il marque le règne de Clovis roi des Francs. Toutes ces incongruités ont fait juger la pièce fausse, et cela est si sûr que M. B. n'essaie pas de la défendre. Mais, dit-il, elle aura été mal lue : les écritures mérovingiennes sont, encore maintenant, très difficiles à lire [1]. De fausses lectures ont introduit des erreurs dans les noms et dans les dates.

Peut-on voir un raisonnement plus enfantin? Mais alors, si l'inscription était si malaisée à lire, si le déchiffrement y a introduit de telles énormités, pourquoi suis-je obligé de croire que le nom de Marie-Madeleine a été bien lu? L'échappatoire imaginé par M. B. compromet le document tout entier et non pas seulement, comme il le croit, les endroits qui le gênent. Ajoutons que rien, absolument rien, ne prouve que la pièce fût en écriture mérovingienne, ou même qu'elle ait été difficile à lire ; ni les procès-verbaux ni Bernard Gui, ni les autres personnes qui lurent cette pièce, ne mentionnent, à propos d'elle, la moindre difficulté de lecture [2]. Du

---

1. Pour établir cette difficulté M. B. cite un authentique de reliques en écriture mérovingienne, et déclare que bien peu de paléographes, même exercés, seraient à même de le lire aisément. M. l'abbé U. Chevalier, son excellent ami, lui a avoué « qu'il n'en venait à bout qu'avec beaucoup de peine, en s'y prenant à plusieurs fois, par une sorte d'intuition que donne l'habitude, etc. » En fait, l'authentique en question n'offre aucune difficulté de lecture à quiconque a la moindre habitude de l'ancienne écriture cursive.

2. M. B. voit une trace d'hésitation dans ce fait que le cardinal de Cabassole, qui vit l'inscription plusieurs années après la découverte, introduit dans la date une indiction dont les autres textes ne parlent pas. Mais Cabassole ne prétend nullement donner le texte même de

reste, le faussaire lui eût donné un aspect archaïque que nous ne devrions pas nous en étonner. La fabrication du vieux neuf, en matière de parchemins, n'est pas une spécialité de notre temps; on la pratiquait bien avant le xiiie siècle.

La question des reliques et des traditions de Provence reste donc exactement dans l'état où je l'ai laissée. Je me trompe ; l'inanité des moyens de défense allégués par M. B., à qui les collaborations locales[1] n'ont point fait défaut, prouveront au public que l'on n'a rien à dire. C'était le cas, en effet, ou jamais, de produire ce que l'on pouvait avoir en réserve.

Il reste donc acquis : 1° que nul document, nul indice quelconque, littéraire, monumental, traditionnel, légendaire même, ne nous permet de croire que les Provençaux aient cru posséder le tombeau de sainte Madeleine avant que les moines de Vézelay, vers le milieu du xie siècle, se fussent vantés de leur avoir volé ses reliques ; 2° que la découverte de 1279 n'est autre chose qu'une imposture couronnée de succès.

Enfin M. B., passant aux traditions de l'église de Vienne, me fait savoir qu'il n'accepte pas ma restitution du livre épiscopal de l'archevêque Léger. Son grand argument c'est qu'il en existe un exemplaire du xe siècle et que Léger a vécu au xie. Mais l'exemplaire est bien du xie siècle ; cela résulte de diverses expertises, auxquelles on ne peut opposer qu'une opinion, considérable il est vrai, mais qui a été exprimée il y a quelques années avant que la question du contenu fût entrée dans une nouvelle phase.

On me fait un grand crime d'avoir manqué de respect à saint Adon, en lui imputant des remaniements chronologiques intéressés. Je m'incline assurément devant la mémoire de saint Adon ; mais si l'église de Vienne l'a canonisé c'est, ou bien qu'elle n'a pas eu

l'inscription ; il la paraphrase ou la résume à son gré, sans s'astreindre à la teneur exacte.

1. Parmi les attaques dont mon livre et ma personne ont été l'objet, ces dernières années, beaucoup sont parties de la région de l'Ardèche et de la Drôme; à certains détails, elles trahissent un air de famille. J'ai lieu de croire qu'il y a par là un *deus ex machina,* ou plutôt *in machina,* que je voudrais bien voir instrumenter en son propre nom.

conscience de ce que ses productions littéraires pouvaient avoir de répréhensible, ou bien qu'elle a passé condamnation sur cette peccadille littéraire. Un autre archevêque de Vienne, Guy de Bourgogne, même devenu pape sous le nom de Calixte II, paraît avoir eu la conscience encore plus large qu'Adon. Comme je ne crois pas à l'infaillibilité d'Adon, ni même à son impeccabilité, j'ai pu arranger assez aisément la chronologie des évêques de Vienne; M. B., qui se croit obligé de concilier ici l'erreur avec la vérité, se trouve dans un grand embarras; pour échapper à mon système, il se voit obligé d'imaginer diverses explications tout aussi peu naturelles que celles par lesquelles il a cru opérer le sauvetage des « traditions » provençales.

En voilà assez, je pense. J'encombrerais inutilement le *Bulletin critique* si je voulais y signaler toutes les bévues et les mauvais raisonnements qui émaillent ce livre. Si c'est là tout ce qu'on peut trouver pour sauver les « origines apostoliques » de nos églises, je persiste à croire, quoi qu'on en dise à Valence, que les dogmes catholiques sont beaucoup mieux documentés.

L. DUCHESNE.

---

29. — **Les Origines du théâtre lyrique moderne.** — **Histoire de l'Opéra en Europe avant Lully et Scarlatti,** par M. Romain ROLLAND, ancien élève de l'Ecole normale supérieure et de l'Ecole française de Rome. — Ernest Thorin, 1895.

Ce très remarquable ouvrage est remarquable d'abord en ceci, qu'il est une thèse pour le doctorat ès-lettres ; la seconde, à notre connaissance, qui, depuis deux années, ait été soutenue en Sorbonne sur un sujet musical. La première fut celle de M. Jules Combarieu: *les Rapports de la musique et de la poésie considérées du point de vue de l'expression* [1]. « Persisterons-nous, se demandait l'auteur en sa préface, persisterons-nous longtemps à considérer la musique, en dehors des écoles spéciales, comme chose d'agrément ou d'exception, timidement reliée, quand l'occasion s'en présente, à d'autres études qui la dominent?... L'Etat voudra-t-il toujours ignorer que si elle est un art appartenant aux artistes et au-

---

1. Chez F. Alcan, 1894.

quel on peut demander, avec des jouissances raffinées, une parure pour notre orgueil, la musique est aussi une science ? qu'au seul point de vue de son histoire, elle mérite de figurer dans l'éducation nationale au même titre que toutes les branches de la philosophie ?... Certes il nous manque bien des choses en France au point de vue musical... Mais il nous manque surtout, au collège de France ou à la Sorbonne, un enseignement historique et théorique de l'art musical tel qu'on le donne chez nos voisins. »

Si désormais l'État s'obstine en cette ignorance ou ce dédain, ce ne sera plus faute d'être averti ni sollicité. Des travaux comme ceux de MM. Combarieu et Rolland parlent assez haut. Ils démontrent l'intérêt et l'importance pour la culture générale de notre pays, de l'enseignement de la musique. Le jour où cet enseignement serait officiellement reconnu, où l'on créerait à la Sorbonne une chaire d'histoire et d'esthétique musicale, ni les auditeurs ne manqueraient pour l'entourer, ni — de tels ouvrages en sont garants — les maîtres pour s'y asseoir.

C'était une thèse de doctrine que la thèse de M. Combarieu ; celle de M. Rolland est plutôt historique. Pour la complète intelligence du passé, M. Rolland a très bien vu que l'histoire de la musique, peut-être plus que celle des autres arts, donne de nouvelles et précieuses lumières. « L'œuvre du peintre, dit-il, nous apprend la façon dont les siècles passés voyaient les objets extérieurs, et les déformations que leurs yeux et leur esprit imprimaient à la nature. Mais la nature immuable est toujours le modèle qu'ils s'efforcent de rendre. La musique au contraire a pour matière l'essence même du cœur et sa diversité infinie. Plus intime que la poésie, dont la langue, empruntée aux rapports journaliers, est marquée d'images extérieures, d'expériences pratiques, d'étiquettes d'objets, sous l'empreinte desquelles se dessèche à demi l'émotion primitive enfermée dans le mot, la musique est l'expression immédiate et profonde du sentiment... » Elle est « si naturelle et spontanée, que sa langue mystérieuse ne semble pas distincte de l'objet qu'elle représente, et que, chez les génies, l'expression est le reflet exact du sentiment, sans que l'artiste ait souvent conscience de ce dernier. Cette inconscience même est une garantie de sa sincérité. Quelques pages d'un grand musicien apprennent plus sur son âme que ses biographies ou ses lettres...

Cette absolue naïveté des grandes œuvres musicales, cette profondeur d'origine, les pourront rendre utiles à la connaissance intime de l'histoire, des mouvements secrets de la pensée humaine. »

L'histoire de l'opéra n'est autre chose en effet que l'histoire d'une admirable forme de la pensée humaine, ou, comme diraient les philosophes, d'une catégorie de l'idéal. Le livre de M. Rolland raconte les cent premières années de cette histoire; période primitive et glorieuse; jeunes et radieuses amours; heureux débuts de cet hymen entre le drame et la musique, aujourd'hui trois fois séculaire, et que devaient troubler tant d'orages. Un critique italien, que nous lisions hier, a raison : « L'union à peine accomplie, le désaccord a commencé. Jusqu'à quel point dominerait la musique dans le mélodrame? Jusqu'où la poésie? C'est l'éternelle question. Débattue à travers les deux siècles qui suivirent la sévère période palestrinienne, elle n'est pas résolue encore. Née avec la plainte d'Ariane abandonnée par Thésée, elle se prolonge sous nos yeux et à nos oreilles dans la plainte d'Yseult sur le corps inanimé de Tristan [1]. »

Le troisième siècle de l'opéra, le nôtre, celui qu'on pourrait, en sa dernière partie au moins, nommer le siècle de l'opéra symphonique, est sur le point de finir. Il se ferme sur un effort et un succès prodigieux, sur une solution de génie donnée par Wagner au problème du drame lyrique; mais cette solution n'est pas définitive. Elle n'est pas unique non plus, et demain peut-être une autre sera entrevue et poursuivie.

M. Rolland a consacré tout son ouvrage au premier siècle de l'opéra, le XVIIe, et jamais sans doute on n'a mieux vu ni fait voir combien ce siècle est grand. Oui, l'opéra fut bien, comme le dit M. Rolland, « le dernier rameau de la Renaissance. » Il en possède et il en manifeste les deux caractères peut-être les plus considérables : l'amour de l'antiquité et le sentiment individuel.

La réforme florentine de 1600 s'accomplit au nom de l'art antique, avec l'espoir et le désir ardent, presque amoureux, de le reproduire ou de le ranimer. Pratique et théorie, œuvres et doctrines, tout alors est imprégné de l'esprit néo-grec. La fameuse *Camerata* du comte de Vernio, d'où sortit l'opéra, ressemble à une

---

1. M. E. Panzacchi, *Nel mondo della musica*. Firenze, 1895.

académie platonicienne. C'est parce que la musique antique avait été mélodie, que les Vincenzo Galilei, les Peri, les Caccini, substituèrent la mélodie à la polyphonie déclarée barbare. Partout alors le génie hellénique sembla refleurir. L'oratorio même, à Rome, l'oratorio naissant ne fut pas toujours pieux [1]. Enfin l'opéra vénitien, avec le grand Monteverde, eut beau s'inspirer de l'idéal antique autrement que l'opéra de Florence, ce n'en est pas moins de cet idéal qu'il s'inspira.

Quant à l'autre principe essentiel de la Renaissance, l'individualisme, il apparaît dans ce fait capital et nouveau, que la musique, à partir du xviie siècle, cesse d'être polyphonie, c'est-à-dire collection ou groupe, pour devenir récitatif d'abord, et puis mélodie, c'est-à-dire individu. L'avénement de la mélodie, c'est l'avénement de la personnalité dans la musique. M. Rolland a très bien saisi l'instant précis de cette transformation et le passage du madrigal dramatique d'Orazio Vecchi aux premiers essais d'opéra des réformateurs florentins.

Dernier rameau de la Renaissance, l'opéra fut un rameau de sève purement italienne. Il s'étendit si loin, que sur l'Europe entière il secoua ses premières fleurs. Jusqu'à la fin du xviiie siècle, en Allemagne, en France, en Angleterre, l'opéra fut un article d'importation italienne. Lulli vint créer chez nous et pour nous « un art cosmopolite, ayant des caractères français [2], » et l'apparition de notre opéra ne fut pour ainsi dire que le réveil, à soixante ans d'intervalle, du premier drame lyrique florentin. Le plus grand des Allemands avant Bach, Heinrich Schütz, est par l'éducation, par le génie même, plus qu'à demi italien. L'Angleterre enfin ne compte guère au xviie siècle qu'un musicien national : Purcell, l'auteur du *Roi Arthur*.

En Italie, cependant, et dans ce genre exclusivement indigène de l'opéra, M. Rolland établit des distinctions et pour ainsi dire des provinces. Il a par exemple marqué de traits particuliers l'école vénitienne, et discerné d'un Péri ou d'un Caccini, les Monteverde, les Cavalli, les Cesti. A l'esprit sobre, un peu sec et très aristocratique de Florence, il oppose l'imagination plus abondante, plus

---

[1]. Témoin l'*Eumelio* païen d'Agazzari.
[2]. M. R. Rolland.

tumultueuse et surtout plus populaire de Venise. Il consacre aux périodes successives, aux divers aspects d'une évolution générale des chapitres excellents : ceux par exemple où il traite des théâtres privés, comme le théâtre des Barberini ; ou des grands virtuoses, tels qu'un Loreto Vittori. S'il faut enfin — et il le faut, croyons-nous — qu'une thèse de doctorat contienne toujours quelque chose d'inédit, une trouvaille personnelle, c'en est une, et de grand prix, que la découverte par M. Rolland d'un maître à peine soupçonné jusqu'ici, Provenzale.

Italiam ! Italiam ! Bienvenu soit l'hommage que rend un pareil livre à la gloire d'un passé qu'on ignore ou qu'on méconnaît trop aujourd'hui, et, comme dit M. Rolland, « à la bonne terre italienne dont nous sommes sortis, à ce génie latin qui n'a jamais cessé d'éclairer le monde du reflet joyeux de la beauté. » Dans les jours que nous traversons, je songe souvent au mot de Nietzsche : « Il faut méditerraniser la musique. » Non pas toute la musique sans doute. Mais nous avons grand besoin que de temps en temps on nous rappelle quelle fut jadis, et durant des siècles, la musique de la Méditerranée.

Camille BELLAIGUE.

CHRONIQUE

30. — Il vient de se fonder une *Revue d'histoire et de littérature religieuses*, où l'on se propose d'étudier l'histoire du christianisme et des questions connexes. Le premier numéro contient les articles suivants : H. Margival, Richard Simon et la critique biblique au XVII° siècle. (1er art.) ; C. Weyman, Observationes in carmina Damasi ; Paul Fabre, Les colons de l'église romaine au VI siècle ; Alfred Loisy, Un nouveau livre d'Hénoch ; Paul Lejay, Chronique de littérature chrétienne. Sont annoncés pour les numéros suivants : Henri Cochin, Un frère de Pétrarque ; Frantz Cumont, L'*Aeternitas* des empereurs romains ; L. Dorez, L'Académie romaine d'Angelo Colocci, évêque de Nocera ; L. Duchesne, Les trois premiers siècles de l'état pontifical ; G. Goyau, La politique religieuse de Dioclétien à l'égard des manichéens ; P. de Nolhac, La religion d'un philologue du XVI° siècle, Denys Lambin ; Paul Thomas, Notes sur les écrivains ecclésiastiques latins ; François Thureau-Dangin, Note d'archéologie orientale ; etc. *La Revue* paraît tous les deux mois par fascicules de 96 pages ; les abonnements

sont reçus à la librairie Em. Adam, 30, rue des Ecoles, à Paris (10 fr. pour la France ; 12 fr. 50, pour l'étranger.)

CHRONIQUE D'ALLEMAGNE

L'enseignement catholique de l'histoire ecclésiastique. — Les récents écrits sur la mort de Luther. — Dernières statistiques universitaires.

L'histoire ecclésiastique, à notre époque, tient une place importante dans l'enseignement des séminaires, lycées épiscopaux et facultés de théologie catholique de l'Allemagne. L'introduction de cette science dans les programmes est d'assez fraîche date. Elle était absente du plan d'études rédigé en 1554, pour les clercs de Vienne, avec l'approbation de Ferdinand Ier : ce plan comprenait, d'une part la théologie positive avec l'Ecriture Sainte et l'herméneutique, d'autre part la théologie spéculative avec la scolastique, rien de plus. En revanche, le programme nouveau que tracèrent Debiel et l'archevêque Trautson sous le règne de Marie-Thérèse distribuait en trois parties les disciplines théologiques :

1º cours supérieur (dogmatique, hébreu, droit canon);

2º cours inférieur (morale, casuistique);

3º cours moyen (science biblique, histoire de l'Eglise, polémique, homilétique).

Stéphan Rautenstrauch, abbé de Braunau, composa, en 1776, un plan plus précis, auquel se conforment, dans l'ensemble, toutes les facultés d'Allemagne et d'Autriche depuis plus d'un siècle. Ce plan supposait quatre ans d'études; mais en 1788 on le restreignit à trois années, ainsi définies :

Première année : sciences bibliques, histoire de l'Eglise, patrologie.

Seconde année : dogmatique, morale.

Troisième année : pastorale, droit canon [1].

Katerkamp, Moehler, Doellinger, Hefele, furent en notre siècle les créateurs de l'enseignement catholique de l'histoire ecclésiastique. Avant eux, les programmes existaient, mais les professeurs manquaient; avec eux et après eux, on eut, tout à la fois, programmes et professeurs. Le nom de Katerkamp mérite de n'être point oublié: il enseignait à Munster; de 1823 à 1834, il conduisit jusqu'au cinquième volume, et jusqu'à l'année 1153, une histoire de l'Eglise, surannée

---

[1]. Voir Kraus, *Ueber das Studium der Theologie sonst und jetzt.* Fribourg-en-Brisgau, 1890, p. 45 et suiv.

maintenant, originale à cette date. Les cours de Moehler à Tubingue et Munich eurent un grand éclat; l'écho nous en est parvenu, grâce aux trois volumes de la *Kirchengeschichte*, qu'a publiés Gams, disciple de Moehler, en 1867. Doellinger inaugura presque son activité scientifique en complétant et en publiant, en 1826, le précis d'histoire ecclésiastique de Hortig, dont il était le successeur à l'université de Munich; il le remania si profondément, dans la suite, qu'une édition nouvelle, en 1843, porta la signature du seul Doellinger. Ce fut un précédent qui trouva des imitateurs; M. Kraus a donné plusieurs réimpressions du vieux manuel d'Alzog, avant de publier le sien. Contemporain de Moehler et de Doellinger, Hefele, professeur à Tubingue avant d'être évêque de Rottenburg, ne fit point de livre d'enseignement; mais tant par ses leçons que par son *Histoire des Conciles*, que continua le cardinal Hergenroether, Hefele fit comprendre au clergé catholique quel prix et quelle fécondité l'on pouvait attendre d'une initiation solide à l'histoire ecclésiastique. Beaucoup plus que Moehler, mort jeune, et que Doellinger, dont on sait la carrière tourmentée, Hefele contribua au développement de cet ordre de recherches.

A l'heure présente, dans plusieurs séminaires ou universités, le professeur d'histoire ecclésiastique enseigne en même temps, soit le droit canon (Dillingen, Bamberg, Braunsberg, Trèves), soit la philosophie (Pelplin), soit même le droit canon et la philosophie (Posen). Partout ailleurs en Allemagne, la chaire d'histoire ecclésiastique est parfaitement distincte, et c'est un régime dont la science bénéficie, comme en témoignent les noms des professeurs voués exclusivement à cet enseignement. M. Ehrhardt à Wurzbourg, M. Funk à Tubingue, M. Knœpfler à Munich, M. Kraus à Fribourg-en-Brisgau, M. Schroers à Bonn, ont une réputation de savants qui dépasse les frontières allemandes. On trouve, en certaines universités, des séminaires spéciaux d'histoire ecclésiastique; en 1894-1895, M. Ehrhardt professait dans son séminaire « la théorie des recherches d'histoire de l'Eglise avec exercices critiques et lecture des sources de l'histoire des papes. » La collection des *Kirchengeschichtliche Studien*, que dirigent MM. Knoepfler, Schroers et Sdralek, a déjà recueilli plusieurs travaux ébauchés dans de semblables séminaires. Il faut aussi noter, à la faculté de théologie de Tubingue, l'existence de leçons d'histoire générale, qui sont comme une annexe à l'enseignement de l'histoire ecclésiastique; elles sont confiées à M. Saegmueller, connu par d'importants écrits sur le droit d'exclusive dans les conclaves.

Dans son livre posthume : *Timotheus*, le célèbre apologiste Hettinger définit le rôle de l'histoire ecclésiastique; c'est comme un fragment d'apologétique qu'il la conçoit. Pour point de départ de sa théorie, il prend ce mot de Hegel, que l'universalité des faits aboutit au Christ et part du Christ. Ils ne sont intelligibles, dès lors, que moyennant une certaine philosophie catholique de l'histoire, qui rapporte tous les événements au Christ, centre et pivot. « C'est seulement en se plaçant ainsi au centre, écrivait Hettinger, que nous obtenons un juste coup d'œil sur toute la périphérie. Sans la foi, nous n'apportons, dans l'étude de ces questions, qu'un *pragmatisme* mesquin [1]. » La *Voraussetzungslosigkeit*, c'est-à-dire l'absence de toute idée préconçue sur la signification surnaturelle de l'histoire biblique et chrétienne, est signalée par Hettinger comme un péril; elle risque, d'après lui, de brouiller cette perspective dans laquelle l'histoire ecclésiastique garde toute sa valeur, et de troubler la lumière ambiante dans laquelle doivent baigner tous les faits de cette histoire pour apparaître en leur vrai jour.

La conception de l'histoire dont témoignent les écrits de Joseph Goerres, et que Boehmer, l'éditeur des *Regesta Imperii*, appelait avec enthousiasme une conception titanique, ne différait pas de celle qu'exprime Hettinger [2]. Naturellement, presque par instinct, l'esprit allemand se plairait à construire des systèmes avec des faits, à édifier des généralisations historiques. De là la faveur qui s'attache toujours en Allemagne, parmi les savants catholiques du meilleur aloi, à des synthèses comme notre *Discours sur l'Histoire Universelle* de Bossuet; lors même qu'elles ne répondraient pas à un impérieux besoin de l'âme croyante, il suffit, pour leur succès, qu'elles flattent un certain goût de la spéculation transcendante.

Cette métaphysique de l'histoire, telle qu'on la cultive en Allemagne, n'exclut, en aucune façon, le goût et l'habitude de la critique historique. Les hardiesses de synthèse, qui supposent le postulat de la foi, s'associent, par un mélange dont on aurait tort d'être surpris, à des hardiesses d'analyse, que commande l'impartialité scientifique. « Les faits, disait un jour Goerres, doivent être traduits à la chapelle de la critique. » Si la critique, dans les facultés de théologie catholique, n'a jamais été mise en suspicion comme une intruse, il en faut peut-être chercher la cause, tout à la fois, dans cette sorte d'émancipation préalable que lui ont accordée les penseurs catholiques, et dans la proximité des facultés de théologie protestante et de philo-

---

1. Hettinger, *Timotheus, Briefe an einen jungen Theologen*, p. 442 et suiv. Fribourg-en-Brisgau, 1890.
2. Galland, *Joseph von Goerres*, p. 528 et suiv. Fribourg-en-Brisgau, 1876.

sophie, qui constamment impose à l'enseignement catholique une certaine orientation. C'est sous cette double influence que l'histoire des dogmes s'est progressivement introduite dans cet enseignement, grâce aux cours de Klee à Bonn et à Munich, grâce aux quatre volumes de Joseph Schwane : *Dogmengeschichte*, publiés de 1866 à 1890, grâce enfin à M. Schanz, professeur à Tubingue, qui dans son *Apologie du Christianisme*, a fait un large et fécond emploi de la méthode historique.

*
* *

L'abbé Nicolas Paulus, du clergé de Munich, vient d'offrir, dans l'étude d'une question très controversée : la mort de Luther, l'intéressant exemple d'une experte liberté d'esprit. On répétait volontiers, dans certaines polémiques, la légende du suicide de Luther; et M. Majunke, jadis député au Reichstag, s'efforçait récemment de confirmer cette légende en citant le témoignage d'un prétendu domestique de Luther, témoignage rapporté par le Franciscain Sedulius, en 1606, dans son livre *Praescriptiones adversus haereses*. Dans l'*Historiches Jahrbuch*, que publie la *Görres Gesellschaft*[1], M. Paulus a mis en relief un document de tout autre valeur. Ce document raconte la visite de l'apothicaire appelé au chevet de Luther. A la suite de trop copieuses libations, le réformateur s'était alité ; brusquement la mort était venue ; ses amis le croyaient endormi; l'apothicaire, lui, n'eut aucune illusion. Par des raisons solidement déduites, M. Paulus croit pouvoir établir que ce curieux récit est l'œuvre de l'apothicaire lui-même, Jean Landau ; il fut adressé, dès le printemps de 1546, à Georges Wizel, ancien prêtre d'Eisleben, qui voyageait en Bavière avec Cochlaeus, et publié par ce dernier personnage en 1548. Jean Landau était un catholique sérieux. Son fils Adam, plus tard professeur de médecine à Ingolstadt, raconte à son tour, en 1564, dans un poème fort malveillant pour Luther, que l'« hérésiarque » périt d'une « mort horrible, encore tout gonflé de vin. » L'absence complète, en ces deux récits, de toute allusion, non seulement à un suicide, mais même à des bruits de suicide, permet de juger la valeur de ces bruits. C'est dans un livre d'Andreas Hondorf, pasteur protestant en Saxe, le *Promptuarium exemplorum*, publié à Leipzig en 1568, que M. l'abbé Paulus a trouvé la première mention de certaines rumeurs relatives au suicide de Luther; le zélé pasteur y voit une invention commune du diable et des papistes ! Sans

---

1. Consulter, sur la *Görres Gesellschaft* l'article de M. Edouard Jordan dans le *Bulletin critique* du 5 janvier 1895.

s'associer à ces invectives, M. l'abbé Paulus n'hésite point à conclure que le suicide de Luther est une fable, qui doit disparaître de l'histoire [1].

.˙.

Les statistiques qu'on vient de publier sur la fréquentation des universités prussiennes durant le semestre d'hiver attestent une augmentation notable du nombre des étudiants en droit et en philologie. De 3219, le chiffre des premiers s'élève à 4898 ; de 1620, le chiffre des seconds s'élève à 1800. Depuis quelques années, au contraire [2] on constatait une diminution progressive dans la clientèle de ces deux enseignements.

GEORGES GOYAU.

Ce numéro était déjà composé quand nous avons appris, avec une vive douleur, la mort du professeur Mariano Armellini, qui, à 44 ans, dans la force de l'âge et du talent, a suivi de si près dans la tombe son illustre maître G. B. de Rossi.

H. T.

SOCIÉTÉ NATIONALE DES ANTIQUAIRES DE FRANCE

Séance du 22 janvier. — M. TH. KOUNDEREWITCH, de Kiew, écrit pour consulter la Société sur un émail peint du XVIIIe siècle dont il envoie la photographie. — M. S. BERGER présente, au nom de M. Paul Sabatier, des photographies de la bénédiction donnée par saint François d'Assise au frère Léon et du plus ancien manuscrit du Cantique du soleil, en même temps que les reproductions des divers autographes de saint François, données par l'abbé Pulignani dans sa brochure : *Tre autografi di S. Francesco*, (Sainte-Marie-des-Anges, 1895). Il ne voit aucune raison de révoquer en doute l'authenticité de la bénédiction. Quant au Cantique du soleil, le manuscrit n'en paraît guère antérieur au XIVe siècle, mais le texte qu'il donne est intéressant et correct.

1. Le livre de M. Majunke a été traduit en français sous ce titre : *La fin de Luther*, par M. l'abbé Schlincker (Paris, Walzer, 1893).
2. Voir *Bulletin critique* du 5 mars 1895, Chronique d'Allemagne, p. 133-134.

L'Éditeur-Propriétaire-Gérant : ALBERT FONTEMOING.

BULLETIN CRITIQUE

30. — **The fourth book of Ezra,** by the late prof. Bensly and M.-R. James. Cambridge, University press, 1895, xc-107 p. in-8°, (*Texts and studies,* ed. by. J.-A. Robinson, t. III, n° 2.)

31. — **Euthaliana,** by J.-A. Robinson. *Ibid.*, 1895, vii-120 p. (*Texts and studies,* t. III, n° 3).

Nous recevons de Cambridge deux nouveaux volumes, preuves de l'activité, à la fois dévorante et bien réglée, que les savants de cette Université consacrent à l'étude des antiquités chrétiennes.

I. Le premier est l'œuvre, si longtemps attendue, de Bensly, achevée après sa mort par M. James. Ce volume est consacré au IVe livre d'Esdras. Avant Bensly, nous possédions de très nombreux mss. du livre apocryphe d'Esdras en latin, mais, chose singulière, tous présentaient une lacune énorme, un hiatus au milieu du chap. vii. C'est dans cet état que IV Esdras avait été admis dans la Vulgate, ou plutôt à la suite de la Vulgate officielle. Tous les mss. connus avaient été copiés sur un même original, datant du ixe siècle, le ms. B. N. lat. 11504, duquel on avait détaché, d'un coup de canif, un feuillet in-folio. Telle est la curieuse découverte qu'avait faite en **1865** M. Gildemeister. On s'explique cet acte de violence : les pages ainsi condamnées comprenaient quelques lignes suspectes d'être opposées à la prière pour les morts. Comment est-il possible que presque tous les mss. du monde et tous les textes imprimés aient ainsi dépendu d'un seul original, qui n'est pas très ancien ? Le mss. de Paris provient du nord de la France et peut-être d'une abbaye située en face des côtes d'Angleterre, de Saint-Riquier. Les compagnons de Guillaume le Conquérant, s'embarquant à Saint-Valery, à six lieues de Saint-Riquier, ont emporté quelque exemplaire copié sur ce ms. picard, et c'est d'Angleterre que notre texte nous est revenu.

Bensly, fouillant la bibliothèque d'Amiens, y trouva le premier ms. complet de IV Esdras qui ait été connu. Il en publia la notice en 1875. Peu à peu d'autres mss. sans lacune s'ajoutèrent à celui d'Amiens : un ms. de la Mazarine, un superbe ms. wisigoth conservé à Madrid et provenant du cardinal Ximenès (*Codex Complutensis*, d'Alcala) [1], également à Madrid un ms. d'Avila, copié sur le *Complutensis*, enfin un texte tout différent à S. Isidro de Léon. Par un vrai malheur, l'ami de Bensly qui avait mis la main sur le ms. de Léon n'avait pas eu le temps d'en prendre copie et Bensly est mort sans avoir pu refaire le voyage d'Espagne. M. James s'adressa au meilleur savant de Léon et il ne put recevoir de cet homme de bonne volonté que des notes informes. C'est ainsi que l'œuvre de Bensly était condamnée à rester inachevée.

L'auteur des *Apocrypha anecdota*, M. James, avait reçu le lourd héritage de la continuation de l'œuvre de son ami. Nul n'était mieux préparé que lui à cette tâche (voyez pag. 601). Si j'ai bon souvenir de la manière de travailler de Bensly, ses notes étaient peu lisibles et peu claires. Il confiait beaucoup à sa mémoire et il n'avait pas écrit une ligne de l'Introduction qui devait mettre en valeur ses découvertes. J'ai été témoin des tâtonnements pénibles par lesquels M. James a dû suivre comme à la piste et à rebours le chemin que son prédécesseur avait parcouru. Il s'est tiré de cette tâche laborieuse à son honneur. Toute l'étude préliminaire est de lui et elle est excellente. Et pourtant il avait à se mouvoir au milieu de difficultés d'autant plus grandes, qu'il était le premier à les rencontrer. C'est grâce à une application résolue de la méthode géographique que M. James s'est orienté sûrement dans son sujet.

Le IV° livre d'Esdras est composé de plusieurs parties, et nous en avons partout au moins deux recensions, une française et une espagnole. Le ms. de la Mazarine, qui est pourtant d'origine française, se rattache nettement à la famille espagnole. La différence est surtout sensible dans les chapitres I et II, XV et XVI, qui

---

1. Le *Codex Complutensis* avait été trouvé en 1826 par le prof. Palmer, mais sa découverte n'a été publiée qu'en 1877.

sont, les deux derniers un appendice postérieur, les deux premiers un livre à part. Or la recension espagnole des chapitres I et II a positivement un caractère chrétien. Il n'y a pas là d'interpolation, les marques du christianisme sont trop nombreuses. Ces deux chapitres, comme aussi XV et XVI, manquent dans toutes les autres versions. Quel en est le texte primitif, le seul bon ? M. James répond (et sa démonstration est si bien menée qu'on ne peut s'y soustraire) : c'est le texte chrétien. Chose assez curieuse, nous rencontrons ici, comme partout où il s'agit de pêcher en eau trouble, un apocryphe tendancieux du commencement du vi^e siècle, qui a donné beaucoup d'occupations aux savants, les *Actus Silvestri*. C'est ce livre, plus que suspect mais bien daté, qui contient la première citation de nos deux chapitres chrétiens.

N'insistons pas davantage et remercions M. James d'avoir donné au public l'œuvre que le digne et aimable Bensly n'avait jamais su terminer. *Pendent opera interrupta* : il devait en être ainsi. Mais en vérité il manque peu de chose à cette édition, car elle est inspirée par le plus pur esprit scientifique, et tout est là.

II. M. Robinson s'est attaqué à un des problèmes les plus ardus de la critique du Nouveau Testament. Bien peu de gens, sans doute, ont une opinion sur Euthalius. On sait seulement en général qu'il y a là une question infiniment compliquée et obscure.

Voici, en deux mots, l'état de la question.

On attribue à un Euthalius, que les mss. appellent tantôt diacre, tantôt évêque de Sulca[1], une édition critique des Epîtres de saint Paul, des Actes et des Epîtres catholiques, avec un copieux matériel de préfaces et d'appendices. Dans un de ces appendices (un récit du martyre de saint Paul), on trouve la date de 458, qui est considérée comme celle d'Euthalius, et en même temps celle de 396, que l'on regarde comme celle de la source d'Euthalius.

La question se complique de celle du ms. H de saint Paul (Coislin 202 etc.), qui a été si parfaitement publié par M. Omont[2], et à

---

1. Lieu inconnu, car il ne peut guère s'agir ici de l'évêché de Sulci au sud de la Sardaigne. Pourquoi pas ? dira-t-on, car la Sardaigne a longtemps parlé ou compris le grec. Il faut pourtant reconnaître que le milieu intellectuel d'Euthalius semble autre que celui de la Sardaigne et qu'il paraît faire usage du calendrier usité en Syrie.

2. M. R. a apporté un précieux complément à cette édition par l'i-

la fin duquel se lit un *colophon* (ou souscription), rédigé dans le style d'Euthalius. Il est dit dans cette souscription que le ms. (ou son original) a été collationné avec l'autographe de Pamphile, conservé à Césarée. M. Ehrhard, aujourd'hui professeur à Wurzbourg, a retrouvé, dans un ms. euthalien qui est à Naples, le même *colophon* précédé, non pas du nom d'Euthalius, mais de celui d'Evagrius. En étudiant attentivement la ligne grattée en tête du *facsimile* de M. Omont, on y distingue également presque toutes les lettres du nom d'*Evagrios* : ευα[γ]ριος... Il semblerait donc qu'il fallût mettre en place du nom d'Euthalius celui d'Evagrius le Pontique, qui vivait en Égypte à la fin du ive siècle. Néanmoins M. de Dobschütz, actuellement à Iéna, protesta en déclarant (et M. R. lui donne raison sur ce point important) que le ms. H. ne représente pas l'édition originale d'Euthalius, mais seulement une adaptation postérieure de cette célèbre édition.

Mais voici qu'intervient M. Rendel Harris, qui, remarquant que l'auteur de notre édition, dans le prologue des Actes, joue fréquemment sur le mot de μελέτη, insinue que le personnage auquel le prologue des Actes est dédié pourrait bien être, non pas l'évêque Athanase dont il contient le nom et qu'on ne sait où placer, mais Meletius, évêque de Mopsueste. En outre M. Harris a reconnu (ainsi du reste que M. Gregory), dans le *Codex Vaticanus* du Nouveau Testament, un des systèmes de division du livre des Actes d'après les mss. euthaliens. Le *colophon* dont nous avons parlé contenant la mention de la bibliothèque de Césarée, le *Codex Vaticanus* serait ainsi rapproché de la ville de Pamphile et d'Eusèbe.

Enfin M. Conybeare nous montre, dans des mss. arméniens, le *colophon* du ms. H, mais sans le nom d'Evagrius, et le *Martyrium Pauli* avec la seule date de 396. Tel est le matériel compliqué que M. R. s'est donné la tâche de maîtriser.

En premier lieu, il rejette comme apocryphe une bonne partie du bagage euthalien. A cet endroit il est amené à comparer le *Mar-*

dée qu'il a eue, à l'exemple de M. Omont, de déchiffrer à l'envers, en retournant le cliché photographique, les traces que 16 pages perdues du ms. ont laissées sur les feuillets opposés. Il y a là un bon exemple à retenir et à suivre, et l'honneur en doit appartenir à M. Omont.

tyrium Pauli avec le prologue des Épîtres de saint Paul, qui est le noyau de l'œuvre authentique d'Euthalius. Il trouve dans le *Martyrium* des traces de copie qui, en effet, paraissent indéniables. Si donc le *Martyrium* est, lui aussi, inauthentique, les dates de 458 et de 396 tombent avec lui, et rien ne nous empêche de remonter sensiblement plus haut, jusqu'à l'époque du grand Athanase et (s'il faut tenir compte de jeux de mots toujours douteux) du célèbre Meletius d'Antioche.

Quant à faire voyager Euthalius à Césarée pour collationner son texte, M. R. s'y voit d'autant moins autorisé par les textes, que ces textes sont postérieurs. C'est l'éditeur de 396 qui parle dans le *colophon* que nous avons souvent cité, ce n'est pas Euthalius.

En tout cela, il faut remarquer que le texte même d'Euthalius est encore, pour le moment, entièrement inconnu de nous, et cette remarque doit nous rappeler combien nos connaissances relatives à cet éditeur de la Bible ont encore peu d'application. Nous discutons la préface : il s'agit maintenant d'écrire le livre. N'en est-il pas ainsi de beaucoup d'autres questions ? En vérité, nous avons à peine commencé l'étude des minuscules du Nouveau Testament, et nos listes de mss. ne sont que des listes de numéros et de noms le plus souvent vides de sens.

Quant aux mss. de Pamphile et à la bibliothèque de Césarée, il faudrait avant tout que quelqu'un nous donnât une bonne étude d'ensemble des renseignements qui s'y rapportent.

Pour le moment, lorsque nous lisons à la fin d'un ms. : « collationné sur l'autographe de Pamphile », nous nous plongeons dans le doute et dans la défiance.

Ce que je voudrais souhaiter à M. R., c'est un peu plus d'*agnosticisme*. Il a cette demi-candeur de beaucoup d'Anglais, qui voient très bien le côté faible des systèmes reçus et qui, grâce à leur conscience et à leur grande patience au travail, marchent sûrement vers la vérité. Mais pourquoi veulent-ils toujours avoir, eux aussi, un système, et ne savent-ils donc pas ignorer ? M. R. a mené de main de maître la discussion relative à la distinction entre Euthalius et Evagrius, entre le ms. H. et l'édition primitive, entre le *Martyrium* et le prologue, entre l'éditeur de 396 et l'auteur même de la recension euthalienne. Mais qu'il n'aille pas jusqu'à Césarée. Césarée est, pour le moment, trop loin de nous. M. R. a parfaitement raison de dire que la division des Actes qu'on voit sur la marge du *Codex Vaticanus* est euthalienne. Mais voyez comme une remarque juste peut être poussée trop loin. Notre auteur ne va-t-il pas jusqu'à insinuer que saint Jérôme, à son tour, a rapporté de Césarée son système de chapitres? Jusqu'à preuve du contraire, je crois que saint Jérôme n'a pas du tout divisé son texte en chapitres. Soyons prudents !   S. BERGER.

---

32. — Noël VALOIS. **La France et le Grand Schisme d'Occident.** Paris, Picard. 1896. 2 vol. in-8° de xxx-407 et 516 pages.

Le livre de M. Noël Valois sur *la France et le Grand Schisme d'Occident* apporte beaucoup d'éléments nouveaux pour la solution de ce grave et douloureux problème historique. L'étude d'un nombre considérable de sources jusqu'à présent peu ou point utilisées [1] a permis à l'auteur de rétablir la vérité sur bien des faits que l'on ne connaissait que très imparfaitement, ou dont les détails étaient le plus souvent présentés d'une manière inexacte. L'exposé des événements a pris dans l'ouvrage de M. Valois un caractère de rigueur scientifique qui permet de les apprécier avec sûreté.

Une seule chose nous étonne, — M. Valois nous permettra cette restriction au début du compte-rendu d'un livre dont nous reconnaissons la rare valeur, — c'est que l'historien paraisse avoir parfois reculé devant les conclusions qui semblent au lecteur attentif ressortir avec évidence du récit des faits. Certes M. Valois a la passion de la vérité; ni l'amour de la France, ni l'amour de l'Eglise ne sont capables de lui faire déguiser ou altérer le moindre détail; mais quand il arrive au terme de ses très solides dissertations, il éprouve le besoin de justifier tout le monde et d'interpréter tous les actes avec la plus indulgente charité. Il atténue autant qu'il peut la lourde responsabilité de Charles V dans les premiers développements du schisme; les frères même de ce grand roi se lavent des accusations portées contre eux; et peu s'en faut que Louis d'Anjou, le plus intéressé sinon le plus avisé des politiques, ne se transforme en un sauveur de l'Eglise, dangereux sauveur, l'auteur veut bien en convenir. D'autre part, quand il se

[1]. Très heureusement indiquées et classées dans la préface.

trouve en présence des actes cruels permis ou commandés par Urbain VI, — actes qui, selon nous, ne peuvent s'expliquer que par un état voisin de l'aliénation mentale, — M. Valois insère au cours de sa véridique narration quelques discrets conditionnels ou quelques « *dit-on* », trop timides. Que sa plume ait hésité à transcrire de tels récits, je le conçois, mais puisque sa conscience d'érudit ne lui a pas permis de les révoquer sérieusement en doute, même dans une note, c'est apparemment qu'il n'a trouvé aucun document qui les contredise. Si Thierry de Niem, par qui nous connaissons surtout ces faits lamentables, est quelquefois suspect d'inexactitude ou de partialité, il ne l'est pas hélas! en ce cas particulier où il fut non seulement témoin oculaire, mais agent, et agent du pape Urbain VI. D'ailleurs, comme l'a fait remarquer M. Erler, le savant éditeur de Thierry de Niem, le témoignage de cet historien est ici corroboré, à certains détails près, par le *Chronicon Siculum*. Pourquoi dès lors user d'expressions dubitatives?

Je ne sais si c'est sous l'influence de ces actes qui détachèrent d'Urbain VI tant de ses partisans, toujours est-il que M. Valois, dans son second volume, devient tout à fait « avignonnais, » et que, pour lui, passer à Clément VII c'est « se convertir. »

Catholique, il a le droit de parler ainsi; l'Eglise n'a pas tranché la question; mais il nous semble que la science, telle qu'elle résulte des travaux même de l'éminent historien, la résout en faveur du pape de Rome. C'est ce que nous voudrions montrer en peu de mots.

Le roi de France, dit M. Valois, n'est pas l'auteur du Grand Schisme; Charles V n'avait empêché ni Urbain V, ni Grégoire XI, de retourner en Italie. La France s'y était résignée; nulle menace de schisme n'était venue de sa part. Le Grand Schisme d'Occident ne fut donc pas le résultat de la mésalliance contractée par le Saint Siège avec la royauté française ; il naquit de circonstances imprévues et presque impossibles à prévoir. Un tumulte se produit au moment où les cardinaux s'occupent d'élire un nouveau pape. Le choix qu'ils auraient fait peut-être de leur plein gré leur est dans une certaine mesure dicté par la peur. Ils songent à régulariser cette élection douteuse. Soudain l'homme qui leur semblait digne de leurs suffrages se révèle à eux sous un aspect défavorable. Ils se reprochent d'avoir déjà trop fait pour lui : au lieu de le réélire, ils en choisissent un autre. Deux papes forts des suffrages du même collège se présentent à l'Eglise ; les princes et les peuples choisissent entre eux de bonne foi. Quant à eux, pleins de confiance dans leur droit, ils s'anathématisent en conscience ; de leur rivalité sortent de grands maux et de repoussantes laideurs auxquels les puissances chrétiennes, et surtout la France, cherchent à mettre un terme. Telle est la thèse brièvement résumée.

Que les circonstances au milieu desquelles naquit le Grand Schisme fussent *impossibles à prévoir*, nous ne l'admettrions pas volontiers. Grégoire XI étant mort à Rome, et l'immense majorité du sacré collège étant composée de Français, il était certain que le peuple romain se soulèverait pour essayer de contraindre les cardinaux à choisir un pape italien. C'est ce qu'avait pressenti Grégoire XI et c'est ce qui ne manqua pas d'arriver. Toute la question est de savoir si la pression populaire fut telle qu'elle annulât la liberté des électeurs et déterminât leur vote. Mais comment connaître ce qui s'est passé dans l'âme des cardinaux ? Eux seuls ont pu le dire ; et ces témoins les plus instruits sont aussi les plus suspects !

Toutefois, à l'aide de leurs actes, ne peut-on parvenir à discerner leurs intentions ? La succession même des événements ne suffira-t-elle pas à donner la lumière ? Cette suite des faits, présentée naguère avec soin mais avec diffusion par l'abbé Gayet, M. Valois l'établit avec une merveilleuse précision ; je ne craindrais pas de qualifier de chef-d'œuvre d'érudition le récit de ces quinze journées, si fécondes en conséquences fâcheuses, qui s'écoulèrent du 27 mars au 10 avril 1378 ; quant au conclave même, c'est heure par heure, instant par instant, que l'auteur nous en décrit les péripéties. N'eût-il mis dans son livre que cet exposé si net, si clair, si minutieux et cependant si sobre, il eût déjà rendu un signalé service à l'histoire de l'Eglise.

Or que résulte-t-il de ce premier travail ? 1° Qu'indépendamment de toute pression extérieure, sous l'influence de leurs seules divisions, la moitié des seize cardinaux présents à Rome était disposée à élire un prélat italien ; 2° que quelques-uns des cardinaux dit *limousins*, se sentant incapables de tenir tête à la coalition des factions *française* et *italienne*, étaient prêts à porter leurs voix sur l'archevêque de Bari, Barthélemi Prignano ; 3° qu'en conséquence, ce personnage, sur les onze voix nécessaires à la validité de l'élection (M. Valois a prouvé que l'acte de Grégoire XI, du 19 mars 1378, n'avait nullement autorisé les cardinaux à élire un souverain pontife à la simple pluralité des voix), pouvait déjà, trois ou quatre jours avant le conclave, compter sur neuf ou dix ; 4° que les cardinaux avaient des raisons sérieuses de s'arrêter à ce choix ; 5° qu'au conclave même, le matin du 8 avril, malgré les menaces, les agitations, les violences du dehors, les cardinaux eurent l'intention de faire une élection sérieuse et de concilier l'intérêt de l'Eglise avec les exigences des Romains ; la preuve en est qu'ils refusèrent positivement de procéder à un simulacre d'élection, comme Orsini le leur proposait, et qu'au moment où le calme parut rétabli, au commencement de l'après-midi onze cardinaux sur treize qui s'étaient rassemblés à la chapelle (c'est-à-dire encore la majorité nécessaire) déclarèrent qu'ils restaient fidèles à leur résolution du matin ; 6° que le lendemain du conclave, les cardinaux libres dans Rome vinrent spontanément assurer à Prignano que leur intention avait été qu'il fût vraiment pape et que les six cardinaux qui s'étaient enfermés au château Saint-Ange se rendirent au Vatican avant la fin du jour, pour prendre part à l'intronisation du nouveau pontife ; nul ne proposa une dénonciation ou une réélection ; à ce moment décisif pas un mot ne fut prononcé qui pût donner à Urbain VI le moindre doute sur la validité de son élection ; 7° que l'attitude des cardinaux pendant les journées et les semaines qui suivirent ne permet pas de douter qu'ils tinssent Urbain VI pour le pape légitime ; non seulement ils s'associent à toutes les fêtes et demandent des faveurs, mais aux lettres collectives et officielles notifiant l'élection aux souverains, plusieurs d'entre eux prennent la peine de joindre des lettres particulières confirmatives. Plus tard, il est vrai, ils prétendirent avoir, en tout cela, agi par crainte ; mais, comme le fait très justement observer M. Valois, « la crainte n'en demandait pas tant. » Les doutes, les soupçons, — c'est encore l'auteur qui parle, — ne sont venus aux cardinaux que du jour où ils ont eu à se plaindre d'Urbain VI.

Mais, s'il en est ainsi, Urbain VI est le véritable pape, et quel que soit le motif qui les ait déterminés par la suite, les cardinaux se sont mis en révolte contre l'autorité légitime, le jour où ils ont procédé à l'élection de Clément VII et celui-ci n'est au fond qu'un antipape.

Cela ne nous empêche nullement d'admettre, comme M. Valois, que les fidèles purent s'y tromper, et par conséquent de reconnaître avec S. Antonin et tant d'autres que, dans les deux obédiences, la masse fut de bonne foi. Une démarche aussi grave, aussi imposante que celle des cardinaux, corroborée de leurs déclarations formelles, positives, pouvait parfaitement faire douter les contemporains de la légitimité d'Urbain VI. Mais nous qui, grâce à tant de chercheurs érudits, et surtout à M. Valois, connaissons maintenant tous les faits, nous n'en pouvons plus douter, et nous nous refusons à admettre « que le grand problème posé au xive siècle échappe encore aujourd'hui au jugement de l'histoire. »

Les cardinaux sont les coupables, bien que beaucoup d'entre eux (ceci encore nous le concédons à M. Valois) aient fini par se faire illusion à eux-mêmes. Ils sont les auteurs responsables du schisme et, après eux, le roi de France qui leur a fourni le moyen de le consommer.

M. Noël Valois s'est appliqué (là est le second point essentiel de son travail) à étudier par le menu le rôle du roi Charles V pendant les quelques mois de 1378 et 1379 qui ont décidé pour si longtemps du sort de la chrétienté d'Occident. Les recherches auxquelles il s'est livré ont amené les plus heureuses trouvailles, et l'on aurait peine à compter les rectifications qu'il conviendra d'apporter aux récits jusqu'à présent admis par les meilleurs historiens. Ne signalons qu'un petit exemple : la découverte et l'analyse si fine et si délicate du personnage de traître joué par Pierre de Murles, l'envoyé d'Urbain VI auprès de Charles V.

M. Valois en fait l'aveu : Charles V s'est hâté de résoudre une question dont beaucoup d'éléments lui échappaient et il a condamné dans le pape de Rome un accusé qu'il n'avait pas entendu. Je crains fort qu'il n'ait été plus loin ; certes, je ne voudrais pas incriminer sans preuves suffisantes la conduite, à Rome même, du Cardinal d'Amiens, Jean de la Grange, l'homme du roi de France; mais il me paraît bien difficile de croire que cet habile metteur en œuvres de tous les mécontentements suscités contre Urbain VI n'ait été pour rien dans la résolution susbséquente des cardinaux. Admettons que la lettre de Charles V aux cardinaux réunis à Fondi ne leur soit pas parvenue, comme on le croit en général, le 18 septembre, avant-veille de l'élection de Robert de Genève, les dispositions et les secrets désirs du roi de France leur étaient certainement connus ; M. Valois d'ailleurs n'en doute pas. Jamais les cardinaux ne se fussent lancés dans une aventure où ils risquaient tant, s'ils n'avaient pu compter d'une façon positive sur quelque puissant appui séculier. Il n'y a guère d'exemple de schisme tenté sans auxiliaire de ce genre.

La conduite de Charles V à l'égard de son clergé, qui avait sans la moindre hésitation reconnu Urbain VI, fut une véritable comédie, et celle qu'il adopta pour forcer la main à l'Université ne fut qu'une intrigue de despote prudent et poli. Il n'est pas besoin d'autres preuves que cette politique secrète de Charles V, si heureusement reconstituée par M. Valois, à l'aide de pièces qui n'avaient pas jusqu'à ce jour été produites au débat. Le témoignage des cardinaux permit au roi de mettre d'accord sa politique et sa conscience et suffit à justifier la belle et touchante déclaration qu'il fit avant de mourir. Mais il demeure que c'est lui qui a poussé la France dans le schisme, et, du même coup, une partie de l'Europe. « Supprimez Charles V, dit M. Valois, vous ne supprimerez ni les troubles de Rome, ni l'incertitude des droits d'Urbain, ni le mécontentement des cardinaux, ni le schisme par conséquent. » D'accord, mais nous retirons au schisme toutes chances de succès, car, sans l'adhésion de la France, espérer le succès n'était qu'un rêve ; et voilà pourquoi, même en concédant à M. Valois que Charles V n'est pas l'*auteur* du schisme, en ce sens qu'il n'est pas à proprement parler l'auteur de la défection des cardinaux, nous persistons à soutenir qu'il porte, après les cardinaux, mais comme eux, la responsabilité de ce désastreux partage de la chrétienté.

Nous nous laisserions entraîner beaucoup trop loin si nous voulions suivre avec M. Valois l'histoire des négociations et des démêlés auxquels le schisme a donné lieu dans tout l'Occident. Et pourtant que de choses utiles et neuves nous pourrions relever chemin faisant, par exemple à propos de l'attitude prise par les divers états de la péninsule ibérique. L'auteur établit que l'influence française ne s'est pas toujours exercée d'une façon décisive en faveur de Clément VII, même chez nos alliés politiques ; mais nous devons constater que là même où l'action directe du roi de France n'a pas été la cause immédiate de l'adhésion des puissances au pape d'Avignon, son exemple et ses conseils ont cependant joué un rôle que nous ne craindrons pas de déclarer capital. En certains pays généralement fidèles au pontife romain, l'Empire par exemple, tous ceux qui reconnurent Clément VII furent, ou des clients de la France ou des politiques intéressés dont la « conversion » ne fut nullement gratuite.

Le plus vaillant des défenseurs de ce pape, Louis I*er* d'Anjou, fut aussi celui de tous qui s'oublia le moins lui-même. On ne saurait blâmer trop sévèrement les concessions ruineuses et si contraires au bien général de l'Eglise auxquelles Clément VII se laissa entraîner pour acheter le concours du prince qui semblait devoir lui ouvrir les portes de Rome. Cette expédition de Louis d'Anjou en Italie est encore une des parties tout à fait principales de l'ouvrage. L'auteur a démontré d'une manière qui nous paraît irréfutable que les cinq chroniqueurs dont les récits ont uniformément servi de base aux historiens modernes fourmillent d'erreurs sur cette matière, à savoir : le Religieux de S. Denys, Froissart, Thierry de Niem, les Chroniques de Savoye, les Giornali Napoletani. C'est ainsi qu'à la fin de la campagne de 1384 la situation de Louis d'Anjou n'était nullement désespérée, comme le répètent presque tous les livres : l'accident qui mit fin aux jours du prince fut l'unique motif du désastre de la cause angevine.

Nous avons marqué en quoi nos conclusions diffèrent sur quelques points de celles qu'a exprimées M. Valois. Nous serions fort au regret que l'on en tirât cette conséquence que nous n'avons pas pour cette œuvre le haut degré d'estime qu'elle mérite. Nous la tenons au contraire pour importante et remarquable. Peut-être atteindrait-elle un plus grand nombre de lecteurs, si quelques-uns des développements du second volume, en particulier ceux qui concernent les affaires de Provence, étaient allégés de détails trop minutieux ou renvoyés à l'appendice à côté de ceux qui y figurent déjà.

Nous tenons aussi à déclarer que si nous regardons comme les véritables pontifes ceux qui se sont succédé à Rome, nous n'entendons nullement justifier tous les actes par lesquels ils ont essayé de faire reconnaître leur pouvoir.

Oui, le droit était de leur côté, mais la chose n'était pas assez évidente aux yeux des contemporains pour qu'il fût permis de traiter en rebelles et en révoltés contre l'Eglise ceux qui ne la voyaient pas. L'apologétique la plus subtile ne saurait excuser tant d'anathèmes, tant de malédictions, tant de croisades prêchées contre des chrétiens, tant de coupables permissions, tant d'appels aux armes adressés même à des religieux, tant de violations des règles les plus saintes ; encore moins pourrait-elle couvrir les fautes de ceux qui, comme Urbain VI et tels de ses agents, foulèrent aux pieds les lois de l'humanité et atteignirent, dans l'acharnement d'une lutte à outrance, jusqu'aux limites de la cruauté.

Oui, la France eut tort de soutenir le pape d'Avignon ; mais il y eut à sa conduite, — ici nous nous retrouvons tout à fait d'accord avec M. Valois, — plus d'une circonstance atténuante. Elle ne sut pas se résigner à voir la papauté lui échapper, ou plutôt elle saisit la première occasion qui s'offrit de la reconquérir. Mais l'intransigeance égoïste et les passions intéressées des Italiens ne pouvaient que trop aisément lui servir d'exemple, de prétexte et d'excuse. N'étaient-ce pas les Romains qui, du vivant de Grégoire XI, avaient menacé d'élire un autre pape, si ce pontife ne revenait pas à Rome ? N'étaient-ce pas eux encore qui, ravalant la question pontificale au dessous même d'une question d'influence politique ou nationale, avaient brutalement répondu aux sages arguments du cardinal de Glandève : « La vérité, la voici : depuis la mort du pape Boniface, la France se gorge de l'or romain. Notre tour est venu à présent ; nous voulons nous gorger de l'or français. » Aussi beaucoup les considéraient-ils comme plus responsables du schisme que ceux-là même qui l'avaient perpétré, tel par exemple l'évêque de Lisbonne, qui s'exprimait sur cette matière avec une excessive énergie, comparant les Romains aux Grecs et les estimant tout aussi incapables de plier sous la loi d'un pontife étranger. Urbain VI s'empressa de créer vingt-neuf cardinaux presque tous ses compatriotes, et la papauté redevenue italienne fut pour longtemps plus italienne qu'elle n'avait été française. Sans doute les inconvénients étaient moins grands et moins sentis, parce que l'Italie d'alors n'était pas une nation ; ils étaient réels cependant et le caractère tout italien de la papauté fut certainement pour quelque chose dans le mouvement de la Réforme germanique. Toutes les fois que la papauté semblera s'identifier avec une grande nation, le schisme apparaîtra menaçant, du moins jusqu'au jour où l'idée de nationalité, fille du Moyen-Age finissant, aura, comme en d'autres siècles, cédé la place à quelque idée plus universelle et plus chrétienne.

Ces circonstances atténuantes que nous nous plaisons à rappeler, l'Eglise romaine, sage, modérée, bienveillante, les a pesées et admises; sans doute, elle a discrètement maintenu la légitimité de la succession romaine de 1378 à 1417, mais elle s'est refusée, le schisme fini, à condamner positivement et à blesser par là même dans leurs intentions catholiques et leur sentiment national des peuples qui, pendant si longtemps, crurent être fidèles à la véritable Eglise en se soumettant aux pontifes d'Avignon. L'histoire doit faire comme elle : s'incliner devant Urbain VI, Boniface IX, Innocent VII et Grégoire XII comme devant les vrais successeurs de Pierre, rejeter la responsabilité du schisme sur ceux qui, sachant ce qu'ils faisaient, cardinaux ou princes, le provoquèrent et le soutinrent, mais absoudre tous ceux qui, nécessairement mal informés, trompés par ceux-là même qui avaient mission de les guider, adhérèrent dans la plénitude de leur bonne foi aux deux rivaux des papes de Rome, Clément VII et Benoît XIII.

Alfred BAUDRILLART.

---

33. — **Questions actuelles. Religion, philosophie, histoire, art et littérature,** par le R. P. Ch. DANIEL, fondateur des *Etudes religieuses*, précédées d'une Notice et d'une Introduction par les RR. PP. Mercier et Fontaine. — Un in-8° de 488 p. — Paris, Oudin.

Dirai-je avec quel intérêt sympathique, avec quel charme sérieux, il y a quelque trente ans, le P. de Valroger et moi, nous voyions arriver le numéro mensuel des *Etudes religieuses* ? Que de travaux solides et variés, dus aux Pères Gagarin, de Buck, Cahour, Dutau, — je ne voudrais nommer que des morts, et cependant je ne me résous pas à omettre le P. Matignon, — nous y avons lus et goûtés ! Au premier rang des rédacteurs des *Etudes* se distinguait le P. Charles Daniel. J'ai écrit : au premier rang des rédacteurs ; ce mot ne suffit pas : le P. Daniel, de concert avec le P. Gagarin, avait été le fondateur de ce recueil, qu'il désirait placer au-dessus de toutes les questions politiques et aussi de toutes les questions personnelles, dans la pure région des doctrines. Nul plus que le P. Daniel n'est parvenu à trouver la *sérénité dans la hauteur*. La métaphysique surtout semblait son pays de prédilection ; j'en donnerai pour preuve ses études sur l'optimisme, qui révèlent un familier de Fénelon, de Leibniz, de Malebranche, capable non pas sans doute de les égaler, mais de leur donner la réplique dans une langue que Leibniz aurait aimée, et que Fénelon et Malebranche eussent reconnue la leur. Le P. Daniel ne s'enfermait pas dans la métaphysique, l'histoire l'attirait aussi, l'histoire religieuse, et l'histoire religieuse de notre temps ; c'est ainsi qu'il a écrit sur le protestantisme contemporain et sur un chapitre des *Mémoires* de M. Guizot des pages excellentes dont aucun protestant n'eut le droit de se sentir blessé. Pour M. Guizot, la chose est sûre ; et une lettre à madame Charles Lenormant l'atteste. D'ailleurs, entre l'illustre homme d'état et le jésuite, il n'y avait pas que des divergences ; à défaut même de certaines affinités intellectuelles que l'on constate aisément, une amitié commune, celle de Charles Lenormant, leur eût permis de se rencontrer. La littérature et l'art attiraient aussi le P. Daniel qui a apprécié avec compétence l'œuvre du P. Cahour, les travaux iconographiques du P. Cahier. Mais je m'aperçois qu'en rappelant tant d'études dont le souvenir me charme, j'ai donné presque la table du récent volume publié par les PP. Mercier et Fontaine. Qu'il me suffise d'ajouter que la Notice et l'Introduction sont dignes de l'éminent et aimable jésuite qu'elles aident à mieux connaître.

A. LARGENT.

CHRONIQUE

31. — Nous empruntons l'information suivante au compte-rendu de la séance du 24 janvier de la Société de Géographie, par M. G. DEPPING (*Officiel* du 2 février 1896, p. 657) :

La *Royal Society* de Londres publie depuis un certain nombre d'années un catalogue ayant pour titre : *Catalogue of scientific Papers*. C'est un relevé complet des articles publiés dans les recueils scientifiques du monde entier. Comme on voit, l'œuvre est considérable. Jusqu'ici la *Royal Society* s'est acquittée de cette tâche à elle seule ; mais aujourd'hui l'entreprise est devenue un travail d'Hercule auquel, livrée à ses propres forces et avec ses seules ressources, l'Académie des sciences de Londres ne peut suffire. Elle a donc songé à une coopération internationale. Des circulaires ont été lancées et envoyées à toutes les Sociétés scientifiques du globe pour leur faire part de ce projet. Depuis lors, la Société royale s'est adressée au gouvernement anglais en vue d'organiser une conférence internationale qui délibérerait sur les mesures à prendre relativement à l'exécution. Les Sociétés sont priées d'insister auprès de leurs gouvernements respectifs pour l'envoi de délégués à cette conférence, qui pourrait avoir lieu en juillet prochain. Pour plus de renseignements, voir : *Projet de coopération internationale* (Revue scientifique du 8 septembre 1894) et *Société de statistique de Paris*, séance du 15 janvier 1896 (*Officiel* du 25 janvier, p. 466).

32. — Il y a un intérêt assez piquant à lire successivement deux études, publiées sur le même sujet, la première dans le *Bulletin du Comité des travaux historiques* (historique et philologique) année 1894, par M. l'abbé Métais, secrétaire-archiviste de l'Evêché de Chartres, la seconde, dans la *Bibliothèque de l'Ecole des Chartes* (t. 56, année 1895), par M. René Merlet, archiviste d'Eure-et-Loir.

M. Métais, connu par ses nombreux cartulaires, a donné au public une charte, tirée des Archives d'Eure-et-Loir, et, à première vue, très intéressante. Elle serait, d'après lui, d'Ives, évêque de Chartres, (1090-1115), et porterait sa signature autographe. La découverte serait d'autant plus curieuse qu'on ne connaît aucun autre exemple de cette signature. Il y a bien quelques difficultés. Outre que la charte, par suite d'une déchirure, n'indique pas la cité dont Ives était évêque, on se demande comment Ives de Chartres et son chapitre pouvaient céder à l'abbé de Saint-Père, Hubert, des droits sur l'église de Planches, qui était du diocèse de Sées et non du diocèse de Chartres. Comment aucun des archidiacres ou écolâtre, cités avec Ives, ne se retrouve parmi les nombreux dignitaires chartrains contemporains de S. Ives, comment l'abbé Hubert, qui, élu en 1070, fut expulsé vers 1072 et définitivement en 1078 pour être remplacé par Eustache, put se rencontrer comme abbé avec Ives de Chartres, qui devint évêque en 1090 : comment enfin ce fameux évêque qui, à l'époque attribuée à la Charte par M. Métais (1090-1093) était encore assez jeune, (il ne devait mourir qu'en 1115), a écrit sa propre signature d'une main tremblante, comme un vieillard.

M. Métais a trouvé d'ingénieuses réponses à toutes ces difficultés. Aussi le comité des travaux historiques lui a demandé une héliogravure de la charte et de la signature autographe, et l'a insérée dans son *Bulletin*. En même temps M. Métais était nommé *Correspondant du Ministère de l'Instruction publique*.

Cela se passait à la fin de 1894. Mais, sur la fin de 1895, M. René Merlet étudiant le même document dans la *Bibliothèque de l'Ecole des Chartes* n'aboutissait pas précisément aux mêmes conclusions que M. Métais. Il prouvait, en effet, avec autant de courtoisie que d'évidence, que l'évêque en question, au lieu d'être le fameux Ives de Chartres, était simplement Ives de Bellesme, évêque de Sées, qui mourut entre 1070 et 1072. Cette constatation curieuse expliquait nettement qu'il fût fait mention, dans la charte, d'une église du diocèse de Sées, de chanoines originaires, non de Chartres, mais de Sées, et de l'abbé de Saint-Père, Hubert. Mais, en faisant évanouir les difficultés et les hypothèses par lesquelles M. Métais les avait hardiment résolues, cette démonstration faisait évanouir aussi la signature autographe d'Ives de Chartres, et diminuait singulièrement l'intérêt de l'héliogravure commandée par le *Comité des travaux historiques*. Heureusement, M. Métais avait d'autres titres à être nommé correspondant du Ministère de l'Instruction publique.

ACADÉMIE DES INSCRIPTIONS ET BELLES-LETTRES

Séance du 7 février. — M. de RUBLE, élu membre libre, est introduit en séance. — M. Foucart lit une note de M. RADET sur l'itinéraire suivi par Attale dans sa campagne contre Achaeus qui assiégeait Selgé. En se servant pour interpréter le récit de Polybe, de l'étude des routes alors tracées et des opérations de l'ennemi auxquelles Attale était obligé de subordonner sa marche, M. Radet arrive aux résultats suivants : de l'Eolide Attale va secourir Selgé, en Pisidie. Il ne suit pas la route royale, mais remonte vers Thyatire afin d'éviter Sardes, la grande place d'Achæus. Il traverse le Lycus au sud de Thyatire et se dirige vers les colonies mysiennes réparties dans le bassin du Cogamus, là où Eumène II fondera plus tard Philadelphie. Attale gagne ensuite Carsea (Karaït), sur la route de Tripoli à Hierapolis ; puis il s'empare des forts de Didymon-Teichos qui gardaient l'entrée de la Cibyratide. S'engageant alors vers la route des Indes, il ravage l'Apiène (Apa), au nord du lac d'Anava ; il suit la route d'Antioche de Pisidie, franchit le mont Pélécas (l'Aidagmuch-Dagh) et campe sur les bords du fleuve Mégisté, le Kara-Arslan Tchaï). Pour atteindre les sources de l'Eurymédon, il n'a plus qu'à tourner le lac d'Egherdir ; mais il est arrêté par une sédition de ses mercenaires galates et par la nouvelle de la reddition de Selgé. Achaeus ayant recouvré la libre disposition de toutes ses forces, Attale renonce à une marche en avant et ramène son armée sur les bords de l'Hellespont, où il s'était engagé à donner des terres aux auxiliaires galates. — M. E. Muntz communique, une note de M. Maxe-Werly. D'après les documents découverts par M. Maxe-Werly, le célèbre médailleur italien Pierre de Milan, connu par ses médailles du roi René et de son gendre le comte Ferry de Vaudémont, suivit le roi René dans le Barrois et se fixa en 1463 à Bar-le-Duc. C'est là, selon toute vraisemblance, qu'il modela la médaille de Marguerite d'Anjou, reine d'Angleterre. Il sculpta en outre, pour l'église Saint-Maxe, les *ymages et mistères de la Magdeleine de Baume*, et, pour la salle neuve du château, un bas-relief en pierre où il *entailla des chiens*, motif qui se retrouve, mais avec la date de 1575, dans un bas-relief conservé encore de nos jours à Bar-le-Duc. Ces deux ouvrages semblent avoir disparu depuis longtemps, mais le fait même de l'apparition d'un artiste ultramontain en Lorraine, dans le second tiers du xve siècle, offre un intérêt tout particulier. Désormais, grâce à M. Maxe-Werly, le nom de Pierre de Milan doit être inscrit à côté de celui de Francesco da Laurana parmi les maîtres italiens qui ont préparé l'avènement de la Renaissance dans notre pays. — M. Héron de Villefosse lit une lettre dans laquelle le P. Delattre expose les résultats de ses dernières fouilles dans la nécropole de Douïmès. Le mobilier est à peu près semblable à celui des tombes déjà explorées; aux poteries connues il faut ajouter la hachette, le miroir, les cymbales de bronze, des poteries noires, des vases grecs, des œufs d'autruche, des scarabées avec hiéroglyphes, des amulettes, des grains de colliers. Une tombe a fourni cinq figurines intactes en terre cuite, peintes et en forme de momies. — M. Salomon Reinach a reçu d'Hamdi-bey, directeur du musée de Constantinople, une aquarelle et des photographies d'après un très beau vase à figures rouges, rehaussé de dorure, découvert en 1894 sur l'acropole de Rhodes. Suivant M. Reinach, ce vase, un des seuls produits de la céramique grecque que l'on puisse dater avec quelque précision, a été peint à Athènes vers 410 avant Jésus-Christ. Le sujet en est tout à fait nouveau : c'est la naissance du jeune Ploutos, dieu de la richesse, présenté à Déméter, sa mère, par la Terre, sous les yeux d'une assemblée de dieux et de Triptolème. D'après une tradition très ancienne, Ploutos était fils de Déméter et du Crétois Jasion.

Séance du 14 février. — M. E. Müntz fait une communication sur les tiares du pape Jules II. Au xve et xvie siècle, l'histoire des tiares est intimement liée à celle des finances pontificales. Elles ne servaient pas seulement à affirmer la puissance et la richesse des papes, elles formaient aussi des réserves pour les mauvais jours. Le vénérable pape espagnol Calixte III, n'hésita pas, en 1456, à vendre toutes ses pierreries pour en consacrer le produit à une nouvelle croisade. Souvent, les tiares émigraient chez le prêteur sur gages. Il est vrai que ces prêteurs étaient des banquiers non moins célèbres par leur magnificence que par leur richesse : c'étaient Laurent de Médicis, Augustin Chigi. Mais les rois de France procédaient-ils autrement ? Que de fois n'engagèrent-ils pas les diamants de la couronne ? La richesse de ces ornements était allée croissant d'âge en âge : la tiare d'Eugène IV représentait, rien que pour les pierreries, une valeur de 38,000 florins d'or (au moins 2 millions de francs); celle de Paul II valait d'après les uns 120,000, d'après d'autres 180,000 florins (de 6 à 8 millions). Elle était si lourde que l'historien Platina attribue à son poids la mort subite du pape. Plus précieuse encore était une des tiares de Jules II, qui avait coûté plus de 200,000 florins (une dizaine de millions). L'histoire des tiares de Jules II, reconstituée par M. Müntz, d'après les documents conservés dans les archives romaines, abonde en épisodes piquants. Rien ne peint mieux le caractère de ce pontife à la fois si fougueux et si fantasque. Parmi les tiares de Jules II, la plus célèbre était celle qu'il avait commandée, en 1509-1510, à l'éminent sculpteur, médailleur, orfèvre et joaillier milanais, Caradosso. Ce chef-d'œuvre d'orfèvrerie et de joaillerie, aussi remarquable par sa richesse que par l'art avec lequel les gemmes étaient groupées et assemblées, demeura intact jusqu'en 1789, époque à laquelle Pie VI la fit démonter pour lui donner une forme plus élégante. Tout souvenir en semblait irrévocablement perdu quand M. Müntz en découvrit une reproduction ancienne dans un lot de gravures. Cette estampe, que M. Müntz place sous les yeux de ses confrères, reproduit avec toute la précision désirable, le monument illustré par le double souvenir de Jules II et de Caradosso. — M. CLERMONT-GANNEAU présente d'après des reproductions de M. Frédéric Son, quatre inscriptions romaines gravées sur trois colonnes milliaires récemment découvertes sur les bords du Barada, l'ancien Chrysorrhoas, qui arrose Damas. L'une est au nom de l'empereur Hadrien. Les trois autres, au nom de l'empereur Constantin, et de ses trois fils associés à l'empire, Constantin II, Constance et Constant, offrent une coupe des lignes curieuse et certainement intentionnelle puisqu'elle se répète trois fois sur trois milliaires différents. La même coupe se retrouve dans d'autres inscriptions de Constantin recueillies dans d'autres parties de la Syrie; elle témoigne d'un usage du protocole officiel destiné à mettre sur le même rang et sur un pied d'égalité les trois empereurs associés à leur père. Le chiffre II, que porte l'un de ces milliaires confirme définitivement l'identité d'Abila de Lisenicas avec la localité appelée aujourd'hui Souck Ouâdy Barada. Des inscriptions romaines gravées, non loin de là, sur le rocher, sur la rive gauche du Barada, relatent la réfection, par l'ordre de Marc Aurèle et de Lucius Verus, de la voie antique détruite par une crue de la rivière. Le milliaire d'Hadrien appartient au tracé de la route antérieure, qui suivait la rive droite. La présence des inscriptions de Constantin prouve que, deux siècles plus tard, on avait abandonné le tracé rectificatif de Marc Aurèle pour revenir à l'ancien. — M. Guimet fait une communication sur l'Isis romaine. Le culte de cette déesse a été très répandu dans l'Europe antique et à Rome même; mais cette Isis n'était pas l'antique déesse du temps des Pharaons. La politique des Ptolémées les poussait à faire la fusion des divinités de la Grèce et des dieux de l'Egypte; de là le culte alexandrin des Isis Vénus, Isis Demeter, etc. Les Romains voulurent avoir l'Isis pure, philosophique et mystérieuse. Ils firent venir des missionnaires de l'Egypte, et alors on créa une Isis latine représentée par une prêtresse. Puis des artistes italiens portèrent en Egypte les figurations romaines, et l'on peut trouver côte à côte l'Isis pharaonique, l'Isis ptolémaïque et l'Isis italique. — M. Héron de Villefosse donne lecture d'une lettre par laquelle M. Gauthier, archiviste de Besançon, annonce la découverte à Mandeure (Doubs) d'une borne milliaire. — M. Héron de Villefosse place ensuite sous les yeux de l'Académie les photographies de statuettes puniques envoyées par le P. Delattre, à l'appui de sa lettre lue à la dernière séance,

Henry Thédenat.

BULLETIN CRITIQUE

—◦—

34. — **Etudes philosophiques,** par Monseigneur Hugonin, évêque de Bayeux. Paris, 1894, Victor Lecoffre in-12 152 pp.

Sous le titre très simple et très modeste d'*Etudes philosophiques*, l'éminent évêque de Bayeux publie une sorte de résumé, et, comme il dit lui-même, de vieux souvenirs de son enseignement à l'Ecole des Carmes. Il a réussi à condenser en cent cinquante pages environ, du plus haut intérêt, l'exposition et la démonstration des principales vérités de la psychologie et de la morale. Par ce temps où les philosophes cèdent volontiers à la tentation de développer les questions dans de gros volumes, le lecteur sait gré aux auteurs d'une économie de paroles qui, loin de nuire à la clarté des idées, la sert très efficacement. C'est une concision de ce genre que les esprits curieux des choses de l'âme goûteront tout d'abord dans le livre de Mgr Hugonin.

Ce qu'ils ne manqueront pas d'admirer aussi, c'est la vigueur de la pensée qui a entrepris ces études et les a menées à bonne fin. Mgr Hugonin aborde les problèmes de la vie psychologique et morale avec le constant souci d'observer les faits eux-mêmes, de les saisir tels qu'ils sont, de se garder des hypothèses et des systèmes préconçus. Il faudrait être étrangement prévenu pour refuser de saluer en lui un penseur dans la pleine acception du terme. Non pas que le docte prélat entende l'originalité à la façon de tant d'écrivains de nos jours, qui identifient l'indépendance de l'esprit et le rejet de toute discipline, de toute autorité, et estiment que le caractère personnel de leurs théories se manifeste à ce signe qu'ils sont seuls à les professer. Au contraire, Mgr Hugonin tient à honneur de faire connaître l'école dont il relève, à nommer le maître dont les doctrines, après avoir attiré l'adhésion de sa brillante jeunesse, retiennent encore celle de sa vieillesse féconde. Sans doute il prend soin de noter, comme c'est son droit, qu'il est un disciple quelque peu infidèle, mais il confesse qu'il est un disciple. Aussi bien le maître duquel il se réclame fut grand entre tous les maîtres. C'était un génie spéculatif de la famille des Platon et des Malebranche. En lui la liberté et la hardiesse de la pensée s'alliaient sans effort à une soumission sincère à l'égard des dogmes de la religion révélée. Respectueux de la tradition, il enrichit le trésor des vérités qu'elle nous conserve, des découvertes dues à ses propres méditations. S'il rencontra des adversaires acharnés, il compta des adeptes très fervents et très éclairés. Il a fondé une école qui n'est pas sans gloire et laissé une œuvre considérable. On ne se tromperait guère en le plaçant au premier rang des philosophes catholiques de notre siècle. Pourquoi ne pouvons-nous ajouter, qu'à ces traits, le lecteur français aura sûrement reconnu l'illustre Rosmini? Nous avons été heureux de voir le vénérable évêque de Bayeux attirer l'attention des amis de la philosophie sur les parties les plus solides du savant système édifié par le philosophe de Rovereto. Quiconque désirera se faire une juste idée des points fondamentaux de ce système trouvera dans l'auteur des *Etudes philosophiques* un guide très compétent et très autorisé.

En composant [1] ces *Etudes*, Mgr Hugonin n'a point voulu écrire un manuel de philosophie. Il a simplement essayé « de discerner, au milieu des phénomènes psychologiques si complexes et si variés, les principes qui les engendrent et les lois de leur développement. » Il poursuit ce but à travers trois études qui ont pour objets : la sensation ou la vie animale, la pensée ou la vie intellectuelle, la volonté ou la vie morale. La thèse qu'il soutient est celle-ci : « Nos sensations découlent d'un premier sentiment permanent, nos idées d'un premier connaître, nos solutions d'un premier vouloir. »

Les lecteurs familiers avec la philosophie scolastique ont appris,

---

1. Mgr Hugonin déclare loyalement qu'il a trouvé un auxiliaire inattendu dans un professeur de philosophie de Vérone, disciple comme lui de Rosmini. C'est Francesco Angeleri. Voici le titre de son ouvrage : *Trattato di pilosofia elementare*. Padova, Druckeree Tedeschi.

par le seul énoncé de cette thèse, que Mgr Hugonin comme Rosmini, admet dans l'âme des facultés entendues à la manière d'Aristote et de S. Thomas. Cette question des facultés est une de celles à propos desquelles les modernes philosophes ont le plus extravagué. Que les adversaires de la métaphysique les nient, cela se conçoit de reste. Chose étrange, la plupart des partisans de l'âme substantielle se rangent à l'avis des phénoménistes et rejettent la réalité de ces puissances sans lesquelles il est impossible d'expliquer les modalités de la vie consciente. Comment ont-ils pu se résigner à une négation si peu en harmonie avec leur spiritualisme ? C'est qu'ils ont perdu la notion véritable, c'est-à-dire la notion métaphysique des facultés. Ils ont réduit le concept de ces pouvoirs à celui d'une pure possibilité de phénomènes. Or, il est certain qu'en dehors des phénomènes une telle possibilité n'est qu'une abstraction. Le moyen de former l'âme avec des abstractions ? Ils ne gardent donc que la substance de l'âme sans chercher à en pénétrer la nature, et sans déterminer celle du lien qui rattache à elle les modalités psychiques. Mais si l'âme est réelle, c'est qu'elle est en acte; et à moins de supposer que tour à tour elle cesse d'être et recommence à exister, il faut dire qu'elle est toujours en acte. D'autre part, si elle produit des phénomènes divers et transitoires, c'est évidemment de ce qui la constitue en acte qu'elle tient cette fécondité. Nous voilà en possession d'une théorie des facultés. « Considérées en elles-mêmes les facultés sont des actes premiers, vraiment des actes. Considérées en tant qu'elles sont capables de produire de actes seconds, elles ne sont que des puissances. Les actes seconds se nomment simplement actes. L'acte premier est un acte permanent de la nature des actes seconds qui en dérivent. C'est pourquoi, étant donné un acte second quelconque, il est facile de trouver la puissance correspondante, parce qu'elle sera nécessairement un acte premier permanent de la même nature, dans lequel sont implicitement contenus les actes seconds qui en sont le développement. »

Que si quelque lecteur, séduit par ce qu'on appelle trop aisément les résultats définitifs de la philosophie contemporaine, éprouvait de la répugnance pour cette théorie des facultés à cause de son ancienneté, nous lui citerions ce passage d'un des maîtres de l'université les plus écoutés à l'heure présente. Cet esprit profond, à qui les spéculations aventureuses de l'Allemagne sont loin d'inspirer de l'effroi, a retrouvé la doctrine d'Aristote sur le point qui nous occupe. « On ne dira pas, écrit M. Lachelier dans un article bien connu, intitulé « *Psychologie et métaphysique* [1] » que nous concluons à tort de faits passagers à des pouvoirs durables, car il y a, dans les faits mêmes que nous venons d'énumérer, quelque chose de durable qui répond à l'idée que l'on se fait d'ordinaire d'une faculté. Nous ne cessons, par exemple, de voir l'étendue, et c'est une seule et même étendue tantôt sous une figure, tantôt sous une autre; mais cette perception est purement virtuelle en elle-même, (l'auteur veut dire qu'on ne se représente jamais l'étendue que sous une figure déterminée) et ne devient actuelle que dans nos perceptions particulières »... Admettons donc des facultés, des actes premiers sous toutes les modifications psychiques et voyons comment, d'après Mgr Hugonin, ces puissances rendent compte de ces phénomènes.

Un acte premier de sentir est indispensable à la production des sensations. Cet acte, Mgr Hugonin l'appelle avec Rosmini, le sentiment fondamental. C'est le sentiment permanent que nous avons de notre organisme. Veut-on le supprimer? Alors il faut déclarer que nous sommes alternativement sensibles et insensibles, en d'autres termes, animés et inanimés, vivants et sans vie. On devra aussi renoncer à savoir pourquoi nous distinguons notre corps des corps étrangers : car quelle raison y aurait-il à prétendre que notre corps nous appartient plutôt que notre habit ou notre chapeau, s'il n'y avait entre ce corps et nous principe sentant une relation tout autre que celle qui existe entre notre chapeau ou notre habit et ce même principe sentant? Cette relation est réelle et elle est permanente. Il y a union entre notre organisme et l'âme comme principe sentant, et cette union est précisément celle du sentiment. Nous sentons à la fois toutes les parties de cet organisme. L'Ame en effet le pénètre et l'informe « puisqu'elle est là où elle sent, l'acte de sentir étant l'acte de l'âme, et l'acte ne pouvant se séparer du sujet qui le produit. Mais le sujet sentant est distinct du terme senti. On s'étonne de la propriété singulière que possède l'âme de sentir simultanément chaque partie de son enveloppe corporelle.

---

1. Revue philosophique. Mai 1885.

Cette propriété prouve que l'âme est distincte du corps et qu'elle est simple. Il y aurait lieu au contraire de s'étonner qu'un être étendu pût sentir un être étendu. Ne serait-on pas obligé dans ce cas de morceler le sentiment en autant d'éléments qu'il y aurait de parties dans le principe sentant et dans l'objet senti. Mais la simplicité de l'âme n'est pas celle du point mathématique qui est une pure abstraction. » C'est la simplicité d'un être doué de force, d'une activité qui existe et opère dans l'étendue, non à la manière des corps, mais en cette manière qu'un être sentant existe et opère dans le senti... Si cet être, dont la nature est dans le sentiment, a quelque relation avec l'étendue, ce ne peut être qu'une relation de sentiment et non d'extension. Nos sensations particulières ont leur origine dans le sentiment fondamental, et lui-même a son origine dans la volonté de Dieu.

De même que nos sensations nous amènent à constater en nous un premier sentir, ainsi nos connaissances nous conduisent à un premier connaître. Ce connaître fondamental consiste, selon Rosmini, dans l'intuition de l'être idéal ou de l'idée indéterminée de l'existence. Rosmini est, à notre avis, l'homme qui a vu le plus clair dans la question de la raison. Sa théorie triomphe du sensualisme qui est impuissant à justifier la présence de l'universel dans notre esprit, et du criticisme qui nous enferme dans les formes subjectives et par suite relatives de la faculté de penser. Elle ignore les hésitations du péripatétisme qui essaie de se dégager du sensualisme sans y parvenir, et les embarras du rationalisme classique qui repousse l'explication empiriste des vérités premières, sans trop savoir par quoi la remplacer. Mgr Hugonin résume à merveille cette profonde théorie. — Il distingue d'abord le réel de l'idéal ou de l'idée. Le réel c'est ce qui est doué de sentiment et opère ou est apte à opérer sur un sentiment. L'idée n'est pas le réel quoiqu'elle soit quelque chose. Toute son existence est d'être intelligible, d'entrer en relation avec l'intelligence en l'éclairant. Elle est l'essence, laquelle nous fait connaître le réel dont elle est le type, le dessin, l'exemplaire, en ce qu'elle contient, à sa manière, tout ce qui est dans le réel. Elle est apte à représenter une pluralité de choses, non pas parce que ces choses ont quelque élément commun — le réel comme tel étant distinct de tout ce qui n'est pas lui — mais parce qu'elles se ressemblent et, en vertu de leur ressemblance, se définissent par la même idée. L'idée est l'être possible et le réel est le possible réalisé, passé de la puissance à l'acte, le résultat de la position de ce qui correspond à l'idée.

Différente du réel, l'idée diffère aussi de la sensation. La sensation est particulière, multiple, contingente, transitoire, subjective. Tout opposés sont les caractères distinctifs de l'idée. L'Idée est universelle, elle représente une possibilité indéfinie de réels. Mais en même temps l'idée est singulière, et c'est sa singularité même qui la rend universelle. Il n'y a qu'une idée qui me représente une certaine nature donnée, voilà pour la singularité de l'idée. Mais cette nature est susceptible d'être réalisée sans fin, et c'est relativement à cette possibilité de réalisation indéfinie que l'idée est universelle. Singulière, l'idée est une dans l'esprit des individus et unique chez tous les individus. C'est une même essence que conçoivent tous ceux qui la pensent. Il faut se garder de confondre l'unité de l'idée avec l'unité des actes au moyen desquels elle est saisie par les divers esprits. Ces actes sont multiples comme les esprits qui en sont les sujets. L'Idée est une en tant qu'objet de ces actes. L'idée est nécessaire ; elle ne saurait être autre qu'elle n'est. Sa nécessité est absolue et non relative, car l'idée nous instruit du possible absolu, c'est-à-dire logique, et non du possible qui devient impossible quand la force ou les moyens de sa réalisation font défaut. En conséquence de sa nécessité l'idée est immuable : l'absolu logique est soustrait au changement. Seul le contingent est soumis à la variation ; il peut être ou n'être pas ou être autre qu'il n'est. L'idée est éternelle, car le nécessaire domine le temps et est au-dessus de lui. Mais si l'idée est éternelle, nos idées étaient donc avant nous ? Sans nul doute, et cela ne nous surprendra pas si nous savons distinguer l'objet du sujet, l'acte de l'esprit et l'essence qui en est le terme. Pour comprendre tous les caractères de l'idée, il faut aller jusqu'à celui qui les fonde, et ce caractère c'est l'objectivité. Les psychologues de l'école éclectique ne l'ont point démêlé ; c'est pourquoi leur rationalisme est resté insuffisant. Il leur a échappé que l'idée est quelque chose d'objectif ; quelque chose de supérieur à l'intelligence et qui s'impose à elle. Aussi leur psychologisme repose-t-il sur une base étroite et ruineuse. « Son point de départ n'est pas la pensée tout entière qui implique une relation nécessaire avec la vérité objective ; c'est le moi solitaire et isolé, sans rapport avec la vérité dont il ignore, au début l'existence, le moi contingent qui, par lui-même ne peut être l'objet d'une affirmation absolue quelconque. »

L'objectivité de l'idée met Mgr Hugonin au cœur même de la théorie rosminienne de la raison. L'idée est objective parce qu'elle est toujours l'application à quelque matière de la notion objective par excellence, à savoir la notion de l'être, et que l'être est l'objet qui toujours présent à notre intelligence la constitue en acte et fait d'elle une faculté réelle. Toutes les opérations de la pensée se ramènent au jugement et le supposent. Or juger, c'est affirmer qu'une chose est ou qu'elle est telle. L'attribut d'un jugement quelconque est l'être. Cela est visible dans ce jugement : l'homme est. Cela est vrai de n'importe quel autre jugement, celui-ci, par exemple : l'homme est raisonnable. Par ce dernier jugement l'esprit affirme que la notion de raisonnable est dans la notion d'homme, comme par le premier il affirmait que la notion d'homme est dans la notion d'être. Le jugement qui doit être soigneusement distingué de la proposition à l'aide de laquelle on l'exprime, est l'acte interne par lequel nous voyons de l'œil de l'intelligence les rapports des choses que nous nous représentons à l'être. Par le jugement nous acquérons nos diverses notions. S'il en est ainsi, toute idée acquise par le jugement suppose une idée qui n'est pas acquise, et cette idée est l'idée d'être. Cette théorie s'impose, croyons-nous, à qui veut expliquer effectivement le fait de la pensée. Elle n'a rien que de très acceptable dès que l'on accorde — et il le faut bien — que les facultés sont des actes premiers. Si l'on conteste l'innéité de la notion d'être, alors il est impossible de concevoir ce qu'est l'intelligence et la façon dont elle opère. L'Intelligence devient une simple virtualité. Comment entrera-t-elle jamais en acte ? D'où tirera-t-elle la notion de l'être ? Des sensations ? Elles ne le contiennent pas ? Ou bien la pensée ne connaîtra jamais l'être, et alors plus de vérité pour elle, plus de travail logique, plus de science, plus de métaphysique, ou la pensée connaît l'être et alors elle en possède l'idée par sa nature même ; l'idée de l'être est innée, et c'est la lumière qui éclaire l'intelligence.

L'idée d'être donne la clef du raisonnement comme elle permet de rendre compte du jugement. Le type du raisonnement est le syllogisme : Si je dis : Toute vertu est aimable ; or la modestie est une vertu; donc la modestie est aimable, je ne fais que ramener dans trois jugements successifs les trois notions de vertu, d'aimable et de modestie à la notion universelle d'être ou plutôt je constate simplement que je les perçois dans cette notion commune. Cette notion explique la synthèse et l'analyse, car c'est elle qui donne leur unité aux éléments que la première rassemble et que la seconde dissocie. — Elle explique l'abstraction, cette opération à l'aide de laquelle nous considérons à part une des notions élémentaires que l'analyse isole d'une notion complexe et qui par conséquent suit la loi de l'analyse et comme elle implique la notion d'être. — Elle explique la généralisation. En effet, la généralisation ne crée ni la notion ni sa réalité; elle ne donne pas davantage naissance à des notions sans réalité au moyen d'on ne sait quelle comparaison. Qu'opère-t-elle donc? Elle extrait par l'analyse d'une notion complexe une propriété que l'esprit considère seule, et si, une fois extraite, cette propriété peut s'appliquer et s'applique réellement à un plus grand nombre d'individus que ceux dont on peut affirmer la notion complexe, l'esprit a fait une généralisation. Enfin la notion d'être explique la connaissance du réel. C'est dans l'idéal et par lui que nous percevons le réel. Comment cette perception se réalise-t-elle? Mgr Hugonin énumère ici les différentes solutions, proposées par les philosophes, du problème si épineux de la perception du monde extérieur. Aucune ne le satisfait et il n'essaie point d'en augmenter le nombre. Peut-être est-il bien sévère pour la théorie cartésienne de l'inférence. Sans doute elle présente certaines difficultés, mais n'y a-t-il pas moyen de les surmonter? L'espace nous manque pour instituer une discussion à ce sujet.

Stimulée par les sensations, l'Intelligence applique l'idée d'être dont elle a l'intuition aux choses particulières et en acquiert les notions. Mais elle n'a point tout d'abord conscience des actes qu'elle produit alors. Elle est dans un état *direct*. Plus tard, en se repliant sur soi, elle prend conscience des opérations intellectuelles dont auparavant elle ne connaissait que les termes. Et la réflexion sur les objets connus multiplie les connaissances des rapports des objets entre eux et à l'être.

Nous voici arrivés au troisième acte fondamental, à la troisième faculté de l'âme, à la volonté. L'analyse psychologique nous permet de l'atteindre aussi sûrement que le premier sentir et le premier connaître ; mais ici cette analyse est particulièrement malaisée et délicate, car elle porte sur l'acte moral. Or l'acte moral c'est la vie de notre volonté, et si la vie suppose des éléments, comment les séparer sans la tuer? Comment isoler, même par la seule spéculation, des éléments qui ne sont pas juxtaposés l'un à côté de l'autre, mais qui se pénètrent mutuellement? Bien moral, volonté, loi morale, tels sont ces éléments. Il faut les examiner successivement, sans perdre de vue leur intime et essentielle relation.

Le bien en général doit se définir par le rapport de l'être avec une faculté. Le bien sensible est l'être en rapport avec une faculté appétitive et le bien moral est l'être en rapport avec une volonté. Insistons sur le bien moral. C'est un acte de la vie intellectuelle mais non une simple connaissance. L'homme de bien ne connaît pas seulement le bien, il le fait. Qu'est-ce donc qui distingue le connaître du vouloir? Quelle est l'essence de la moralité? Elle consiste, comme le dit excellemment Rosmini dans la *reconnaissance* pratique de la valeur de l'être. Les êtres ont un ordre en eux et entre eux. Percevoir cet ordre, c'est faire œuvre d'intelligence, accepter cet ordre, y conformer nos actions, c'est faire œuvre de volonté. Le bien moral est l'être considéré non plus dans ses relations avec la faculté appétitive ou avec la faculté de connaître, mais avec la faculté active de l'âme, avec la volonté. A vrai dire l'âme agit toujours et par toutes ses facultés. Elle agit même dans l'animal qui subit une sensation, car, sans une part d'activité, aucune sensation n'est possible. Elle agit dans la perception, car si le principe intellectif est passif en recevant la lumière de la vérité qui l'éclaire sans que lui-même la produise, entendre est un acte de vie. Mais toute activité qui s'exerce se délecte et, par sa délectation s'accroît. Le sujet intelligent en relation avec la vérité s'exerce, jouit de l'entité connue à laquelle il adhère ; il devient vraiment actif. Au fond la puissance réceptive d'entendre et la puissance active de vouloir sont moins deux puissances que deux fonctions d'une même puissance. Toutefois n'oublions pas que cette activité volontaire n'est pas la même chose que l'activité intellectuelle. Elle est une adhésion pratique tandis que l'autre est purement spéculative. L'activité intellectuelle est nécessaire à l'activité volontaire sans que la réciproque soit vraie. La seconde peut être contraire à la première. Ce désaccord est possible par suite de la dualité de notre nature d'êtres sujets aux impulsions de forces instinctives, qui vont au plaisir, et participant de la vérité, qui est la loi de l'intelligence. Nous sentons ce que les choses sont pour nous au point de vue sensible, nous comprenons aussi ce qu'elles valent en elles-mêmes. A nous de choisir entre une conduite ordonnée relativement à la jouissance ou à l'être. Mais où est le vouloir fondamental? Il le faut admettre, car cesser de vouloir serait cesser d'être doué de volonté. D'ailleurs la nature rationnelle de la volonté nous aide à comprendre qu'elle soit un acte permanent. Nous avons toujours la connaissance ou l'intuition de l'être. Donc nous adhérons toujours à l'être, et cela par toute l'énergie de notre existence qui tend à lui demeurer uni. Comme l'être en général est un bien pour l'homme, il en résulte que l'homme adhère au bien en général. Cette adhésion permanente est l'acte premier de la volonté prise en elle-même. La volonté ne devient une faculté que dans ses relations avec des actes particuliers. Observons que l'adhésion fondamentale de la volonté n'est pas nécessaire, car il y a contradiction à vouloir nécessairement. Disons qu'elle est spontanée. Quant aux actes particuliers de la volonté, ils peuvent être libres. Ils acquièrent cette qualité lorsque l'intelligence est parvenue à un certain degré de développement. Devenue libre, la volonté n'est pas pour cela indépendante. Le soutenir, ce serait faire de la volonté une faculté aveugle ce qui est démenti par le fait : la volonté est une puissance rationnelle. La fonction de la volonté est de produire et de maintenir l'ordre connu par la spéculation. L'acte libre étant raisonnable est motivé; mais il reste libre parce qu'il est un jugement d'estime pratique qui peut être opposé au jugement spéculatif et la conscience atteste cette liberté. L'acte moral a sa loi qui n'est autre que l'idée même des choses que nous connaissons. Il ne faut pas voir dans cette loi une règle extérieure. Elle réside dans l'idée parce que l'idée est l'âme du jugement spéculatif qui éclaire le jugement pratique et le rend possible. Nous devons mettre notre conduite en harmonie avec la valeur des choses. Or cette valeur nous est connue par l'idée. Puisque l'idée d'être est la loi du jugement en général, la loi morale est la suivante : Respecte l'être, et la loi des actes particuliers est : Respecte tel ou tel être par exemple l'être-homme. Et il y a une loi morale suprême parce qu'il y a une idée suprême : l'idée d'être. Elle nous fait connaître implicitement l'essence de toutes choses, donc elle contient implicitement toutes les lois morales particulières. Et voilà pourquoi aussi tous les hommes connaissent la loi morale, sinon toutes les lois morales ou toutes les applications de cette loi générale. Si les hommes ne s'en doutent pas, c'est qu'ils ne la connaissent pas d'une connaissance réflexe. La loi morale diffère des lois positives lesquelles varient avec la volonté des supérieurs et sont imposées par elle. Elle fonde ces lois, car il faut qu'il soit rationnel de faire ce que les supérieurs commandent et ceux-ci ne sauraient légitimement donner des ordres contraires à la loi morale. Nous devons obéir à la loi morale et c'est la conscience morale qui nous fait juger de la valeur de nos actes suivant qu'ils sont en conformité ou en contradiction avec la loi dont nous sommes les sujets.

Nous avons tenu à présenter au lecteur un résumé complet de ces belles spéculations toutes rosminiennes. Nous avions à cœur de faire voir comment, à la suite du grand penseur de Rovereto, Mgr Hugonin voit dans l'idée d'être, cet élément absolu de nos connaissances, le principe de notre vie intellectuelle et morale. Cette idée est la vérité. Mais qu'est-elle en elle-même? De quelle façon la vérité est-elle communiquée à l'homme? C'est là un dernier problème que Mgr Hugonin n'aborde pas. Il l'étudiera un jour, nous dit-il, s'il plaît à Dieu. Nous souhaitons vivement que le vénérable prélat puisse tenir sa promesse.

Eugène BEURLIER.

35. — JANSSEN. **L'Allemagne et la Réforme,** Tome IV. *L'Allemagne depuis le traité de paix d'Augsbourg en 1555 jusqu'à la proclamation du formulaire de concorde en 1580.* Traduit de l'allemand sur la 13ᵉ édition, par E. PARIS. Paris, Plon et Nourrit, 1895, in-8° de XXIV-560 pages.

Le quatrième volume de la traduction de l'*Histoire du peuple allemand* (l'Allemagne et la Réforme) porte sur la période obscure, au moins pour les étrangers, qui s'écoule entre la paix d'Augsbourg (1555) et la proclamation du formulaire de concorde en 1580. Période obscure, mais non pas heureuse ! Que de douleurs ! que de persécutions ! que d'odieuses tyrannies ! Quel oubli de toutes les lois divines et humaines ! Mieux valaient les grands mouvements du temps de Luther. Mieux vaudront, dans leur violence, les événements de la guerre de Trente ans. Je ne connais rien de plus triste, à les étudier par le détail que toutes ces applications du principe anti-chrétien du *Cujus regio, hujus religio*, ou ces misérables chicanes, suivies de tant de vilenies, contre le réservat ecclésiastique. Que devient le sentiment religieux ? A quel degré de bassesse descend le niveau moral de l'Allemagne ? On ne se l'imaginerait pas si Mgr Janssen n'avait accumulé, suivant sa méthode, les preuves les plus accablantes. Une seule chose étonne, quand on a lu le savant historien, c'est que la société germanique ait survécu à tant d'épreuves, répétées pendant un siècle et demi. Comment et pourquoi elle a pu se maintenir, l'auteur n'aurait pas dû négliger de le dire. Malheureusement, dans ce volume comme dans les précédents, il ne met guère en lumière qu'un côté de la question, et, si nombreuses que soient ses autorités, il ne laisse pas en plein repos l'esprit de ses lecteurs. C'est qu'aussi, reconnaissons-le, ses autorités ne sont pas toutes de premier choix. Je sais bien, par exemple que Mgr Janssen ne traite qu'incidemment de nos guerres de religion. On aimerait pourtant qu'il n'accueillît pas si aisément les témoignages les plus véhéments qui, par là même, sont quelquefois suspects.

Les relations des protestants d'Allemagne avec ceux de France et des Pays-Bas sont une des parties intéressantes du volume. On y voit se former ce que l'auteur appelle le grand parti révolutionnaire international. Le patriotisme allemand y sombre quelque peu.

Mgr Janssen professe un véritable culte pour les Jésuites, et cela se comprend quand on considère de près tout ce qu'ils ont fait pour relever le catholicisme en Allemagne. Les chapitres où il expose leur œuvre présentent un vif intérêt. Pierre Faber, Claude Jajus, Nicolas Bobadilla, Canisius, revivent pour nous avec une singulière netteté. De même quelques vilains personnages des cours protestantes.

Nous avons déjà par trois fois, dit dans ce recueil, ce que nous pensons de la méthode et de l'œuvre de Mgr Janssen. Nous ne pourrions que louer à nouveau cet esprit de recherche, ce courage à affirmer le vrai qui ont obligé les historiens protestants à modifier leurs thèses ou à ne les plus soutenir de bonne foi. Nous devrions aussi noter les mêmes partis-pris, surtout en ce qui concerne la France. Nous nous contenterons de signaler ce quatrième volume et nous remercierons encore madame Paris du grand service qu'elle rend aux travailleurs français par la traduction de cette œuvre capitale.

Alfred BAUDRILLART.

Lettre de M. l'abbé Ulysse Chevalier,
Correspondant de l'Institut.

Monsieur le Secrétaire,

Dans son dernier article, M. l'abbé Duchesne reproduit (p. 129), d'après le livre de Mgr Bellet, une appréciation de moi sur une question de paléographie : j'ai fait apercevoir à l'auteur [1] dès que j'en ai eu connaissance, combien son expression était inexacte. Quant aux insinuations renfermées dans la note de la page suivante, si j'y suis visé [2], ce sont des suppositions que rien ne justifie et que dément [3] d'ailleurs la lettre-préface de Mgr Cotton. Je serais d'autant plus étonné que M. Duchesne sollicite mon avis [4] sur la question des origines de nos églises, que mon sentiment est exprimé à maintes reprises dans les deux parties de mon *Répertoire des sources historiques du moyen-âge.*

Veuillez agréer, monsieur le Secrétaire, l'expression de mes sentiments dévoués

U. CHEVALIER.

1. C'est-à-dire Mgr Bellet (L. D.)
2. Il y a un proverbe qui dit : *Excusatio non petita, accusatio indubia.* (L. D.)
3. La lettre-préface ne dément rien du tout. (L. D.)
4. Je ne le sollicite pas (L. D.)

CHRONIQUE
Extraits des ANALECTA BOLLANDIANA, tomus XV, fasc. I. 25 Février 1896.

33. Mgr CH. F. BELLET vient d'ajouter un nouveau livre à la littérature, déjà fort touffue, de l'apostolicité des églises de France [1]. Voici

1. *Les Origines des églises de France et les fastes épiscopaux.* Paris, Picard, 1896, 8°, xv-279 pp. Extrait de L'UNIVERSITÉ CATHOLIQUE (Lyon, 1895), nouv. sér., t. XVIII, XIX, XX. En tête du volume où sont réunis ces articles, figure

ses conclusions : « Dans la question des origines de nos églises, la cri-
» tique moderne n'est pas fondée à conclure dans le sens anti-tra-
» ditionnel ; car elle est impuissante à justifier sa solution négative.
» Par contre, une probabilité plus ou moins grande se dégage en
» faveur de l'opinion affirmative et traditionnelle. Nous n'avons pas
» prétendu prouver davantage. » L'auteur a-t-il même prouvé cela ?
Il est permis d'en douter. En tout cas, son ouvrage est intéressant à
lire. D'abord le ton général en est courtois, ce qui est plus louable
qu'ordinaire. De plus, Mgr Bellet est remarquablement bien informé.
Il a eu à sa disposition une quantité considérable de matériaux, et
de bons matériaux. Ce n'est pas qu'il apporte des éléments bien
nouveaux ; les textes qu'il cite et qu'il commente ont été tous, ou peu
s'en faut, mis en avant, les uns depuis longtemps, les autres tout
récemment, par ceux qui se sont occupés de l'apostolicité des églises
de France, partisans ou adversaires. Mais enfin, il a tout mis en
œuvre, à part toutefois quelques documents dont les « traditionnels »
ont trop souvent voulu faire usage, en dépit de leur non-valeur :
par exemple le Pseudo-Fortunat dans la question de S. Martial, le
Pseudo-Raban dans celle de la Madeleine, etc. Ceci ne mérite que
des éloges.

Que dire de la mise en œuvre elle-même ? Il saute aux yeux que
nous avons ici un procès, un long procès de tendance. Mgr Bellet
s'en prend à la « critique moderne », à la « critique négative », aux
« néocritiques. » Passe, bien qu'au fond il n'y ait qu'une seule critique, savoir l'art de discerner le vrai du faux. Quand elle trouve
qu'un fait est vrai, elle affirme ; quand elle le reconnaît faux ou non
prouvé, elle nie ou se refuse à affirmer. Si les modernes ont plus franchement exercé cet art, tant mieux.

J'ajoute que ce procès est un procès personnel contre M. l'abbé
Duchesne ; non seulement l'auteur s'en prend aux *Fastes épiscopaux*

une dédicace de l'auteur à Mgr l'évêque de Valence et une réponse de ce dernier. Dans cette réponse, parmi bien d'autres choses étonnantes, nous nous
bornons à signaler un passage que nous croyons devoir relever. Faisant le
procès de « l'école critique », à laquelle appartiennent tant de catholiques,
et des meilleurs, Mgr de Valence affirme que, si l'on écoutait les exigences
de cette école, « on aurait bien vite supprimé les trois quarts de l'histoire
et même *du dogme catholique* ». Il est souverainement regrettable de voir
un des défenseurs attitrés de notre foi confondre si étrangement la tradition
historique et la tradition dogmatique ; c'est méconnaître le caractère propre
de cette dernière et risquer d'ébranler souvent son autorité.

du savant académicien ; il a été rechercher dans les revues les articles de M. Duchesne sur tel ou tel cas spécial, ses comptes rendus sur telle ou telle question très éloignée de l'époque apostolique, par exemple sur un évêque du IX⁰ siècle [1], voire même les résumés autographiés de ses cours à l'Institut catholique de Paris. Ici encore, procès de tendance. De là, cette préoccupation étonnante d'opposer à ce que M. Duchesne, mieux informé, écrit en 1894, telle page écrite en 1879 ; de là, le soin de rapprocher d'un argument de la partie adverse, une phrase détachée d'un autre passage où il est question d'autre chose, pour se donner le plaisir, parfois puéril, de l'accuser — fort mal à propos — de contradiction. De là, des procédés de polémique comme celui-ci : « Au dire de M. Duchesne, la tradition de » cette église (Aix) serait de basse époque ; car on ne pourrait citer » en sa faveur aucun document écrit antérieur à la seconde moitié » du XI⁰ siècle. Nous pensons *au contraire* que cette même tradition » peut se réclamer de témoignages irrécusables, qui visent une situa- » tion remontant bien au delà du XI⁰ siècle [2]. Fort bien. Or Mgr » Bellet continue : Le plus ancien document que nous puissions » invoquer, et dont ne parle pas M. Duchesne, est une lettre de Ros- » tang de Fos, archevêque d'Aix (1056-1082). » Fort bien encore. Donc le plus ancien document, de l'aveu du contradicteur lui-même, est de la seconde moitié du XI⁰ siècle ; donc M. Duchesne a dit vrai ; donc, quand bien même ce témoignage *viserait* ce que veut Mgr Bellet, il ne

1. Pp. 272 et suiv. Encore Mgr Bellet se fait-il la partie belle, quand il dit que Julien Havet, après avoir « regardé comme fausses toutes les pièces composant le recueil des *Gesta Aldrici* », en est venu naguère à réformer cette sentence et à conclure « que pas une pièce des *Gesta* n'est fausse ; » toutes, au contraire, sont absolument sincères et authentiques. » Je ne sais si Mgr Bellet a lu l'excellente étude de Havet ; dans ce cas, il eût été loyal de dire que, si celui-ci a pu arriver à ce résultat, c'est pour avoir au préalable retranché des *Gesta* les 29 derniers chapitres, en démontrant qu'ils formaient une pièce de rapport. Ces 29 chapitres sont et restent l'œuvre d'un faussaire et d'un imposteur. Or, parmi les pièces en litige, 49 sont contenues dans ces chapitres adventices, et 19 seulement dans les *Gesta* (voir *Anal. Boll.*, t. XIV, p. 447). Au surplus, on en croit à peine ses yeux, quand on voit Mgr Bellet appeler « une déconvenue de la critique » les conclusions importantes établies naguère par Havet. Il n'a peut-être pas remarqué que ces conclusions sont le résultat, non de la découverte de documents nouveaux, mais de l'emploi vigoureux de cette « critique moderne » dont Julien Havet fut un si digne représentant. — 2. P. 146.

prouverait pas le moins du monde *le contraire* de ce qu'a avancé M. Duchesne.

Cet exemple, choisi entre cent, montre fort bien le genre de polémique de Mgr Bellet. Son réquisitoire est un manifeste « conservateur. » On y trouvera çà et là quelques détails bons à retenir [1]. Mais au fond, la question générale ne nous semble pas avoir avancé d'un pas. Nous avons en présence ici, comme jadis, deux écoles dont la façon d'argumenter, dont la méthode et la disposition d'esprit sont non seulement différentes, mais encore totalement incompatibles. Dans le cas présent, il se fait que Mgr Bellet s'inscrit en faux contre toutes les thèses défendues par M. Duchesne, à part tout au plus une ou deux. Est-ce à dire que ces thèses soient fausses? Il s'en faut, et de beaucoup.

34. Le R. P. Dom Plaine a rompu une lance en faveur des légendes provençales relatives à *Marie Madeleine* [2]. Il s'était d'abord dit, nous apprend-il [3], que, n'étant pas Provençal, il devait laisser aux Provençaux l'honneur de devenir les champions de leur sainte de prédilection [4]. « Seulement, comme les mois s'écoulent sans que le champion attendu descende dans l'arène, il faut bien me décider à y entrer moi-même. » L'assaut a été vif, courtois du reste. Malheureusement le digne preux était si mal armé, qu'il est impossible de le proclamer vainqueur. On en jugera par un trait, qui en dira long. Il s'agit de l'inscription trouvée en 1279, et dont le R. P. Plaine entend prouver l'authenticité. Sa preuve, il la tire de « certains caractères » de l'inscription, qui n'avaient jamais été remarqués jusqu'à présent,

---

1. A propos des livres liturgiques du diocèse de Vienne, Mgr Bellet signale un bréviaire manuscrit du XIV⁰ siècle, conservé à la Bibliothèque nationale, lat. 1285, et que nous n'aurions pas signalé dans notre catalogue des manuscrits hagiographiques de Paris. C'est, dit-il, le seul exemplaire antérieur au XV⁰ siècle. Il est étonnant dès lors qu'il ne l'ait point utilisé, et se soit contenté d'un imprimé de 1522. Du reste, s'il s'était servi du manuscrit en question, il aurait constaté que c'est en réalité un bréviaire de Digne, que nous avons signalé dans notre *Catal. cod. hag. bibl. nat. Paris.*, t. III, p. 594.

2. *Remarques critiques sur une étude de M. l'abbé Duchesne, intitulée :* « *La légende de Ste Marie Madeleine* », dans la Revue du monde catholique, 6⁰ sér., t. VII (1895), pp. 273-90 et 436-47.

3. *Ibid.*, p. 274.

4. Notons bien que personne n'attaquait la sainte; seuls ses historiens, si on peut leur donner ce nom, sont en cause.

« mais qui diriment la question d'une manière définitive [1]. » L'inscription renfermerait, paraît-il, « la preuve matérielle qu'elle n'est
» pas l'œuvre d'un faussaire du XIIIᵉ siècle [2]. » « Cette preuve, con-
» tinue Dom Plaine, je la trouve : 1º dans la manière d'écrire la
» diphtongue AE; 2º... 3º... Et d'abord en ce qui concerne l'orthographe
» AE, M. Duchesne ne saurait ignorer que, du XIᵉ au XVᵉ siècle, la
» diphtongue AE s'écrivait constamment avec une seule lettre E, tandis
» que précédemment l'usage demandait deux lettres unies AE (??). Or,
» dans notre inscription, AE reparaît jusqu'à neuf fois. Nulle part il
» n'est remplacé par un E simple. Donc nous n'avons pas affaire à
» un calligraphe du XIIIᵉ siècle ou à un faussaire. » On croirait, à
lire ces lignes, que l'inscription existe encore ou du moins qu'on en
a un fac-similé quelconque. Il n'en est rien. Elle nous est uniquement
connue par la transcription qui en a été faite dans des documents du
XIIIᵉ et du XIVᵉ siècle. Or là le E pour AE reparaît jusqu'à neuf fois;
nulle part le E simple n'est remplacé par AE [3]. Les AE, sur lesquels
Dom Plaine appuie son argumentation, sont uniquement le fait des
éditeurs modernes. Sur ce point donc, ses affirmations, pour catégo-
riques qu'elles soient, sont le contrepied de la réalité. J'ai toute raison
de croire qu'il en est de même pour l'ensemble de sa thèse.

35. Le R. P. Rupert Jud a fort bien exposé, d'après les travaux de
M. l'abbé Duchesne, la question des légendes provençales relatives à
la sainte famille de Béthanie [4]. En terminant, il fait justement observer que « les jugements de certains esprits, qui ont reçu du reste une
» formation scientifique, poussent et perdurent parfois sur un autre
» terrain que celui des recherches impartiales. » Son étude, fort
solide d'ailleurs, renferme néanmoins un ou deux détails inexacts,
Ainsi dans la lettre de Benoît IX pour S. Victor de Marseille, en 1040.
il n'est pas dit que Marseille est le lieu de sépulture de Lazare, ce
qui serait fort grave. Benoît IX mentionne tout simplement centaines

---

1. *Ibid.*, p. 447.
2. *Ibid.*, p. 445.
3. Le R. P. Plaine pourra s'en convaincre, si besoin est, en regardant les colonnes II, III, IV, du tableau publié par Mgr Bellet, — son co-champion dans l'arène provençale, — à la page 170 de son volume (p. 544 du t. XIX de l'*Université catholique*, nouv. sér.).
4. *Maria, Martha und Lazarus in Südfrankreich*, 9 pp. Extrait des Studien und Mittheilungen aus dem Bened.- und dem Cist.- Orden, XVI Jahr. (1895), p. 458-67.

reliques de Lazare, des Saints Innocents, etc., etc., conservées à Saint-Victor.

36. Nous voudrions ne pas nous montrer trop durs pour l'étude de M. BOURRIÈRES sur S. *Amadour* et Ste *Véronique* [1]. Elle témoigne d'une conviction si sincère et si loyale, d'un travail si consciencieux, qu'on est bien tenté de se laisser désarmer. De plus, il y règne, d'un bout à l'autre, un bon ton qui est malheureusement rare dans le camp auquel appartient l'auteur. Il ne dit pas d'injures à ceux qui ne sont pas de son avis; les Bollandistes — qu'il appelle invariablement les *Grands Bollandistes*, — et M. Duchesne ne sont pas traités par lui de jansénistes, de faux savants, d'hypercritiques. Mais *magis amica veritas*...

37. M. le chanoine ARBELLOT a réuni en brochure [2] quelques articles qu'il avait publiés récemment dans les journaux *L'Univers* et *La Vérité*, et dans la *Semaine religieuse de Limoges* [3]. Il y a joint « d'autres articles qui n'avaient pas encore vu le jour. » Le tout est dirigé contre M. l'abbé Duchesne. En fait, à part un ou deux détails que je signalerai, aucun élément nouveau n'est apporté dans la discussion. M. Arbellot se répète; il tient toujours, et pour les mêmes raisons, au Pseudo-Florus, à la Vie de S. Austremoine prétendument écrite par S. Priest, à la Vie de S. Martial antérieure à Grégoire de Tours, etc., etc.

Mais voici du nouveau. M. Arbellot attire l'attention sur les fragments de la Vie de S. Déicole publiés par Waitz dans les *Monumenta Germaniae*. Waitz s'est servi d'un manuscrit de Londres, écrit à la fin du Xe siècle. Or ce manuscrit, qui paraît fort bon, contient, au commencement, les paragraphes qui manquent dans l'édition de Mabillon, mais se trouvent dans celle de Bollandus; le texte Bollandus-Waitz serait donc le texte original et non une recension interpolée, comme le croyait M. Duchesne. Nous n'y voyons pas grande difficulté. Ce texte, de la fin du Xe siècle, mentionne rapidement S. Martial et l'appelle « parent (*consanguineus*) » de S. Pierre. M. Arbellot voit dans ce mot un emprunt « évident » à la légende du

---

1. *S. Amadour et Ste Véronique, disciples de Notre-Seigneur et apôtres des Gaules.* Paris, Tolra, 1895, 8°, IX-634 pp.

2. *Observations critiques à M. l'abbé Duchesne sur les origines chrétiennes de la Gaule et sur l'apostolat de S. Martial.* Limoges, Ducourtieux, 1895, 8°, 62 pp.

3. Voir *Anal. Boll.*, t. XII, p. 465, note 2; t. XIII, p. 405.

Pseudo-Aurélien, laquelle en conséquence serait antérieure au XI⁰ siècle; elle n'aurait donc pas été composée par Adhémar de Chabannes, comme M. Duchesne l'avait soupçonné. Fort bien ; tout cela ne changerait rien au fond de la question, et vieillirait simplement le faux Aurélien d'une cinquantaine d'années. Mais le point de départ n'est peut-être pas aussi évident qu'on veut bien le dire. Car la soi-disant parenté de S. Martial et de S. Pierre a bien pu avoir cours dans la tradition limousine, avant d'être consignée dans l'ouvrage du Pseudo-Aurélien.

M. Arbellot s'étend assez longuement sur le livre des Miracles de S. Martial. Nous comptons revenir bientôt sur cette question. Il y a là un point de critique qui pourrait être, croyons-nous, mieux élucidé. Ce n'est pas le lieu de le faire ici, où il s'agit d'un ouvrage de polémique, d'assez vilaine polémique parfois[1]. Le croirait-on, M. Arbellot ne dédaigne pas, pour corser ses dires, d'employer contre son adversaire tel ou tel article du *Figaro*. Il est permis de trouver que, dans des discussions scientifiques, ces procédés sont extraordinaires et qu'ils manquent de sérieux.

SOCIÉTÉ NATIONALE DES ANTIQUAIRES DE FRANCE

Séance du 29 janvier. — M. MARQUET DE VASSELOT fait une communication au sujet de deux œuvres, l'une inédite, l'autre peu connue, du sculpteur bourguignon Antoine Le Moiturier. La première se trouve à Saint-Antoine de Viennois, la seconde à Avignon. Le Moiturier a travaillé à la décoration de la riche abbaye de Saint-Antoine de 1461 à 1464 ; les sculptures qui en subsistent encore sont de style bourguignon ; il en est de même de certaines sculptures exécutées par le même artiste pour l'église Saint-Pierre, à Avignon. M. COURAJOD fait remarquer que M. Marquet de Vasselot soulève dans son étude de graves et intéressants problèmes d'attribution. Il in-

[1]. Que l'on compare, par exemple, 1° la citation peu fidèle faite par M. Arbellot p. 32 : « *Ce témoin est un menteur* (textuel) » ; — 2° la rectification de M. Duchesne insérée p. 36 : « Vous citez de moi une phrase que j'ai
» réellement écrite : *Ce témoin est un menteur*. Mais vous oubliez d'ajouter
» que j'ai mis en note la restriction suivante : *S'il a réellement dit ce que*
» *lui fait dire Adhémar ; mais il y a gros à parier qu'Adhémar a fait souvent*
» *parler à son gré les personnes qu'il met en scène* » ; et enfin 3° la nouvelle citation, encore une fois tronquée et suivie de commentaires violents, p. 46 :
« Ce témoin est un menteur! s'écrie M. Duchesne. » En écrivant ces mots, M. Arbellot savait que M. Duchesne avait dit : « C'est un menteur, SI... » etc. Mais peu lui importe. Franchement, c'est trop odieux.

siste sur le caractère bourguignon des œuvres de Le Moiturier, mais il fait des réserves en ce qui concerne l'attribution à ce grand artiste des statues de style médiocre de l'église Saint-Pierre d'Avignon. — M. l'abbé Bouillet entretient la société des différents manuscrits du *Liber miraculorum Sanctae Fidis*. Jusqu'à ce jour on ne connaissait de cet ouvrage que quatre manuscrits fort incomplets. M. l'abbé Bouillet fait passer sous les yeux de la Compagnie quelques feuillets du xie siècle, découverts à Conques même, en 1890, et il décrit un manuscrit important que possède la bibliothèque de Schelestadt. Trois autres manuscrits ont été récemment découverts par M. l'abbé Bouillet ; grâce à ces différentes copies, M. Bouillet pourra bientôt publier une édition de cet ouvrage, très précieux par les renseignements de toute sorte qu'il fournit sur le Rouergue pendant le haut moyen-âge. — M. Ulysse Robert communique le fac-similé d'une inscription trouvée en 1892 dans les démolitions d'un mur ancien qui séparait l'église de la petite sacristie de Saint-Julien d'Angers. Cette inscription est l'épitaphe du prêtre Folcuin et remonte au ixe ou au xe siècle. — M. Boutroue, communique à la société une série d'icônes russes en cuivre de l'époque d'Ivan le Terrible au xvie siècle (1533-1584). Ce qui caractérise le style de ces icônes, c'est qu'elles sont inspirées du style de la Renaissance italienne. M. Boutroue insiste sur ce point et rappelle qu'un grand nombre des édifices religieux de la Russie, notamment ceux du Kremlin, à Moscou, bien que paraissant exprimer le style national russe, ont cependant été construits par des architectes italiens. Parmi les artistes italiens qui ont travaillé en Russie, on connaît les noms de Pietro Solario de Milan (1491), de Mario Pietro Antonio, du Milanais Alevisio, et de Paolo Bossio, de Gênes qui fondit, à Moscou, le roi des canons, la pièce géante du Kremlin. Les icônes russes que présente M. Boutroue offrent un témoignage de cette influence artistique italienne. Les sujets qui les décorent: Annonciation, Adoration des Mages, Transfiguration, Entrée à Jérusalem, etc. sont pareils aux tableaux des Fra Bartholomeo, Ghirlandajo, et autres. — Le baron de Baye annonce qu'un prêtre russe du nom de Kouznetzoff aurait trouvé dans un manuscrit du xviie siècle une note sur la construction de l'église Vasilii Blajenny, à Moscou, dont l'architecte est demeuré inconnu jusqu'à ce jour. Cette découverte établirait que cet architecte était russe et non italien. Quant aux icônes en bronze et en cuivre du genre de celles que présente M. Boutroue, M. le baron de Baye dit qu'il est difficile de distinguer les modernes des anciennes, car on continue encore à présent à se servir des mêmes creux pour en couler. MM. Maignan et Durrieu insistent sur le rapprochement entre les sujets de ces icônes russes et les compositions des maîtres italiens. Seulement M. Durrieu fait remarquer que les tableaux que l'on groupe sous le nom de Dormition de la Vierge sont d'origine byzantine : les Italiens en ont reçu la tradition de Byzance, si bien que les Russes pourraient avoir, comme eux, originairement puisé à la même source.

L'Éditeur-Propriétaire-Gérant : Albert Fontemoing.

Paris. — Imp. A. Fontemoing.

BULLETIN CRITIQUE

36. — **Hérodote historien des guerres médiques**, par Amédée Hauvette, maître de conférences à la faculté des lettres de Paris, ouvrage couronné par l'Académie des Inscriptions et Belles-Lettres ; un vol. in-8°, Paris, Hachette.

L'Académie des Inscriptions et Belles-Lettres avait mis au concours, en 1890, le sujet suivant : « Etudier la tradition des guerres médiques, déterminer les éléments dont elle s'est formée, en examinant le récit d'Hérodote et les données fournies par d'autres écrivains. Le mémoire présenté par M. Am. Hauvette a obtenu le prix. Le présent volume n'est autre chose que ce mémoire remanié par l'auteur. M. Hauvette a sacrifié, nous dit-il dans sa préface, la partie la plus pittoresque de la tradition, les légendes si nombreuses dont l'imagination populaire avait orné les phases diverses de la lutte. Il a également laissé dans l'ombre les écrivains postérieurs à Hérodote. Celui-ci demeure seul et, s'il est parlé des autres, c'est uniquement dans la mesure où cela est nécessaire pour éclairer une question relative à Hérodote. Le sujet ainsi délimité est encore très vaste ; les problèmes sont nombreux et délicats, et ce n'est pas trop d'un gros volume pour les examiner, surtout quand on le fait avec le soin que M. Hauvette a apporté à ce travail [1].

Le livre se compose d'une introduction et de deux parties. Dans l'introduction, l'auteur recherche ce que l'antiquité nous a appris de certain sur la vie d'Hérodote, il prouve qu'on n'est pas en droit

---

[1]. Il serait regrettable que le public ne profitât pas des recherches que M. Hauvette a faites sur les légendes relatives aux guerres médiques. Ce serait un intéressant chapitre de *Folk-Lore*. Espérons qu'il le publiera un jour ou l'autre.

d'accuser l'historien de mensonge quand il affirme qu'il a beaucoup voyagé, enfin il démontre qu'Hérodote, s'il est mort sans avoir achevé la révision de son ouvrage, n'avait cependant pas l'intention d'y ajouter de nouveaux chapitres.

La première partie a pour titre : Hérodote et ses critiques anciens et modernes. Depuis Thucydide, longue est la liste de ceux qui ont dit du mal d'Hérodote et cependant, jusqu'à notre époque, ses adversaires, même Niebuhr, n'ont guère ébranlé la confiance que les historiens avaient en lui. Bien plus, les progrès de nos connaissances en ce qui touche à l'Egypte et à l'Assyrie ont servi à mieux asseoir la réputation du père de l'histoire grecque. Les auteurs des ouvrages les plus importants sur la Grèce n'hésitent pas à le prendre pour guide dans le récit des guerres médiques. Toutefois, depuis 1872, les attaques ont recommencé plus vives que jamais. M. Nitzch, dans un article qu'il inséra dans le *Reinische Museum* [1] remit en doute la valeur historique d'Hérodote. Pour lui, peu après les événements, les traditions relatives aux guerres médiques avaient revêtu une forme fixe, que l'on retrouve dans Hérodote sans qu'il y ait apporté de changement. Les sources d'Hérodote seraient donc des λόγοι anonymes reproduits avec un respect scrupuleux. M. Hauvette démontre que cette théorie, invraisemblable *à priori*, n'est justifiée *a posteriori* par aucune analogie ni par aucun texte. Il rejette de même les théories de M. Wecklein qui, dans leur ensemble, sont à peu près celles de Niebuhr, précisées et appuyées sur une étude plus minutieuse des textes et celles de M. Delbrück qui attaque surtout les récits militaires.

Les critiques que nous venons d'énumérer ont ceci de commun qu'ils admettent tous qu'Hérodote a puisé dans une tradition orale. Creuzer, au début de ce siècle, et plus récemment MM. Sayce et Diels croient au contraire qu'il a copié, sans le dire, les écrivains qui l'ont précédé : Hécatée et Dionysos de Milet, Charon de Lampsaque, Syclax de Caryanda, Hellanicos et d'autres encore. Qu'Hérodote ait connu ses devanciers, cela est plus que vraisemblable, mais qu'il ait eu grand'chose à en tirer, M. Hauvette ne le croit pas. Le récit des guerres médiques est trop personnel, trop original, pour n'être qu'un plagiat.

1. T. XXVIII (1872), p. 226-268.

Ces objections écartées, M. Hauvette entreprend l'étude directe de l'histoire des guerres médiques dans Hérodote. C'est l'objet de sa seconde partie. On comprendra qu'il est impossible de présenter une analyse détaillée des divers chapitres qui la composent. Chacun d'eux renferme une étude approfondie de la question qu'il porte en titre. Nous nous contenterons donc de signaler quelques points particulièrement intéressants.

Plusieurs historiens modernes, entre autres M. Duncker, ont soutenu qu'Hérodote s'était trompé en attribuant à l'intervention d'Athènes en faveur des Ioniens et à l'incendie de Sardes une importance qu'elles n'avaient pas eue aux yeux des Perses. Mais ne l'oublions pas, Hérodote ne prétend pas que ces événements aient été l'unique cause de la guerre. Ils furent le prétexte allégué et il était excellent. Venger une injure faite aux dieux, l'incendie des temples, quelle meilleure raison de se venger d'un peuple contre qui le grand roi était depuis longtemps irrité ?

Le récit des premières opérations militaires de la flotte et de l'armée perses ne donne lieu à aucune difficulté sérieuse. Quant à déterminer le nombre des soldats et des vaisseaux de Darius, il n'y a guère à y songer. Tous les calculs qui ont été faits par les historiens reposent sur des données trop hypothétiques pour qu'on puisse y ajouter foi.

Un des meilleurs chapitres du livre de M. Hauvette est celui qui est consacré à la bataille de Marathon. Il rejette l'hypothèse de M. Devaux, d'après qui les Grecs auraient attaqué les Perses dès leur débarquement, au moment où ils se disposaient à se mettre en marche, aussi bien que l'hypothèse de MM. von Escheuburg et Curtius, d'après qui l'attaque aurait eu lieu, au contraire, au moment où les Perses se rembarquaient pour se diriger vers un autre point de l'Attique. Pour M. Hauvette, les Perses attendaient patiemment que les Grecs se fussent découragés. Ils étaient campés en avant de leurs vaisseaux pour les protéger, mais ils n'avaient ni le dessein d'attaquer ni la crainte d'être attaqués eux-mêmes. La fameuse course de huit stades eut pour objet de surprendre les Perses et de jeter le désarroi dans leurs rangs.

Y eut-il un signal donné aux Perses par leurs partisans athéniens ? M. Delbrück le nie. A ses yeux, toute cette histoire n'exista jamais que dans l'imagination des Grecs ; MM. Curtius et Wecklein, qui admettent tous deux l'existence d'un parti perse, croient qu'il y eut réellement un signal. C'est alors que les Perses commencèrent à se rembarquer et Miltiade les surprit au milieu de leur opération. M. Hauvette remarque que cette explication contredit le texte d'Hérodote. Celui-ci place le signal après et non avant la bataille. Le parti perse, dont l'existence est indéniable, ignorait que la bataille eût commencé, et il avertissait les Perses que tout était prêt pour les recevoir. Qu'ils n'aient pas peur d'attaquer la poignée d'hommes qui était devant eux et Athènes ouvrait ses portes aux vainqueurs! « Heureusement, ajoute M. Hauvette, la bonne fortune de Miltiade l'avait aussi bien servi que son génie: quand le signal fut donné, les Perses n'avaient plus à prendre l'initiative de la bataille, ils étaient vaincus et repoussés ».

Les récits de la seconde guerre sont examinés avec la même attention et la même critique. C'est ainsi que M. Hauvette montre que rien ne s'oppose à ce qu'on admette les indications d'Hérodote sur la construction des ponts établis pour le passage de l'Hellespont. Plus loin il indique sur quels points précis porte l'hypothèse, dans les calculs relatifs au dénombrement de l'armée de Xerxès, et ce qu'il y a de certain dans les chiffres donnés par Hérodote.

La découverte de la *Constitution d'Athènes* a prouvé l'inexactitude d'Hérodote dans l'exposé qu'il fait de la loi de Thémistocle sur la marine athénienne. Il double le chiffre des vaisseaux, mais cette erreur n'est qu'une anticipation. L'historien a attribué à l'an 482 un résultat qui n'a été obtenu que deux ans plus tard. Cette confusion ne rend pas moins solide son témoignage sur l'effectif des flottes d'Artemision et de Salamine.

Laissons de côté les discussions qui ont pour objet le serment des Grecs contre les partisans du grand roi, les négociations avec Gélon de Syracuse et la prétendue alliance de Xerxès avec Carthage, pour en venir immédiatement à la marche de l'armée perse. Les objections qui ont été faites contre cette partie du récit d'Hérodote, ont pour point de départ une idée inexacte, à savoir que Xerxès a dû suivre la route la meilleure, conduire son armée de la manière la plus intelligente.

Nous arrivons ainsi aux journées des Thermopyles et d'Artemision. Rien dans le récit des hauts faits de Léonidas et de ses compagnons ne paraît mériter les reproches qu'adresse à Hérodote

M. Wecklein ou trahir un récit d'origine spartiate comme le veut M. Nitszch. L'anecdote de la ruse employée par Thémistocle pour gagner les généraux spartiates Eurybiade et Adeimantos, déjà considérée par Plutarque comme une calomnie, est rejetée par MM. Duncker, Bauer et Busolt. M. Hauvette reconnaît qu'en effet Hérodote se montre peu favorable à Thémistocle et qu'à moins que ce lui-ci ou les généraux spartiates ne se soient dénoncés eux-mêmes, il était impossible de savoir si Eurybiade avait reçu cinq talents et Adei-mantos trois.

Le récit de la marche en Phocide et de l'attaque du temple de Delphes ont rencontré à leur tour de nombreux incrédules. Les uns, comme MM. Wecklein et Curtius, y voient une pure légende, d'autres, comme M. Pomtow, l'exagération d'un fait insignifiant. M. Hauvette, là encore, plaide en faveur de l'exactitude d'Hérodote. Il justifie de même contre les attaques de M. Beloch les données relatives à la flotte de Salamine, contre M. Wecklein les détails du récit de la bataille dont il explique les manœuvres. Pour lui, le combat s'est livré dans le détroit même, la flotte grecque se trouvant adossée au rivage de l'île et la flotte perse développée en demi cercle, depuis la pointe de Kynosura, au sud, jusqu'au cap Amphiale au nord. Les arguments de M. Delbrück contre le récit de l'expédition de Platées n'ébranlent pas la confiance de M. Hauvette, et il ne saurait admettre avec M. Nitszch que c'est d'après une tradition officielle de Sparte qu'est racontée la bataille de Mycale.

La conclusion de ce long plaidoyer en faveur où les accusations dirigées contre Hérodote sont discutées une à une jusque dans leurs moindres détails est aussi ferme que modérée. La sincérité d'Hérodote paraît hors de doute. L'historien grec n'a pas menti pour avoir l'air de savoir ce qu'il ignorait, il ne s'est pas paré, sans en avertir, des dépouilles de ses devanciers. Cette honnêteté naturelle exclut la partialité malveillante dont l'accuse Plutarque. En un mot, le récit des guerres médiques est une œuvre de bonne foi.

Est-ce, en même temps, l'œuvre d'un historien digne de ce nom. M. Hauvette n'hésite pas à l'affirmer. « Sans doute, un historien moderne ne manquerait pas de donner plus de place à l'état politique des deux partis en présence et il étudierait l'influence que les changements survenus dans cet état politique ont exercée sur la marche générale des affaires ». Hérodote ne nous satisfait pas entièrement sur ce point. Mais peut-on lui faire un grave reproche de ce qu'il n'a pas conçu l'histoire de la façon dont nous la concevons aujourd'hui? Il n'a voulu faire autre chose que le récit de la grande guerre de l'indépendance nationale.

Mais, insistent les adversaires d'Hérodote, au moins devait-il montrer quelque intelligence des choses militaires. Comme les autres, ce reproche est exagéré. Si les récits de bataille laissent dans l'esprit du lecteur des doutes et des obscurités, la raison en est qu'Hérodote n'a pas eu ce degré supérieur de critique qui corrige et redresse les témoignages, il s'est contenté de choisir entre les traditions. Il faut souvent compléter les données qu'il fournit, mais on peut s'en tenir aux traits principaux qu'il a lui-même tracés.

On reproche encore à Hérodote la facilité avec laquelle il accepte les prodiges, les oracles, l'intervention divine dans les événements. Qu'Hérodote ait pris pour des prophéties des pièces fabriquées après coup dans l'intérêt d'une cause, on ne saurait le nier, mais cette foi naïve n'a pas profondément altéré l'histoire. Il est incontestable que de nombreux oracles ont couru le monde grec, notamment celui qui annonçait que le salut d'Athènes serait dû à une muraille de bois. Plus d'une fois les événements déjouent la prévoyance des hommes. En quoi peut être gêné dans la recherche rigoureuse des faits l'historien qui attribue à l'action de la Providence ce qu'un autre attribue au hasard?

Ce qui manque surtout à Hérodote, c'est l'ensemble des qualités secondaires que nous exigeons aujourd'hui de l'historien. On désirerait trouver en lui plus de « rigueur dans la lecture des textes originaux, dans la fixation des dates, dans les descriptions topographiques », enfin et surtout on est mal impressionné « par sa narration, souvent anecdotique et romanesque, par les dialogues et les discours qu'il y mêle. » Ces défauts sont rachetés par « un don supérieur, qui tient à son admirable talent de conteur. » Il a su faire vivre ses personnages, et tandis que la plupart des historiens anciens n'ont guère fait que retracer quelques figures de généraux, Hérodote, par la diversité même des éléments qu'il a introduits dans son livre, nous fait mieux connaître le peuple grec. « Il a composé un récit qui vrai, dans ses grandes lignes et dans la plupart de ses détails même, a, en outre, le mérite d'être le plus agréable qu'on puisse lire, le plus instructif, le plus vivant. »

La seconde partie, on le voit par le résumé qui précède, est de beaucoup la plus importante. Elle est, à proprement parler, le livre lui-même. Peut-être cela apparaîtrait-il mieux encore si la première partie eût été abrégée et fondue avec l'introduction proprement dite? Elle n'est guère, en effet, qu'une nouvelle introduction. C'est la seconde partie qui sera surtout lue et consultée avec profit par tous ceux qui étudieront le texte d'Hérodote ou les événements dont il est le principal historien. Il n'est pas une critique qui ait été adressée à Hérodote que M. Hauvette n'ait examinée avec le plus grand soin, sans parti pris, dans la disposition d'accepter, quelle qu'elle soit, la conclusion qu'imposeront les faits. Un voyage, entrepris exprès, lui a permis d'étudier sur les lieux mêmes les récits des batailles de Marathon, de Salamine et de Platées [1]. La clarté de l'exposition et la sobre élégance du style rendent la lecture du livre attrayante et facile. Malgré cela, la multiplicité des questions étudiées fera que le livre sera surtout consulté comme un commentaire. Aussi est-il à regretter que M. Hauvette n'ait pas ajouté à son livre un index des passages d'Hérodote avec renvoi aux pages où il en est parlé [2].

Emile BEURLIER.

37. — **Annales Gandenses,** nouvelle édition publiée par Frantz Funck BRENTANO, Paris, Picard, 1896, brochure de 132 pp. in-8°.

La librairie Picard continue avec autant de science que de soin à éditer sa *Collection de textes pour servir à l'étude et l'enseignement de l'histoire*. Cette publication est dirigée par un comité qui ne saurait patronner que des œuvres érudites et achevées. On peut consulter en toute confiance l'édition des *Annales de Gand*, que M. Funck Brentano présente au public. Nul éditeur n'a mieux étudié les copies ou les imprimés à défaut du manuscrit qui n'existe plus.

[1]. M. Hauvette a publié le résultat de ce voyage dans son *Rapport sur une mission scientifique en Grèce : Marathon, Salamine, Platées*, un vol. in-8 avec 2 cartes, 4 planches, 7 figures, Paris, Leroux.

[2]. Il convient aussi de remarquer que le livre est accompagné de 12 cartes ou croquis d'une très grande utilité pour l'intelligence des batailles.

Nul ne s'est mieux pénétré du milieu dans lequel a vécu son auteur. Aussi les éloges qui seront justement attribués à cette attentive restitution d'une chronique de valeur seront-ils mérités également par l'établissement du texte, par les notes et par l'introduction.

Nous ne ferons à M. F. B. qu'une seule critique et nous espérons qu'il y verra l'expression d'un désir personnel plutôt que d'un blâme. Son élégante et substantielle brochure pourrait être encore plus nourrie, plus volumineuse, le texte, en somme peu abondant, pourrait être encore plus largement encadré, suppléé, éclairci. Nous souhaiterions que l'introduction, si suggestive dans sa forme discrète, fût étagée sur des références plus nombreuses permettant au lecteur d'étendre son information. Un point notamment dans cette introduction nous paraît contestable, lorsque M. F. B., relevant fort habilement les gallicismes du texte latin qu'il publie, en tire des conclusions trop favorables, croyons-nous, à l'extension de la langue et des idées de la France dans la Flandre du XIIIe siècle. Comment donc la nationalité flamande, si fortement entamée, se serait-elle ressaisie ? M. F. B. l'expliquerait probablement grâce à sa connaissance approfondie des publications belges dont il s'avoue lui-même l'interprète. Mais les chercheurs qui consulteront les Annales de Gand seront excusables de ne point vivre dans la même familiarité avec les auteurs belges et de réclamer immédiatement la justification de certains avis énoncés dans cette introduction...

Faut-il ajouter enfin que par la comparaison habile et opportune des textes étrangers à l'œuvre, M. F. B. a excité notre curiosité autant qu'il l'a satisfaite. L'excellente *Chronique Artésienne* qui vient si utilement combler la lacune des Annales de Gand sur la bataille de Courtrai et infirmer son témoignage sur la bataille de Rons en Puelle serait, à notre gré, bonne à transcrire tout entière. Ainsi les remerciements que nous devions à M. F. B. pour l'œuvre accomplie se traduisent sous notre plume par la demande d'un nouveau travail.

H. G.

VARIÉTÉS

Quelques remarques sur le **Dictionnaire général** de MM. Hatzfeld, Darmesteter et Thomas. — Suivies d'un lexique sommaire du *Mercure galant*.

Le *Dictionnaire général*, on peut l'affirmer sans crainte d'erreur, avance trop lentement au gré du libraire, des auteurs et du public, c'est-à-dire de tout le monde. Cet inconvénient offre une garantie au lecteur et constitue un honneur pour l'entreprise. Ses éminents philologues poussent leurs investigations jusqu'aux limites du possible, et entourent toutes les minuties lexicographiques d'une sollicitude dont leurs devanciers en ce siècle, Littré excepté, n'ont pas eu le secret.

Néanmoins ils n'ont pu dire partout le dernier mot : c'est le sort de toute œuvre humaine. Les observations suivantes n'en ont pas moins quelque chose d'odieux, par le tort qu'elles ont de venir trop tard. Mais pourquoi aussi l'usage veut-il que l'attention publique soit de temps à autre ramenée sur d'excellents ouvrages en cours de publication ; et pourquoi surtout un critique semble-t-il indigne de ce nom s'il ne grossit, en les accumulant, les imperfections du patient qu'il assied sur sa sellette, au point de se faire croire plus fort que lui ? Pour moi, d'heureuses rencontres de lectures ne m'abusent point ; et j'aurais honte pour ces savants hommes qu'on pût avoir la pensée de me faire marcher de pair avec eux.

Voici donc quelques points d'interrogation ou de complément. L'orthographe fautive *alembic* a été celle du xvIII° siècle, témoin une lettre de du Resnel du 1er juillet 1738 (Ch. de Beaurepaire, *Notice sur du Resnel*, p. 14). — Comment expliquer que *arbalète* ait été masculin au xv° siècle (par ex. *Chronique normande de P. Cochon*) ? — *Arctique*. En 1620, le P. Binet écrit *artique* et *antartique*; ce qui indique la prononciation de l'époque.

Beignet. La forme plus étymologique *bignet* se lit encore en 1716 dans la *Parfaite école des officiers de bouche*, p. 496-98. Le même livre écrit encore partout *bete-rave* (p. betterave). — *Bieu* serait-il un pur dialectal de *bief* ? C'est la première forme donnée dans la *Coutume de Normandie*, éd. de 1772. — *Bienfaicteur* se lit encore en 1802 à la fin (p. 96) des *Quatrains de Pibrac*. — *Brasse*. La prononciation populaire *brache*, que justifie la dérivation, est aussi l'écriture du commissaire de la marine en 1665 (Ch. Bréard, *Mém. sur le port du Havre...* p. 21. Rouen, 1892; in-4°).

Que penser de l'orthographe *calembourg*, qui est encore celle d'un petit recueil de 12 pp. publié à Nantes par Vallet, s. d? — Le sens primitif de *chère* était encore courant en 1679. Le *Dictionariolum* imprimé à Rouen cette année-là dit : « *vultus*, chère. » — Une dizaine d'années après, Chamillard écrivait *chereté* (*Bullet. de l'Hist. de Norm.* vii, 495); ce qui est l'orthographe rationnelle (comme *dureté*, *fausseté*). — La prononciation de *chrysanthème* ne ferait-elle pas croire que le mot ἄνθημα n'est point étranger à sa formation? Le peuple disait naguère encore *cressantimome*, dont l'origine est peu explicable.

Communauté. Le dérivé direct de *communitas* a existé dans *communité*, qui semble dater au moins du xiv° siècle (A. Gasté, *Confréries laïques et ecclés. de Vire*, p. 7, Paris, 1894). — L'orthographe du mot rare *contre-lettre* a reculé : car du Resnel l'écrivait, comme le xiii° siècle, en un seul mot le 7 oct. 1753 (*Notice*, p. 23). — *Couleresse*, au sens de *passoire*, se dit encore en Normandie. — *Crapoussin* n'est pas un dérivé irrégulier de *crapaud*, mais bien un diminutif correct de *crapou*, forme encore populaire en Normandie et qui se lit au xiv° siècle dans les vers de Jean Petit. — *Croître*. Le circonflexe a été de rigueur sur le participe. Ici un des exemples n'en porte pas. Qu'en conclure ? — Au mot *cytise*, l'*h* de *cythisus* est sans doute une distraction.

Désabusement figure en 1665 au titre d'un ouvrage de Fr. de Courcelles (Catal. Falconet, 1041). — On trouvera un ex. classique de *désapprendre*, pris absolument, dans Bossuet, *Œuvres orat.* v, 406, Lebarq. — *Dito*. P. Legendre écrit *ditto* en 1693. (*La Normandie*, X, 201). — L'article *dormition*, d'une orthodoxie suspecte, gagnerait à être ainsi formulé : « Le trépas de la sainte Vierge, bientôt suivi de son assomption. »

Est-ce fautivement que le mot *échange* est féminin dans une phrase de 1669 (*Revue cathol. de Normandie* V, 110)? — *Ecriteau* désigne, dans les *Devises héroïques*, trois mots écrits sur une banderolle. Le sens original serait donc « petit écrit. » — La rubrique « vieilli » que la mise en pages place à la tête de l'article *encenser*, ne tombe évidemment que sur la locution « encenser *aux* dieux. »

Equarrissage. Orfila écrivait en 1831 *écarrissage, écarrisseur.* (*Traité des Exhumations jurid.*, I, 16-19.) — En 1623 le mot « escadron » est écrit plus étymologiquement *esquadron* par D. M. Olivier. (*Chron. génér. de l'O. de S.-Benoît*, II, 525.) — *Esturgeon* est dit « étourgeon » en 1716 dans la *Parfaite école...* déjà citée. — *Etabli.* Comment expliquer, sinon justifier, la forme féminine *établie*, d'usage commun à Rouen, en 1507? (*Bulletin de la Comm. des Antiq.* X, 143.) — Le sens chimique d'*extrait* n'est sûrement pas le premier emploi de ce mot; y avait-il donc motif de le placer ainsi en tête de l'article? De plus l'acception de *abrégé, résumé* d'un livre semble bien sommairement indiqué. Très fréquent aux XVIIe et XVIIIe siècles, à peine est-il intelligible pour nous.

Reprenons un peu haleine ici pour montrer comment un historique tout à fait inespéré vient parfois à l'appui d'altérations peu justifiables. Le peuple a pour l'euphonie son respect à lui, qui lui fait faire de vrais coups d'état philologiques. Dans « sou à sou, » par exemple, il a tellement peur de l'hiatus qu'il prononce bravement *soutassou* [1]. Ainsi peut-être pour ne pas articuler deux *u* de suite, il a dit *Urseline*. Mais on pourrait ne voir là qu'une sottise locale. Il n'en est rien : le mot se dit et s'écrit même à Bruxelles, non à l'Académie de Belgique, mais sur une adresse de lettre. L'étonnement s'accroît encore quand on le surprend, contemporain de Bossuet et de Racine, au titre, dans l'approbation et le privilège des *Réflexions sur la Règle de S. Augustin*, Paris 1674; comme aussi dans le *Mercure galant*, août 1703, p. 339.

A l'article *fantaisie*, il eût été intéressant de relever encore en 1620 dans le P. Binet la forme étymologique *fantasie*. — Dans la locution *force moutons*, la suppression de la préposition est assez récente. En 1637, le P. Alexis de Saint-Lô écrivait : « Il y a force de caméléons. » (*Relation du voyage du Cap-Verd*, p. 111.) A la table de ce livre se rencontre la forme *capuchin*, tandis que le volume même a l'orthographe actuelle, ce qui prouve que la première n'était que populaire ou archaïque. — *Foulant.* La pompe foulante est celle qui fait « remonter » le liquide aspiré. — Le mot *futaie* ne

---

[1]. La dérivation ne l'arrête pas davantage. Du mot qui nous occupe il a formé un composé qui devient du haut allemand dans le langage courant (*dmichoutier*) : « demi-soutier, » c'est-à-dire, un ladre qui couperait un sou par la moitié.

fut-il pas d'abord un simple adjectif? Autrement quelle explication plausible trouver à la locution « arbres futaies, » dans une pièce de procédure imprimée à Paris en 1765 ? — *Futaine* a été employé par Molière, *Fourb. de Scapin*, i, 5. — *Gai*. Vers 1688, Chamillart a écrit « hareng *gué*. » (*Bullet. Hist. de Norm.*, vii, 498.) Est-ce une simple sottise ? — Tout le mal qu'on peut dire de l'article *gobelet* est qu'il est fort méthodique et parfaitement fouillé. — *Goélette* est prononcé *golette* par les gens de mer. La définition donnée s'applique aussi bien au *brick*, au *dogre* et à une foule d'autres bâtiments.

Granit. L'orthographe « granite » de Valmont de Bomare dans son *Dictionnaire d'Histoire naturelle* (1800) se lit encore en 1834, dans une description géographique. — Plus d'un s'étonnera que le mot *hagiographe* parle d'abord des livres bibliques ainsi appelés dans l'école. — *Haïssable* apparaît en 1605 dans Coeffeteau, traduction de Caraciole, *Sermon du mépris du monde*, p. 217. — F. de Neufchâteau assure (*Rapport sur la trad. de Columelle*, 1827, p. 28) que ce fut Besville qui imprima le premier le mot *horticulteur* en 1804. — Il n'y a jamais eu (autant qu'on peut l'affirmer par le silence de M. U. Chevalier) d'hymne commençant par *Hosanna*. Il fallait dire : « Hymne... dans la reprise de laquelle figure le mot *hosanna*. »

II

Le fameux « immédiatement au dessous de rien, » qui n'est au fond qu'une boutade d'un groupe plus ou moins vivement hostile à Corneille [1], n'a pas tué le *Mercure galant*; à plus forte raison ne doit-il pas nous faire mépriser ce recueil auquel sa seule vieillesse devrait assurer quelque sympathie. Il y a plus ; et d'éminents paléographes, dont les préférences professionnelles sont pour l'inédit, proclament l'intérêt de ces pauvres volumes, dont l'humble format reste au-dessous de tous les livres modernes.

Un lot de ces petits livres, sommairement examiné avant d'être mis en rayon, a confirmé ce qu'on vient de lire, et a fait descendre jusqu'aux dernières années de Louis XIV (soit dans plus de quatre cents volumes) une récolte de notes de biographie et d'histoire

---

1. De Vizé avoue (*Merc. gal.* Janvier 1710, p. 297) que pendant assez longtemps Thomas Corneille fut son mentor littéraire.

locales. Mais il y avait encore une autre moisson à y faire : car on ne feuillette pas impunément le *Dictionnaire général*. Ses doctes rédacteurs analysent si finement l'âge, l'emploi, l'écriture, la déformation et jusqu'aux moindres vicissitudes de chaque mot, que leur méthode, même imparfaitement appliquée, relève dans ces pages vieilles de deux siècles une foule de particularités, qu'il fut jadis de bon goût de ne pas même remarquer, et qui pour les lettrés ne sont qu'affaire de pédantisme. Soit ! devenons pédants, pourvu que, humbles manœuvres dans cette immense besogne du défrichement de l'historique de la langue, nous grossissions un peu l'utile amas des richesses déjà conquises.

Pour mettre quelque ordre dans un tas incohérent de remarques, nous groupons d'abord les mots rares ou inusités aujourd'hui, soit qu'ils fussent déjà archaïques dans le *Mercure* ou qu'ils y aient au contraire été des néologismes plus ou moins mort-nés. — La section suivante citera les mots dont la mention semble utile à leur historique. — Une troisième série comprend les mots dont la constitution ou l'orthographe se sont modifiées : la question des consonnes doubles s'y joint dans un article à part. — Le tout se termine par quelques remarques sur la prononciation [1].

Le *Mercure* occupe une place à part dans toutes les publications qui en furent contemporaines : non qu'il soit une œuvre de haut style, mais parce qu'il reflète exactement le langage de la cour, et qu'il s'est sûrement appliqué à ne pas choquer cette élite de lecteurs par des mots ou des locutions répudiés par le bon usage. Il est certain que « l'exemplaire du dépôt légal » (comme nous dirions à présent) passait sous les yeux de Louis XIV ; ce qui résulte non pas seulement du « présenté au roi » que porte le titre, mais surtout du mot *Roy* que l'auteur ne manque jamais d'amener dans sa première page, ou tout au plus tard dans les quatre ou cinq premières lignes du verso, avec l'assaisonnement obligé des qualificatifs « glorieux — invincible — incomparable — auguste...., » et autres superlatifs au positif, tous plus réjouissants les uns que les autres pour des révolutionnaires chroniques que nous sommes.

1. Si, par une fortune inespérée, quelque lecteur avait besoin d'indication plus précise, nous sommes en mesure de fournir le tome et la page auxquels le mot est emprunté ; parfois même nous en avons extrait une partie de la phrase.

Mots actuellement inusités. — 1678, *Autrice*, féminin d'auteur. — 1680, *archétipe*, adjectif. — 1681, œuf *encouveté* (couvé ?). — 1682, *catiber* ? « j'ai catibé la franchise. » — 1683, se *discipliner* (se donner la discipline); *nantille* (p. lentille), prononciation qui n'a peut-être pas totalement disparu. — 1684, *détons* (?); *circuir* (actif, « contourner »). — 1686, *facturie* « mot marchand, » est-il dit (factorerie ?); *procureuse*, *girande* (? girandole). — 1687, *peintresse*, *marsouneau* (petit marsouin), *vieillarde*, *artificiel* (c'est le nom « artificier »); — 1688, *renoueur*; — 1689, *caterre suffocatif*, *terrier* (chanoine) « qui devait à son tour avoir soin du territoire; » — *arabesque* (adj. : « langue, auteur ar... »; encore en 1704); *inversable*[1] et *incahotable*; *apoticairerie*; — 1691, *morteret* (petit mortier), *scabelon* (escabeau), « *mainteneur* (juge), » « avoir *le germain sur..* » — 1692, *galopade*, t. de manège; *limitrophiste*, *innovateur*; — 1693, « *imager* (libraire); » — 1694, « *sanguifères* (vaisseaux); » *longimétrie*, *stéréométrie*, *planimétrie*, *drapeaux* (langes), *turquesque*; — 1695, *tendineux*, *éolimètre*; — 1696, *ophthalmiste*, *optiste*, « *amazonien* (air), » *ilette*, *phlébophthalmotomie*; — 1697, « l'*Arithmeticien* » (titre de livre), « *sudatoire* (hypocauste) ou bain sec; » — 1698, « *cascade* algébrique, » *oculaire* (maladie), *r'imprimer*, *r'impression* (déjà l'orthographe de Calvin).

1700, *anoptique*; — 1701, *dérivement* (des navires); — 1702, *sens froid*, *porule*, *artisane* un *prié-Dieu*, *réal* (royal), « *sablé* (canal) » = ensablé; — 1703, « encenser à la fortune, » *familialiser*; — 1704 « *aborder* quelqu'un, » le mettre à quai; « *montre* (cadran) *du* grand horloge; *tignon*, sans doute « chignon. » Le peuple a conservé le dérivé *tignasse*; — 1705, *chariot* (à morts) = char; *poulmonique*; — 1706, *bandolière* = bandoulière?; *séniorité*, terme universitaire, *traineur* = traînard; — 1707, *remueuse* = nourrice; « boire les santés; » *la guerre* (jeu); *rémissionnaire*, une espace, la *chapelaine* (d'une abbesse), « *olles* (soupières) d'argent; » — 1708, *angariant*, la minuit; — 1710, « *pénultième* siècle, » *spécieuse* (algèbre); — 1711, *béatilles*, *obéancier*, *arlequinade*, « *hieroglifique* (médailles d') »; — 1713, *enfumer* (au fig. = obscurcir).

Historique de quelques mots. — 1680, *haussecol*, *fibrille* (du sang); — 1686, *régatte* (à Venise), *demoiselle* : « n'était demoiselle que par le privilège qu'ont aujourd'hui toutes les filles de porter ce nom (août, p. 231); » — 1687, *prudhomme* (juge), *invendu*[2]; — 1689, *département*, « territoire départi à qqn; » *sudorifique*, *enclouer*; — 1691, *ostéologie*, *interloppe*; — 1692, *carcasse* (t. d'artillerie), *irréconciliable* (le plus); — 1695, *chiourme*, *hostilement*, quoique *hostile* ne soit pas encore en

---

1. S'est conservé, paraît-il, chez les carrossiers de la Suisse.
2. La locution « propagation de la foi, » qui devait devenir le nom d'une grande œuvre catholique, était alors appliquée à la conversion des protestants.

usage ; — 1697, *capitation* (article par S.-Evremont), *séreuse* (apoplexie), *hypercritique*; — 1698, *crossillon* (t. de sculpture), *une* emblème ; — 1699, *tarentole, revivifier, après-dînée, café* et *caffé, déclouer, désensevelir, normanisme* ; — 1700, *chorégraphie, atmosphère* (masculin); — 1701, *pentagone* ; — 1702, « en *surbaisse*; » — 1703, *arrachement, girasol, micrométrique* ; — 1704, *fascinage, dîner* = repas de midi, « *rongement* de conscience; » — 1705, *chenal*, mot encore si peu connu qu'on le donne comme « usité au Canada » (le peuple dit encore, simplement, en ce sens *canal*), *créole*, « *découverte* d'une statue, » l'enlèvement du voile qui la couvre; *lampron* et *lamperon*; — 1706, *légatrice*; — 1707, *laboratoire, pituitale* (glande), *Muette* (et non *Meute*) « château près de Paris; » — 1708 « année séculaire » d'une fondation (*centenaire* n'était donc pas encore employé), *coagulation*, « établissement d'orphelines » (et non encore *orphelinat*), *mufle* (en parlant d'un limaçon), *empattement; compliment* (faire faire) = offrir ses condoléances (ces deux mots ajoutés peu de mois après) ; — 1709, *ossifié* et *ossification, armurier, représentation* (absolument = catafalque d'un service funèbre); — 1710, « cuir de Roussi, » « *chevalureux* (faits), » à la rime ; — 1711, *menuaille, aguignette, archimaréchal* (en Allemagne), *estropiement* (ainsi en italiques ; donc mot récent), *estimateur, ambassadrice, chamarrier* (dignité de l'Église de Lyon), *coadjutrice, vermineuse* (épilepsie), *grumeler* (se), *vitriolique*; — 1712, *impolitesse, diligence*, (sorte de bateau), *acoustiche* (sorte de cornet acoustique), *porte-oriflamme, conglobée* (glande), *herminé, inscriptible* (sphère); — 1713, *intitulement* (= le nom *intitulé*) ; — 1714, *une* incendie, *physionomiste, irréfrigérable* (traduisant le grec ἄψυκτος); — 1715, « *facules* (taches et) du soleil; » *archinouvel, académicienne* (nom), *connétablie, consulesse; dictatrice, impoliment, inofficieusement, postface.*

MODIFICATIONS ORTHOGRAPHIQUES. — 1681, *casuite, recouvert* (= recouvré) ; 1682, *luitter* et *luitteur* (p. lutter...), *colomne, ieroglyphe, miope*; — 1683, *tilleux* (pluriel de tilleul) ; — 1687, *beufroy*, « cette belle *soldatesque, court* (= cour, nom féminin), *régale* (repas délicat). Le savoir de Littré a cru faussement que cette orthographe d'un nom masculin était une licence blâmable de Molière; tandis qu'on la trouve dans le *Mercure* jusqu'en 1703; *le* thériaque, *requain* ; — 1688, *échets* (= échec,) *jouaillère, bacha*; — 1689, le « *soc* d'une statue [1], » *prognostications*; — 1691, *floriste, patétique, quadruin* (quatrain), *œconôme, simétrie* (plus tard *symmétrie*), *un* idille; — 1692, *un* rencontre; — 1695, *sellery* (cé-

[1]. La correction typographique du *Mercure* est assez soignée, pour qu'il n'y ait pas lieu de voir dans *échets* et *soc* de simples accidents matériels, étrangers à la rédaction.

leri); — 1696, *ritornelle*, « *médicinale* (matière); » — 1697, *schirreux, brèveté*, « elle est morte *pulmonique*. »

1701, *paroxisme, flaitrir, fare, mossette;* — 1702, *phisionomie, commandataire, recommendable, phisique, péricard, adhérance, polipe* (et *polype*), *horison* et *horisontal, kiste, cataplame, simptome, abdomaine, acolite, chocolate, tizanne, rheume, heurter* (une conséquence assez curieuse est que *heurter*, d'orthographe assez récente, devrait très probablement se prononcer *hurter*, comme l'indique la forme primitive : ajoutons tout de suite qu'en 1711 cet *e* parasite encombrait encore *seureté, graveure), ypocondre, darce, aprés-dinée, viceroi ;* — 1703, *réflection, caparassoné ;* — 1704, *abrever* (abreuver), *une* abîme, *éguerre* et *éguière, coquarde* (cocarde), *Ligourne* (? Libourne ou Livourne?); — 1705, *bluâtre, sympatique, arcenal, trés* avec le trait d'union que l'Académie a fini par omettre et contre lequel Boissonade opinait déjà, il y a près d'un siècle ; *mécredi* (forme courante de 1690 à 1710 ; l'orthographe actuelle est rare avant cette dernière date), *phisique* (et *phisicien*, l'année suivante), *autonne ;* — 1706, *dessigné* (mais déjà *dessinateur*) ; — 1707, *analise, seiche, matereaux* (encore populaire), *soirie, échafaux, simphonie, hémorragie, ydille ;* — 1708, « *éthique* (fièvre ; » l'aurait-on dérivé de ἔθος ?), *amac, baldachin, cantade* (mais en 1711 sous la forme actuelle), *bien-séance, exfervescence, étendart, simétriser, bien-fait* (et *bien-faicteur*), *audiance ;* — 1709, *clairté, thirse, ceintre ;* 1710, *des-ennuyer, sonet, ortographe, nège, ayman, arrières-petits-fils ;* — 1711, *tringue*, à la rime (= *trique*), *une* amalgame, *un* épitaphe, *pistile* et *pistille, anti-chambre, métayerie, cronique* (fièvre), *hidrographie, épouventer* (on pensait à *pavens* sans doute), *kinkina* (mais aussi *quinq...* dès la même année), « *feue* leur mère, » *merrein, amasone,* ; — 1712, *moëre, géografe* et *géografie*, « dix heures *et demy*, » *piramide, pleinte* (plinthe), *exagonal ;* — 1713, *logogrife, verluisant, essain* ; — 1714, *une* acrostiche.

Consonnes doubles. Dans la section précédente, à côté de singularités peu recommandables on a rencontré un certain nombre d'arguments pour les réformateurs qui protestent contre l'orthographe étymologique. La simplification par retranchement des consonnes doubles pourra aussi invoquer une notable quantité des citations qui vont suivre. Sous certain rapport on peut même dire qu'elles sont toutes en sa faveur : car les doublements jadis supprimés condamnent ceux qui ont subsisté jusqu'à présent lorsqu'une utilité évidente ne les protège pas. Sur ce point l'usage du *Mercure* est de la fantaisie la plus arbitraire.

1691, *lotterie interloppe* ; — 1701, *efronterie* ; — 1702, *vacquer, épinette, deffrayé, deffaillance, sale* (salle), *pouriture, flotte* et *flote, apartement, attelier, arrengement* ; — 1703, *flutte* et *flute, codicile, molasse, batteau, supli-*

cation, chalouppe, deffendu ; — 1704, *vane* et *vanne, bourage* (d'un canon), *trape* et *trappe* (abbaye) ; — 1707, *appercevoir, aparence, diamettre, étofe, shambélan, aprendre, guittarre, déveloper, géografe, afluence, chappe, appaiser, assiete, apartement* (ainsi encore les années suivantes), *collation* et *colation, arangement* ; — 1708, *robbe, aplaudissement, suprimer* ; — 1709, *aplaudir, réchaper, applatir, collique* ; — 1709, *apeler, fraper, cantaride* ; — 1710, *tranquilité, apartenir, jetton, obmettre* (curieux à comparer avec le début de Littré), *appanage, tranquile, boufonerie, instaler, mamellon, suposition* ; — 1711, *batteau* ; — 1712, *fouragé* (= pillé), *pannetier, achanthe* et *acante, houpe, apliquer, dévelopement* ; — 1715, *carriole*.

Prononciation. — 1687, *gaudronné* (des marins prononçaient encore naguère *gaudron*, bien que le *Mercure* dise plus tard *goudron*), *tempéte* ; — septembre 1691. Les poètes du Languedoc faisaient rimer *univers* avec *lauriers* et *guerriers* ; « la prononciation ordinaire de cette province fait recevoir ces rimes pour bonnes. » Cette remarque est elle-même un grave argument en faveur de la thèse de M. Tisseur, qui pense que l'on ne rimait pas alors pour les yeux seulement. Elle fait croire en outre que *g* était presque inarticulé dans *énigme* : car en avril 1681 ce mot rime avec *estime*.

1697, *trompette* et *conquête* sont réputés des rimes hardies ; — 1702, *santifier* ; — 1704, *appendixe* ; — 1706, *ce* hyerogliphe ; — 1707, *lagune, l'hure, cemetiere* (n'a pas entièrement disparu), *Hambourquois* ; — 1708, *ostiné* ; — 1709, *molue* (morue) ; — 1710, *replétion, houssard*.

Ce ramassis de notes, d'un attrait fort contestable, aboutit du moins à une intéressante conclusion. C'est que si un linguiste fin et expert lisait avec soin les cent soixante mille pages, au moins, que comprend le *Mercure galant*, en groupant ses observations avec plus d'art que notre ébauche, dont le classement n'a guère été moins rapide que notre excursion à grande vitesse dans ce curieux journal, il ferait sur la langue des quarante dernières années de Louis XIV un gros volume des plus instructifs, qui compléterait avec fruit les admirables lexiques des *Grands Écrivains de la France*.

A. Tougard.

CHRONIQUE

39. — Nous recevons, de M. l'abbé Ulysse Chevalier, une lettre que nous ne pouvons insérer in extenso, le numéro étant déjà composé quand elle nous est parvenue. En voici le résumé : M. l'abbé Ulysse Chevalier déclare que le livre de Mgr Bellet a été composé non à son instigation, mais sur le désir exprimé à l'auteur par Mgr Cotton, désir

rappelé par le prélat dans sa lettre approbative. En ce qui concerne le point d'histoire qui fait l'objet de ce livre auquel il est resté étranger, M. Ulysse Chevalier formule ainsi son opinion. Il n'a pas étudié la question à fond, mais, en principe, il est opposé aux deux opinions extrêmes, et, depuis longtemps, il ne croit pas que les documents permettent d'admettre, avec certitude, une opinion définitive, dans le sens affirmatif ou négatif. Sans avoir à examiner si, dans le détail, Mgr Bellet s'est toujours tenu à cette prudente réserve, il trouve la conclusion générale de l'œuvre conforme à son opinion personnelle.

CHRONIQUE D'ITALIE
Revues. Livres. Fouilles.

La triste situation politique de l'Italie ne semble pas exercer grande influence sur le mouvement intellectuel qui s'y développe chaque jour : mouvement un peu confus, sans doute, et désordonné, mais dont la confusion même révèle la puissance. Notons toutefois que le morcellement scientifique s'accentue au moment où la crise africaine met en pleine lumière le peu de solidarité des diverses parties du royaume. La *Societa Umbra per la Storia patria*, fondée à Pérouse le 12 septembre 1894, veut se constituer en *Reale Deputazione dell' Umbria*, bien distincte de la *Deputazione toscana*; la *Societa di studi storici pugliesi* s'est définitivement organisée à Bari; une nouvelle revue historique est née à Pavie, les *Memorie e Documenti per la storia di Pavia e suo principato*; une autre à Messine, la *Rivista di Storia Antica e Scienze affini*; une autre à Naples, *Archivio Storico Gentiligio del Napoletano*. Semblable exubérance inquiète un peu : moins de revues, et de plus sérieuses, voilà ce que, de toute part, réclament les historiens : il ne paraît pas qu'ici l'on se soucie beaucoup de les satisfaire.

Des revues nouvelles, si nous passons aux nouveaux livres, c'est la même richesse que nous constaterons encore et la même inégalité dans la production scientifique; aussi, plutôt que de dresser un inventaire complet des nouveautés — qu'on pourrait trouver dans le *Giornale Storico di letteratura italiana* — chercherons-nous à signaler quelques livres curieux ou quelques faits notables.

Les archéologues déplorent la mort récente de M. Armellini, l'un des élèves distingués de de Rossi. Son livre, le *Chiese di Roma*, réunit une foule de renseignements utiles dispersés un peu partout; son étude sur *Il Cimiterio di San Agnese* donne prise à la critique : je songe surtout ici aux conclusions de l'auteur touchant les actes de la sainte. Après la mort de son maître, M. Armellini avait fondé avec M. Marucchi et M. Stevenson le *Nuovo Bullettino d'Archeologia Cristiana*. — M. Lanciani travaille à son grand et bel ouvrage : *Forma Urbis Romae*, plan topographique de Rome au 1.000 : trois fascicules ont déjà paru. — M. Marucchi[1] est toujours l'infatigable conférencier que l'on sait, très apprécié des pieux pèlerins des catacombes : il vient d'écrire un petit livre fort agréable sur les souvenirs chrétiens qu'ont laissés à Rome S. Pierre et S. Paul. — Mgr Wilpert va publier en français, ces jours-ci, à la librairie Firmin-Didot, une très importante étude sur

1. Le Memorie dei SS. Apostoli Pietro e Paolo nella città di Roma con alcune nozioni sul cimiterdo apostolico di Priscilla, in-8. Rome, 1895, 130 pages.

la Chapelle Grecque, au cimetière de Priscille : il y montre l'importance dogmatique d'une très belle fresque du second siècle qu'il a découverte et qui représente l'acte de la Fractio Panis[1]. — M. Contini enfin nous transporte aux extrémités du monde chrétien. Dans ses *Donazioni reali alla cattedrale di Aksoum* (Rome, 1895), il publie quelques actes de donations fort précieux : ils suppléent en partie aux énormes lacunes des Annales officielles de l'Ethiopie.

Parmi les innombrables travaux concernant le moyen-âge, je note les *Documenti terracinesi* de M. L. Giorgi (Rome, 1895). On y trouvera d'utiles indications sur les archives de Terracine qui conservent 279 manuscrits, dont 23 du XIᵉ et du XIIᵉ siècle et 207 du XIIIᵉ et du XIVᵉ; on y trouvera en second lieu six documents inédits : les deux plus curieux sont une bulle de Silvestre II qui concède, *nomine beneficii*, au comte Daiferio et à ses successeurs, le territoire de Terracine — le manuscrit ne donne qu'une copie exécutée en 1446; — et un acte de 1347 relatif aux démêlés de Terracine et de Rome, pendant la domination de Rienzi : la commune charge Andrea de Guarcino de démontrer au tribunal romain « qu'elle a toujours été exempte de toute juridiction romaine. » — On connaît le pontificat de Célestin V et les difficultés qu'il soulève : son abdication, la seule que l'histoire de la Papauté ait enregistrée jusqu'à ce jour, a-t-elle été volontaire ou forcée et s'explique-t-elle par le regret du cloître ou par la pression exercée par Benoît Caetani, le futur Boniface VIII, — ainsi qu'au moment de la guerre de Palestrina le lui reprochaient les Colonna, ses ennemis? A ceux qu'intéresse ce point d'histoire comme à ceux qu'attire la psychologie de P. de Morone, je signale les articles du *Bollettino della Societa di Storia Patria Anton Ludovico Antinori negli Abruzzi* — les Abruzzes étaient la patrie du saint pontife — et surtout les quinze dissertations réunies dans le volume qu'il a publié sous ce titre: *Celestino V e il VI centenario della sua incoronazione. Aquila*, 1894, in-8.

Sur la période contemporaine, je mentionne d'abord les *Lettere del Risorgimento* de Giosue Carducci (Bologne, 1896) : le premier volume qui a seul paru commence en 1749 et s'arrête en 1848 : le second conduira le lecteur jusqu'en 1870. En réunissant ces « lectures », le célèbre professeur de Bologne se propose d'apprendre aux jeunes gens « questa storia di ieri, eppur gia tanto dimenticata. » — M. Umberto Silvagni a des visées plus hautes. Ex-lieutenant des Carabiniers royaux, ainsi qu'il nous l'apprend lui-même, il occupe noblement ses loisirs à de laborieuses recherches et à de puissantes synthèses, comme les preux du temps jadis changeaient l'épée pour la plume au déclin de leur carrière. *Napoleone Bonaparte e i suoi tempi. Prima parte. La Revoluzione : da Luigi XIV al 18 Brumario* : voilà le titre des deux volumes qu'il donne au public : le premier a 837 pages, et ce n'est qu'une introduction! M. Silvagni remonte à Louis XIV pour expliquer Napoléon; pourquoi s'arrête-t-il en si beau chemin et n'était-il pas nécessaire de remonter à Richelieu pour expliquer Louis XIV et à Louis XI pour expliquer Richelieu,... : tel Petit-Jean, pour raconter le vol d'un fromage, remontait à l'origine des temps et à la création

---

[1]. L'ouvrage a paru en allemand, il y a quelques mois : *Fractio Panis*, in-4°. Fribourg en Brisgau.

du monde. M. Silvagni déclare que la première campagne de Bonaparte en Italie marque le véritable début du Risorgimento. La thèse est peu précise et, semble-t-il, peu exacte. Ce sont les prestigieux souvenirs du passé, ravivés par les études et les découvertes archéologiques qui ont donné à l'Italie, avec la pensée de faire revivre ce passé, le sentiment de son impuissance, la douleur de son émiettement, le désir passionné de l'unité. Le mouvement national italien n'est pas une conséquence de la conquête, ni même de l'influence française; il était déjà très actif vers 1789, et déjà anti-français, si j'ose dire. Les premières canzoni du *Misogallo*, qui parurent en 1790, ne sont-elles pas, comme leur titre l'indique, une véritable déclaration de guerre à nos idées tout autant qu'un témoignage du patriotisme italien?

Je demande à revenir un instant, pour terminer, aux questions d'archéologie. Sur cette terre des souvenirs, le passé n'a-t-il pas tous les droits; et puis, ne faut-il pas donner une place à part au court récit d'une découverte, dont l'histoire et les résultats sont également curieux?

A la lisière des Marais Pontins, non loin du joli port de Nettuno, se dresse le château de Conca sur les fondements d'une forteresse pré-romaine : dans ses *Dintorni di Roma*, Nibby l'a identifié avec Satricum qui joua un rôle important dans les guerres des Romains et des Volsques. M. Henri Graillot, ancien membre de l'Ecole française, avait obtenu l'autorisation d'y exécuter quelques fouilles : à moins de 2 kilomètres au nord-ouest de Conca, une colline barrait la plaine; il croyait y trouver des trésors; il les y trouva. Commencés le 25 janvier, les travaux mirent au jour les murs d'enceinte d'un temple archaïque : blocs de tuf posés les uns sur les autres sans qu'aucun ciment les relie, ils rappellent les murailles d'Ardée. A l'intérieur de l'enceinte, les ouvriers découvraient mille objets précieux : perles, verres, ambres, scarabées, anneaux, poteries de style corinthien, vases aux formes les plus variées; les uns, tout petits, de travail indigène; les autres, plus grands, en *bucchero nero*, semblables aux vases étrusques. Mais ce que les fouilles ont produit de plus curieux, ce sont certains fragments d'architecture et quelques têtes peintes d'hommes et de femmes. Les fragments d'architecture remontent au plus tard au VIIe siècle avant J.-C.; les têtes sont d'époques et de caractères assez différents : plusieurs présentent le rire particulier des statues archaïques; les couleurs ont souvent conservé leur fraîcheur primitive.

L'importance de ces découvertes aurait dû faciliter la tâche de M. Henri Graillot et lui aplanir tous les obstacles; ce fut le contraire qui arriva. Prétextant la non-observation de certain règlement, le gouvernement royal, un beau matin, suspendit les fouilles. Quelle ne fut pas la déconvenue de celui qui les avait entreprises! — Ce n'est pas tout. On pouvait se demander à quel motif obéissait le ministère italien : l'attitude de M. Barnabei à l'Académie des *Lincei* et à l'*Institut archéologique allemand* permit de le deviner : le docte professeur, en annonçant le résultat des fouilles, *oublia* de nommer le jeune savant *français* auquel en revenait tout l'honneur et obligea ainsi M. l'abbé Duchesne à suppléer à son silence. — Et voilà ce qu'il en coûte de n'être pas sujet de Sa Majesté le Roi Humbert.

A. D.

L'Éditeur-Propriétaire-Gérant : ALBERT FONTEMOING.

BULLETIN CRITIQUE

38. — **A critical and exegetical commentary on the Epistle to the Romans,** by the R. W. Sanday and the R. Arthur C. Headlam. Edimbourg, Clark, 1895, in-8, cxii-450 pages.

Ce volume fait partie de l'*International critical Commentary*, publié sous la direction de MM. Driver, Plummer et Briggs, et qui s'annonce comme l'œuvre exégétique la plus considérable de cette fin de siècle. Le *Bulletin critique* signalait dernièrement avec éloges le commentaire du Dr Moore sur le livre des Juges. Celui que MM. Sanday et Headlam ont écrit sur l'Epître aux Romains ne manquera pas non plus de rallier tous les suffrages des hommes compétents. Les savants commentateurs n'avaient pas besoin vraiment de s'excuser, comme ils l'ont fait avec beaucoup de modestie dans leur préface, d'ajouter un numéro à la liste déjà nombreuse des livres qu'on a écrits sur le sujet. Il fallait bien, disent-ils, que l'Epître aux Romains eût sa place dans la collection. Sans doute il le fallait, et l'on peut souhaiter à saint Paul de trouver d'aussi bons interprètes pour ses autres Epîtres.

L'introduction au commentaire est aussi complète que possible. Il suffit de citer les titres de paragraphes pour en donner une idée : Rome en l'an 58; les Juifs à Rome ; l'Eglise romaine (avec discussion concluant à la venue et à la mort de saint Pierre à Rome) ; temps, lieu, occasion, but de l'Epître; sujet; style; texte; histoire littéraire ; intégrité ; commentaires. L'hypothèse de Renan, qui voyait dans l'Epître aux Romains une œuvre composite où l'on aurait recueilli les différentes formes d'une même lettre encyclique adressée à plusieurs Églises, est combattue par de bons arguments. Est-ce à dire que l'unité de composition soit absolument démontrée ? Elle est au moins très probable. Un seul argument de ceux qui voient dans *Rom.* xvi, 1-20 la conclusion de l'exemplaire qui avait été adressé aux Ephésiens reçoit une solution un peu artificielle. L'Apôtre salue Aquilla et Priscille, que l'on ne s'attend pas à trouver à Rome, mais à Éphèse (*Act.* xviii, 18, 46. I *Cor.* xvi, 19). On dit qu'ils ont pu retourner à Rome dans le temps qui s'est écoulé entre la première Epître aux Corinthiens et l'Epître aux Romains. Cela est vrai ; mais, à défaut d'indications positives, ce voyage demeure très problématique. On dirait qu'il se fait dans l'intérêt d'une thèse.

Le commentaire est critique et historique, non dogmatique. « Ce dont le commentateur doit se préoccuper en premier lieu, lisons-nous dans la préface (p. vi), n'est pas de savoir quelle réponse l'Epître donne aux questions qui préoccupent aujourd'hui l'esprit des hommes, ou qui les ont occupées à une époque donnée de l'histoire ecclésiastique, mais quelles étaient les questions du temps où l'Epître fut écrite et quelle signification l'auteur lui-même attachait aux mots qu'il emploie et aux pensées qu'il exprime. » Exposer, sans préoccupations théologiques, la théologie de l'Epître aux Romains, tel est le programme que se sont donné les auteurs. Ils y ont été fidèles, et ce n'est pas un petit mérite. Bien des gens prétendent suivre le même principe et y manquent très gravement sans presque s'en apercevoir.

Il est on ne peut plus facile de suivre les explications qui sont données. Le commentaire s'adapte aux divisions naturelles du texte. Chaque paragraphe est pourvu d'un titre, que suit une analyse sommaire, puis une paraphrase où la pensée de saint Paul est clairement et succinctement interprétée. Une telle paraphrase est beaucoup plus intelligible que ne serait une simple traduction. Elle serait plutôt nuisible pour certaines parties de l'Écriture ; mais elle est très utile quand il s'agit de saint Paul et de l'Epître aux Romains. Suivent les notes du commentaire, rattachées à tous les mots importants du texte. Les notes d'un caractère plus général sont renvoyées après ces explications particulières et forment de petites dissertations. Par exemple, à la fin du premier paragraphe, « la salutation apostolique », on lit une note sur « la terminologie théologique de *Rom.* i, 1-7 » ; à la fin du troisième paragraphe (*Rom.* i, 16-17), « la thèse de l'Epître, justice de Dieu par la foi », une note sur « le mot δίκαιος et les mots apparentés », une autre sur « la signification de la foi dans le Nouveau Testament et dans quelques écrits Juifs », et enfin un large exposé sur « la justice de Dieu. » Rien n'est oublié ; rien ne semble superflu. L'érudition, très sûre et très abondante, paraît sobre grâce à l'ordre parfait qui préside à la distribution des matières. Il y a telles de ces dissertations qui présentent un intérêt capital et qui pourraient donner lieu à de longues discussions, je ne dis pas à des controverses, car les commentateurs ayant le bon esprit de ne chercher querelle à personne, il serait parfaitement ridicule de vouloir entamer contre eux une polémique ; ainsi « l'histoire de l'interprétation de la doctrine paulinienne sur la justification », et surtout « la conception du péché et de la chute dans saint Paul ». A la fin de cette dernière note, on explique comment la doctrine de saint Paul sur le péché originel et la rédemption n'est pas atteinte en ce qu'elle a d'essentiel si l'on considère comme historique le récit contenu dans le troisième chapitre de la Genèse. Ce chapitre résumerait symboliquement toute une série d'expériences morales qui ne peuvent être historiquement vérifiées. « Il serait absurde de vouloir trouver le langage de la science moderne chez le prophète qui a le premier incorporé les traditions de sa race dans les livres sacrés des Hébreux. Il a employé la seule forme de langage qui fût proportionnée à son intelligence et à celle de ses contemporains. Mais si le langage qu'il emploie se trouve ainsi parfaitement justifié, l'application qu'en fait saint Paul est justifiée pareillement. Lui aussi exprime la vérité au moyen de symboles, et le jour où les hommes pourront se passer de symboles, son enseignement aura vieilli, mais pas avant ». Que les sages méditent sur cette pensée. Pour le moment, il suffit de constater que le commentaire de MM. Sanday et Headlam sur l'Épître aux Romains réalise, autant que faire se peut, l'idéal d'un commentaire savant, critique, historique.

A. Loisy.

39. — **Pierre l'Ermite, moine ermite,** au monastère forézien de Saint-Rigaud près de Charlieu, par Edouard JEANNEZ. Montbrison, Eleuthère-Brassart, 1896, in-8°.

Ce mémoire a pour objet de compléter la monographie de Pierre l'Ermite par l'indication de la résidence monastique où il vivait avant son départ pour les Saints Lieux. S'appuyant sur le témoignage de Guibert, abbé de Nogent et sur celui de l'Anonyme de Laon, acceptés et enregistrés comme indubitables par Du Cange et par Mabillon, M. Jeannez établit que Pierre l'Ermite résidait avant la croisade au couvent bénédictin de Saint-Rigaud, situé dans le diocèse de Mâcon aux environs de Charlieu. Les anciens moines de Saint-Rigaud s'appelaient *ermites* et en se faisant religieux dans ce monastère Pierre y était véritablement *ermite sous l'habit de cénobite*, justifiant ainsi tout à la fois son surnom si populaire et l'indication précise de Guibert de Nogent. L'Anonyme de Laon ajoute que Saint-Rigaud était situé en Forez, *in Foresio*. Au premier abord il semble qu'il y ait là une erreur géographique considérable mais, dans une intéressante dissertation sur le territoire forézien au XIe et au XIIIe siècles, M. Jeannez démontre que Saint-Rigaud était alors à proximité de trois enclaves Foréziennes-Lyonnaises et à une demi-lieue environ de l'une d'elles. Dans ces conditions en supposant que le chroniqueur de Laon ait commis une erreur géographique, ce qui n'est pas prouvé, l'erreur serait vraiment insignifiante et très pardonnable chez un écrivain vivant au XIIIe siècle et à une distance si considérable des lieux dont il parle. D'ailleurs si l'on ne peut pas prouver que le monastère de Saint-Rigaud était exactement forézien par sa situation géographique, on peut être certain qu'il l'était par ses origines, puisqu'il avait été fondé en 1065 grâce aux libéralités du seigneur forézien Artaud de Néroude et de sa femme Etiennette.

Tout ce qui touche à la grandiose épopée des croisades offre un intérêt particulier. Aussi nous devons remercier M. Jeannez d'avoir élucidé un point de la biographie du héros le plus populaire de la première croisade.

Ant. Héron de Villefosse.

---

40. — Elie Berger. **Histoire de Blanche de Castille reine de France**, Paris, Thorin, 1895, 1 vol. in-8°, XII-428 p.

Jusqu'à ce jour, Blanche de Castille avait été étudiée comme mère et éducatrice de saint Louis, et, dans les années pendant lesquelles elle exerça le pouvoir, on avait surtout cherché la préparation du règne de Louis IX. M. Berger étudie Blanche de Castille, reine de France, recueillant la lourde succession de Philippe Auguste, ayant à la défendre contre les entreprises des grands vassaux et les revendications des rois anglais, pour la transmettre intacte à son fils. De cette conception de l'histoire de Blanche de Castille, découle nécessairement le plan suivi par M. B. ; ce n'est pas tant l'histoire personnelle de Blanche de Castille que celle de la France pendant la régence de Blanche qu'il avait à tracer ; il l'a fait de main de maître nous donnant une histoire très exacte et très fouillée de la période s'étendant de 1225 à 1236, tout en y laissant dominer la figure de la femme habile et très intelligente qui exerça alors le pouvoir.

Née en 1188, Blanche était fille d'Alphonse le Noble, roi de Castille et d'Aliénor d'Angleterre. Son mariage avec le prince Louis de France, décidé lors des négociations de 1200, fut conclu sous les auspices de Jean-sans-Terre. Dès ce moment Blanche fut élevée en France, et les premières années de son séjour ne sont marquées d'aucun fait important ; mais bientôt les morts successives de Philippe Auguste et de Louis VIII (8 novembre 1226) la mirent en lumière. De ce jour commence la régence ou pour mieux dire le règne de Blanche de Castille. Louis VIII n'avait pu compléter l'œuvre inachevée de Philippe Auguste et la laissait à une reine étrangère et à un enfant, en face des vassaux insoumis, du midi à peine conquis et de l'Angleterre toujours prête à profiter des troubles du royaume. Sans doute la régente était entourée d'habiles conseillers, le chancelier Guérin, Archambaud de Bourbon, Barthélemy de Roye, le connétable de Montmorency, et le maréchal Jean Clément. Mais, en dehors de ces conseillers, en outre de l'affection qu'allait lui montrer le peuple, pouvait-elle s'appuyer sur les grands vassaux, sur ceux surtout qui étaient du sang de France, Philippe Hurepel, comte de Boulogne, Pierre Mauclerc, comte de Bretagne ? Dès le couronnement de Louis IX elle put, par leur absence, compter ses adversaires, P. Mauclerc, Raymond VII de Toulouse, le comte de La Marche, qui ne manquèrent point de s'entendre avec Henri III. Aidée du légat, le cardinal de Saint-Ange, Blanche montra dès le premier jour la fermeté et l'habileté qu'elle déploya durant toute sa régence. Elle leva une armée et s'avança jusqu'à Chinon. Là elle sut détacher de la coalition Thibaut de Champagne, et le comte de Bar. Divisés, les révoltés s'humilièrent et le traité de Vendôme termina cette première prise d'armes (novembre 1227). Jean, fils de Blanche, était fiancé à la fille de P. Mauclerc, et ce dernier abandonnait au roi Saumur, Loudun et tout l'Anjou situé hors du diocèse d'Angers. De sérieuses garanties étaient de même prises contre le comte de La Marche. Henri III, isolé, signa bientôt une trêve devant aller jusqu'en 1228 (24 juin). Les premières difficultés semblaient résolues bien qu'il restât toujours à lutter et dans le midi contre Raymond VII, et dans l'intérieur du royaume contre le pouvoir ecclésiastique, surtout contre l'archevêque de Rouen et l'évêque de Beauvais. Bien plus le traité de Vendôme n'avait fait qu'exciter la haine des vassaux contre Blanche de Castille. On s'attaquait à sa nationalité, on l'accusait d'appeler en France des Espagnols et des Castillans. On lui contestait le droit d'exercer la régence. Mais la première prise d'armes ayant échoué, on chercha à frapper Blanche indirectement. Un complot fut ourdi pour enlever Louis IX. Le roi fut sauvé grâce au dévouement des Parisiens. Après cet échec, on ne fut pas embarrassé pour trouver d'autres occasions. Profitant de ce que les troupes royales, pour venger la prise de Castel-Sarrazin, saccageaient les environs de Toulouse, Philippe Hurepel se révolta, avec Enguerrand de Coucy et P. Mauclerc. La reine une fois encore surprit les rebelles. Aidée de Thibaut de Champagne, elle s'avança contre la Bretagne, s'empara de Bellesme et de la Haye Paynel (fin 1228). Au début de 1229 un nouveau et important succès était remporté dans le Midi. Raymond VII harcelé se soumit, et le 11 avril 1229 signa le traité de Paris. En outre d'importantes successions territoriales, l'héritage du comte de Toulouse était assuré à un prince de la maison royale, par le mariage décidé de l'un des frères du roi avec Jeanne, fille et héritière de Raymond VII.

Deux fois les grands avaient échoué en s'attaquant à la régente. Ils se tournèrent contre le comte de Champagne, qui les avait abandonnés à Chinon, et qui avait, dans la campagne de Bellesme, suivi la bannière royale. Une coalition se forma avec le duc de Bourgogne, qui venait, au mépris d'engagements pris avec Thibaut, d'épouser la fille du comte de Dreux, le comte de Bar, le comte de Boulogne. Thibaut était ainsi menacé au nord, à l'est et au sud. Les Bourguignons pénétrèrent en Champagne, Thibaut fut battu à Provins, et le sire de Joinville sauva à grand'peine Troyes. Le comte de Champagne semblait perdu. Mais les secours lui vinrent à la fois du comte de Flandre qui envahit le Boulonnais, de la reine qui s'avança jusqu'à Troyes. Cependant l'armée royale dut bientôt retourner vers l'ouest contre P. Mauclerc et Henri III descendu en France sur les instances du comte de Bretagne. Henri III perdit de longs mois à Nantes, fit une inutile chevauchée en Poitou, et bientôt se rembarqua. Blanche put alors se retourner contre les barons qui avaient à nouveau envahi la Champagne. Dès décembre 1230, la paix fut rétablie, et en juillet 1231, après une dernière campagne P. Mauclerc dut à Saint-Aubin du Cormier (juillet 1231) abandonner le bail de Bretagne. Bientôt Henri III renouvela sa trêve avec la France. Ce fut la dernière grande révolte. Trois fois Blanche avait accablé ses ennemis. Elle put jouir de son triomphe. Les uns disparurent comme Philipe Hurepel, les autres se soumirent entièrement comme Mauclerc. Elle put compléter son œuvre de conquête du Midi en faisant épouser à Louis IX la fille de Raymond Béranger, comte de Provence. Une dernière révolte, celle du comte de Champagne devenu roi de Navarre, se termina par un nouveau triomphe, et quand en 1236 Blanche remit le pouvoir à Louis IX, elle lui laissait un royaume pacifié et où le roi était le maître.

Si, à partir de 1236, Blanche n'apparaît plus comme reine, si elle se consacre à l'administration de ses domaines d'Etampes et de Pontoise, à la fondation et à l'agrandissement de ses pieuses fondations de Montbuisson et de l'abbaye du Lys, cependant elle ne disparaît pas entièrement du pouvoir. Elle reste à côté du roi, comme conseillère non seulement écoutée mais recherchée, comme médiatrice entre le roi et ses sujets, comme inspiratrice et directrice des actes de Louis IX. Blanche avait formé le caractère de Louis IX, elle lui avait aussi formé son règne. D'où la double influence qu'elle devait exercer sur le roi, et qui se retrouve sans cesse ; elle fait conclure le mariage de Charles d'Artois avec Mahaut de Brabant (1237), d'Alphonse de Portugal avec Mahaut de Boulogne veuve de Philippe Hurepel (1239), de Charles d'Anjou avec l'héritière des comtes de Provence (1245) ; c'est à elle que l'on s'adresse plutôt qu'au roi. Elle voyageait avec la cour ; elle était à l'expédition de 1240, pendant la coalition de Raymond VII et de Henri III ; c'est elle qui régla les rapports de Louis IX avec l'empereur Beaudoin II et avec Raymond VII. En un mot, Blanche ne régnait plus en fait, elle assistait le roi dans l'exercice de son pouvoir, et l'on peut dire que son rôle politique ne subit pas d'interruption entre sa première régence et le moment où la croisade de Louis IX la lui donna pour la seconde fois. Elle dut dans ce second règne maintenir intacts les droits de la couronne, contenir et repousser les prétentions de Henri III, assurer à Alphonse de Poitiers l'héritage de Raymond VII, à Charles d'Anjou la possession d'Arles et d'Avignon, et, avant de disparaître, elle put voir la France délivrée du danger des pastoureaux. Mais elle mourut le 29 novembre 1252, avant d'avoir pu remettre à Louis IX le gouvernement qu'il lui avait confié.

Blanche de Castille avait non seulement eu à garder à saint Louis l'héritage de France, elle avait eu à former le caractère du jeune roi. Dans les chapitres consacrés au rôle éducateur de Blanche, M. Berger nous montre la vie de la cour, large sans luxe inutile, unie, intime, digne d'un roi qui doit de bonne heure avoir la conscience de son rang et la connaissance de ses devoirs, pieuse sans affectation, instruite et cultivée. En résumé l'ouvrage de M. Berger est excellent et un travail de premier ordre. Mais si l'on ne peut que s'associer à ses conclusions en ce qui concerne Blanche, considérée comme reine, peut-être, après avoir lu son livre, ne partagerait-on pas l'admiration idéalisée qu'il a conçue pour la femme. Sans parler du reproche (le seul que l'on pourrait et serait en droit de faire à une étude si consciencieuse et si fouillée) de n'avoir peut-être pas assez et surtout avec des arguments décisifs justifié Blanche des allégations relatives à son attachement pour le comte de Champagne, M. Berger semble avoir exagéré les qualités de cœur de Blanche de Castille. Elle fut d'une révoltante dureté à l'égard de Marguerite de Provence ; la bonté qu'elle montra pour le comte de Toulouse fut plutôt encore de la dureté et de l'habileté diplomatique ; elle le harcela, prolongea la lutte jusqu'à la renonciation presque complète de ses droits par Raymond VII. Si elle pardonna à Ferrand de Flandre et à Thibaut de Champagne, n'y entra-t-il pas beaucoup de vues politiques ? Si elle fut pieuse, sa pitié fut surtout intérieure, partant d'une profonde croyance, mais jamais elle ne lui subordonna ses devoirs de reine, au contraire ; et c'est un des caractères qu'elle ne put imprimer à la piété de Louis IX. Blanche paraît avoir eu un caractère plutôt dur, et dont le trait dominant fut l'intelligence et l'habileté politique, aidée d'une volonté inébranlable. Elle sut être une bonne mère, mais surtout une mère de roi et de prince chez qui elle développa le sentiment élevé qu'elle concevait de l'exercice du pouvoir. Ce fut une dominatrice et peut-être le fut-elle trop pour l'âme irrésolue et faible de Louis IX à qui elle communiqua toutes ses qualités, sauf l'énergie et la décision, et à qui elle inspira toute sa conduite politique (sauf en ce qui touche les croisades), même après sa mort. Chez elle la femme disparaît devant la reine. Française d'adoption elle s'assimila au pays où elle entrait; n'hésita pas à assumer une lourde tâche, et sut remettre à son fils un royaume pacifié. Et si l'on peut généralement dire d'une régence qu'elle est la préparation d'un règne, peut-être ne peut-on pas faire de plus grand éloge du règne de Louis IX que de dire qu'il fut la continuation de la régence de Blanche de Castille.

Léon MIROT.

CORRESPONDANCE

A Messieurs les Directeurs du BULLETIN CRITIQUE.

Messieurs,

Permettez à l'un de vos collaborateurs, qui depuis longtemps suit avec attention le développement des études d'histoire, et en particulier des études d'histoire ecclésiastique, de vous soumettre quelques réflexions que lui a suggérées la lecture des écrits recemment publiés sur les origines des églises de France. Les considérations que je voudrais exposer brièvement ont trait, les unes au fond de la question, les autres aux arguments empruntés non à la science, mais à l'autorité, par lesquels certains catholiques essaient de la résoudre.

I

En ce qui concerne le fond de la question, il y a longtemps que j'ai refusé mon adhésion à la thèse dite, bien à tort, thèse traditionnelle. Ce ne serait pas le lieu d'exposer ici par le menu les motifs qui m'y ont déterminé. Qu'il me soit seulement permis de dire que les ouvrages des défenseurs de cette thèse n'ont fait, à mon sens, que mettre en plus vive lumière l'inanité des arguments sur lesquels on prétend la fonder. S'il fallait appuyer cette proposition par un exemple, je conseillerais la lecture du chapitre, consacré aux Saintes de Provence, où un auteur récent a clairement reproduit toutes les preuves de l'opinion favorable à la légende [1]. Serrées de près, ces preuves se ramènent à ceci : une croyance conforme existait, vers 1070, dans le monde ecclésiastique d'Aix. Or, il n'est pas inutile de le rappeler, les hommes qui vivaient à Aix en 1070, séparés de l'âge apostolique par un intervalle de 1000 ans, en étaient plus éloignés que nous-mêmes nous ne sommes éloignés d'eux : il serait donc nécessaire de corroborer leur témoignage par des documents plus anciens. Remontez au delà du xie siècle : vous ne trouverez plus rien, pas le moindre indice sérieux qui puisse être invoqué au profit du récit légendaire : je ne parle pas, et pour cause, de la prétendue inscription de 716, qui est au premier chef un apocryphe d'une évidente fausseté [2].

Avons-nous le droit de tenir pour certain, ou même pour probable un fait à l'appui duquel on ne produit que de pareils arguments ?

Ce que je dis de cette légende s'applique à beaucoup d'autres cas d'apostolicité, dont plusieurs comptent parmi les plus célèbres. On remonte jusqu'à la constatation d'une croyance existant au xie siècle, au xe, souvent au ixe. Au-dessus de cette limite les témoignages manquent, ou, s'il s'en trouve, ils sont trop suspects ou trop équivoques pour fournir la base d'une démonstration. Passe encore si les partisans des opinions légendaires pouvaient tirer argument du silence des textes pour tenir ce langage : « La croyance était répandue au ixe siècle, donc elle repose sur un fondement historique dont l'existence doit être présumée jusqu'à preuve contraire. » Malheureusement cette interprétation n'est pas admissible. En effet pour qui prétend démontrer par la tradition

---

1. Charles-Félix Bellet, *Les origines des Eglises de France et les fastes épiscopaux* ; Paris, 1896.

2. M. Longnon n'a pas hésité à déclarer cette inscription fausse (Longnon, *Les quatre fils Aymon* dans la *Revue des questions historiques*, t. XXV, p. 188). Voir dans le même sens Bladé, *Eudes duc d'Aquitaine*, dans les *Annales du Midi*, t. IV, (1892), pp. 158 et s.

un *fait historique et contingent*, le premier devoir est d'établir l'origine ou tout au moins la perpétuité de la tradition. Or ici, non seulement la source du fleuve se dérobe, mais aussi le cours de ce fleuve pendant huit ou dix siècles. Nous sommes loin de ces croyances fondées sur une chaîne de témoignages dont les plus anciens remontent à une époque presque contemporaine des faits. Une prétendue tradition qui apparaît à huit cents ou mille ans des événements, ce n'est pas la tradition, c'en est bien plutôt le contraire, quelque chose comme une génération spontanée.

On eût attaché moins de valeur aux allégations des hommes du moyen-âge en pareille matière, si l'on eût gardé présentes à la pensée deux observations que je crois bon de rappeler.

Il importe d'abord de ne point oublier qu'en matière d'histoire, les hommes du moyen-âge n'eurent souvent qu'un médiocre souci de l'exactitude et de la rigueur qui nous sont familières. Considérant l'histoire comme un genre de littérature, beaucoup ne craignaient pas de la compléter ou de l'embellir; au besoin ils inventaient un récit hagiographique aussi bien qu'un diplôme. Voyez, pour le ixe siècle en particulier, quelle liberté se donnent non seulement les écrivains du groupe isidorien, mais des personnages connus, tels que Hilduin ou même Hincmar. Parfois, je le reconnais volontiers, le but de l'apocryphe étant parfaitement louable, c'est le moyen seul qui mérite la censure : ainsi les auteurs des Fausses Décrétales ont certainement mis leur activité fâcheuse au service de la grande cause de la réforme de l'Eglise. En tout cas cette manière de faire doit suffire à nous rendre défiants à l'égard de croyances qui apparaissent à une époque aussi peu scrupuleuse. La défiance ne peut que redoubler quand le document qu'il s'agit d'apprécier répond à une tendance caractéristique du moment où il a été produit. Appliquez cette règle de critique aux légendes sur l'apostolicité qui font éclosion en ces temps de la période carolingienne où les réformateurs ecclésiastiques cherchent à s'appuyer sur le Saint-Siège. Alors les personnes qui subissent leur influence ne négligent aucun moyen de resserrer les relations qui unissent leurs églises à la chaire du Pontife Romain. Bon nombre de légendes sont à leur manière l'expression de ce courant qui portait vers Rome le clergé de l'Empire franc.

En second lieu, si beaucoup de lettrés n'estimaient pas qu'il leur fût interdit de fabriquer des apocryphes, c'est qu'ils y étaient encouragés par les dispositions d'un public fort enclin à les accepter. La plupart des hommes de ce temps ne possédaient, en fait de connaissances historiques, que celles qui tenaient dans les cadres de l'histoire sacrée et ecclésiastique. Or, non seulement à la manière des enfants dont la curiosité ne se trouve jamais satisfaite, ils éprouvent le besoin de compléter à tout prix les notions que leur fournissent les sources authentiques; mais encore, dès qu'un objet les frappe, ils sont portés à lui trouver une place dans ces cadres auxquels ils ramènent toutes choses. C'est peut-être l'histoire des œuvres d'art qui fournit les preuves les plus significatives de cette tendance qui explique naturellement une foule de faits : comment, par exemple, le grand camée du Cabinet des médailles, put être considéré comme représentant le triomphe de Joseph à la cour de Pharaon, tandis qu'en réalité l'artiste y a gravé Germanicus reçu par Tibère; comment l'image très nettement caractérisée d'une déesse du paganisme put être vénérée dans un monastère lorrain comme la figure de la Vierge Marie [1], comment on transforma des empereurs en apôtres, des têtes de Gorgone ou de Méduse en saintes Faces ou en Véroniques; comment on vit un vase des noces de Cana dans un vase antique portant le nom de Xerxès; comment la coupe de Chosroès conservée à Saint Denys put passer pour la tasse du roi Salomon [2]. Il faudrait un long mémoire pour enregistrer et classer les manifestations variées de cet état d'esprit. Visiblement de telles identifications étaient trop conformes aux habitudes et au goût des hommes du moyen-âge pour qu'ils se soient abstenus de les transporter dans des domaines autres que ceux de l'archéologie. Qu'ils aient rencontré, par exemple, un Crescent ou un Paul en tête de listes épiscopales : par la pente naturelle de leurs idées, ils seront

1. Ce fait s'est produit au monastère de Saint-Nicolas du Port, à propos d'une Vénus au miroir.

2. Je dois la connaissance de ces faits et de beaucoup d'autres faits analogues aux études de mon savant confrère et ami, M. Ernest Babelon, conservateur du département des médailles à la Bibliothèque Nationale. Voyez notamment son ouvrage : *La gravure en pierres fines* (dans la *Bibliothèque de l'enseignement des beaux-arts*, collection Quantin), p. 206 et ss.

amenés à y voir le Crescent de la deuxième épître à Timothée, et le Sergius Paulus des Actes des Apôtres ; et voilà deux églises dont la fondation est rattachée aux personnages de l'âge apostolique. Combien de légendes du moyen-âge ne furent pas mieux fondées !

Le critique a le strict devoir de tenir compte de ces dispositions, qui, jointes à l'orgueil de clocher et parfois aussi à des préoccupations intéressées, ont singulièrement développé les légendes et en ont assuré souvent le succès. Sinon, il s'expose à recueillir et à transmettre l'ivraie avec le bon grain. Les historiens qui traitent de ces questions ne devraient jamais oublier que l'un d'eux, l'abbé Darras, a pu écrire en parlant des Fausses Décrétales : « Une étude superficielle a fait rejeter cette collection comme un apocryphe indigne ; une étude plus approfondie la réhabilitera..... Le temps des exagérations est passé, et l'avenir appartient aux prétendues Fausses Décrétales, qui finiront par être reconnnues vraies. » Faut-il ajouter qu'il s'est trouvé un archevêque pour contresigner ce jugement en y ajoutant ces mots : « Il est difficile, après examen, de ne pas partager cette opinion [1] » !

II

En dépit de ces graves considérations, les légendes comptent encore de nos jours quelques partisans convaincus. Toutefois il n'est pas sans intérêt de constater que plusieurs de ces partisans mettent une sourdine à leurs affirmations. Ils ne disent plus : la légende est certaine ; ils se contentent d'affirmer qu'elle est probable, plus probable que l'opinion contraire. En même temps, ils usent des ressources inépuisables de la dialectique pour s'efforcer de miner les arguments de leurs adversaires [2] et pour créer ainsi

---

1. On trouvera ce passage, à la suite de la citation de l'abbé Darras, dans « *la Tradition catholique sur l'Infaillibilité pontificale* » par Mgr l'archevêque de Bourges (Mgr La Tour d'Auvergne) ; Paris, 1877, t. II, pp. 634-635, et *passim*. La citation de Darras est empruntée au tome XVIII de son *Histoire de l'Église*, pp. 318 et ss.

2. Je ne vois pas cependant que Mgr Bellet (*op. cit.*), ni M. le chanoine Arbellot (*Bulletin de la société archéologique du Limousin*, tome XLIII, pp. 137 à 145.) aient réussi à ébranler l'argument tiré par M. Duchesne

une incertitude dont ils espèrent attribuer le bénéfice à leurs opinions.

Quelle que soit d'ailleurs la méthode qu'ils adoptent, les fidèles de l'école légendaire ne font sans doute qu'user d'un droit imprescriptible en travaillant à sauver des croyances auxquelles ils sont attachés. Mais je ne puis me défendre de penser qu'il n'en va pas de même quand ils s'efforcent de soustraire leurs opinions au contrôle de la critique en les plaçant sous l'égide de l'autorité ecclésiastique, tout comme si elles étaient solidaires des dogmes, en même temps qu'ils suspectent hautement la foi chrétienne de ceux qui ne voient en leurs traditions que des légendes dépourvues de fondement historique.

En effet, on a souvent fait remarquer que l'autorité de l'Église n'est point engagée dans la question. L'Église, il n'y a pas à en douter, n'oblige point à croire que le saint fondateur d'un siège épiscopal appartient au Ier siècle plutôt qu'au IIIe ou au IVe. Bien plus elle ne m'oblige point à croire que tel tombeau auprès duquel elle tolère ou autorise un culte, contient certainement les restes de celui auquel il est attribué. De même, elle n'a jamais prétendu garantir la vérité des légendes ni l'authenticité des apocryphes insérés dans son Bréviaire, qui pourtant est pour elle la forme officielle de la prière publique. Cela est si vrai que certains textes ont été exclus du Bréviaire Romain pour cause d'inexactitude historique et que toutes les commissions nommées pour la réforme du Bréviaire ont pensé qu'il leur appartenait de procéder à de nouvelles expurgations. Comment après cela soutenir que, par le fait de l'existence d'un culte approuvé expressément ou tacitement, la légende qui lui sert de base doit être déclarée intangible, au moins dans ses lignes capitales ?

Il est fort heureux d'ailleurs qu'en cette affaire la conduite de l'Eglise soit assez claire pour ne prêter à aucune obscurité. C'est là un avantage qu'aucune époque ne saurait estimer à un plus haut prix que la nôtre. En effet nous avons assisté à une véritable renaissance des études d'histoire ecclésiastique. Jamais les anna-

---

de *l'ensemble* des listes épiscopales. Voir sur ce point la brève et décisive réponse de M. Duchesne dans le *Bulletin critique* du 5 mars 1896, pp. 125 et 126.

les de l'Eglise n'ont été fouillées avec plus d'ardeur que depuis vingt ou trente ans : formée par les leçons de maîtres tels que les Rossi et les Duchesne, animée d'ailleurs par le glorieux exemple des Bollandistes, une jeune génération s'est mise à l'œuvre, intelligente, active, passionnée pour tous les problèmes que soulève l'histoire religieuse : on n'ignore pas que parmi ces travailleurs, un grand nombre font ouvertement profession de foi chrétienne. Or, je le demande à tout homme éclairé, quelle serait leur situation scientifique et morale s'il leur fallait désormais détourner respectueusement leurs regards toutes les fois qu'ils rencontreront une de ces légendes apocryphes dont sont si riches certaines parties de l'histoire ecclésiastique ? A ce compte-là, les Fausses Décrétales devraient être encore tenues pour authentiques. A ce compte-là aussi, les catholiques, dépourvus de la liberté qui est la condition nécessaire de la recherche scientifique et toujours accusés d'une partialité qui leur aurait été formellement imposée, ne seraient plus en état de prendre part avec quelque autorité aux travaux de l'érudition contemporaine : leur rôle se réduirait à recueillir des documents dont d'autres tireraient les conclusions. Fatigués d'être suspectés aussi bien à droite qu'à gauche, ils abandonneraient le terrain de l'histoire des origines qui deviendrait le domaine propre des non-catholiques. Est-ce à cette faillite qu'aboutiront tant de généreux efforts entrepris pour démontrer par la pratique la possibilité d'un accord entre les croyances chrétiennes et la haute culture scientifique ?

J'entends bien que certains tenants de l'école légendaire se passeraient volontiers des recherches de l'érudition, tant de celle du XVIIe siècle que de celle du XIXe. Il n'est pas bon, pensent ils dans leur for intérieur, d'encourager une érudition qui, le cas échéant, se permet de discuter les légendes. Par ces discussions la foi des « faibles » est ébranlée : c'est par les légendes qu'on commence ; c'est par les dogmes qu'on finit. Et à la manière de nos modernes Jacobins, ils rééditent à leur façon la fameuse théorie du bloc. Eh bien ! même en me plaçant à leur point de vue, je crois qu'ils font fausse route. L'œuvre critique continuera de se faire, avec ou sans les catholiques ; seulement si elle se fait sans eux, il y aura bien des chances pour qu'elle se fasse contre eux. Et comme par le passé, les résultats généraux de cette œuvre critique pénétreront jusqu'au grand public par les mille canaux de la presse, journaux, revues, livres de vulgarisation dont sont remplies les bibliothèques populaires. A l'occasion Gavroche exercera sa verve sur nos légendes : cependant il sera admis en fait par l'opinion qu'un bon catholique n'a pas le droit de leur refuser son adhésion. Ceux qu'on appelle les faibles seront donc scandalisés comme par le passé, et même bien davantage, car ils n'auront plus le spectacle réconfortant d'hommes de haute culture, chrétiens avérés et authentiques, dont la foi éclairée sache faire le départ entre le dogme et la légende. Je vois bien à cela ce que perdront les intérêts généraux du christianisme : je discerne moins bien ce qu'ils y pourront gagner.

En 1743, au moment où il se proposait d'entreprendre la réforme du Bréviaire, Benoît XIV écrivait au cardinal de Tencin : « Le retranchement des légendes fera crier ceux qui tiennent les faits qui y sont contenus pour si certains qu'ils seraient prêts à se faire martyriser pour en soutenir la vérité. Mais cette critique nous paraît bien moins importante que celle par laquelle on nous reprocherait de faire lire au nom de l'Eglise des faits ou apocryphes ou douteux [1]. » Il ne saurait m'appartenir d'apprécier, en ce qui touche le Bréviaire, la valeur des scrupules de Benoît XIV : mais, en ce qui concerne l'histoire, je ne puis m'empêcher de penser que les catholiques feront bien d'en bannir les légendes et mieux encore de n'engager point au profit de ces légendes l'autorité de l'Eglise. Est-ce à dire qu'il faille pourchasser les légendes partout où elles se montreront ? Point du tout : laissez-les vivre et s'épanouir, pourvu qu'elles se donnent pour ce qu'elles sont et ne manifestent aucune prétention à se faire accepter comme des chapitres d'histoire. « A certains égards, écrivait M. Duchesne il y a huit ans [2], l'histoire chrétienne ressemble à un vieux château tapissé de lierre. Le lierre, c'est la poésie des légendes, qui recouvre çà et là les pierres solides de la tradition réelle. Il y a des malins qui se figurent que, parce qu'il y a du lierre dessus, l'édifice n'est qu'une ruine ; des naïfs, qui croient que le lierre est en pierre; enfin des

---

1. Lettre citée d'après les Archives du ministère des affaires étrangères dans l'*Histoire du Bréviaire Romain* de M. l'abbé Pierre Batiffol ; 2ᵉ édition, Paris, 1894, p. 294.

2. *Bulletin critique* du 1ᵉʳ juin 1888.

Vandales qui voudraient déraciner la plante décorative sous prétexte qu'elle est parasite. Qu'ils aillent ensemble *si far benedire*, comme disent les Italiens. Conservons la muraille et gardons-nous d'arracher le lierre ; qu'on nous permette seulement de l'écarter quelquefois pour voir et faire voir les belles assises qu'il y a dessous. »

On ne saurait mieux dire, et moi-même je ne pourrais faire mieux que de conclure ma lettre par ces belles paroles.

Veuillez agréer, messieurs, les assurances de mon respectueux dévouement.
Paul FOURNIER.

25 mars 1896.

CHRONIQUE

40. — Le Musée du Louvre vient d'inaugurer par le *Catalogue sommaire des marbres antiques* la série des catalogues illustrés destinés à servir de guides aux nombreux visiteurs qui parcourent ses galeries. Ce catalogue ne comprend pas moins de 3058 numéros ; il est orné de 16 gravures hors texte représentant les plus célèbres antiques du musée.

Les rédacteurs, MM. Héron de Villefosse et Michon, ont donné, en suivant l'ordre des salles, une description sommaire de chaque monument avec la mention exacte de sa provenance et l'indication précise des différentes collections dans lesquelles il a passé avant d'arriver au Louvre. Quelques notices succinctes fournissent des notions générales sur les monuments qui ont pu être groupés scientifiquement dans les galeries.

Le volume se termine par des tables très utiles : table des donateurs et des missionnaires qui ont contribué à l'enrichissement du musée, table des provenances, table des collections, palais ou résidences par lesquelles les objets ont passé. Enfin une table analytique très détaillée permet de retrouver sans peine tous les monuments d'une même série et se rapportant à un sujet d'étude déterminé.

C'est en somme un inventaire d'une collection considérable, fait avec soin et dans lequel il est facile de se reconnaître à l'aide des tables dont il est accompagné. Le prix modique du volume (1 fr.85) le met à la portée de tous les visiteurs et de tous les travailleurs.

H. T.

SOCIÉTÉ NATIONALE DES ANTIQUAIRES DE FRANCE

Séance du 5 février. — Le comte BOBRINSKOÏ et M. Arthur HEADLAM, sont élus correspondants étrangers, le premier à Saint-Pétersbourg, le second à Oxford. — M. A. PLANTÉ est élu correspondant à

Orthez. — Le baron de Baye fait une communication sur la nécropole d'Ananino, située sur les bords de la Kama, non loin de la petite ville d'Elabouga. Les tombeaux y sont creusés non pas sous un kourgan, comme on l'a dit, mais dans un tertre naturel qui domine une vaste plaine inondée en hiver par la Kama. Le mobilier funéraire dont le baron de Baye présente des spécimens comprend des silex travaillés, des objets de bronze et de fer avec figurations animales, des pointes de flèches et des poignards. Le baron de Baye se propose de rédiger un mémoire complet sur cette nécropole qu'il a explorée au cours de son dernier voyage en Russie. — M. l'abbé Thédenat lit une note de M. Toutain, sur les ruines d'une grande exploitation agricole de l'époque romaine, située à deux kilomètres de Chemtou (Tunisie). Les inscriptions confirment l'opinion que la population de ce centre agricole était romaine ou, tout au moins, plus romanisée que la plupart des indigènes de l'Afrique. — M. R. Mowat fait une communication sur les antiquités du cabinet du roi Stanislas, et, en particulier, sur deux inscriptions gallo-romaines aujourd'hui perdues, dont il serait intéressant de retrouver les textes. L'une, découverte à Alise-Sainte-Reine, est une dédicace à la victoire; l'autre, gravée sur le socle d'une statuette en bronze, était une dédicace au dieu Mercure *Iovantucarus* ; elle avait été découverte aux environs de Trèves; on la retrouve, au commencement de ce siècle, entre les mains d'un archéologue de Besançon; depuis elle a disparu de nouveau. M. d'Arbois de Jubainville approuve les conclusions de M. Mowat qui démontre que ce mot se décompose en *Iovantu* et *caros*, correspondant au latin *iuvantus* et *carus* et, par conséquent, signifiant *ami de la jeunesse*. — M. Michon entretient la société d'une inscription en mosaïque, de Medeba, signalée il y a quelques années par le R. P. Séjourné, associé correspondant. L'inscription offre les plus frappantes analogies avec celle de la mosaïque de Kabi-Hiram, rapportée au Louvre par M. Renan et en est évidemment contemporaine. Il s'ensuit que la décoration de la basilique de Medeba remonte non pas au IVe siècle, comme l'avait cru le P. Séjourné, mais seulement à l'époque de Justinien, époque de renaissance artistique qui a laissé tant de traces en Syrie.

Séance du 12 février. — La société est invitée, par la Société de géographie de Lisbonne, au centenaire de l'expédition de Vasco de Gama, et par la Commission départementale des monuments du Pas-de-Calais à l'exposition rétrospective qui sera ouverte à Arras du 14 mai au 14 juin 1896. — M. de Villenoisy continue la lecture de son mémoire sur la patine des bronzes antiques. — M. Boutroue fait une communication sur des fresques qui ornent la cathédrale de Saint-Vladimir à Kief, non encore ouverte au culte. Il en fait circuler des photographies et démontre que l'art russe contemporain est resté dans la tradition de l'art byzantin. Le Vicomte de Rougé, tout en admirant ces chefs-d'œuvre de l'art russe contemporain, formule quelques critiques sur l'expression de certaines physionomies de figures de saints et en particulier sur le trop vif éclat du blanc des yeux.

ACADÉMIE DES INSCRIPTIONS ET BELLES-LETTRES

Séance du 21 février. — M. Heuzey annonce que le Sultan vient de donner au musée du Louvre le vase en argent découvert à Sirpoula en 1888 par M. de Sarzec. C'est une jarre élégante, en argent battu au marteau, de 35 centimètres de hauteur et montée sur quatre pieds en cuivre; elle remonte à une haute antiquité ; c'est un des premiers exemples connus de gravure sur métal. L'artiste y a figuré au trait des animaux — génisses, lions, cerfs, bouquetin — surmontés de quatre aigles héraldiques à tête de carnassiers. Une dédicace au prince chaldéen Eutéma nous fait remonter au delà du xxxv° siècle avant J.-C. — Le Dr Hamy rappelle que, à la séance précédente, M. Müntz a mentionné la célèbre émeraude de Jules II. Cette pierre, qui a figuré dans la collection du Muséum en 1798-1805, a été, par ordre de Napoléon I, montée sur la tiare offerte par l'empereur à Pie VII. Elle avait été saisie en 1798, par les commissaires français avec la tiare de Pie VI qui en était ornée. — M. Clermont-Ganneau présente une petite intaille de seize millimètres et d'un grand intérêt, récemment entrée au cabinet des médailles. C'est un cachet en pierre dure, d'origine israélite, datant du vi° siècle avant J.-C. La gemme, une sorte de jaspe sombre, taillée en ellipsoïde, est percée de part en part, de sorte qu'elle pouvait être portée suspendue à un cordon ou montée en bague. Sur l'une des faces de l'ellipsoïde est gravé un *uraeus* à quatre ailes, emprunté à la symbolique égyptienne. Au-dessous, en caractères de forme phénicienne appartenant au vieil alphabet israélite, on lit les deux noms hébreux de Yahmolyahou et de Naasêyahou. Le premier signifie « que Jehovah soit compatissant »; le second, mentionné plusieurs fois dans la Bible, « œuvre de Jehovah ». L'étymologie de ces noms décèle que les personnages qui les portaient étaient Israélites et adorateurs de Jehovah. Les lettres de l'inscription présentent d'ailleurs tous les caractères de l'écriture phénicienne telle que l'employaient les Israélites antérieurement à la captivité. — M. E. Müntz fait une communication sur les travaux du sculpteur dalmate Jean de Trau à Rome, à Pesth et à Ancône (1471-1509). Les historiens d'art, français, allemands et italiens, ne savaient de lui jusqu'ici qu'une chose, c'est qu'il prit part à l'exécution du mausolée du pape Paul II (mort en 1471), aujourd'hui conservé dans les grottes du Vatican, et sculpta de sa main la belle figure de l'Espérance, dont on peut voir un moulage au musée du Trocadéro. Grâce à des documents d'origine slave, communiqués par M. Louis Léger, professeur au Collège de France, M. Müntz a pu compter la biographie de ce maître et enrichir son œuvre d'un monument jusqu'ici inédit. Jean le Dalmate, après avoir travaillé à Rome, se rendit en Hongrie et devint le principal collaborateur du roi Mathias Corvin dans la décoration des édifices élevés à Pesth. Après la mort de ce souverain libéral, l'artiste retourna en Italie et exécuta, en 1509, pour la cathédrale d'Ancône, un mausolée qui existe encore. — Grâce aux analyses minutieuses des terrains auxquelles il a fait procéder au cours des constructions élevées dans le centre de Paris, notamment sur les terrains du 10e arrondissement, M. VILLAIN démontre à l'Académie que, vers les premiers siècles de notre ère, il s'élevait une île, l'île Saint-Martin, située au milieu du marais qui couvrait alors ces parages. Ce marais, ancien bras de la Seine, s'étendait depuis le bassin de l'Arsenal jusqu'au pont de l'Alma, en longeant les contreforts des collines de Chaillot, de Montmartre, de Belleville et de Charonne. Il entourait une île de 3 kilomètres de longueur sur 1 kilomètre et demi de largeur. C'est sur cette île que s'est développée toute la région nord de Paris. A l'appui de sa communication, M. Villain présente les cartes qu'il a dressées. — M. Salomon REINACH lit un mémoire sur une statue d'Hécate, par Menestrate, que Pline signale au temple de Diane, à Ephèse. Suivant Pline, les guides conseillaient aux visiteurs de prendre garde à leurs yeux tant le rayonnement du marbre était intense. M. Reinach montre que ce témoignage est inadmissible, parce que les statues antiques étaient revêtues d'un enduit et que celle de Menestrate ne pouvait être exposée au soleil. Pline aura mal compris quelque allusion à cette croyance des anciens que les divinités étaient entourées d'une auréole dont les mortels ne pouvaient soutenir l'éclat.

Séance du 28 *février*. — MM. BOUCHER et NÉRON envoient deux échantillons prouvant qu'ils ont inventé un procédé par lequel les papiers troués par les parasites du papier ou moisis par l'humidité peuvent être reconstitués et rendus incombustibles. — M. OPPERT communique à l'Académie de actes de propriété: l'un est de l'an 28 de Nébobaladan, contemporain de Sardanapale III et de son fils Salmanasar III qui dut rétablir sur le trône le roi de l'an 11 mentionné dans le second document. Ce second document est de l'an 887 av. J. C. M. Oppert tire de ces deux textes une nouvelle confirmation de la Chronologie qu'il a proposée il y a près de trente ans.

HENRY THÉDENAT.

BULLETIN CRITIQUE

---

41. — **Œuvres de Julien Havet.** Paris, Leroux, 2 vol. in-8° de xxi-456 et 526 pages.

La famille de Julien Havet a eu l'heureuse inspiration de recueillir en ces deux volumes les écrits dispersés de ce savant, enlevé si cruellement à l'érudition française dans la pleine vigueur de son activité. Quelle que soit leur étendue et leur importance, ils révèlent tous cet esprit exact et sagace que nous admirions et sur lequel nous fondions tant d'espérances. Plusieurs sont de petits chefs-d'œuvre, que l'on ne saurait trop signaler à l'imitation de ceux qui débutent dans ces études.

Il n'est pas possible de les analyser ici et je n'ai pas l'intention d'en donner un simple catalogue. En ce qui regarde spécialement les *Questions Mérovingiennes*, qui occupent tout le premier volume, je crois les avoir toutes ou presque toutes signalées ici, au fur et à mesure qu'elles paraissaient. De la dernière, cependant, je n'ai encore rien dit, bien qu'elle eût pour moi un intérêt tout particulier. Nous en causions souvent, Havet et moi ; je suivais avec une avidité impatiente les progrès de ses recherches ; plusieurs passages de sa rédaction portent la trace de nos échanges d'idées.

Ce travail, malheureusement, est resté inachevé. Cependant il y manque assez peu, comme on va le voir.

Il comprend l'étude de deux livres relatifs à l'histoire épiscopale du Mans, les *Gesta Aldrici* et les *Actus episcoporum Cenomanensium*, et aussi des chartes fort nombreuses qui s'y trouvent insérées. Sur les deux livres, J. Havet a pu donner une expression complète à ses conclusions ; il a terminé aussi son étude des chartes contenues dans les *Gesta*; quant à celles des *Actus*, au nombre de 49, nous avons, pour 30 d'entre elles, tout le développement de son expertise ; pour 14 autres, son opinion seulement, sans les motifs ; de 5 seulement il n'a rien dit, mais on voit, par les chiffres de sa statistique (p. 364), qu'il en considérait trois comme absolument fausses, et deux seulement, toutes deux des temps carolingiens, comme « authentiques ou interpolées. »

Sur toutes les chartes des *Gesta* il porte un jugement favorable. Des 49 chartes que contiennent les *Actus*, 20 sont pour lui entièrement fausses, 8 au moins ont été interpolées plus ou moins gravement ; le reste, une vingtaine, résiste à la critique. Dans les limites assez étroites de ma compétence en diplomatique, je ne puis qu'approuver ces conclusions. Si, par le passé, j'ai montré trop de défiance à l'endroit de telle ou telle pièce mancelle, je serai plus confiant à l'avenir. Je sais d'ailleurs que tel diplomatiste illustre, dont les jugements sévères m'avaient encouragé à une réserve extrême, a depuis changé d'opinion.

Quant aux compositions biographiques dans lesquelles ces diplômes ont été enchassés, J. Havet n'a pas de peine à établir qu'elles remontent toutes les deux au temps de l'évêque Aldric (832-857) ; que les *Gesta Aldrici* sont antérieurs aux *Actus episcoporum* ; enfin que le premier de ces livres est une œuvre sincère, l'autre un produit de l'imposture. Il prouve aussi que le texte primitif des *Gesta* se termine avec le ch. XLIV et que tout le reste a été ajouté après coup ; que ce texte primitif est de l'année 840, première moitié ; que la rédaction des *Actus*, après une préparation assez longue, s'est achevée dans les dernières années de l'épiscopat d'Aldric.

Il va plus loin et nous donne des noms d'auteurs : les *Gesta Aldrici* sont l'œuvre d'Aldric lui-même ; les *Actus* sont à mettre au compte de son chorévêque David.

Je crois que ces déterminations de personnes ne sont pas suffisamment fondées. Commençons par les *Gesta*. Le titre de ce livre contredit formellement J. Havet : *Gesta domni Aldrici Cenomanicae urbis episcopi a discipulis suis ;* il est du reste confirmé par l'auteur de l'un des poèmes manceaux en l'honneur d'Aldric : *Eius scripsere omnia discipuli.* Ces témoignages fort graves ne me semblent pas infirmés par les raisons qu'on leur oppose :

1° L'auteur de la préface parle au singulier. — *Rép.* Cela est naturel. Les disciples d'Aldric s'étant partagé le travail, l'un d'eux aura été chargé de la préface.

2° Les *Gesta* rapportent, sur la vie d'Aldric, des circonstances intimes. — *Rép.* Le rédacteur les aura apprises de lui.

3° Le latin des *Gesta* est médiocre et semble avoir été pensé en une langue étrangère. Or Aldric était Germain. — *Rép.* La même objection s'appliquerait aux *Carmina*; du reste, pourquoi Aldric n'aurait-il pas amené avec lui quelques « disciples » de son pays? L'histoire de la translation de S. Liboire nous le montre en relations suivies avec le clergé de Paderborn.

4° A l'objection qui surgirait des éloges énormes que les *Gesta* font d'Aldric [1], J. Havet répond en alléguant l'exemple de l'évêque Aldebert, que l'on avait vu proclamer sa propre sainteté, distribuer de ses propres reliques et dédier des églises sous son invocation à lui. — *Rép.* La comparaison est inadmissible : Aldric était un honnête évêque, Aldebert un imposteur, qui fut jugé tel et condamné tant par l'épiscopat franc que par le pape Zacharie. Son apparition est un des plus tristes signes de la décadence, de la barbarie, où était tombée l'église franque au temps de Charles-Martel. Aldric vivait en de tout autres temps.

5° L'auteur, dit-on, se trahit dans la préface, lorsqu'il dit : *quasi ad discipulos loquens, hortor*... Le maître seul pouvait parler ainsi. — *Rép.* Non ; le maître n'aurait pas pris de précautions oratoires ; il aurait exhorté sans en demander la permission. Ce langage est bien plutôt celui de quelqu'un qui se voit obligé d'exhorter sans y être autorisé par sa situation.

6° Dans un autre endroit l'auteur se qualifie de pécheur. — *Rép.* Précisément dans un endroit où il est question des offices funéraires prescrits par Aldric comme devant être célébrés pour lui, après sa mort. On aura reproduit le texte même des formules choisies par lui. Il est sûr en tout cas, que les mots *ut absolvat Dominus animam Aldrici peccatoris episcopi ab omni vinculo delictorum* sont littéralement extraits d'une oraison liturgique : *Absolve, Domine, animam N. famuli tui ab omni vinculo delictorum*.

En somme la vie d'Aldric engage la responsabilité de cet évêque au même degré que les biographies du *Liber pontificalis* engageaient celle des papes. Les auteurs n'écrivaient pas à l'insu de leurs hé-

---

1. Ces éloges ont été copiés dans le *Liber Pontificalis*, Vies de Grégoire III et de Zacharie.

ros; ceux-ci se laissaient encenser; ils ne s'encensaient pas eux-mêmes.

Aldric ne fut ainsi célébré que jusqu'en 840. Sur ses vingt-quatre années d'épiscopat, les seize dernières n'ont laissé, dans ses *Gesta*, d'autre trace que le compte des ordinations célébrées par lui.

Passons maintenant de l'évêque au chorévêque. Celui-ci est, dans le mémoire de J. Havet, le personnage sacrifié. Aveuglé par son zèle pour le temporel de l'évêché, préoccupé de légitimer sa situation contre les attaques dont les chorévêques étaient alors l'objet, il n'est sorte d'imposture et de falsification qu'il ne se soit permis. Assurément, s'il est l'auteur des *Actus*, il le faut juger sévèrement. Examinons les preuves sur lesquelles on établit cette paternité littéraire.

J. Havet montre d'abord que les *Actus* sont d'un autre style que les *Gesta*, œuvre d'Aldric; que leur auteur est un faussaire, tandis qu'Aldric était un évêque consciencieux; que c'était un clerc du diocèse du Mans. Il ajoute que ce clerc devait disposer en maître de la mense épiscopale et avoir entre les mains l'administration de l'évêché. Ceci ne me paraît pas bien sûr [1], mais passons.

L'auteur des *Actus* fait chorus avec celui des Fausses Décrétales dans sa campagne contre les chorévêques, mais avec un *distinguo*. Il exclut des fonctions épiscopales les chorévêques qui n'ont été consacrés que par un seul évêque, mais non ceux qui ont été consacrés par plusieurs évêques. Pour conclure de là que les *Actus* sont l'œuvre du chorévêque David, il faudrait prouver deux choses : 1° que ce chorévêque se trouvait réellement dans le cas de l'exception; 2° qu'il n'avait autour de lui aucun partisan, aucun secrétaire, capable de manipuler les chartes et les traditions comme on l'a fait ici. Or cette double démonstration reste à faire. « *Is fecit cui prodest*, nous dit-on. Les *Actus pontificum* ont été écrits par le chorévêque qui gouvernait l'évêché du Mans. » Cette conclusion est trop précise. Je préfère celle de Weizsäcker : « Le récit a été

[1]. On allègue un texte où le monastère de Saint-Calais est dit possédé *a praedicto episcopo et a suae sedis ecclesiae ministris*. Ces *ministri* ne sont que des agents ordinaires de l'évêque, ceux qui, sur les lieux, exercent en son nom la possession. Rien n'oblige à y voir *un* agent extraordinaire, *un* délégué général à l'administration de la mense, l'évêque se trouvant empêché.

» fabriqué pour montrer que le chorépiscopat du Mans était légitime. »

Or il est clair que, si le chorévêque devait voir d'un bon œil les efforts faits pour le légitimer, il y avait quelqu'un qui était tout aussi intéressé que lui dans l'affaire : c'est l'évêque lui-même. Si donc l'on argumente du *Fecit cui prodest*, on sera aussi fondé à mettre sur les *Actus* le nom d'Aldric que celui de David ; ou plutôt, car il est difficile de soupçonner Aldric lui-même, de reporter la responsabilité sur un des clercs de son entourage. On sera même porté à donner la préférence à cette hypothèse si l'on considère que la préoccupation des chorévêques tient beaucoup moins de place dans les *Actus* que le souci du temporel de l'évêché.

Entraîné par son indignation contre le malheureux David, Julien Havet est allé jusqu'à lui reprocher d'avoir inventé les autres chorévêques qu'il raconte avoir fonctionné avant lui dans le diocèse du Mans. Ceci me semble bien fort. Le dernier, Marolus, a vécu sous le règne de Charlemagne ; beaucoup de personnes, au Mans, pouvaient l'avoir vu et être renseignées sur sa carrière. Il ne faut pas trop insister sur ce que les chorévêques, sous ce nom, étaient inconnus en Occident au temps des Mérovingiens. Sans doute le chorévêque oriental, sorte de vicaire forain, de curé en chef pour les districts ruraux, n'existait pas en Gaule ; mais depuis le VIIe siècle on y rencontre assez souvent des évêques surnuméraires, quelquefois pourvus d'un titre local (Lillebonne, S. Jean de Losne, etc), d'autres fois sans titre. Quelques-uns se consacrent aux missions ; d'autres suppléent l'évêque diocésain dans l'exercice de ses fonctions pastorales. L'évêque diocésain était souvent occupé à la cour, parfois même à la guerre, surtout depuis le déclin du VIIe siècle ; il n'était pas fâché de se débarrasser sur un coadjuteur de ses devoirs les plus absorbants. Au IXe siècle, en un temps où l'on se plaisait à faire revivre, non toujours sans quelque pédanterie, les anciennes institutions et les termes sortis de l'usage, on trouva le mot de chorévêque dans les vieux canons d'Orient, et on l'appliqua à cet épiscopat auxiliaire. Ainsi, de ce que le nom des chorévêques n'était pas employé sous les Mérovingiens, de ce que l'institution désignée d'abord par ce nom était également inconnue, il n'en faut pas conclure que le chorépiscopat du IXe siècle n'ait pas existé antérieurement sous d'autres noms ou même sans nom spécial.

Je crois donc qu'il y a lieu de faire plus d'état des *Actus*, en ce qui regarde les anciens chorévêques, que J. Havet ne le pensait.

Quant au catalogue des évêques du Mans, ce mémoire a dissipé la confiance que m'avait inspirée l'une de ses rédactions. J'ai déjà renoncé à fonder quoi que ce soit sur les listes épiscopales mancelles [1]. Ici J. Havet a fait un usage ingénieux des dates consulaires conservées dans les *Actus* à propos de la mort des évêques Victor et Turibe, et montré que le premier est mort en 490, l'autre en 497. Cela dérange grandement la chronologie adoptée au Mans depuis le ixe siècle; mais qu'y faire?

Faire comme moi, se corriger quand il y a lieu.

L. DUCHESNE.

---

42. — **Essai sur le Libre Arbitre,** par G. FONSEGRIVE. Alcan, Paris, in-8°, 592 pages.

Le livre de M. Fonsegrive, dont une seconde édition vient de paraître, est devenu, peut-on dire, un livre classique. Et il le méritait à bien des égards. La question du libre arbitre y est envisagée sous tous ses aspects au moins philosophiques. M. Fonsegrive a un talent d'écrivain remarquable. Il expose les idées des autres avec une grande clarté et une grande précision, et les siennes propres avec beaucoup de fermeté et de vigueur. Son ouvrage est très riche d'informations; et dans la dernière partie, en parlant de la pratique et des conséquences du libre arbitre, il a des pages de haute portée morale et qui vraiment ont grande allure.

Aussi, et j'ai à peine besoin de le dire, je ne vais me permettre de lui adresser des critiques qu'avec la plus respectueuse sympathie, et sans méconnaître la place qu'il a justement conquise parmi les philosophes contemporains.

Comme le livre est déjà connu, j'en viens immédiatement au point sur lequel j'ai des observations à présenter. C'est du reste le point important; je veux dire la manière dont l'auteur explique et démontre le libre arbitre.

---

1. *Fastes épiscopaux de l'ancienne Gaule*, t. I, p. 9.

Voici sa théorie. Pour que le libre arbitre soit possible, pour qu'il y ait en nous de la causalité, il faut d'abord une indétermination. Cette indétermination se réalise par l'opposition du bien sensible et du bien intelligible. Le bien sensible est connu par expérience, c'est le plaisir. Mais d'où vient l'idée du bien intelligible? C'est un concept qui se forme, comme tous les autres concepts, par abstraction. On y arrive en se représentant « le plaisir non d'une façon purement sensible, incarné dans telle ou telle affection, mais comme dégagé de toute affection particulière » (p. 416). On a donc l'idée du bien quand au lieu de *sentir* seulement le plaisir, on le *pense*, on s'en forme un concept. « Pour la raison en effet les concepts ont une valeur objective et toujours égale, où qu'ils se trouvent réalisés. Un plaisir conçu a pour la raison une valeur égale qu'il se réalise en autrui ou qu'il se réalise en moi. Deux plaisirs hors de moi valent plus qu'un seul en moi, de même que deux plaisirs éloignés valent mieux qu'un plaisir immédiat » (p. 417). « Ma raison me montre... par suite que mon plaisir est de bien peu en face du bien du monde » (id.) Mais dès lors comment peut-il y avoir indétermination? Si je suis raisonnable, est-ce que le concept du bien universel ne doit pas me déterminer nécessairement? (car M. Fonsegrive accepte simplement l'axiome socratique que nécessairement nous voulons le bien). Oui, mais nous ne voulons pas seulement le bien universel, le bien de tous, nous voulons notre propre bien, c'est-à-dire notre bonheur. « Le bien en soi, le bien intelligible est-il la même chose que le bonheur? c'est la question que tout homme se pose au moment d'agir. Mais il est impossible de répondre d'une façon assurée à cette question » (p. 427). Il y a sans doute une tendance puissante de la raison qui nous porte à croire que notre bonheur ne peut « s'allier avec le désordre universel » (id.). Toutefois cette tendance est contredite par l'expérience immédiate ; et notre intelligence n'est pas assez puissante pour découvrir la série des moyens termes par lesquels le bonheur universel se relie à notre bonheur. » Nulle commune mesure n'est possible dans l'état actuel de nos connaissances, une indétermination invincible subsiste (p. 427). Par la connaissance seule l'âme resterait donc indéterminée. Et quand l'indétermination est rompue par le choix ou du bien sensible ou du bien intelligible « c'est donc

elle-même qui se détermine, elle est donc indépendante et libre »
(p. 441).

Qu'est-ce que le bien d'après cette doctrine ? C'est d'abord l'idée
générale, le concept de plaisir. On pourrait peut-être se demander
si un tel concept est autre chose qu'un mot évoquant plus ou moins
confusément des souvenirs de plaisirs particuliers et individuels.
Mais ensuite ce concept de plaisir devient l'idée du plaisir de tous,
l'idée « du maximum de plaisir, non plus en moi seulement mais
dans le monde entier » (417). Or le concept de plaisir et l'idée du
plaisir de tous ne paraissent pas du tout être la même chose.
Mais des considérations sur ce point nous entraîneraient trop loin.
Quoi qu'il en soit il est impossible ici de ne pas se rappeler la doctrine de Bentham. Je sais bien que M. Fonsegrive croit s'en distinguer profondément par sa théorie de l'universel. Et c'est sans
doute à cela qu'il pense quand il dit que sa doctrine « est bien de
l'utilitarisme si l'on veut, mais un utilitarisme qui n'exclut ni le
sacrifice, ni le dévouement » (p. 417). Et si l'on considère l'ensemble de son livre et surtout la dernière partie, on reconnaîtra qu'il
y circule en effet un esprit qui n'a rien de commun avec l'utilitarisme vulgaire. Bien plus il a lu les moralistes chrétiens, il les a
goûtés, il s'en est pénétré même ; et c'est à leur contact, on le sent,
qu'il a compris la vie et qu'il s'en est fait une grande et noble idée.
Mais cela n'empêche pas que sur le point précis qui nous occupe il
se représente le fonctionnement de la vie morale à la manière des
utilitaires. Pour lui aussi le problème est de trouver le moyen de
réaliser la plus grande somme de bonheur. Mais la plus grande
somme de bonheur pour moi est-elle la même chose que la plus
grande somme de bonheur pour tous ? Cette question que Bentham
ne se posait même pas, M. Fonsegrive la déclare spéculativement
insoluble ; et c'est pourquoi selon lui il faut un libre arbitre qui la
résolve pratiquement dans un sens ou dans l'autre.

Mais si vraiment la question est insoluble, le libre arbitre se
détermine à l'aventure et sans savoir pourquoi. C'est la liberté
d'indifférence. Et si toujours je veux mon bien, même à travers le
bien universel, moralement mon action dans un sens ou dans l'autre a toujours la même valeur. On ne peut même pas dire qu'il y
ait erreur, puisque la vérité n'est pas possible. Si d'autre part il
m'apparaît seulement comme probable que le bien universel est

mon bien, par le fait même que je veux mon bien nécessairement, je serai déterminé à vouloir le bien universel. Si nécessairement je veux mon bien, nécessairement aussi je veux les meilleurs moyens pour l'obtenir; et pour que je veuille ces moyens, il suffit qu'ils m'apparaissent les meilleurs. Je ne suis pas capable dans le cas présent d'un calcul rigoureux; mais je le remplace par un calcul de probabilités et pratiquement le résultat est le même. Si je choisis mal c'est une erreur, ce n'est pas une faute.

Dès lors que, conformément à l'aristotélisme traditionnel, on fait de la raison la simple faculté de former des concepts avec les données de l'expérience, on est forcément amené à ne plus voir d'autre différence entre le bien et le plaisir que celle qui existe entre le général et le particulier. Par suite concevoir le bien et le rechercher, ce n'est pas s'orienter vers une fin supérieure au plaisir, c'est seulement rechercher le plaisir en se servant de son intelligence. Il ne semble pas qu'avec une telle théorie on puisse jamais expliquer la liberté ni la moralité. Et si en l'acceptant, M. Fonsegrive et bien d'autres avec lui n'en arrivent pas moins à se faire de la vie une haute conception morale, c'est qu'ils y introduisent autre chose que les conclusions de leur psychologie.

La vérité c'est que le bien universel, le bien absolu est d'un autre ordre que le concept de plaisir, d'un autre ordre aussi que le maximum de plaisir dans le monde entier. Ce n'est pas par une simple opération généralisatrice de l'esprit, ni non plus par une addition que nous acquérons l'idée du bien. Il y faut autre chose. Il y faut une action par laquelle nous nous élevons au-dessus de nous-mêmes en cessant de nous faire centre, une action par laquelle nous nous transformons nous-mêmes pour vivre d'une vie supérieure. Assurément le bien doit être mon bien. Mais il n'est pas mon bien naturellement et du premier coup. En fait mon bien varie selon que je suis tel ou tel. Le bien d'un homme désintéressé n'est pas le même que le bien d'un égoïste. Aristote a dit avec profondeur que l'honnête homme est la mesure du bien. Entre l'homme désintéressé et l'égoïste il y a une différence radicale. Ils sont orientés en deux sens tout à fait opposés. L'un élargit son cœur et son âme à l'infini; l'autre se resserre en lui-même. L'un s'universalise pour ainsi dire; l'autre se particularise. Le bien de l'un c'est ce qui peut être le bien de tous à la fois; le bien de l'autre c'est son bien propre qui est ordinairement le mal d'autrui. L'un vit dans l'éternité ; l'autre vit dans le temps. Il ne s'agit pas de trouver des moyens termes pour concilier ces deux genres de vie. Ce n'est point seulement à cause de la faiblesse de notre intelligence qu'il n'existe point de commune mesure entre le plaisir et le bien absolu. Il n'y en a absolument pas. Les contraires ne peuvent se concilier. Il faut choisir entre l'un ou l'autre. On ne peut servir deux maîtres. Au point de vue temporel, au point de vue égoïste du plaisir celui qui se détermine pour le bien est sacrifié. C'est en perdant son âme qu'on la sauve.

L'indétermination qui rend possible la liberté, si elle reposait sur l'ignorance, ne serait toujours qu'accidentelle ; et une science complète ferait ainsi disparaître la moralité. Ce n'est pas acceptable. L'indétermination doit tenir et tient à l'essence même des choses.

C'est ce que croient devoir admettre ceux que M. Fonsegrive, dans un dernier chapitre mis en appendice, appelle les *contingentistes*. Mais il repousse absolument leur doctrine parce qu'il y voit la négation de toute règle et de toute vérité. Un article de M. J. Weber, paru récemment dans la Revue de Métaphysique, contiendrait selon lui le dernier mot du *contingentisme*. C'est faire beaucoup d'honneur à M. J. Weber qui, je le crains, n'a peut-être pas eu d'autre objectif que de nous scandaliser, en rééditant cette vieille niaiserie que le bien et le mal ne sont que des préjugés.

Prétendre que le connaître est sous la dépendance du vouloir et qu'au commencement il y a l'action, ce n'est pas dire que l'action est sans règle et que toutes les actions se valent. Contre l'article de M. J. Weber, j'en appelle à la thèse si profonde et si originale de M. Blondel qui me semble devoir contribuer puissamment à orienter la philosophie dans une voie nouvelle. M. Blondel a montré qu'il y a une science de l'action bien que l'action soit première et libre.

Il ne s'agit pas de savoir si le bien est notre bien : la question est peut-être oiseuse. Mais il s'agit de savoir si nous sommes nécessairement ou librement ce que nous sommes. Ce n'est pas le bien conçu théoriquement et par simple spéculation qui en aucune façon nous détermine à être ce que nous sommes. Mais c'est nous par ce que nous sommes qui déterminons ce que nous appelons le bien. Nous ne pensons pas et nous ne sentons pas indépendamment de nos dispositions morales. Ceci ne veut pas dire qu'il n'existe pas de bien absolu, mais seulement que le bien absolu c'est notre bien quand nous sommes ce que nous devons être. Et nous ne devenons ce que nous devons être qu'en agissant. L'action bonne se justifie elle-même parce qu'elle reste jusqu'au bout conforme à son premier élan et qu'elle s'harmonise avec les actions semblables à elle. L'action mauvaise ou contraire se condamne elle-même, parce qu'elle renferme comme une contradiction intime et qu'elle s'oppose à toute autre action. Il y a ainsi une vie et une mort de l'action [1].

Si M. Fonsegrive veut entreprendre de faire la critique de la philosophie *contingentiste* et compléter les indications qu'il a données, nous nous en féliciterons. Avec son esprit large, pénétrant et toujours ouvert, il ne pourra qu'aider la vérité à se faire jour, et tout le monde lui en saura gré. En attendant son livre n'en conserve pas moins sa valeur et son importance. Et en plus des mérites que j'ai déjà signalés, même sur le point que je viens de critiquer, il a encore au moins celui de renouveler par des considérations ingénieuses [2], la théorie de l'Ecole sur le libre arbitre qu'il a reprise pour son compte.   L. LABERTHONNIÈRE.

---

43. — **A short manual of comparative philology for classical students** by P. GILES. London, Macmillan, 1895 ; xxix-544 pp. Prix : 10 sh. 6.

Le manuel de M. Giles vient d'atteindre sa seconde édition. La première remontait à 1891. C'est un livre pratique, clair et bien disposé. Les rapprochements des langues classiques avec l'anglais et avec les langues germaniques sont, comme il convient, assez nombreux.

Le livre comprend trois parties. Dans la première, « Principes généraux », M. G. définit la linguistique, puis donne des renseignements sur l'ensemble des langues indo-européennes. Le troisième chapitre, « Comment les langues indo-européennes diffèrent

---

1. V. L'Action, par Maurice Blondel.
2. V. les chapitres IV et V de la 2e partie *Critique de l'idée de nécessité et critique de l'idée de liberté*.

des autres », est un de ceux où se révèle le mieux la méthode d'exposition de l'auteur. Il prend ἵππος *equus* et ἠίθεος *uiduus* dans les diverses langues de la famille et en décompose les éléments. Il arrive ainsi par l'observation et l'induction aux idées de désinence, de suffixe et de racine. Il traite alors séparément de chacune de ces catégories. Puis il revient à la racine, et partant de la série δέρκομαι ἔδρακον δέδορκα, il en montre les variations. En possession de ces données, il passe aux trois catégories de langues qu'on peut opposer aux langues indo-européennes, en insistant sur les langues agglutinantes et sur les langues sémitiques. On voit quelle marche M. G. a adoptée. Son livre est en certaines parties moins un manuel, recueil de faits classés, qu'une sorte de cours parlé, dont on suit tous les détours. Les derniers chapitres de la première partie fournissent les notions élémentaires sur les facteurs de l'évolution linguistique, un abrégé de phonétique générale, et enfin l'indication exacte de la situation de l'anglais vis-à-vis des langues classiques et vis-à-vis des autres langues germaniques.

La deuxième partie est consacrée à la phonétique. M. G. a assigné des chapitres distincts à l'étude de la prononciation du grec et du latin. Ils sont d'ailleurs très courts et ne contiennent que les chefs de preuve énoncés en une ligne. Par suite, il n'y avait pas lieu de citer (p. 98) la prononciation d'Hyperbolos, raillée par le comique Platon : ὀλίος au lieu de ὀλίγος ; cet accident n'a sans doute pas plus de portée pour l'histoire générale des sons grecs que les affectations des « mèveilleux du Diectoie », et il est sans lien avec le changement de γ en y qui n'était pas encore opéré au VIIIᵉ siècle de notre ère. Ces chapitres sont intitulés : « *Alphabet* et Prononciation... » ; mais ce qui concerne l'alphabet est tout à fait insignifiant et cette lacune n'est pas entièrement comblée par l'appendice spécial sur les alphabets grecs et latins. Un fait aussi important que la substitution de l'alphabet ionien au vieil alphabet attique, avec toutes ses conséquences pour les études linguistes modernes, n'est exposé nulle part : le § 122 sur les fausses diphtongues ει, ου sont obscurs et insuffisants ; je ne sais si la vieille notation des lettres doubles ΦΣ, ΧΣ est mentionnée : on eût pu la signaler à propos de la prononciation des aspirées. Comme il arrive trop souvent, M. G. est avant tout linguiste et la partie philologique de sa tâche se trouve un peu négligée [1]. C'est ainsi que, pour le latin, les phénomènes de l'époque historique : le rhotacisme, les accidents de l'*u* (*u* et *w*), la chute de *n* devant *s*, l'évolution des diphtongues sont expédiés en quelques lignes, souvent peu précises. Il me semble que M. G. a voulu trop exclusivement justifier l'épithète « comparative » de son titre. J'aurais enfin à formuler des réserves sur la théorie de l'accent ; mais M. G. ne fait que reproduire des doctrines courantes en Allemagne et la discussion nous entraînerait trop loin.

La troisième partie est intitulée : « Les mots et leurs combinaisons ». Elle traite de la dérivation, de la morphologie, et, sommairement, de la syntaxe. M. G. n'a pas cru devoir modifier essentiellement sa théorie de la syntaxe des cas ; il s'en tient aux premières idées de M. Delbrück qu'il préfère aux « rétractations » du gros volume du *Grundriss*. La syntaxe comparée du verbe est d'autant plus précieuse que nous n'avons pas de travail d'ensemble sur ce point. Je n'insisterai que sur une partie de cet exposé.

M. G. se contente de résumer la doctrine de M. Delbrück et celle de M. Goodwin sur le subjonctif et l'optatif. D'après le premier, le subjonctif exprime la volonté ; l'optatif, le désir. Le second fait du subjonctif, l'expression du futur : absolu (négation οὐ), volitif (négation μή) ; l'optatif serait un futur faible. Le principal inconvénient de ces opinions est de ne pas établir de distinction nette entre l'optatif et le subjonctif. Peut-être peut-on arriver à une plus grande précision. Si nous classons empiriquement les emplois de l'optatif à l'époque classique, nous arrivons aux groupements suivants : *A.* Optatif sans ἄν : 1° emploi grammatical : subordination au passé (où il faut faire rentrer naturellement l'optatif dit de répétition et l'optatif du discours indirect ; dans tous ces

---

[1]. Pour éviter une confusion possible dans l'esprit du lecteur anglais, j'avertis que j'entends par philologie l'étude des documents conservés d'une même langue ; par linguistique, l'étude des données connexes de langues parentes. Le philologue est surtout historien et ne se meut pas seulement sur le terrain des faits grammaticaux dont l'étude n'est qu'une partie de sa tâche. Le linguiste est surtout naturaliste aussi bien par sa méthode de classification et de comparaison que par quelques-unes des conditions des phénomènes soumis à son observation.

cas, les deux mêmes conditions se retrouvent : verbe au passé commandant l'optatif et optatif équivalent à un indicatif des temps principaux ou à un subjonctif) ; 2º emploi logique : souhait. *B.* Optatif avec ἄν : emploi purement logique, hypothèse. Il est clair que la nuance qui sépare l'emploi *B* de l'emploi *A* n'est pas très accusée. Et alors nous sommes en présence de deux emplois fondamentaux : grammatical et logique. L'emploi grammatical consiste essentiellement dans le transport du verbe au passé. Il arrive, par ce moyen, ce qui se produit en latin par la concordance des temps : toute la période est mise au passé, la proposition subordonnée comme la principale. Y a-t-il un lien entre l'emploi grammatical, ainsi compris, et l'emploi logique de l'optatif? Plusieurs langues nous permettent de répondre affirmativement. L'anglais a une tendance à se servir du passé pour exprimer un vœu. Le conditionnel est formé à l'aide de l'auxiliaire au passé, dans le français, qui y introduit l'imparfait de *avoir*, dans l'italien, qui prend l'auxiliaire au prétérit. Cette tendance est naturelle. Quand on s'exprime avec réserve, soit pour émettre une supposition, soit pour formuler un désir, on se sert instinctivement du passé : *j'avais voulu, j'ai supposé*; on donne à entendre à son interlocuteur qu'on renonce à la volonté, à l'hypothèse, pour avoir le plaisir de s'entendre répondre : « c'est ainsi, on agira ». Ce sont là de petites finesses, comme on plaide le faux pour savoir le vrai. L'optatif peut donc être défini : le mode du passé. On s'explique de reste qu'il a les désinences des temps secondaires, comme un temps passé. Il s'est développé à côté et en dehors du subjonctif pour répondre à une certaine perfection de la subordination ; il serait vain de vouloir l'opposer au subjonctif et de faire des pendants de deux modes si divers. Il est très vraisemblable que cette spécification de l'optatif n'est pas ancienne. La langue primitive devait avoir seulement un germe : une certaine variété de formes destinées à devenir plus tard le subjonctif et l'optatif; mais ces formes n'avaient pas encore d'emplois définis. Le latin n'a rien débrouillé. Le sanskrit védique n'a pas été beaucoup plus loin. Le sanskrit classique, l'arménien, le germanique et le letto-slave ont éliminé le subjonctif. Le celtique (irlandais) a étouffé l'optatif. Seuls, le zend et le grec ont développé parallèlement la distinction des deux modes. Cette explication, qui n'est pas neuve dans toutes ses parties [1], donne la raison de l'impuissance de la méthode comparative dans la solution du problème : il appartient à une période qu'elle n'atteint pas.

Le livre de M. Giles sera un guide généralement sûr et aisé à suivre pour les étudiants. Des tableaux multipliés et une disposition typographique bien comprise en rendent l'usage très commode. Trois appendices sur les alphabets et les dialectes et quatre indices des mots grecs, italiques, germaniques et des matières le complètent ; à l'occasion des dialectes, des textes épigraphiques illustrent les données : cette petite chrestomathie servira aux lecteurs de première initiation et pourra leur donner le goût de poursuivre ces études. Une critique pour terminer. Les travaux français paraissent être complètement oubliés par M. Giles qui cite dans sa bibliographie uniquement le *Bulletin de la Société Linguistique* (sic). Ignore-t-il l'existence des *Mémoires* ? Si j'ajoute qu'à la page 185, n. 1, se trouve un mot aimable pour M. Henry, je crois que j'aurai fait le compte de notre avoir. Une pareille négligence ne m'empêchera pas de reconnaître que ce livre est, par quelques-unes de ses qualités, l'un des mieux faits pour réussir auprès du public français.

Paul LEJAY.

CHRONIQUE

41. — *Les fils de Dieu et les filles de l'homme dans la Bible*, par C. Robert, de l'Oratoire de Rennes. Extrait de la *Revue biblique*, juillet et octobre 1895 ; Paris, Lecoffre ; in-8, 64 pages. Commentaire historique et critique de *Gen.* VI, 1-4. La partie historique est très instructive et suffit à recommander cette brochure. La partie critique, où l'on voit que les fils de Dieu représentent les anges dans le texte sacré, quoique, dans la réalité, il s'agisse de mariages entre fils de Seth et filles de Caïn, pourra sembler suspecte aux théologiens et ne satisfera certainement pas les critiques. A. L.

42. — M. Léon G. Pélissier publie *Le navire de bonheur de l'avocat Bernardi* (Toulouse, Edouard Privat 1896, gr. in-8 de 24 p. ; extrait du tome VIII des *Annales du midi*). Ce poème inédit et ignoré, d'un auteur également inconnu, fut écrit en l'honneur du duc de Savoie, Charles-

---

[1]. MONRO, *A Homeric Grammar*, 2nd ed., p. 287 sqq.

Emmanuel I•", pendant son expédition en Provence. Le savant éditeur constate que ce poème, conservé parmi les manuscrits de la bibliothèque royale de l'Université de Turin, constitue un problème intéressant pour l'histoire de Provence, pour l'histoire littéraire et bibliographique de France, et pour celle des relations franco-savoisiennes. Il ajoute qu'il a voulu appeler, en mettant sous leurs yeux le poème lui-même, l'attention des habiles sur cette question au sujet de laquelle il n'a pu trouver aucun renseignement. Espérons que l'on découvrira quelques indications relatives au poète — bien mauvais poète — qui signe « B. Bernardi, advocat en la cour de parlement de Provence » et qui devait appartenir à la famille du même nom, laquelle figure (en plusieurs articles) dans le *Dictionnaire historique, biographique et bibliographique du département de Vaucluse* par le D. Barjavel.

T. de L.

43. — Le P. Albert Kuhn, Bénédictin, a entrepris la publication d'une Histoire générale de l'art (*Allgemeine Kunstgeschichte*), à la librairie Benziger (Einsiedeln). L'ouvrage comprendra trois volumes, respectivement consacrés à l'architecture, à la sculpture et à la peinture. Il paraîtra en vingt-cinq livraisons environ (à 2 marcs chacune). Les huit premières sont en vente ; renfermant le commencement des trois volumes promis, elles conduisent le premier jusqu'aux débuts de l'art chrétien, le second et le troisième jusqu'à la belle période de l'art grec. Une longue introduction esthétique ouvre cette Histoire : l'auteur s'est spécialement attaché à dégager les principes de la science du beau et ceux de la technique, avant d'entrer dans son long exposé historique. L'illustration est abondante et soignée. On reviendra plus tard sur cet ouvrage, lorsque la publication en sera terminée.

SOCIÉTÉ NATIONALE DES ANTIQUAIRES DE FRANCE

Séance du 19 février. — M. MARQUET DE VASSELOT fait, en son nom et au nom de M. Delaville le Roulx, une communication sur l'abbaye de Roncevaux et les richesses artistiques qu'elle renferme encore actuellement. Des photographies représentant l'abbaye et les principales œuvres d'art du trésor sont déposées sur le bureau. On remarque spécialement la couverture de l'évangéliaire sur lequel les rois de Navarre prêtaient serment lors de leur sacre et deux petits coffrets en argent, l'un du XVIe siècle, l'autre, charmant spécimen de l'art arabe du XIIe siècle. Les bâtiments de l'abbaye sont peu intéressants ; il y a pourtant une chapelle entourée de portiques, remontant au XIIe ou au XIIIe siècle. M. ENLART fait remarquer que les arcades qui entourent la chapelle de Ronceveaux sont bien un portique du XIIe ou du XIIIe siècle dont le toit a été reporté d'un mur extérieur démoli sur une chapelle centrale. Cette chapelle, avec son caveau, a des analogies : en France, à Montmorillon (XIIe siècle) et à Fontevrault (XIIIe siècle); en Italie à San Galgano (XIVe siècle). Quant au portique, c'est une disposition fréquente au moyen-age, mais on n'en a guère d'exemples aussi anciens. On peut citer pourtant, à Paris, le cimetière démoli des Innocents (XIVe siècle), Saint-Séverin (XVe siècle), Orléans (gothique, 1586); et des exemples de la Renaisssance à Montfort l'Amaury, Beaume la Rolande, Donnemarie en Montois, Montivilliers et Saint-Maclou de Rouen : ces deux derniers sont en bois. — M. de VILLENOIY, associé correspondant national, achève la lecture de son mémoire sur la formation de la patine des bronzes antiques ; il indique les divers agents pouvant avoir une action sur les six métaux qui entrent presque toujours dans la composition du bronze et les composés qui en peuvent résulter et figurent ainsi dans la patine. Il étudie ensuite les trois familles de patines qui en dérivent : bleue, verte et noire. — M. G. LAFAYE, fait une communication sur la forme de l'*harmamaxa*, chariot de voyage propre aux nations asiatiques, souvent mentionné par les auteurs grecs. Il est représenté sur un bas-relief assyrien du Musée britannique. Le fameux char funèbre qui transporta de Babylone à Alexandrie la dépouille mortelle d'Alexandre était l'*harmamaxa*. — M. MICHON entretient la société des circons tances dans lesquelles ont été découverts, il y a une quinzaine d'années, à Caporalino, en Corse, des bronzes antiques aujourd'hui conservés au musée du Louvre.

Séance du 26 février. — M. Adrien BLANCHET fait une communication sur une statuette en bronze de sa collection, trouvée à La Bressy près Velleron (Vaucluse). Elle représente un personnage gallo-romain, nu-tête, vêtu d'une tunique à manches courtes et d'un manteau avec capuchon ; il s'agit vraisemblablement d'une statuette de paysan, du IIIe ou du IVe siècle après J. C. — M. BABELON communique une liste de poids en bronze et en pierre lithographique que le P. Delattre a découverts dans des tombeaux puniques de Carthage. Ce qui fait l'intérêt de ces monuments pondéraux, c'est qu'ils constituent des séries complètes et que, d'autre part, ils se rattachent directement au système pondéral égyptien. M. Babelon signale l'intérêt de cette découverte pour l'étude des monnaies carthaginoises dont le système pondéral a jusqu'ici fort embarrassé les numismatistes. —

M. Durrieu fait une communication sur l'enlumineur Jean Pinchon ou Pichore, parisien d'origine, qui a travaillé à Rouen pour le cardinal d'Amboise et qui a été également employé par la ville d'Amiens pour la confection d'un livre très luxueux (aujourd'hui à la bibliothèque nationale) destiné à être offert à Louise de Savoie. — M. R. Cagnat appelle l'attention de la Société sur une inscription fausse du Musée de Compiègne connue par deux autres exemplaires conservés, l'un au Musée Kircher à Rome, l'autre au Musée du Louvre. Elle est ainsi conçue : *lucio roffino. c. c.* || *caligolae do* || *mus praefecto*.

Séance du 4 mars. — M. E. Michon soumet à la Société l'inscription fausse de L. Ruffinus, signalée dans la séance précédente par M. Cagnat comme ayant fait partie des objets acquis par le Louvre au chevalier E. Durand. Il s'agit, non point d'une urne, mais d'un petit cippe orné sur les côtés du *praefericulum* et de la patère et portant sur la face une épitaphe dont deux variantes sont conservées au Musée Kircher à Rome et au Musée Vivenel à Compiègne. M. Michon saisit cette occasion pour faire l'historique des différentes collections par où ont passé, depuis leur apport d'Italie, les inscriptions du chevalier Durand, notamment la collection Campion de Tersan et la collection Dubourny. — M. R. Cagnat signale une autre inscription, authentique mais peu connue, du Musée Vivenel à Compiègne : *liviae venustae* || *spuri f* || *vix an. xii. m* || *vi. d. ix*. La formule *spuri filiae* indique qu'il s'agit d'un enfant naturel. — M. Héron de Villefosse annonce qu'il a reçu une lettre de M. Baron, libraire à Narbonne, lui signalant différentes découvertes faites sur sa propriété : une tête en pierre blanche et des lampes romaines avec des estampilles et des sujets en relief déjà connus par d'autres monuments du même genre. — Le vicomte de Rougé signale les recherches de M. E. Gautier sur l'emplacement de l'ancienne ville de Cadesch, sur l'Oronte. Les fouilles exécutées par M. Gautier dans l'île de Tell et Tin (Lac de Homs) prouvent que ce n'est point en cet endroit, comme on l'avait cru jusqu'ici, qu'on doit chercher la position d'une ville qui a joué un si grand rôle dans l'histoire des Héthéens. — M. l'abbé Beurlier fait une communication sur la prédication de saint Paul à Athènes. Après avoir résumé différentes hypothèses récemment présentées à ce sujet, M. l'abbé Beurlier se rallie à l'opinion que saint Paul n'a point parlé devant le tribunal appelé l'Aréopage, mais, au contraire, qu'il a fait une conférence à tous les Athéniens qui ont bien voulu l'entendre, dans un lieu préparé tout exprès pour les discours de ce genre sur une colline voisine d'Athènes et qu'on appelait aussi l'Aréopage. M. Martha ajoute que, à l'époque de saint Paul, il circulait, dans les villes principales de l'Orient, des rhéteurs ou philosophes ambulants qui allaient partout faire des conférences ; saint Paul fut considéré comme un rhéteur de ce genre par les Athéniens amateurs de philosophie qui l'emmenèrent sur la colline appelée aréopage pour l'entendre plus à l'aise que sur l'*agora* où il se trouvait trop de passants indifférents ou importuns. Ces conclusions sont appuyées par E. M. Ep. LE BLANT et Samuel BERGER.

ACADÉMIE DES INSCRIPTIONS ET BELLES-LETTRES

Séance du 6 mars. — M. J. GAUTHIER envoie l'estampage et le texte d'une inscription romaine trouvée à Mandeure, non loin du théâtre antique : *D(iis) In(feris) M(anibus) pro salut(e) Sexti [Div]eani Pudentis*. On a trouvé au même endroit un I en bronze doré, haut de 137 millimètres, provenant sans doute d'une inscription monumentale. — M. COLLIGNON communique trois grandes fibules de bronze, découvertes en Béotie dans une sépulture voisine de Thèbes et appartenant à M. Albert Maignan. Elles ont la forme des fibules à plaques et à coquilles et sont décorées de gravures au trait. Sur deux d'entre elles on reconnaît les sujets familiers aux graveurs béotiens : des poissons, un cheval, un oiseau d'eau. Ces dessins sont exécutés dans le style géométrique de transition propre à la Béotie et qui succède au style mycénien. La troisième offre un décor très digne d'attention : deux adorants, placés héraldiquement de chaque côté d'une tige munie de ses rameaux et séparés par un disque rayonnant. C'est une sorte d'adaptation très gauche et très naïve d'un sujet emprunté à la glyptique orientale : l'adoration de la plante sacrée qui figure si fréquemment sur les cylindres chaldéens et assyriens. Cet exemple s'ajoute à ceux que fournissaient déjà la céramique du Dipylon et les vases proto-attiques pour montrer comment les motifs orientaux pénètrent dans l'art primitif de la Grèce et viennent prendre place à côté des éléments indigènes. — M. MASPERO annonce que le capitaine Lyons vient de découvrir à Phibre, une inscription trilingue en hiéroglyphes, en grec et en latin. Le texte hiéroglyphique, très mutilé, était surmonté d'un bas-relief représentant un cavalier foulant un ou plusieurs ennemis ; il contenait les noms des dieux de l'Abaton, Osiris, Isis et Orus, puis les noms de Knoumou, maître de la Cataracte et de la Nubie, Sothis, dame d'Eléphantine, Anoukit qui réside à Eléphantine. Dans le corps de l'inscription, très mutilée, on distingue une date, l'an I d'Auguste comme roi d'Egypte (30-29 av. J. C.) et sa titulature, puis les noms du pays de Pouanït et du pays des Nègres, avec allusion à des faits contemporains ; des prières au dieu de l'Abaton, pour la prospérité d'Auguste. Le texte grec et le texte latin sont chacun de neuf lignes ; voici le texte latin : c. cornelius. cn. f. gallus, [eq]ues romanus post reges ‖ a caesare divi f. devictos prefec[tus alex]andriae et aegypti primus defectioni[s] ‖ thebaides intra dies xv quibus hostem s[travit a]cie victor v urbium expugnator bore[se ‖ o]s copti ceramices diospoleos meg[ales ophie]i et ducibus earum defectionum interf[ec]tis exercitu ultra nili cataracte[n... ded]ucto in quem locum neque populo ‖ romano neque regibus aegypt[i]or[um signa s]unt prolata thebaide communi omn[i]‖[um regum formidine subac[ta] leg[atisque re]gis aethiopum ad philas auditis eoq[ue] ‖ rege in tutelam recepto tyrann[o xxx sc]hoeni i[n] fine aethiopiae constituto die[is] ‖ patrieis et n[ilo adiuto]ri... Cette inscription, si la copie du texte hiéroglyphique est exacte, nous apprend que cette révolte, mentionnée sans date par Strabon et Dion, est de l'an 29-30 ; elle nous donne en outre des renseignements pleins d'intérêt sur l'expédition, l'organisation du pays à cette époque et la personne de Cornelius Gallus dont on sait peu de choses. — M. PERROT rend compte à l'Académie des fouilles que M. Graillot, ancien membre de l'Ecole française de Rome, avait commencées le 17 janvier, aux frais du comte Tyskevicz, à Conca, au pied des montagnes des Volsques. On venait de dégager les restes d'un temple ou, mieux, de plusieurs temples qui s'étaient succédé sur le même emplacement du VII° au V° siècle, quand, le 8 février, les fouilles ont été interrompues par un ordre du gouvernement italien, quoique toutes les autorisations nécessaires eussent été obtenues avant de commencer les travaux. Elles avaient livré les restes très importants d'une décoration en figures de terre cuite, dont quelques morceaux, d'un beau style archaïque, remontent certainement au VI° siècle. — M. HAVET restitue un vers qui figure sous la forme suivante dans une épitaphe latine du *Corpus inscriptionum latinarum* (t. V. 1939) : *Non fueram, non sum, nescio, non ad me pertinet*. Cette forme corrompue devrait être lue ainsi : *Non fueras, non es, nescis, non pertinet ad me*.

Henry THÉDENAT.

BULLETIN CRITIQUE

---

44. — **La Religion des contemporains,** par l'abbé L. C. C. Delfour. 1 vol. in-12 de 464 pages. Paris, Lecène et Oudin, 1895.

Déjà connu par une excellente thèse, qui est devenue un volume couronné par l'Académie française, M. l'abbé Delfour n'est pas un nouveau venu pour les lecteurs du *Bulletin Critique*. Ici même, une plume d'une rare compétence a apprécié la *Bible dans Racine* et rendu hommage au talent de l'écrivain [1]. Aujourd'hui, laissant de côté les classiques, M. Delfour demande à la littérature contemporaine quelle situation elle occupe par rapport à la Religion. C'est au point de vue religieux qu'il étudie les plus illustres parmi les écrivains qui ont la vogue en ce temps-ci. Il interroge tour à tour MM. Gaston Boissier, Paul Bourget, Jules Lemaître, Anatole France, Brunetière, de Vogüé, de Hérédia, pour commencer par les académiciens d'hier, puis ceux de demain, MM. Emile Faguet, Edouard Rod et même E. Zola. Très sensible à toutes les beautés littéraires, qu'il apprécie finement, très sympathique à l'ensemble des œuvres qu'il étudie — si j'excepte celles de M. France et de M. Zola — M. Delfour ne veut pas se borner à faire œuvre de critique. Il pose tout haut à ces écrivains une question que chaque lecteur catholique se pose tout bas, lorsqu'il parcourt ces volumes si remplis d'art, de délicatesse, de science, d'élévation morale, mais où manque d'ordinaire ce quelque chose qui leur imprimerait une suprême valeur : la foi chrétienne. De plus d'un on peut dire, en lisant leurs plus récentes et leur meilleures pages, la parole du divin Maître à ce personnage de l'Evangile : *Non es longe a regno Dei*. En est-il un seul cependant qui aille bien

---

[1]. Voir l'article du P. Largent, n° du 15 janvier 1894.

au delà d'un spiritualisme élevé, teinté de Christianisme; qui ne se borne à s'affranchir avec éclat des grossiers préjugés du matérialisme ou du scepticisme voltairien? Parmi les meilleurs, en est-il un seul qui ne soit un ami, un admirateur, un apologiste même de l'Evangile plutôt qu'un disciple? Chez beaucoup que de singulières ignorances, que d'erreurs qu'on ne rencontrait pas même chez les sceptiques du xviiie siècle, élevés dans une atmosphère encore tout imprégnée des influences d'une éducation chrétienne.

Je n'ai nommé que les Académiciens en fait et en espérance, mais M. Delfour ne borne pas son étude aux seuls hôtes présents ou futurs du palais Mazarin. Il consacre de nombreuses pages, et non pas les moins intéressantes, à MM. Alphonse Daudet, Maurice Barrès, Huysmans. La galerie est complétée par trois dames de lettres, mesdames Arvède Barine, Séverine et une anglaise, Miss Elisabeth Browning.

Des appréciations littéraires de M. Delfour, nous n'avons rien à dire si ce n'est qu'elles sont entièrement les nôtres. M. Delfour est un classique — mais non un classique borné. Il met à la base de toute littérature vraiment digne de ce nom la raison, le bon sens, la dignité morale, et quand tout cela est assaisonné de nouveauté, d'imagination, de mouvement, de finesse et de bon goût, il estime que l'écrivain mérite d'être compté. Mais — et c'est là l'objet même de son livre, — M. Delcour est, plus encore qu'écrivain, chrétien et prêtre; le résultat de l'enquête qu'il poursuit est autrement sérieux que celui dont se contenterait un Sainte Beuve ou un Jules Lemaître. Cette littérature contemporaine, malgré ses lacunes théologiques, malgré la maigreur de son orthodoxie, marque-t-elle un mouvement en avant vers la renaissance chrétienne? Voilà la question. Nous trouvons la réponse de l'auteur dans les lignes suivantes par lesquelles il résume son appréciation sur un livre de grande valeur de M. Gaston Boissier : « Ceux-là surtout qui, dans leurs préoccupations mettent au premier rang les progrès de l'influence chrétienne, saluent avec bonheur la *Fin du Paganisme*. Non, sans doute, que l'auteur ait voulu faire de l'apologétique, mais, intentionnellement ou non, il a coopéré au mouvement puissant qui entraîne les générations contemporaines, sinon vers le christianisme proprement dit, du moins vers une certaine forme du christianisme. C'est déjà un résultat considérable. A l'heure qu'il est, M. Boissier peut être regardé à juste titre comme un des représentants les plus distingués de la haute Université. Son influence s'exerce sur une élite de jeunes professeurs à qui appartient peut-être la direction de l'avenir. Dans les enseignements de celui qui est, en même temps, un de leurs maîtres les plus écoutés et un très remarquable initiateur, nous pouvons donc, jusqu'à un certain point, chercher à découvrir l'opinion générale de demain. L'évolution que nous voyons s'accomplir sous nos yeux s'achèvera-t-elle au profit de l'Eglise ? nul ne le sait [1]. »

Non, nul ne le sait. A côté des signes favorables que remarque M. Delfour, que de symptômes fâcheux ! Voit-on la presse lubrique perdre quelque chose de sa popularité ? Nos théâtres ont-ils jamais été plus licencieux ? Ne voit-on pas, jusque sur les scènes les plus littéraires, s'étaler des thèses révoltantes, des spectacles qui relèvent plutôt de la police des mœurs que de la critique littéraire ? Du moins il est permis de se réjouir du discrédit profond qui commence à s'attacher au matérialisme soi-disant scientifique, au positivisme brutal qui, il y a peu de temps encore, paraissait triompher sur toute la ligne. M. Delfour eût-il osé, il y a quelque vingt ans, tenter l'investigation qui fait l'objet de son livre ? Je suis porté à croire que non, tant la question eût paru téméraire.

A cet ouvrage d'une doctrine si sûre, où tant de pages attrayantes rivalisent sans désavantage avec les meilleurs passages des auteurs que M. Delfour cite pour les louer, nous n'adressons que deux critiques, et toutes deux de pure forme. Il nous a semblé parfois que l'auteur, quelque soin qu'il prenne pour se garer de cet écueil, oublie qu'il fait œuvre de littérature, et laisse trop percer le théologien sous le critique ; les bonnes et saines vérités qu'il applique à nos écrivains en rupture d'orthodoxie, n'auraient-elles pas gagné quelquefois à être présentées d'une main plus légère ? Mais surtout ce livre, où tout est bon, n'échappe pas à l'inconvénient propre, sauf de rares exceptions, aux ouvrages formés d'articles de Revue. Sans doute une idée claire, simple, partout visible, domine toute l'œuvre de M. Delfour et en fait l'unité. Néanmoins le lecteur a quelque peine à la reconnaître au milieu de tant de livres

---

1. P. 6.

divers qu'on fait passer sous ses yeux. De ces ouvrages plusieurs lui sont totalement inconnus et, malgré l'analyse qu'on lui présente, il se heurte à mille allusions qu'il a peine à comprendre. Faut-il ajouter que de ces livres, qui étaient en pleine floraison au moment où M. Delfour prenait la plume, plusieurs, au jour où son livre paraissait, étaient déjà entrés dans le chemin de l'oubli ? Nous espérons de l'auteur de la *Bible dans Racine*, dans un temps prochain, quelque œuvre d'un seul jet, propre à faire ressortir avec plus d'éclat les qualités si distinguées de son style, aussi bien que la supériorité de sa doctrine.

L. LESCOEUR.

45. — **Montalembert. Sa jeunesse. 1810-1836.** Par le R. P. LECANUET, prêtre de l'Oratoire. In-8° de 500 pages. Paris, Poussielgue.

Le R. P. Lecanuet s'est fait connaître, il y a deux ans, par une agréable vie de Berryer. L'art de grouper les faits, le mouvement du récit, l'élégance du style dénotaient un talent délicat, auquel il n'avait manqué, pour s'élever jusqu'à l'histoire telle qu'on la comprend aujourd'hui, que de travailler sur les documents originaux et de dire toute la vérité. Le livre était particulièrement destiné à la jeunesse, qu'il faut traiter avec respect et qui ne peut tout entendre. Voilà pourquoi les faiblesses et les défaillances du grand orateur furent laissées dans l'ombre. Il n'apparut que sous ses aspects les plus nobles et les plus brillants. Si vivant et si attrayant que fût le portrait, quelques coups de pinceau étaient encore nécessaires pour mettre la physionomie au point et pour achever la ressemblance.

Par son récent volume sur la *Jeunesse de Montalembert*, le R. P. Lecanuet est entré dans la véritable histoire. On peut dire que le sujet était neuf ; car il n'avait été qu'effleuré jusqu'ici dans de rapides notices. Il est traité avec soin d'après les premières sources d'information. La famille a ouvert libéralement tout le trésor de ses archives. Les lettres inédites à Lamennais, à Lacordaire, à Gerbet, à Lemarcis, etc., le *Journal intime* de Montalembert lui-même, commencé dès 1826 à l'époque du voyage en Suède, ont été mis à la disposition de l'écrivain. Celui-ci n'a rien sacrifié, en échange, de sa liberté d'appréciation. « Ce n'est point un panégyrique, nous dit-il, c'est une œuvre de conscience, de justice et de vérité que l'on attend de nous et que nous avons entreprise. C'est une histoire impartiale écrite en pleine indépendance. »

L'impartialité n'est point l'indifférence. Le R. P. Lecanuet n'a pu se dérober à la séduction de la chevaleresque nature qu'il avait à peindre. Tout lecteur sera pris, comme lui, par le charme de cette pure et généreuse jeunesse, jeunesse si merveilleusement précoce, variée par des voyages en Suède, en Angleterre, en Irlande, en Allemagne et en Italie, remplie par les plus nobles amitiés, exaltée par les plus grands sentiments, mêlée enfin aux plus graves événements religieux. Une chaleur communicative anime le récit, le colore, et élève le ton parfois jusqu'à l'enthousiasme. Qui s'en plaindra, si la clairvoyance du critique n'en est pas diminuée, si l'admiration ne lui ôte rien de la fermeté de ses jugements ? Quand on a un peu vécu et observé, quand on a vu trop souvent en ce monde triompher l'intrigue et la bassesse, on ne peut s'empêcher de saluer avec émotion, comme le P. Lecanuet, un jeune homme fier et désintéressé qui s'écrie : *Je ne vois partout en première ligne que des lâches et des menteurs. Ma seule ambition est d'être un homme de cœur et un homme vrai.*

Un homme de cœur, tel est, en effet, le premier titre de Montalembert et sa première noblesse. Comme, tout enfant, il déborde de touchante tendresse pour son vénérable grand-père, (p. 15) ; adolescent pour ses amis, Cornudet, Lemarcis ; jeune homme pour Lamennais, Lacordaire, Albert de la Ferronnays ! Il aime passionnément Dieu et l'Église, la France et la liberté. Il n'a d'autre ambition que de se dévouer à ces causes sublimes. Dès l'âge de quatorze ans, il s'est juré de les défendre par la parole et par la plume. Vivre, pour lui, c'est agir et lutter. Le repos et la médiocrité lui sont également insupportables. Comme le Nisus de Virgile, il porte au cœur la flamme qui fait les héros, et cette ardeur l'entraînera dans la campagne de l'*Avenir*, dans le procès pour la liberté d'enseignement; elle lui inspirera son éloquence chaude, imagée, vibrante en faveur de l'Irlande, de la Pologne, de la Grèce, du Sonderbund ; elle animera d'une vie intense l'histoire de *Sainte Elisabeth de Hongrie* et celle des *Moines d'Occident*.

Quelques défauts et quelques faiblesses sont la rançon inévitable de ce don supérieur. Le R. P. Lecanuet, sans les souligner, ne les dissimule pas. Montalembert n'était pas, à proprement parler, un penseur. La métaphysique lui était fermée ; il n'entrait dans les questions philosophiques qu'avec son imagination pour y chercher matière à des développements poétiques. Par suite, il était destiné à être toute sa vie, selon le mot de Lacordaire, plutôt disciple que maître. Au fond de toutes les luttes auxquelles il a pris part, en effet, des doctrines sont en cause. Lamennais ne l'a pas seulement conquis par une profonde affection, il l'a plus encore dominé par la puissance de son esprit, par l'ascendant de son génie. Montalembert est à la fois sous le charme et sous le joug. Aussi que de peine il eut à se dégager après l'Encyclique *Mirari vos!* Il y mit trois ans, trois années de souffrances indicibles, où il fut douloureusement tiraillé entre le génie orageux du prophète breton dont il était le captif, et l'attirante amitié et les appels désespérés de Lacordaire. Drame pathétique ! Il se déroule jour par jour sous nos yeux, grâce aux révélations d'une correspondance jusqu'ici inédite entre les trois acteurs, et dont le P. Lecanuet a su tirer de saisissants effets.

Dans le même ordre d'idées, sans vouloir rien rabattre ni du brillant talent de l'historien de *Sainte Elisabeth*, ni des éloges que fait Villemain de cette sorte d'inspiration qui anime et élève tout l'ouvrage, j'aurais quelque peine à souscrire sans réserves aux conclusions qu'en tire le P. Lecanuet. Il fait honneur à Montalembert d'avoir non seulement renouvelé, mais créé l'hagiographie, par la vie qu'il met dans ses tableaux et par la place si large qu'il accorde, au regard de l'incrédulité moqueuse, au miracle et à toutes les formes du surnaturel. Peut-être me trompé-je ; mais, c'est Chateaubriand, me semble-t-il, qui a infusé à l'histoire la sève qui l'a rajeunie en ce siècle, qui lui a donné plus de vérité, de couleur et de mouvement. Augustin Thierry, formé à son école, avait emprunté sa manière ; et, soutenu par ce modèle, il avait déjà jeté sur la toile son *Histoire de la conquête de l'Angleterre par les Normands* et les premiers *Récits des Temps mérovingiens*. L'hagiographie, qui n'est qu'une branche de l'histoire, devait inévitablement bénéficier des progrès accomplis. Quant à la bravoure avec laquelle Montalembert déclare croire « de la meilleure foi du monde à tout ce qui a été jamais raconté de plus miraculeux sur les Saints de

Dieu en général et sur sainte Elisabeth en particulier, » elle est d'un bel exemple sans doute et tout à fait digne de ce pieux Croisé. Mais comme on lui a justement reproché de manquer d'esprit critique, de ne point contrôler suffisamment la valeur de ses renseignements, de verser tout de suite dans le panégyrique ou dans la philippique, de confondre et de mêler l'histoire et la légende sans toujours faire le triage nécessaire, c'était le lieu de discuter ce jugement et de nous mettre à même, par de bons arguments, de nous faire une opinion personnelle sur cette importante question. N'est-ce pas Lacordaire lui même qui écrivait à son ami, à propos de ses articles sur Rome : « Ce n'est pas la vraie peinture des choses, toujours mélangée de bien et de mal.... *Tu es romancier, tu n'es pas historien.* »

Mais ces lacunes passent presque inaperçues dans une nature si riche si prodige d'elle-même et dans une vie si pleine. A vingt-six ans, en effet, Montalembert a déjà assez fait pour illustrer une autre vie que la sienne, et il n'en est encore, pour emprunter un mot célèbre, qu'aux premiers pas de sa course. L'épisode le plus attachant de cette première période est cette brillante campagne de l'*Avenir* qui débuta comme une épopée et finit comme une tragédie, par une catastrophe. Montalembert était trop jeune pour y jouer le premier rôle, et même le second. La direction appartenait de droit à Lamennais, âme fougueuse, inquiète, excessive, qui aurait eu besoin elle-même d'être dirigée. Lacordaire, prêtre depuis 1824, y apportait avec toute l'ardeur de ses vingt-huit ans, quelque chose de plus net, de mieux équilibré dans la pensée et dans l'action. En dépit des impétuosités de son caractère, des trois, il était le mieux fait pour être chef, — sinon pour entraîner son monde, ce que Lamennais savait faire aussi bien que personne, — mais pour l'arrêter à temps, et empêcher les grands écarts. S'il va à Rome, c'est avec la ferme volonté de se soumettre à la décision du Pape, quelle qu'elle soit. Lamennais, avant le départ, n'admet déjà point la possibilité d'une condamnation ; et sur le chemin de l'Italie, Lacordaire a pressenti nettement chez celui qu'il appelle « le Maître, » le mécontent et le révolté.

Quelle émouvante et dramatique campagne que celle de l'*Avenir* ! Chez ces trois chevaliers engagés à fond dans la bataille pour la conquête de la liberté, quel élan ! quelle générosité ! quel désintéressement ! Ils sont admirables jusque dans leurs excès et leurs imprudences, tant ils y portent d'oubli d'eux-mêmes, tant ils ne sont animés que de l'amour de l'Église ! Cette Église, leur mère, à qui la France doit depuis quatorze siècles ses grandeurs morales et la meilleure part de sa gloire, ils souffrent de la voir humiliée et sous la tutelle d'un pouvoir jaloux. Ils sentent qu'elle a perdu chez nous au XVIIIe siècle, par la faute d'un clergé médiocre, déchu des hauteurs de la science et de la sainteté, la direction des intelligences, et sa prépondérance sociale. Il s'agit de reconquérir l'une et l'autre, de lui rendre sa place au soleil, et toute sa liberté d'action. Chateaubriand, J. de Maistre et de Bonald ont préparé le terrain : l'heure est venue de tenter un combat décisif. Supprimons donc le Concordat, s'écrient-ils, et proclamons l'indépendance absolue du pouvoir spirituel. Sacrifions même le budget des cultes : la liberté vaut mieux que des chaînes dorées. Qu'elle règne dans l'enseignement, dans le droit d'association, dans la presse, et la victoire est assurée à l'Évangile. On sait les colères politiques et religieuses suscitées par ces doctrines hardies, parfois même téméraires. Elles se produisaient soixante ans trop tôt. L'*Avenir* succomba sous l'opposition formidable de presque tout l'épiscopat, mais non sans avoir relevé le courage des catholiques et donné à leur initiative un branle dont nous bénéficions encore présentement !

Les huit chapitres que le R. P. Lecanuet a consacrés à cette croisade héroïque et féconde saisissent et entraînent le lecteur. Nulle part les idées et l'action de l'*Avenir* n'ont été exposées avec cette ampleur, nulle part elles ne l'ont été avec plus de chaleureuse sympathie pour les personnes, sans excepter ce malheureux Lamennais, si digne de pitié, et pour leurs doctrines, en ce qu'elles renferment de sain et d'élevé. Les événements ont singulièrement modifié la situation politique et religieuse d'alors. La prophétie de Lamennais est en train de se vérifier. « Nous avons semé dans la société, disait-il, des germes qui ne seront pas stériles. Le temps les développera. » Aujourd'hui, ces germes portent une moisson dans les deux mondes et Léon XIII la voit mûrir avec bonheur. Il la bénit et appelle sur elle le soleil et la rosée d'en haut. A sa parole, l'Église tout entière semble entrée dans le grand courant créé par l'école de l'*Avenir*. L'étude solide et si attachante du P. Lecanuet paraît donc bien à son heure, non seulement comme un livre d'histoire, mais comme un livre d'actualité. A. CHAUVIN.

46. — **Bibliothèque méridionale**, publiée sous les auspices de la Faculté des Lettres de Toulouse, 2ᵉ série, tom. III. *Gaston IV, comte de Foix, vicomte souverain de Béarn, prince de Navarre. 1423-1472. Etude historique sur le Midi de la France et le Nord de l'Espagne au XVᵉ siècle*, par Henri COURTEAULT, archiviste aux Archives Nationales. Toulouse, Edouard Privat, 1895, gr. in-8° de XXXII-409 p.

La *Bibliothèque méridionale*, qui contient déjà de si excellents travaux de MM. Jeanroy, Ernest Mérimée, Léon G. Pélissier, Julien Sacaze, Antoine Thomas, vient de s'enrichir d'un travail non moins excellent. L'*Etude historique* de M. H. Courteault a été déjà très louée, notamment par un juge des plus compétents, l'auteur de l'*Histoire de la réunion de la Navarre à la Castille*, M. le professeur P. Boissonnade [1]. L'appréciation faite par un tel devancier rend l'accomplissement de ma tâche très facile. Je n'ai qu'à m'approprier les éloges donnés avec tant d'autorité à une étude « remarquable », qui « ne laisse presque rien à désirer pour l'étendue de l'information, la rigueur de la méthode et la sûreté de la critique », à un travailleur « irréprochable » [2] et d'une « infatigable activité » [3].

1. *Revue critique* du 18 novembre 1895, p. 341-344.
2. M. Boissonnade adresse à l'auteur de si rares et de si légères observations qu'on peut les classer parmi les *reproches qui louent*. J'avoue même qu'une des observations du docte critique ne me semble pas complètement juste, car s'il a raison de constater que la tradition relative à l'empoisonnement de F. Phebus accueillie par M. Courteault ne repose sur rien de sérieux, il a tort d'accuser ce dernier de citer une « compilation sans valeur », en citant l'*Histoire de la Navarre* par Bascle de Lagrèze. On trouve quelques bonnes choses dans cette histoire, et qui proviennent parfois des recherches personnelles de l'auteur aux Archives de Pau. Ajoutons que M. Courteault, de son côté, se montre trop sévère pour l'historien de l'Agenais, Samazeuilh (p. 282), et pas assez sévère pour l'historien de Bazas, O'Reilly, dont il reproduit (pp. 313-370) de douteuses assertions sans dire que cet écrivain mérite peu de confiance.
3. Cette *activité* se manifeste non seulement dans un grand nombre

Une des parties les plus intéressantes de l'ouvrage est l'*Introduction*. M. Courteault y précise fort bien l'état des connaissances déjà acquises en ce qui regarde le règne de Gaston IV, règne qui marque l'apogée de la puissance de la maison de Foix ; il rappelle qu'aucun travail d'ensemble n'a jusqu'ici été consacré au successeur du comte Jean Ier, le héros de feu l'archiviste de Pau, L. Flourac, mais que ce prince a été l'objet d'études partielles, d'un mérite inégal, dans l'*Histoire du comté de Foix*, par Castillon d'Aspet, simple copiste de Dom Vaissette (Toulouse, 1852, 2 vol. in-8°), dans les *Etats de Béarn* par le regretté Léon Cadier (Paris, 1888), dans l'*Histoire de Charles VII*, par G. du Fresne de Beaucourt (Paris, 1881-1891, 6 vol. in-8°) ;[1] il décrit les sources originales où il a puisé les éléments de son information : les *Sources diplomatiques* (documents inédits conservés dans les archives de France et d'Espagne et documents publiés) et les *Sources narratives* (Chroniques contemporaines, surtout l'*Histoire de Gaston IV*, par Guillaume Leseur, qui n'avait pas encore été mise à profit. A la suite de cette description, qui embrasse les archives des Basses-Pyrénées, de l'Ariège, les Archives nationales, les collections de la Bibliothèque Nationale, les Archives de Barcelone, de Pampelune, etc., on trouve d'articles fournis aux *Annales du Midi*, à la *Bibliothèque de l'Ecole des Chartes*, à la *Revue des Bibliothèques*, etc., mais encore dans des éditions telles que celles-ci : *Histoire de Gaston IV, comte de Foix*, par G. LESEUR *Chronique française inédite du* XVe *siècle* publiée pour la Société de l'Histoire de France (t. I. Paris, 1893. Le t. II est sous presse) ; *Chroniques romanes des Comtes de Foix* par Arnaud ESQUERRIER et MIÉGEVILLE (Foix, 1895), en collaboration avec M. F. Pasquier, archiviste de la Haute-Garonne. J'espère que soit seul, soit avec son très distingué collaborateur, le jeune et vaillant érudit ne tardera pas à nous donner une non moins recommandable édition de la *Chronique des Comtes de Foix* de Michel de Bernis, si déplorablement publiée (*Panthéon Littéraire*) par Buchon, lequel a autant estropié le texte que le nom du chroniqueur, nom qui devient sous sa terrible plume *Miguel del Verms*.

1. M. Courteault annonce (p. X) qu'il fournira quelques détails complémentaires échappés à la minutieuse enquête de M. de Beaucourt. Notons qu'il substitue (p. 71), pour la date du siège de Tartas, l'année 1441 à l'année 1440 indiquée par le savant historien de Charles VII (t. III, p. 233).

un riche *Index bibliographique des ouvrages cités et utilisés*, liste à laquelle, si j'en crois, à défaut de mes malheureuses fiches, mes souvenirs de vieux bibliophile, ne manque aucun livre essentiel.

De tant de manuscrits et d'imprimés interrogés avec non moins de soin que de sagacité, M. Courteault a tiré la substance de treize chapitres qui se lisent aussi agréablement qu'utilement et dont voici le titre : I. *Politique des prédécesseurs de Gaston IV. Puissance de la maison de Foix à son avénement.* II. *Le mariage et l'avénement de Gaston IV. 1423-1437.* III. *Gaston IV et les routiers. L'affaire de Comminges, 1438-1443.* IV. *Gaston IV lieutenant général de Charles VII en Guyenne et Gascogne, 1442-1444.* V. *Gaston IV à la cour de France. 1445-1448.* VI. *La conquête de la Guyenne, 1449-1453.* VII. *L'héritage de Navarre, 1450-1458.* VIII. *Gaston IV ambassadeur et conseiller de Charles VII, 1457-1461.* IX. *La campagne de Catalogne, 1461-1463.* X. *Gaston IV prince héritier de Navarre, son rôle dans la Ligue du bien public, 1463-1464.* XI. *Gaston IV prétendant au trône de Navarre, 1466-1469.* XII. *Gaston IV rebelle à Louis XI, 1469-1572.* XIII. *Gouvernement et administration de Gaston IV.*

Il y aurait à indiquer, en ces divers chapitres, le relevé de bon nombre d'omissions commises par les historiens qui ont précédé M. Courteault, tels que l'archiviste Flourac déjà nommé (p. 30), M. Desdevises du Dézert, auteur d'une bonne thèse de doctorat sur *Don Carlos d'Aragon, prince de Viane* (pp. 186, 188), M. Vaesen, le diligent éditeur des *Lettres de Louis XI*, aux recherches duquel avait échappé une importante lettre du plus fin de nos rois reproduite *in extenso* (p. 238), M. Cadier (p. 364), etc. Il y aurait à indiquer aussi les rectifications incontestables de plus ou moins graves erreurs commises par divers historiens, les uns de notre temps, les autres du temps passé, par exemple, Flourac (p. 24), M. Desdevises du Dézert (pp. 26, 84), l'illustre annaliste d'Aragon, Geronimo Zurita (pp. 29, 30), Cénac-Moncaut (p. 31) [1], Dom Vaissete

---

1. Voici la piquante note : « Il ne parait pas qu'à son avénement Gaston IV fut dépouillé de la vicomté de Castelbon, comme le dit Cénac-Moncaut (*Histoire des Pyrénées*, t. IV, p. 103). C'est d'ailleurs le même historien qui trace un portrait de Gaston IV d'après *Froissart* (*Ibid.* p. 107). Je demande la permission de rappeler qu'un homme de beaucoup d'esprit, Granier de Cassagnac père, s'amusait à appeler son compatriote auteur de tant de gros et vides volumes : **Mon cauchemar.** »

(pp. 121, 249, 292, 293, 329, 354, 385), les nouveaux éditeurs de l'*Histoire générale de Languedoc* (pp. 31, 132) [1] Léon Cadier (pp. 242, 327, 354), M. P. Boissonnade (p. 242), M. Vacsen (pp. 258, 286), M. de Mandrot (p. 324), etc.

En voilà assez pour prouver que l'ouvrage de M. Courteault est indispensable à tous ceux qui s'occupent de l'histoire du midi de la France et du nord de l'Espagne et que cet ouvrage est à peu près définitif en ce qui regarde le règne du prince dont il dit si bien (*Conclusion*, p. 402) : « Cette impression des vieux historiens rend une note exacte ; c'est celle que l'on éprouve encore quand on examine l'œuvre de Gaston IV ; c'est celle que ses contemporains éprouvèrent au lendemain même de sa mort : témoin ce panégyrique que, sur l'ordre de ses héritiers immédiats, entreprit presque aussitôt après un de ses plus fidèles serviteurs et où chaque page respire, avec le plus vif enthousiasme, l'admiration respectueuse pour un homme qui voulut être grand et le fut ».

T. de L.

---

47. — F. Schrader. **Atlas de Géographie historique,** par une réunion de professeurs et de savants, contenant 55 feuilles doubles, 167 cartes en couleurs etc. Paris. Hachette, 1896.

Ce n'est pas la première fois qu'on entreprend en France de dresser un Atlas de Géographie historique. Je ne parle pas des essais informes qu'on a mis longtemps entre les mains des collégiens : là des montagnes, qui ressemblaient à des bourrelets de porte, dessinaient leurs courbes serpentines ; là les bassins étaient scrupuleusement encadrés par leur chaîne de partage des eaux, ce qui permettait à la Pologne et au plateau d'Orléans de faire concurrence au Caucase et aux Montagnes Rocheuses : voilà pour la partie physique. La géographie purement politique était traduite par des teintes plates, mais criardes, bordées d'un filet sanglant ; deux épées croisées symbolisaient les champs de bataille, et des

---

1. « C'est sans doute par distraction que les éditeurs donnent à Jean Ier une fille, Marguerite, qui aurait épousé en 1429 le duc de Bretagne (t. X, p. 1120, note 91). Elle est évidemment confondue avec Marguerite, troisième fille de Gaston IV, qui épousa en 1471 François II, duc de Bretagne ». — (Note 2 de la page 31).

lignes coloriées nous initiaient aux marches et contre-marches d'Alexandre, de Gustave Adolphe et de Napoléon ; en ce temps-là quand on savait par cœur le nom de quelques batailles, avec la date, on avait un prix d'histoire.

C'est alors que Kiepert, Stieler, Spruner, Menke faisaient paraître à Gotha leurs magnifiques atlas, et nul en France ne pouvait s'appliquer sérieusement aux études de géographie historique sans avoir entre les mains les dispendieuses publications de la maison J. Perthes.

Un premier essai fut fait à Paris par la maison Colin quand parut la tradition de l'histoire de Freeman, en 1886 ; le petit Atlas qui y était joint contenait une centaine de cartes extrêmement intéressantes, mais l'atlas ne se vendait pas sans le volume qui coûtait très cher ; le format exigu avait obligé les auteurs à adopter des échelles minuscules ; beaucoup de cartes n'étaient que des *schemas* ; il y a cependant une carte d'Allemagne divisée en cercles (la carte 34) qui est un bijou. Enfin, pour plus de clarté, on avait absolument renoncé à indiquer le relief, défaut impardonnable pour une certaine école de géographes, à laquelle je ne rougis pas d'appartenir.

Trois ans après, la même maison de librairie commençait la publication d'un *Atlas Général* où la géographie historique prenait une place considérable. M. Vidal-Lablache avait la direction de l'entreprise qui arriva à bonne fin en 1893, mais qui, je l'ai dit ici en son temps [1] ne tint pas tout ce qu'on était en droit d'espérer. Néanmoins, un pas avait été fait en avant ; le progrès sur tout ce qui avait précédé était indiscutable, mais la perfection n'était pas encore obtenue : des erreurs s'étaient glissées en assez grand nombre dans les légendes, et l'exécution matérielle laissait fort à désirer. L'ouvrage n'en était pas moins estimable ; la Société de Géographie le déclara en accordant à l'auteur une de ses plus hautes récompenses.

La maison Hachette confia alors à M. Schrader la mission de préparer un nouvel Atlas ; le succès de l'*Atlas de Géographie moderne*, paru en 1890, encourageait à tenter l'expérience ; les erreurs commises dans les publications précédentes indiquaient les dé-

---

1. *B. C.* 15 janvier 1894, pp. 32-35.

fauts à éviter : le sentier était frayé, la marche allait être plus sûre et plus rapide ; on se mit à l'œuvre en octobre 1893, et l'apparition des cinq dernières livraisons sorties coup sur coup dans les derniers jours de 1895 nous a mis en possession d'une fort belle publication géographique. Le jour n'est pas loin où nous cesserons d'être tributaires de l'étranger, et où la cartographie française occupera dans le monde scientifique la place qui lui revient.

J'examinerai successivement dans le nouvel Atlas le choix des sujets de cartes, l'exécution matérielle et les notices qui remplissent le verso de chaque feuille.

Le choix des sujets est d'une énorme importance : ce qui a été évité presque partout, c'est de faire servir la même carte à l'étude de plusieurs époques même voisines. Je sais bien qu'avec une combinaison judicieuse de teintes, de hachures et de signes conventionnels, on peut arriver par exemple à figurer clairement les accroissements successifs d'un État : telle est la carte 37, (*Formation de l'Empire russe de 1261 à 1878*), ou la carte 36, (*Conflits de la Prusse et de l'Autriche au* XVIIIe *siècle*) ; encore celle-ci est-elle déjà un peu embrouillée. La feuille 48 (*Autriche-Hongrie au* XIXe *siècle*) prêterait à quelques critiques sérieuses : elle se divise en quatre cartes égales : Autriche de 1789 à 1805, de 1805 à 1815, de 1815 à 1878 ; la quatrième, consacrée à l'ethnographie est parfaite, compliment que je ne ferai pas au carton du verso (religions). La première des cartes présente les modifications introduites par les traités de Sistovo (1791), de Saint-Pétersbourg (3e partage de la Pologne en 1795), de Campo Formio (1797), de Lunéville (1801) ; elle est suffisamment claire, ainsi que la troisième où figurent l'acquisition de Cracovie (1846), la perte de la Lombardie (1859), de la Vénétie (1866) et l'occupation de la Bosnie (1876). Mais dans la seconde, nous voyons une même teinte recouvrir 1° la Dalmatie, acquise par l'Autriche en 1797, perdue en 1805, recouvrée en 1814, 2° les provinces Illyriennes, perdues en 1809, 3° le pays de Salzbourg, acquis en 1805, perdu en 1809, reconquis en même temps que les provinces Illyriennes, en 1814, 4° le district autrichien dit *Innsviertel*, détaché de l'Archiduché seulement de 1809 à 1814. D'autre part l'Istrie littorale et l'Albanie vénitienne qui ont partagé les destinées de la Dalmatie sont figurées avec une autre teinte, qui est attribuée à la ci-devant république de Raguse, annexée pour la première fois à l'Autriche en 1814. Voici ce que peut dire celui qui veut épiloguer; mais il est certain qu'avec une carte, ou même un simple carton de plus, on n'eût pas risqué d'induire le lecteur en erreur et le critique en tentation de chercher la petite bête.

Le défaut que je signale a été complètement évité pour la France : là on n'a pas fait d'économies ; une quarantaine de cartes et cartons sont consacrés aux transformations territoriales de notre pays depuis 523 jusqu'en 1871, et je ne crois pas qu'il soit possible de formuler la moindre critique à ce sujet.

On s'étonne de trouver à côté de cela fort peu de renseignements sur les colonies françaises : cependant le Canada, la Louisiane, l'Inde française, l'Algérie figurent à leur rang, et nos autres possessions africaines sont de date trop récente pour appartenir à la Géographie rétrospective.

La Géographie de l'Europe est fort complète ; cependant j'ai remarqué que pas une seule carte n'est consacrée aux accroissements successifs de la Fédération helvétique ; il y a seulement un tout petit carton, à la carte 29, et on n'y distingue pas grand'chose. Un nombre respectable de cartes est attribué aux progrès de la Géographie, à l'extension du domaine des races et des langues européennes, aux mondes byzantin, arabe, mogol; la géographie ecclésiastique est traitée avec abondance et compétence; je regrette cependant l'absence d'une carte des missions, ou tout au moins des missions françaises, à la fin du xixe siècle; c'est là le côté le plus brillant de l'expansion nationale ; nul ne se serait froissé en faisant cette constatation flatteuse pour notre patriotisme.

Passons à l'exécution des cartes : le défaut commun est l'encombrement; les Allemands n'y échappent pas mieux que nous ; pour être complet on arrive à être indéchiffrable ; comme application de ce principe, on peut se reporter à la carte 32 (*Décomposition de l'Allemagne et progrès de la France*). La carte politique de l'ancienne Allemagne est d'ailleurs une pierre de touche : qui réussit à la rendre lisible n'a plus à s'effrayer d'aucune autre difficulté; sous ce rapport, la carte 41 (*Allemagne en 1789*) me plaît infiniment: deux cartons de fortes dimensions la soulagent, l'un des principautés ecclésiastiques, l'autre des villes impériales ; la carte principale devient aussi lucide que possible ; un certain nombre d'états minuscules sont sacrifiés, les écritures sont nettes, le relief est indiqué aussi discrètement que possible, tout en restant exact et intelligible. J'ai comparé cette feuille aux feuilles 41, 43, 44, 45 et 46 de Spruner, et, sans y mettre le moindre parti pris, je préfère la carte française. Un seul scrupule me reste: si je compare les territoires des villes impériales, dans le carton 2 de la carte 41 de Schrader, avec les mêmes territoires tels qu'ils sont figurés dans les cartes de Spruner, je ne leur trouve pas la même forme[1].... D'où vient cette dissemblance?

Un texte enfin est imprimé au verso des cartes; on avait commencé (je crois que l'innovation est due aux Frères des Ecoles Chrétiennes) par utiliser les pages blanches des Atlas en y réunissant quelques notes explicatives qui facilitaient la lecture de la carte; ces gloses ont pris de plus en plus d'importance dans les ouvrages postérieurs, et dans la présente publication nous trouvons une suite de notices qui ont été demandées aux spécialistes les mieux qualifiés pour traiter le sujet avec compétence; la liste des collaborateurs de M. Schrader commence par M. Maspero et finit par M. Sorel, en passant par MM. Haussoulier, Guiraud, Longnon, Diehl, Blondel, G. Marcel, Bernard, Haumand, Lemonnier, Froidevaux, Gallois, Rambaud et Lavisse. C'est une histoire universelle en raccourci que nous fournissent ces chapitres pleins de faits, et la valeur des cartes est doublée par les commentaires qu'y ajoute le savant qui en a dirigé l'exécution. C'est là ce qui constitue le principal mérite de l'ouvrage, c'est là l'idée originale, grâce à laquelle cette publication est autre chose, est quelque chose de plus qu'une imitation même excellente des meilleurs atlas allemands.

P. PISANI.

---

48. — R. de KERALLAIN. **Les Français au Canada. La jeunesse de Bougainville et la guerre de Sept ans,** (1729-1763), un vol. in-12 de 190 p. Paris, 1896.

M. R. de Kerallain est un descendant de Bougainville; il a donné à la Revue Historique [2] une série d'articles pleins d'érudition sur

---

1. Voir par exemple Aix-la-Chapelle, Brême, Biberach, Hall, Gmund, Zell, Ulm, etc. Voir aussi le Comté de Waldeck.

2. Livraisons de juillet — août, septembre — octobre 1895 et janvier — février 1896.

le rôle joué par son parent au Canada ; ou les a lus avec intérêt, on les aurait encore plus appréciés si l'auteur avait été plus sobre de digressions inutiles, et plus avare de références parasites. On sentait toutefois qu'il y avait au fond une affaire personnelle : l'abbé Casgrain, professeur à l'Université Laval de Quebec, a entrepris la publication de documents relatifs à l'histoire de son pays ; huit volumes ont paru et on nous en promet encore une quinzaine ; une telle fécondité n'est pas sans nuire quelquefois au fini d'une œuvre : l'abbé Casgrain a laissé passer quelques erreurs; Bougainville a été peut-être un peu sévèrement jugé ; M. de Kerallain a présenté des rectifications plausibles et ses articles qui ne dépassent pas la mesure d'une polémique courtoise semblaient devoir clore le différend.

Il n'en a pas été ainsi : le directeur de la Revue avait imposé à l'auteur des retranchements et des atténuations ; M. de K. a voulu que son plaidoyer parût intégralement ; il l'a fait tirer à 150 exemplaires qui n'ont pas été mis dans le commerce. J'ai le regret de constater que cette publication fait plus de tort que de bien à la cause qu'elle prétend servir. Derrière la discussion historique, nous avons discerné une question de famille ; derrière la question de famille apparaît une question de personne [1]. Un froissement d'amour-propre n'est pas une raison suffisante pour traiter de calomniateurs et de faussaires les gens dont on ne partage pas les manières de voir; la censure de la *Revue Historique* avait été sagement inspirée en promenant ses ciseaux dans le travail du descendant de Bougainville [2]. Je reconnais d'ailleurs que des épithètes mal.

---

[1]. N'attachant pas grand prix aux effusions de politesse anodine qui sont d'usage en pareil cas, nous eussions admis parfaitement que l'auteur négligeât de rappeler ici l'intervention de la famille, si la différence de mesure courtoise, obséquieuse même qu'il témoigne vis-à-vis des autres correspondants, ne marquait une préméditation, une conscience de ses actes qui justifiera quelque peu, nous l'espérons, l'irrésistible sincérité de nos appréciations (p. 20).

[2]. J'ai parlé des digressions et des références de M. de K. en voici quelques spécimens : après cette phrase (p. 184-185) « comme Plutarque le raconte des Grecs et des Romains, les peuples échangent plus facilement leurs vices que leurs vertus », on trouve en note la référence : « Cf. Dr Corre, l'*Ethnographie criminelle*. Paris, Rheinwald 1894.

sonnantes ne détruisent pas entièrement la valeur d'un argument, M. de K. est breton, il est jeune, selon toute apparence, et puisque nous vivons dans un temps où on range la passion parmi les excuses légales, je lui accorderai volontiers les circonstances atténuantes.

P. PISANI.

VARIÉTÉS

Les Manuscrits de Denys-le-Chartreux.

A la séance du 10 avril dernier, M. Léopold Delisle a présenté à l'Académie des inscriptions, une notice de notre collaborateur M. A. Ingold sur les recherches faites par lui dans diverses bibliothèques de Belgique, de Hollande et d'Allemagne. Ces recherches entreprises sur la demande des Chartreux de Montreuil-sur-Mer qui préparent une édition des œuvres complètes du célèbre *Docteur extatique* ont fait découvrir jusqu'ici une centaine de manuscrits, dont trois autographes, deux à Louvain et un à Ceres près Trèves. L'écriture de ces manuscrits présentant cependant quelques différences assez notables, un certain doute subsistait, bien qu'il faille se rappeler que Denys le Chartreux ayant écrit durant toute une longue vie, son écriture a dû varier. Mais notre collaborateur nous annonce qu'aucun doute n'est plus permis au sujet du manuscrit de Louvain dont il a donné dans sa brochure (p. 8) un fac-simile phototypique. De nouvelles recherches dans les archives générales de Belgique lui ont permis de mettre la main sur le catalogue des manuscrits de la Chartreuse de Ruremonde où a vécu et est mort Denys. Or ce catalogue mentionne comme autographe *Script. ab autor.* précisément le manuscrit en question.

Nos félicitations à l'heureux chercheur, et tous nos vœux pour la continuation de pareils succès dans son nouveau voyage littéraire dans les Pays-Bas.

A. B.

(*Bibl. des sciences contemporaines* (p. 11-17); » une fois en veine d'érudition, j'aurais ajouté M. de la Palisse. Que penser de cet essai de généalogie? (p. 37, note.) « Il existait, ce semble, des alliances communes en-
» tre Montcalm et la famille Hérault. La première madame Hérault,
» née Menier-Duret était en effet la propre tante du président d'Aligre,
» qui avait épousé une demoiselle Talon, *sans doute* proche parente
» de la marquise de Montcalm, petite-fille elle-même de Denis Talon ».
Que nous voilà donc loin de Bougainville et de l'abbé Casgrain.

SOCIÉTÉ NATIONALE DES ANTIQUAIRES DE FRANCE

Séance du 11 mars. — M. COLLIGNON lit une note sur des fibules béotiennes à dessins gravés, trouvées en Béotie et appartenant à M. Maignan. — M. le commandant MOWAT fait une communication sur une petite tablette de marbre récemment donnée au Cabinet des Médailles par M. Edmond Le Blant et contenant une liste de Vigiles de la ville de Rome. Il signale une particularité qui caractérise plusieurs monuments de cette catégorie et qu'aucun commentateur ne s'est encore avisé d'expliquer : les noms qui y sont inscrits par centuries, tant les *gentilices* que les *cognomen*, sont au vocatif. M. Mowat en conclut que ces listes servaient à faire l'appel nominal des hommes de troupe. Par extension, il croit que les autres listes où les noms sont au nominatif servaient au même usage, et que l'inconvénient qu'il y avait, dans la pratique, à les énoncer au vocatif, alors que le texte qu'on avait sous les yeux les présentait sous la forme du nominatif, avait conduit à les mettre directement sous celle du vocatif, tout au moins dans le service des Vigiles de l'époque de Caracalla. M. CAGNAT fait observer que l'on connaît des documents analogues dans d'autres corps de troupes que les *Vigiles*, pour les prétoriens en particulier et pour les légions. Les ruines des camps légionnaires d'Afrique et des régions danubiennes en ont fourni en particulier de nombreux spécimens. Partout les listes de soldats, avec les noms présentés au nominatif, ont été rencontrées sur des bases honorifiques consacrées dans le camp même aux empereurs régnants. Les *latercula vigilum* gravés sur des plaques de marbre ont fort bien pu appartenir, eux aussi, à des bases honorifiques dont le noyau aurait été en blocage ou en brique et le revêtement extérieur seul en marbre : des monuments de cette sorte sont très fréquents sur les *forum* et ailleurs. M. Cagnat admettrait d'ailleurs volontiers la conjecture de M. Mowat sur un point. La présence du vocatif sur toutes ces inscriptions s'expliquerait par l'usage de listes d'appel où les noms auraient été transcrits à ce cas. Ces listes auraient été copiées fidèlement et intelligemment par celui qui aurait été chargé de graver le monument. — M. Emile RUELLE fait une communication sur des fragments de l'Epitome des Clémentines de Clément Romain, recueillis sur les feuilles de garde d'un manuscrit de la géographie de Ptolémée conservé à Paris. — M. HÉRON DE VILLEFOSSE communique le texte d'une inscription qui vient d'être découverte à Mandeure et dont il doit un estampage à l'amitié de M. Gauthier, archiviste départemental à Besançon. Il s'agit d'une dédicace au dieu Mithra : *d i m* || *pro. salut. sexti* || *[ma]eni. pudentis*.

Séance du 18 mars. — M. Et. MICHON lit de la part du R. P. Séjourné, notre associé correspondant à Jérusalem, une notice sur un Baptistère du VI⁰ ou du VII⁰ siècle, récemment découvert en Palestine au lieu dit Khirbet-Malekat'ha, sur la route romaine qui allait d'Aelia Capitolina à Eleuthéropolis. Ce baptistère, en forme de croix, porte l'inscription : υπερ σοτεριας Μαθεου κα[ι] Γεωργιου. Les ε et les σ sont lunaires. — M. R. CAGNAT communique de la part du R. P. Delattre, associé correspondant à Carthage : 1° le texte d'un *exagium* byzantin en bronze trouvé à Tabarka : on lit sur une face *Tiberiani proc* (*proconsul* ou *procurator*?) et sur l'autre face *Menatis pref*; — 2° le texte d'une épitaphe funéraire trouvée par le P. Delattre dans le cimetière des *officiales* de Carthage. — 3° Enfin, de la part de M. le capitaine Toussaint le texte d'une dédicace à Gratien par le conseil des décurions de la ville. Cette inscription a été découverte à Madourouch, l'ancienne Madaura, la patrie d'Apulée. — M. de BARTHÉLEMY signale de la part de Mgr LAFERRIÈRE, évêque de Constantine, la découverte à Hippone d'une très belle mosaïque romaine représentant des divinités aquatiques et des animaux marins : on y remarque notamment une femme nue assise sur un phoque auquel elle présente de la main droite un gâteau, en agitant un tympanon de la main gauche. — M. d'ARBOIS DE JUBAINVILLE fait une communication sur la stèle récemment trouvée à Sarrebourg et mentionnant, pour la première fois, le nom du dieu *au marteau* et de sa parèdre. *Sucellos*, le nom du dieu, est composé de *sun*, bon, bien et de *kello*, je frappe. *Sucellos* signifie donc *celui qui frappe bien* ou *celui qui a un bon marteau*. Le nom de la déesse parèdre *Nantosuelta* est composé de *Nanto*, bataille, blessure, et de *suelta* qui signifie probablement brillante. Le sens du nom *Nantosuelta* serait donc *celle qui est brillante par sa bravoure*.

ACADÉMIE DES INSCRIPTIONS ET BELLES-LETTRES

Séance du 13 mars. — M. OPPERT annonce que le P. Scheil a découvert une importante inscription du roi Sin-Sar-ikur, que M. Oppert a supposé avoir été le dernier roi de Ninive, et qui, d'après ce nouveau texte, serait Assurbanapal, le fils du grand Sardanapal. — M. OPPERT communique ensuite le texte rectifié et la traduction d'une inscription trilingue d'Artaxercès-Memnon, roi de Perse (405-360), en perse, en assyrien et en médique. En rapprochant les fragments des trois versions, M. Oppert a reconstitué un texte qui mentionnerait la construction d'un palais; probablement le palais royal d'Ecbatane, capitale de la Médie, où ce texte aurait été retrouvé. — M. CLERMONT-GANNEAU présente deux stèles acquises pour le Musée du Louvre par la Commission du *Corpus inscriptionum semeticarum*. Elles proviennent de Nerab, près Alep, localité dont le nom apparaît dans la liste des conquêtes de Toutmès III en Syrie. Ces stèles, qui offrent un grand intérêt archéologique et épigraphique, portent des bas-reliefs et les épitaphes de deux prêtres de Sahar-en-Narab. La langue des inscriptions est un araméen très archaïque, l'alphabet est celui de la stèle de Mésa et des monuments de Zendjirli. — M. HAUSSOULIER rend compte des fouilles qu'il a entreprises l'année dernière, sur l'emplacement du temple d'Apollon Didyméen, près Milet, déjà exploré en 1873 par MM. Rayet et Thomas. M. Haussoulier, qui n'avait pour but, cette année, que de préparer les fouilles qu'il commencera en avril 1896, a cependant mis au jour des fragments de sculpture et d'architecture archaïques, propres à lui donner bon espoir pour le succès de ses fouilles. — M. L. DOREZ signale deux falsifications introduites dans la correspondance d'Ange Politien, publiée chez Alde Manuce en 1498, par Alexandre Sarti, de Bologne. Les détails contenus dans cette correspondance et dans celle des humanistes italiens du XVe siècle demandent à être sérieusement contrôlés.

L'Éditeur-Propriétaire-Gérant : ALBERT FONTEMOING.

BULLETIN CRITIQUE

49. — **Das Alter des Menschengeschlechts,** nach der heiligen Schrift, der Profangeschichte und der Vorgeschichte, von Prof. Dr P. Schanz. Fribourg e. B., Herder, 1896; in-8°, vii-100 pages.

Cet excellent travail aurait dû s'intituler peut-être : étude sur la chronologie biblique de l'Ancien Testament. L'auteur, en effet, ne discute pas au point de vue purement scientifique l'antiquité de l'espèce humaine, mais l'interprétation des données bibliques par rapport à celles de l'histoire profane, de l'anthropologie et de la géologie. Ses conclusions sont extrêmement modérées, un peu plus peut-être qu'on ne s'y attendrait après la déclaration faite dans l'avant-propos, où le Dr Schanz se place résolument parmi ceux qui ont conscience des obstacles qu'une exégèse trop étroite peut susciter à l'accord nécessaire de la science et de la foi.

L'Ecriture, nous dit-on, ne donne pas de chronologie et n'en veut pas donner. Ses indications à cet égard sont incomplètes et fragmentaires. On peut choisir entre la chronologie du texte hébreu, celle du Pentateuque samaritain et celle des Septante ; il est même permis de dépasser cette dernière qui est la plus large, si cela devient nécessaire. Du moment que les civilisations égyptienne et chaldéenne existaient quelque quatre mille ans avant Jésus-Christ, et que ces civilisations supposent une assez longue préparation, le genre humain a dû paraître sur la terre entre six et huit mille ans avant l'ère chrétienne. Et le déluge ? dira quelqu'un. Le déluge, supposé qu'il ait ait été universel pour l'humanité, n'a pas tout à fait interrompu le cours de la civilisation, les fils de Noé ayant gardé certains éléments de la civilisation antédiluvienne (?) En tout cas, il faudrait le mettre au moins cinq mille ans avant Jésus-Christ. Et la géologie ? dira un autre. Et la formation des races ? réclamera un troisième. Ne nous faut-il pas plus de temps pour l'âge préhistorique ? diront-ils tous. Le préhistorique est affaire d'évaluation. Tous les chiffres ont été proposés : du temps s'est écoulé entre la période paléolithique et les premières civilisations, mais on ne saurait dire combien.

Ainsi le Dr Schanz s'en tient à l'hypothèse des généalogies incomplètes. Il y a, du moins il peut y avoir des anneaux intermédiaires qui se trouvent laissés de côté dans les généalogies patriarcales. Le Saint-Esprit a permis que les témoins du texte ne s'accordassent pas, afin de montrer qu'il n'y avait point à l'origine, de chronologie ferme. Cependant, à tant faire que de suivre sur ce point saint Augustin, ne vaut-il pas mieux aller jusqu'au bout et admettre que ces chronologies divergentes ne sont pas, pour l'époque primitive, des chronologies réelles, mais des cadres à cloisons mobiles, que l'on allongeait ou rétrécissait librement pour y loger les traditions relatives à l'origine et à l'histoire ancienne de l'humanité ? En supposant que les données relatives à l'âge des patriarches sont des éléments chronologiques dont l'unique défaut peut être un manque de continuité voilé par un artifice généalogique, on ne se place pas sur le terrain de l'exégèse critique, mais on en reste aux expédients apologétiques. Une sérieuse analyse de la Genèse permet de reconnaître la véritable nature des données dont il s'agit, sans qu'il soit besoin d'interroger les assyriologues, les égyptologues, les anthropologues, les géologues, et tout en leur accordant, au nom de l'Ecriture même, une pleine liberté pour leurs recherches. Le Dr Schanz paraît faire grand cas de nos apologistes français, et il en cite un qui a dit gravement que Cham a dû être le fondateur de la civilisation égyptienne. Assurément, puisqu'il est le père des Egyptiens et qu'il devait parfois visiter ses enfants ; peut-être avait-il coutume, sur ses vieux jours, de passer l'hiver chez Misraïm. Il faut aussi une exégèse un peu complaisante pour découvrir une trace de l'âge de pierre dans la donnée biblique relative à la première ville bâtie par Caïn, tandis que les fils de Lamek représenteraient l'âge de bronze et l'âge de fer. Bâtir une ville avec des pierres est très bien ; mais en a-t-on construit beaucoup ainsi à l'âge de pierre, et sans instruments de métal pour tailler les matériaux ? Passe pour les couteaux de la circoncision (*Jos.* v. 2-3) ! Voilà une relique de l'âge de pierre, quoique saint Augustin ait découvert une autre raison : *Petra erat Christus* (I *Cor.* x, 4); *unde circumcisionis cultellus petrinus erat*. La citation est de M. Schanz (p. 87).

Le savant professeur de Tubingue a mis autour de conclusions très prudentes et que nul homme un peu sensé ne contestera, au moins pour les trouver trop larges, une érudition abondante et sûre, des informations très étendues, une interprétation judicieuse des textes et des faits. Suivant la méthode apologétique dont se sont servis en notre siècle la plupart des catholiques qui ont traité ces questions, il s'est efforcé de trouver, dans les premières pages de la Bible, des points de contact avec la science. Pour cela, il a dû interpréter les découvertes géologiques et historiques des temps modernes en un sens que ne ratifieront peut être pas entièrement les spécialistes les plus qualifiés pour apprécier la certitude et la portée des résultats maintenant acquis. Il a interprété aussi les données bibliques avec ce mélange de rigueur et d'arbitraire qui consiste à trouver dans la même phrase et sous les mêmes mots une donnée ferme et une restriction imperceptible (exemple : « Seth avait 105 ans quand il engendra Enos ». Donnée ferme : Seth avait 105 ans, peut-être 205, quand il engendra; mais une lacune étant possible dans la généalogie, il n'est pas sûr que Seth ait engendré *immédiatement* Enos), procédé qu'une exégèse vraiment historique et sainement critique ne peut guère approuver. Pourquoi ne pas chercher dans les textes eux-mêmes la clef de leur interprétation ? Les exégètes sont exégètes pour interpréter l'Ecriture, et non pour contrôler la géologie. Les géologues qui se sont mêlés d'expliquer le premier chapitre de la Genèse selon leurs découvertes et leurs systèmes n'ont pas toujours brillamment réussi. Un péril tout semblable nous menace quand nous entrons dans leur domaine. Mais peut-être M. Schanz a t-il volontairement tenu plus grand compte d'un certain état d'opinion sur ces questions que de l'état réel de la science contemporaine. Il a ménagé entre l'une et l'autre un concordat. L'apologétique vulgaire doit être satisfaite, et la science, après tout, n'étant pas obligée d'attendre notre exégèse pour avancer, n'a pas lieu de se plaindre.

La dissertation du Dr Schanz fait partie d'un recueil intitulé *Biblische Studien*, qui paraît sous la direction du Prof. Bardenhewer, de Munich. D'autres savants connus sont inscrits parmi les collaborateurs. La publication se fait par fascicules, mais n'est point périodique. Elle contribuera, nous n'en doutons pas, aux progrès des études bibliques, non seulement chez les catholiques allemands, mais ailleurs encore, si elle obtient le succès qu'elle mérite et que nous lui souhaitons.

Alfred Loisy.

---

50. — **Gli Allobroges**, par Francesco GAROFALO, 1 vol. in-8°, Welter, Paris, 1895. (102 p.)

Le livre de M. Garofalo sur les Allobroges comprend trois parties. La première est consacrée à l'étude des temps antérieurs à la conquête romaine. M. G. y expose tout ce que nous savons à l'heure qu'il est sur les premiers habitants de la Gaule en général et en particulier de la région qui forme le pays des Allobroges. Il nous parle des populations primitives antérieures à l'histoire, puis des Ligures, et enfin des Gaulois qu'il croit (et cette opinion me paraît incontestable) les mêmes hommes que les Celtes. Il nous entretient ensuite de l'origine de la tribu gauloise des Allobroges, de son établissement dans le Sud-Est de la Gaule un peu avant le commencement du troisième siècle av. J.-C., des relations des Allobroges avec Marseille et les colonies marseillaises, et enfin du passage d'Annibal à travers leur pays. Le passage d'Annibal est l'éclair qui illumine soudain les ténèbres de ces temps lointains. C'est par lui, non par quelqu'une de ces aventures héroïques à la façon gauloise, que nos Allobroges entrent pour la première fois dans l'histoire. On peut dire en toute vérité qu'en traversant leur pays, Annibal les a tout éclairés de la lumière que fait son apparition dans le monde, et qu'il les a traînés derrière lui à la gloire. M. G. (p. 39-56), discute les différents itinéraires que les savants modernes ont fait suivre à l'armée carthaginoise. La solution qu'il propose : à savoir la descente le long de l'Isère par le pays des Voconces jusqu'à la Durance (les détails mis à part qui resteront toujours douteux), est appuyée très fortement sur les passages classiques de Tite-Live. C'est en somme, je crois, tout ce que l'on peut dire, en raisonnant de loin et sur les seuls textes. Pour en savoir plus long, et tracer avec quelque chance d'exactitude un itinéraire détaillé et précis, il est nécessaire d'être du pays, ou au moins d'avoir vu les lieux eux-mêmes et passé vraiment les Alpes comme Annibal [1]. Toute cette première partie du livre est très soignée, pleine de faits, très au courant des mille systèmes que l'érudition des modernes a accumulés autour de ces questions d'ethnographie antique ; avec cela, gardant vis-à-vis de ces systèmes une certaine attitude réservée, qui est prudente et qui est louable. Bref, un inventaire bien fait de toutes nos connaissances sur l'histoire primitive des Allobroges. M. G. n'apporte sans doute à cette histoire aucun document inconnu, non plus même qu'il n'y introduit aucun point de vue vraiment nouveau. Mais en vérité je ne saurais lui en vouloir de n'avoir pas inventé un système de plus sur l'origine des Celtes ou des Gaulois, ou ajouté un nouveau col des Alpes à tous ceux par lesquels on a déjà fait passer l'armée d'Annibal.

La seconde partie de l'ouvrage de M. G. est l'histoire de la conquête et de la domination romaine dans le pays des Allobroges. Elle a les mêmes qualités que la précédente : recherches abondantes, consciencieuse bibliographie, exposé complet de tout ce que l'on sait sur la matière. A la fin de cette partie (p. 81-84), M. G. étudie la question très difficile de la condition juridique de la cité de Vienne. Il croit que Vienne a reçu probablement le *Latium* de Jules César, et qu'elle est devenue une colonie romaine sous Auguste. Ce dernier point me semble très improbable [2]. Si Vienne

1. Dans la séance de l'Académie Delphinale du 24 janvier 1896, (Voy. le *Dauphiné* du 2 février 1896, p. 371.) M. Rey, en présentant l'ouvrage de M. G., a montré qu'il était très difficile de croire, (comme l'admet M. G.), qu'Annibal ait passé par la vallée de la Romanche, le Lautaret et Briançon. Il propose la route par Cularo (Grenoble), la vallée du Drac, Trièves et la région d'Ambel, le Champsaur et le col de Manse entre la Bâtie-Neuve et Chorges où l'on rejoint la Durance. C'est aux *alpinistes* qu'il convient de laisser le soin de discuter cet itinéraire.

2. Sur cette question de la condition juridique de la cité de Vienne, voir principalement Allmer, *Inscriptions de Vienne*, II, p. 83 et suiv. et la note de Hirschfeld, C.I.L, XII, p. 218, 219. M. Hirschfeld pense que Vienne a reçu le *Latium* de Jules César et la cité romaine seulement à l'époque de Caligula. La discussion très détaillée de cette

était une colonie romaine d'Auguste, il est à peu près certain que, comme toutes les colonies d'Auguste, elle s'appellerait *colonia Augusta*, (et non pas *Julia*, comme elle se nomme sûrement sur ses monnaies [1]). La seule chose tout à fait sûre, c'est que, à l'époque de Claude, Vienne est une colonie romaine. Quant à la phrase mystérieuse du discours de Claude au Sénat (tables claudiennes, 2e colonne l. 16 et 17), où il est parlé du *solidum civitatis romanae beneficium* qu'aurait obtenu tout récemment la cité de Vienne, la traduction la moins forcée de ces mots-là serait évidemment d'entendre que Vienne a non seulement la cité romaine, mais encore que ses citoyens ont reçu le *jus honorum*, (ce que n'ont pas d'une façon régulière, et à moins d'un privilège, les citoyens des cités romaines des provinces). Mais cette traduction, la seule correcte comme traduction (et encore!), se heurte à cette objection que, d'après ce même discours (2e colonne, l. 10), Vienne depuis longtemps déjà donne des sénateurs au Sénat romain (*longo jam tempore senatores huic curiae confert*), tandis que le privilège du *solidum civitatis beneficium* semble au contraire lui appartenir depuis très peu de temps [2].

---

question que l'on trouve dans le livre de Morel, *Genève et la colonie de Vienne*, p. 47 et suiv., contient des inexactitudes et ne peut être utilisée qu'avec des précautions.

1. De la Saussaye, *Numismatique de la Gaule Narbonnaise*, p. 129 et suiv. cf., les passages cités d'Allmer, d'Hirschfeld, de Morel. — A remarquer toutefois une inscription de Montmélian (Savoie) où il est parlé d'un *Duumvir juri dicundo* d'une cité qui s'appelle COL. IVL. AVG. FLOR. V..... Borghesi avait vu là le nom de Florence. Mais M. Mommsen pense, avec raison, je crois, qu'il s'agit plutôt de Vienne. Le nom de *Augusta* aurait été alors dans son opinion donné à la ville de Vienne, non par Auguste, mais par Caligula (Voy. *Hermes* XVIII, p. 181, note, et C. I. L. XII, p. 219, 292).

2. Depuis une époque postérieure au consulat de Valérius Asiaticus, lequel est certainement le personnage que vise l'empereur Claude dans le passage cité de son discours (*illud palaestricum prodigium*, etc.), comme ayant reçu le consulat avant que Vienne, sa patrie, ait obtenu le *solidum civitatis romanae beneficium* Or Valerius Asiaticus qui a été *consul II* en 46, a dû être consul pour la première fois une année indéterminée avant 41 date de la mort de Caligula; voy. sur ce personnage, sur la date de son consulat, et sur l'expression *solidum*, etc.,

Pour sortir d'embarras, d'aucuns ont proposé d'entendre par les mots en question la concession du *jus italicum* [1], que Vienne possédait sûrement au troisième siècle [2], et que l'on ferait ainsi remonter jusqu'au premier. Mais on a beau être l'empereur Claude, et parler un langage amphigourique, *solidum civitatis romanae beneficium* reste toujours une façon bien extraordinaire de dire le *jus italicum*. Et alors? Le mieux est peut-être d'y renoncer.

Il semble que la troisième partie devrait traiter de l'administration et de la civilisation romaine dans le pays des Allobroges. Mais je ne sais trop ce que M. G. a voulu faire dans cette partie qui porte pour titre : *territorio, estensione, vie, luoghi habitati*. Il parle là, (mais combien peu et brièvement!) des limites territoriales de la cité de Vienne, des voies romaines, de l'administration de la cité, des *pagi* et *oppida* qui en dépendaient, du développement de la civilisation romaine, du maintien des vieux cultes locaux et populaires, du caractère des Allobroges. Et le tout fait dix pages. Et l'on ne peut s'empêcher de songer, pour en regretter l'absence, à toutes les questions intéressantes qui affluent ici, et sur lesquelles il eût été aisé de fournir tant de renseignements précis, rien qu'en dépouillant avec un peu de soin le douzième volume du *Corpus Inscriptionum* ou les *Inscriptions de Vienne* de M. Allmer. Mais M. G. se contente d'énumérer ces questions à peu près comme on indique avant de commencer un livre, les choses dont on se propose de traiter, ou encore (et à l'inverse) comme, à la fin d'un livre, on dit qu'il resterait encore plusieurs points à voir, dont on réserve l'étude, parce qu'elle demanderait trop de détails, à un ouvrage futur. J'aime mieux croire que c'est là précisément la pensée de M. G. Cette interprétation a en effet deux avantages (outre celui d'être la plus charitable). Elle explique d'abord qu'un livre soigné, complet, plein de détails dans

---

principalement Allmer, *Inscriptions de Vienne*, II, p. 119 et suiv., et *Musée de Lyon, inscriptions antiques*, I, p. 97 et suiv.

1. C'est l'opinion de Herzog, *Galliae Narbonensis historia*, p. 167 à 169. M. Allmer se range à cette opinion (*Inscript. de Vienne*, II. p. 122, 133; *Musée de Lyon* I, p. 100, 101). C'est également celle que j'ai jadis adoptée dans mon *étude sur le jus italicum*, p. 109, 110. Elle est rejetée par Hirschfeld, loc. cit.

2. Dig. 50. 15, 8, § 1, Paul.

ses deux premières parties, se termine par une troisième qui n'est qu'un sommaire insuffisant et à peine une rapide vue d'ensemble. Et ensuite elle nous laisse espérer qu'un jour prochain viendra où M. G. nous donnera cette étude de l'administration romaine dans le pays des Allobroges, qu'il nous doit, qui sera le couronnement et la conclusion naturelle de l'ouvrage actuel, et dont il a sans doute voulu tracer le programme dans ses dix dernières pages.

En résumé, un bon travail et qui rendra de bons services, à la condition que l'on n'y cherche que ce que l'auteur vraisemblablement a voulu y mettre, — à savoir une étude sur les origines ethnographiques et sur l'histoire primitive des Allobroges, mais nullement un tableau de l'administration romaine, et de ce que l'on appelle aujourd'hui (en mauvais français), la romanisation de ce pays [1].

Edouard Beaudouin.

---

51. — **Le Chantre des Omiades,** notes biographiques et littéraires sur le poète arabe chrétien Ahtal, par Henri Lammens S. J. — Extrait du *Journal Asiatique*. — Paris, Imprimerie nationale, 1895 ; in-8°, 208 pages.

Les révérends pères Jésuites de Beyrouth se sont donné la noble tâche de nous révéler toutes les gloires de la littérature arabe chrétienne. En 1891 ils commençaient à éditer le divan du poète Ahtal, et le P. Salhani, auteur de cette édition, plaçait dans le quatrième fascicule une notice déjà très fournie sur ce personnage. Le P. Lammens a cru utile de prendre cette notice pour base d'un nouveau travail, plus développé, mieux lié à l'histoire générale ; c'est ce travail que nous avons à présenter au lecteur. Il est fort bien fait ; il suppose de longues et consciencieuses recherches, ainsi qu'une connaissance rare de l'histoire si complexe des tribus

---

1. M. G. a dédié son livre à la Faculté des Lettres de Grenoble. C'est un aimable procédé à l'égard de notre pays, dont il me semble que non seulement les professeurs de la Faculté des Lettres de Grenoble mais encore tous les Français doivent lui savoir gré.

arabes. Il nous laisse l'espérance de voir l'auteur appliquer à d'autres sujets ses qualités d'arabisant et d'historien.

La vie d'Ahtal nous est connue par diverses sources : par le divan d'Ahtal lui-même et par celui de Farazdak, son rival et son ami, par les ouvrages historiques et surtout par le célèbre Livre des chansons (*Kitâb el- agâni*) qui est pour l'histoire littéraire des Arabes une mine inépuisable. A l'aide de ces documents, complétés par certains textes grecs et syriaques, l'auteur a donné une vie nouvelle au personnage d'Ahtal : il l'a replacé dans son milieu ; il a ébauché l'histoire de sa tribu, et il a examiné avec beaucoup de sagacité des questions d'un intérêt très général, telle que celle de la situation des Chrétiens sous la domination des khalifes Omiades.

Ahtal, né en 640 du Ch. (19 de l'hégire) à Hîra, mort à une date incertaine et problablement sous le règne de Wélid, était issu de parents chrétiens ; sa mère appartenait à la tribu chrétienne d'Iyâd, son père, à la fameuse tribu de Taglib. Les Taglibites, venus des déserts du Bahreïn et du Nedjd, vivaient pour la plupart en Bédouins, à l'époque du prophète, dans les plaines de la moyenne Mésopotamie. Ils opposèrent à l'islam une résistance que rien ne put dompter ; Khaled fils de Wélid les décima, mais ne les convertit point. Omar dut les exempter de la capitation et tolérer qu'ils baptisassent leurs enfants, après l'avoir défendu, semble-t-il. La majorité des Taglibites appartenait à la communauté monophysite des Jacobites ; c'est ce que prouve une affirmation formelle de Barhebræus, appuyée par d'autres indices ; mais l'auteur discute, sans pouvoir la résoudre, la question de savoir si Ahtal était lui-même jacobite ou nestorien.

Le poète perdit sa mère étant enfant ; sa marâtre fournit la première à son génie satirique l'occasion de s'exercer. De bonne heure renommé parmi les siens, il eût peut-être été empêché par sa qualité de chrétien d'arriver à la célébrité, si un hasard ne l'avait amené devant l'Omiade Yézid. Ce prince alors héritier présomptif, désirait faire attaquer dans une satire le parti des Ansars (les compagnons du Prophète). Le poète auquel il s'adressait recula devant cette sorte d'impiété ; mais il indiqua au prince le jeune Ahtal, qu'il avait jadis rencontré. Ahtal fut mandé, fit la satire et eut un grand succès. Il resta alors attaché à la personne de Yézid ;

les successeurs de ce Khalife lui continuèrent leur faveur et son crédit parvint au plus haut point sous le règne d'Abd el-Mélik.

C'est ce dernier prince qui, après avoir assisté à une lutte poétique entre Ahtal et le célèbre poète Djarîr, enthousiasmé par le panégyrique d'Ahtal, lui dit : « Bravo, tu es notre panégyriste et notre poète : monte sur le dos de ton adversaire. » Ce trait est l'un de ceux qui justifient le surnom de « Chantre des Omiades » donné à Ahtal et choisi pour titre par notre auteur.

Si l'on n'est pas au fait des détails souvent subtils de l'histoire musulmane, on peut trouver bien extraordinaire ce khalife qui ordonne à un poète chrétien de monter sur le dos de son rival musulman. Mais ce n'est là qu'un indice choisi entre mille de l'état d'esprit des Khalifes Omiades. Le P. Lammens fait connaître, avec beaucoup de clarté, les circonstances qui expliquent que l'esprit de ces princes ait été si peu conforme à celui de Mahomet. Mahomet eût chassé les deux poètes et les eût envoyés ensemble dans l'enfer. Au temps de la ferveur primitive de l'islam, la poésie et la musique, tenues en suspicion, déclinèrent. Le Coran était proposé aux croyants comme un chef-d'œuvre inimitable, jusque dans sa forme; et la vie du désert, qui faisait jadis éclore le talent des poètes, était bouleversée par la conquête. Lorsque Moawiah parvint au khalifat, fondant la dynastie des Omiades, il apporta sur le trône quelque chose des dispositions d'Abou Sofian son père, qui avait été l'adversaire acharné du prophète pendant vingt ans ; il se trouva d'ailleurs l'ennemi naturel des descendants du prophète, auxquels il enlevait le pouvoir. Il leur voua le plus fort de sa haine, tandis que les chrétiens furent traités par lui avec douceur : ils furent chargés de gouvernements ; l'*église ancienne* d'Edesse ayant été ruinée par un tremblement de terre, il la restaura sur leur demande [1]. Yézid le fils de Moawiah et le protecteur d'Ahtal pratiqua ouvertement l'impiété ; il but du vin ; il lacéra le Coran à coups de flèches. Abd el-Mélik fut un prince très érudit et un remarquable poète. Sa dévotion ne dépassa pas celle de ses prédécesseurs : il interdit le pèlerinage, porta la guerre sur le territoire sacré de la Mecque, ruina la Kaaba, fit frapper des mon-

---

[1]. L'auteur s'appuie sur cette phrase de Théophane (Migne, p. 724) : « Καὶ κτίζει αὐτὸν Μαυΐας σπουδῇ τῶν Χριστιανῶν. »

naies à figure. Il témoigna d'abord la plus grande sympathie aux chrétiens ; l'un d'eux, Athanase, notable d'Edesse, fut nommé gouverneur d'Abd el-Aziz, frère du khalife, et acquit une fortune prodigieuse. Ses richesses ayant excité l'envie, Athanase s'offrit de lui-même à les partager avec le khalife. Pourtant, dans la seconde partie de son règne, les dispositions d'Abd el-Mélik à l'égard des chétiens changèrent, pour des motifs que l'on ignore. Il y eut des persécutions dans les provinces et les chrétiens eurent à subir des vexations humiliantes.

La réputation d'Ahtal eut donc tout le temps de grandir, à la faveur de l'impiété des princes Omiades, sans que le poète eût à craindre pour sa personne à cause de sa foi. Il porta même son caractère de chrétien avec une belle fierté, et les courtisans des khalifes s'habituèrent à le voir passer parmi eux avec la croix d'or suspendue à son cou. Il se lia avec d'autres chrétiens de l'entourage des khalifes, parmi lesquels Sergius, secrétaire d'Etat d'Abd el-Mélik qui fut père de saint Jean Damascène. On peut croire qu'en diverses circonstances, le poète usa de son crédit pour rendre service à ses coreligionnaires. Au reste son rôle politique, — sur lequel nous ne pouvons insister parce que les détails de l'histoire musulmane sont trop peu connus de la plupart des lecteurs, — a été assez bien étudié par l'auteur de cette biographie.

Si Ahtal fut un chrétien déclaré, cela ne signifie pas peut-être qu'il fut toujours un chrétien exemplaire. Il aima le vin avec passion et le chanta dans de beaux vers. Sa vie semble avoir été pure, du moins par rapport à son milieu ; mais la discipline des chrétiens orientaux en matière de mœurs était alors assez relâchée.

Toute une pléiade de poètes fleurit en même temps qu'Ahtal. Le libéralisme des princes Omiades ne fut pas seulement favorable aux lettres musulmanes ; il permit aussi le développement de la littérature syriaque chrétienne : Jacques d'Edesse, le célèbre et fécond écrivain, fut contemporain de notre poète. Dans cette troupe de lettrés Ahtal eut deux rivaux fameux : Djarîr et Farazdak. Son nom et les leurs brillent du plus grand éclat dans la littérature arabe. Il fut l'ennemi du premier, l'ami et l'allié du second ; mais ni l'un ni l'autre n'étaient dignes de son amitié. Doués d'un grand talent, ils le souillaient par leur vie honteuse, par les ordures dont ils chargeaient leurs vers, et par leur manque de probité littéraire.

Ahtal ne fut pas uniquement un poète courtisan ; il fut guerrier à ses heures. Les luttes séculaires qui se perpétuent entre les tribus arabes, mirent aux prises les Taglibites et les Kaïsites. Après avoir remporté à Hassak une victoire que notre poète chanta, les Taglibites furent une nuit surpris et massacrés dans leur vallée de Bichr. Les horreurs de cette guerre furent affreuses. Ahtal y perdit un fils et y courut les plus grands dangers. L'auteur nous donne d'abondants détails sur sa conduite lors de ces sanglantes affaires, puis sur ses séjours à Koufâ et en d'autres villes. Le poète, ayant vu mourir son plus grand protecteur Abd el-Mélik, eut encore le temps de célébrer Wélid, sous le règne duquel, selon toute vraisemblance, il mourut.

Dans un dernier chapitre, l'auteur suit l'histoire des Taglibites après la mort d'Ahtal jusque vers le XVIe siècle ; au-dessous de cette époque les recherches deviennent difficiles. Des indications précieuses et nettes sur l'état de l'islam et du christianisme dans cette période, des fragments de poésie habilement traduits, une quantité d'anecdotes où les personnages retrouvent la vie, enrichissent toute la trame de cet intéressant mémoire.

B. DE VAUX.

---

53. — **A Collection of prakrit and sanscrit Inscriptions.** Published by the Bhavnagar archœological Department, under the auspices of His Highness Raol Shri Takhtsingji. G. C. S. I., LL. D. (Cantab), Maharaja of Bhavnagar — Bhavnagar, printed at the « State printing Press »

Ce magnifique ouvrage fait le plus grand honneur à la société archéologique de Bhavnagar ainsi qu'à son Maharaja.

Les inscriptions qu'il renferme sont nombreuses, elles se rapportent aux dynasties Maurya, Sâh, Gupta, Valabhi, Surya, Gohila et Solanki.

L'éditeur, après une courte notice sur le lieu, la découverte et l'état de chaque inscription, donne le fac-similé puis la transcription pracrite et sanscrite en caractères devanagaris, enfin la traduction en anglais ; le tout avec la plus scrupuleuse exactitude.

Dans la préface, M. Peter Peterson retrace brièvement l'histoire du déchiffrement des premières inscriptions. Il rappelle comment Prinsep par la plus ingénieuse et la plus simple des hypothèses fut amené à ce résultat inespéré ; ces bonheurs, il est vrai, n'arrivent guère qu'aux chercheurs infatigables, et encore sont-ils rares.

Les quatorze édits d'Açoka ouvrent la série de ces inscriptions qui ont pour objet principal des offrandes votives, des fondations pieuses, des actions de grâces à la Divinité, ou des ouvrages d'utilité publique. Açoka, dans ses édits gravés sur le rocher, ne prend d'autre titre que celui de *Devânâmpriya*, le *bien-aimé des Dieux*, ce qui est d'autant plus intéressant à signaler que ce prince, suivant l'opinion la plus commune, fut un ardent adepte du Bouddhisme, religion basée sur l'athéisme.

Si Açoka fut un fervent bouddhiste, du moins se montra-t-il assez tolérant ; c'est ce qui ressort de l'étude de ses édits. Qu'il nous suffise de citer le vii°. Nous le choisissons de préférence aux autres uniquement à cause de sa brièveté ; tous d'ailleurs sont rédigés dans le même esprit de tolérance.

« Le roi Priyadarçin (ou Piyadasi), le bien-aimé des Dieux désire que partout les ascètes de toute croyance, puissent vivre (en paix) ; il souhaite à tous l'empire sur eux-mêmes et la pureté du cœur. Quels que soient les opinions et les sentiments du peuple, il peut s'y conformer en tout ou en partie. Toutefois celui qui n'a pas le moyen de faire d'abondantes aumônes, devra (au moins) pratiquer le refrènement des sens, la pureté de cœur, la reconnaissance, une dévotion solide, qui dure toujours. »

Açoka vivait au troisième siècle avant l'ère chrétienne ; c'était le petit-fils de Chandragupta vers lequel Mégasthène qui l'appelle Sandracottos fut envoyé en ambassade par Séleucus Nicanor. Il régna sur le Magadha et sa capitale était Pâtaliputra.

Le plus souvent, les inscriptions dont ce volume donne les fac-similés sont sculptées en lettres monumentales sur des rochers, le long des routes fréquentées, du moins à l'époque où elles remontent, par de nombreuses caravanes, afin que chacun puisse les lire et en propager la connaissance, une fois de retour dans son pays.

Un certain nombre sont gravées sur des plaques de cuivre ; presque toutes celles de ce genre appartiennent à la dynastie Valabhi.

Ce sont les mieux conservées ; le plus habituellement même, les caractères sont d'une netteté parfaite, comme si elles venaient d'être burinées.

Tous les jours, on découvre de nouvelles inscriptions que relèvent soigneusement d'intrépides explorateurs et peut-être arriverons-nous, par leur moyen, à débrouiller, au moins dans une certaine mesure, le chaos chronologique de cette histoire de l'Inde qui jusqu'ici fait le désespoir des savants.

A signaler quelques fautes échappées à l'éditeur dans la correction des épreuves. Nous nous bornerons à relever l'une d'elles. A la onzième ligne de la transcription sanscrite du 4ᵉ édit, il faut lire « vriddhiççâhâniçca sâdhu », conformément au texte prâcrit « vadhica ahânica sâdhu », et à la traduction anglaise « Increase and no diminution, is good ». Avec un a bref, il n'y a plus de sens. Ces légères taches ne sauraient amoindrir le mérite de l'œuvre.

A. Roussel.

---

53. — René Doumic. **Les Jeunes,** études et portraits ; Perrin, 1 vol. in-16, 290 pages.

La jeunesse est toujours à la mode, parce qu'elle est la jeunesse, et par la même raison elle est toujours outrecuidante : il est bon qu'on ait le courage de lui dire la vérité. Deux écrivains l'ont osé dans ces derniers temps ; l'un est loin d'être un jeune, puisque c'est M. Zola, qui d'ailleurs, n'eut jamais de la jeunesse que l'emportement et les jugements sans nuances ; l'autre est M. Doumic, qui est un jeune, encore très jeune, quoique très sage.

On devine assez que ce ne sont pas les mêmes reproches qui viennent des deux parts : M. Zola gémit de voir les jeunes abandonner la réalité matérielle pour fuir vers l'idéal ; M. Doumic s'en réjouit : seulement il trouve que cet idéal n'est ni assez sérieux, ni assez défini, ni surtout assez sain. Et nous l'approuvons. Ce n'est pas encore M. le comte de Montesquiou-Fezensac qui haussera la poésie à la majesté du grand art : il suffit à sa gloire « de l'avoir élevée à la dignité d'un sport ». Les *Cent quarante-et-un* — ce sont les rénovateurs du siècle prochain qui s'intitulent ainsi — ne donnent pas à eux tous la menue monnaie d'un homme de génie. M. Huysmans nous fait moins sourire. Est-ce parce qu'il est plus convaincu, ou parce qu'il est plus dangereux? Hélas, il apparaît assez que sa sincérité n'est que celle de la sensation présente ; il aura démontré une fois de plus, que, si le mysticisme est saint quand il est soutenu par le dogme pur, il risque, en se mêlant d'impressions littéraires, de glisser à l'équivoque et au sensuel.

Où est l'avenir? Sommes-nous dans une anarchie telle qu'aucune tendance ne s'indique, qui puisse être approuvée sans réserve ? Il semble qu'à cette heure on tente un louable effort pour faire rentrer dans la forme matérielle, seule aperçue des naturalistes français, la pensée et le sentiment. Et c'est déjà quelque chose qui mérite considération que l'idée dans une pièce de M. Lemaître ou de M. de Curel, que le cas psychologique dans un roman de M. Rod. Et la faveur qu'on restitue en ce moment même à l'honnêteté et à la délicatesse, grâce à M. Bazin et à quelques autres, n'est-ce pas un signe, comme aussi la vie prospère d'une revue telle que le *Sillon*, œuvre d'une jeunesse qui — celle-là — sait ce qu'elle veut parce qu'elle sait ce qu'elle croit.

Il y a là de quoi donner espérance, et M. Doumic ne nous le dissimule point. D'autres l'eussent dit avec plus de bonhomie et de confiance, avec plus d'illusions aussi peut-être ; je me demande qui l'eût pu dire avec plus de pénétration, avec plus d'esprit.

A. DAVID-SAUVAGEOT.

CHRONIQUE

44. — Le tome XXIV des *Archives historiques de la Saintonge et de l'Aunis* (Paris, A. Picard ; Saintes, Z. Mortreuil, 1895, grand in-8 de XXIV-472 p.) contient la première partie des *Registres de l'échevinage de Saint-Jean-d'Angely* publiés par M. Denys d'Aussy. Voici la liste des documents contenus dans le volume : 990. Confirmation par Hugues Capet, roi de France, des dons faits à l'abbaye de Saint-Jean-d'Angely par le duc d'Aquitaine. Vidimus sur papier de l'année 1572. — 1131. Abandon fait par Guillaume X à la même abbaye du palais que son prédécesseur et lui possédaient dans la ville. — 1273. Abandon par Aimery Guibert au maire et à la commune de S. J. d'A. de 13 sols 4 deniers de rente qui lui étaient dus, à raison d'un pré qu'ils avaient cédé pour l'établissement du port d'Orgueillers. — 1292, janvier. Lettres patentes du roi Philippe le Bel exemptant le maire et les bourgeois de S. J. d'A. de l'aide d'un denier établie sur toutes les

marchandises vendues dans la ville et les fauxbourgs moyennant un prêt de deux mille livres tournois. — 1309, avril. Transaction entre Hugues de la Celle, sénéchal de Saintonge, Pierre de Melet et Pierre Tronquière, ancien receveur du roi en Poitou et Saintonge, relativement aux réclamations qu'on avait à leur adresser au sujet de leur gestion. — 1324, 22 mars. Lettres patentes du roi Charles IV à la suite desquelles est établi le tarif des taxes à payer à titre de subside de guerre sur toutes les denrées et marchandises vendues dans la châtellenie de S. J. d'A. — Jugement de la cour du maire de S.J.d'A. qui met en liberté sous caution Guillaume de Paris, faussement accusé de crimes de viol et de rapt. — Registres des délibérations de l'échevinage (1332-1396). Tout est excellent dans le volume, le plan de S. J. d'A. au XVe siècle, la *préface*, le *texte*, les *notes*, et cette constatation rend encore plus vifs les regrets causés par la mort prématurée de M. Denys d'Aussy, travailleur d'autant de zèle que de conscience, un de ces vaillants et de ces forts qui sont difficilement remplacés.

T. de L.

45. — Sous le titre de *Lofficial représentant du peuple* M. C. Leroux-Cesbron vient de publier un volume de 200 pages (Paris, Ernest Flammarion, 1896) qui contient bien des choses : 1° Un portrait de Louis-Prosper Lofficial, député du Poitou en 1789 et du département des Deux-Sèvres en 1792 ; 2° une *préface* de M. H. Baguenier-Desormeaux, président de la Société philotechnique et rédacteur en chef de l'*Ouest artistique et littéraire*, où sont très bien appréciées les guerres de la Vendée, les histoires qui en ont été écrites et particulièrement la relation mise en lumière par l'arrière-petit-fils de Lofficial, M. Leroux-Cesbron ; 3° une introduction de ce dernier au *Journal* de son aïeul, où il nous donne force détails biographiques sur le chroniqueur et où il analyse ses récits, en les rapprochant des récits antérieurs ; 4° le *Journal d'un conventionnel en Vendée* (décembre 1794 — juillet 1795), « très précieux document qu'on ne saura trop consulter désormais lorsqu'on voudra étudier cette question encore si mal connue des premières pacifications vendéennes » ; 5° diverses pièces officielles et proclamations relatives à la mission de Lofficial dans la Vendée. Le recueil de M. Leroux-Cesbron s'adresse aux lecteurs sérieux, impartiaux, adversaires du parti-pris, à ceux qui, comme le dit M. Baguenault-Desormeaux en sa remarquable préface, veulent qu'on rende aux faits leur aspect véritable, qu'on ne s'en rapporte pas « aux *arrangements* de M. de Barante, aux dithyrambes de Le-Bouvier-Desmortiers, aux mensonges intéressés de Turreau, aux appré-

SOCIÉTÉ NATIONALE DES ANTIQUAIRES DE FRANCE

Séance du 25 mars. — M. MICHON entretient la société des restaurations de la Diane à la Biche et des critiques récentes qu'on en a faites. Il en résulterait que la Diane ne devait pas prendre une flèche dans son carquois de la main droite avec la tête retournée de côté, mais venait au contraire de lancer une flèche de son arc. Quelque difficile qu'il soit de rétablir complétement quel était le mouvement réel des deux avant-bras, il semble bien en effet que la pose de la tête en sens inverse de la marche, ne soit pas la pose originelle. L'animal qui accompagne la statue n'est pas d'ailleurs la Biche de Cérynée, mais doit être interprété comme le cerf poursuivi par Diane, complétant ainsi le sens de la représentation qui est uniquement la représentation d'une Diane chasseresse. — M. R. CAGNAT communique de la part du P. Delattre, une inscription gravée sur une pierre haute d'environ un mètre, plus large à la base qu'au sommet qui est arrondi en berceau.

```
       SECVNDVS
     M·BENNI·SER
     VETERINARIVS
     H·S·E·V·A·XXXXV
```

Hauteur des lettres, variant entre 0,02 et 0,035. Ce texte provient du cimetière des *Officiales*. — M. MOWAT fait une communication sur une visite qu'il a faite dans la galerie du Musée Guimet réservée aux antiquités grecques, romaines et égyptiennes. M. Mowat y a remarqué, entre autres, une vingtaine d'inscriptions provenant de Rome. Deux lui semblent suspectes; l'une, gravée sur une petite urne funéraire, représente un cuisinier de Caligula; Léon Palustre en a déjà signalé la fausseté ainsi que les éditeurs du t. XIV du *Corpus inscriptionum Latinarum*; l'autre est un moulage d'une urne portant un texte composite dont une partie a été empruntée à Orelli 4783. — M. Samuel BERGER entretient la société de la découverte faite à Vienne par M. H. Modern d'un tableau d'autel provenant de l'église protestante de Saint-Maimbœuf à Montbéliard. Ce tableau d'autel, qui représente, en 157 cadres, la vie de Jésus-Christ, date des environs de 1525 et il est signé d'un peintre Nurembergeois nommé Hans Schaeuffelin. C'est en réalité une œuvre d'une valeur secondaire. On en peut juger par les très bonnes reproductions qui accompagnent la très intéressante étude de M. Modern dans le *Jahrbuch* des collections impériales.

Séance du 1er avril. — M. H. Corot est élu correspondant dans la Côte-d'Or. — M. A. Bertrand fait circuler la photographie d'une épée gauloise en fer du type de Hallstatt, trouvée par M. Henri Corot dans un tumulus à Minot (Côte-d'Or). — M. Michon entretient la Société d'une acquisition qui vient d'enrichir le département des Antiquités grecques et romaines de pièces antiques en or de la plus haute importance. Il s'agit d'abord d'une superbe parure de femme composée d'un collier et de deux couvre-oreilles, et surtout d'une tiare offerte par le sénat et le peuple de la colonie grecque d'Olbia au roi Saitapharnes. La décoration de cette tiare, du goût le plus exquis et de l'habileté la plus consommée, comprend des parties à jour entrecoupant les parties pleines. Sur celles-ci sont figurées deux zones de bas-reliefs, l'une, principale, empruntée à l'Iliade, nous montre Achille dédaignant les présents que les Grecs lui envoient pour tenter de fléchir sa colère, puis le bûcher de Patrocle entouré d'Agamemnon et d'Achille et des Grecs en deuil. L'autre est empruntée à la vie des Scythes au milieu desquels se trouvait la ville d'Olbia : les scènes champêtres y alternent avec des scènes plus mouvementées : domptages de chevaux, combat contre des griffons, etc. L'inscription est gravée sur les murailles d'Olbia figurées, avec leurs tours, au tiers environ de la hauteur. Le sommet de la calotte est formé par un serpent enroulé sur lui-même. M. Michon insiste sur le concours empressé qu'ont prêté, en cette occasion, au Musée du Louvre, notre confrère M. Ed. Corroyer et M. Théodore Reinach auxquels on doit les avances qui ont permis de négocier aussi rapidement cette magnifique acquisition. — M. Michon annonce ensuite l'entrée au Louvre d'une tête grecque archaïque, en marbre, remontant à la seconde moitié du vi[e] siècle avant J. C., célèbre dans l'histoire de la sculpture antique. Son possesseur, M. Georges Rampin, qui l'avait acquise alors qu'il était secrétaire d'ambassade à Athènes, l'a léguée en mourant au Musée du Louvre, auquel M. Thierry de la Noue, député de l'Aube, s'est empressé de la remettre. — M. Jean F. Marquet de Vasselot fait une communication sur quelques œuvres inédites de Pigalle. Il étudie d'abord les maquettes de la statue du citoyen, de Reims et du *Voltaire nu* conservé à la Bibliothèque de l'Institut. Il annonce ensuite qu'il a découvert au Musée de Versailles une réduction en terre cuite de la statue de Louis XV placée jadis dans le parc du château de Bellevue ; cette terre cuite est la seule reproduction précise qui nous soit connue de cette œuvre importante. M. Marquet de Vasselot examine ensuite une réduction en terre cuite de l'*amour* et l'*amitié*, et un médaillon en marbre, représentant M. et M. Gougenot, qui provient du tombeau de l'abbé Gougenot, leur fils. Ce tombeau que Pigalle fit élever à ses frais dans l'église des Cordeliers, a été détruit pendant la Révolution; mais Alexandre Lenoir sauva le médaillon qui, après avoir appartenu au Musée des monuments français, a été envoyé au Musée de Versailles en 1834.

ACADÉMIE DES INSCRIPTIONS ET BELLES-LETTRES

Séance du 20 mars. — M. L DELISLE fait connaître le résultat des observations et des informations par lesquelles M. BLANCARD a cherché à déterminer l'origine des stèles à idoles trouvées, il y a une trentaine d'années, dans le sol du vieux Marseille : la pierre de ces stèles ne provient pas des carrières de Phocée et de Cymée. — M. ED. LE BLANT lit un mémoire donnant 720 inscriptions de pierres gravées inédites ou peu connues; beaucoup de ces pierres ont été relevées par l'auteur dans des collections publiques ou particulières de France et de l'étranger, dans d'anciens catalogues, dans des documents manuscrits, chez des marchands. M. Ed. Le Blant donne des renseignements pleins d'intérêt sur les artistes qui ont gravé les gemmes des anneaux antiques; sur l'usage auquel servaient les empreintes de ces pierres dans la vie publique et privée. Les inscriptions donnent le nom du possesseur, des souhaits de bonheur, des sentences amoureuses, des formules religieuses, philosophiques et talismaniques. — M. Théodore REINACH fait une communication sur un papyrus gréco-égyptien dont un fragment publié par Wilcken se trouve à Berlin et un autre au musée de Gizeh, où M. Jouguet, membre de l'école française d'Athènes, l'a récemment découvert. En combinant les indications de ces deux fragments, M. Reinach est arrivé à restituer assez complètement le texte du document : c'est le procès-verbal d'une audience criminelle tenue par l'empereur Claude, assisté de son conseil. Les parties en cause sont Hérode Agrippa, roi des Juifs, et les chefs des antisémites alexandrins, Isidore et Lampon. Ceux-ci, condamnés à mort pour des méfaits commis sous Caligula, cherchent à gagner du temps en dirigeant une accusation contre Agrippa; mais l'empereur leur ferme la bouche et ordonne de les conduire au supplice. Le cynisme de leurs réponses confirme le jugement sévère porté contre eux par Philon le Juif. — M. Héron de Villefosse lit une lettre du R. P. DELATTRE sur ses dernières fouilles à Carthage. Une tombe a fourni une amulette appartenant, d'après M. Maspero, à une série bien connue : elle représente Horus sur les crocodiles et porte au revers une formule contre les animaux nuisibles. Les trente-trois tombes trouvées en février étaient presque toutes formées d'une fosse recouverte d'une simple dalle et renfermaient le mobilier ordinaire.

Séance du 27 mars. — M. HEUZEY rappelle que lorsqu'il a restitué, à l'Exposition universelle de 1889, la figure de l'architecte chaldéen, il a supposé que le plan placé sur les genoux de la statue devait être, en nature, gravé sur une tablette d'argile. Cette restitution est confirmée par les découvertes de M. de Sarzec, qui a trouvé à Tello une série de plaquettes de terre portant des plans gravés et accompagnés de légendes. On y voit des terrains, des champs avec leurs divisions et leur orientation, leurs limites, les canaux qui les irriguaient; des habitations avec les distributions, les entrées, les communications intérieures; enfin des tracés plus importants, munis de contreforts ou même de tours saillantes, indiquent des édifices sacrés ou des parties d'enceintes fortifiées analogues à celle que porte la statue de Goudéa. Les légendes, d'après les premières lectures faites par M. F. Thureau-Dangin, donnent surtout des mesures, les noms des occupants, la position de certaines constructions qui ne sont pas figurées, par exemple : la maison du tissage, l'étable des bœufs, l'écurie des bêtes de charge. Ces documents graphiques ont été trouvés dans les mêmes dépôts avec des contrats dont il étaient sans doute les pièces justificatives. C'est un véritable cadastre des propriétés, surtout de celles qui constituaient le domaine des grands temples du pays. L'instrument qui servait à tracer ces plans, retrouvé par M. de Sarzec, était une lame mince et pointue, en bois ou en os, non sans ressemblance avec nos couteaux à papier et conforme à la représentation qu'en a fait sculpter Goudéa sur sa tablette d'architecte. — M. J. DELAMARRE lit un mémoire sur une importante inscription d'Amorgos, décret des synèdres de la confédération des Cyclades en réponse à l'invitation de Ptolémée II de prendre part aux jeux qu'il fonde à Alexandrie en l'honneur de son père, Ptolémée Soter. Ce texte contient un grand nombre de détails nouveaux sur l'histoire de la confédération des Cyclades sous les deux premiers Ptolémée. Il permet de mieux connaître l'organisation de cette confédération et fixe la date très contestée du règne du roi de Sidon, Philoklès. — M. OPPERT donne une nouvelle traduction et un commentaire de l'inscription de Nabonide, du musée de Constantinople, publiée récemment par le P. Scheil. Ce savant avait vu dans un passage de la deuxième colonne une allusion à la destruction de Ninive et il avait pensé que le roi désigné sous le nom de Iriba-tukté n'était autre que celui que nous appelons Cyaxare. Suivant M. Oppert, ce texte ne fait aucune allusion à la chute de Ninive et ne donne pas les noms des rois d'Assyrie et de Babylone. Il y est fait mention non d'une victoire, mais d'une défaite des Mèdes en 635. Les rois désignés sont Assurbanapal et Chiniladan ou Kandalan.

Henry THÉDENAT.

L'Éditeur-Propriétaire Gérant : ALBERT FONTEMOING.

Paris. — Imp. A. FONTEMOING.

BULLETIN CRITIQUE

54. — **A critical and exegetical commentary on Deuteronomy,** By the Rev. S. R. DRIVER. Edimbourg, Clark, 1895 ; in-8°, xcv-434 pages.

M. Driver est depuis longtemps connu par des travaux très importants sur la grammaire hébraïque, la critique textuelle et la littérature de l'Ancien Testament. Son *Introduction to the Literature of the Old Testament*, publiée en 1891, en est maintenant à sa cinquième édition. Le même succès attend certainement le commentaire sur le Deutéronome qu'il vient de faire paraître dans la collection de l'*International critical Commentary*.

Le Deutéronome occupe une place à part entre les livres de la Bible hébraïque, tant à raison de sa valeur intrinsèque et de sa forme particulière, que de ses rapports avec l'histoire du développement religieux en Israël et celle des livres mosaïques. M. Driver a franchement abordé la question d'origine, et, après une longue et impartiale discussion, il l'a tranchée de la même façon que la plupart des critiques modernes, en attribuant la rédaction actuelle du livre au temps de Manassé ou de Josias. Cette conclusion, observe-t-il, n'enlève rien à l'autorité divine du Deutéronome, ni à sa valeur morale et religieuse. Le Deutéronome représente un degré de l'éducation à laquelle Dieu a soumis le peuple choisi : ce degré n'est pas celui qui correspond à l'âge mosaïque, mais c'est celui qui correspond à l'époque de Jérémie. Voilà tout le résultat du travail critique sur le Deutéronome et les rapports avec les autres livres mosaïques. Il n'y a pas lieu de s'en inquiéter autrement que pour le reconnaître.

Dans une introduction bien ordonnée, le savant exégète expose les arguments par lesquels les critiques ont coutume de démontrer que la composition du Deutéronome se place entre celle des documents jéhoviste et élohiste (ancien) de l'Hexateuque (J, E) et celle du Code sacerdotal (P). En ce qui regarde l'élément législatif, le Deutéronome est fondé sur les lois de l'Exode qui proviennent de J-E; il explique ces lois et les complète pour les adapter à un état social moins primitif que celui qui est attesté par les anciens documents. Les chapitres v-xi sont comme un développement parénétique sur le Décalogue, et les chapitres xii-xxvi comme une édition augmentée du Livre de l'alliance (*Ex.* xx, 22-xxiii, 33), et de lois analogues (*Ex.* xiii, 3-16; xxxiv, 10-26). Le rapport du Deutéronome avec le Code sacerdotal n'est pas du tout le même, soit qu'on le compare à la Loi de sainteté (contenue principalement dans *Lév.* xvii-xxvi), soit qu'on le compare aux autres parties de la législation lévitique. Les préceptes du Deutéronome et de la Loi de sainteté sont souvent parallèles en substance, mais semblent indépendants quant à leur rédaction et doivent dépendre d'une source commune. Pour le reste de la législation lévitique, le Deutéronome en fait abstraction, ou bien émet des prescriptions divergentes, bien que, d'ailleurs, il fasse allusion à certaines observances et cérémonies semblables à celles qui sont réglées dans le Code sacerdotal. On constate absolument les mêmes phénomènes dans les allusions qui ont trait à l'histoire ancienne d'Israël. Toutes se rapportent à J-E, plusieurs même de façon à démontrer que l'auteur ignorait le récit parallèle de P, lorsque ce récit existe. Trois seulement ne se trouvent pas expliquées par les fragments de J-E conservés dans les premiers livres du Pentateuque : celles qui concernent le nombre des espions envoyés par Moïse (*Deut.* i, 23), le total des membres de la famille israélite lors de son entrée en Egypte (*Deut.* x, 22), et la mention de l'acacia comme matière de l'arche (*Deut.* x, 3). Ces indications nous sont parvenues dans la relation de P; mais, si l'on tient compte des nombreux passages qui attestent chez le rédacteur l'ignorance du document P, on sera tout naturellement amené à penser que l'histoire de J-E contenait les mêmes données et que la relation de P a été préférée dans la compilation définitive de l'Hexateuque. Quand on prend la peine d'y regarder de près, on ne trouve pas que cette argumentation se fonde sur un découpage arbitraire des textes. L'avenir pourra en corriger certains détails, non la conclusion générale.

Le Deutéronome a été rédigé au viie siècle avant notre ère; mais faut-il le rapporter au règne de Manassé ou à celui de Josias? M.

Driver ne se prononce pas. Il admettrait volontiers que le livre fût écrit dans les derniers temps de Manassé ou même dans les premières années de Josias, et que la découverte faite par Helcias fût complètement accidentelle. Ce serait un accident bien singulier. Helcias dit à Saphan : « J'ai trouvé le livre de la Loi dans la maison de Iahvé » (II Rois xxii, 8) ; il ne semble pas vouloir parler d'une simple découverte ou d'un incident vulgaire, un rouleau trouvé quelque part dans les dépendances du temple, au milieu d'autres écritures, mais bien d'une sorte de révélation écrite recueillie par lui dans le sanctuaire. La découverte a quelque chose d'extraordinaire, et voilà pourquoi le livre n'a pas eu besoin d'autre garantie. C'était comme un oracle délivré en forme d'écrit mosaïque par Iahvé lui-même. Le rédacteur était sans doute un prophète, bien que ce ne soit certainement pas Jérémie. On ne saura jamais comment le livre se trouva dans le temple ni dans quel rapport Helcias put être avec l'auteur. Mais il y a bien des chances pour que le livre ait été rédigé peu de temps avant d'être découvert.

Ce qui est nouveau dans le Deutéronome, ce n'est pas le contenu mais la forme. Or tout le monde sait que les auteurs de l'Ancien Testament, comme tous les historiens anciens, ne se font point scrupule de prêter leur propre style à leurs personnages. Dans la circonstance, la tradition mosaïque a trouvé une voix éloquente qui, reprenant le thème fourni par les anciens livres, a fait tenir à Moïse un discours approprié aux besoins religieux d'Israël dans la seconde moitié du viie siècle avant Jésus-Christ. On peut croire même que la mise en scène du discours a été fournie à l'auteur par la tradition. M. Driver n'insiste pas beaucoup sur ce dernier point qui est cependant fort probable. En tout cas, le mot de fraude n'a pas ici d'application ni de sens.

Le Deutéronome primitif comprenait les chapitres v-xxvi, xxviii. M. Driver est disposé à y joindre l'introduction historique (c. i-iv). La critique de l'éminent exégète est très réservée sur ces chapitres comme sur les derniers. Peut-être pourrait-on lui reprocher d'être un peu indécise, de s'arrêter à développer les arguments allégués pour ou contre telle conclusion, au lieu d'aller droit au fond de la question et de la renouveler par des observations personnelles. Aussi bien le mérite original du nouveau commentaire est-il à chercher principalement dans l'explication même du texte, où M. Driver peut déployer à l'aise son expérience de grammairien consommé et les abondantes ressources de son érudition.

Le commentaire s'adapte aux divisions naturelles du texte. Chaque section est l'objet d'une explication suivie dont se détachent les discussions critiques, les notes grammaticales et lexicographiques. Le grand nombre et l'exactitude minutieuse des renseignements ne nuisent pas à la clarté de l'exposition. La critique du texte dans les morceaux poétiques qui se trouvent à la fin du livre (*Deut.* xxxii et xxxiii) est particulièrement circonspecte. Sans doute la Bénédiction de Moïse a tant souffert dans certaines parties qu'on peut hésiter même à proposer des corrections. Cependant la mention de Moïse dans le poème (*Deut.* xxxiii, 4) a quelque chose de si prosaïque et de si surprenant qu'on pourrait au moins soupçonner le nom du législateur et peut-être la phrase où il se trouve, d'être interpolés. M. Driver maintient la glose dans sa traduction et son commentaire; il cite même ce passage, avant d'entrer dans l'explication du texte, comme un argument contre l'origine mosaïque de la bénédiction, tout en observant que certains critiques n'admettent pas que les mots : « Moïse nous a donné une Loi » appartiennent au poème primitif. Comme la tribu de Siméon se trouve oubliée dans le texte actuel, on a pensé que Juda avait pris (au v. 7) la place de Siméon et que la bénédiction de Juda se trouvait dans la strophe qui termine maintenant la bénédiction de Lévi (v. 11). L'omission de Siméon est bien extraordinaire, et la prière en faveur de Juda (v. 7) le serait encore plus s'il fallait y voir le vœu d'un pieux israélite du nord, contemporain du schisme, pour que le royaume de Jérusalem se soumette à l'autorité de Jéroboam. Juda lui-même serait censé implorer cette grâce! La confusion des textes est au moins très vraisemblable. Plusieurs vers de la Bénédiction ne sont pas sur leurs pieds, et il y a des distiques boiteux. M. Driver n'a pas la témérité de croire à la métrique des poèmes hébreux ; peut-être même condamne-t-il ceux qui y croient. Il enregistre sans hésiter ce long vers sans parallèle : « Que ton *tummim* et ton *urim* (il s'agit de l'oracle) soient pour ton serviteur », bien que les Septante supposent un distique :

> *Donne à Lévi* ton *urim*
> Et ton *tummim* à ton serviteur.

Mais les poèmes ne sont qu'un appendice du Deutéronome, et le commentaire historique de ces poèmes ne laisse rien à désirer, si ce n'est dans les endroits où il s'appuie sur un texte douteux. Insister sur ces vétilles serait méconnaître la haute valeur qui appartient au travail magistral de M. Driver et les services que de tels livres, sagement critiques, très savants et très intelligibles, rendent aux études bibliques. — A. Loisy.

---

55. — **Les grands écrivains de la France. Blaise Pascal.** Nouvelle édition par M. Prosper Faugère. T. II, Paris, Hachette, 1895, in-8° de 607 pages. Prix : 7 fr. 50.

Après neuf ans la librairie Hachette vient de publier le second volume des *Œuvres de Pascal* contenant les dernières *Provinciales*, de la XIII° à la XVIII°, et diverses pièces qui s'y rapportent.

J'ai conté ici même en 1887 (1er juin) comment M. Prosper Faugère, cédant à l'hypnotique attrait de l'inédit, avait tenu pour authentique et adopté comme texte définitif, sans autre garantie que « l'importance de la bibliothèque » de M. de Saint-Albin, d'où il provenait, un *Manuscrit du grand Pascal*, qui manifestement n'est pas de l'écriture de Pascal, — et qui contient des morceaux de Nicole !

L'erreur était piquante, mais sans importance : bonne en effet, très bonne est cette « copie » qui ne présente avec la première édition in-4° (1656-7), avec les deux éditions in-12 de 1657 que des différences de style, tout à fait insignifiantes. Toutes les variantes avaient d'ailleurs été minutieusement relevées par M. Faugère; ce sont elles qui festonnent le bas des pages : et le feston est mince, comme on peut le voir d'un coup d'œil.

Comme texte, cette édition nouvelle n'apporte donc rien d'intéressant. Voyons les Appendices et le Commentaire.

Pour le 1er volume M. Faugère qui était un travailleur modeste et patient, un homme à passer 45 ans sur Pascal! avait cherché et joint à chaque lettre presque tous les passages des casuistes visés par le pamphlétaire des *Provinciales*. Pour voir clair vraiment dans le débat, il nous faut les pièces du procès.

Et puisque entre Pascal et les Jésuites éclate une guerre personnelle, où chacun épilogue avec acrimonie sur les phrases de l'adversaire, puisque telle provinciale n'est qu'une réponse aux répliques du P. Annat ou du P. Meynier, il nous faut aussi, au moins par résumés et par extraits, ces répliques.

Malheureusement pour compléter le travail de Faugère la maison Hachette s'est adressée à un homme de lettres très occupé, très pressé... Si elle a payé cher, on lui a volé son argent.

Ce n'est pas que manquent les appendices. Il y en a plus de 300 pages sur 600. Et M. Brunetière (on dit que M. Brunetière est l'éditeur responsable — et du moment qu'il y a, p. 312 par exemple, des choses désagréables pour les confrères, on doit le croire) M. Brunetière donc explique qu'il en pouvait donner bien davantage. L'édition de 1659 en effet et les éditions Bossut, Lefèvre et Derôme contiennent, paraît-il, toute une bibliothèque de libelles jansénistes qui répètent ou paraphrasent les *Provinciales*, ou qui n'ont avec elles qu'un rapport assez éloigné : il n'y avait qu'à choisir. M. Brunetière a choisi : 1°) une *Lettre au P. Annat sur son écrit intitulé la bonne foi des Jansénistes*, publiée en 1657 avec les *Provinciales*, mais qui « n'est certainement » pas de Pascal ; — 2°) une *Lettre d'un avocat touchant l'Inquisition*, dont l'attribution est douteuse ; — 3°) les *Factums* ou *Écrits pour les curés de Paris* contre l'*Apologie des casuistes*, qui sont en partie de Pascal, ou de Nicole, ou d'Arnauld, à moins que ce ne soit de quelque autre [1] ; — 4°) la *Table des matières* détaillée de l'édition de 1659 et de tous les ouvrages jansénistes dont elle a été grossie ; — et 5° la *Bulle d'Alexandre VII* et l'*Arrêt du Conseil du Roi* condamnant les Provinciales. — Et tout cela est publié sans aucune indication bibliogra-

---

1. O vanité! o néant! s'écrierait Bossuet. Pascal, c'est le géant, l'incomparable, l'unique! Et ce n'est point pour ennuyer les Jésuites qu'on fait étudier aux petits rhétoriciens les lettres sur le *pouvoir prochain* et la *grâce suffisante*, mais bien pour leur montrer un monument d'éloquence sans pareil. Seulement... seulement... voici un bien démoralisant aveu : « Personne au monde n'est capable, sur la seule connaissance qu'il a des *Provinciales* ou des *Pensées*, de dire en lisant un factum janséniste : « Ceci est du Pascal, et cela n'en est point » — et je dis personne au monde, non pas même Bossut, ou Victor Cousin, ou quelque éditeur que ce soit de Pascal. » — Quand je soutiens depuis six ans que les livres de M. Brunetière sont une école de scepticisme!

phique, et sans aucune note historique [1] : ce qui est déjà une faute.

Mais ce qui est tout à fait grave, ce qui montre l'inconvénient de donner des travaux d'érudition à faire à un conférencier ou à un polémiste, c'est que le texte de Pascal n'est pas, lui non plus, accompagné du commentaire et des références indispensables.

La seizième Provinciale est presque tout entière une réponse à un livre du P. Meynier, *Port-Royal et Genève d'intelligence contre le Sacrement de l'autel*. Pascal à tout instant (p. 116, 118, 121, 139, 141) cite pour les combattre les opinions de son adversaire, et invoque pour le réfuter les œuvres d'Arnauld et de Saint-Cyran (p. 119 à 122, 123, 128, 129). Vous pensez trouver en note ou en appendice le texte des passages visés : cela est d'autant plus nécessaire que Pascal résume, traduit en français, et de l'aveu même de l'éditeur, ne cite jamais littéralement. Vous ne trouverez rien.

En note il n'y a rien, que des renvois pour des textes sans importance d'Isaïe, d'Ezéchiel, de saint Bernard, et de saint François; en appendice il n'y a que dix lignes d'une lettre de Jansen à propos de l'accusation portée contre lui d'avoir puisé dans la caisse du collège de Louvain pour donner de l'argent au neveu de Saint-Cyran; et une citation à scandale du casuiste portugais Mascarenhas.

Pascal institue une discussion avec le P. Meynier sur un texte du Concile de Trente qu'il accuse ce dernier d'avoir falsifié (p. 133). Ni le texte du P. Meynier, ni le texte du Concile n'est reproduit. Il n'y a rien.

Pascal consacre toute sa dix-septième lettre à certaines accusations portées contre Port-Royal par le P. Annat dans son écrit : *la Bonne foy des Jansénistes* (p. 180-185 et passim) et par l'abbé de Lalane dans *la Grâce victorieuse de Jésus-Christ* (p. 163-164). De l'ouvrage du P. Annat il n'y a de cité que 25 lignes de la préface; de celui de l'abbé de Lalane, *il n'y a rien*. Et pourtant l'éditeur affirme que Pascal n'a pas cité textuellement et a dénaturé ses paroles!

Le P. Annat répond à cette dix-septième lettre : et Pascal reprend la plume pour le réfuter. Vous voulez savoir si Pascal cette fois a cité juste (p. 204, 212, 215, 220, etc...). Vous ne le saurez

[1]. Je me trompe : il y en a deux en 300 pages.

pas. Vous ne saurez même pas sous quel titre était cette réponse du P. Annat. *Il n'y a rien.*

Et tandis qu'on se renvoie les textes à la tête, textes des conciles, des brefs des papes, des écrits des Pères de l'Eglise pour savoir si oui ou non les jansénistes sont hérétiques de ne pas croire que les cinq propositions condamnées sont dans Jansénius, l'éditeur, pensant avec raison que c'est là bien du fatras, met sa plume au repos et nous laisse le soin de nous débrouiller.

De loin en loin cependant, on ne sait pourquoi, quelques textes sont cités. Voici en effet comme appendice à la 18ᵉ lettre quelques lignes de Clément VIII et du Concile de Trente, de S. Thomas, d'Alvarez, et du P. Petau, un morceau de Jansen, et un extrait d'une lettre de Galilée prouvant que les Jésuites ont eu part à sa condamnation, 4 pages en tout. Et le reste ? Et le pape S. Grégoire cité par Pascal (p. 166, 222, 223) et Bellarmin (p. 173-177) et le pape Honorius ? et S. Basile ? (p. 222) et S. Bernard ? (p. 224-5) Pourquoi S. Thomas et non S. Augustin (p. 229) ?

Et c'est partout la même fantaisie ! Ici (p. 18, p. 83 et 93) on nous donne le texte de la *Continuation des Impostures* contre laquelle ferraille Pascal ; mais on ne le donne pas p. 22 ou p. 42. Certains casuistes, Escobar (p. 10, 11, 15, 43) Reginaldus (p. 42), Molina (p. 44), Dicastillus (p. 72), Bauny (p. 82), Brisacier (p. 86-93), Pinthereau (p. 82) ont l'honneur de quelques extraits. Tiens, voici même (p. 88) le P. Meynier, qui me manquait tout à l'heure quand Pascal le prenait spécialement à partie dans sa seizième lettre ! Je vois que M. Faugère avait encore laissé quelques notes.

Page 44 on ne me dit rien du P. Layman qu'attaque Pascal, mais sans que Pascal ait parlé de lui, on me déterre un passage de Caramuel, un passage à scandale encore — comme si c'était fait exprès !

En revanche on omet de temps en temps Lessius (p. 6-8-9), Diana (p. 45), et Pinthereau déjà nommé (p. 86). En revanche on me laisse ignorer ce que sont « les écrits publics des Pères de Caen » sur l'homicide, et « la requête que l'Université présenta au Parlement contre leur doctrine, » et « le livre qu'elle en fit imprimer. » (p. 11). On me laisse ignorer ce que sont les « Leçons publiques du P. Hereau, que le Roi fit mettre en arrêt pour avoir enseigné plusieurs erreurs » (p. 17). Je ne saurai pas ce que c'est que « la censure prononcée en 1649 par l'Université de Louvain contre le P. l'Amy, » (p. 17 et p. 40), ni comment « le P. des Bois a soutenu cette doctrine à Rouen il y a deux mois. » Je ne saurai pas l'histoire du P. d'Anjou qui fit à S. Benoît un tel sermon que le curé de la paroisse « dut le lendemain monter en chaire pour démentir ses calomnies » (p. 76); — ni l'histoire du P. Crasset interdit « comme imposteur » par l'Evêque d'Orléans (p. 76); — ni celle « du tronc de S. Merry » où sans doute un bon ami de Port-Royal fut accusé d'avoir fait ce que Jansen faisait dans la caisse du collège de Louvain (p. 113).

Tout cela me met en défiance. Si, après enquête, vous n'en savez pas plus que moi, veuillez du moins m'en avertir.

Mais je vous soupçonne de ne m'apporter que les dépouilles faites sur les éditions précédentes. Car il y a en vérité d'étranges lacunes.

M. Puys, curé de Saint-Nizier à Lyon, eut, paraît-il, des démêlés avec les Pères pour avoir traduit en français certain livre d'un capucin : et le titre de cette traduction nous est donné. Le P. Alby croyant voir en ce livre les Jésuites attaqués « fit un livre sanglant contre lui. » (Le titre du livre, s. v. p.?) « A cela M. Puys répondit. » (Et le titre ?) « et le P. Alby soutint par un second livre ses premières accusations. » (Et le titre ?) — On fit la paix, et, nous dit Pascal, « acte de l'accommodement fut dressé le 25 septembre 1650 ». M. Puys déclara que ce qu'il avait écrit ne s'adressait point aux Jésuites, ni à personne en particulier, sur quoi le P. Alby « connaissant mieux son intention » reconnut le pasteur pour « orthodoxe et de mœurs irrépréhensibles »... Et voilà Pascal parti à fond de train contre ce P. Alby qui tient les gens pour hérétiques ou catholiques suivant qu'on attaque ou non sa Compagnie !

Serait-ce trop que de désirer connaître le texte exact de cet acte, et d'avoir, si possible, quelques détails sur cette histoire ? *Il n'y a rien.*

Est-ce ignorance, ou partialité? Je voterais, moi, pour l'ignorance, si le trait suivant ne me faisait craindre un peu de partialité.

Je le prends dans la même Provinciale, la xve (p. 89 et suiv.). Un capucin, le P. Valérien, nous conte Pascal, convertit le landgrave de Darmstadt. Les Jésuites par dépit qu'on eût fait cette conversion sans eux « firent incontinent un livre contre lui » où ils l'accusèrent d'hérésie ; et « ils firent aussi courir une lettre, » dont Pascal cite — (à sa manière, probablement) — une phrase menaçant le capucin de révélations terribles.

Le capucin répondit par un livre « imprimé à Prague ; » et les Jésuites répliquèrent ; et le capucin fit un nouveau livre...

Et nous avons le texte du capucin, d'ailleurs sans indication bibliographique (ne l'aurait-on pas pris dans quelque édition janséniste ?) en face des citations qu'en avait données Pascal. Des Jésuites *il n'y a rien*.

Les Jésuites sont quantité négligeable sans doute. Et c'est pourquoi, comme le lui a déjà reproché dans le *Polybiblion* M. Tamizey de Laroque, d'ailleurs très aimable, trop aimable comme toujours, M. Brunetière ignore ce grand et précieux monument qui s'appelle la *Bibliothèque de la Compagnie de Jésus* par le P. Sommervogel.

La conclusion, c'est que pour faire une œuvre d'érudition comme celle-ci ce n'est pas un journaliste de talent, un académicien d'esprit, qu'il fallait — mais un bénédictin, si l'on ne voulait prendre un Jésuite ; et c'est aussi — que l'édition des *Provinciales* reste à faire.

Comme j'ai prophétisé juste en prédisant aux lecteurs du *Bulletin critique* que M. Brunetière ne mènerait pas jusqu'au bout l'histoire de *l'Evolution dans la littérature française*, je vous le dis en vérité aujourd'hui : ce n'est pas M. Brunetière qui éditera Pascal jusqu'au bout.

Gabriel AUDIAT.

---

56. — **Recherches sur divers services publics du XIIIe au XVIIe siècle,** par le colonel BORRELLI DE SERRES. *Notices relatives au XIIIe siècle*. Paris, Alphonse Picard, 1895, in-8°, 609 p.

L'intérêt que présentent pour l'histoire du moyen-âge les documents d'ordre financier, — trop peu nombreux et toujours plus ou moins incomplets — qui subsistent encore, n'a jamais été méconnu. La plupart de ces textes ont été depuis longtemps et parfois largement utilisés. On y a relevé des renseignements de tout genre, d'une sûreté et d'une précision inappréciables ; la mine toutefois était loin d'être épuisée, et il restait à étudier de plus près qu'on ne l'avait fait les documents eux-mêmes. En effet, ces comptes, dont nous ne connaissons souvent que des fragments, n'étaient pas originairement des actes isolés, mais les pièces constitutives d'une comptabilité, soumise de très bonne heure, comme il est possible de le constater, à des règles fixes. On ne saurait donc plus admettre qu'à la même époque il n'y ait eu que désordre et confusion dans l'administration des finances. Si cette conséquence n'a pas été entrevue plus tôt, c'est que les premières tentatives faites pour élucider des questions, de leur nature arides et ardues, n'ont pas toujours été très heureuses. Qu'il suffise de rappeler ici les célèbres tablettes de Jean Sarrazin, éditées dans le recueil des historiens de France, et les hypothèses contradictoires, successivement émises pour en donner, avec peu de succès d'ailleurs, un commentaire satisfaisant. Et pourtant un examen plus approfondi de la comptabilité pouvait conduire à des résultats d'une extrême importance ; le mémoire de M. Delisle sur les opérations financières des Templiers en a fourni récemment la preuve.

On est convaincu mieux encore de cette vérité, en lisant le remarquable ouvrage que M. Borrelli de Serres vient de publier sous un titre plein de promesses, puisqu'il annonce une suite d'études qui s'étendront jusqu'au XVIIe siècle, mais trop général pour donner une idée exacte de la méthode de l'auteur et de la façon dont il a conçu son sujet. En réalité, il s'est surtout attaché à rechercher les plus anciens monuments de la comptabilité publique que nous connaissions, — ceux que le XIIIe siècle nous a laissés, — à les commenter dans leurs moindres détails, à en extraire tout ce qui peut servir à éclairer l'histoire politique ou celle des institutions. C'est là ce qui fait l'unité d'un livre composé de « notices », qui se suivent sans former un tout continu, mais entre lesquelles il existe néanmoins un lien logique.

Les deux premières notices, — les plus importantes et qui se complètent l'une par l'autre — occupent près de 400 pages, soit environ les deux tiers du volume.

L'auteur étudie d'abord, dans la mesure où il est possible de les déterminer, les règles de la comptabilité publique au XIIIe siècle. Il examine un à un les comptes ou fragments de comptes qui nous sont parvenus, et définit, avec beaucoup de sagacité, le caractère propre de chacun de ces documents. Il les répartit en diverses catégories, suivant la nature des opérations portées ou résumées sur chaque pièce. Il est peu vraisemblable que des découvertes ultérieures viennent modifier ce cadre de classement. La conclusion qui se dégage de ces études, conduites avec beaucoup de méthode et une vue très nette des conditions essentielles de tout service public régulièrement organisé, c'est que la comptabilité royale du xiiie siècle était infiniment moins rudimentaire qu'on ne serait tenté de le supposer. Ne retrouve-t-on pas dès cette époque toutes les pièces que comporte un budget bien ordonné : comptes particuliers, comptes généraux de l'exercice résumant et récapitulant les comptes particuliers, états de prévisions dressés pour faciliter un contrôle dont il subsiste des preuves indéniables ?

La deuxième notice est consacrée aux « origines » et aux « agents du service financier » (p. 187-371). M. de Serres touche, chemin faisant, aux questions les plus diverses : attributions primitives des baillis et des chambellans ; fonctionnement de l'ancienne *Curia regis*; origines du Parlement et de la Chambre de comptes etc. Comme partout, il rectifie un grand nombre d'erreurs, suggère beaucoup d'aperçus nouveaux et propose des solutions, sinon toutes définitives, au moins toujours ingénieuses et plausibles. C'est certainement la partie la plus originale de livre, celle qu'on consultera avec le plus de fruit.

Les notices suivantes (iii-vii) ont une portée moins générale, mais leur intérêt n'est pas moindre. Ce sont des dissertations sur des points spéciaux, conçues toujours d'après la même méthode. Ici encore la comptabilité permet d'accumuler des témoignages nets, précis, concluants. Je ne ferai qu'indiquer en quelques mots l'objet de chacune de ces notices.

III. *Quelques droits des grands officiers.* A signaler à la fin de cette étude une liste des chanceliers plus complète et plus exacte que celles auxquelles on se référait jusqu'ici.

IV. *Origine du droit de tiers et danger.* Matière des plus obscures, sur laquelle je n'affirmerais pas que M. de Serres ait dit le dernier mot. En tout cas, les termes du problème sont nettement posés.

V. *Les prisées du service roturier au* xiiie *siècle.* Généralement on s'est fait l'idée la plus fausse des conditions dans lesquelles le service militaire était exigé des roturiers. La royauté s'est toujours attachée à transformer cette obligation en une prestation pécuniaire, acquittée soit par les communautés, soit par les individus. Elle avait tout intérêt à préférer à des cohues sans organisation et sans valeur militaire l'argent nécessaire pour payer des soldats de métier, fussent-ils des étrangers. C'est ce que souvent on n'a pas su ou pas voulu voir. Il est vrai que peu de textes ont été plus défigurés ou plus inexactement interprétés que ces « prisées », d'où l'on prétendait déduire les conditions et les formes du service roturier.

VI, VII. Ces deux dernières notices intéressent particulièrement l'histoire de Paris. Elles font justice de deux légendes accueillies et propagées avec une extraordinaire facilité. On enseigne communément qu'à son retour de la Terre Sainte, en 1254, Saint Louis aurait opéré une réforme de la prévôté de Paris. Elle était jusque-là affermée aux enchères ; il en résultait de grands abus et, pour le trésor public, une perte considérable. Etienne Boileau aurait été le premier prévôt fonctionnaire substitué aux prévôts fermiers. Or, il n'y a pas eu de réforme de la prévôté de Paris en 1254. Etienne Boileau n'a été prévôt de Paris qu'à partir de 1261, et les innovations introduites par Saint Louis dans le régime de la prévôté parisienne ont eu un caractère différent de celui qu'on leur attribuait.

Les « Gentien tués à Mons-en-Puelle » ont été les héros d'une autre légende, tout à l'honneur de la bourgeoisie parisienne, dont les représentants auraient trouvé une mort héroïque sur le champ de bataille, tandis que la chevalerie française lâchait pied dans une surprise. La vérité est qu'il ne faut pas voir dans Jacques et Pierre Gentien — cousins, et non pas frères, comme on l'a dit à tort — des soldats de hasard, des bourgeois mobilisés. Ils étaient tous les deux écuyers de Philippe-le-Bel, et ils moururent, comme ils le devaient, aux côtés du roi, à leur place de bataille.

Ces indications suffiront à faire comprendre l'intérêt du livre de M. de Serres qui, par son objet même, ne se prête pas aisément à une analyse développée. Il est plein de faits, de vues neuves, d'une lecture très instructive, mais qui n'est pas sans demander quelque effort ; l'argumentation est toujours très serrée, les chiffres et les dates y tiennent une large place. On aimerait qu'il circulât un peu plus d'air et de lumière dans ces pages si compactes. Quant aux menues erreurs qu'il serait sans doute possible de relever[1], elles n'ôtent rien au mérite de cette œuvre de longue haleine, également remarquable par la rigueur de la méthode, la sûreté de l'information et un réel talent de généralisation.

R. Delachenal.

---

57. — L. Maxe-Werly. **Histoire numismatique du Barrois.** *Monnaies des comtes et des ducs de Bar.* Bruxelles, S. Goemare, 21, rue de la Limite. 1895, in-8° de 265 pages.

Il y a un demi-siècle, F. de Saulcy a donné une étude sur les monnaies du Barrois ; le travail était autrement conçu que les publications antérieures de Mory d'Elvange, de Tobiesen Duby ; plus tard Poey d'Avant ne parla pas de Bar dans son grand ouvrage sur les monnaies féodales parce qu'il considérait ce comté comme étranger à la France. Depuis Saulcy on a recueilli nombre de pièces et de documents et M. Maxe-Werly a pu faire une œuvre complète et critique qui, je crois, ne laissera plus rien à tenter après lui. Des monnaies encore inconnues à cette heure pourront être exhumées, mais elles prendront place naturellement dans la classification de M. M.-W. sans en modifier l'économie.

Nous ne sommes plus au temps où les monographies numismatiques n'étaient guères que des catalogues rédigés d'après des histoires locales toutes faites. Aujourd'hui l'étude de la monnaie est une source complémentaire de l'histoire ; elle la complète et la rectifie souvent. C'est en se conformant à cette méthode critique que M. M.-W. a compris son travail. Nous notons une innovation

1. Tous les volumes et tous les chapitres de l'*histoire générale* sont mis sous le nom de M. Lavisse ; il eût été plus exact et plus équitable de faire porter à chacun de ses collaborateurs la responsabilité des erreurs relevées (p. 105 n. 4 et *passim*). — La bibliographie est dans quelques cas surabondante ; il est bien inutile de citer le dictionnaire de Larousse, même pour noter que « tous les articles de l'ancienne organisation financière ne sont qu'un tissu d'erreurs » (p. 275 ; — p. 241, n. 5 : On dit *commandeurs* plutôt que *précepteurs* du Temple ; — *ibid.* Latigny-le-Sec (Lagny). La forme *Lagny* est seule à employer, la forme *Latigny* se retrouve ailleurs encore dans le volume. — p. 266, 269, 272 etc. La forme *Manloé* est certainement mauvaise ; c'est *Maulouć* qu'il faut mettre partout.

qu'il sera utile d'imiter. Au lieu de rejeter à la fin du volume la représentation des pièces dans une collection de planches auxquelles le lecteur doit recourir, chaque monnaie est intercalée dans le texte en regard des observations de l'auteur.

Les premiers deniers portant le nom d'un comte de Bar sont de Henri II (1214-1240) : ici M. M.-W. propose, et cela avec de grandes probabilités, de rectifier l'opinion de Saulcy qui commençait seulement à Henri III. Ces deniers ont été frappés à Bar-le-Duc, et cet atelier fut fermé sous Henri III, nous verrons plus bas dans quelles circonstances.

A partir du règne d'Henri III, les comtes de Bar ont diverses monnaieries, Mousson, Saint-Mihiel, Etain, Damvillers, Clermont, Varennes, toutes situées hors du territoire français. Ce fut seulement en 1575 que le roi Charles IX accorda officiellement au duc Charles III son beau-frère, le droit de frapper monnaie dans tous ses états : il ne semble pas que les ducs de Bar et Lorraine en aient profité pour rétablir l'atelier de Bar-le-Duc car on ne connaît, de cette ville qu'un teston de 1600, resté unique, qui paraît être une monnaie d'essai.

M. M.-W. n'a pas établi l'origine du monnayage de Bar-le-Duc ; il m'est donc permis de lui soumettre mon avis, sous toute réserve.

Il a parfaitement établi que jusqu'au xiiie siècle on n'avait usé, en Barrois, que de monnaies étrangères : ce pays était entouré de seigneurs laïcs et ecclésiastiques qui avaient leurs monnaies, c'étaient les ducs de Bourgogne et de Lorraine, les comtes de Champagne et du Luxembourg, l'archevêque de Reims, les évêques de Metz, de Toul et de Verdun. Le comte Henri II voyant, sans doute, les profits que ses voisins tiraient de la monnaie, se mit à avoir la sienne. Mais cela ne put continuer après 1301, date du traité de Bruges. A partir de cette date le comté fut partagé en deux circonscriptions, le *Barrois mouvant*, où était Bar-le-Duc, qui relevait du roi de France et le *Barrois non mouvant* qui restait terre Lorraine. Le comte de Bar n'ayant pas une monnaie reconnue par le roi — il ne figure pas dans l'ordonnance de 1344 — transporta ses ateliers dans le Barrois non mouvant où il put, à son gré, forger de la monnaie en or et en argent [1] et imiter les types de tous les pays

---

1. L'ordonnance de 1314 ne reconnaissait aux barons et prélats aux-

dont des espèces étaient reçues avec faveur dans le commerce. Saint-Mihiel fut le principal atelier et voici les motifs que j'en trouve.

Les évêques de Verdun frappaient monnaie depuis qu'ils avaient le comté de Verdun ; ils en usaient librement établissant des monnaieries là où il leur plaisait ; ils déléguaient même le droit de *moneta* en conservant la surveillance mais en abandonnant les profits. C'est ce que fit l'évêque Richer, en 1099, en faveur de l'abbaye de Saint-Mihiel (*Gal. Christ.* XIII, 506 *pr.*) Mais ce monastère avait pour avoué le comte de Bar et pendant plusieurs générations ces protecteurs gênants ne cessèrent de piller l'abbaye ; celle-ci, en 1150, s'en plaignait au pape (Ibid. *pr.* 571 et 573). Je ne doute pas que les comtes de Bar n'aient mis la main sur la monnaie ; ils trouvèrent donc la place toute prête pour transférer à Saint-Mihiel, hors de France, l'atelier de Bar.

En voilà bien long sur un détail ; mais c'est en lisant attentivement le livre de M. M.-W. que j'ai pu m'expliquer ce que je cherchais. Sans lui, sans ses travaux antérieurs, je n'aurais certainement pas constaté ce nouvel exemple d'usurpation sur un établissement religieux, par un seigneur laïc, sous prétexte d'avouerie.

A. de Barthélemy.

CHRONIQUE

46. — M. Adolphe Lair publie une brochure fort curieuse : *Une découverte littéraire. Le P. Joseph écrivain* (Paris, de Soye et fils, imprimeurs, 1896, gr. in-8° de 49 p. Extrait du *Correspondant*). La brochure est divisée en deux parties : *L'écrivain politique, l'écrivain religieux*. Le critique s'occupe de tous ceux qui, en ces derniers temps, ont étudié le P. Joseph, à commencer par Victor Cousin (*La jeunesse de Mazarin*, 1865), mais il s'occupe surtout des travaux de M. l'abbé Dedouvres, qui, soit dans ses thèses pour le doctorat ès-lettres, soit dans divers écrits particuliers, a montré combien est remarquable le polémiste, l'écrivain religieux (voir d'intéressants rapprochements entre l'*Intro-*

quels on tolérait le droit de frapper monnaie que la faculté de frapper des deniers et des oboles en billon. L'or et l'argent leur était interdit. C'est ce qui fit que les ducs de Bourgogne laissèrent chômer l'atelier de Dijon, leur capitale, et frappèrent de l'or, de l'argent et du billon dans leurs domaines de Franche-Comté.

duction à la vie spirituelle du Capucin et l'*Introduction à la vie dévote* par S. François de Sales, p. 27-30), et même le poète, auteur de la *Turciade*, retrouvée dans la bibliothèque Barberini par le savant professeur à la faculté catholique d'Angers. Dans l'analyse très bien faite des publications de M. l'abbé Dedouvres on remarquera les détails fournis sur l'active collaboration de l'ami de Richelieu au *Mercure françois* (de 1624 à 1628), ce qui permet de mettre le principal rédacteur de ce recueil avant le fondateur de la *Gazette* et de saluer dans le Père Joseph, bien plus justement que dans Théophraste Renaudot, le *premier des journalistes français*. T. DE L.

SOCIÉTÉ NATIONALE DES ANTIQUAIRES DE FRANCE

Séance du 8 avril. — M. l'abbé THÉDENAT présente un fragment de poterie trouvé à Grand (Vosges). Ce fragment offre cette particularité intéressante que, au lieu de l'empreinte habituelle du fabricant, peut-être aussi à la place du graffite donnant le nom du propriétaire, il porte une petite lamelle de plomb fixée sur le vase à l'aide de deux trous, et portant un nom estampillé. — M. l'abbé THÉDENAT présente ensuite une tête, de même provenance, en bronze, d'un assez bon travail, qui porte à sa partie inférieure un demi-anneau en forme d'anse de panier. Ce monument et ses similaires servaient sans doute à soutenir des objets aujourd'hui disparus. — M. le pasteur FROSSARD fait une communication sur d'anciennes montres solaires. Il en présente quatre types différents en usage dans les régions pyrénéennes. L'un des plus intéressants de ces types porte la date 1773 et la légende : *Montre du soleil, apartient à Jacques.* — Le comte de LOISNE présente un *Livre d'Heures*, manuscrit orné de très belles miniatures, exécutées par un artiste de l'Ecole de Rouen, dite école du Cardinal d'Amboise, au commencement du XVIe siècle. D'après M. Durrieu qui a étudié ce manuscrit, l'auteur de ce livre d'heures fort remarquable serait Jean Pinchon. — M. G. CHAUVET fait une communication sur une cachette d'objets en bronze découverte à Vénat, commune de Saint-Yriex, près Angoulême. Cette cachette, sans doute un atelier de fondeur gaulois à laquelle M. Chauvet a consacré une importante monographie, contenait des milliers de débris d'ustensiles de toute nature, antérieurs à l'arrivée des Romains en Gaule. — M. PROU communique l'empreinte d'une matrice de sceau récemment acquise par le Cabinet des Médailles. Il s'agit d'un sceau de léproserie : *Sigillum leprosarie de Curtobumo*. Dans le champ, on voit un lépreux coiffé d'un bonnet conique et tenant sa cliquette de la main droite. — Le baron de BAYE présente la photographie d'un bas-relief en bronze conservé dans une collection de Saint-Pétersbourg et qui passait pour antique. Ce bas-relief, qui représente un cavalier entre deux personnages, n'est pas autre que l'armature décorative d'une sacoche de vétérinaire de Sibérie : ces sacoches, avec ces mêmes décorations, sont encore en usage aujourd'hui.

ACADÉMIE DES INSCRIPTIONS ET BELLES-LETTRES

Séance du 1er avril. — M. HÉRON de VILLEFOSSE place sous les yeux de ses confrères plusieurs monuments antiques dont le Musée du Louvre vient de s'enrichir. C'est d'abord une merveille d'orfèvrerie, une tiare en or repoussé et ciselé, dans un admirable état de conservation, d'un travail parfait et d'une grande importance historique. Elle pèse 443 grammes; sa hauteur est de 20 centimètres et son diamètre, à la base, est de 18 centimètres. Elle a été découverte dans un tombeau de la Russie méridionale; l'inscription grecque dont elle est décorée prouve qu'elle a été fabriquée dans la colonie grecque d'Olbia. Grâce à sa situation géographique, à son commerce et à son industrie, Olbia occupait une des premières places parmi les villes grecques du Pont-Euxin. Nous savons, par une inscription connue depuis longtemps, qu'un roi barbare du voisinage, Saitapharnès, faisait de fréquentes incursions sur le territoire d'Olbia et imposait à ses habitants des tributs considérables. Un jour, le roi se présente sur les bords de l'Hypanis; un riche et généreux citoyen d'Olbia, Protogène, accourt et lui offre 900 pièces d'or. Saitapharnès juge le tribut insuffisant et déclare la guerre à la cité. Mais on n'en vint pas à cette extrémité; les riches habitants d'Olbia apaisèrent le roi par de magnifiques présents. Est-ce à cette occasion qu'ils lui offrirent cette superbe tiare? L'inscription qui s'y trouve gravée, permet de le supposer. Elle est ainsi conçue : Η ΒΟΥΛΗ ΚΑΙ Ο ΔΗΜΟΣ Ο ΟΛΒΙΟΠΟΛΕΙΤΩΝ ΒΑΣΙΛΕΑ ΜΕΓΑΝ ΚΑΙ ΑΝΕΙΚΗΤΟΝ ϹΑΙΤΑΦΑΡΝΗΝ. Cette dédicace du Sénat et du peuple d'Olbia au grand roi invaincu Saitapharnès est tracée sur les murailles d'une ville où, à intervalles égaux, on voit de hautes tours crénelées, ce qui répond bien à la description d'Olbia par Hérodote. Nous savons aussi qu'Olbia avait voué un culte tout particulier à Achille, surnommé le Pontarque ou le Protecteur du Pont. On va voir le parti que l'artiste a su tirer de ce culte local. La tiare, qui a la forme d'un pain de sucre, est divisée de la base au sommet en sept zones concentriques. La plus importante est formée d'une série de bas-reliefs dont le sujet est emprunté à l'histoire d'Achille ; ils reproduisent fidèlement deux épisodes de l'Iliade : l'*Ambassade des Grecs à Achille* et le *Bûcher de Patrocle*. Achille est assis, la lance en main ; ses longs cheveux épars flottent sur son cou. Derrière lui sont deux guerriers; à ses pieds on voit les présents offerts par les chefs achéens pour l'apaiser. A gauche, Ulysse ramenant Briséis; derrière Ulysse sont d'autres captives. Quatre chevaux fougueux, tenus en main par un palefrenier, suivent le groupe des captives. Du côté opposé se trouve Phénix, le vieux précepteur d'Achille cherchant aussi à fléchir le courroux du héros; derrière lui deux héraults prêts à immoler un sanglier. L'autre scène représente Patrocle étendu sur le bûcher et environné des victimes expiatoires. Agamemnon, portant une couronne de laurier, verse des libations sur le corps de Patrocle et Briséis pleure. Achille, une patère à la main, élève le bras droit et invoque les vents représentés par deux petit génies ailés qui planent au-dessus du bûcher, une torche à la main. Au-dessous est une double zone non moins merveilleuse : la première est purement décorative et la seconde, très riche et très variée, représente diverses scènes de la vie des Scythes. On y voit une grue prenant son vol, un cheval sauvage, un taureau bondissant, des béliers, des moutons, des chèvres, un cerf, une panthère aux prises avec un lion, un Sarmate chassant le lièvre, un autre capturant et domptant un cheval sauvage; enfin, une scène allégorique, un Arimaspe à cheval, qui va percer un griffon. Le choix du sujet reproduisant des scènes de la vie des Scythes prouve que l'artiste travaillait en vue de plaire aux habitants du pays où le monument a été trouvé; il a su réunir dans ce relief des renseignements précieux sur les mœurs des Scythes, les richesses naturelles du pays et les croyances religieuses de ces peuples. Un cep de vigne chargé de grappes de raisin et courant tout autour de la tiare surmonte et encadre ces petits épisodes de la vie scythique. Enfin, au sommet se trouve un bouton formé par le corps d'un serpent enroulé sur lui-même dont la tête menaçante et la gueule entr'ouverte produisent un effet saisissant. Ce beau monument, dont nous n'avons pu donner ici qu'une description imparfaite, est dès maintenant exposé au Louvre, dans la salle des bijoux antiques, près du trésor de Boscoreale. M. Héron de Villefosse présente ensuite un collier en or enrichi de grenats, de perles émaillées et de pâtes de verre avec des motifs variés et d'un excellent travail. Ce collier a été trouvé aussi dans un tombeau de la Russie méridionale avec deux couvre-oreilles en or sur chacun desquels est figuré *la lutte de Thétis et de Pélée*. Le tout a été acquis par le musée du Louvre. Enfin, M. Héron de Villefosse présente une tête archaïque grecque, trouvée à Athènes et qui faisait partie de la belle collection de M. Georges Rampin, ancien secrétaire d'ambassade, récemment décédé. Ce monument, connu et publié, vient d'entrer au

Louvre par les soins de M. Thierry de la Noue, député de l'Aube, légataire universel de M. Rampin. Le président, au nom de l'Académie, adresse ses vifs remerciements à M. Héron de Villefosse et aux personnes qui lui ont prêté leur concours pour l'acquisition de la tiare, un des plus beaux monuments d'orfèvrerie antique que nous connaissions. — M. Ed. LE BLANT continue la lecture de son mémoire sur les inscriptions de pierres gravées inédites ou peu connues. La première classe de ces inscriptions comprend les souhaits et les formules de salutation; on y rencontre, comme aujourd'hui, le mot *souvenir* qui est aussi symbolisé par une main touchant l'oreille car le lobe de l'oreille passait pour être le signe de la mémoire. Les devises affectueuses et galantes sont très nombreuses : *mon âme, ma vie, ma lumière, vive Julie et celui qu'elle aime*, etc. D'autres pierres rappellent les méfaits du fils de Vénus, qui est qualifié : *meurtrier, incendiaire, scélérat, digne de tout supplice*; souvent les maux dont Psyché souffrit par l'amour sont rappelés par les inscriptions des pierres gravées. D'autres séries présentent des acclamations aux dieux (*grande est la divinité, victorieuse est Vénus, unique est Jupiter Sérapis, grand est Esculape*) et des inscriptions talismaniques (*Sérapis triomphe du mauvais œil, le dieu triomphe des maux*). Sérapis, Salomon, Diane, Némésis sont implorés comme protecteurs. — M. d'ARBOIS de JUBAINVILLE fait une communication sur la religion des Francs avant leur conversion. Cette religion ne diffère pas du paganisme germanique dont les traits fondamentaux ont été fixés par Grimm et autres savants allemands. Il y avait, chez les Germains, deux classes de divinités : les *Ansis*, les plus grands des dieux, parmi lesquels était celui que les Scandinaves appelaient *Odin* et les Allemands *Vodan*; les *Albar*, ou catégorie inférieure, correspondant aux fées ou lutins. Après la conversion des Germains au christianisme, ces noms ont été pris en mauvaise part. *Alp*, en allemand « cauchemar », signifie « mauvais rêves dus à l'intervention malfaisante des fées ». Une sœur de Clovis s'appelait Albo fledi, « jolie comme une fée ». Alp-heida, le nom de la concubine de Pépin d'Héristal, mère de Charles Martel, veut dire « qui a les qualités d'une fée ». Chez Jordanès, les Goths vainqueurs appellent *ansis*, c'est-à-dire demi-dieux, les chefs qui les avaient conduits à la victoire. Chez les Francs, même après leur conversion, un grand seigneur de la cour du roi Chilpéric Ier s'appelle Ansewaldus, « puissant comme les Ansis » ou « grands dieux ». Il y a encore des exemples de ce genre à une époque postérieure.

Henry THÉDENAT.

L'Éditeur-Propriétaire-Gérant : ALBERT FONTEMOING.

BULLETIN CRITIQUE

58. — **A critical and exegetical Commentary on the Gospel according to St. Mark.** by the Rev. E. P. Gould. Edimbourg, Clark, 1896 ; in-8°, LV-317 pages.

Ce nouveau commentaire sur saint Marc appartient à la remarquable collection de l'*International critical Commentary*, dont le *Bulletin critique* a déjà signalé d'autres parties (voir n°s du 25 janvier et du 15 avril 1896). L'auteur est parfaitement maître de son sujet. Il a étudié saint Marc dans son Évangile plutôt que dans ses commentateurs. La méthode est bonne, à condition de ne pas en abuser. Le commentaire de M. Gould serait peut-être un peu moins sec, un peu plus nourri d'idées et de rapprochements historiques, si des travaux récents qui sont appréciés dans l'introduction, et quelques autres peut-être dont on ne parle pas, avaient été étudiés de près, conjointement avec le texte évangélique. Mais c'est surtout la sécheresse et le caractère presque fragmentaire de l'exposition qui donnent à certains paragraphes une apparence un peu maigre.

M. G. a, sur l'origine des Synoptiques, une théorie qui, dans ses grandes lignes, a beaucoup de chances d'être la vraie. Il a existé un proto-Mathieu (les *Logia* de Papias), qui a été, avec notre Évangile de saint Marc, la source de notre premier Évangile canonique. Saint Marc lui-même n'est pas indépendant des *Logia*; mais, pour les parties narratives de son Évangile, il a puisé aussi dans la tradition orale. Le troisième Évangile dépend également des *Logia* et de saint Marc. Toutefois ce n'est là qu'un rudiment d'explication, car la réalité a dû être un peu plus compliquée. Ni le rédacteur du premier Évangile ni saint Luc n'ont travaillé sur le texte original des *Logia*. On peut dire que M. G. n'a fait que toucher le problème synoptique sans le traiter. On ne voit pas qu'il ait essayé, dans le commentaire, d'analyser la composition du second Évangile en beaucoup d'endroits où l'on entrevoit une combinaison ou une superposition de données traditionnelles.

L'œuvre entière est conçue dans un bon esprit, religieux et scientifique. La critique du texte est faite avec beaucoup de soin et d'exactitude. L'interprétation des faits et des discours, souvent trop aride, ne laisse pas d'être généralement satisfaisante. Il y a, en divers endroits, de très bonnes observations sur les miracles. Certaines difficultés reçoivent néanmoins une solution qui paraît artificielle : ainsi la parole du Sauveur touchant le but de l'enseignement parabolique (*Marc* IV, 12), entendue comme simple constatation du fait que la clef des paraboles n'est pas donnée à la foule. Ailleurs on croit sentir l'influence d'une théologie particulière. A propos de la Cène, M. G. veut prouver péremptoirement que les paroles du Christ : « Ceci est mon corps. — Ceci est mon sang », ne peuvent s'entendre qu'en figure, par la comparaison de *Luc* XXII, 20 et *Cor.* XI, 25 : « Cette coupe est la nouvelle alliance dans mon sang. » Or cette comparaison ne prouve rien : car le second terme n'est pas entièrement parallèle au premier ; la construction grammaticale n'est pas tout à fait la même dans le grec (ἐστι, exprimé dans le premier cas, ne l'est pas dans *Luc* XXII, 20) ; le mot sang ne désigne pas nécessairement le sang que Jésus doit répandre, à l'exclusion de ce qui est dans la coupe ; la phrase de saint Luc et de saint Paul exprime d'une façon incorrecte la pensée qu'elle contient, et il est assez singulier qu'on veuille expliquer une phrase claire par cette phrase obscure. Il faudrait prouver préalablement que saint Paul voyait dans l'Eucharistie un pur symbole. Pour un critique, le problème est moins simple que M. G. ne paraît le supposer. L'opinion du savant exégète sur les frères du Seigneur pourrait donner lieu à la même remarque.

Alfred Loisy.

---

59. — **Paris en 1790. Voyage de Halem.** — Traduction, Introduction et Notes par Arthur Chuquet, professeur de langues et littératures germaniques au Collège de France. Paris, Léon Chailley, 1896, gr. in-8° de 402 p.

Les guerres de la Révolution, par le même. *Hondschoote*. Paris, même librairie, 1896, in-18 jésus de 347 p.

M. Chuquet, dans un *Avant-propos* de quelques lignes, a bien raison de dire que les pages où l'Oldenbourgeois Halem raconte son séjour à Paris en 1790 sont intéressantes et dignes d'être lues. Il les a traduites, observe-t-il, avec autant de soin que d'exactitude, ce qui n'étonnera aucun de ses lecteurs habituels. Le traducteur n'a rien omis ni rien raccourci, pensant que tel détail qui déplaît aux uns peut plaire aux autres. Il a même conservé les fréquentes citations de Halem, en indiquant leur source, reproduisant également ses notes. L'*Introduction*, fait-il remarquer, est très étendue, mais le personnage la méritait, d'autant que, même en Allemagne, il n'a pas été l'objet d'une étude d'ensemble, et peut-être, ajoute-t-il, lorsqu'on connaîtra sa vie, son caractère et son œuvre, lira-t-on plus volontiers la relation de cet Allemand qui vint partager la fièvre révolutionnaire de Paris.

Cette *Introduction* (p. 3-156) est tout un ouvrage divisé en quatre parties : *Vie de Halem; œuvre littéraire de Halem; 1790. Le voyage de France; 1791-1815*. Les quatre morceaux sont excellents. Comme biographe, M. Chuquet est parfaitement informé; comme critique, il nous donne des analyses et des appréciations irréprochables [1]. S'il est le premier qui se soit occupé parmi nous de Gérard Antoine de Halem (né le 2 mars 1752 à Oldenbourg, mort le 4 janvier 1819), il s'en est occupé de façon à ne rien laisser d'important à dire aux biographes et critiques français et étrangers qui voudraient revenir sur le sujet. Parmi les personnages célèbres mentionnés dans la vie de Halem, nous nommerons seulement le grand Frédéric, vu dans la plaine de Cüstrin, l'archiduchesse Marie-Antoinette admirée à Strasbourg [2], le docte Schöpflin [3], « homme

---

1. On n'accusera pas M. Chuquet d'exagérer la valeur littéraire de Halem. Après avoir constaté (p. 21) que l'infatigable producteur est complètement oublié, il déclare (p. 69) qu'aucun des écrits de ce polygraphe, si l'on excepte son *Histoire d'Oldenbourg* et la relation de son voyage à Paris, ne mérite de rester. Plus loin (p. 123), il le montre « plus écrivassier qu'écrivain. »

2. Halem la revit à Paris quelques années plus tard. M. C. reproduit ainsi (p. 95) l'impression du narrateur : « La reine, un peu fanée, a beaucoup de grâce; mais un nuage de tristesse assombrit son front, et Halem la plaint sincèrement, la compare à cette Marguerite de Parme qui, dans l'*Egmont* de Gœthe, désespère de lutter contre la rébellion et se laisse ballotter par les flots qu'elle ne peut maîtriser. »

3. On écrit ordinairement *Schœpflin*. Je suppose que M. Chuquet a

parfois discutés : Aulard, Babeau, Bapst, Louis Blanc, Campardon, Charavay, Desnoiresterres, Victor Fournel, Edmond et Jules de Goncourt, Louis de Loménie, Michelet, P. de Nolhac, H. Wallon, etc. Je ne serai que strictement juste en affirmant qu'il serait impossible de trouver, pour bien connaître le *Paris* de 1790, un guide plus sûr et plus attachant que le compagnon de voyage et annotateur de Halem.

— Je m'étendrai moins sur *Hondschoote*. J'ai si souvent déjà vanté ici, soit quant au fond, soit quant à la forme, les *Guerres de la Révolution*, qu'il me suffira sans doute de dire bien haut que le tome XI est entièrement digne des dix premiers. Voici l'analyse qu'avec une concision militaire, *manu militari*, l'auteur nous en donne dans sa préface : « Ce volume retrace les opérations de l'armée du Nord sous le commandement de Kilmaine et de Houchard. Kilmaine est contraint d'abandonner le camp de César et de se retirer sur Arras. Le brave et faible Houchard, secondé par Barthélemy et Gay-Vernon, a plus de succès ; il gagne, malgré ses hésitations, la bataille de Hondschoote et débloque Dunkerque ; il écrase à Menin les Hollandais. Mais Le Quesnoy capitule ; les garnisons de Cambrai et de Bouchain sont taillées en pièces à Avesnes-le-Sec ; l'armée évacue Menin. On rend Houchard responsable des désastres et on lui reproche de n'avoir pas profité des victoires ; il est arrêté et condamné à mort[1]. »

Au sujet du volume ajouté par M. Chuquet à la série des *Guerres de la Révolution*, série qui a déjà — et nous ne sommes encore qu'à 1793 ! — les proportions d'un grand monument, comme elle en aura la durée, me sera-t-il permis d'exprimer, au nom de tous les amis des études historiques, le vœu que l'auteur, auquel, pour une si belle œuvre, l'Institut a décerné deux glorieuses couronnes, ne tarde pas à devenir le confrère de ceux qui ont ainsi d'avance encouragé et adopté sa candidature !

T. DE L.

[1]. Les douze chapitres du volume, tous pleins de choses — et de choses qui renouvellent l'histoire entière de la Révolution, — sont intitulés : *Bouchotte, Kilmaine, Houchard, York et Cobourg, Bergues, Le plan d'attaque, Hondschoote, Dunkerque, Menin, Le Quesnoy, Cambrai, La destitution des états-majors*.

60. — **I. Correspondances du temps des rois prêtres,** publiées avec autres fragments épistolaires de la Bibliothèque Nationale par M. W. Spiegelberg. **II. Notice des manuscrits coptes de la Bibliothèque Nationale,** renfermant des textes bilingues du Nouveau Testament, par E. Amélineau. — Tiré des Notices, extraits de la Bibliothèque Nationale et autres bibliothèques, tome XXXIV, 2ᵉ partie ; Paris Imprimerie Nationale, in-4°, Librairie Klincksieck, 1895.

I. — La Bibliothèque Nationale possède une collection de manuscrits égyptiens en écriture hiératique, dont le type graphique a été reconnu par M. Spiegelberg fort semblable à celui des textes de l'époque des-rois prêtres, provenant des grandes découvertes de Déir el Bahari. On sait que ces grandes découvertes ont depuis quelques années attiré de plus en plus l'attention sur cette curieuse époque où le sacerdoce thébain pensa un moment faire prévaloir en Egypte son idéal d'empire théocratique. Les recherches de M. Spiegelberg, patiemment conduites parmi les manuscrits des bibliothèques et des musées de Paris, de Londres, de Turin et de Leide, ajoutent quelques notions historiques nouvelles aux documents trouvés à Déir el Bahari. Ainsi il est parvenu à établir, en comparant quelques lettres conservées au Musée britannique, au Musée de Turin et à la Bibliothèque Nationale, que ces lettres provenaient les unes et les autres d'un même personnage, dont elles indiquent toutes le titre, mais dont une seule, au Musée britannique, donne à la fois le titre et le nom : le prince Piânkhi, fils aîné du fondateur de la dynastie sacerdotale, Hrihor, et père du grand prêtre Pinot'm. Les monuments de ce prince étant extrêmement rares, la découverte n'est pas sans valeur ; d'autant plus qu'elle fixe l'époque où vivait le scribe, bien connu d'ailleurs, Boutehiamen, cité deux fois auprès de lui. Le correspondant de Piânkhi était le scribe T'aroï, dont M. Spiegelberg nous présente plusieurs autres lettres conservées à la Bibliothèque Nationale, à Turin et à Leide. Ces lettres, celles du scribe Thoutmès, et quelques autres du même style constituent une correspondance importante, dont la date se trouve assez bien précisée. L'auteur a complété le service ainsi rendu aux études historiques, par la rédaction d'index fort bien faits qui donneront aux recherches un précieux encouragement.

Mais c'est pour la philologie et la paléographie plus encore que pour l'histoire qu'il semble avoir voulu travailler. Ses transcriptions du texte cursif ont demandé autant de savoir que d'attention. S'il croit devoir faire lui-même quelques réserves pour excuser l'imperfection relative de son édition, c'est qu'on ne peut jamais se flatter d'être parvenu à la perfection complète ; mais le lecteur reconnaîtra sans réserve que cette édition a été vraiment bien faite, et aussi que ce n'était pas toujours chose facile. On s'en rendra compte en examinant à la fin du volume les reproductions des textes cursifs conservés à la Bibliothèque Nationale.

L'interprétation, généralement satisfaisante, est cependant parfois plus discutable, les textes présentant quelques passages dont le sens paraît douteux. Mais les traductions que je pourrais opposer à celles de M. Spiegelberg seraient elles-mêmes sujettes à discussion. C'est donc une réserve qu'il convient de formuler ici, plutôt qu'une critique ; il faut au contraire rendre justice à la conscience dont l'auteur a fait preuve, tant dans ses traductions que dans le commentaire qui les accompagne.

Je ne chercherai pas querelle à M. Spiegelberg pour une omission de l'imprimeur, qui, après avoir fait pour le tirage à part une pagination spéciale, n'a pas fait concorder les chiffres, d'ailleurs peu nombreux, des *addenda* avec cette nouvelle pagination. J'aime mieux le louer du soin qu'il a mis à recueillir et éditer plusieurs autres intéressants fragments de papyrus de la Bibliothèque Nationale. Comme il a également signalé les dimensions des manuscrits, et les différents caractères de leur contexture, suivant que les fibres horizontales du papyrus sont superposées aux verticales, ou inversement, on peut dire que ses lecteurs seront renseignés de la manière la plus complète et la plus exacte, sur tout ce groupe des manuscrits de notre Bibliothèque.

II. — M. Amélineau s'est appliqué aussi à l'examen approfondi d'un autre groupe de manuscrits de la Bibliothèque Nationale : les parchemins coptes, dont il nous annonce un catalogue ; il nous présente en attendant une notice spécialement consacrée aux textes grecs du Nouveau Testament contenus dans ces manuscrits coptes dont plusieurs sont bilingues. Un classement méthodique de ces divers parchemins, avec l'indication détaillée des textes, précède la publication même, où nous retrouvons les qualités d'éditeur qu'on a coutume de louer chez M. Amélineau. L'auteur y introduit de bonnes observations sur l'origine des manuscrits, et sur leur âge probable, estimé, à défaut d'autres indications, par les caractères de l'écriture, comme pouvant dater du viiie siècle pour les plus anciens, jusqu'au xive, pour les plus récents ; il fait valoir l'importance des nombreuses variantes qu'il a relevées, pour la constitution du texte grec du Nouveau Testament. Plusieurs reproductions en fac-similé permettent d'apprécier la beauté de l'écriture de ces intéressants manuscrits.

Philippe Virey.

---

61. — **Mémoires du duc de Persigny,** par M. de Laire, comte d'Espagny. — Plon, 1896, in-8° de 500 pages.

Le duc de Persigny, le plus dévoué serviteur de Napoléon III, « l'ami des mauvais jours », comme on le surnomma, apprit d'une façon assez singulière qu'il existait encore, après la mort du duc de Reichstadt, un prétendant à la succession de l'Empereur.

Il voyageait en Allemagne, pour son plaisir, lorsqu'il fit route avec un jeune homme qui lui inspira tant de sympathie qu'il lui demanda la permission de le revoir. Rendez-vous donné à Louisbourg, comme il approchait de la ville, sa voiture croisa celle d'une personne vêtue de l'uniforme des cadets. A cette vue, le cocher de Persigny se lève sur son siège, agite son chapeau et crie à pleine voix : « Vive Napoléon ! ». Celui à qui s'adressait ce *vivat*, n'était autre que le jeune homme rencontré, quelques jours plus tôt, le fils de la reine Hortense.

Persigny trouva alors son chemin de Damas ; s'attacher à cet inconnu, l'aider à rétablir la dynastie napoléonienne, devint le but de son infatigable activité. Sans se lasser, il fonda des revues, bien vite supprimées par la police, mais qui suffisaient à répandre la bonne nouvelle. Par son énergie, il releva le prince qui se décourageait, en voyant le mauvais succès de ses échauffourées à Strasbourg ou à Boulogne ; il partagea ses dangers, sa captivité, il risqua même d'être fusillé, enfin il fut, comme il le disait lui-même, le « Loyola » de l'empire.

Les récompenses ne furent pas en proportion des services rendus ; retiré près d'Étampes dans son château de Chamarande, la rédaction de ses mémoires remplit les loisirs que lui imposait une retraite forcée. M. de Persigny prit les précautions les plus minutieuses pour assurer la conservation de ses manuscrits, dans la crainte que le gouvernement ne fît saisir ses papiers, comme ceux du duc de Morny.

Les mémoires ne contiennent pas un récit suivi mais une série d'articles sur les principaux événements auxquels il fut mêlé, sur les personnages qu'il rencontra dans sa carrière, tels que le maréchal Bugeaud, le général Changarnier, et M. de Bismarck. Il est impossible de présenter une analyse de ce livre, on ne peut que saisir les idées maîtresses qui inspirent l'écrivain.

On remarque chez lui tout d'abord une répugnance invincible pour le régime parlementaire. Il éprouve à l'égard de Louis-Philippe un dédain qu'il ne cherche pas à dissimuler, n'étant pas l'homme des réticences, des sous-entendus, des périphrases. Cet ancien hussard, sorti le premier de l'école de Saumur, est avant tout un homme d'action et ne conçoit en politique qu'une seule responsabilité, celle du chef de l'Etat. La constitution de 1852, calquée autant que possible sur celle de l'an VIII, lui paraît un chef-d'œuvre auquel on ne doit toucher qu'avec des précautions infinies. Les assemblées sont plutôt encombrantes qu'utiles, on les a empruntées à l'Angleterre, gouvernement aristocratique, et transplantées en France par esprit d'imitation, sans s'inquiéter des qualités ou des défauts de notre nation. Un orateur lui paraît un homme dangereux, plus occupé de ses succès de tribune que des véritables intérêts du pays, aussi plaçait-il dans le même sac, Thiers, Montalembert, Berryer, Rouher, etc. « Le pays, écrivait-il, aveuglé par ces dehors brillants, est convaincu qu'il y a dans cet orateur la valeur d'un grand homme d'Etat, il s'abandonne à lui et court à sa suite, même jusqu'à l'abîme, sans se demander s'il y a dans cet homme d'esprit le coup d'œil, la fermeté, la décision, le caractère, en un mot, propre à dominer les circonstances difficiles. » Ces lignes visaient directement M. Thiers ; dans le conseil de l'empereur, il dut sans doute songer à les appliquer plus d'une fois à son ennemi politique Rouher, qui contrecarrait ses projets et agissait selon lui plus en avocat qu'en homme d'Etat.

Les idées sur la politique extérieure sont conformes au principe des nationalités. Ainsi à l'époque de Sadowa se prononce-t-il contre une compensation demandée par la France aux dépens des territoires allemands. Il approuve l'extension de la Prusse à condition qu'elle soit réglée et d'après lui, il suffirait de créer une confédération des Gaules, formée de la Hollande, de la Belgique, du Luxembourg, des Etats du Rhin et de la France. Dès lors, sans porter atteinte au principe des nationalités, sans blesser aucune susceptibilité et à la seule différence d'avoir des princes au lieu de préfets à Bruxelles, à La Haye, à Mayence, à Coblentz, le grand empire serait reformé dans toute sa force.

Il rompait avec la tradition napoléonienne en se prononçant pour l'alliance anglaise. Il y voyait un avantage pour notre commerce, puisque Londres favorisait dans ses colonies le système libre échangiste. Alliance fatale à notre sens, car nous ne devions en recueillir que le prestige d'une victoire chèrement achetée en Crimée, au prix du sang d'environ 100.000 soldats français, sans aucune compensation obtenue en retour dans la succession de l'*homme malade*.

Quant à la question italienne, M. de Persigny semble se soucier assez peu de l'intégrité du domaine pontifical. Il regrette la permission qui fut accordée à Lamoricière de commander les troupes de Pie IX, désire qu'il reste enfermé dans Rome tandis que, le général de Goyon, placé à la tête des troupes françaises, préserverait les Romagnes. Il voyait avec mécontentement notre pays jouant un double jeu à l'égard des Piémontais, favorisant ou combattant tour à tour leur extension et s'attirant par cette conduite ambiguë, la haine des patriotes, de ceux qui désiraient l'Italie *Une*. Il jugea sévèrement la conduite de Lamoricière et l'accusa d'incapacité politique parce qu'il ne sut pas former une coalition avec l'armée napolitaine, en déroute, qu'il aurait opposée aux aventuriers de Garibaldi. Sans doute Lamoricière se donna le tort de répondre grossièrement aux avances des Bourbons, mais à supposer qu'oublieux de ses antécédents démocratiques, il se fût réuni à l'armée de François II, pouvait-il espérer conjurer la ruine qui menaçait à la fois le Saint Père et le roi de Naples? Les troupes du Pape ne valaient pas grand'chose, malgré les efforts de Mgr de Mérode; celles de François II valaient moins encore. Il n'existait plus de cadres, l'ensemble des soldats, recrutés à prix d'argent dans tous les pays de l'Europe, étaient vendus d'avance au plus offrant. Découragés par l'insuccès, ils suivaient à Gaëte un prince, ballotté par des conseils contradictoires, trop jeune, trop dépourvu d'expérience pour trouver en lui-même une solution et qui semblait rangé déjà par le destin dans cette foule de souverains honoraires, hôtes habituels de Paris, voués aux plaisirs du boulevard, aux bonnes œuvres, ou aux sciences naturelles.

Telles sont les principales idées que renferment ces Mémoires. La personnalité de M. de Persigny était depuis longtemps connue. Ce caractère violent, cette nature tout d'une pièce éloignait les sympathies ; car, toujours préoccupé du but qu'il voulait atteindre, M. de Persigny supportait mal les contradictions, et s'irritait contre les obstacles opposés à ses projets. Il résulte de la lecture de ce livre une impression nouvelle, un sentiment de pitié que jusqu'à présent on n'était guère tenté d'accorder à ce personnage. Ecarté du conseil, abandonné par celui à la fortune duquel il avait collaboré, en butte à l'inimitié de M. Rouher et à la rancune de l'Impératrice, M. de Persigny s'éteint en 1872 attristé par la ruine de l'empire, par les désastres de la France, par des chagrins domestiques. Il n'a pas même, avant d'expirer, la consolation de recevoir un mot d'adieu de celui qui végétait à Chislehurst.

F. Rousseau.

---

62. — **De Stuarti Millii Individualismo,** par M. Henry Michel, professeur de philosophie au lycée Henri IV. Paris, Hachette. 1895.

Sans se prononcer pour ou contre la valeur intrinsèque des théories du philosophe anglais dans le domaine de l'Économie sociale et politique, on peut affirmer qu'elles ont trouvé, dans M. Henry Michel, un éloquent interprète. Disons également, pour n'y plus revenir, que ces quelques pages écrites en latin ne laissent rien à désirer sous le rapport de la forme littéraire. La langue est claire, nerveuse et précise.

L'auteur nous fait graduellement assister à toutes les phases de la vie intellectuelle de Stuart Mill. Il nous le montre, à l'âge de onze ans, s'initiant à l'étude des sciences sociales et politiques en corrigeant les épreuves des livres de son père. Nous le voyons tour à tour disciple de Bentham et de Coleridge qui exerçaient alors sur les esprits une considérable influence en Angleterre. Il s'assimile ce qu'il y a de meilleur dans chacun de ces maîtres et se met en communication directe avec les plus grands penseurs de l'Allemagne et de la France. Les écrivains français, chose digne de remarque, sont pour lui l'objet d'une préférence marquée.

C'est alors qu'en pleine connaissance de cause il se décide à donner au public, sous le titre de « l'Individualisme », la synthèse de ses conceptions personnelles au point de vue économique et politique. En quoi cet « Individualisme », où la part la plus grande est laissée à l'action libre de chaque être humain, se rapproche et diffère de la même doctrine exposée et défendue par les philosophes et les économistes du xviii° siècle aussi bien que par ceux du xix°, c'est ce que M. Henry Michel nous fait voir avec clarté et précision.

Quiconque s'intéresse à la solution des redoutables problèmes d'où dépend l'avenir des peuples modernes, ne regrettera pas les heures consacrées à cette lecture pleine de charme et d'enseignement.
A. P.

63. — **Etudes philosophiques et religieuses sur les écrivains latins.** Par l'abbé MORLAIS professeur à la Faculté libre des Lettres de Toulouse. Chez Poussielgue.

Ce nouveau volume du savant professeur est le complément de celui qu'il publiait, il y a peu d'années, sous le titre d'*Études morales sur les grands Écrivains latins*. Il est extrait de leçons faites à l'Institut catholique de Toulouse et se compose de dix études qui ont pour objet les idées sur Dieu, la Providence et la destinée humaine, telles qu'on les rencontre dans Lucrèce, Cicéron, Virgile, Sénèque, Lucain et Juvénal. Au demeurant, il s'agit seulement des principaux écrivains latins, poètes ou philosophes. L'auteur a voulu restreindre son sujet pour le creuser plus avant; nous ne saurions lui en faire un reproche. De ces écrivains, Cicéron est celui qui est interrogé le plus longuement : trois chapitres sur dix lui sont consacrés. Ce n'est pas que ce merveilleux génie fût très religieux, loin de là, mais c'est qu'il refléta, comme un miroir éloquent, un grand nombre d'opinions qui ne se fixèrent guère plus dans son esprit que les images ne se fixent sur le miroir auquel nous le comparons.

On sent que l'auteur a étudié Virgile avec une sympathie méritée d'ailleurs par « le religieux moraliste des Géorgiques, le chantre du grave et pieux Énée » dans lequel le sévère Bossuet ne voyait à tort qu'un amuseur. Il faut qu'il y ait autre chose, en effet, que de belles phrases dans les ouvrages de celui qu'on a surnommé le premier des poètes *chrétiens*. Le sentiment religieux, au défaut de convictions solides, se rencontre à chaque instant dans les Géorgiques et l'Énéide. Pour les Églogues ce ne sont que les exercices littéraires d'un talent de premier ordre; mais ce sont de simples exercices.

L'auteur, en parlant de Sénèque, rejette l'authenticité des prétendus rapports entre saint Paul et le célèbre philosophe dont le *christianisme*, si cher à certains outranciers de l'apologétique, est relégué parmi les traditions dénuées de base, lesquelles parfois trouvent le moyen de vivre plus longtemps que certains édifices bâtis sur le granit.

Avec Lucain on entre dans le monde des prodiges. La magicienne Erichtho est la sœur aînée des sorcières de *Macbeth* avec ses incantations funèbres. Nous croyons que le poète de la Pharsale ne sortit jamais de rhétorique, et ne connut guère que le culte de la phrase.

Nous n'avons point parlé de Lucrèce, nous ne parlons pas de Juvénal, si intéressantes que soient les pages qui leur sont consacrées, ; c'est que nous ne voulons pas même avoir l'air d'analyser le livre si attachant, si instructif de l'abbé Morlais; ce serait présenter aux regards un squelette sans vie, informe, et par conséquent donner une fausse idée de son travail.

L'auteur s'est appliqué spécialement à l'étude de la littérature latine; c'est une mine féconde qu'il exploite habilement, depuis de longues années déjà. Le succès obtenu par ses publications précédentes et celui que nous nous permettons de prédire à celle-ci : n'est-ce pas la meilleure preuve qu'après tant de chercheurs, il restait encore de riches filons à découvrir, et de précieux lingots à mettre en œuvre? L'abbé Morlais a la patience de l'ouvrier dur à la besogne; il a de plus le savoir-faire de l'artiste: ces deux qualités permettent à l'écrivain qui les possède de dire d'excellentes choses et de les bien dire.

A. Roussel.

CHRONIQUE

47. — M. A. Vachez, ancien bâtonnier, publie une notice fort digne d'attention sur *Le bureau des consultations gratuites et l'ancien bureau du conseil charitable à Lyon* (Lyon, imprimerie Mougin-Rusand, 1896, gr. in-8° de 18 p.). L'éminent avocat prouve parfaitement qu'un demi-siècle au moins avant la Révolution, il existait, à Lyon, une institution appelée *Bureau du conseil charitable*, qui remplissait, à la fois, le rôle du Bureau d'assistance judiciaire de nos jours et celui du Bureau des consultations gratuites. M. Vachez fournit beaucoup de détails sur l'organisation de cette charitable institution; il donne la liste des 18 membres de l'œuvre en 1741, des 36 membres de l'œuvre en 1789, et, après avoir mêlé à sa notice les noms de Charlemagne, de Viollet Le Duc, de Jules Favre, de M. Pouillet, qui vient de réorganiser à Paris l'ancien Bureau des consultations gratuites, il résume ainsi sa remarquable étude : « On voit que, sauf pendant les mauvais jours de la Révolution, les indigents ont toujours trouvé auprès du Barreau Lyonnais, un dévouement qui ne s'est jamais démenti, et que, d'autre part, le service du Bureau des consultations gratuites fonctionne à Lyon, au moins depuis 80 ans, sous sa forme actuelle. »

T. DE L.

CHRONIQUE ANGLAISE

48. — Dans les numéros du 18 et du 25 janvier de l'*Academy*, M. G. A. Cooke commente quatre inscriptions phéniciennes trouvées à Cypre. L'une d'elles (n. 1) nomme un fabricant de chariots en métal. La quatrième est la plus importante et la plus longue. Elle mentionne des fonctionnaires appelés chefs des intendants et un chef des trésoriers.

Dans le numéro du 1er février, M. F. G. Kenyon publie une note sur la date de l'Apologie de saint Justin. Cette date est très discutée. M. Kenyon fait remarquer qu'au chapitre XXIX, saint Justin se réfère à un événement qui concerne un certain Félix, préfet d'Egypte. Ce Félix est L. Munatius Félix, mentionné dans un papyrus du British Museum (n. CCCLVIII) et qui succéda, d'après un papyrus de Berlin (n. 265), à M. Petronius Honoratus, préfet en 148. En 154, M. Sempronius Liberalis est préfet (Berlin pap. 26, 372), donc Félix a dû l'être vers 150. Les dates données par Harnack (152-154) et par Veil (153-155) sont donc approximativement vraies.

Signalons encore les articles suivants : 15 février, 137, *Le baptême des enfants et le Folklore*, par M. Whitley Stokes, cf. 22 février, p. 158. —

29 février, p. 177. *Arnobe et l'Evangile de Pierre*, par F. B. Badham. L'auteur montre qu'Arnobe a connu l'Évangile de Pierre — 14 mars, p. 225. Lettre de M. Sayce sur les découvertes récemment faites en Egypte. Il signale en particulier une inscription trilingue trouvée dans le voisinage du temple d'Auguste à Philae. Elle est relative : « au chevalier romain C. Cornelius Gallus, premier préfet d'Alexandrie et d'Egypte », qui « après la conquête du royaume par Auguste, réprima une révolte de la Thébaïde, en quinze jours, s'empara des cinq cités de Borésis, de Coptos, de Ceramicé, de Diospolis (Thèbes) et de la grande cité d'Ophieûm (?), mit à mort leurs chefs, et conduisit l'armée romaine au delà de la cataracte d'Abaton, dans une région qui n'avait jamais été visitée jusque-là par les Romains ni par les rois d'Egypte. » On a trouvé aussi plusieurs autels romains : l'un est dédié à Tibère, par C. Vitrasius Pollio, préfet d'Egypte, la troisième année du règne de cet empereur ; un autre à Nerva, par le préfet d'Egypte C. Pompeius Planta et par L. Cincius Priscus, praefectus castrorum, un autre à Trajan par le préfet d'Egypte C. Avidius Heliodorus et le praefectus castrorum M. Oscius Drusus, enfin un à Aurelius Verus par M. Annius Suriacus, préfet d'Egypte et L. Arivasius Casianus, praefectus castrorum. — Les textes latin et grec ainsi que la traduction anglaise du texte hiéroglyphique de l'inscription relative à Gallus sont publiés par l'*Athenaeum*, dans le numéro qui porte la même date. Voir aussi une note de M. Mahaffy, dans l'*Athenaeum* du 21 mars. — 28 mars, note de M. F. P. Badham, intitulée « Une addition à l'Evangile selon les Hébreux. » L'auteur trouve dans le groupe d'Apocryphes qui se rapportent à Pilate, Josèphe d'Arimathie etc., des fragments de cet évangile.

L'*Athenaeum* publie dans son numéro du 22 février une curieuse note de M. F. G. Fleay où il compare les chronologies biblique, babylonienne et égyptienne, en prenant pour point de départ la découverte de M. Pinches qui fait d'Abraham un contemporain de Khammou-rabi de Babylone.

L'*Expositor* du mois de février contient une critique du livre de M. Ramsay, *Saint Paul, The Traveller and Roman Citizen*, par M. Sanday, et des articles de M. Ramsay sur le terme « assemblée légale » des actes, xix, 39, et de M. Abbott, sur la date de la lettre des Eglises de Lyon et de Vienne. Il la place en l'an 155 après J.-C., la dix-septième année du règne d'Antonin le Pieux. — Le numéro de mars contient la traduction d'une homélie ante-nicéenne de Grégoire le Thaumaturge par M. Conybeare et une réplique assez acerbe de M. Ramsay à l'article de M. Sanday, sur saint Paul et les Judéo-Chrétiens, en 46 après J.-C. M. Sanders a inséré dans le numéro d'avril un article sur le même sujet.

SOCIÉTÉ NATIONALE DES ANTIQUAIRES DE FRANCE

Séance du 15 avril. — M. l'abbé THÉDENAT présente un exemplaire des *Fragmenta vestigii Veteris Romae* (1673) de Bellori, qui, au XVIIe siècle, appartenait à la bibliothèque du cardinal Massimi; en 1764, H. Canale a utilisé, pour une édition augmentée de Bellori, les notes manuscrites dont ses marges sont couvertes. Un avis, écrit sur la garde en écriture du XVIIIe siècle et signé Bernier, attribue, mais sans preuves, les notes manuscrites à Bellori. — M. TRAVERS entretient la Société des recherches faites en Normandie pour retrouver les ruines de Crociatonum, port cité par l'Itinéraire d'Antonin, qui devait se trouver entre Bagneux et Valognes. On a voulu dans ces derniers temps placer Crociatonum à Carantan ou à Beuzeville-au-Plain. M. Travers démontre que cette identification n'est pas possible et qu'il faut chercher une autre localité placée entre Bayeux et Valognes. — M. LAFAYE fait une communication au sujet d'une statue équestre élevée à Domitien sur le Forum et dont Stace nous a conservé la description; elle a été détruite après la mort de Domitien. D'après la description de Stace (Silv. I, 1, 37), l'empereur étendait la main droite en signe de paix, et la main gauche supportait une statuette de Minerve : *dextra vetat pugnas; laevam Tritonia virgo non gravat.* Sous prétexte qu'il est impossible d'admettre que la bride fût libre et abandonnée sur l'encolure du cheval, le dernier éditeur de Stace, M. Baehrens, a proposé de corriger le texte du poète. M. Lafaye démontre que cette correction est inutile, et il cite plusieurs exemples de statues équestres de l'époque romaine, où le cavalier tient un objet dans chaque main, par exemple une haste et une Victoire. — M. le commandant MOWAT attire l'attention de la Société sur le mot *emituliarius* qui se trouve gravé à deux reprises parmi les graffites relevés sur les murs de la caserne des vigiles située auprès de l'église de Saint Chrysogone, à Rome. Ce mot, qui ne se rencontre pas ailleurs, a fort embarrassé les commentateurs. Suivant M. Mowat, on doit le rattacher au mot *emere* dont le participe régulier devrait être *emitus* (*emptus*); le diminutif est *emitulus* ou *emitulum*, petit achat, petite emplette; l'*emituliarius* serait le soldat chargé des petites emplettes pour ses compagnons, une sorte de cantinier ou de caporal d'ordinaire.

Séance du 22 avril. — M. ARNAUDET entretient la Société d'une des figures qui décorent l'anse d'un vase consacré à une divinité gauloise, découvert par le R. P. de la Croix, dans ses fouilles des environs de Poitiers. Il critique la gravure qui en est donnée dans le catalogue des bronzes du Musée de Saint-Germain par M. Salomon Reinach, et propose, d'après l'examen personnel qu'il en a fait, d'y reconnaître un Mercure tenant la bourse. — Le comte Ch. de BEAUMONT signale une supercherie relative à une statue en bois du Christ ou d'un apôtre qui se trouvait à Arcachon et a été récemment transportée à Saint-Yorre, près Vichy et que l'on voudrait faire passer pour une statue miraculeuse recueillie en mer. — M. MICHON questionne M. l'abbé Thédenat au sujet des cachets de Naix qui, d'après lui, auraient appartenu à Grivaud de la Vincelle, au nombre de trois. Il fait remarquer que le Catalogue de Vente de Grivaud de la Vincelle publié en 1820 par J. Dubois ne comprend qu'un seul des cachets de Naix, celui de *Junius Taurus,* aujourd'hui au Louvre, n° V, de M. l'abbé Thédenat, et un second cachet, mais qui provient de Nîmes. Où M. l'abbé Thédenat a-t-il vu que les deux autres cachets de Naix, appartenant au Louvre, ont fait partie de la collection de Grivaud? — M. l'abbé THÉDENAT répond qu'il a emprunté ses renseignements à des documents manuscrits contemporains qu'il n'a pas sous la main, mais qu'il fera connaître avec plus de détails à la prochaine séance. — M. d'ARBOIS DE JUBAINVILLE entretient la Société de la religion des Francs avant leur conversion.

Séance du 29 avril 1896. — M. G. MIGEON, attaché à la conservation du Musée du Louvre, présenté par M. Molinier, fait une communication au sujet d'un fragment de céramique française qui vient d'entrer au Musée du Louvre. Il s'agit d'un plat qui, par ses caractères, se rattache à l'école dite de saint Porchaire ou des Valois; M. Migeon établit que Bernard Palissy a exécuté des œuvres de ce genre. — M. E. MOLINIER appuie les conclusions de M. Migeon, et croit que lorsqu'on aura fait de nouvelles recherches, il sera possible de prouver que ces faïences françaises dont on a fait une classe à part, ne sont en réalité que des faïences dues à Bernard Palissy. — M. Adrien BLANCHET présente à la Société une petite amphore en plomb, qui provient de Beyrouth; sur la panse de ce petit vase on lit le nom ΦΟΙΒΑΡΙΟΥ. M. Blanchet démontre que ce monument et d'autres analogues ont été destinés à contenir des collyres et qu'ils portent des noms de médecins. Un de ces vases porte le nom φως, sans doute un nom de collyre. — M. l'abbé THÉDENAT fait observer que cette interprétation est d'autant plus vraisemblable que ce même mot se rencontre comme nom de collyre sur un cachet trouvé à Poitiers.

— M. Mowat signale à son tour un autre vase de ce genre qui appartenait à M. de Sevin, de Toulouse, et qui a été publié par M. Lebègue ; il porte le nom de *Lucius Octavius*. — M. le comte Charles de Beaumont présente à la Société des plans, dessins et aquarelles de la villa gallo-romaine qu'il fouille à Chatigny, commune de Fondettes (Indre-et-Loire). Les bâtiments se divisent, quant à présent, en dix pièces, plus une piscine ronde formant un ensemble de 32 mètres de long environ. L'une des salles était pavée en mosaïque ; deux autres salles étaient chauffées par des hypocaustes tubulaires, et une quatrième présentait un hypocauste à piliers. — M. Prou lit, au nom de M. Charles Farcinet, une note sur la généalogie des seigneurs de Lusignan. Cette note complète le travail de M. Farcinet présenté à la Société dans le courant de l'année dernière, sur le même sujet. — M. l'abbé Thédenat, répondant à une question à lui posée par M. Michon dans la séance précédente, établit, particulièrement à l'aide de documents manuscrits, que les trois cachets d'oculistes de Naix, conservés aujourd'hui au Musée du Louvre, ont fait partie de la collection Grivaud de la Vincelle avant d'entrer dans la collection E. Durand. — Le baron de Baye présente des observations au sujet de la représentation d'un éléphant qui est gravé sur une plaque de ceinturon trouvée dans le cimetière mérovingien de Muids (Eure).

Séance du 6 mai. — M. Emile Ruelle fait une communication sur les manuscrits des Cyranides, recueil de recettes magiques et médicinales attribué à un roi de Perse nommé Coiranos. — M. le docteur Carton lit un mémoire sur un édifice de Dougga (Tunisie), en forme de temple phénicien. — M. Omont communique le croquis d'une vue d'Athènes conservée à la Bibliothèque nationale parmi les papiers de Nointel. Cette vue dont on peut rapporter la date au séjour de Nointel à Athènes, pendant l'hiver de 1674-1675, est prise du mont Lycabette, comme le tableau de Chartres, étudié par notre confrère M. Homolle dans le n° de nov-déc. 1894, du *Bulletin de correspondance hellénique*. C'est un croquis sommaire intéressant surtout pour l'Acropole ; le Parthénon, comme sur le tableau de Chartres, est entièrement couvert. — M. Martha fait remarquer que cette vue d'Athènes paraît avoir été faite de souvenir, loin des lieux et comme pour rappeler des choses vues dans un voyage antérieurement accompli. — M. Courajod fait une communication sur une statue de la Renaissance, en bois peint et doré, représentant la Vierge et l'Enfant Jésus, qui vient d'être acquise par le musée du Louvre. Cette statue, admirable par son style et sa technique, peut être attribuée à l'école florentine ou siennoise.

ACADÉMIE DES INSCRIPTIONS ET BELLES-LETTRES

Séance du 10 avril. — M. Girard est désigné par l'Académie comme membre du Conseil supérieur de l'Instruction publique. — M. Ed. Le Blant continue la lecture de son mémoire sur les inscriptions des pierres gravées. — M. A. de Barthélemy fait une communication sur l'origine de la monnaie Parisis. Cette monnaie fut établie dans des conditions semblables à celles que M. de Barthélemy a exposées, il y a quelques mois, à propos de la monnaie tournois. Les comtes de Paris, qui étaient aussi ducs de France et abbés séculiers à Saint-Denis comme à Saint-Martin de Tours, créèrent une monnaie avec un type particulier à Paris et à Saint-Denis. Lorsque Hugues Capet, dernier abbé de Saint-Denis, devint roi, la monnaie frappée à l'abbaye cessa, et il n'y eut plus que la monnaie de Paris et celle de quelques ateliers royaux jusqu'à Louis VIII, à dater du règne duquel il n'y eut plus que la monnaie tournois et la monnaie parisis réglées par Louis VII. On frappa des parisis jusque sous Charles VIII, puis ce ne fut plus qu'une monnaie de compte abolie seulement par Louis XIV en 1687. Le parisis valait un quart de plus que le tournois. Lorsqu'il ne fut plus qu'une monnaie de compte, il indiquait simplement un quart en sus de toute somme énoncée dans les actes publics et les payements résultant de jugements. — M. Maspero entretient l'Académie d'un mémoire publié par M. Jensen dans le *Recueil de travaux* (t. XVIII, 1er fascicule). Ce mémoire est consacré à l'inscription hittite découverte par MM. Hogarth et Ramsay au-dessous d'un bas-relief et donnant le nom d'un Moutallou, roi de Milidda, qui vivait sous Sargon, roi d'Assyrie, et fut vaincu par lui. M. Maspero a déjà signalé les premières études sur le déchiffrement des textes de ce genre que M. Jensen a publiées dans le journal de la Société asiatique allemande. C'est la première fois qu'un essai de cette nature nous rend un nom connu appartenant à une langue possible. Il semble donc que M. Jensen soit vraiment dans la bonne voie et que nous soyons sur le point d'obtenir la solution du problème hittite. — M. Viollet lit un travail sur la réaction féodale de 1314 à 1320 qui, après avoir couvé plus d'un siècle, éclata dans les derniers mois du règne de Philippe le Bel et laissa des traces jusqu'en 1320. Plusieurs ordonnances de Philippe le Bel, bien antérieures à la période de 1314-1320, sont, au fond, des concessions faites à l'aristocratie déjà prête à se soulever. Les chartes de liberté délivrées de 1314 à 1320 reproduisent ces concessions antérieurement arrachées à Philippe le Bel. Ce mouvement féodal ne fut pas aussi stérile et aussi fugitif qu'on l'a dit.

Henry Thédenat.

L'Éditeur-Propriétaire-Gérant : Albert Fontemoing.

BULLETIN CRITIQUE

64. — **La quatrième partie de la Chronique syriaque de Denys de Tell-Mahré.** (112ᵉ fascicule de la Bibliothèque de l'école des Hautes Etudes, 1895. Un vol. gr. in-8° de XLI-206 pages pour la traduction et xx-247 pour le texte, chez E. Bouillon).

Cet ouvrage vient d'être publié par M. l'abbé Chabot avec une traduction française et des notes [1]. Je me propose de donner une idée de son contenu et de montrer qu'il ne peut pas être authentique.

I. Cette partie de la chronique va de l'an 586 à l'an 775. Les 135 premières années sont presque complètement sacrifiées, elles n'occupent en effet que douze pages sur cent quatre-vingt-treize, et nous ne regretterons pas cette brièveté, car chaque phrase a besoin d'être rectifiée par une note. Il reste donc cent quatre-vingts pages consacrées à l'histoire des cinquante-cinq dernières années; c'est une histoire édifiante, surchargée de citations de l'Ecriture [2], et qui a pour but de nous éloigner du péché en nous montrant les maux qu'il a attirés sur les peuples et qu'il attirerait encore sur nous. L'auteur nous en avertit dans sa préface [3]. « Il importe peu aux hommes sages et craignant Dieu [de savoir] si un événement s'est passé un an ou deux ans plus tôt ou plus tard, mais il leur suffit de connaître les châtiments des générations passées pour qu'ils

---

[1]. Le volume est dédié à M. Clermont-Ganneau, professeur d'archéologie orientale.

[2]. M. l'abbé Chabot donne près de 250 renvois à la Bible (préface p. XXXIX-XLI). Un bon nombre de citations ont de douze à vingt lignes, par exemple p. 100, 109, 115, 116, 128, 132, 139, 141 etc. Enfin il y a un certain nombre de sermons qui occupent jusqu'à une page entière.

[3]. Page 2.

s'éloignent eux-mêmes de l'iniquité dans la crainte d'attirer sur eux les mêmes fléaux. Prends donc garde à toi et crains le Seigneur ton Dieu, de peur qu'il n'envoie sur toi ces afflictions. »

Ce ne sera donc que signes dans le ciel [1], tremblements de terre, invasions de sauterelles, guerres et exactions de toute nature. Cela présente bien quelques difficultés : ainsi, page 103, ligne 24, on lit : « Celui qui s'en allait était pris de même, plumé et dépouillé de tout ce qu'il avait avec lui ; ils s'emparaient de quiconque avait quelque chose, soit acheteur, soit vendeur, et lui enlevaient son bien. » Après cela, on se demande comment font les nouveaux gouverneurs, page 104 et suivantes, qui trouvent encore moyen de prendre plus que le premier, lequel avait tout pris. — A la suite d'une comète en forme de balai, on lit, page 95, ligne 3 : « Il balaya le monde et fit périr tout ce qu'il y avait dedans. D'abord, en cette année-là, périrent tous les animaux domestiques, surtout le petit bétail. Une neige abondante et épaisse couvrit la terre et y resta si longtemps que les bêtes furent consumées par la faim. » P. 146 : « tout le bétail de la région septentrionale périt dans l'hiver suivant ; » p. 160 : « tout le bétail des pâturages et des étables périt : les moutons, les chèvres, le gros bétail ; » p. 168 : « tout le bétail de la contrée fut vendu. Les marchands de bestiaux devinrent plus nombreux que les étoiles du ciel, comme nous dit le prophète Nahum... » Tout cela n'empêche pas que « certains animaux effrayants et terribles » trouvent encore, page 187, du bétail à dévorer, et l'auteur ajoute : « On ne voyait plus de bétail dans le pays, car tout avait été dévoré. » Comme tout cela se passe en quatre ou cinq ans de temps, il est à croire que *ce furent toujours les mêmes qui périrent*.

Les faits les plus violents, sans doute pour les mieux fixer dans l'esprit, paraissent rapportés plusieurs fois avec quelques variantes, par exemple les supplices infligés aux hommes p. 106 et 142, les violations de sépulture, p. 110, 147, 183, l'emprisonnement des Arabes et Syriens dans une église, p. 112 et 140, etc.

---

1. Par exemple p. 62, 63, 94, 111, 112, 131, etc ; à la page 111, l'arc en ciel paraît renversé. Josué le stylite a déjà décrit le même phénomène (XXXVII p. 32 éd. Wright) aussi notre auteur renvoie à ces premiers chapitres. M. l'abbé Chabot traduit par « les observations antérieures ».

Mais la plus grande partie de l'ouvrage est consacrée aux impôts et aux exactions qu'ils occasionnaient. C'est d'un intérêt très actuel, car nous voyons fonctionner chez les Arabes l'impôt sur le revenu, celui précisément qui nous passionne actuellement. — Voir pages 104, 107, 124, 129, 132, 137 etc.

Mahomet avait ordonné, avec grande sagesse, que l'on percevrait l'impôt en nature sur le revenu. Mais pour augmenter le budget et lui épargner les mauvaises années, on obligea les habitants à payer en or, comme nous le faisons : « Vendez votre bien comme vous l'entendrez et donnez-nous de l'or »[1]. Puis, comme on ne mettait sans doute pas beaucoup d'empressement à venir déclarer ses revenus, on nomma des individus qui d'office entrèrent dans les maisons et estimèrent jusqu'aux moindres objets et les estimèrent quatre ou cinq fois leur valeur. Cette estimation servit de base pour l'établissement de la dîme et des autres impôts. « Beaucoup d'entre les Arabes, après avoir vendu leur froment, leurs champs, leur âne, s'ils en possédaient un, n'avaient pas encore trouvé la somme qu'on leur demandait »[2]. Et ils ne se révoltèrent pas[3].

II. M. l'abbé Chabot débute en style de panégyriste (préf. franc. p. ix) : « Denys, patriarche des Syriens jacobites, auteur de l'ou-

---

1. Page 129.

2. Page 108.

3. J'ajoute une dernière remarque : M. l'abbé Chabot écrit, préface du texte syr. p. III : « Il est *certain en tous cas* que le fol. 174 doit se lire avant les fol. 172-173, l'énumération des titres de chapitres : Sixièmement, Dixièmement, ne peut laisser *aucun doute à cet égard.* »

Or dans tout le manuscrit, on ne trouve jamais la notation « *premièrement*, etc. » Après le folio 171 est une lacune après laquelle on a *dixièmement* au folio 173, puis vient une nouvelle lacune après laquelle on a *sixièmement* au folio 174. Je ne vois pas pourquoi les numéros manquants, en supposant qu'ils ont existé, ne seraient pas tous dans les deux lacunes signalées si à propos. — Mais de plus, le sens demande l'ordre du manuscrit, car on parle au folio 174 (page 189 de la traduction) d'un émir indigne et despote qui était venu à Amida, lequel paraît être celui qui vient se fixer à Amida au fol. 172 (p. 195 de la traduction) ; et au folio 174 l'auteur aborde le récit d'événements qui ne sont même pas terminés. Ce folio doit donc rester le dernier.

vrage que nous publions aujourd'hui, *figure au premier rang parmi les écrivains de sa secte qui florissaient au IXe siècle.* » Après plus ample information, il doit écrire : (préf. syr. p. IV.) « Cette publication ne tournera guère à l'avantage de l'auteur. Il serait difficile de trouver un écrivain d'un style plus incorrect et plus bizarre.... le style de Denys offre de telles anomalies qu'il est permis de se demander si l'état de décadence littéraire de son siècle suffit à en rendre compte et s'il ne faut y joindre un défaut naturel d'aptitude chez l'écrivain. Aussi quand nous disons que l'auteur occupe le premier rang parmi les écrivains jacobites du IXe siècle, *cela doit s'entendre de l'importance de ses écrits et non pas de son mérite littéraire* [1]. »

On voit qu'Assemani rendit un bien mauvais service à Denys de Tell-Mahré en lui attribuant cette chronique [2], puisque, mieux étudiée, elle le fait descendre au rang de premier écrivain *sous condition*. Il est temps de faire cesser cette méprise et de dire qu'Assemani n'avait aucune preuve pour affirmer que Denys a écrit deux ouvrages différents : les Annales citées par Bar Hebreus et la Chronique trouvée par lui, Assemani, et dont il est question ici. De plus, Assemani, loin d'avoir un indice quelconque lui permettant d'attribuer cette chronique anonyme, découverte par lui, à Denys, aurait été éloigné de cette conclusion par l'examen du manuscrit, s'il n'avait voulu absolument, semble-t-il, avoir fait une découverte importante.

On sait en effet [3] que le manuscrit tronqué au commencement et à la fin portait comme titre : « Histoire ecclésiastique d'Eusèbe » et sur la première page : « Premier livre de l'histoire ecclésiastique de Mar Eusèbe ; Seigneur, aide ton serviteur pour qu'il commence et termine » ; puis on trouve : « Fin de la dédicace que fit *l'écrivain* (aucun nom propre) à ses honorés pères spirituels : Georges chorévêque d'Amida, Eutelius archimandrite [du monastère de Zou-

---

[1]. Cette phrase n'est pas heureuse, car c'est surtout le mérite littéraire, semble-t-il, qui fait celui de l'écrivain. De plus *les écrits* de Denys se réduisent pour nous à une page retrouvée par Assemani, à quelques citations de Bar Hebreus et à la chronique apocryphe dont il est question ici. C'est un bien mince bagage.

[2]. B. O. t. II, p. 98 et 347.

[3]. V. B. O. t. II, p. 98.

qenin],... et aux autres frères du couvent ». Le nom de Denys ne se trouve nulle part — et quand Assemani lui eut néanmoins attribué cet ouvrage, il se trouva qu'il ne contenait aucun des passages de l'histoire de Denys cités par Bar Hebreus [1], ni une page authentique de cette histoire trouvée à la fin d'un manuscrit [2]. C'est alors qu'il fallut inventer la légende toute gratuite des deux rédactions, qu'il nous suffirait de nier.

Toutefois les raisons positives ne nous manquent pas : Elie de Nisibe, dans sa chronographie inconnue d'Assemani, donne six extraits de Denys, patriarche des jacobites, sous les années 1066, 1068, 1070, 1074, 1080, et 1081 des Grecs (Baethgen, *Abhandl. für die Kunde des Morg.* t. VIII); les trois plus importants *manquent complètement* dans le Denys de l'abbé Chabot, et les autres ne s'y trouvent qu'*approximativement*. En revanche, les six passages sont dans Bar Hebreus qui connaissait le véritable Denys, au moins par Michel le Syrien.

De même M. Hallier, dans sa consciencieuse et savante étude sur la chronique d'Edesse (coll. Harnock t. IX) se heurte à une difficulté assez étrange : Il est certain d'une part que Michel le Syrien et Bar Hebreus connaissaient Denys de Tell-Mahré et s'en servaient; mais d'autre part une laborieuse discussion montre à M. Hallier qu'ils n'ont utilisé ni la chronique d'Edesse, telle qu'elle est dans le Denys d'Assemani, ni la chronique de Josué le stylite qui ne figure que chez Denys ; il en conclurait donc, s'il l'osait, que Michel et Bar Hebreus qui connaissent Denys ne paraissent cependant pas le connaître.

La réponse est, bien entendu, qu'ils ne connaissaient pas le De-

---

1. De même je n'ai pu relever dans la chronique syriaque de Bar Hebreus aucun passage qui parût emprunté à la chronique Assemanienne; en revanche j'ai trouvé trois détails autobiographiques empruntés à l'ouvrage perdu de Denys et que ne cite pas M. l'abbé Chabot. (Ed Bedjan, p. 139, l. 8, p. 145, l. 18. p. 148, l. 6.) J'ai même trouvé l'histoire suivante que je ne cherchais pas : « En ce temps (vers 850) parut à Nisabour un homme qui se disait prophète, il écrivit en un volume les conversations qu'avait eues avec lui *l'ange Gabriel, et beaucoup allèrent le voir*, mais, saisi et flagellé, il confessa sa supercherie. » (p. 155 l. 11.)

2. B. O. t. II. p. 72.

nys d'Assemani, ou peut-être, qu'ils le méprisaient, comme le faisait M. l'abbé Martin pour la moitié du texte publié par M. l'abbé Chabot : « Quum vero nonnisi generalem et taediferam declamationem haec folia contineant, assemanianae analysi sese subtraxerunt, egoque ea exscribere, non solum nullius fructus, verum et maximi taedii judicavi. » (Bibl. nat. fonds syr. n° 285, fol. 108.)

Mais il y a plus : M. l'abbé Chabot nous dit (Préf. franç. p. ix) que nous ne connaissons ni le nom ni la condition des parents de Denys « ni même l'année de sa naissance que nous devons placer par conjecture, vers la fin du viii° siècle » et il en fait un écrivain du ix° siècle, car il mourut en 845. Or si nous plaçons la naissance de Denys au milieu de la seconde moitié du viii° siècle ou en 775, ce qui le fait vivre 70 ans; comme il est certain, d'après trois passages différents, que notre chronique fut écrite l'an 775 [1], il s'ensuivrait que Denys écrivait au berceau, prodige bien supérieur à l'apparition d'une comète que Bar Hebreus ou d'autres n'auraient manqué de nous transmettre.

Assemani a peut-être vu la difficulté, car il fait fleurir Denys vers 775 (ce qui en fait un écrivain du viii° siècle), et n'a garde de nous donner l'année de sa mort.

M. Wright (Syriac litt. Enc. Brit. t. xxii, p. 846) sait que Denys est mort en 845 et en fait un écrivain du ix° siècle; aussi nous dit-il simplement que le manuscrit *s'arrête* (ended) en 775, et non que Denys l'a écrit cette année.

Du reste, un simple examen de cette chronique montre que l'auteur était un homme assez âgé en 775. Cela résulte du ton larmoyant et sermonneur de l'auteur, de la longue étude qu'il a dû faire de l'Ecriture avant de pouvoir la citer si souvent de mé-

---

1. 1° page 1 « jusqu'à l'année dans laquelle nous sommes, c'est-à-dire l'an 1086 d'Alexandre, 158 de l'hégire » (775 ap. J.-C.).

2° P. 148. Sur la profanation des tombeaux qui eut lieu d'abord vers 772 « nous constatons maintenant *de nos yeux et non par ouï dire* que les hommes dispersent à la face de la terre les ossements de ceux qui dorment... »

3° p. 188. Vers 775 l'auteur écrit: « Comme la tribulation n'est encore qu'au début et n'a pas pris fin, je parlerai du commencement de ce fléau. »

moire et aussi de la phrase suivante de la préface [1] : « *Ayant parcouru nous-mêmes beaucoup de pays*, et n'ayant point trouvé une histoire exacte des événements, mais seulement l'annotation de quelques faits particuliers, nous avons fait le dessein de réunir par ordre dans un seul livre les choses que nous avons apprises des vieillards témoins oculaires, *ou que nous avons vues nous-mêmes.* » En donnant à cette époque 40 ans à l'auteur, il en aurait 110 à la mort de Denys [2].

Quel serait donc l'auteur de cette chronique attribuée gratuitement et contre toute vraisemblance à Denys ? Il semble que ce pourrait être un moine quelconque du monastère de Zouqenin près d'Amida [3]. Cela expliquerait 1° la dédicace à Georges chorévêque d'Amida et aux pères spirituels et frères ; 2° la locution « Il mourut cette année-là, *dans notre monastère de Zouqenin*, du mal des pustules quarante-deux hommes sans compter les étrangers » [4] ; 3° la prédilection de l'auteur pour Zouqenin qui est cité huit fois, tandis que les autres couvents le sont au plus deux fois [5] ; 4° la barbarie du style et la méthode historique absurde de l'auteur ; 5° la citation intégrale de la chronique de Josué le stylite, autre moine, également inconnu d'ailleurs, du même monastère de Zouqenin.

F. Nau.

65. — Tanon. **Histoire des tribunaux de l'Inquisition en France.** Paris, Larose, 1893, in-8°.

L'ouvrage de M. Tanon comprend deux parties distinctes : la

---

1. Page 2, ligne 15.

2. L'auteur citant un prodige en l'an 721 dit qu'il a eu lieu « de nos jours. » Cela paraît supposer qu'il était né en ce moment (p. 15, l. 8). A la fin de la première partie, on trouve encore : (Tullberg, p. 198). « Ici se termine l'histoire que nous empruntons à Eusèbe, avec des additions que nous avons recueillies dans les nombreux voyages que nous avons faits ».

3. Assemani vit bien que le texte demandait qu'on plaçât sa rédaction dans ce monastère — Ce n'est qu'après la publication de la chronique ecclésiastique de Bar Hebreus, quand on vit que Denys n'avait jamais habité ce monastère, que M. Wright plaça la composition de l'ouvrage ailleurs pour en conserver la paternité à Denys.

4. Page 54 au bas.

5. Excepté le seul monastère de Quartamin cité cinq fois.

première nous donne l'histoire de la répression de l'hérésie en France depuis les premiers temps du moyen âge jusqu'à la Réforme ; la seconde nous fait connaître l'organisation, la compétence, la procédure du Saint-Office, et les pénalités diverses qu'il pouvait prononcer. C'est en somme, pour employer les expressions mêmes de l'auteur, l'histoire *externe* et l'histoire *interne* de l'Inquisition que M. Tanon nous présente.

De ces deux parties, la première est incomplète et peu originale. M. Tanon, plus jurisconsulte qu'historien, connaît moins le côté historique que le côté juridique de son sujet, et c'est avec une certaine hâte qu'il aborde la seconde partie. — Sauf quelques réserves que nous indiquerons plus loin, celle-ci est de beaucoup supérieure à l'autre. Elle a de plus le mérite d'être originale. Jusqu'à présent en effet, on ne possédait pas d'ouvrage spécial consacré à l'étude juridique des tribunaux de l'Inquisition, et mettant en relief les caractères distinctifs de leur organisation et de leur procédure. M. Paul Fournier, dans son excellent livre sur les *Officialités*, n'avait fait qu'effleurer le sujet. M. Tanon, bien préparé par ses études sur les justices ecclésiastiques et la procédure du moyen âge, a comblé cette lacune. Pour nous, la seconde partie de son ouvrage, qui est d'ailleurs la plus considérable, constitue le vrai livre qu'il voulait écrire : c'est elle par suite qu'il convient d'analyser. Le reste n'est qu'une introduction qui n'était pas absolument nécessaire.

M. Tanon suit dans cette seconde partie le plan méthodique habituel aux jurisconsultes historiens : il s'occupe successivement des sources, de l'organisation, de la compétence, de la procédure, des pénalités. — Parmi les *sources* de l'histoire de l'Inquisition, il signale le droit romain auquel il attache une grande importance, les décrétales de certains papes, les canons de certains conciles, les ordonnances de certains rois, les registres des inquisiteurs (dont une petite partie seulement nous est parvenue), et divers traités ou manuels inquisitoriaux, tels que ceux de Bernard Gui ou de Nicolas Eymeric. — Dans l'*organisation* de l'Inquisition, M. Tanon reconnaît avec raison trois périodes. Dans la première, la répression de l'hérésie est entre les mains des seuls évêques : c'est la période de « l'inquisition épiscopale », devenue insuffisante avec les grandes hérésies du moyen âge, celles des Cathares ou Albigeois, des Vaudois, des Béghards, etc... Dans la seconde, l'inquisition est dirigée par les légats du pape, dont l'action, d'ailleurs plus politique que judiciaire, vient s'ajouter, sans la détruire, à celle des évêques. Dans la troisième enfin, Grégoire IX organise un nouveau tribunal, le Saint-Office, qu'il confie aux Dominicains et aux Franciscains. C'est la période de l'Inquisition proprement dite, que M. Tanon appelle l'inquisition *monastique*, mot un peu inexact ; car c'est encore là une inquisition pontificale, le Saint-Office tenant directement ses pouvoirs du pape. Le Saint-Office, lui non plus, ne fit pas disparaître la juridiction épiscopale en matière d'hérésie : il y eut seulement en cette matière deux juges « concurrents », dont M. Tanon indique très clairement les rapports. — La *compétence* du Saint-Office était limitée à l'hérésie, mais elle s'étendait à toutes les formes de l'hérésie. Par suite, l'inquisiteur pouvait poursuivre tout individu professant l'hérésie, tout individu la favorisant, tout livre l'enseignant. Personne n'était en principe soustrait à sa juridiction. Seuls, les évêques, les chefs d'ordre, les officiers du pape, et les autres inquisiteurs ne pouvaient être poursuivis par lui, mais seulement dénoncés au Saint Siège, qui se réservait leur jugement.

Abordant ensuite la *procédure*, M. Tanon commence par donner quelques renseignements sur les procédures ecclésiastiques de droit commun, notamment la procédure inquisitoriale introduite par Innocent III, puis sur la procédure appliquée originairement aux hérétiques ; il passe ensuite à la procédure de l'inquisition «monastique», c'est-à-dire du Saint-Office. Cette dernière, qu'il décrit naturellement avec plus de détails, était affranchie de la plupart des règles ordinaires. Il faut, pour la bien comprendre et pour comprendre aussi les *pénalités* que pourra prononcer l'inquisiteur, partir de cette idée qu'on cherche avant tout à obtenir une confession, l'aveu de fautes pour lesquelles on infligera des « pénitences ». L'inquisiteur s'efforcera d'y arriver par tous les moyens, même les moins recommandables : « temps de grâce » laissé aux hérétiques pour venir se confesser spontanément ; interrogatoires, souvent captieux, où l'interrogateur et l'interrogé font assaut d'artifices et de subterfuges ; moyens de contrainte gradués, depuis la consignation à la porte du tribunal jusqu'à la torture, empruntée au droit romain ; dépositions de témoins, dont on ne communique pas les noms à l'accusé, afin d'éviter (ce que l'on n'évitait pas toujours) des représailles et des meurtres ; interdiction du ministère des avocats, qui auraient pu mal conseiller l'accusé et qui d'ailleurs auraient craint de passer pour fauteurs de l'hérésie ; prolongation illimitée des procédures, tout était mis en œuvre pour arriver à l'aveu, qui devait faire de l'accusé un *pénitent*. Le pénitent ne pourra jamais être abandonné au bras séculier. La pénitence la plus élevée qu'on puisse lui infliger, en raison de la gravité des faits ou de son obstination, est la prison perpétuelle. Au-dessous viennent : la prison à temps, le port sur les vêtements de croix jaunes ou d'autres marques symboliques, des pèlerinages en Terre sainte ou sur le continent (soit *extra*, soit *intra fines regni*), des peines pécuniaires, d'abord défendues, de crainte de faire suspecter le désintéressement des inquisiteurs que personne d'ailleurs n'a contesté, puis autorisées par Innocent IV (1251), etc... S'il est impossible d'arriver à l'aveu, l'accusé reste *impénitent*, l'Eglise ne peut plus lui infliger de pénitences, et l'inquisiteur l'abandonne au *bras séculier* : abandon terrible, car le bras séculier n'a pas les ménagements de l'Église. Il ne connaît qu'une peine, la peine de mort, et la peine de mort par le *feu*, autre legs du droit romain. L'accusé pouvait encore échapper à la mort en abjurant en face du bûcher : il était alors condamné à la prison perpétuelle. Seuls, les *relaps* ne pouvaient jouir de cette faculté : leur abjuration tardive leur permettait seulement de recevoir les derniers sacrements. Aussi la majorité des hérétiques brûlés sont-ils des relaps. Il faut ajouter que les biens des hérétiques condamnés à la prison perpétuelle ou abandonnés au bras séculier étaient *confisqués* au profit des seigneurs temporels, ordinairement du roi : cela explique le zèle que certains de leurs officiers mirent à seconder la répression de l'hérésie, allant jusqu'à brûler des hérétiques que l'inquisiteur, « en *fraude* des droits des seigneurs », n'avait condamnés qu'à la prison temporaire! Les sentences, quelle qu'en fût la teneur, ne pouvaient être rendues qu'après *avis* d'assesseurs assez nombreux consultés par l'inquisiteur, de *concert* avec l'évêque du diocèse, et à charge d'*appel* au pape. — L'Inquisition ainsi organisée a duré deux siècles : elle a ensuite cédé la place à l'action des *Parlements*, qui ont réussi, à l'aide d'un détour juridique, à se faire attribuer, dès la fin du xve siècle, la répression de l'hérésie. C'est à eux que les protestants eurent affaire, et non au Saint-Office, qui n'avait plus qu'une existence nominale.

Tels sont en résumé les divers points traités, parfois avec des développements abondants, par M. Tanon. On pourrait contester telle ou telle de ses assertions. Par exemple, est-il sûr que la *torture* fût déjà en usage devant les tribunaux ecclésiastiques au milieu du XIIe siècle ? Est-il sûr que la *peine de mort*, infligée aux hérétiques par les empereurs du Bas-Empire, n'ait jamais cessé d'être employée comme peine *légale* ? Ne doit-on pas croire plutôt, avec MM. Julien Havet, Lœning, et Paul Fournier, qu'elle avait disparu en Gaule dès l'époque franke, et que ce n'est qu'au XIIIe siècle qu'elle a fait sa réapparition, rendue nécessaire pour lutter contre cette redoutable et antisociale hérésie des Cathares, qui menaçait tout : l'Église, l'État, et même la famille ? Ce n'est pas ici le lieu de discuter ces points et quelques autres : il suffit d'indiquer qu'ils soulèvent des doutes. — Constatons, en terminant, que M. Tanon, quoique hostile à l'Inquisition, a su se garder de ces exagérations banales et passionnées, qui sont l'antipode de la science, et qu'il a fait par suite une œuvre utile, permettant d'avoir une idée au moins approximative de ce que fut le Saint-Office. Nous regrettons seulement que M. Tanon ne nous ait pas fait connaître quelle opinion les contemporains (autres que les hérétiques) se formaient de l'Inquisition : il nous semble qu'il y a là un élément d'appréciation indispensable pour pouvoir porter sur elle un jugement motivé.

Émile CHÉNON.

---

66. — J. BRENOUS. **Etude sur les hellénismes dans la syntaxe latine.** Paris, Klincksieck, 1895. 445 pp. in-8°.

La thèse de M. Brenous est un répertoire à peu près complet des expressions latines qui peuvent passer pour des hellénismes ; elle a dû coûter beaucoup de peine à l'auteur ; elle n'en coûte pas moins au lecteur. Son grand défaut est un manque de clarté et de logique dans les développements : l'introduction n'est qu'un fouillis où l'esprit se perd ; les discussions particulières manquent trop souvent d'ordre dans la dispositon des exemples (v. p. 121, 142, 154, 193) [1].

1. Parfois, une classification plus rigoureuse des textes allégués

Dans son introduction (i-vi), l'auteur s'efforce, par de nombreux exemples, de prouver la possibilité d'emprunts syntactiques entre les langues. Classification faite, on s'aperçoit que ces emprunts appartiennent presque tous soit au vocabulaire : mots nouveaux, sens ou emplois nouveaux de mots anciens, locutions nouvelles, mots composés [1]; soit à la morphologie, déclinaison ou conjugaison ; soit au style : nouvelles expressions figurées. — Parmi le très petit nombre d'emprunts réellement syntactiques, les uns, ceux qui résultent de l'influence de la première langue parlée, ne sont que des barbarismes incompréhensibles pour tout autre que celui qui les emploie : tels les germanismes d'alsaciens (p. 22), ou des fautes, spéciales à un groupe ethnique, dont on se corrige aussitôt qu'on les remarque : tels les provençalismes : — d'autres sont des essais de naturalisation, tentés par un auteur, et qui lui sont restés propres, parce que l'usage général les a rejetés comme trop hardis : par exemple, la phrase de Pintrel (p. 34) [2]; — d'autres enfin s'expliquent aussi bien par l'évolution naturelle que par un emprunt : ainsi *elle s'achetait*, expression regardée comme un gasconisme (p. 20) et qui a pu naître en français, puisqu'on la trouve en bourguignon.

M. B. applique ensuite (vii-viii) sa théorie générale à l'antiquité latine. Ses considérations sur les influences qui ont agi sur le latin : première langue parlée, contact, séjour à l'étranger, traduc-

mettrait en évidence l'évolution toute latine de tel ou tel prétendu hellénisme (p. 113, 380, 404).

1. M. B. insiste longuement (p. 3-8) sur les mots composés comme *Samedi-Revue*; ce sont des mots isolés aussi bien que *porteplume* ou autres; cette construction a si peu pénétré dans la syntaxe que jamais on ne dira en français : *les Corneille-œuvres* ou *les œuvres-Corneille*.

2. Il ne suffit pas de dire qu'un auteur pense en grec et parle en latin (p. 152). Une personne employant un idiome étranger qu'elle ne possède pas parfaitement, pense en sa langue maternelle et transporte mot à mot dans l'autre cette forme première qu'a revêtue sa pensée (p. 22); au contraire, si elle parle sa propre langue, elle conçoit tout d'abord sa pensée avec la forme qui est propre à cette langue, elle ne va pas emprunter la forme d'un idiome étranger, quand même elle le possède parfaitement. Quand on parle d'hellénismes, il faut donc distinguer entre Horace imitant le grec dans sa langue maternelle, et Ammien Marcellin transportant sa langue maternelle dans le latin.

tions, ascendant littéraire, sont justes, mais prolixes, parfois empreintes d'exagération. Si l'enfant, à l'école, apprenait souvent le grec avant le latin, il n'en avait pas moins parlé latin dans ses premières années, il parlait latin en dehors de l'école : le grec n'était donc pas, en toute rigueur, la première langue parlée. — La manie de parler grec n'exigeait pas que l'on empruntât des expressions étrangères ; on pouvait, parmi les locutions latines, choisir celles qui donnaient l'air de parler grec tout en parlant latin.

Un hellénisme, d'après M. B., est une tournure qui, sortant des limites naturelles du latin, « a sa justification propre dans la construction grecque correspondante dont elle est imitée, soit directement et sans être préparée par quelque tour analogue, soit en s'aidant de ce point d'appui. » (p. 79 ; 62, 78) ; il y a donc deux espèces d'hellénismes [1] : construction contraire au génie du latin, extension d'une tournure au delà des limites propres du latin (p. 440 et 442) ; les caractères auxquels on reconnaît l'hellénisme sont les suivants : absence de l'ancienne langue, décalque d'un modèle grec, première apparition chez un auteur qui a imité les Grecs (p. 79) [2]. — Après un examen attentif, nous ne croyons pas avoir rencontré un seul exemple d'hellénismes du premier genre, les seuls réellement en cause ; les constructions même qui semblent les plus hardies ont toutes, de l'aveu de M. B., une amorce dans le latin : ainsi le génitif avec un verbe (p. 109) ou un adjectif (p. 129-138), l'accusatif (p. 264), l'infinitif (p. 288), l'adverbe remplaçant un adjectif (p. 396-403), etc.

Il ne s'agit donc plus que d'extensions de tournures latines. Rien n'est plus arbitraire que le départ fait par l'auteur entre les latinismes et les hellénismes [3]. Sans aucune preuve, M. B. recon-

---

1. On n'emprunte que ce que l'on ne possède pas ; une simple extension d'une tournure latine n'est pas un véritable emprunt. L'appeler hellénisme au même titre que l'introduction d'une tournure exclusivement grecque, c'est confondre sous un même nom deux faits de nature différente.

2. On se rend compte de l'incertitude de ces critères, si l'on pense à l'état fragmentaire où nous est parvenue l'ancienne littérature latine.

3. Il faut laisser de côté les tentatives isolées, comme *regnare* etc., avec le génitif dans Horace (p. 109), le génitif à sens final dans Tacite

naît que telle tournure ne dépasse pas les facultés propres du latin (p. 91), qu'il y a pure rencontre (p. 193, 214, n. 1, 313); malgré les analogies grecques, l'absence dans la prose classique, la fréquence chez les poètes et les écrivains postérieurs, telle autre tournure s'explique suffisamment par l'analogie latine (p. 91, 103, 157, 430, 432, 436, 437); l'imitation grecque a facilité la dérogation à l'usage courant, et cependant il n'y a pas d'hellénisme dans tel cas (p. 105-106). L'auteur hésite-t-il? on n'en voit pas la raison et l'on a des affirmations comme celles-ci : l'expression rentre dans les analogies générales de la langue latine, mais elle peut être inspirée par le grec (p. 99) ; le latin semble suffire, sans qu'on puisse contester l'influence grecque (102, 121, 246, 348, 372-379, 389-392); l'explication par le grec satisfait davantage (p. 108); malgré la succession assez claire des étapes de l'évolution, on peut admettre une combinaison des deux influences latine et grecque (p. 163, 168, 173, 174, 179-180). Quand l'auteur admet expressément l'hellénisme, c'est, dit-il, que l'action du grec est plus probable (p. 152, 154, 206, 314, 320, 436) ; rien ne prouve que l'influence grecque n'a pas été décisive (p. 109); il semble qu'on sorte des limites du latin (p. 115, 125, 414), que les tournures aient un air d'emprunt (p. 420), que la syntaxe soit essentiellement grecque (p. 426-427) ; une tournure qui n'est pas contraire au génie du latin, qui a pu exister dans la vieille langue, qui est influencée par une construction analogue, qui est utile pour la poésie, est néanmoins un hellénisme, parce que l'analogie n'aurait agi ni si tôt ni si largement (p. 146-148, 185, 186, 190, 220) ; mais dans des circonstances identiques, il n'y a pas d'hellénisme (p. 148 ss.).

C'est le même subjectivisme quand il s'agit de réfuter les objections. — Le latin archaïque n'explique rien, car *vieux latin* n'est pas synonyme de *pur latin* (p. 63, 109, 126 n. 2., 357, 372, 379); mais où est le criterium qui permettra de les distinguer ? Ailleurs l'archaïsme est accepté comme explication (p. 88). — La langue populaire a pu être influencée par le grec (p. 65, 227, 318, 345, 417, 418); mais qui dira ce qui en elle n'est pas authentiquement latin?

(p. 117), l'adjectif avec un infinitif actif dans Lucain (p. 327), *ante* avec l'infinitif dans Marius Victor (p. 343), *est quibus* dans Properce (p. 393).

En tout cas, il ne faudrait pas s'en servir pour exclure l'hypothèse d'un hellénisme (p. 311, 430, 434). — La parenté proethnique est tantôt rejetée (p. 70, 210), tantôt admise (84 ss.) au détriment de l'hellénisme. — La langue poétique ne suffit pas, dit-on, à expliquer certaines locutions examinées (p. 71, 210); mais ailleurs on parle du génie créateur de Virgile et d'Ovide (p. 94, 426). — L'explication psychologique est sans valeur, p. 73; pourtant l'auteur la tient pour suffisante, p. 158.

D'autres détails auraient aussi besoin d'éclaircissement : pourquoi des auteurs suspects à priori d'hellénisme, comme Salluste (p. 97), n'admettent pas des tournures grecques accueillies par leurs contemporains (p. 341, 345, 363) ; comment le grec a pu être dépassé, si le latin n'a pas agi de lui-même (p. 238, 336 n. 2), etc.

En un mot, malgré toute la science grammaticale dont il a fait preuve, M. B. n'a pu sortir des probabilités et de l'arbitraire, donner une preuve objective, irréfutable. Pour une langue étrangère, pour une langue morte surtout, dont on ne connaît pas toutes les ressources, dont les origines sont presque complètement ignorées, nul grammairien ne peut déterminer avec certitude les limites précises au delà desquelles l'activité propre de cette langue ne saurait s'exercer. Serait-il même toujours en état de le faire pour sa langue maternelle [1]?

E. DEBRIE.

---

1. p. 110 *desistere pugnae* peut être un datif; on trouve dans Stace *desistere labori*; — p. 224 et 261 et 430, *Olympia vincere*, *in Ephesum* ne sont pas des emprunts, mais des décalques d'expressions grecques ; cf. Rev. de phil., xi, 1887, p. 77); de même les traductions bibliques, p. 139; — p. 146. *pugnax aquae* peut être un génitif, par analogie avec les adjectifs en-*ax*; — p. 353, cette tournure se retrouve déjà dans Cicéron; — p. 380-381, la distinction est bien subtile. — P. 157, l. 16 : lire *Germanico*; p. 168, l. 27 : *janua*; p. 275, l. 2 : *per Graios*; p. 294, l. 12 : *admittier*; p. 302, n. 2 : *solvere*; p. 305, l. 22 : 3, 9; p. 307, l. 20 : I, 200; p. 321, l. 12 : *optumum*; p. 325, n. 4 : Θεμιστοκλῆς; p. 329, l. 8 : 73; p. 330, l. 1 : xiii; p. 376, l. 8 : Ἡσίων; p. 383, l. 17 : *valeas*; p. 385 n. 2 : *credis*; p. 390, l. 26 : *praegnans*; p. 391, l. 7 : ii; l. 17 : *cognomen*; p. 393, l. 2 : iii ; p. 402, l. 2 : *expediat*; — p. 424, l. 5 : *aestas*; l. 5-6 : *harenas*; l. 23 : *intonuit*.

67. — **Essai sur la théorie du dessin et de quelques parties des arts,** par M. Eugène Guillaume, membre de l'Institut, 1 vol. Paris, Perrin, 1896.

Ce volume est un recueil d'études diverses, dont quelques-unes remontent à une date déjà ancienne. A part deux importants discours sur l'enseignement du dessin, ces études, qui traitent de sujets variés, offrent ce trait commun qu'elles ont été écrites surtout à un point de vue théorique et technique. En voici les titres : *Considérations sur les principes et l'histoire du bas-relief, Étude sur le camée, Essai sur les proportions du corps humain, sur les athlètes, sur l'art de représenter la chair, la sculpture en bronze, sur la technique du bronze, discours sur l'art de représenter les animaux, du cheval, de la statue équestre.* Chacune de ces branches de l'art est analysée en son but, ses conditions et sa portée. En ce temps d'anarchie artistique, de tels exposés de principes, tirés de la nature des choses, seront bons à méditer pour les artistes. Le public qui ne juge guère les œuvres d'art que par sentiment, y apprendra mille choses que l'on ignore généralement, et qui doivent être la base même du jugement.

Nul enseignement n'a été plus méconnu, plus livré au hasard que celui du dessin. Aujourd'hui encore, malgré les immenses progrès réalisés surtout depuis 1882, beaucoup de personnes s'en font encore l'idée la plus fausse. Loin de reposer sur le sentiment et sur quelques procédés pratiques, comme on se le figure encore trop souvent aujourd'hui, les bases en sont essentiellement scientifiques et géométriques. De là une méthode rigoureuse où rien ne doit être laissé au hasard. C'est aux écoles de Frères, M. Eugène Guillaume le constate, que revient l'honneur d'avoir les premières reconnu ces vérités et appliqué cette méthode, abandonnée même dans les écoles des Beaux-Arts. Les deux études que consacre l'éminent directeur de l'Académie de France à l'enseignement élémentaire du dessin sont d'une portée capitale. Elles ont en outre un véritable intérêt historique, car elles ont été le programme même de la révolution opérée sous le ministère Ferry dans les cours de dessin des écoles à tous les degrés, depuis l'école primaire jusqu'aux écoles départementales des Beaux-Arts. Et comme un grand esprit relève naturellement les sujets en apparence les plus modestes, c'est proprement la philosophie du dessin, ses bases scientifiques, sa portée et ses limites qu'avec une hauteur de vues et de pensée bien dignes du noble artiste qu'est M. Eugène Guillaume, l'auteur nous expose en des pages qu'on ne saurait trop méditer. Loin de s'en tenir d'ailleurs à des idées générales plus ou moins vagues quant à leur application pratique, il ne craint pas d'entrer dans les plus minutieux détails, comme par exemple de dresser la liste des ouvrages qui, en chaque genre, lui paraissent posséder au plus haut degré la valeur éducative. Il y a là bien véritablement un programme d'enseignement dont toutes les étapes ont été soigneusement établies et graduées.

M. Eugène Guillaume a bien fait de réunir en un volume ces pages éparses, qui par la diversité même des sujets dont elles traitent échappent à notre analyse. Elles resteront comme la plus haute expression d'une conscience artistique que n'a pas trahie la main du statuaire en des œuvres où tout le monde s'accorde à reconnaître la pureté de la conception et la science de l'exécution.

André BAUDRILLART.

CHRONIQUE ANGLAISE

49. — Parmi les publications récemment parues en Angleterre il convient de signaler les suivantes :

The History of the foreign Policy of Great Britain, par M. Montague Burrows, professeur d'histoire moderne à Oxford (Blackwoods). L'auteur se propose de démontrer la continuité de direction dans la politique extérieure de la Grande Bretagne, malgré les déviations momentanées, dues à des causes de diverse nature.

Les *Annals of Westnimster abbey* par E. T. Bradley (Cassells) ; ce très intéressant ouvrage est magnifiquement illustré.

Revenue Laws of Ptolemy Philadelphus (Clarendon Press). Le texte de ces lois fiscales a été trouvé sur un papyrus de la Bodleienne. M. B. P. Grenfell en donne le texte, la traduction, et le commentaire. M. Mahaffy a écrit la préface. Ce papyrus est composé de deux rouleaux. Il est daté de la 27e année de Philadelphe, 259-8 avant J.-C. Le volume est accompagné de fac-similés.

Sous le titre d'*Apographa Sinaitica* M. Gibson et MM. C. J. Clay and Sons viennent de publier deux anciennes versions arabes de l'*Anaphora Pilati*, une d'elles est datée de 799 après J.-C. ; une version syriaque du même texte, transcrite par M. J. Rendel Harris ; deux recensions arabes des *Recognitiones Clementinae*, l'une provenant du Sinaï, l'autre qui était au British Museum; la *Prédication de Pierre* datée de 799, et trois petits traités concernant les deux premiers évêques de Jérusalem. Ces documents sont tous accompagnés d'une traduction.

The Life and Times of James Ussher, archbishop of Armagh, par J. A. Carr, (Wells Gardner). Ce volume est à consulter par tous ceux qui étudient l'histoire de la réforme en Angleterre. L'auteur est bien informé de tout ce qui concerne le célèbre primat anglican d'Irlande et ses rapports avec les rois d'Angleterre et avec Cromwell. L'esprit du livre est d'un anglican modéré.

Texts and Studies of Euthaliana n° 2, par J. Armitage Robinson (Cambridge, University Press). Ce volume contient trois chapitres consacrés à Euthalius, « le premier Massorète du Nouveau Testament ». L'auteur soutient que le *Martyrium Pauli* n'est pas d'Euthalius, mais d'un imitateur de son style. M. Robinson étudie ensuite le codex H des Epîtres de S. Paul qu'il a le premier déchiffré; enfin il soutient contre M. Conybeare que la version Arménienne ne représente pas le texte de Pamphyle de Césarée. M. Conybeare défend son opinion dans l'*Academy* (1er février p. 97-98).

Sanctuary and sacrifice, a reply to Wellhausen, par W. L. Baxter (Eyre et Spottiswoode).

The Growth of British Policy, par Sir J. R. Seeley, 2 vol. (Cambridge, University Press).

L'auteur commence l'étude de la politique anglaise à l'abdication de Charles Quint en 1555 et continue jusqu'à Guillaume III.

The Life of John Morton, archbishop of Canterbury, par B. I. Woodhouse (Longmans). Intéressante étude sur la politique de cet homme remarquable qui joua un si grand rôle à la cour des rois Henri IV, Edouard IV, Henri VII et Edouard V.

Our Bible and the ancient manuscripts, par F. G. Kenyon, avec 36 facsimilés (Eyre et Spottiswoode). Cet ouvrage est une bonne histoire du texte et des versions de la Bible. Les planches sont admirablement exécutées.

Texts and studies, vol. III, n° 2. The fourth book of Ezra, par Bensly et M. R. James (Cambridge, University Press). Le nouveau texte latin donné ici est établi d'après des manuscrits inconnus à Hilgenfeld et à Fritzsche.

Bibliothèque de Carabas, vol. X. *Barlaam and Josaphat*, par J. Jacobs (David Nutt). Etude sur la vie grecque de Barlaam, sur les versions orientales, sur Barlaam dans l'Inde et en Europe. En appendices sont publiées les diverses légendes avec leurs variantes et en particulier une version en vieil anglais.

— Le tome III de l'*History of England under Henry the Fourth*, de M. J.

Hamilton (Longmans). Cet ouvrage devait être en deux volumes, il n'est pas encore achevé avec le troisième qui comprend les années 1407-1410.

The Empire of the Ptolemies par M. Mahaffy (Mac millan).

A History of Nineteenth Century Literature, par G. Saintsbury (Mac millan.)

ACADÉMIE DES INSCRIPTIONS ET BELLES-LETTRES

Séance du 17 avril. — M. HEUZEY fait une communication sur la chronologie chaldéenne. La question capitale pour reconstruire scientifiquement la primitive histoire de Chaldée est de retrouver un synchronisme entre la liste des rois et princes de Sirpourla et les rois d'Agadé, Sargon l'Ancien et Naram-Sin, son fils, que la chronologie officielle de Babylone place en l'an 3800 avant notre ère. M. Heuzey signale sur ce point un fait historique nouveau qui fait faire un grand pas à la question. Grâce aux découvertes de M. de Sarzec, on connaît aujourd'hui quel était le prince (*patési*) de Sirpourla à l'époque de ces deux rois. En rapprochant plusieurs menus débris d'empreintes de cachets, M. Heuzey a pu recomposer les éléments de son nom, qui sont : *Lougal-ousoun-Gal*. Comme le même nom se retrouve à la fois sur les débris d'empreintes de Sargani et de Naram-Sin, il en résulte cette autre certitude historique, non moins importante, que le Sargani des cylindres est bien le Sargon l'Ancien des textes, père de Naram-Sin, ce qui était encore discuté. L'hégémonie de la ville d'Agadé s'étendait alors sur la ville de Sirpourla, mais postérieurement à l'époque, encore plus reculée, des anciens rois indépendants de cette dernière ville, tels que Our-Nina et Eannadou. — M. Ed. LE BLANT achève la lecture de son mémoire sur les pierres gravées. Il étudie les gemmes ayant servi d'amulettes. Elles portent des figures ou des inscriptions rappelant quelque événement heureux, et douées par là même d'une vertu protectrice. Les taches naturelles offrant la ressemblance de quelque figure avaient une grande valeur, et parfois on les complétait par d'autres dessins gravés et par des légendes. Plusieurs pierres portent les divinités des jours de la semaine; sur l'une, on voit quatre masques avec le nom d'Euripide; une autre porte, en grec, l'inscription *sans soucis*. Les pierres gravées des premiers Chrétiens sont beaucoup plus rares; elles portent ιχθυς, l'ancre, le poisson symbolique, le monogramme du Christ, des invocations, les premiers mots de l'évangile selon Saint Jean, auquel on attribuait, dès le temps de S. Augustin, une vertu préservatrice.

Séance du 24 avril. — M. G. SCHLUMBERGER, président, annonce à l'Académie la mort de M. Henri-Joseph SAUVAIRE, ancien consul de France. M. Sauvaire, auteur de travaux estimés sur la numismatique et la métrologie arabes, était correspondant de l'Académie depuis l'année 1889. — Le Dr Hamy expose les résultats des recherches qu'il a poursuivies, en Tunisie, sur les origines des grands monuments funéraires des anciens Berbères (Médracen, Tombeau de la Chrétienne), dont les formes primitives ont été retrouvées dans les ruines des vieilles nécropoles de l'Enfida, notamment à l'Henchir el Assel, au nord-ouest de Dar-bel-Ouar. Il décrit rapidement cette nécropole, composée de trois groupes funéraires qui ne contiennent pas moins d'une centaine de monuments de pierre avec des restes d'édifices rappelant exactement par leur structure les constructions actuelles des Zenatia du sud de la Tunisie. — Le baron de Ruble lit une note sur la mort du duc de Guise. Après avoir raconté l'assassinat de François de Lorraine par Poltrot de Méré, le 18 février 1563, il recherche quel fut l'instigateur de ce crime dont les conséquences furent si graves. L'amiral Gaspard de Coligny et Théodore de Bèze ont été généralement accusés d'avoir armé et payé l'assassin. M. de Ruble énumère les charges qui pèsent sur ces deux accusés, mais il établit que les variations des dépositions de Poltrot de Méré et l'incertitude de ses déclarations ne permettent pas à l'histoire de regarder comme coupable l'amiral de Coligny. — M. d'Arbois de Jubainville fait une communication sur l'introduction de l'industrie du fer dans le nord de l'Europe. Le nom du fer, en gothique, est *eisarn* (prononcez : *isarn*) ; des savants allemands expliquent ce mot par un emprunt au celtique préhistorique *eisarno*. En irlandais, le fer s'appelle *iarn* et, en breton, *hoiarn*. Or, *ia* en irlandais, *oi* en breton, sont la notation du celtique préhistorique *ei* ; d'où il résulte que le germanique *isarn* a été emprunté au celtique à une date reculée où l'*ei* primitif ne se prononçait pas encore *é*. D'autre part, le celtique préhistorique *eisarno* ne peut s'expliquer par le latin *aes, aeris*, qui a un *a* initial. Les Celtes ont fourni aux Germains non seulement le mot qui désigne le fer, mais encore l'art de le travailler.

Séance du 1er mai. — M. G. Couve, qui a pris une part active aux fouilles de Delphes et de Délos, est désigné par l'Académie pour recevoir la médaille que la Société centrale des architectes met à sa disposition. — M. G. Schlumberger, président, annonce la mort de M. Hauréau membre ordinaire, et, après avoir rendu hommage à sa mémoire en termes éloquents et émus, lève la séance en signe de deuil.

Henry Thédenat.

L'Éditeur-Propriétaire-Gérant : Albert Fontemoing.

Paris. — Imp. A. Fontemoing.

# BULLETIN CRITIQUE

68. — **La théorie platonicienne des Sciences,** par Élie HALÉVY, agrégé de philosophie. Paris, Alcan, 1896.

Platon n'a décidément pas à se plaindre de nos contemporains. Non seulement en Allemagne, mais jusque dans la France du XIXe siècle, il n'est pas de philosophe qui ait été l'objet de travaux aussi nombreux et aussi considérables. Après tant d'autres, M. Halévy nous donne sur le platonisme un ouvrage d'une sérieuse étendue et d'une allure très personnelle. Sous prétexte que l'interprétation courante du système s'inspire beaucoup trop des conceptions alexandrines et surtout de la théologie chrétienne, il entreprend de replacer résolument le philosophe antique dans son milieu et de réduire sa doctrine à « un système spéculatif des sciences. »

Si dans son livre M. Halévy se proposait uniquement d'insister sur un certain ordre de considérations peut-être un peu trop négligées par les critiques qui l'ont précédé, nous le suivrions très volontiers : les innombrables citations, les rapprochements parfois fort ingénieux qui abondent sous sa plume sont là pour attester qu'il s'est préoccupé de donner à ses vues une base objective. Mais ce que je conteste formellement, c'est que nous ayons ici une œuvre vraiment complète, c'est que cette façon d'entendre Platon épuise, si l'on peut ainsi parler, toute la compréhension de son génie et nous en donne une idée fidèle. En tout cas dans l'enseignement de Platon la postérité a cherché et trouvé tout autre chose : ce qui paraît à M. Halévy essentiel a été négligé comme accessoire, et en revanche on a admiré et retenu précisément ce qu'il s'efforce d'éliminer comme autant de fictions « non scientifiques ». Si important que soit ici le rôle de la dialectique et quelque souplesse qu'ait eue Platon à manier les idées, il a légué aux siècles à venir plus et mieux qu'une pure gymnastique de l'esprit.

Mais entrons dans le détail.

Selon M. Halévy, il importe avant tout de distinguer, de séparer et d'opposer dans Platon deux dialectiques : l'une *régressive*, ayant pour unique but d'analyser les contradictions de la pensée, l'autre *progressive*, capable de préparer les règles de la connaissance et de la vie. D'une part une méthode critique, tendant à détruire en nous l'illusion de la science ; d'autre part une méthode positive, visant à relever ce que la première a abattu. Kant plus près de nous n'a pas procédé autrement.

En dehors d'une Introduction de 40 pages, le livre de M. Halévy se divise ainsi naturellement en deux parties.

« Le corps et l'âme » : tel est le titre du premier chapitre qui aboutit à cette étrange conclusion : « Le corps est, si l'on veut, mais il n'est que dans un certain sens : il est par et pour l'âme, par analogie avec l'âme » (p. 28). Lui attribuer une existence symbolique, voilà l'unique ressource qui reste au philosophe, obligé de l'affirmer et de le nier à la fois. — Mais alors pourquoi Platon, dans le *Phédon* et ailleurs, nous parle-t-il des combats que l'âme est contrainte sans cesse de livrer aux appétits et aux passions du corps ? Pourquoi la mort marque-t-elle l'heure impatiemment attendue de son affranchissement ?

Dans le ch. II « L'état et l'individu » nous lisons également que la science de la répression pénale, fondement de l'ordre politique, est « contradictoire dans son essence », ce qui ne laisse à la justice sociale qu'un caractère « symbolique. » — En ce cas, d'où vient que Platon a parlé en termes si éloquents de la nécessité et de la haute convenance morale de l'expiation ?

« La pratique et la théorie » (ch. III) se suppriment en quelque sorte l'une l'autre, la science des sophistes étant reconnue en même temps vraie et fausse, l'expérience apparaissant à la fois et sous le même rapport comme « méthodique et dépourvue de toute méthode » (p. 74).

Le ch. IV « L'éducation vulgaire et l'éducation philosophique » où nous apprenons notamment (p. 123) que cette dernière est constituée par « la critique de la notion de la puissance spirituelle » nous a paru plus difficile encore à pénétrer et à résumer que les précédents. Bref, au terme de la dialectique régressive rien ne subsiste, sinon « l'être idéal et formel ». Mais que deviennent à ce compte la variété et la multiplicité ? C'est sans doute pour répondre à cette difficulté que le ch. V nous met en face du « problème de la participation. Déjà M. Fouillée avait fait un effort prodigieux pour jeter quelque lumière sur les ténèbres du *Parménide* : entré dans la même voie, M. Halévy est allé plus loin encore et voici sa conclusion : « La participation réciproque des idées est possible, celle des choses aux idées est contradictoire : mais elle n'en est pas moins nécessaire » (p. 200). Ainsi est préparée et pour ainsi dire légitimée la seconde forme de la dialectique, la dialectique « progressive ». Considérée comme une force à la réalisation de laquelle tend le devenir, l'idée va créer successivement la possibilité de la science pure (deuxième partie, ch. I), de la science du mouvement (ch. II), enfin de la science politique (ch. III).

Pour comprendre Platon de la sorte, il n'est pas indifférent, je l'ai déjà dit, de connaître Kant : j'aurais pu ajouter Hegel et Schelling. De quelle autre manière en effet expliquer ce qui suit : « Comme le point de vue de la substance matérielle se détruit et se résout dans le point de vue de l'âme, du devenir spirituel, de même le point de vue de l'âme est à son tour logiquement instable, et se résout dans le point de vue de l'idée, de la forme intelligible » (p. 137) : autant d'applications de l'étrange loi générale ainsi formulée à la page 63 : « Par une même démarche de la pensée dialectique, l'inférieur trouve dans le supérieur son principe et sa négation. »

Quoi qu'il en soit, nous sommes bien certainement ici en face de deux Platons occupés à deux tâches absolument opposées, et le philosophe qui en tant de passages affirme sa foi au principe de contradiction est accusé de n'avoir vécu que de contradictions. S'agit-il tout au moins de deux orientations auxquelles le philosophe aurait successivement obéi, et pour ainsi dire d'un développement discontinu de la pensée platonicienne? Nullement : M. H. écarte sans hésiter cette hypothèse (p. xxii), et de fait c'est dans tous les dialogues à peu près indifféremment qu'il puise un peu au hasard les éléments de l'une et de l'autre de ses deux constructions. Aussi n'a-t-il fait aucune tentative pour en déterminer la suite chronologique, ce qui cependant, même à son point de vue, n'eût pas été sans intérêt : et, ce qui me paraît une lacune plus fâcheuse, il semble complètement ignorer les doutes sérieux élevés contre l'authenticité de certains dialogues, et spécialement du *Parménide* et du *So-*

phiste qui tiennent dans son livre une si grande place. Du moins s'il connaît ces doutes, il s'est gardé d'y faire même la plus lointaine allusion.

J'accorde que M. H. a minutieusement compulsé tous les écrits de Platon et bon nombre de ceux d'Aristote : mais ce premier travail pouvait-il lui suffire ? Si, comme il est permis de le croire, il a pris pour base des spéculations de Platon les sciences telles qu'elles existaient au ivᵉ siècle avant notre ère, n'était-ce pas pour lui un devoir de faire intervenir dans le débat les conceptions d'un Pythagore, d'un Héraclite, d'un Démocrite, d'un Anaxagore? Et si les innombrables auteurs qui depuis vingt-deux siècles ont étudié le platonisme sont pour lui comme s'ils n'avaient pas existé, s'il n'en trouve aucun qui de près ou de loin l'ait précédé dans la voie où il s'engage, cet isolement n'est-il pas fait pour donner à réfléchir, surtout lorsque M. H. commence par repousser les indications du témoin même le plus autorisé, d'Aristote, sous prétexte qu' « elles sont sujettes à caution » et d'ailleurs « ne concordent pas avec la distinction qui l'intéresse »?

Réussit-il du moins à convaincre par la précision de ses démonstrations ? Non, et on en est d'autant plus frappé que chaque phrase prise à part est d'une clarté à peu près parfaite, et que le style est d'un véritable écrivain. Mais où est le fil conducteur qui relie les divers chapitres de l'ensemble? Comme dans maint ouvrage philosophique contemporain, je ne vois ici qu'un tourbillonnement d'idées dans un kaléidoscope sans cesse en mouvement. Toutes les pierres ou à peu près sont de provenance platonicienne : l'édifice entier me fait penser à tout autre chose qu'à Platon.

Et pour ne toucher ici qu'à quelques conclusions plus saillantes, comment accepter cette thèse que « l'état platonicien repose sur le mensonge », et cette autre surtout, que « ni la fin, ni la cause, ni la matière de cet univers n'ont une existence séparée de l'univers lui-même, si ce n'est dans les abstractions du logicien » ? Qu'est devenu ici ce monde des idées, la création platonicienne par excellence, ce monde dont la transcendance a sans doute pu être entendue de bien des manières, mais du moins n'a fait doute jusqu'ici pour personne? De cette double tendance religieuse et morale qui se dégage comme un parfum exquis de toutes les grandes compositions du philososophe, de cette chaleur de pensée qui nourrit l'âme d'amour et d'espérance, que reste-t-il chez M. H.? Rien ou presque rien. On a dit de Platon, et l'histoire est là pour en témoigner, qu'il a eu le don admirable de susciter des renaissances : comment ce don eût-il été accordé au dialecticien étonnamment habile et délié, je le reconnais, mais aussi singulièrement retors et tourmenté, et même au fond à moitié sceptique sous les traits duquel on nous montre ici Platon?

C. Huit.

69. — L'abbé A. Breuils. **Saint Austinde, archevêque d'Auch (1000-1068), et la Gascogne au XIe siècle.** Auch, 1895.

Ce livre, comme l'indique le titre, renferme deux parties distinctes qu'il n'était pas facile de bien souder ensemble. On y trouvera surtout un tableau d'institutions provinciales, tableau composé pour une large part à l'aide de cartulaires inédits; on y lira ensuite la biographie de l'archevêque d'Auch, Austinde, personnage qui méritait d'être tiré de l'oubli. Sans être aussi complètes que les travaux consacrés par M. Brutails, par exemple, à l'étude de la condition des classes agricoles en Roussillon, les recherches de M. Breuils sur « la féodalité et le peuple » en Gascogne seront certainement remarquées. La féodalité, au moins au xie siècle, ne paraît pas avoir été très dure en Gascogne, et les calamités dont le récit remplit les Histoires de Raoul Glaber semblent avoir été épargnées à cette province reculée. On remarquera, entre autres détails, quelques renseignements sur le duel judiciaire admis par les évêques gascons, et en faveur duquel M. Breuils a cru bon de plaider les circonstances atténuantes. Il traite en quelques mots du fameux « droit du seigneur » dont il n'a constaté aucune trace en Gascogne. Au sujet de la situation économique de cette province, il pense, en s'appuyant sur deux exemples, « qu'on aurait à peu près la valeur des choses au xie siècle, en multipliant les valeurs indiquées au xie siècle par 200 tout au moins ». M. Brutails dit au contraire, à la suite d'une étude minutieuse, « qu'il lui est, pour sa part, impossible d'émettre une opinion sur cette question du pouvoir de l'argent au moyen-âge »[1]. En revanche, il

---

1. Il convient d'ajouter que M. d'Avenel, dans son *Histoire économique de la propriété*, présente des conclusions qui ne sont pas très éloignées de celles de M. Breuils (*Bulletin critique*, 25 février 1896, p. 113).

sera difficile de saisir en défaut M. Breuils dans la discussion où il montre qu'au xie siècle le servage personnel n'apparaît presque plus dans les textes gascons, et a fait place presque partout à des obligations purement fiscales.

Un peu moins neufs peut-être, mais encore très instructifs sont les chapitres consacrés aux institutions ecclésiastiques. M. Breuils voit dans la vie de saint Théodard, archevêque de Narbonne en 895, l'expression exacte du droit électoral de l'époque [1]. Il est en cela d'accord avec M. Imbart de la Tour dont il n'a pas cependant, semble-t-il, utilisé le beau livre sur les *Elections épiscopales dans l'Eglise de France du* ixe *au* xiie *siècle*. Ses études se rencontrent avec les travaux du même auteur au sujet de « l'évêché de Gascogne », vaste diocèse fondé au xe siècle par la réunion de six ou sept sièges épiscopaux et qui nous apparaît tout d'abord dans les chartes de La Réole. M. Breuils reconnaît, lui aussi, la fausseté de ces chartes, mais il pense qu'elles renferment des éléments dont on ne peut contester la valeur. Les ducs de Gascogne, à un moment donné, jugèrent bon de réunir en un seul diocèse l'ensemble des territoires qui constituaient leurs domaines, en ayant soin d'attribuer à un membre de leur famille le nouvel évêché ainsi constitué. Des abus analogues ne pouvaient manquer de se produire à tous les degrés de la hiérarchie ecclésiastique, surtout dans les églises paroissiales dont les terres devinrent facilement la proie des seigneurs féodaux.

M. Breuils recherche ensuite dans quelle mesure « l'aliénation partielle », dit-il, « de l'indépendance de l'Eglise nuisit à son action et à sa vertu ». Presque partout ailleurs qu'en Gascogne, cet asservissement de l'Eglise eut, comme on sait, les conséquences les plus fâcheuses au point de vue de la moralité et de l'instruction des clercs : seule, cette décadence profonde explique le rôle des papes et des évêques qui se consacrèrent à la réforme, et fait la grandeur de leur œuvre. M. Breuils pense que le sud-ouest de la France fit exception à la loi générale. Les récits des historiens étrangers à cette province, et quelques chartes locales, paraissent à la vérité indiquer une décadence générale. C'est ainsi que l'archevêque Austinde déclare lui-même « qu'en ce temps-là l'ordre

---

1. *Acta sanctorum Maii*, I, 150.

monacal était presque partout tombé en Gasgone »[1]. La « contre-enquête » entreprise par M. Breuils lui paraît contredire ces assertions générales. Il faut sans doute écarter d'abord les formules élogieuses par lesquelles les chartes désignent les prélats et les abbés qui ont fait du bien aux églises et aux couvents : des formules de ce genre sont en effet difficiles à distinguer de ce qu'on peut appeler « style de notaire ». Mais si l'on passe en revue, un à un, les évêques de la province d'Auch au xe et au xie siècle, on ne relève qu'un très petit nombre de cas de simonie et pas un seul cas certain d'immoralité[2]. Plus d'un prélat au contraire s'agitait dans le sens des idées réformatrices, comme en font foi les actes des conciles de cette époque. La plupart, avant leur élection à l'épiscopat, avaient été abbés ou moines dans les principaux monastères devenus de véritables séminaires d'évêques : autant de bonnes raisons de croire que le haut clergé n'était pas au-dessous de ses devoirs.

La question est plus difficile à résoudre si on la pose au sujet de l'ensemble du clergé. On voit bien que les moines et les clercs avaient assez de sens chrétien pour choisir des abbés et des évêques recommandables. Reste à savoir comment ils les traitaient après les avoir élus. Quelle impression peuvent laisser l'assassinat de Saint-Abbons à La Réole, la vie relâchée que menaient les moines de Saint-Mont d'après saint Austinde lui-même, l'acharnement déployé pendant plus d'un siècle par les moines de Saint-Orens d'Auch contre les archevêques, les attentats de ces moines envahissant à main armée la cathédrale et poursuivant à coups de flèches le célébrant? Dans les petits couvents les abus étaient pires d'après M. Breuils qui aurait pu donner sur ce point des renseignements un peu plus détaillés. Enfin, si l'on arrive au clergé séculier, les documents si bien présentés par M. Breuils sont-ils assez nombreux pour permettre de mener à bonne fin la « contre-enquête » qu'il a entreprise? En thèse générale, si on raisonne sur l'ensemble du moyen-âge, il a raison de dire qu'on ne s'explique-

---

1. *Gallia Christiana*, I, *Instrumenta*, p. 161.

2. On peut donc être surpris de lire dans le livre de M. Imbart de la Tour une phrase relative « aux archevêques mariés d'Auch », p. 512.

rait pas la persistance et la vivacité de la foi dans le peuple, si le clergé avait été habituellement dépourvu de vertu et de science. Mais il n'en est pas de même s'il ne s'agit que d'une période plus ou moins longue. Les Romains, sous le pontificat des papes du xe siècle, n'étaient pas moins croyants que les Romains de l'époque de saint Grégoire. D'autre part, il est prouvé que les papes réformateurs se sont souvent appuyés sur le peuple pour forcer à la réforme un clergé corrompu. Hâtons-nous de dire que rien ne prouve qu'il en ait été de même en Gascogne : tout bien compté, M. Breuils a le mérite d'avoir prouvé qu'il y avait « beaucoup de bien à côté de beaucoup de mal », sans qu'on puisse déterminer avec certitude quel était, au point de vue de la culture intellectuelle et au point de vue moral, le niveau de la majorité.

C'est dans ce milieu que, grâce à M. Breuils, on devine, si on ne la voit pas toujours très bien, l'action réformatrice de l'archevêque Austinde. Cette action réformatrice se fit sentir surtout dans les conciles provinciaux qui se tinrent alors dans le sud-ouest avec une régularité qu'ils n'avaient pas eue jusque-là. Grand voyageur comme tous les évêques de l'époque, Austinde présida même en Espagne, grâce à son autorité personnelle et à l'absence de tout autre métropolitain [1], le concile de Jacca dont la date et les actes

---

1. M. Breuils paraît croire que les « métropolitains-primats » d'Auch ont, à certains moments, exercé une juridiction régulière sur les églises du nord de l'Espagne (p. 270). En réalité, depuis la prise de Tolède et la destruction de Tarragone par les Arabes, jusqu'à la fin du xie siècle, ces églises n'eurent pas de centre bien fixe : ce fut surtout le cas des églises d'Aragon et de Navarre. On comprend que les archevêques d'Auch aient été amenés à profiter de cette situation indécise, étant donné d'ailleurs que les deux versants des Pyrénées étaient alors en relations fréquentes. Sur l'invitation de quelques prélats désireux d'échapper à la juridiction des archevêques de Narbonne, héritiers, en fait, de la métropole ruinée de Tarragone, on vit même les archevêques d'Auch consacrer ou confirmer des évêques à Urgel, suivant toute apparence, et en tout cas à Ausone (Vich) et à Barcelone. Mais ces entreprises furent, dans l'ensemble, considérées comme des empiètements (*Gall. Chr.* I, 978. *Histoire de Languedoc*, t. III, pp. 32-34, 222, 272). Quant au titre de primat de Novempopulanie et des Deux Navarres, on n'en a jusqu'ici retrouvé aucune trace dans toute la durée du moyen-âge. Il ne fut vraisemblablement pour les

soulèvent des difficultés déjà discutées par les Bollandistes. M. Breuils produit à ce sujet, sinon un texte inédit, du moins un manuscrit nouveau qui permet d'attribuer définitivement ce concile à l'année 1063, et d'y voir, dit-il, le premier coup porté à la liturgie Mozarabe. Enfin Austinde eut la principale part dans la destruction de l'évêché de Gascogne, le rétablissement des anciens sièges épiscopaux, et la reconstitution de la propriété ecclésiastique dans la province d'Auch.

Le reste du livre de M. Breuils offre surtout un intérêt local. S'il passe un peu rapidement sur certaines questions, il a le mérite d'en avoir le premier fait comprendre l'importance, et d'avoir indiqué les documents qui permettent de les résoudre. Pour la plus grande commodité des travailleurs, il aurait bien fait de dresser au commencement ou à la fin de son livre la liste des sources qu'il a utilisées, surtout quand il s'agit de sources inédites, avec indication bien précise des fonds d'archives où on peut les trouver. De même, un index alphabétique n'aurait pas été inutile. Malgré ces lacunes, son livre représente en somme l'étude d'ensemble la plus importante qui ait été essayée, depuis Marca, sur l'histoire du Sud-Ouest au moyen-âge, histoire souvent assez obscure, parce que cette région a été fort pauvre en chroniqueurs.

Le livre est écrit avec impartialité, quoique les hommes et les choses du moyen-âge soient présentés, çà et là, comme j'ai eu occasion de le dire sous un jour peut-être un peu trop favorable. L'auteur se montre capable de vues d'ensemble, qualité fort rare chez les personnes qui se consacrent à l'histoire provinciale. Le style est vif et coloré, comme il convient à un livre écrit entre l'Adour et la Garonne. Rarement l'auteur a cédé au désir de nous faire part des émotions qu'inspire à tout cœur bien né le culte du sol natal. M. Breuils me permettra d'ajouter qu'il a encore un autre mérite : celui de s'être formé lui-même, et d'avoir trouvé moyen de composer son livre au milieu des occupations du ministère paroissial. Il est à croire que les grandes collections de textes

archevêques d'Auch qu'un nouveau moyen d'affirmer leur indépendance à l'égard des métropoles de Bordeaux et de Bourges ; il faut y voir aussi un souvenir des prétentions de l'évêque de Bayonne sur une partie de la Navarre espagnole.

n'abondent pas dans les bibliothèques des environs de Condom. L'abbé Gorini, dit-on, avait connu des difficultés de ce genre et avait dû transporter sur son dos bon nombre de gros livres. M. Breuils appartient à la même race de curés de campagne : il fait honneur à la corporation.

Louis Guérard.

Le compte-rendu de la vie de saint Austinde était déjà envoyé à l'impression lorsque j'ai appris la mort de M. l'abbé Breuils, décédé le 15 mai dernier, à l'âge de quarante-et-un ans dans son presbytère de Cazeneuve (Gers). Auteur de divers travaux d'histoire locale dont la *Revue de Gascogne* vient de publier la bibliographie (juin 1896), M. l'abbé Breuils venait de publier dans la *Revue des questions historiques* deux articles remarqués. Ce bon et modeste serviteur, appelé, semblait-il, à renouveler l'histoire de sa province, est mort au moment même où il venait de donner la mesure de son talent. Il avait des qualités de cœur qui se font jour dans ses ouvrages : il portait dans sa vie sacerdotale la même sincérité et le même sentiment du devoir qu'il a montrés dans sa carrière scientifique trop tôt interrompue.

L. G.

---

70. — Ch. Moeller, professeur à l'Université de Louvain. **Eléonore d'Autriche et de Bourgogne, reine de France,** Paris, librairie Thorin, 1895, 1 vol. in-4°, 348 p.

Il faut restreindre le titre de cet ouvrage : de la carrière d'Eléonore comme reine de France il n'est pas encore question. L'aimable narrateur, M. Moeller nous promet-il cette suite à la jeunesse d'Eléonore d'Autriche en Belgique, seule matière traitée par lui dans le présent ouvrage ? Les personnes qui se sont éloignées se présentent toujours à l'imagination avec l'attitude et l'expression qu'elles avaient lors de la dernière entrevue. Ainsi s'offre Eléonore, sœur de Charles Quint, au souvenir de la Belgique. Qu'elle devienne par la suite reine de Portugal, reine de France, la docile princesse, dont la vie fut subordonnée à la grandeur des siens, revivra dans la mémoire des Flamands ses compatriotes avec ses dix-huit ans, sa physionomie avenante, plus gracieuse que belle, sa passion très discrète — comme tous ses sentiments — pour le beau chevalier venu du Palatinat. La petite terre des Pays bas

Catholiques, féconde en personnalités marquantes, compte bien d'autres nourrissons dont les destinées se sont poursuivies sur un théâtre plus vaste et lointain. Dans le nombre il y a des figures plus brillantes mais pas de plus souriantes ni de plus sympathiques que celle de la sœur aînée de Charles Quint. Elle avait laissé à la Belgique une tendre, mélancolique et quelque peu fugitive impression : cette impression, grâce au tableau fidèle de M. Moeller, ne s'évanouira plus.

Les difficultés et les mérites de la recherche historique ne se mesurent pas d'ailleurs au degré d'importance du personnage qui en est l'objet. Cette reconstitution de l'existence intime d'une princesse au début du xvie siècle est bien l'œuvre d'un maître. M. Moeller qui dirige les études historiques de l'Université de Louvain a voulu fournir le modèle d'un exercice d'école. Laissant à ses élèves les sujets belliqueux et troublants, à M. de Ridder par exemple le soin d'assister Charles Quint dans la revendication de ses héritages et dans le démembrement de la France, le professeur a voulu montrer qu'en cédant aux débutants les tâches ardues qui ne manquent pas de tenter leur ardeur, il sait faire une œuvre utile et attachante avec un cadre restreint et simple. C'est bien la vie d'une cour très active et très variée que M. Moeller réussit à retracer ainsi qu'il se le propose. Cette cour encore imprégnée de la familière et chevaleresque aisance des ducs de Bourgogne, l'auteur nous la dépeint en termes pleins d'abandon et d'enjouement[1]. Sincérité, bonhomie, telles étaient les qualités de l'entourage belge de la princesse Eléonore, telles sont aujourd'hui les qualités de son historien.

H. Gaillard.

VARIÉTÉS

A LA RECHERCHE DES MANUSCRITS DE DENYS LE CHARTREUX

Nouvelles découvertes à Bruxelles, Vienne, etc...

A la demande des RR. PP. Chartreux qui veulent vraiment faire de leur édition des œuvres complètes de Denys de Leeuwis, comme

---

[1]. L'écrivain, dépeignant la décadence de la Toison d'or nous dit que l'ordre *vivote*; ailleurs, en note, il traite l'empereur Maximilien de *fumiste*.

le leur recommande un bref très élogieux de Léon XIII, une édition *quae scriptoris rerumque dignitati respondeat*, je me suis remis en route au printemps de cette année pour faire de nouvelles recherches.

Aux *Archives générales de Belgique*, que dans un trop court séjour précédent à Bruxelles, je n'avais pu explorer, outre dix-neuf cartons de documents constituant les archives de la chartreuse de Ruremonde, mais qui ne m'ont rien fourni sur Denys lui-même, j'ai pu parcourir de nombreux papiers relatifs à la suppression des couvents par Joseph II.

Dans le carton 207 du *Comité de la caisse de religion*, institué pour la liquidation de ces couvents, où se trouvent les pièces relatives aux bibliothèques des couvents abolis, j'ai eu la joie de mettre la main sur la *Liste des manuscrits du couvent supprimé des chartreux de Ruremonde*.

Or cette liste[1] qui comprend cent numéros, donne en tête 25 manuscrits de Denys, dont 23 autographes : *Script. ab auct.*

Ainsi en 1783, à l'époque de leur suppression[2], les chartreux de Ruremonde conservaient encore dans leur bibliothèque la plupart des œuvres de Denys. Car ces 25 manuscrits, si on les décompose comme dans la liste donnée par lui-même de ses écrits[3], contiennent 64 ouvrages différents, dont quelques-uns totalement inconnus[4].

Or parmi ceux de ces manuscrits qui sont indiqués comme auto-

---

1. Cette liste sera publiée prochainement.
2. Ils semblent en avoir eu précédemment encore d'autres : ainsi le manuscrit 2233 de la bibliothèque de Bruxelles, non autographe; un manuscrit de la bibliothèque Van de Velde vendu en 1832 à Gand (n° 15335, p. 706 du tome II du catalogue) contenant le *Monopanton* et qui a passé je ne sais où.
3. Cette liste, déjà publiée par Trithème, Loer a Stratis et quelques autres, sera reproduite plus complète d'après un manuscrit d'Oxford et un manuscrit de Trèves, dans les Prolégomènes du premier volume des Œuvres de Denys, p. XLIX à LXX.
4. Ce sont, dans le manuscrit 21, la *Meditatio super psalmum In te Domine speravi*, et l'*Oratio abbatis Effrem super psalmum Miserere mei*; dans le manuscrit 25 les *Excerptiones de sententiis patrum* et un traité *De quatuor virtutibus cardinalibus*.

graphes, les nᵒˢ 7 et 13 correspondent parfaitement aux manuscrits 213 et 233 de Louvain [1] : ma supposition, très vraisemblable déjà, de l'avis de tous, au sujet de ces manuscrits, est donc devenue une certitude.

.·.

Avant de revenir à ces manuscrits de Louvain, il est important de résumer ici brièvement ce que j'ai pu apprendre sur le sort des manuscrits de Ruremonde. Contrairement à ce que j'avais écrit précédemment [2], les chartreux furent obligés d'abandonner leur bibliothèque entre les mains du liquidateur de leurs biens. Les livres furent vendus par les soins du libraire Ermens de Bruxelles [3]. Quant aux manuscrits, à cause de leur importance, ils furent confiés aux bollandistes Ghesquières et De Smet qui en dressèrent la liste dont il vient d'être question. A ce moment survint la *Chambre héraldique* de Bruxelles, qui voulant reconstituer sa bibliothèque disparue dans un incendie, demanda et obtint une partie des dépouilles du monastère.

La Chambre héraldique choisit 27 manuscrits parmi ceux de Ruremonde, d'après la liste publiée par M. Piot [4]. Cette liste est fort

---

1. Cf. ma première brochure *A la recherche des manuscrits de Denys le chartreux*, p. 9 et seq.

2. Ibid. p. 6 et 7. Je supposais que les chartreux de Ruremonde avaient pu se retirer à Cologne et y emporter les manuscrits de Denys. C'est une double erreur : ils furent obligés par le gouvernement de Joseph II de rester dans le pays, et leur bibliothèque fut confisquée, comme tous leurs autres biens.

Autres erreurs à signaler : ib. p. 7, note 3. Les reliques de Denys restèrent à Ruremonde (où, pour le dire en passant, je crois en avoir retrouvé la trace). Le crâne était bien, mais avant la suppression, parti pour Cologne, d'où du reste on le fit revenir aussitôt.

Ib. p. 6, note 3. Ce *racontar* a un certain fondement. Un des chartreux, Pauli, demanda en effet la sécularisation. Mais la liste officielle, dressée par les agents de Joseph II, le qualifie elle-même de *pauvre tête* et de *brouillon.*

3. Dont les catalogues ont été imprimés.

4. *Bulletin de la commission royale d'histoire*, 4ᵉ série, tome IV, p. 173. — M. Piot donne (ibid. § x) un extrait du catalogue des manuscrits

sommaire : néanmoins il me semble qu'on peut reconnaître, parmi les manuscrits dont elle donne le titre [1], les suivants qui pourraient être de Denys le Chartreux :

> De reformatione, in-4°
> Dialogus, in-4°
> *Dionysius*, in-f°
> Thomas, in-f°
> Sermons, in-4°.

En 1794, lors de l'invasion des Pays-Bas par les armées françaises, celui qui était chargé de la garde des collections de la chambre héraldique, M. Beydaels de Zittaert, « premier roi d'armes dit Toison d'or », se hâta de les faire transporter à bord d'un navire, d'où il les conduisit successivement à Dordrecht, puis à Dusseldorf, à Würtzbourg, à Ratisbonne, à Linz, à Krems et enfin à Vienne, non sans perdre en route une partie de ces trésors [2].

Après de longs pourparlers relatifs à certains droits sur ces collections que revendiquait leur *sauveteur*, elles entrèrent définitivement [3] dans la collection particulière des empereurs d'Autriche,

---

de Ruremonde, mais où il ne mentionne aucun des manuscrits de Denys, comme s'ils n'avaient point d'intérêt!

1. Il faut en effet remarquer que sur cette liste 17 manuscrits ne portent point de titre, et 8 autres sont indiqués sous la rubrique *titres divers*.

2. Tous ces détails sont extraits d'un recueil de pièces originales, reliées en un gros volume in-f°, sous le titre de *M. Beydaels à Vienne 1796-1811*, et conservé aux archives du ministère des affaires étrangères de Bruxelles. J'en dois la communication à l'obligeance de M. l'avocat de Ridder.
Cf. aussi les *Analecta bollandiana*, tome XIV, p. 231 et seq.

3. Moins cependant les documents héraldiques proprement dits concernant les familles des Pays-Bas. Ces documents furent retournés à la Haye en 1814. Puis ce qui concernait la Belgique revint à Bruxelles vers 1840. Je dois ce renseignement à M. Rutgers van Rozenburg, secrétaire du conseil de noblesse au ministère de la justice à la Haye.

A Bruxelles comme à la Haye, il n'y a dans ces archives ministérielles, aucun manuscrit de Denys, comme je m'en suis assuré. Celles de Bruxelles conservent cependant un intéressant manuscrit cartusien : l'obituaire de la chartreuse de Scheut.

en mai et *août* 1803. Beydaels dressa à cette occasion la liste des manuscrits qui lui restaient. Sur cette liste [1] je relève les indications suivantes qui peuvent se rapporter aux manuscrits de Denys :

« *In folios* : D. Thomae Summi (sic), mss. varia, S. Thomae sententias, sermons, Tobias, Esther, Job, Liber epistolarum.

In-4°, mss. varia, Dialogus novitiorum in contemptu mundi, *Dionisius Carthus. de vita laudabili conjugatorum*, opuscula pia, de reformatione religiosorum.

In-8°, quatre séries de mss. varia. »

Quoi qu'il en soit, aujourd'hui, s'il faut s'en rapporter au catalogue [2], la collection de l'empereur ne contient que trois manuscrits de Denys : un in-f° intitulé *Expositio in Pentateuchum* ; un in-4° contenant des *Opuscula ascetica*, et dans un recueil où sont encore des œuvres de différents auteurs, l'*Exhortatorium novitiorum*.

.⁎.

Revenons aux deux mss. de Louvain.

M. Léopold Delisle, en faisant part de nos premières recherches à l'Académie des inscriptions et belles-lettres [3], a émis quelques doutes sur l'identité des écritures de ces manuscrits et de celui que l'on conserve dans la bibliothèque du cardinal Nicolas de Cusa, à Cues près de Trèves. Ces doutes étaient fondés sur la remarque suivante : dans le fac-similé du ms. de Cues, la plupart des *r* sont surmontés « d'un petit trait délié, — je reproduis les paroles mêmes de l'éminent conservateur de la Bibliothèque nationale, — ordinairement en forme de boucle. » M. Delisle ne « voyait rien de pareil dans l'autre ms. »

Avec sa courtoisie ordinaire, M. Delisle, dans la lettre où il a bien voulu nous faire cette observation, terminait ainsi : « Je

1. Fort sommaire aussi.
2. *Sammlungen der vereinten Familien und Privat Bibliotheken Sr. M. der Kaisers*. Vienne, 1873, t. I. Ces manuscrits portent les n°ˢ 7914, 7926 et 9393. Le 2ᵉ (cf. *Analecta bollandiana*, p. 214) ne vient pas de la chartreuse de Ruremonde.
3. Le 10 avril dernier. Cf. le *Bulletin* du 5 mai, p. 258, où l'on a, par erreur, imprimé *Ceres* au lieu de *Cues*.

sais bien qu'il est dangereux de porter un jugement sur le fac-similé de quelques lignes. Je sais bien aussi qu'à quelques années d'intervalle le même homme arrive à modifier son écriture. Je ne voudrais donc pas critiquer l'opinion de ceux qui comme vous ont étudié la question à fond et ont pu examiner les manuscrits en entier. Je me permets seulement de vous signaler une particularité que votre fac-similé me paraît avoir bien mise en relief [1]. »

La découverte de la Liste des mss. de Ruremonde ne permet plus de doute, et impose l'adoption de l'explication proposée par M. Delisle dans ces dernières lignes, que Denys le Chartreux avait modifié son écriture dans le cours de sa vie.

Malgré cela, il restait intéressant de savoir si dans les mss. de Louvain, examinés de nouveau avec soin, ne pouvaient pas se trouver quelques *r* à boucle. Cette recherche n'a pas été vaine, et dans le ms. de Jérémie-Ezéchiel (213 de Louvain) dont le fac-similé reproduit en tête de ma brochure ne contenait pas cette particularité, je l'ai retrouvée à divers endroits [2]; de même aussi dans le ms. 233 *Super epistolas canonicas*.[3]

.·.

En résumé, des mss. autographes de Denys le Chartreux conservés à Ruremonde, ceux qui ont été donnés en 1785 à la Chambre héraldique de Bruxelles doivent se trouver à Vienne [4].

Des autres qui n'avaient pas été réclamés par Beydaels de Zittaert, deux sont à Louvain comme nous l'avons vu [5]. Ce qu'ont pu

---

1. Lettre du 11 avril.
2. Notamment article 6, ligne treizième. — Je ne puis indiquer autrement la chose, le ms. n'étant pas paginé.
3. Au commencement du commentaire sur la première épître de S. Jean; au commencement de Climaque... etc...
4. Où cependant deux seuls, on l'a vu, sont mentionnés dans le catalogue. Les autres seraient-ils parmi les mss. volés et disparus en route?
5. Où je n'ai pu savoir comment ils sont arrivés, ni par les ouvrages imprimés (Namur, Voisin) ni par les catalogues mss. Dans NAMUR, *Histoire de la bibliothèque publique de Louvain* (Bruxelles, 1841, t. II) il y a une liste des mss. de la bibliothèque où ne se trouvent pas

devenir les autres, nous n'avons pu réussir encore à le savoir après avoir parcouru les principales bibliothèques de la région [1], ou du moins après avoir consulté les savants qui en ont la garde.

Mai 1896.

A. M. P. INGOLD.

CHRONIQUE

50. — Les lecteurs du *Bulletin critique* ont certainement remarqué, dans le n° du 5 avril dernier, des remarques lexicographiques tirées par M. l'abbé Tougard du recueil périodique jadis si célèbre sous le titre de *Mercure galant*. C'est à ce même recueil, trop dédaigné par La Bruyère, que notre savant collaborateur a emprunté les éléments d'un curieux travail inséré dans les mémoires de l'Académie de Rouen et intitulé : *Petits auteurs normands du règne de Louis XIV*. (Rouen, imprimerie Léon Gy, 1896, tirage à part de 29 p). M. l'abbé Tougard a eu la patience de rechercher dans la formidable série de volumes dont se compose la collection du *Mercure* (500 volumes quand la collection est complète) tous « les auteurs de quatrains, de dizains, de madrigaux, de sonnets, de lettres et de notices qui appartiennent à la Normandie, et sur lesquels les biographies et les bibliographies sont insuffisantes ou absolument muettes. » C'est une prodigieuse multitude d'*infiniment petits* ou, du moins, de *profondément inconnus*, d'entre les compatriotes de Corneille qui apparaît devant nous. Ce n'est pas une simple énumération que nous donne l'auteur ; il accompagne la plupart des noms qu'il cite, d'observations spirituelles qui rendent très agréable la lecture d'une brochure élégamment imprimée et qui s'adresse à la fois aux bibliophiles et aux bibliographes (voir spécialement les indications fournies à ces derniers dans les pages 7, 11, 15, 17 — addition au recueil des PP. Echard et Quétif touchant un discours adressé à Louis XIV par le docte historien le P. Noel Alexandre — 18 — additions à la bibliographie bénédictine de Dom Tassin — 24 plagiat de Richard Simon au détriment de l'abbé de Longuerue — 28 lectures diverses de François de Callières à l'Académie française).

T. de L.

nos deux mss. Par contre il signale une collection de mss. de piété en anglais provenant de la chartreuse de Nieuport.

1. Publiques, je veux dire. Car il y a, dit-on, des bibliothèques privées où sont conservés d'importants ms... Mais comment s'en assurer?

SOCIÉTÉ NATIONALE DES ANTIQUAIRES DE FRANCE

Séance du 13 Mai. — Le Rd dom GERMAIN Morin est élu correspondant au monastère de Maredsous, Belgique. — M. R. CAGNAT lit une note de M. GAUKLER de Tunis, au sujet d'une stèle de marbre qui vient d'entrer au musée du Bardo. Cette stèle provient du Bou Kornain où se trouvait le temple de Saturne Balcaranensis ; on y voit en bas-relief, le buste de Saturne accosté de ceux du soleil et de la lune ; au-dessous, une inscription votive au *Saturnus Palmensis Aquensis*. — M. ARNAULDET communique un document qu'il a découvert dans les Archives de Padoue et qui est relatif à un règlement de compte entre André Mantegno et son neveu Jean François; et à une restitution de dot entre les mêmes, provenant de la nièce de Mantegno, épouse de Jean François. — Le comte Charles de BEAUMONT signale à la société une trouvaille de l'époque de la pierre polie, faite en 1894 et 1895 par des paysans, au hameau de la Bruzette, commune de Fondettes (Indre-et-Loire). M. de Beaumont lit ensuite une lettre de M. Bobeau, pharmacien à Langeais (Indre-et-Loire) signalant des restes gallo-romains aux lieux dits Le Bourdezeaux et La Cueille-Minault. — M. l'abbé THÉDENAT communique de la part de M. E. Pierre une statuette de femme assise trouvée à Grand (Vosges), dont les bras et les attributs ont disparu, mais où il reconnaît cependant une Fortune se rapprochant du type de la *Fortuna redux* de monnaies d'Hadrien et d'autres monnaies impériales romaines. — M. d'ARBOIS DE JUBAINVILLE fait une communication relative à la religion des Francs, en commentant particulièrement le discours que Grégoire de Tours met dans la bouche de Clotilde s'adressant à Clovis. — M. E. BABELON communique l'empreinte d'une pierre gravée en cornaline, conservée au cabinet des Médailles de la Haye, et qui représente l'entrée de Jésus-Christ à Jérusalem. Cette pierre gravée peut être attribuée au VIIe ou au VIIIe siècle.

Séance du 20 Mai. — Le prince ROLAND BONAPARTE présente à la société le dernier ouvrage qu'il vient de publier. C'est un recueil de documents de l'époque mongole des XIIIe et XIVe siècles : inscriptions en six langues de la porte de Klng-yong-Koan, près Pékin, lettres, stèles et monnaies en écriture ouïgoure et 'Phags-pa. La traduction des textes chinois et thibétains a été donnée par MM. Chavannes et Lévi, celle des textes ouïgours par M. Radlow, celle des textes mongols par M. G. Huth. Une inscription en langue inconnue reste encore aussi mystérieuse que par le passé : c'est peut-être l'écriture de la race Tangoute qui fonda le royaume de Si-hia, dans la haute vallée du fleuve Jaune. A ces textes si précieux au point de vue philologique et historique, M. le prince Roland Bonaparte a ajouté toutes les autres inscriptions en écriture mongole et ouïgoure qu'on connaît à Paris. Il a entrepris cette belle publication à la demande du congrès des Orientalistes tenu à Genève en 1894. — M. le Président remercie au nom de la société, M. le prince Roland Bonaparte de l'exemplaire qu'il veut bien offrir à notre bibliothèque et il le félicite du concours si dévoué qu'il a donné à la science par la publication de ce magnifique ouvrage. — Le comte Charles de BEAUMONT fait une communication relative à des restes gallo-romains découverts dans un vignoble de l'Hérault, à Puysalicon, au lieu dit Perreseigned. Parmi les plus intéressants débris de ces ruines, M. de Beaumont montre à la société un fragment de tuile rouge portant une estampille et une charmante petite tête de femme dans laquelle on peut reconnaître une impératrice romaine, par exemple Faustine mère, Crispine ou Julia Domna. — M. E. Michon présente à la société un casque en bronze du musée du Louvre, et qui provient de la collection Campana. Ce casque trouvé en Etrurie offre cette particularité qu'avant d'entrer au musée du Louvre il a été l'objet d'une restauration singulière. On a adapté sur les côtés, deux sandales antiques articulées, en bronze, en guise de géniastères.

ACADÉMIE DES INSCRIPTIONS ET BELLES-LETTRES

Séance du 8 mai. — M. CLERMONT-GANNEAU lit une communication de M. de Laigue sur les nécropoles phéniciennes en Andalousie. Ces nécropoles sont au nombre de trois : celle de la Puerta de Tierra, qui a fourni différents bijoux et un sarcophage en marbre du type anthropoïde, aujourd'hui au Musée de Cadix ; puis la nécropole de Punta de la Vaca, trouvée en 1891 ; enfin celle de Chipiona découverte en 1894. — M. DELISLE lit une notice sur deux manuscrits de la Bibliothèque nationale. Le premier, le n° 2201 du fonds latin, contenant les traités de Cassiodore et de saint Augustin, a appartenu à Pétrarque. Celui-ci a tracé sur les marges beaucoup de notes ; il a ajouté, au commencement, deux prières datées de 1335 et de 1338 et, sur la dernière page, les titres d'une cinquantaine de livres, que, selon toute apparence, Pétrarque possédait au début de sa carrière. C'est un volume qui s'ajoutera à ceux qu'a signalés M. de Nolhac dans son bel ouvrage sur la bibliothèque de Pétrarque. Le second manuscrit, tout récemment acquis par la Bibliothèque nationale, contient les sept psaumes pénitenciaux, en français, allégorisés. Un autre exemplaire du même opuscule a été signalé par M. Samuel Berger dans la bibliothèque du comte d'Asburnham. M. Delisle établit que le texte en a été rédigé en 1409 et que l'auteur est Christine de Pisan, qui en offrit une copie, le 1ᵉʳ janvier 1410 (nouveau style) à Jean, duc de Berry. — M. COLLIGNON communique la photographie, envoyée par M. Holleaux, d'un bas-relief récemment découvert aux environs de Thèbes, sur la rive droite du Kanawari, l'ancien Thespios, près de la route de Thèbes à Livadie. C'est une stèle funéraire, datant des premières années du IVᵉ siècle et représentant une scène de famille à six personnages. A droite, on voit un homme assis; au second plan, une femme debout et, en avant, un jeune homme portant des ustensiles de palestre. A gauche, un second groupe, comprenant une femme assise, un homme et une fillette. La femme tient des attributs qui caractérisent les travaux de la vie domestique, un fuseau et une pelote de laine. Ce bas-relief, œuvre d'un sculpteur athénien, accuse des rapports évidents avec les stèles attiques du IVᵉ siècle; il compte parmi les meilleures sculptures découvertes jusqu'à ce jour en Béotie. — M. de BARTHÉLEMY fait une communication sur le siège de Vitry-en-Perthois par le roi Louis VII. Il conteste la légende qui s'est créée sur ce fait de guerre, notamment en ce qui concerne l'incendie de l'église, les remords que le roi aurait éprouvés ainsi que sa résolution de se croiser en expiation. M. A. de Barthélemy signale à cette occasion d'autres chroniques apocryphes.

Henry THÉDENAT.

BULLETIN CRITIQUE

71. — **Mythes, Cultes et Religion**, par A. Lang, traduction Marillier. Paris, Félix Alcan, 108, boulevard Saint-Germain. 1896. In-8°, xxviii-683.

Dans une très intéressante Introduction, le traducteur, M. Marillier, nous indique le but de l'auteur : « Démontrer avec un luxe surabondant de preuves que les grandes légendes de l'antiquité, ou du moins ce qui nous semble en elles irrationnel et absurde est une survivance de l'état sauvage, c'est à cela que tend tout l'effort de M. Lang, c'est à cela, à vrai dire, qu'il se limite » (iv). Mais, comme l'observe plus loin M. Marillier : « Dire qu'une idée est une idée de sauvage, c'est constater simplement un fait ; ce qu'il faudrait, c'est déterminer pourquoi elle est une idée de sauvage » (viii). Il ajoute que c'est ce que l'auteur a *essayé de faire en certains passages qui sont les meilleurs de son livre*. (id). L'essai n'a pas toujours réussi, en dépit de la bonne volonté et de la rare érudition du savant anglais. « La méthode à suivre en ces études, dit encore M. Marillier,... c'est une méthode à la fois historique et psychologique » (x). Parfaitement, mais comment connaître l'histoire de peuplades qui ont toujours vécu en dehors de toute civilisation et qui, pour tout bagage scientifique, n'ont que des traditions orales, plus ou moins légendaires et qui ne sont jamais datées, pas même par l'à-peu-près le plus élastique ? D'autre part, la psychologie, appliquée à ces mêmes traditions ou coutumes, est bien vague, et varie avec chaque psychologue, s'il nous est permis de parler ainsi. Cette double méthode, excellente en soi, est donc, dans l'espèce, d'une application difficile et fort délicate. M. Marillier nous en fournit la preuve, quelques pages plus loin, lorsqu'il nous apprend que « ce sont les prophètes hébreux qui ont créé le Dieu unique et spirituel de la Bible ; c'est Jésus qui a créé la notion du Père céleste ; la métaphysique du péché et de la nouvelle naissance est l'œuvre de saint Paul, au même titre que les frises du Parthénon sont l'œuvre de Phidias ou la découverte des lois du mouvement des corps célestes l'œuvre de Képler et de Newton » (xvi). Si un esprit de la distinction de M. Marillier n'a pu, à l'aide de la méthode dont il parle, obtenir que ce résultat, lorsqu'il s'agit de nations *suffisamment* policées, à quelles énormités ne devons-nous pas nous attendre, quand il sera question de vrais sauvages, n'ayant ni législation, ni littérature ! Il est bon d'ajouter que, pour M. Marillier, « la religion, ce n'est point un ensemble d'affirmations dogmatiques, ni de préceptes moraux ; c'est un ensemble d'états émotionnels, de sentiments et de désirs, qui ont une originalité propre qui ne permet point de les identifier avec d'autres, mais qu'on peut valablement rapprocher des émotions esthétiques » (xxvii). De peur qu'on ne se méprenne sur sa pensée, M. Marillier la résume, quelques lignes plus loin, par ce mot : « Dieu n'existe que pour ceux qui croient en lui, tandis que l'algèbre ou la chimie sont vraies pour tout le monde » (xxviii). Il semble bien après cela que Dieu n'existe pas pour M. Marillier, ce qui vraisemblablement ne l'empêche pas d'être, ni même d'être *Celui qui est* ; mais nous nous demandons comment avec une pareille préoccupation d'esprit qui d'ailleurs est celle de M. Lang, et c'est pour cela que nous insistons, il est possible à un savant, à un philosophe, tel que l'auteur de ce livre ou son *introducteur*, de se garer des pièges dont est semé le terrain qu'il explore ? Rien de plus fâcheux que les procès de tendance ; mais parmi ceux-ci il en est de plus fâcheux que d'autres ; ce sont ceux qui, comme ici, s'appuient sur des documents légendaires, bien qu'existant réellement, et qui font à l'imagination ou, si l'on préfère, aux *états émotionnels*, une part prépondérante, sinon même exclusive. Avec un pareil point de départ, on peut fort bien arriver à la conclusion de M. Marillier et dire avec lui, sans plus sourciller que lui : « La religion qui a commencé par être purement mythologique se doit donc achever en une mythologie, après qu'avoir traversé une longue phase ethique elle est redevenue purement religieuse ! » (ibid.) [1]

---

[1]. Nous engageons M. Marillier, dans la prochaine édition, à retoucher un peu cette phrase, sinon pour le fond, nous n'osons le lui demander, du moins pour la forme, à moins cependant qu'il ne tienne à son *après qu'avoir*... etc.

Cette Introduction du traducteur nous donne la note exacte du livre lui-même.

Dans la préface, M. Lang nous définit son livre : « Une tentative pour séparer les uns des autres les divers éléments de la religion et de la mythologie et pour les étudier autant que possible isolément et autant que possible historiquement » (page 1). Voilà une tâche assez pénible, surtout lorsque l'on nous apprend, comme vient de le faire M. Marillier, que la religion commence et finit par être une mythologie et rien de plus. Aussi ne faudra-t-il pas s'étonner si M. Lang ne réussit pas toujours à *séparer* des éléments jugés inséparables. M. Lang, précisant davantage son plan en le limitant dans la mesure du possible, nous dit : « Notre but est de prouver que l'élément *niais, absurde et sauvage*, que l'on rencontre dans les mythes des peuples civilisés, est, en général, ou une survivance des périodes de sauvagerie, ou un emprunt fait par un peuple civilisé à ses voisins encore sauvages ou enfin une imitation par des poètes récents des vieilles conceptions des sauvages » (33). Nous ne voyons pas pourquoi M. Lang borne là ses hypothèses, ni pourquoi il choisit celles-ci, les deux dernières surtout, plutôt qu'une foule d'autres qu'il aurait pu émettre. Pour ne parler que de la seconde, comment se fait-il qu'un peuple civilisé, au lieu de prêter à des *voisins sauvages* ses idées saines et rationnelles, leur emprunte-t-il, au contraire, leurs traditions *niaises, absurdes et sauvages* comme eux? Voilà un phénomène *psychologique* assez étrange, il faut l'avouer. M. Lang n'essaie pas de l'expliquer : c'est prudent.

Le *totémisme* ou *totamisme* joue un rôle assez important dans la théorie de M. Lang. On désigne, sous ce nom, les croyances ou mieux les pratiques religieuses des Indiens de l'Amérique, basées sur la prétendue *parenté*, qui existerait entre l'homme et la nature animée ou même inanimée. Le *totem* d'une tribu, c'est l'animal, la plante ou l'objet quelconque qui représente et symbolise cette parenté et qui par là même est plus ou moins déifié par cette tribu. L'auteur entre dans les plus curieux détails sur le *totémisme* qu'il étudie surtout comme un *fait intéressant la science mythologique* (58). Mais ici, comme bien ailleurs, l'élément mythologique et l'élément religieux se confondent; on ne saurait les séparer que par une abstraction qui n'existe point chez les adorateurs du *totem*. Dans une série de chapitres fortement documentés et dès lors très curieux, l'auteur nous décrit l'*état mental des sauvages*, les *mythes de la nature*, ceux des peuples non aryens et ceux des aryens. Il puise ses renseignements aux sources généralement les meilleures, et ses informations, par suite, sont sûres et précises. Certes, la théorie de l'auteur est discutable ; ce qui ne l'est pas, c'est sa conscience d'érudit ; ce sont les observations justes et piquantes dont il sème son récit. Nous relevons, en passant, cette réflexion concernant les mythes indo-aryens : « L'étude de la mythologie a pris depuis peu les Védas pour point de départ, mais il serait peut-être plus sage de commencer par quelque chose de plus intelligible, par quelque chose qu'obscurcissent moins les difficultés de la langue et la diversité des interprétations » (218). Les récents travaux de nos *Védisants* ne justifient que trop cette remarque. On est loin aujourd'hui de la prudente réserve de Bergaigne ; ne serait-ce pas un peu parce qu'on est également éloigné de sa compétence ? Le mot de Virgile : *Audentes fortuna juvat*, se vérifie rarement en linguistique ; il est possible qu'il ait plus de succès ailleurs. M. Lang, dans son étude des mythes de la Grèce, cette terre classique de la civilisation du monde, s'efforce de démêler ceux qu'elle tire de son antique *sauvagerie*, ceux qu'elle aurait empruntés, on ne sait trop pourquoi, aux *sauvages ses voisins*, ou enfin ceux que ses poètes, tels qu'Homère, Hésiode, ont pu inventer de toute pièce. Nous regrettons plus vivement que jamais, en parcourant ces pages d'ailleurs si intéressantes, de voir tant d'érudition, de talent même, dépensé en faveur d'une théorie uniquement basée sur l'hypothèse fort contestable, même au point de vue purement rationnel, de la *sauvagerie* primordiale de l'homme. Ceux qui croient toujours à l'unité de l'espèce humaine — et nous estimons que, parmi les savants, c'est le plus grand nombre qui admettent que le genre humain, lorsqu'il parut sur la terre, était représenté par un couple unique, — partent généralement de cette idée que la pureté des traditions primitives ne commença de s'altérer qu'avec la multiplicité et la dispersion des hommes. Lorsque ceux-ci se constituèrent en tribus, puis en peuplades, en nations, ils oublièrent ou travestirent étrangement ces traditions reçues des ancêtres ; ils en ajoutèrent de nouvelles, plus ou moins rationnelles, et donnèrent ainsi naissance à cette diversité de coutumes, de croyances et de religions, dont aujourd'hui l'on essaie de débrouiller le chaos. Le darwinisme, avec ses évolutions successives et son constant progressus, part de l'homme primitif sauvage, comme d'un postulat dont il ne peut se passer ; mais ce système n'est pas encore un *dogme* que nous sachions et, sans même faire appel à la foi surnaturelle, l'hypothèse d'un homme primitif *non sauvage* est, pour le moins, aussi rationnelle que l'autre.

Dans les derniers chapitres de son livre, M. Lang, unissant ce qui, encore une fois, n'est guère séparable, traite des mythes divins, c'est-à-dire de la mythologie religieuse, ou, si l'on préfère, de la religion mythologique des nations sauvages de l'Amérique, et des peuples anciens de l'Egypte, de l'Inde, de la Grèce, mentionnant à peine les mythes religieux de l'ancienne Rome, si curieux à étudier pourtant. Un chapitre final a pour objet les mythes héroïques et romanesques. Quatre appendices qui ont assez l'air de plaidoyers *pro domo sua* terminent cet ouvrage. Un Index suffisamment analytique facilite les recherches. Les trois dernières pages renferment la liste toujours disgracieuse et souvent incomplète, comme ici, des *errata*.

On gagne toujours à fréquenter des érudits tels que M. Lang, lors même que l'on ne partage pas leurs idées. Aussi, nous prenons la liberté de recommander aux lecteurs du *Bulletin* cet ouvrage qui, outre ses autres avantages, leur permettra de constater, une fois de plus, que le meilleur moyen de parler des religions, en général, sans idées préconçues ni esprit de parti pris, ce n'est pas toujours, quoi qu'on en puisse dire, de n'admettre pour soi-même aucun symbole religieux, de ne professer aucune croyance nettement spiritualiste. Depuis quand d'ailleurs l'athée serait-il spécialement compétent pour parler de Dieu ?   A. ROUSSEL.

---

72. — **Les Cités Romaines de la Tunisie.** *Essai sur l'histoire de la Colonisation Romaine dans l'Afrique du Nord*, par J. TOUTAIN, professeur à la faculté des lettres de Caen. Paris, A. Fontemoing, 4, rue Le Goff. — 12 fr. 50.

Le but de cet article est d'indiquer quelques-unes des plus importantes conclusions du livre de M. Toutain et des plus nouvelles pour la science.

L'auteur ne s'est pas borné à réunir les documents fournis sur l'épigraphie, l'archéologie, la numismatique, il a écrit l'histoire d'un groupe de cités romaines et du peuple qui y vivait. Son livre a donc une tout autre portée que la plupart de ceux qui sont parus sur l'Afrique.

L'auteur a pris pour champ de son étude une région qui correspond à notre Tunisie moderne et ne répond à aucune des provinces antiques, mais dont toutes les voies naturelles, dont toutes les routes convergeaient vers Carthage, de sorte que toutes les cités qui la peuplèrent vécurent d'une même vie pendant une longue période de prospérité, ascendante d'abord, puis égale, qui va de l'an 29 avant J.-C., date de la colonisation de Carthage par Auguste, jusqu'au début du règne de Dioclétien, en 284 de notre ère.

En dehors des raisons stratégiques qui décidèrent de l'origine des postes fortifiés et de certaines villes mais qui n'eurent jamais la même importance que dans la région de l'Aurès par exemple, l'auteur voit une cause générale de la répartition des cités dans les conditions du sol et du climat.

Les villes se pressaient, dans les vallées fertiles de la Medjerdah, de l'Oued Miliane, de l'Oued Marhouf, sur les plateaux du Fahs et du Sers, mais la culture de l'olivier, remplaçant celle des céréales et de la vigne dans les hautes plaines de la Tunisie centrale n'y permettait l'existence que de cités plus espacées, et parfois de fermes ; enfin les villes étaient très distantes, comme le sont encore les oasis, dans la région du Sud.

L'utilisation des eaux eut une très grande importance pour le développement de la colonisation en Afrique. Pour alimenter les cités, les Romains avaient capté toutes les sources, ils avaient construit des tranchées (comme à Vaga), creusé des tunnels (à Bulla-Regia, à Thélepte) pour aller les chercher sous les collines ; ils avaient barré le cours des rivières dans le voisinage des villes (l'Oued Fouçana, l'Oued Derb), des citernes recevaient l'eau de pluie et suppléaient à l'insuffisance de l'eau de source. L'eau recueillie dans les bassins des sources et aux portes des villes, était ensuite distribuée à l'intérieur suivant les procédés indiqués par Vitruve pour Rome.

M. Toutain fait connaître l'état actuel de nos connaissances sur les travaux publics et les monuments de l'Afrique. Les ponts, les voies publiques, les travaux de canalisation des fleuves ressemblaient à ceux de l'Italie. Les forums étaient décorés, ornés de statues, comme le forum romain dont ils semblaient avoir copié les proportions; la curie, la basilique, l'exèdre s'élevaient autour de chaque forum. Les thermes et les bains, les théâtres, les amphithéâtres étaient des copies de ceux de l'Italie.

Les temples et les monuments funéraires indiquent au contraire, suivant l'auteur, par leurs styles différents deux croyances originairement distinctes. Les temples du type romain sont les plus nombreux, mais d'autres (à Simittu, à Thugga, à Thignica, à Uchi Majus, à Vazita Sara, le temple d'Esculape à Carthage) sont situés sur les hauteurs d'où ils dominent les cités suivant les coutumes religieuses des Phéniciens; parfois le sanctuaire se compose d'une simple enceinte (téménos) avec un autel au milieu.

Les temples étaient parfois dédiés à une triade divine d'origine hellénique, parfois aussi divisés en trois parties et consacrés à Saturne Cronos au soleil Hélios, à la Lune Séléné; ils cachaient le culte de trois aspects sur Baal Phénicien.

Les recherches de M. Saladin ont démontré que pour les monuments funéraires une origine double est également certaine; les stèles se retrouvent en Orient comme à Rome, mais certains cippes sont surmontés d'une pyramide hexagonale de style égyptien; il y a un type de mausolée à plusieurs étages avec une cella au premier, une niche au second, une pyramide au troisième (type du mausolée punique de Thugga), très différent du mausolée romain et qui provient de l'Egypte.

La religion carthaginoise avait subsisté même avec ses manifestations extérieures, à côté de la religion romaine. Par contre, l'auteur démontre qu'il n'y eut pas d'arts originaux en Afrique. On trouve, provenant des premiers temps de l'occupation romaine, des œuvres grecques d'un style pur; mais les artistes n'ont pas inventé de types mixtes comme ceux de l'art alexandrin (de Zeus Ammon, de Sérapis, d'Isis); ils n'ont pas non plus créé un style. Les sculpteurs ont représenté le couple divin phénicien en interprétant le sens des symboles. Hélios représenta le disque et Séléné le croissant. Les mosaïstes ont retracé avec beaucoup de réalisme les scènes de la vie courante, celles de l'exploitation rurale, par exemple, à Thabraca et à Uthina, mais ils avaient emprunté tous leurs procédés aux écoles grecques. Leurs œuvres sont les unes largement traitées, les autres avec minutie et rendant toutes les dégradations de la lumière. Parmi les objets mobiliers retrouvés, des lampes portent le nom d'artistes grecs, des vases et poteries provenant peut-être des fabriques du pays comme celle de Gemellae semblent copiés sur des modèles venus du dehors.

Ainsi les monuments ne révèlent aucun art particulier à l'Afrique. Mais, [par contre, la civilisation romaine s'épanouit dans ce pays sous Hadrien, Antonin le Pieux et leurs premiers successeurs. Les guerres ne troublaient plus la région qui s'étendait de Thabraca et de Carthage à Leptis Magna ; à Capsa et Thusuras dans le désert ; de Carthage à Theveste au sud-ouest. M. Toutain consacre au réseau routier qui reliait les villes aux ports et au commerce maritime des chapitres où il résume clairement l'état de nos connaissances sur ces sujets.

Il aborde ensuite les questions relatives à l'onomastique. L'étude des noms retrouvés sur les épitaphes et sur les stèles l'a conduit à cette conclusion que beaucoup de noms à terminaison latine sont souvent d'origine punique ou lybique. L'auteur donne la liste de ceux qui ont été relevés.

Les trois noms que porte tout Romain sont loin de se retrouver toujours en Afrique. Le nom unique, le plus fréquent, qui indique la famille, correspond au cognomen latin. S'ils prennent davantage les habitudes latines, les Africains ajoutent à ce premier nom un nom romain (d'empereur, de personnage romain) ou même punique qui remplace le gentilice romain. Mais le prénom, qui seul était individuel à Rome, manque dans un très grand nombre de cas ; et, s'il existe, on s'aperçoit parfois qu'il n'est pas latin, lorsque par exemple il est formé d'un nom de dieu, suivant un usage consacré en Orient mais étranger à l'Italie.

Ces habitudes relèvent clairement d'un peuple d'origine indigène et non pas latine.

La langue parlée et écrite en Afrique était le latin, c'était la langue officielle ; mais à côté de lui et sous lui, subsistaient dans le peuple, le grec dans les ports, le punique dans les pays jadis occupés par Carthage et le lybique dans les massifs montagneux de l'intérieur. La partie du livre de M. Toutain relative au culte et à la religion indigènes est particulièrement originale et personnelle.

Il distingue, dans les cultes africains, d'abord le culte officiel, celui de Rome et d'Auguste, de la triade capitoline et du dieu Mars. Mais à côté de ce culte il en trouve un autre qui répondait plus intimement à la pensée du peuple.

Ce n'étaient pas les cultes locaux des dieux indigènes qui n'eurent jamais une grande importance. C'était la religion phénicienne qui avait profondément pénétré dans le pays et que le christianisme y retrouva. A la base de cette religion se rencontrait une croyance d'apparence monothéiste mais dont la divinité se dédoublait en un couple (Baal et Tanit). C'est principalement sous les noms de Saturne et de Junon Coelestis ou de Diana Coelestis qu'on retrouve ce couple à l'époque latine. Saturne était le grand dieu populaire de l'Afrique.

C'était à lui qu'on élevait les plus nombreuses stèles, celles surtout qui portaient des noms d'origine punique ou lybique ; qu'on offrait des sacrifices sur des autels isolés, au milieu d'enclos consacrés sur les collines. Les stèles et les ex-voto montrent les transformations des cultes depuis l'époque carthaginoise jusqu'à l'époque romaine. Celles trouvées par M. de Sainte-Marie à Carthage portent des symboles des divinités puniques, les stèles de la Manouba et de Mactaris portent des symboles et des figures, celles de Thignica présentent de grossières figures des divinités gréco-romaines. Aux offrandes à Baal s'étaient ajoutés les sacrifices d'animaux suivant les rites romains, mais les sacrifices humains semblent avoir disparu.

M. Toutain avait déjà abordé toutes ces questions d'un si grand intérêt dans ses recherches sur le culte de Saturne en Afrique. Par ces études religieuses, il a pénétré dans la vie intime du peuple africain à l'époque romaine. Quant aux coutumes funéraires des Phéniciens et des Romains, il est aujourd'hui démontré qu'elles ont coexisté. L'inhumation et l'incinération ne furent le fait exclusif d'aucune des deux civilisations.

Les formes des tombeaux sont caractéristiques. Les mausolées et les colombaria sont d'origine romaine. Les prières et les libations devaient arriver aux âmes des morts qui restaient en relations avec le monde extérieur. Au contraire les tombes enfouies sous le sol, qu'elles soient formées de jarres de poterie emmanchées et contenant les restes des morts, ou de tuiles juxtaposées et formant toit mais isolées du sol, et en étant parfois séparées par des massifs de maçonnerie, des caissons demi-cylindriques, sont d'origine punique. Celles retrouvées par le père Delattre sur la colline de Carthage contenaient de très anciens objets de style égyptien. Dans le cimetière des affranchis impériaux à Carthage étudié également par le père Delattre, les cippes contenant les urnes sont mis en relation avec le monde extérieur par des tubes par lesquels pouvaient parvenir au mort les libations et les prières. Ces coutumes funéraires étaient le fait d'un peuple mélangé.

Dans les cités il s'était formé une aristocratie bourgeoise d'origine africaine, mais qui avait pris des noms romains par ambition, avait surtout le privilège de la fortune et remplissait les fonctions municipales. Au-dessus de ces fonctions elle pouvait même aspirer à de plus grands honneurs ; c'était parmi les flamines des cités particulières qu'était choisi le Sacerdos provinciae.

Les habitants des civitates pouvaient s'élever au droit de cité romaine et même entrer dans un des ordres nobiliaires. On trouve en Afrique des chevaliers, (equites equo publico ab imperatore exornati.)

Certains d'entre eux abordaient les carrières de l'état et parvenaient à des procuratèles importantes. Les gens du peuple s'engageaient dans l'armée.

Les Africains s'associaient en confréries religieuses, collèges sacerdotaux, collèges funéraires ; ils formaient des corporations ouvrières comme celles de foulons, fabricants de poterie. L'auteur passe en revue les confréries religieuses des Augustales, des Martenses, des Dendrophores, attachées au culte de la mère des dieux, des Venerii (de Siccia Veneria) ; enfin il consacre un chapitre à l'étude des curies africaines, qui ne sont pas, comme l'avait pensé Schmidt, des circonscriptions électorales ainsi que celles de l'Italie, mais des associations populaires ayant pour but d'imposer à leurs membres des obligations, principalement des devoirs envers les morts, et qui se gouvernaient elles-mêmes.

La troisième partie du livre est surtout consacrée à l'étude de l'organisation municipale. Après avoir rappelé le développement des cités aux différentes époques de l'histoire antique, les nombreuses villes qui existaient sous la domination carthaginoise, puis les dévastations des derniers siècles de la république romaine, l'auteur montre que la renaissance de Carthage marqua une ère nouvelle. Après César, Auguste créa de nouveaux centres urbains, favorisa le développement d'anciennes villes par l'envoi de colonies, dota plusieurs cités d'une constitution romaine, accorda des privilèges financiers et administratifs à d'autres. C'est la politique qui fut suivie avec plus ou moins de succès par les empereurs. Après avoir fait l'histoire de la politique municipale de Rome, l'auteur recherche quels étaient les divers types de cités romaines dans l'Afrique.

Il constate d'abord que, si par les emprunts faits à Agrippa la liste de Pline date du début de l'ère chrétienne, on peut y trouver des types de villes (oppidum latinum, oppida stipendiarium, oppida libera) qui ont disparu ensuite, créées colonies par Auguste.

Les inscriptions ne mentionnent plus que des civitates, municipia, coloniæ. L'auteur définit ainsi leurs conditions. Les civitates étaient des villes de droit pérégrin dont les habitants n'étaient pas admis en bloc dans la cité romaine ; elles avaient une administration municipale différente de celle de Rome. Leur sol était provincial et par conséquent payait un impôt, elles étaient aussi, comme villes sujettes, soumises au contrôle du gouverneur de la province, mais elles pouvaient être exceptionnellement immunes ou liberae.

Les habitants des municipes étaient citoyens romains, le droit pouvait dans ces villes être pérégrin et non romain, chaque municipe pouvait avoir son droit local qu'Aulu-Gelle appelle jus municipii, mais la constitution municipale était romaine. C'étaient des duumvirs, des édiles, des questeurs qui administraient la ville en collaboration avec le Sénat et le peuple sous le contrôle toutefois du gouverneur de la province. Le sol était provincial et par conséquent tributaire.

Aussi le titre de municipe était-il surtout honorifique et s'il fut très recherché par les habitants des civitates, ce fut suivant l'auteur surtout pour des raisons d'ambition. Les colonies aussi avaient leur organisation calquée sur celle de Rome, mais de plus que les municipes elles jouissaient du droit romain et devaient échapper au contrôle du gouverneur. Toutefois il fallait que la colonia fût immunis pour être déchargée de l'impôt foncier.

M. Toutain remarque que les Gromatici ont distingué les agri colonici, juris italici et immunes.

L'immunité était principalement la décharge de l'impôt; le jus Italicum faisait en plus, par une fiction juridique, du sol de la colonie une portion du sol Italique, avec tous les privilèges énumérés dans le droit civil romain. Ainsi du municipe à la colonie c'était le droit et les rapports avec le gouverneur qui étaient changés.

L'ascension des civitates au rang de municipes et des municipes à celui de colonies était l'objet de l'ambition des villes qui par reconnaissance dédiaient des statues aux empereurs qui leur avaient fait franchir un degré. On ne saurait trop louer l'auteur d'être arrivé à dégager des documents une théorie si claire et si satisfaisante.

Passant à une autre étude, celle du régime municipal, l'auteur prouve par des exemples que les communes d'Afrique, municipes ou colonies, assez rapprochées dans les vallées fertiles, occupaient quelquefois dans le sud de la Tunisie des territoires aussi étendus que des provinces. Les fermes, les villages épars sur le territoire faisaient partie de la commune dont ils subissaient la juridiction; citadins et paysans étaient inscrits dans la même tribu, bien qu'au point de vue administratif les magistri dans les pagi et les seniores dans les kastella eussent quelque compétence.

Les civitates, au contraire, étaient parfois accolées deux à deux; ou une civitas à un pagus; et cette division semble à M. Toutain avoir été un legs du passé. Ces villes n'étaient généralement pas d'origine romaine, fondées par Carthage elles avaient pour magistrats des suffètes; dues à la fixation des gentes, elles avaient des Undecimprimi.

L'organisation des communes romaines se modifia du IIe au IVe siècle. L'auteur montre qu'il n'y eut pas une époque où l'élection passa des comices populaires à la curie dans les villes d'Afrique. Ces communes présentèrent autant de cas particuliers. Dans telle ville, comme Agbia, la transformation se fit sous Antonin le Pieux; tandis qu'une loi du code Théodosien, en 326, et des textes épigraphiques parlent encore de l'élection des magistrats municipaux pour les comices ou des décisions de l'assemblée du peuple au IVe siècle. L'institution des curatores Reipublicae qui administrèrent les cités pour le gouvernement impérial était encore absolument inconnue sous les Antonins, elle fut tout à fait exceptionnelle sous les Sévères et ne se généralisa qu'après l'avènement de Dioclétien. Elle enleva toute indépendance aux communes avec la gestion de leurs finances.

Mais au ii siècle les villes se suffisaient encore à elles-mêmes et étaient pleinement prospères; elles se trouvaient des protecteurs ou patrons parmi les hommes publics nés dans leurs murs; contrairement à la coutume qui régna avant et après cette période de choisir pour ce rôle des Romains puissants; les magistrats se consacraient à la commune où ils étaient nés et l'embellissaient à leurs frais.

L'année 238 de l'ère chrétienne marque une date fatale dans l'histoire de l'Afrique et le début de la décadence de la vie municipale. C'est celle du règne passager de l'empereur Gordien Ier, élu par les Africains et par le Sénat de Rome. Le légat de Numidie, Capellien, attaché à la fortune du Thrace Maximin défit Gordien, le tua et ravagea toute la contrée. A partir de cette époque, des révoltes se répétèrent sur les confins du pays civilisé, l'insécurité commença à régner, les luttes religieuses du iiie siècle augmentèrent le mal. Une crise économique générale dans l'empire et due à l'accroissement continuel des charges, la crainte des fonctions municipales qui rendaient responsables de la rentrée des impôts, établissait un courant d'émigration hors des villes.

En résumé l'Afrique dans les temps anciens ni modernes, n'a plus jamais atteint le degré de prospérité qu'elle eut pendant les deux premiers siècles de l'ère chrétienne.

C'est, suivant l'auteur, parce que Rome n'avait pas voulu imposer sa civilisation aux Africains, parce qu'elle avait fait œuvre pratique, en ne luttant inutilement ni contre la nature, ni contre les hommes dont elle respecta les croyances et les coutumes. Rome demanda surtout à ses sujets la rentrée des impôts et une soumission nominale; et les vaincus se rapprochèrent eux-mêmes des vainqueurs. En terminant, disons que le livre de M. Toutain, à cause des idées générales qu'il renferme, sera à consulter |par ceux qui ont charge ou souci de la colonisation moderne.

Jules MAURICE.

---

73. — **Mémoires du général comte de Saint-Chamans.** Plon, 1896, 1 volume in-8° de 540 pages.

Le comte de Saint-Chamans débute dans ses Mémoires comme

une petite maîtresse du temps de Louis XV. « J'étais bien tourné, écrit-il, ... j'avais la cuisse et la jambe bien faites, la main et le pied charmants et d'une petitesse remarquable ». On s'attend à des récits de boudoir plutôt que de champs de bataille, aux victoires de Vénus plutôt qu'à celles de Mars, pour parler le langage mythologique alors à la mode. Mais le lecteur s'exposerait à juger témérairement l'ouvrage en s'arrêtant dès les premières pages. L'auteur de ce livre, comme les soldats en général, ne manque pas, il est vrai, d'une certaine fatuité, mais s'il se fait représenter sous l'uniforme de colonel du 7e chasseurs, le front ombragé d'une chevelure savamment en désordre, s'il consacre certain chapitre aux Andalouses, on trouve heureusement d'autres détails dans ses Mémoires qui les rendent utiles à ceux qui portent aux événements du premier empire une curiosité que ne lasse pas la publication de nombreux documents sur Napoléon et ses lieutenants.

Ce livre a en outre un mérite de premier ordre : l'exactitude! M. de Saint-Chamans se montre très scrupuleux en cette matière et se fait une loi de ne raconter que les choses dont il a été témoin. Il s'engagea comme simple soldat et entra en qualité de sous-lieutenant dans l'état-major du maréchal Soult. La reconnaissance qui l'attachait au duc de Dalmatie ne l'empêchait pas de juger son chef avec clairvoyance et il constatait que, parvenu aux grades les plus élevés, Soult ne montrait plus sa bravoure de jadis et concevait dans son cabinet des manœuvres audacieuses qu'il chargeait ses lieutenants d'exécuter. Il est question aussi des intrigues du maréchal pour obtenir le trône de Portugal, intrigues qui lui valurent le mécontentement de Napoléon, de cruelles railleries et le surnom de Nicodème Ier. Pourquoi cependant le duc de Dalmatie ne serait-il pas devenu roi à son tour, il pouvait bien se dire qu'il valait autant, sinon mieux que Murat, l'ancien palefrenier, qui remplaçait les Bourbons sur le trône de Naples. — M. de Saint-Chamans dans ses Mémoires raconte en grand détail des missions souvent périlleuses qui lui furent confiées. Il remplit dans l'état-major les fonctions d'officier d'ordonnance, expédia et porta des dépêches mais ne collabora pas avec Soult, comme Jomini avec le maréchal Ney, à des plans de tactique ou de stratégie. Au moment où, devenu colonel, il serait plus à même d'apprécier les opérations du maréchal, il le quitte pour commander un régiment. A juger M. de Saint-Chamans d'après son propre témoignage, il semble un officier qui connut en perfection les détails du métier et qui se distingua particulièrement dans des travaux d'administration, dans la remise en état et dans l'inspection de régiments de cavalerie.

Il pratiqua une vertu bien rare à l'époque des Cent Jours. Il ne se parjura pas et resta fidèle au serment prêté à Louis XVIII. Il dut se cacher et s'apprêtait à rejoindre le roi en exil, lorsque survint le désastre de Waterloo. Quelques légitimistes zélés l'accusèrent cependant de bonapartisme, mais il se justifia si bien qu'il obtint la charge de gentilhomme de la chambre tout en recevant successivement, dans la garde royale, des grades qui équivalaient à ceux de général de brigade et de général de division.

Par sa nouvelle dignité, il fut ainsi à même d'observer de près Louis XVIII, Charles X, le duc et la duchesse d'Angoulême ainsi que le duc de Berry. Les détails qu'il fournit sur la famille royale étaient déjà en grande partie révélés par les Mémoires de Castellane. On connaît la fameuse table de bois blanc de Louis XVIII, les bons mots égrillards du roi, sa manie de citer du latin, la brusquerie légendaire du duc de Berry. Mais l'auteur se tait sur madame du Cayla, il ne tourne pas en ridicule le duc d'Angoulême; on sent qu'il est attaché aux Bourbons et qu'il évite autant que possible de révéler ces anecdotes irrévérencieuses qui réjouissaient les lecteurs des journaux libéraux. Il défendit Charles X en 1830 et l'accompagna jusqu'à Rambouillet.

M. le comte de Saint-Chamans termine ses Mémoires par cette réflexion assez singulière : « Dans l'automne de cette année (1830) j'obtins, sur ma demande réitérée, ma retraite du service militaire; j'avais alors trente ans révolus de service actif, j'avais fait quatorze campagnes de guerre et j'avais reçu quatre blessures à l'ennemi... tous ces bons services me valurent un traitement annuel et viager de 4400 francs. »

Combien de malheureux qui avaient montré des talents égaux aux siens n'atteignirent pas les hauts grades auxquels il fut appelé. S'il eut à payer de sa personne, il fut toujours près du chef qui faisait valoir ses droits aux récompenses, il n'eut pas dans sa carrière militaire à endurer les souffrances de beaucoup d'autres. Il mangea rarement au bivouac et souvent il fait le récit de certaines bombances qui lui valurent les arrêts, car le maréchal Soult, à jeun, ne partageait pas la gaieté bruyante de ses officiers, surtout quand il travaillait. Enfin fidèle aux Bourbons, il reçut comme compensation une charge à la cour, fut seize ans officier général et la révolution, grâce à sa fortune personnelle, ne le laissa pas à la portion congrue de sa pension. M. de Saint-Chamans ne doit donc pas être rangé parmi ceux qui méritent la commisération, il pourrait au contraire être accusé de ne pas compter le désintéressement parmi ses autres qualités. F. ROUSSEAU.

CHRONIQUE

51. — Les CAJOU-BREIZ de H. de Kerbeuzec (Paris. E. Bouillon, in-12 de 160 p.) constituent pour le folklore breton un apport documentaire digne d'intérêt.

L'auteur a cueilli tout ce volume sur le même petit coin de terre bretonne, Plougasnou. Le livre renferme trois séries de récits: *Chapelles et légendes* — les Poèmes — les Contes. Au sujet des chapelles et légendes, l'auteur n'est pas loin de pressentir et d'indiquer un art breton. Il entrera tout à fait dans l'idée et dans la formule, quand il aura franchi sa première série — Plougasnou.

Les Poèmes ont bien le caractère du genre *celtique*, d'inspiration variée. Les Contes ressemblent beaucoup aux contes de tous les pays. Quant l'Editeur dans une prochaine publication nous donnera le texte original, il aura encore mieux mérité du folklore.

P. G.

52. — Le R. P. Ch. de Smedt a présenté à l'Académie des Inscriptions et Belles-Lettres, dont il est correspondant, trois volumes récemment publiés par les Bollandistes :

Le premier, intitulé *Bibliotheca graeca*, contient l'indication, avec *incipit* et *desinit*, des récits hagiographiques, vies, miracles, translations, etc., publiés en grec, avec celle des éditions qui en ont été faites. Ce recueil est destiné à rendre de grands services aux érudits dans le domaine des études byzantines

Le deuxième est le *Catalogus codicum hagiographicorum graecorum Bibliothecae nationalis Parisiensis*, où tous les manuscrits hagiographiques grecs de notre Bibliothèque nationale sont décrits et analysés avec mention, lorsqu'il y a lieu, des numéros correspondants de la *Bibliotheca hagiographica*. Les Bollandistes ont trouvé pour ce travail un collaborateur aussi actif que compétent en M. Henri Omont, conservateur à la section des manuscrits de la Bibliothèque nationale.

Le troisième est intitulé *De codicibus Johannis Gielemans*. C'est une description du volumineux recueil relatif à l'histoire religieuse et surtout à l'hagiologie religieuse du Brabant, composé, dans la deuxième moitié du XV⁰ siècle, par le chanoine régulier Jean Gielemans, du prieuré de Rouge-Cloître, près Bruxelles. Ce recueil, dans lequel Rosweyde, le fondateur de l'œuvre bollandienne, avait copié plusieurs vies de saints publiées ensuite dans les *Acta Sanctorum*, était depuis longtemps regardé comme perdu. Il a été découvert, il y deux ans, par un Bollandiste, dans la bibliothèque privée de S. M. l'empereur d'Autriche. Une analyse détaillée des pièces qu'il renferme a paru, en 1895, dans le quatorzième volume des *Analecta bollandiana*. On a jugé à propos de publier à part cette description, en y ajoutant les parties inédites les plus intéressantes de l'œuvre de Gielemans, ainsi qu'une suite de notices sur les religieux de Rouge-Cloître.

53. — M. Joseph Beaune s'occupe d'*un Recueil d'autographes bordelais* (Bordeaux, imprimerie Demachy, Pech et Cⁱᵉ, 1896, gr. in-8⁰ de 15 p. Extrait de la *Revue catholique de Bordeaux*). C'est l'analyse très bien faite du beau volume publié par la Société des *Archives historiques du département de la Gironde* sous le titre d'*Autographes de personnages ayant marqué dans l'histoire de Bordeaux et de la Guyenne*, ouvrage publié sous les auspices de la ville de Bordeaux. (Bordeaux, imprimerie Gounouilhou, 1895, formant le tome XXX du recueil de la Société, in-f⁰ de XXXVIII — 377 p. accompagné d'un album de 104 planches). M. Beaune signale d'une façon très intéressante les principaux documents insérés dans ce beau volume et émanés de Guillaume IX, duc d'Aquitaine, Eléonore de Guyenne, le pape Clément V, le saint archevêque de Bordeaux, Pey Berland, Charles, duc de Guyenne, Pothon de Xaintrailles, Henri d'Albret, Blaise de Monluc, le cardinal du Bellay, Montaigne, La Boétie, le maréchal de Biron, l'historien du Haillan, le maréchal de Matignon, le maréchal d'Ornano, le duc de Mayenne, le maréchal d'Estrades, les deux ducs d'Epernon, le cardinal de Sourdis et son frère Henri, l'amiral-archevêque, Fabri de Peiresc, abbé de Guîtres, Les présidents de Nesmond et de Gourgues, Saint Vincent de Paul, Montesquieu, l'intendant A. de Tourny, l'architecte Louis, le peintre Carle Vernet, Vergniaud, de Sèze, madame Tallien, etc. La notice de M. Beaune donne appétit, comme on disait autrefois, de lire et de relire le volume qui fait tant d'honneur à la Société des Archives historiques.   T. de L.

54. — On annonce la très prochaine publication de l'*Histoire de Bretagne*, par M. Arthur de la Borderie, membre de l'Institut, c'est-à-dire par l'homme qui est le plus capable d'élever un tel monument, comme

le prouve la considérable série de ses beaux travaux presque tous consacrés à sa chère province natale; comme le prouve aussi le magnifique succès du cours d'histoire de Bretagne par lui professé à la Faculté des lettres de Rennes (de 1890 à 1894). L'ouvrage, tiré à 500 exemplaires, comprendra quatre ou cinq volumes (faisons des vœux pour que ce soit cinq au moins !) Ces volumes de format grand in-8º jésus seront imprimés en caractères neufs sur papier de choix et illustrés de cartes et plans. Cette publication, pour employer une heureuse expression des libraires-éditeurs, MM. Plihon et Hervé (rue Mothe-Fablet, à Rennes), « comblera les désirs de tous les Bretons qui aiment leur province, et de tous les Français qui aiment la Bretagne ».
T. de L.

ACADÉMIE DES INSCRIPTIONS ET BELLES-LETTRES

Séance du 15 mai. — Le ministre de l'Instruction publique communique deux dépêches de M. HOMOLLE annonçant la découverte à Delphes d'une statue en bronze, de grandeur naturelle, de Hiéron I de Syracuse, d'une importance historique égale à sa valeur artistique. — L'Académie donne les résultats de différents concours. *Prix Saintour*: M. Emile MOLINIER, *Histoire des arts appliqués à l'industrie*, t. Ier : *les Ivoires*. — *Prix Delalande-Guérineau* : partagé entre MM. Louis FINOT, *Lapidaires indiens*, et Lucien FOURNERON, *Siam antique. Prix Stanislas Julien* : M. Maurice COURANT, *Bibliographie coréenne*. — M. Paul TANNERY fait une communication sur un opuscule latin écrit à Montpellier au XIIIe siècle et traduit plus tard en grec. Il s'agit de la description d'un cadran solaire portatif ayant la forme d'un quart de cercle plein et qui paraît être le plus ancien modèle du même genre, celui qui, le premier, a été nommé *cadran* à cause de sa figure (*quadrans*) et dont le nom est passé aux autres de forme différente. Un manuscrit grec de la Bibliothèque nationale comprend une traduction de cette description, sans nom d'auteur; l'original latin resté inédit existe dans de nombreux manuscrits du XIIIe siècle, qui sont les uns anonymes, les autres signés : *Magister Johannes in Montepessulano, Magister Joannes Anglicus, Magister Robertus Anglicus*. Ce dernier nom est le plus probable. Maître Robert Anglès professait à Montpellier en 1271. Il descendait peut-être d'un Guillaume Anglès, venu d'Angleterre à Marseille, qui, le premier, vers 1231, trouva le principe de l'adaptation aux usages latins des instruments arabes analogues au cadran de Robert Anglès. Ce Guillaume était d'ailleurs médecin de profession et astrologue. — M. Léon DOREZ annonce à l'Académie qu'il a récemment découvert le procès-verbal officiel des audiences tenues, au mois de mars 1487, par les commissaires pontificaux chargés d'examiner les fameuses thèses du comte Jean Pic de la Mirandole. Il analyse cet intéressant document, qui est accompagné de deux brefs inédits du pape Innocent VIII relatifs à la même affaire. Un détail curieux est que Pic de la Mirandole ne semble avoir été sérieusement soutenu, au cours du procès, que par deux docteurs de l'Université de Paris, en particulier par Jean Cordier, qui avait été recteur de l'Université en 1477. M. Dorez fait ensuite part à l'Académie d'une découverte de M. L. Thuasne, qui complète la sienne. Cet érudit a trouvé des documents racontant le second voyage de Pic de la Mirandole en France, après la publication de l'*Apologie* des treize thèses condamnées, son incarcération à Vincennes, son élargissement en 1488. — M. Salomon REINACH commence la lecture d'un mémoire intitulé : *Casques mycéniens et casques illyriens*. — M. ED. LE BLANT fait une communication sur les *Sentiments d'affection exprimés dans quelques inscriptions antiques*. Ces sentiments sont surtout exprimés dans les épitaphes consacrées aux enfants par leurs parents, aux femmes par leurs maris. Les graffites tracés par les voyageurs sur le colosse de Memnon et sur d'autres monuments renferment d'affectueux souvenirs aux absents. Chez les chrétiens, à l'expression du regret se mêlent peu à peu les espérances de l'autre vie.

Séance du 22 mai. — M. Homolle envoie la description et la photographie de la statue dont la découverte a été annoncée pendant la séance précédente. L'inscription prouve que la statue est celle de Hiéron I et date par conséquent du milieu du ve siècle av. J.-C. — M. FOUCART croit que l'inscription semble appartenir au commencement du ve siècle et pourrait être indépendante de la statue. — L'Académie fait connaître les résultats de deux concours : *Prix Lafons-Melicocq* : partagé *ex aequo* entre : 1° M. Ferdinand LOT, *Hariulfe, chronique de l'abbaye de Saint-Riquier* ; 2° M. PILLOY, *Études sur d'anciens lieux de sépultures de l'Aisne*. — *Prix Duchalais* : M. de la TOUR, pour quatre mémoires sur des médailleurs italiens de la Renaissance. — M. OPPERT fait connaître les inscriptions recueillies par l'expédition américaine en Mésopotamie et publiées par M. Hilprecht. Il insiste particulièrement sur deux inscriptions de deux rois d'Ur, la cité d'où partit Abraham pour aller à Canaan. Les noms de ces rois sont inconnus ; mais ces deux nouveaux textes prouvent que la royauté d'Ur s'étendait jusqu'à Népur, à l'est de Babylone. — M. Héron de VILLEFOSSE communique deux notes de M. Camille JULLIAN, professeur à la Faculté des lettres de Bordeaux. La première est relative à une inscription latine consacrée à un *civis parisius*. Le nom de la peuplade des *Parisii* est fort rare dans les inscriptions ; on ne le trouve que sur deux inscriptions provenant du cimetière de Saint-Marcel et encore n'y est-il exprimé que d'une façon incomplète ; la fameuse dédicace des *nautae* nous en fait connaître un dérivé, *parisiacus*. L'ethnique ne se rencontre intégralement que sur une inscription de Bordeaux, perdue et regardée comme douteuse parce qu'elle ne reposait que sur l'autorité de Bernadon, qui en avait peu. M. Jullian, qui l'avait acceptée pour vraie, vient de la retrouver dans le Journal d'un érudit bordelais, le baron de Caila, qui en note la découverte à la date indiquée par Bernadon, juillet 1804 ; elle est donc authentique : *Sendrus civis |(parisius anno)|rum l.* — M. Jullian signale ensuite une fistule de plomb du musée lapidaire de Bordeaux, où on lit : *Therapius f.* Therapius était un plombier de la cité des Voconces. — M. Héron de Villefosse communique ensuite une inscription que lui a fait parvenir M. Lejeune, conducteur des ponts et chaussées à Guelma. Cette inscription, trouvée aux environs de Guelma, est gravée sur un bloc de marbre blanc de 60 centimètres de longueur sur 40 centimètres de largeur. *Hic reliquiae beati Petri apostoli et sanctorum Felicis et Vincentii martyrum.* Ces martyrs, sont africains : ils devaient être au nombre des habitants d'*Abitima* martyrisés à Carthage le 12 février 304 et dont les noms sont conservés dans les *Acta sincera* de dom Ruinart. — M. Salomon Reinach termine la lecture de son mémoire sur *Le casque mycénien et le casque illyrien*. Selon lui le casque de l'époque homérique était un treillis d'osier recouvert de cuir, orné de clous et de grands disques de métal. Le casque ainsi reconstitué est identique à un casque découvert en Carniole et conservé au musée de Vienne. D'autres analogies frappantes entre les antiquités illyriennes et mycéniennes ou homériques autorisent à croire que la civilisation de Mycènes s'est conservée en partie sur les bords de l'Adriatique, alors qu'elle succombait aux environs de l'an 1000 avant notre ère dans la Grèce propre. — M. d'Arbois de Jubainville fait une communication sur l'association des noms de divinités et d'animaux dans l'onomastique des langues franque et germaine.

Henry Thédenat.

L'Éditeur-Propriétaire-Gérant : Albert Fontemoing.

BULLETIN CRITIQUE

74. — **Les Origines.** — *Questions d'apologétique*, par J. Guibert, professeur de sciences au séminaire Saint-Sulpice, à Issy. 1 vol. in-8°. Paris, chez Letouzey et Ané. 1896.

Les questions traitées dans ce volume sont au nombre de sept : Origines du monde, de la vie, des espèces végétales et animales, de l'homme ; unité et antiquité de l'espèce humaine ; état primitif de l'humanité. Des trois systèmes d'interprétation — littérale, concordiste et idéaliste, — imaginés pour mettre d'accord les données de la science avec celles de la Bible sur l'origine et la formation de l'univers, M. Guibert se montre favorable au dernier, le système idéaliste. Dans son étude sur l'origine de la vie, il résume, en quelques pages et très clairement, les célèbres expériences de Pasteur sur les générations spontanées et les discussions passionnées qui suivirent. C'est un vrai service rendu à une foule de lecteurs qui parlent de ces choses sans en savoir le premier mot. M. Guibert est sinon rallié, le mot ne serait peut-être pas juste, du moins tout à fait sympathique au transformisme. Il groupe habilement et en leur donnant tout le relief nécessaire les sept ou huit faits fondamentaux du système, il expose avec beaucoup de clarté l'ensemble d'observations et de lois par lesquelles Darwin s'est efforcé d'expliquer le comment de la formation des espèces, il dégage enfin le transformisme des doctrines plus ou moins compromettantes qui s'y sont greffées. C'est un tableau des plus intéressants, il ne nous a pas convaincu, mais c'est justice de reconnaître que M. Guibert l'a tracé avec de brillantes couleurs et d'une main fort habile. Le problème de l'origine de l'homme est surtout embarrassant pour les transformistes spiritualistes et chrétiens. Tous admettent que pour l'âme il a fallu une intervention divine. Quant au corps humain, est-il, comme celui des animaux, produit par le jeu naturel des lois de l'évolution ? Plusieurs transformistes spiritualistes, dont un des plus connus est Mivart, soutiennent ce sentiment. M. Guibert l'examine à la lumière du texte biblique, des données philosophiques et des observations scientifiques. Il ne l'adopte pas, mais il ne croit pas non plus qu'on puisse absolument le condamner. L'unité de l'espèce humaine est appuyée sur les arguments connus, après que l'auteur a eu soin de faire remarquer qu'ils gardent toute leur valeur dans l'hypothèse transformiste comme dans l'autre. Il ne nous paraît pas avoir suffisamment tenu compte de l'hérédité dans la formation des diverses races humaines. La prétendue sauvagerie primitive de l'humanité est réfutée comme il faut, n'était une trop grande confiance accordée aux divisions absolument arbitraires que M. G. de Mortillet a introduites dans la période préhistorique, et que des découvertes récentes confirment de moins en moins. L'antiquité de l'espèce humaine est bien traitée. L'auteur distingue très nettement les temps quaternaires de l'époque actuelle, ce que les apologistes ne font pas toujours, au grand détriment de la clarté et surtout de la solidité de leurs conclusions. Toutes les données concourent à fixer à environ 10.000 ans en arrière le début de l'époque actuelle ou post-glaciaire ; quant aux 10.000 ans que M. Guibert réclame pour la durée de l'époque quaternaire, du moins depuis l'apparition de l'homme, ils nous paraissent fixés un peu arbitrairement et sans preuves solides. Les dates historiques et bibliques discutées à leur tour ne mènent à rien de précis et laissent la plus grande liberté d'interprétation.

Telles sont les grandes lignes de ce travail. Il est clair, précis et sage ; les questions sont bien posées, nettement circonscrites, les solutions logiquement déduites et présentées avec la réserve qui convient dans ces problèmes obscurs. C'est un livre qu'on peut discuter, mais qu'il faut lire parce qu'il est bien au point. Modeste dans son ton, simple dans son style, également éloigné des extrêmes, fort au courant de la littérature spéciale aux sujets traités, il donne toujours à réfléchir, et même quand il ne réussit pas à convaincre, il ne laisse jamais l'esprit inquiet sur un accord possible entre les données de la science et celles de la révélation divine.

D. H.

75. — **Dionysos**, *Étude sur l'organisation matérielle du théâtre athénien*, par Octave Navarre, maître de conférences de langue et de littérature grecques à la faculté des lettres de Toulouse, avec 20 gravures et 2 chromolithographies. Un vol. in-12. Paris C. Klinksieck.

Le livre de M. O. Navarre sur l'*Organisation matérielle du théâtre athénien* est le résumé d'un cours professé par l'auteur à la Faculté de Toulouse. Il a toutes les qualités qu'on peut demander à un travail de ce genre. L'auteur est bien informé ; il connaît la littérature de son sujet, mais surtout il a personnellement étudié les documents originaux, textes d'auteurs, inscriptions, monuments figurés. Son exposition est toujours claire ; et les arguments, pour ou contre les théories qu'il soutient, sont exposés brièvement mais dans toute leur force. On ne peut désirer un meilleur guide pour l'étude du théâtre grec. Il suffit par lui-même à mettre le lecteur au courant de l'état actuel de la science sur ce sujet et ceux qui désireraient approfondir un point en particulier y trouveront les renseignements nécessaires pour remonter aux sources.

L'ouvrage est divisé en quinze chapitres qui ont pour objet : les fêtes dionysiaques, les préliminaires officiels du concours, c'est à dire la chorégie et tout ce qui s'y rattache, la désignation des poètes, des protagonistes, etc. ; le concours, la représentation des pièces nouvelles et anciennes, la description du théâtre grec, les décors, les machines, les masques, le costume, l'interprétation, le public, le jugement et les récompenses, enfin les didascalies. Sept appendices contiennent les principaux documents relatifs au théâtre, notamment les textes épigraphiques qu'il est très commode de trouver ici rassemblés. Les monuments figurés sont reproduits par vingt-trois dessins et deux planches.

Sans insister sur les aperçus intéressants et parfois nouveaux qu'on rencontre dans divers chapitres, nous signalerons seulement les pages où M. Navarre discute le problème soulevé par M. Dœrpfeld : « Les acteurs grecs jouaient-ils sur une estrade appelée *logeion*, ou bien étaient-ils mêlés au chœur dans l'orchestre ? En d'autres termes, le *proscaenium* était-il une scène ou un décor ? M. Dœrpfeld soutient que le *proscaenium* grec était matériellement impropre au rôle de scène qu'on lui attribuait universellement jusqu'à ce jour et il soutient que c'était un simple décor devant lequel jouaient les acteurs. Les arguments sur lesquels il appuie sa thèse sont les suivants ; 1° le prétendu *logeion* était trop élevé pour pouvoir servir de scène. Tous ceux qu'on a découverts ont entre trois et quatre mètres de hauteur, ce qui rend difficile le trajet de la scène au *logeion*, trajet que le chœur aurait été obligé de faire dans certaines pièces, où il est intimement mêlé à l'action, par exemple dans Œdipe à Colonne, (vers 826-835, 855).

Cette objection, remarque M. Navarre, repose sur un postulat inacceptable. En effet, les *proscaenia* que nous connaissons sont tous du IIIe siècle, c'est-à-dire d'une époque où le chœur n'est plus en aucune façon mêlé à l'action. Le *logeion* est devenu le lieu unique de la représentation ; dans ce cas, peu importe sa hauteur. Rien ne prouve qu'aux quatrième et cinquième siècles le *logeion* n'ait pas été moins élevé. Sur les vases peints de la Grande Grèce où il est figuré, jamais il ne dépasse en hauteur la moitié de la taille des acteurs.

2° Le *proscaenium* est trop étroit, il ne pourrait contenir les acteurs parfois nombreux, les chars qui amènent les personnages, etc. — A cela M. Navarre répond que la largeur du *proscaenium* compense son étroitesse, que les chars arrivaient par l'orchestre, et que, de là, les personnages qui les montaient, se rendaient au *proscaenium* par l'escalier. De plus, il faut toujours faire la même observation : nous ne savons rien de la largeur du *proscaenium* classique.

3° Dans aucun théâtre de type grec, on ne trouve trace d'escalier reliant le *proscaenium* avec l'*orchestra*. — Cela est vrai, mais Pollux et Athénée attestent l'existence de ces escaliers. S'ils ont disparu, c'est qu'ils étaient en bois, même après que le *proscaenium* eut été construit en pierre. On en a la preuve dans une inscription découverte à Délos en 1894 [1].

Il n'y a donc pas lieu de rejeter le témoignage des grammairiens et des scoliastes, encore moins celui de Vitruve. Où les grammairiens qui, vivant à l'époque romaine, n'ont jamais vu au théâtre une disposition semblable à celle qu'ils attribuent au théâtre grec, en auraient-ils pris l'idée ? et comment se seraient-ils rencontrés en

---

1. Voir appendice II. p. 311.

une pareille invention, s'ils n'avaient puisé à une source ancienne ? Quant à Vitruve, c'est un homme du métier, M. Dœrpfeld lui reconnaît une haute compétence, comment supposer une inadvertance de sa part sur un point capital et qui est le principe de toute sa théorie sur la différence entre le théâtre grec et le théâtre romain ? Les vases de la Grande Grèce qui reproduisent des scènes de théâtre nous montrent les acteurs jouant sur le *logeion* et les pièces qu'ils représentent sont des parodies du drame attique. Enfin Aristote distingue le chœur et les personnages qui sont sur la scène. Les partisans de la théorie de M. Dœrpfeld affirmaient que le mot *logeion* était inconnu à l'époque classique et voici qu'on vient de le lire sur l'inscription de Délos que nous avons citée plus haut. Ce même texte met hors de doute l'identité du *proscaenium* et du *logeion* contestée par M. Dœrpfeld, car les deux termes y sont employés l'un pour l'autre. C'est pourquoi M. Navarre s'en tient à la théorie traditionnelle et j'estime, pour ma part, qu'il a raison.

Emile BEURLIER.

76. — **Sur deux déclamations attribuées à Quintilien.** Note pour servir à l'histoire de la magie, par Edmond LE BLANT. Extrait des Mémoires de l'Académie des inscriptions et belles-lettres, t. XXXIV, 2ᵉ partie, pp. 5-21. Paris, Klincksieck, 1895 ; 21 pp. in-4°. Prix : 1 fr. 10.

Il s'agit dans cette « note » de trois déclamations, dont deux traitent le même sujet. Elles font partie, ce que M. Le Blant a négligé de nous apprendre, du recueil dit des grandes déclamations. La première, n° X, « Le sépulcre enchanté », a pour occasion les maléfices d'un magicien qui enferment dans le tombeau l'âme d'un fils et l'empêchent d'apparaître, comme d'ordinaire, dans les songes de sa mère. Les deux autres, n° XIV et XV, roulent sur le crime d'une courtisane qui, pour se défaire d'un amant ruiné par elle, lui a administré une *potio odii* ; le jeune homme a perdu toute force d'aimer, fût-ce ses proches et ses amis. A propos de ces deux sujets, M. L. B. groupe un grand nombre de renseignements littéraires et archéologiques, dans la manière de son commentaire sur les inscriptions chrétiennes de la Gaule. Il passe en revue les croyances en les apparitions, le pouvoir des magiciens sur les morts, les précautions que l'on prenait pour s'y soustraire et en préserver les tombes, la valeur magique des sept voyelles, les breuvages qui font naître la haine et ceux qui font naître l'amour, les inscriptions tracées dans le même but sur des lames de plomb, la persistance de ces pratiques jusqu'aux derniers siècles. Une telle profusion de menus faits ne permet guère une analyse raisonnée. Le commentaire de la dixième déclamation, qui occupe plus de la moitié de la brochure, sera en particulier un complément de l'article *Inferi* de Steuding dans le *Lexikon des gr. u. röm. Mythologie* de Roscher.

Voici quelques observations sur des détails. P. 1 : dans sa première phrase, M. L. B. appelle les déclamations « une série d'écrits particuliers dont les légistes se sont seuls occupés jusqu'à cette heure ». Cette assertion est inexacte. Les littérateurs et les philologues s'en sont occupés à plusieurs reprises. Sans parler des œuvres de ce genre dont Sénèque le père nous a conservé des extraits ni des travaux assez nombreux qui leur ont été consacrés, sans parler même du parti que des connaisseurs des mœurs antiques, comme Friedlaender, ont su en tirer, les grandes déclamations mises sous le nom de Quintilien ont tout récemment fait l'objet d'études et de discussions approfondies. Je citerai notamment le livre de C. Ritter, *Die Quintilianischen Declamationen* (Fribourg en Br., 1881), dont il est facile de se faire une idée en consultant Teuffel, et les dissertations de M. C. Hammer (progr. de 1893 du Wilhelm-Gymnasium de Munich) ; M. Hammer se propose de nous donner une édition des grandes déclamations qui remplacera l'antique Burmann. D'après Ritter, p. 142, la dixième déclamation ne serait pas du même auteur que la quatorzième et la quinzième ; ces conclusions ont été attaquées par M. Hammer (progr. de 1893, p. 12 et note 3). Quoi qu'il en soit de ces opinions, on voit que les problèmes posés par ces pièces ne sont pas tout à fait négligés. — P. 6, n. 1, M. L. B. défend la leçon *procubuisset* dans Tibulle, I, v, 12 : « Carmine cum magico procubuisset anus » par un rapprochement avec decl. X, § 15 : « Mox in ipsam dicitur incubuisse pronus urnam ». Mais *praecinuisset* (et non *procinuisset*, comme l'imprime M. L. B.) est la leçon des mss : c'est le mot propre dans la circonstance, où il s'agit d'obtenir la guérison d'une malade (voir la note de Dissen, t. II, p. 112) ; l'action s'explique sur une urne, mais nullement sur un lit de malade ; enfin, si on lit *procubuisset*, la construction de *carmine magico* est difficile — P. 9, n. 6. Le délicieux repos de la mort dont on ne saurait être tiré que par des puissances malfaisantes est un sentiment assez répandu chez les anciens Romains pour devenir un des éléments du pessimisme élevé de Lucain, VI, 719 sqq. et 821 sqq. — P. 10, n. 1, à propos des clous magiques, le renvoi à Daremberg et Saglio suffisait pour les travaux antérieurs à cet article, ce qui aurait permis de citer le mémoire plus récent de M. A. Blanchet, *Bulletin de la Société des antiquaires de France*, 1894, p. 290. — P. 11, n. 1. C'est par distraction que l'Ausone de Vinet est daté de 1541 : M. L. B. a transporté à l'édition la date de la découverte de l'inscription dont il parle d'après ce livre. Il faut lire 1575-1580 : cf. La Ville de Mirmont, *la Moselle d'Ausone*, pp. cxxxiii-cxxxiv. Par suite, la relation française de la trouvaille est le premier document, 1567, et aurait dû avoir les honneurs du texte, au lieu d'être mentionnée incidemment en note. Dans son commentaire, Vinet n'a probablement fait que traduire et résumer cette notice. — P. 15, n. 6 : le passage cité d'Artémidore (v, 26) doit être entendu autrement que ne le pense M. Le Blant. L'interprète des songes énumère les qualités magiques de Sérapis : χθόνιος, etc., et parmi elles : τὸ ὄνομα αὐτοῦ γράμματα ἑπτὰ ἔχει : ce qui ne veut pas dire qu'il est *le* dieu dont le nom a sept lettres, mais *un* dieu dont le nom a sept lettres, de même qu'il n'est pas *le* dieu chtonien, mais *un* dieu de cette catégorie. Ce passage ne saurait être cité en faveur d'une identification de Sérapis avec le dieu au nom heptagrammatique représenté par les sept voyelles. Il me semble vain, d'ailleurs, de chercher à identifier avec une divinité précise la puissance mystérieuse invoquée par les magiciens. — P. 18, n. 5 : Lire « Schoene » et non « Schorne ». Paul LEJAY.

---

77. — **Les Registres d'Alexandre IV,** par MM. C. BOUREL DE LA RONCIÈRE, J. DE LOYE et A. COULON, anciens membres de l'Ecole française de Rome, anciens élèves de l'Ecole des Chartes, 1er et 2e fascicules publiés par M. C. BOUREL DE LA RONCIÈRE. Paris, Fontemoing. (Bibliothèque des Ecoles françaises d'Athènes et de Rome, 2e série T. XV, in-4°, p. 256.)

Trois membres de l'Ecole française de Rome ont associé leurs efforts pour la publication de l'important registre d'Alexandre IV (1254-1261), le seul du xiii⁰ siècle qui ne fût pas encore sur le métier ; et, avec une activité, dont le loueront surtout ceux de ses confrères qui ne méritent pas le même éloge, M. de la Roncière a donné, en six mois, les deux premiers fascicules, contenant les analyses ou les copies de 853 pièces pour la plupart inédites. Sur le contenu du registre il y a peu à dire : il ressemble tout à fait à ses aînés. Les documents présentent parfois un intérêt très secondaire : les dispenses de mariages, les collations de prébendes, les permissions de cumul y tiennent trop souvent la place de documents d'ordre politique qu'on serait heureux d'y lire et qui sont bien rares. Trouver et publier dans un registre des pièces de ce genre, eût été, à la rigueur, intéressant la première fois ; mais les retrouver périodiquement dans tous, devient à la longue un peu fastidieux et nous ne saurions assez féliciter l'éditeur de les avoir le plus souvent analysés avec discrétion.

On peut cependant signaler plusieurs actes importants. Le 1ᵉʳ février 1255, par exemple, Alexandre IV accordait sa protection à plusieurs banquiers juifs de Rome qui avaient suivi la curie à Naples (n⁰ 101). Le 15 mars suivant, il confirmait les statuts de la colonie italienne de S. Jean d'Acre, élaborés en 1216 et approuvés par l'ordinaire en 1230 ; ils sont insérés tout au long dans la bulle, et ils nous donnent des détails bien précis sur les colonies d'occidentaux fondées dans les Echelles du Levant (n⁰ 346). Ailleurs, le n⁰ 546 nous décrit un procès de juridiction féodale entre le comte de Bretagne et l'évêque de Nantes. Malgré ces exemples, les actes d'intérêt général et politique sont tout à fait rares ; espérons que les fascicules suivants nous dédommageront.

Pour dire le mérite de l'édition, il suffit de rappeler qu'elle a été faite par un excellent élève de l'Ecole des Chartes ; elle est soignée et précise. Et cependant, qu'il nous permette quelques chicanes : à la page 30 (n⁰ 116), n'a-t-il pas lu Ysermensi pour Yserniensi? N'est-ce pas une incorrection condamnée par la grammaire que d'écrire *inhibet ne aliqua persona* pour *ne qua persona* ? En général, l'éditeur a suivi une méthode rigoureuse ; cependant, en quelques cas, nous avons relevé de légères contradictions dans sa façon d'agir. Il emploie dans les analyses l'orthographe latine consacrée par l'usage moderne ; mais alors, pourquoi écrit-il : *univer-*

sitati salamantine (n° 631) tandis qu'une page après, il écrit avec raison *sæcularis*? Pourquoi, au n° 614, écrit-il *priorem et conventum cartusienses*, alors qu'auparavant (n° 562), il avait mis *T. archiepiscopo et O. archidiacono Remensi*, faisant accorder dans le premier cas l'adjectif avec les deux noms, et seulement avec le dernier dans le second? Ce sont là des observations bien minutieuses; elles étaient à faire, ne fût-ce, comme dans certaines soutenances de thèses, que pour trouver à argumenter sur un sujet qui n'y prêtait guère.   Jean GUIRAUD.

---

78. **Bonaparte et Hoche en 1797,** par Albert SOREL, de l'Académie française : Paris, Plon, 1896, 340 pages in-8°.

M. Albert Sorel n'a pas renoncé à pousser jusqu'aux traités de Vienne cette histoire diplomatique de la Révolution dont les quatre premiers volumes ont valu à leur auteur, avec une si légitime renommée, l'accès de deux Académies. Mais séduit par l'importance et l'originalité des négociations que Bonaparte poursuivit en Italie dans le cours de l'année 1797, il s'est laissé aller à traiter cet épisode dans des proportions plus étendues que ne le comportait son plan général, et il a résolu d'en faire l'objet d'une publication distincte, en y joignant une étude sur le rôle politique que s'essayait à jouer à la même époque le seul homme digne d'être rapproché de Napoléon par l'étendue et la spontanéité du génie, Lazare Hoche.

Aux gens du monde qui voudraient faire connaissance avec le talent de M. Sorel et qui reculeraient, bien à tort, devant les quatre volumes de L'*Europe et la Révolution française*, il faut recommander la lecture de ce petit in-octavo, aussi coquet d'aspect matériel que captivant par l'art littéraire et l'agencement du récit. Quant à ceux qui apprécient et admirent depuis longtemps les qualités de l'historien, ils retrouveront ici cette impartialité qui n'est pas de l'indifférence, cette perspicacité railleuse qui sous un changement de masque et de ton discerne l'identité des sentiments et des actes, cette verve infatigable qui d'un mot tout à la fois spirituel et profond excelle à caractériser un individu, un gouvernement, une situation. Mais eux aussi goûteront un plaisir nouveau, à voir M. Sorel aux prises cette fois, non plus avec les médiocrités du gouvernement révolutionnaire et de la coalition, mais avec un homme de génie, le plus grand des temps modernes.

La situation générale est demeurée la même que deux ans plus tôt, lors des négociations de Bâle, c'est-à-dire que de part et d'autre on en est resté aux sentiments et aux procédés du dix-huitième siècle. Les Jacobins, à travers leurs déclamations, esquissent des partages et des échanges selon la tradition classique ; après avoir rapporté une combinaison qui remaniait la carte de l'Europe sans le moindre souci des aspirations populaires, M. Sorel laisse échapper cette réflexion : « Ainsi spéculaient des hommes qui avaient voté successivement la renonciation aux conquêtes, l'affranchissement des peuples et l'extermination des rois. » — En face, l'Autriche, qui a engagé la croisade avec l'arrière-pensée de démembrer le territoire français, cherche à se dédommager de son insuccès aux dépens des faibles et des inoffensifs ; elle médite d'anéantir à son profit l'antique république vénitienne, de confisquer la meilleure part des États de l'Église ; si Thugut pleure en apprenant les clauses du traité de Campo-Formio, c'est que son plénipotentiaire n'a pu obtenir que Venise sans les Légations : « Il tira du musée des souverains, pour en inonder son visage, les larmes classiques de Marie-Thérèse sur le partage *inique, si inégal*. »

Ce qu'on peut constater de nouveau, depuis que les armées républicaines ont repoussé l'invasion et dépassé les frontières, c'est l'insuccès de la propagande révolutionnaire auprès des masses. Jamais peut-être cette vérité historique n'a été plus vivement mise en lumière : « C'est qu'au fond et malgré l'alliance qui s'était formée entre les jacobins et le parti populaire, la Révolution se propageait en Europe comme elle avait commencé en France, œuvre de philosophes et de propriétaires, faite pour la diffusion des idées, la liberté de pensée, la liberté du travail, la liberté des personnes et la liberté des biens. Les pays pauvres, ceux où la propriété n'était point divisée, où les paysans n'étaient que des ouvriers ruraux, où les peuples habitués à obéir, assez doucement traités d'ailleurs par leurs maîtres, étaient trop peu émancipés pour désirer une existence plus libre, ne voyaient dans le conquérant « libérateur » qu'un ennemi de leur indépendance, de leur repos, de leur religion. »

Mais ceci se dessine seulement en 1797, et la grande innovation comme l'intérêt capital sont ailleurs. Tandis qu'à Bâle Barthélemy avait mis ses éminentes qualités professionnelles au service du comité de salut public, cette fois, à Leoben comme à Udine, Bonaparte mène souverainement la négociation, prévenant fréquemment les instructions du Directoire, les outrepassant plus souvent, les dictant à plusieurs reprises. « L'Italie est pour Bonaparte ce que la Gaule avait été pour César, non seulement la route du pouvoir, mais le champ de manœuvres et le champ d'expériences de l'empire. » Il s'y essaye à vaincre, à gouverner, à traiter. « Connétable de la République et archi-trésorier du Directoire...., il voit déjà ce conseil, comme ce conseil apparaîtra dans l'histoire, prosterné devant lui, passant de l'opposition sournoise à la flagornerie officielle : il le tient par l'argent et il le fait marcher à coups de démissions. »

De cet apprentissage de gloire et de domination, M. Sorel, en s'aidant des témoignages des contemporains et des lettres mêmes de Napoléon, a fait le plus vivant, le plus judicieux tableau. Il a montré le jeune général dédaigneux de tout respect humain, ardent à combler les lacunes de son instruction, à interroger tous ceux qui pouvaient lui fournir des données précises. « Nul embarras chez lui à paraître ignorer ces renseignements techniques qu'il réclamait avidement ; si la demande étonnait, le parti qu'il tirait de la réponse étonnait davantage et imposait. Il apprenait les affaires en les parlant, comme il avait appris la grande guerre en la faisant. » Tout en organisant la Haute-Italie, ses idées se précisaient peu à peu sur le régime politique qu'il conviendrait d'appliquer à la France : remontant à travers l'ancien régime à l'empire de Charlemagne et à celui d'Auguste, il entrevoyait la France maîtresse de l'Occident et sujette d'un dictateur qui lui assurerait la paix religieuse, la centralisation, l'égalité civile. Dans le dix-huitième siècle, il demandait à Frédéric II des leçons de tactique pour renverser au besoin le trône des Hohenzollern[1], à Voltaire des leçons de philosophie sur l'omnipotence des souverains : « Ils se dé-

---

[1]. M. S. applique à Napoléon le mot bien connu de Guillaume le Conquérant : « Il fera son pèlerinage à Berlin et au caveau de Potsdam, mais en équipage de guerre, botté et éperonné, avec cent mille fusils en guise de cierges. »

cident par d'autres raisons que l'homme privé. Il faut une religion officielle pour que le peuple obéisse et serve sans se corrompre ; il faut une morale publique pour que les hommes éclairés se soumettent et ne troublent point l'ordre social. La religion ainsi entendue, c'est la foi d'autrui ; la morale ainsi conçue, c'est l'honnêteté des autres : telles sont les mœurs du temps. Aussi spontanément que les conventionnels ont rapporté à la République les ci-devant droits du Roi, Bonaparte transporte à sa personne les règles de conduite des rois. » Sur les réformes constitutionnelles, sur l'attitude à prendre vis-à-vis de l'armée, l'historien nous montre pareillement les idées de Napoléon se fixant dans cette année 1797, et comme il le dit à la fin d'une page admirable de mouvement et de vérité, mais trop longue pour être transcrite ici, « tous les éléments du 18 Brumaire groupés. »

En matière diplomatique, les négociations d'Udine et de Passériano marquent aussi une heure décisive. Bonaparte a facilement raison de l'habileté renommée de Louis Cobenzl, comme il a déjoué la stratégie de Beaulieu, de Wurmser et d'Alvinczy : malgré certains écarts de parole, qui sont loin d'être involontaires, il se met avec aisance au ton de son interlocuteur, et discute sans embarras la démembrement des États vénitiens, tout en s'indignant pour la forme contre le partage de la Pologne. Mais alors il sait encore modérer ses ambitions : la continuité du succès ne l'a point enivré, et d'ailleurs, comme l'indique l'historien, il n'a point eu le temps d'oublier les traditions de l'île natale, où la prudence ne se sépare jamais de l'audace. Aux impatients ou aux avides du Directoire, il remontre l'utilité de conserver le corps germanique, la nécessité de faire des concessions à l'Autriche : si bien que lors de la publication du traité de Campo-Formio, au milieu de la joie générale, il se trouve à Paris des censeurs pour se plaindre qu'on ait fait la part trop belle au vaincu. C'est la dernière fois que Napoléon s'exposera à un tel reproche.

Les pages consacrées à Hoche sont aussi brillantes et peut-être plus neuves encore. Après avoir dit comment le jeune général, entré en prison avec la passion grossière et les courtes vues d'un jacobin, y apprit à connaître, à estimer, à aimer l'ancienne France, M. Sorel le montre pacifiant la Vendée, se consumant en fiévreux efforts pour affranchir l'Irlande, débarrassant le pays rhénan des sangsues qui l'épuisent depuis le début de l'occupation française, songeant lui aussi à l'avenir de la France, et esquissant un programme politique plus idéaliste que celui de Bonaparte, plus mêlé aussi de généreuses utopies, mais par cela même plus intimement français. Au moment où la paix va sans doute accentuer l'antagonisme entre les deux généraux, Hoche est terrassé par un mal imprévu. Pour décrire le culte rendu à sa mémoire, les combinaisons que la postérité se plaît encore à échafauder sur son nom, M. Sorel s'inspire des louanges fameuses données par Virgile et Tacite aux guerriers tombés en pleine jeunesse ; une poétique mélancolie pénètre sa conclusion : « L'histoire a fixé, dans le bronze et le marbre, l'image de Bonaparte ; celle de Hoche apparaît toujours plus fuyante, baignée de cette lumière purpurine, dont Virgile enveloppe l'ombre des jeunes héros fauchés dans leur matin. Bonaparte a tout consommé : la grandeur jusqu'à l'hyperbole, les défaites jusqu'à la catastrophe... Hoche a profité de l'immense déception de l'Empire. On aime à ne connaître de lui que ses vertus et les promesses de son génie. La France le pare de toutes ses illusions rétrospectives ; elle s'imagine que s'il avait vécu, elle eût rompu, avec lui, les âpres destinées... — Tant que les imaginations françaises en appelleront de la fatalité des choses accomplies au rêve de l'histoire recommencée et de l'histoire heureuse, Hoche demeurera comme le guerrier sans peur et sans reproche, chevalier errant de l'espérance, qui, à force de vaillance et de magnanimité, eût résolu l'énigme. Les Français poursuivront, avec son ombre, la chimère vainement poursuivie par leurs pères, renouvelant, contre la réalité des faits constatés et contre les documents écrits du passé, la lutte que leurs pères ont soutenue contre la nature des choses européennes, les impulsions héréditaires de la nation française, les nécessités de la Révolution ; tant était belle cette ambition de concilier, sans rien sacrifier de l'une à l'autre, ces trois choses qui se sont, il y a un siècle, détruites l'une l'autre : la liberté, la République et la limite du Rhin. *Magna apud populum memoria... credebaturque, si rerum potitus foret, libertatem redditurus.* »

Nous avons fait bien des citations au cours de ce compte-rendu trop incomplet. Nous ne nous en excuserons point, si elles inspirent à nos lecteurs le désir de faire plus ample connaissance avec un beau et bon livre, où le charme de la forme va toujours de pair avec la sûreté de l'information et la hauteur des vues.

L. de Lanzac de Laborie.

CHRONIQUE

55. — L'*Inventaire-Sommaire des Archives municipales de Bordeaux* (période révolutionnaire, 1789, an VIII), publié par A. Ducaunnès-Duval, archiviste de la ville (tome I*er*, Bordeaux, imprimerie Gounouilhou, 1896, in 4º de 461 p. à deux colonnes), est une œuvre de science et de conscience digne d'une approbation sans réserve. Le plus grand des éloges mérités par l'excellent archiviste, c'est qu'il a pris une initiative très féconde, très heureuse : il a abandonné l'ancienne et funeste méthode qui imposait aux rédacteurs des catalogues officiels une simple et sèche nomenclature. Son travail, comme il le dit dans sa lettre au maire de Bordeaux (en tête du volume), « n'est pas seulement l'analyse des parties principales des délibérations du Corps de Ville ; il reproduit encore, souvent *in extenso*, les documents les plus intéressants, tels que discours, lettres, rapports, etc., qui expliquent les délibérations prises. Il donne, jour par jour, la physionomie de la vie municipale et fournit de nombreux détails, jusqu'ici peu connus, sur cette époque si tourmentée de notre histoire locale ». Les inventaires d'autrefois, si secs, si étriqués, pouvaient être comparés à ces arides déserts où l'on ne trouve... que la plus triste monotonie.

L'ennui naquit, un jour, *de pareils catalogues*.

Le travail de M. Ducaunnès-Duval nous rappelle, au contraire, ces grasses et riches plaines des environs de Bordeaux où les récoltes sont toujours magnifiques. On ne saurait trop féliciter le vaillant archiviste d'avoir substitué la largeur à l'étroitesse, l'abondance à la pauvreté. Puisse son généreux exemple être désormais partout suivi ! Ce serait une sorte d'*âge d'or* pour les travailleurs. Après avoir rendu un reconnaissant hommage à l'homme d'initiative et de progrès qui a remplacé l'inventaire quasi *muet* par l'inventaire *parlant*, je me contenterai d'ajouter que l'on trouvera mille curiosités dans l'analyse des quinze premiers registres des délibérations du conseil municipal de Bordeaux (de mai 1789 à mars 1793), et que, parmi les documents reproduits intégralement, il en est qui occupent plusieurs pages et qui n'ont pas moins d'importance que d'étendue.

T. de L.

P. S. Je ne vois en tout le volume qu'une seule petite faute à relever (encore n'est-ce qu'une faute d'impression) : le nom du fameux évêque constitutionnel de la Dordogne, *Pontard*, est devenu (p. 245) *Poutard*.

56. — Sous ce titre « A TRAVERS L'HISTOIRE DE FRANCE » M. Leroy de La Marche a publié au commencement de cette année chez Téqui (in-12 de 440 pages) un intéressant recueil d'articles critiques. Il y en a trente et un, classés en deux sections : *Histoire politique et sociale — Histoire littéraire et artistique*.

Ces études très variées mettent le lecteur au courant de beaucoup de travaux récents et lui donnent la solution toute prête de plus d'un problème historique. S'il y a quelquefois un peu de parti pris dans les appréciations de M. Leroy de la Marche, elles sont toujours présentées avec vie et conviction. Ce recueil est agréable et utile.

A. B.

CHRONIQUE D'ITALIE
Antiquité.

L'antiquité exerce moins de séduction qu'on ne pourrait croire sur les savants italiens, et c'est le moyen-âge ou les temps modernes qui semblent de préférence attirer leur attention et provoquer leurs études. Et ce fait s'explique par bien des causes et n'est certainement pas sans rapport avec ce *régionalisme scientifique* que je vous indiquais dernièrement; ce n'est pas, sans doute, du moyen-âge que datent les diverses régions de l'Italie avec leur physionomie individuelle; mais ce n'est qu'au moyen-âge qu'on rencontre les documents qui permettent d'en faire l'étude.

Une demi-douzaine de travaux, dont deux — et non des moindres — sont dus à des étrangers, voilà tout ce que je trouve à signaler pour l'histoire ancienne. — *Naxos Sicoliota*, publiée à Catane en 1894 par P. Riggo nous présente un résumé très clair de nos connaissances actuelles sur cette ville : la première partie du livre retrace la fondation de la cité, son histoire politique, sa chute; la seconde est consacrée à des études topographiques, notamment au temple d'Apollon Archegètes qui se trouvait hors des murs, à la fin du ve siècle. — M. Corazzini publie à Florence une *Storia della marina militare antica. Documenti. II. La Marina in Omero et Virgilio*. Avec un louable courage, l'auteur entreprend de nous prouver que l'art des constructions navales était assez avancé déjà au temps d'Homère; et, là-dessus, il s'engage dans de minutieuses études, analyse des descriptions, relève des épithètes, discute la valeur des termes... et je ne puis me défendre, à la vue de tant de labeur, de je ne sais quel sentiment de mélancolie attristée : le temps d'Homère, mais c'est si vague! On fait descendre jusqu'au VIIIe siècle la date de certaines *laisses* de l'Odyssée, et l'on peut reculer jusqu'au XVe, et plus loin encore, la composition de certains chants de l'Iliade. Peut-être M. Corazzini trouverait-il quelque profit à lire sur ces questions les pénétrantes études de Maurice Croiset; je puis lui promettre du moins qu'il y goûterait beaucoup de plaisir. — *Il tribunato della plebe in Roma dalla secessione sul Monte Sacro all' approvazione dei leggi di Publilio Volerone*, tel est le titre du livre que publie à Parme M. G. Podesta. Il s'attache à déterminer la composition de l'assemblée qui élit les tribuns de 493 à 471 : il croit qu'elle n'est pas exclusivement patricienne, mais que cependant les patriciens y dominent : ce qui explique la réforme de Volero, transportant le droit d'élection aux comices tributes, issues des *concilia plebis*. M. Podesta connait-il le beau travail de Belot? — M. Luigi Cantarelli, *libero docente di storia romana antica nell' Università di Roma* nous transporte à une époque toute autre : celle qui s'étend de la mort de Valentinien III à la déposition de Romulus Augustulus [455-476]. Comme l'indique le titre d'Annales [1] qu'il a choisi, l'auteur expose, année par année, tous les faits aujourd'hui connus et mentionne dans les notes les documents sur lesquels il s'appuie. Une bibliographie sommaire rappelle, au début de la brochure, les sources littéraires et juridiques, les sources épigraphiques, les sources numismatiques et les ouvrages de première main qui ont été consultés. On regrette l'absence d'*indices*. La moindre étude exige si souvent tant de recherches à travers tant d'ouvrages qu'il est de l'intérêt de tous de faciliter ces recherches : et l'on ne voit pas que rien y puisse plus efficacement contribuer que des *indices* nombreux et complets. Si, comme il nous le fait entrevoir, M. Cantarelli continue son ouvrage et reprend à nouveaux frais, pour l'histoire de l'Empire romain, les Annales de Muratori, nous voulons espérer qu'il réparera cet oubli.

Restent deux ouvrages dont j'hésite un peu à entretenir ici le lecteur : c'est à Paris qu'est édité l'un, c'est à Berlin qu'a paru l'autre. Mais leurs auteurs vivent à Rome, étudient Rome et ne serait-ce pas faire tort à l'Italie que de ne pas lui faire honneur des savants qu'elle inspire tout autant que de ceux qu'elle produit? MM. Kiepert et Hülsen nous donnent un ouvrage dont l'objet seul exciterait la curiosité sympathique du public, si les noms des deux auteurs n'y suffi-

---

1. *Annali d'Italia dalla morte di Valentiniano III alla deposizione di Romolo Augustolo.* — Roma, 1896.

saient déjà [1]. Cet ouvrage comprend un index et trois plans. Le premier est consacré à la Rome républicaine, le second à la Rome impériale; le troisième à la partie centrale de celle-ci; les deux premiers sont au 10000, le troisième au 2500. Tous trois sont en deux couleurs : noir, pour les monuments antiques; rose clair pour la ville moderne. Un coup d'œil permet de voir ce qui fut jadis, ce qui est aujourd'hui et la vision du passé paraît plus prestigieuse parce qu'elle devient plus précise. On peut attendre désormais, sans trop d'impatience que M. Lanciani ait terminé son grand ouvrage [2]. Si utiles, toutefois, que soient les plans de MM. Kiepert et Hülsen, on leur saura infiniment plus de gré de l'index topographique qui constitue le corps de l'ouvrage et, somme toute, fait la plus grande part de sa valeur. 1500 noms de lieux de la Rome ancienne s'y trouvent groupés par ordre alphabétique, pourvus chacun de trois groupes d'indications : le premier reporte aux trois plans, le second renvoie aux principaux textes anciens, le troisième aux plus importants ouvrages modernes qui ont trait à l'endroit cité. Si l'on se rappelle que les ouvrages de Jordan, de Becker et de Bunsen sont dépourvus d'indices, on comprendra quel service a rendu M. Hülsen à tous ceux qui s'occupent de la topographie de Rome. Peut-être me sera-t-il permis, après avoir dit tout le bien que mérite cet ouvrage, non pas de formuler une critique, mais de poser une question et d'exprimer un regret. Un grand nombre de noms n'ont pas de renvoi aux plans; une brève indication renseigne parfois sur la situation approximative du lieu : pourquoi n'en est-il pas toujours ainsi? Et puis, je regrette que l'auteur n'ait pas voulu [3] faire plus grand usage des textes du moyen-âge et notamment des *Gesta Martyrum* : l'exactitude de leurs indications topographiques ne méritait-elle pas moins de méfiance et l'histoire de tel temple ou de telle basilique ne demandait-elle pas plus de détail? Mgr Wilpert ne nous fera pas quitter Rome : je devrais dire qu'il ne nous en éloignera pas beaucoup, car c'est à Priscille qu'il nous mène. Son ouvrage [4] vient enfin de paraître, dans sa version française à la librairie Didot. C'est la première fois que l'on

---

1. *Formae Urbis Romae antiquae accedit Nomenclator topographicus*. Kiepert et Hülsen, Berolini.

2. Le quatrième fascicule, assure-t-on, doit paraître ces jours-ci.

3. Hülsen, p. VIII. « *Ex scriptoribus mediae quae dicitur aetatis : libro pontificali, actis sanctorum, diplomatis et similibus consulto pauca citavimus.* »

4. *Fractio panis*. La plus ancienne représentation du sacrifice eucharistique... par Mgr Joseph Wilpert avec 17 planches et 20 figures dans le texte. Paris, Didot, 1896.

publie des fresques des catacombes qui satisfassent à la fois le savant et l'artiste, tant la reproduction est fidèle, tant l'exécution est soignée. Là n'est cependant que le moindre attrait de l'ouvrage. L'auteur apporte des données nouvelles à l'histoire de la peinture des fresques (p. 71, II), du livre de Daniel (p. 71, III), de l'architecture romaine sous Adrien (p. 72, IV), du symbolisme eucharistique (p. 74, VI) et du symbolisme du poisson (p. 75, VII). Il apporte surtout un document nouveau dont il explique nettement la valeur. Les chambres des Sacrements à Calliste étaient tenues jusqu'à ce jour pour le plus ancien monument du symbolisme chrétien; peintes aux environs de l'an 200, elles ne nous donnaient pas le droit de reporter plus haut, au moins à Rome, l'existence du système dogmatique qu'elles expriment. Mgr Wilpert a montré que les fresques de la chapelle grecque à Priscille ont au point de vue dogmatique une valeur au moins égale [chapitre VIII]; qu'elles sont toutes de la même époque et que cette époque est celle de Trajan ou d'Hadrien [chap. V]. C'est la découverte d'une fresque représentant le saint sacrifice, la *fractio panis*, qui l'a engagé dans ces recherches : on a ainsi une nouvelle preuve de l'existence du système dogmatique de l'Eglise au début du second siècle; on a ainsi une nouvelle preuve de l'existence de ce même système, à cette même date, dans l'église de Rome. L'importance de ces deux faits me dispense d'insister davantage et m'excusera, je l'espère, d'être revenu sur l'ouvrage qui les constate. Aussi bien, le petit nombre d'études importantes relatives à l'antiquité m'invitait à le faire. L'abondance des travaux qui ont trait à l'époque suivante ne me laissera pas pareille liberté : on le verra bientôt.

Albert Dufourcq.

ACADÉMIE DES INSCRIPTIONS ET BELLES-LETTRES

Séance du 29 *mai*. — Le *prix de la Grange* est décerné à la *Société des anciens textes français*. Le *prix ordinaire* est prorogé à l'année prochaine. — M. A. de Barthélemy lit une note sur les dates d'actes inscrits dans le Cartulaire de Montiérender, jusqu'ici mal comprises. Il conclut en signalant trois personnages du nom de Boson, aux IXe et Xe siècles : le premier, comte du palais sous Charles le Chauve et probablement comte du Pertois sous Charlemagne ; le second, qui fut roi de Provence, et le troisième comte de Vitry. — M. Clermont-Ganneau communique le moulage d'une inscription grecque que lui adresse M. l'abbé Soulice ; elle est gravée sur le soubassement de la colonne dite *de Pompée*, à Alexandrie ; on y lit le nom de Ptolémée

Philadelphe, martelé, et une dédicace de Thestor, fils de Satyros. — M. E. AMELINEAU, rend compte des fouilles exécutées par lui en Egypte, du mois de novembre 1895 au 19 mars 1896. Il a exploré la nécropole d'Abydos, dans la partie que Mariette et ses successeurs n'avaient pas explorée. M. Amelineau a découvert le tombeau d'un grand prêtre d'Aschour qui vivait sous Ramsès II, puis celui que le fils aîné de Scheschong, le premier roi de la XVIIe dynastie, s'était fait construire à Abydos et qu'il n'occupa point. Il se nommait Aououapta; son tombeau, de 100 mètres de long, consistait en un couloir de 94 mètres et en une salle entièrement revêtue de granit rose et décorée de tableaux avec légendes racontant la course nocturne du Soleil. Dans la direction de ce tombeau, mais plus près de la montagne, il y avait six ou sept buttes recouvertes de fragments de poterie rouge qui n'avaient jamais été explorées. M. Amelineau espérait y découvrir peut-être des sépultures des deux premières dynasties, et celles qu'il a trouvées sont, selon lui, plus anciennes encore; elles seraient antérieures à la première dynastie. Il a pu réunir une liste de seize rois ayant régné à cette époque reculée. Ils se servaient déjà de tous les titres dont devaient se servir les pharaons des temps historiques, sauf celui de *Fils du Soleil*. Leurs noms ne peuvent rentrer dans aucune liste connue. Les objets trouvés dans les tombes prouvent que, à cette époque cependant très reculée, l'art était très avancé, aussi bien dans les œuvres d'art que dans les objets industriels et usuels. Dans une prochaine campagne, M. Amelineau poursuivra l'exploration des tombes de ces Pharaons qui, suivant lui, faisaient partie de ces *Mânes* que Manithou dit avoir régné sur l'Egypte de 6 à 8000 ans avant J.-C. — M. MASPERO fait plusieurs observations sur cette communication. Il n'est nullement prouvé que cette civilisation n'appartienne pas à la période historique et c'est dans cette voie que M. Amelineau devrait diriger ses recherches pour donner à cette découverte tout son prix. — M. Théodore REINACH fait une communication sur un document musical grec, découvert depuis longtemps, mais dont le sens véritable était resté une énigme. Il est connu sous le nom d'*Hormasia*. Après avoir discuté les autres interprétations, M. Reinach montre qu'il s'agit d'un duo pour cythare et chant, un duo à la manière de Wagner où les deux voix alternent sans jamais se mêler. M. Reinach exécute le duo sur un harmonium. Ce document, relique musicale, remontant à 2000 ans, faisait partie d'un recueil d'exercices placé à la suite d'un traité de musique élémentaire.

Séance du 5 juin. — Le prix Fould est ainsi partagé : 1° 3000 fr. à

M. Enlard: *Origines françaises de l'architecture gothique en Italie et monuments religieux de l'architecture romane et de transition dans la région picarde*; 2° 1000 francs à MM. A. de Champeaux et P. Gauchery: *Travaux d'art exécutés pour Jean de France, duc de Berry*; 3° 1000 fr. à M. le duc de Rivoli, *Missels imprimés à Venise de 1481 à 1600, description, illustration, bibliographie*. — M. CLERMONT-GANNEAU fait un rapport sur un travail adressé à l'Académie par le docteur Jules Rouvier, professeur à l'école française de médecine de Beyrouth. Le but de ce mémoire est de démontrer que la Beyrouth de nos jours est l'antique Laodicée de Phénicie. — M. HOMOLLE fait une communication sur la statue découverte à Delphes au commencement de mai et déjà signalée à l'Académie pendant les séances des 15 et 22 mai. Ce bronze, haut de 1 m. 80, représente un jeune homme vainqueur aux courses de char et tenant les rênes; on n'a retrouvé que quelques fragments du char et des chevaux. La base qui portait la statue n'a gardé, du nom, que les dernières lettres ONA. La première ligne, de caractères plus récents que la seconde, a dû être regravée: elle donne le nom de Polizalos, frère de Hiéron I, de Syracuse; les lettres de la seconde ligne sont bien du v° siècle et offrent des caractères qu'on retrouve en Sicile. Le nom incomplet est bien celui de Hiéron. — M. FOUCART reconnaît que ses objections ne subsistent pas pour la seconde ligne; il croit cependant que les preuves en faveur de l'attribution à Hiéron ne sont pas concluantes.

Henry THÉDENAT.

BULLETIN CRITIQUE

79. — **Antiquités nationales,** *Description raisonnée du Musée de Saint-Germain-en-Laye, Bronzes figurés de la Gaule romaine,* par Salomon REINACH, agrégé de l'Université, conservateur adjoint des Musées nationaux, ouvrage accompagné d'une héliogravure et de 600 dessins par J. Devillard et S. Reinach, un vol. in-8°, Paris, Firmin-Didot.

80. — **Bibliothèque des monuments figurés grecs et romains.** *Pierres gravées* des collections Malborough et d'Orléans, des recueils d'Ekhel, Gori, Levesque de Gravelle, Mariette, Millin, Stosch; réunies et rééditées avec un texte nouveau par Salomon REINACH, conservateur adjoint des Musées nationaux, un vol. grand in-8°, Paris, Firmin-Didot.

81. — **Catalogue des bronzes de la Société archéologique d'Athènes,** par A. de RIDDER, ancien membre de l'Ecole française d'Athènes, maître de conférences à la faculté d'Aix; avec cinq planches en héliogravure et treize bois, un vol. in-8°, Paris, Thorin et fils, A. Fontemoing, successeur. Prix : 8 fr.

82. — **Catalogue des bronzes trouvés sur l'acropole d'Athènes,** publié sous les auspices de l'Académie des inscriptions et belles-lettres *(fondation Piot)* par A. de RIDDER, première partie, avec 210 figures intercalées dans le texte, un vol. in-8°, Paris, Thorin et fils, Albert Fontemoing, successeur. Prix : 12.50

Le *Bulletin critique* a rendu compte, il y a quelques années déjà, du premier volume de la *Description raisonnée du Musée de Saint-Germain* qui avait pour objet les monuments de l'époque des Alluvions et des Cavernes [1]. Au lieu de suivre l'ordre chronologique et de continuer par l'époque néolithique, M. S. Reinach a préféré

---

[1]. *Bullet. Critiq.* t. X (1889), p. 513.

décrire tout d'abord les bronzes gallo-romains. Les amateurs de la préhistoire s'en plaindront, mais ceux qui s'intéressent à l'art gallo-romain lui en sauront gré, cela fera compensation.

Dans l'introduction qui a pour titre : l'*Origine et les caractères de l'art gallo-romain*, M. S. Reinach étudie l'art industriel gaulois avant la conquête romaine; il montre que l'un des traits caractéristiques de cet art est la tendance à la *stylisation*, c'est-à-dire à la transformation de la forme humaine et animale en fioritures et en motifs de décoration. S'il n'y eut pas à proprement parler de race celtique, il y eut tout au moins un tempérament celtique qui a persisté, même après la conquête, et qui est attesté dans l'art comme dans les mœurs de la Gaule. Cet art subit cependant l'influence gréco-alexandrine, peut-être même l'influence syrienne. Il y eut conflit entre ces influences et les tendances du génie national; de plus les leçons étaient données par des maîtres atteints déjà eux-mêmes d'une irrémédiable décadence. C'est par ces deux causes que M. S. Reinach explique la médiocrité des œuvres gallo-romaines.

La *Description* elle-même est divisée en huit parties. 1° divinités gréco-romaines; 2° divinités celtiques; 3° personnages divers; 4° têtes, bustes et masques; 5° la trouvaille de Neuvy-en-Sullias; 6° animaux; 7° vases et parties de vases à figures; 8° manches et objets divers. Le volume se termine par un index général alphabétique, une concordance des numéros d'inventaire avec ceux du catalogue et une liste alphabétique des amateurs, collectionneurs et vendeurs cités.

La *Description* de M. S. Reinach n'est pas encombrée d'un fatras inutile. L'auteur a supprimé avec raison tout ce qui ne se rapporte pas au monument lui-même, toutes ces citations d'auteurs classiques que l'on trouve dans tous les dictionnaires de mythologie et qui surchargent sans profit un catalogue. Elle est de plus accompagnée de nombreux dessins qui représentent non seulement les monuments de quelque valeur artistique, mais ceux même qui sont de facture barbare ou naïve. « Personne, dit-il avec raison, ne possède de criterium infaillible pour déterminer l'intérêt d'un petit bronze; telle statuette qui n'arrêtera pas un instant le regard d'un archéologue, pourra fournir à un autre le point de départ d'une recherche fructueuse. »

On ne saurait trop louer M. S. Reinach d'avoir agi ainsi et d'avoir mis à la disposition du public savant un instrument de travail qui rendra les plus grands services et cela sans que le format du volume soit considérable ni que le prix en soit élevé ; ce qui était un problème difficile à résoudre.

Sans insister davantage sur les mérites de ce volume, je signalerai quelques points où il y aurait peut-être des corrections à faire dans la prochaine édition. Un certain nombre de ces remarques m'ont été suggérées par la lecture du *Catalogue des bronzes antiques de la Bibliothèque nationale*, publié après celui de M. S. Reinach. Celui-ci a sans doute noté lui-même la plupart de ces observations, mais elles serviront à ceux qui n'ont pas eu la facilité de comparer les deux ouvrages.

Une première remarque porte sur l'ensemble de l'ouvrage. Les dessins sont d'origines diverses. Les plus nombreux ont été faits directement d'après les originaux ou d'après les moulages du Musée de Saint-Germain, quelques-uns sont la reproduction de gravures empruntées à des publications antérieures. Il eût été bon d'indiquer toujours, pour ceux-ci, où ils étaient pris, afin qu'on ne leur attribuât pas la même valeur qu'aux premiers. A la page 183, par exemple, le *Dis pater* du cabinet des médailles est à l'envers. On le retrouvera dessiné exactement dans le *Catalogue des Bronzes antiques*, n° 698.

Voici maintenant quelques observations de détail.

P. 88, n°ˢ 80-82. Ces têtes à cornes de bélier paraissent être des masques de Jupiter Ammon.

P. 172, au lieu du n° 145, c'est 155 qu'il faut lire. Il faut donc supprimer la ligne 12.

P. 195, ligne 3. Le dieu cornu gaulois mentionné ici est le célèbre Océanos du cabinet des médailles, voir *Catalogue des Bronzes*, n° 64.

P. 244, l. 16, l'Esculape n° 29, il faut lire : n° 99.

P. 312, n° 396, l'original du vase n'est pas à Moulins ; il n'en existe qu'un moulage au musée de cette ville. Un vase semblable existe au Cabinet des médailles, voir *Catalogue des Bronzes*, n° 1420.

P. 359. Le moulage du musée de Saint-Germain sur lequel a été fait le dessin de la main des Velaunii est mutilé, l'original a encore l'index et le petit doigt. Cf. *Catalogue des Bronzes*, n° 1065. De plus le dessin paraît représenter le dessus d'une main gauche, en réalité c'est une main droite et l'inscription est sur la paume.

La notice sur *Dis pater* eût été mieux placée en appendice. Pourquoi interrompre la description des bronzes du Musée par une dissertation et par un petit catalogue d'objets intéressants mais qui ne sont pas à Saint-Germain?

— Le tome IV de la *Bibliothèque des monuments figurés grecs et romains* ne sera pas l'un des moins précieux pour les archéologues. Quand on songe que ce seul volume tient lieu de 13 tomes : 8 in-folio, 4 in-quarto et un in-octavo, tous d'un prix très élevé et dont quelques-uns étaient à peu près introuvables, on est heureux et reconnaissant à M. Salomon Reinach du travail qu'il a entrepris. Sur 137 planches, on trouve ici réunies 2150 reproductions de pierres gravées.

Dans sa préface, M. S. Reinach justifie la méthode qu'il a suivie dans son commentaire et indique pourquoi il a préféré les gravures aux reproductions faites par un procédé photographique. Ces dernières, excellentes quand il s'agit d'une statue, d'un bas-relief ou en général d'un monument d'assez grande dimension, sont ordinairement mauvaises quand il s'agit d'intailles, comme sont la plupart des pierres gravées. On a peine à distinguer le sujet figuré sur la pierre.

Le commentaire contient tous les renseignements nécessaires : diamètre, nature de la pierre, histoire du monument, bibliographie. De tous les ouvrages précédents M. S. Reinach a extrait la substance et supprimé le fatras.

Un difficile problème, pour qui s'occupe de pierres gravées, c'est incontestablement de distinguer les monuments vraiment antiques des imitations de la Renaissance. Le plus compétent hésite souvent et ne peut, en tout cas, se prononcer qu'après une étude personnelle de l'objet lui-même. M. S. Reinach ne pouvait entreprendre un semblable travail; il s'est contenté de marquer d'une astérisque les pierres suspectes, c'est-à-dire celles que certains détails archéologiques ou certaines particularités de composition empêchent de regarder comme antiques. Quant aux autres, il est prudent, la plupart du temps, de n'en rien dire sinon qu'on n'a pas de raison de douter de leur antiquité.

M. S. Reinach espère que le volume qu'il vient de publier non seulement contribuera à remettre en honneur une étude frappée d'un injuste discrédit, mais encore qu'il inspirera les artistes et les poètes. Nous nous associons volontiers à ce vœu.

— M. A. de Ridder a profité de son séjour à Athènes, pour continuer la série des catalogues si bien inaugurée par MM. Collignon et Martha. L'objet de ses études a été la double collection de bronzes qui se trouve au musée de la Société archéologique et à l'Acropole.

Les bronzes de la Société archéologique proviennent soit des fouilles de cette société, soit de collections formées en Grèce, soit enfin de dons et d'achats faits surtout à Athènes. Si l'on compare les monuments que renferme cette collection à ceux d'autres musées, de celui de Naples, par exemple, on trouvera sans doute qu'elle ne contient que peu de morceaux de premier ordre, mais elle est composée de pièces dont l'origine et le travail sont purement helléniques. Presque partout ailleurs les œuvres ambiguës abondent. On trouve un mélange singulier d'œuvres grecques, étrusques, italiotes, romaines et gallo-romaines. M. A. de Ridder insiste sur ce point dans sa préface et avec juste raison, car c'est là ce qui fait l'intérêt particulier de la collection. On peut y suivre les phases successives de la lente évolution de l'art grec depuis ses origines. On peut y constater les caractères propres aux différentes écoles. Si le touriste est tenté de passer rapidement à travers ces galeries, l'archéologue s'y arrêtera longtemps, car il n'est peut-être pas de collection plus précieuse pour l'étude.

Le catalogue de M. A. de Ridder est fait d'après une excellente méthode. Dans la préface, il indique par quels objets sont représentées les différentes séries : bronzes primitifs, bronzes béotiens, reliefs argivo-corinthiens, écoles du Péloponèse, figurines attiques, art hellénistique, bronzes d'époque romaine. Le classement adopté est un simple groupement par matières. La première partie comprend les instruments, les vases, les objets de toilette, les armes et les objets servant à la palestre, les instruments de métier; la seconde comprend les figurines et les appliques. En tête de chaque subdivision, l'auteur donne une idée générale et un groupement des objets qui sont ensuite décrits un à un. A chaque numéro l'auteur indique la provenance, les dimensions et donne la bibliographie[1]. D'excellentes tables terminent le volume. On y trouve

1. Pour les indications bibliographiques M. A. de Ridder a une

toutes les indications nécessaires aux recherches soit qu'on veuille étudier une série d'objets de même nature, soit qu'on s'attache à ceux qui sont de même origine. Enfin l'auteur indique la concordance des numéros de son catalogue avec ceux de la société archéologique et avec ceux du musée central. Cinq belles planches en héliogravure et treize bois reproduisent les pièces les plus intéressantes ; il est à regretter que les dessins ne soient pas plus nombreux, mais chacun sait que cela dépend non de la bonne volonté de l'auteur, mais des ressources dont il dispose.

— Grâce à une subvention accordée par l'Académie des inscriptions et belles-lettres sur les fonds du legs Piot, le *Catalogue des Bronzes trouvés sur l'Acropole d'Athènes* est au contraire illustré de 210 figures, reproduites par un procédé photographique. L'intérêt et l'utilité du livre sont par là doublés et l'auteur a pu diminuer de beaucoup les indications bibliographiques [1].

La préface est une étude d'ensemble sur les pièces décrites dans le catalogue. M. A. de Ridder exprime le regret qu'au cours des fouilles on n'ait pas noté avec soin la couche de terrain où chaque objet a été trouvé. Le remblai formé après l'invasion perse est régulièrement stratifié, on aurait donc eu par là un élément de première importance pour la classification chronologique.

Malgré cet oubli irréparable, l'ensemble de la collection peut néanmoins servir de base à l'étude des origines de l'art attique depuis l'époque mycénienne jusque vers le milieu du ve siècle. On a trouvé, en effet, sur l'Acropole de nombreux bronzes semblables à ceux de Mycènes ; ce sont des armes et des instruments.

---

méthode bizarre d'abréviation. Tantôt il donne le nom de l'auteur, tantôt celui de la ville où est le Musée. La collection du Musée de Berlin est désignée par le nom de *Friedrichs*, celle de Karlsruhe par le nom de la ville, celle de Vienne par le nom de *Sacken*. N'eût-il pas été préférable de donner toujours le nom de la ville ou du Musée ? De plus dans la liste des abréviations il eût dû transcrire en entier le titre de l'ouvrage. Dans les notes, tantôt il met en italique le nom du lieu, tantôt celui de l'auteur. On lit par exemple à la page 97, n. 4, Ohnefalsch-Richter, *Cypros* et, à la note 5, Defenneh, *Fl. Petrie*. Comment s'y reconnaître ?

1. La remarque que nous avons faite au sujet du précédent catalogue, s'applique également à celui-ci.

Quelques statuettes appartiennent à l'âge de transition qui précède la période du Dipylon; une d'elles rappelle certaines terres cuites de Tirynthe. D'autres, surtout des figurines viriles, procèdent des idoles dites *cariennes* et que M. de Ridder appelle, peut-être plus exactement, *égéennes*, mais elles offrent des particularités assez marquées pour qu'on puisse admettre qu'il y avait en Attique un centre de fabrication, comme il y en avait à Delphes et en Elide. Ici on constate l'influence de l'art rhodien, là des ressemblances avec des objets assyriens, dans la forme du casque, par exemple. Le style géométrique est représenté par plusieurs spécimens, mais M. de Ridder ne peut comprendre qu'on applique cette expression à des statuettes ou à des animaux.

Un des passages les plus curieux de cette préface ce sont les pages où M. de Ridder soulève à nouveau la question de savoir en quoi consiste l'ionisme, caractérise les trois écoles qu'on peut appeler ioniennes et montre leur influence sur la formation de l'art attique. Enfin, et c'est encore une conception originale, il nie l'existence des écoles péloponésiennes, tout au moins à une date antérieure au ve siècle.

Le *Catalogue des bronzes trouvés sur l'Acropole* mérite donc une attention toute particulière de la part des archéologues. Si quelques-unes des théories exposées dans la préface sont contestées, personne du moins ne refusera à M. de Ridder le mérite d'avoir nettement posé les problèmes et d'avoir fourni en même temps tous les éléments d'une sérieuse discussion.

Emile BEURLIER.

---

83. — Henri Cons. **Précis d'histoire du commerce**, 2 vol. in-8° de xi-328 et 393 pp. Paris, Berger-Levrault et Cie, 1896.

Résumer un précis n'est pas chose commode, puisqu'un précis est, par lui-même, un résumé. Celui-ci me met à l'aise. Sous ce titre modeste, c'est une véritable histoire du commerce universel depuis ses origines, — voisines un peu du déluge, — jusqu'en 1893, que M. Cons vient de nous donner. En deux volumes assez minces, il a su tracer le tableau, fidèle toujours, brillant parfois, de l'évolution commerciale de l'humanité, faire l'étude exacte et animée des circonstances qui la favorisèrent ou la retardèrent.

Souvent, un manuel élémentaire impose plus de peine et exige plus de talent qu'un traité approfondi en vingt volumes. M. Cons semble l'avoir prouvé.

La composition de son livre est simple, presque géométrique. Il est divisé par périodes. Mais aux divisions adoptées par la plupart des historiens du commerce, M. Cons a préféré les divisions en usage pour l'histoire générale elle-même. On ne peut que l'en féliciter. Distinguer dans l'histoire commerciale, comme le voulaient, je crois, Heeren et Scherer, trois périodes, d'après les procédés du commerce lui-même, c'est une classification séduisante, mais dangereuse dans son absolu. Le cadre qu'elle fournit, suffisant pour les temps anciens, devient trop étroit bien vite. En l'an de grâce 1896, en pleine « Ere du Crédit », combien de peuples en sont encore aux modes d'échange moins perfectionnés par la monnaie, voire par le troc ? Faudra-t-il donc les étudier à côté des premières sociétés humaines ? D'autre part, comment déterminer avec précision le moment où l'usage de la monnaie est venu faciliter les transactions ? A quelle date fixerons-nous le début de la période dite du crédit, quand nous savons que pendant la plus grande partie du moyen âge, la lettre de change, inconnue au plus grand nombre des marchands, était cependant employée, et d'une manière courante, par les Juifs et les Lombards ? Telle autre division en honneur, celle de Karl Bucher, par exemple (Périodes de l'*Economie domestique fermée*, de l'*Economie urbaine*, de l'*Economie nationale*, de l'*Economie internationale*), présente le même caractère artificiel, le même inconvénient de se mal adapter aux faits. Bucher définit la première, « celle pendant laquelle les biens étant consommés aux lieux mêmes de leur production, les échanges se faisaient uniquement par *colportage*, dans un cercle très restreint et se réduisaient à un minimum », et il étend cette définition à tous les siècles écoulés depuis l'origine jusqu'au xie siècle de notre ère. Voici donc les Phéniciens traités de « colporteurs » !

M. Cons ayant voulu éviter ces hérésies qu'inspire l'esprit de système, a tout simplement pris les vieilles divisions. Il n'a pas négligé, du reste, de caractériser chacune des époques ainsi délimitées et il l'a fait en très bons termes, se gardant toujours des formules rigides. Au sujet de la période contemporaine notamment, il s'exprime ainsi : « Elle répond à une merveilleuse efflorescence

» du commerce, à l'apogée de son histoire. Tout a tourné à son
» profit, les découvertes de la science, comme les rêveries des phi-
» losophes, les perfectionnements de l'industrie comme les har-
» diesses des financiers. Les applications de la vapeur et de l'élec-
» tricité, la multiplicité des moyens de communication et la rapi-
» dité des transports, la sécurité des routes terrestres et maritimes
» ont mis à sa disposition des ressources inattendues ; les gran-
» des explorations continentales, inspirées à la fois comme au xv^e
» siècle par les mobiles les plus variés, religieux, mercantiles,
» humanitaires et scientifiques, le peuplement et la mise en va-
» leur de nouvelles terres, le réveil de nations assoupies, l'entrée
» dans le mouvement économique universel de contrées jusqu'a-
» lors fermées au commerce européen, les aspirations à la frater-
» nité universelle, l'application de nouvelles doctrines économiques
» ont élargi dans des proportions inouïes son cercle d'action. En-
» fin le développement du crédit, l'association des capitaux, les
» grandes compagnies financières et commerciales lui ont donné,
» dans la vie économique du globe, une part qu'il n'avait jamais
» connue et, dans la hiérarchie des professions, un rang que ses
» plus hardis partisans n'auraient jamais osé espérer pour lui [1]. »
Cette période, » ajoute l'auteur, « commence en 1848, année qui
» ouvre, par la découverte des mines d'or de la Californie, une
» nouvelle ère économique, comme par la Révolution française de
» février et l'établissement du suffrage universel, une nouvelle ère
» politique. »

On voit, par cette dernière citation, l'avantage du plan que j'ai signalé plus haut. Il permet de suivre la concomitance de l'histoire du
commerce avec l'histoire politique et morale, et la première, traitée dans cet esprit, devient, ce qu'elle est réellement, un chapitre,
non le moins curieux, — de l'histoire des civilisations. Ajouter
que M. Cons, professeur d'histoire dans une de nos Facultés, parle
avec compétence de ce qu'il nomme les « grands événements »,
pourrait avoir l'air d'une épigramme. Elle s'adresserait non à lui,
mais à certaines histoires commerciales antérieures qui nous éton-
nèrent, il n'y a pas longtemps, en attribuant aux Celtes les monuments mégalithiques, aux soldats d'Omar la destruction de la

[1]. T. I, p. 5.

bibliothèque d'Alexandrie, et en faisant de Tyr, d'après des documents unanimement rejetés aujourd'hui, une grande ville de 200.000 âmes ! Inutile d'affirmer que rien de pareil ne se rencontrera dans cette œuvre d'un historien de profession.

De son évocation continuelle de l'histoire générale M. Cons n'a jamais oublié le but immédiat, à savoir l'influence de tel ou tel fait politique ou social sur un point déterminé du développement commercial. C'est dire qu'il est bref dans ces digressions nécessaires et que, nulle part, il n'empiète sur la science voisine, se bornant à lui emprunter les données indispensables à l'explication des faits. Très prudentes, d'ailleurs, ces explications seront, je crois, acceptées de tous, sauf en un petit nombre de cas. Pour ma part, je regrette seulement que l'auteur n'ait point traité plus complètement l'action du christianisme sur les progrès économiques. La nie-t-il ? Une phrase du tome I⁰ʳ (p. 99) le donne à entendre, phrase d'autant plus surprenante qu'elle tient pour démontré que « les Conciles ont proscrit le commerce » ? Dix pages auparavant, M. Cons admettait pourtant que « le clergé avait le mieux conservé, dans les couvents surtout, les éléments d'une restauration économique » et mentionnait, de plus, en ce qui concerne les foires, l'origine ecclésiastique de la chose et du mot (*feriae*). Sur cette question, il y a, n'est-il pas vrai ? comme deux opinions successives et contradictoires. Cette unique réserve faite, je me permets de recommander les chapitres sur les Croisades, les découvertes portugaises et espagnoles au début des temps modernes, la Renaissance et la Réforme, les applications de la science à l'industrie, comme des modèles d'analyse historique.

Mais M. Cons est géographe autant qu'historien et c'était pour lui une chance de plus d'éclairer son sujet, en montrant à quelles fatalités de milieu, de climat et de race sont soumis les faits, surtout les faits de la vie extérieure et matérielle. Certaines parties de son travail, entre autres celles qui se rapportent à l'histoire économique des États neufs de l'Amérique, ne pouvaient être intelligibles qu'étudiées géographiquement. Elles sembleront d'autant meilleures que les données géographiques les animent, mais ne les encombrent point. Ici comme précédemment, M. Cons reste fidèle aux idées qu'il a exprimées dans sa préface sur la tâche de l'histoire du commerce ; il croit à son existence indépendante et il la démontre par sa répugnance à s'attarder dans des considérations trop étendues, à narrer par le menu récits de voyages et de découvertes qui, cependant, ne sont séparés du sujet même que par une ligne imperceptible. Aussi discrets, aussi raisonnés sont les emprunts à l'histoire de l'agriculture, de l'industrie, des transports et de la colonisation. Et là encore, notons-le, la tentation était bien forte de s'étendre sur les éléments colonisateurs, les procédés de colonisation, les modes d'exploitation, de régie, de mise en valeur des colonies, les règlements commerciaux qui les concernent, toutes choses qui ont si profondément changé la vie commerciale des pays colonisés et, par réflexion, le négoce universel lui-même. Personne ne se serait plaint de détails un peu copieux sur d'aussi attrayantes questions. Tout le monde doit savoir gré à l'écrivain de s'en être abstenu, pour parvenir plus vite à son terme.

Mais la méthode vigoureuse de M. Cons, la rectitude de son plan, sa sobriété sont encore moins à louer que son attitude vis-à-vis de ce qui s'appelle la science économique. Il s'imagine lui devoir beaucoup. J'affirme qu'il se trompe. Ce n'est pas à l'économie politique, c'est à son histoire qu'il a beaucoup pris. On voit la différence. Certains de ses prédécesseurs, très lus toujours, s'ils nous séduisent par l'originalité de leurs vues, nous effrayent aussi par la désinvolture avec laquelle ils forcent les faits historiques, pour leur arracher des arguments en faveur de la protection ou du libre-échange, par la complaisance avec laquelle ils discutent, — ou excommunient, — les théories qui ne sont pas les leurs. Le *Précis* n'a pas de théories. Pour lui, la vérité économique n'est pas une ; les doctrines et les solutions imaginées pour expliquer, et, au besoin, pour augmenter la production des richesses se doivent juger par leurs résultats, résultats du reste, infiniment variables selon les époques et les milieux. A d'autres donc la superstition, la hantise des dogmes fabriqués de toutes pièces par les métaphysiciens de l'Economie politique ! Le savant professeur de Lille ne s'est inquiété d'eux que dans la mesure des modifications qu'ils ont fait subir à la vie commerciale. Il les connaît, au surplus, à fond, et, sans se prononcer pour aucun, il les expose avec une précision à rendre jaloux les Pontifes de l'Economie. On lira, dans ce genre, les chapitres XIX du t. I, I, V, VII et VIII du t. II avec intérêt. Je ne sais pas de pages plus claires sur le colbertisme, la doctrine des

Physiocrates, et le *laissez faire, laissez passer* ; et il n'en est, certes, pas de plus impartiales. En un temps où tous se croient obligés d'avoir comme une religion sur ces matières, — même les facteurs d'orgues mécaniques — une pareille indépendance est plus qu'un acte de sagesse ; elle est un acte de courage. Et si l'on sait que le livre de M. Cons, publié par la Bibliothèque d'Enseignement commercial, s'adresse avant tout aux élèves des Ecoles supérieures, on lui sera doublement reconnaissant. L'histoire du commerce, entendue comme il l'entend, ne pourra que développer, qu'aguerrir chez ces jeunes gens, appelés à diriger la vie économique du pays, cette science économique expérimentale si nécessaire, et si obscurcie, cependant, par les chinoiseries d'école.

En résumé, le *Précis d'histoire du Commerce* paraît destiné à combler une véritable lacune. Agréablement écrit, il se lit avec plaisir. Pourvu de sommaires et de tables soignés, ainsi que d'une bonne bibliographie [qu'on voudrait pourtant alphabétique], il se consulte sans effort. Plus complet que le manuel du regretté Pigeonneau qui s'était restreint à la France, plus méthodique que tel ou tel autre, il se recommande par son inspiration que je me permets de qualifier d'anti-confessionnelle. La seule critique que lui pourraient adresser les grincheux, c'est la rareté des références. Le caractère même de l'ouvrage écarte l'objection. Et puis, nous savons tous trop ce que cache souvent d'erreurs l'étalage des citations, pour aller reprocher à l'architecte, qui a fait disparaître ses échaufadages, d'avoir bâti sur le sable.

L. Lejeal.

84. — **La Déportation ecclésiastique sous le Directoire.** Documents inédits recueillis et publiés pour la Société d'histoire contemporaine, par Victor Pierre. Paris, Alphonse Picard et fils, 1895, xxxix-488.

Ce recueil de documents sera consulté avec fruit par tous ceux qui s'occupent de l'histoire de la Révolution en général et plus spécialement par ceux qui étudient l'attitude du clergé français durant cette époque néfaste.

M. Pierre divise son travail en deux parties. Dans la première se trouvent les arrêtés de déportation, de vendémiaire an VI à vendémiaire an VIII, c'est-à-dire de septembre 1797 à septembre 1800.

La seconde partie contient les rapports d'arrêtés, pendant la même période. Il va sans dire que la première partie est de beaucoup la plus considérable; le gouvernement révolutionnaire n'ayant jamais beaucoup aimé revenir sur des mesures tyranniques prises par lui à l'égard de l'Eglise catholique et de ses ministres.

Pour se faire quelque idée de l'effroyable arbitraire qui régnait alors sous le nom de République et de Liberté, il faut parcourir ces listes interminables de victimes, et cette longue série d'arrêtés où s'étale, dans toute sa crudité, le cynisme de ces *Pourris* dont Barras est demeuré le type le plus mémorable, le mieux réussi. Dans la savante et curieuse introduction qui ouvre ce recueil de documents, M. Victor Pierre cite les deux articles de la loi du 19 fructidor an V (mardi 5 septembre 1797) en vertu desquels s'exerça le redoublement de persécution dont furent l'objet les prêtres insermentés; les voici :

« Art. xxiii. La loi du 7 de ce mois qui rappelle les prêtres déportés est révoquée.

» Art. xxiv. Le Directoire exécutif est investi du pouvoir de déporter, par des arrêtés individuels motivés, les prêtres qui troubleraient dans l'intérieur la tranquillité publique. »

La vague de cette expression *troubler la tranquillité publique* donnait libre carrière aux tyrans et à leurs complices, les pourvoyeurs de la *guillotine sèche*. Porter en secret les secours de la Religion à un malade, baptiser les enfants ou les catéchiser dans une grange, célébrer les saints mystères, la nuit, au fond des bois, etc., le prêtre qui se permettait ces actes, s'il était dénoncé, se voyait condamné comme perturbateur de la *tranquillité publique*. Et comme les insermentés, en général, étaient soupçonnés, non sans motif cette fois, de ne pas être dévoués, corps et âme, au régime républicain, le persécuteur-né de leurs croyances et de leurs personnes, on les qualifiait d'ennemis du gouvernement, de semeurs de troubles et de partisans de la contre-révolution ; on les accusait d' « agiter les brandons du fanatisme ».

La simple lecture de ces arrêtés publiés ainsi sans commentaire est des plus instructives. On y saisit sur le vif cette haine irréconciliable de la Révolution contre le Catholicisme, cet esprit sectaire dont nos athées modernes ont hérité et qui se manifeste sous nos yeux par des vexations odieuses, lorsqu'elles ne sont pas purement grotesques. Alors, comme aujourd'hui, le Catholicisme était l'*ennemi* par excellence, celui qu'il fallait abattre et détruire, coûte que coûte, la France dût-elle périr avec lui ; et elle eût péri, en effet, si Bonaparte n'était venu l'arracher brutalement aux mains imbéciles de ce gouvernement inepte qui s'était épuisé à tourmenter inutilement de pauvres prêtres inoffensifs, dont le seul crime était de ne pas vouloir quitter le culte établi par le Christ pour celui que venait de fonder La Révellière-Lepaux, l'un des Directeurs, à qui Bonaparte disait un jour : « M. La Révellière, si vous voulez assurer le succès de votre religion, faites-vous crucifier pour elle », conseil que se donna bien garde de suivre l'auteur gibbeux de la Théophilanthropie.

A. ROUSSEL.

CORRESPONDANCE

LETTRE DE M. CHABOT
AUX DIRECTEURS DU *Bulletin critique*.

Messieurs,

Le *Bulletin critique* a publié dans son n° du 15 juin 1896 un article de M. F. Nau sur mon édition de la Quatrième partie de la Chronique de Denys de Tell-Mahré. Je vous prie de vouloir bien insérer les observations et rectifications suivantes.

L'article contient deux choses : 1° un dénigrement systématique de mon ouvrage (ce que M. Nau appelle donner une idée de son contenu) ; 2° une discussion sur l'auteur de l'ouvrage.

I. Je passerais volontiers le premier point sous silence, le ton même de l'article montrant bien qu'il est inspiré par des sentiments tout autres que l'amour de la vérité ; mais la critique de M. N. atteint indirectement et les orientalistes distingués qui ont donné un rapport favorable sur mon travail [1] et la commission qui aurait autorisé la publication aux frais de l'Ecole des Hautes Etudes d'un ouvrage sans valeur.

Les deux arguments principaux de M. N. sont : 1° que M. Martin méprisait la moitié du texte édité par moi ; 2° que ce texte ne contient « *que* signes dans le ciel, tremblements de terre, invasions

---

1. MM. Carrière et H. Derembourg.

de sauterelles, guerres et exactions de toute nature. » Je réponds :
1° En citant avec complaisance les paroles de M. Martin, M. N. aurait dû dire que M. Martin écrivait cela, en 1867 (la date y est de sa main), alors qu'il savait à peine le syriaque, comme le prouve suffisamment sa copie qui fourmille de fautes, à ce point qu'ayant ensuite publié d'après cette copie la Chronique de Josué le Stylite, Wright ne put l'expliquer à ses écoliers et dut en faire une seconde édition d'après le ms. original [1]. 2° La Chronique contient bien tout ce que M. N. y signale. Ne contiendrait-elle que cela qu'elle aurait son intérêt philologique, comme l'ont reconnu dans leur compte-rendu des orientalistes tels que M. Clermont-Ganneau [2] et M. Duval [3]. Si M. N. n'y a vu *que* cela, c'est que l'histoire orientale est sans doute moins familière que les sciences exactes à M. N. mathématicien distingué. En réalité, il n'y a pas *que* cela. Assemani a donné (dans sa *Bibliotheca orientalis*, t. II, p. 99-116) des *seules* données historiques de cette partie de la Chronique, une simple *analyse* qui occupe trente-quatre colonnes in-folio.

II. Le verbiage de M. Nau relativement à l'auteur de la Chronique se réduit à ceci. 1° Cet auteur ne peut être Denys ; et 2° j'ai eu tort d'adopter l'opinion d'Assemani dont l'absurdité se reconnaît au simple examen. Voici ma réponse.

1° Les arguments de M. Nau, bien que purement négatifs, ne sont pas sans valeur. Ils auraient gagné à être présentés sur un autre ton. Il en est même un qu'il n'a pas invoqué et qui me paraît très fort en faveur de sa thèse. C'est que l'auteur parlant de la région d'Amida, de Mardin, de Nisibe dit toujours qu'on *vient*, ou qu'on *s'en va* de ce pays ; ce qui semble impliquer qu'il y vivait. Or, il ne paraît pas que Denys y ait vécu. Cette difficulté m'avait frappé ; mais ne sachant si Assemani ne s'était pas appuyé sur quelque indice du ms. pour attribuer la Chronique à Denys, et comme nous ne connaissons pas les détails de la vie de celui-ci [4],

1. Il est à noter que M. Martin a copié la fin du ms., et a laissé de côté le milieu, par suite de la transposition des cahiers 21 et 22, qu'il n'a pas remarquée.

2. Académ. des Inscrip. et B. Lettres, *Comptes-rendus*, févr. 96, p. 68.

3. *Journal Asiat.* mars-avr. 1896. pp. 353-54.

4. Et à ce propos, M. N. croit avoir trouvé trois détails autobiographiques que je ne cite pas. Cela n'est vrai que pour le premier

je n'ai pas voulu toucher à cette question avant d'avoir vu le ms. original. J'ai tout simplement adopté l'opinion d'Assemani. Depuis lors, j'ai vu le ms. Je n'y ai rien trouvé qui puisse être invoqué en faveur de Denys. Il est donc entendu qu'Assemani lui a attribué l'ouvrage par conjecture. Cette conjecture est-elle aussi invraisemblable que l'affirme M. Nau ? Non. Et en voici la preuve.

2° Un historien qui a écrit un ouvrage aussi important (quoi qu'en dise M. N.) ne serait pas demeuré inconnu au moins de nom de nombreux chronographes jacobites postérieurs. La chronique a été rédigée en 775. On ne connaît à cette époque le nom d'aucun historien excepté celui de Denys, qui d'après son propre témoignage avait déjà composé des ouvrages historiques avant son élection patriarcale en 817. Il était donc naturel de songer à lui attribuer cette Chronique. Point n'est besoin pour cela d'en faire un écrivain au berceau. Il suffit d'admettre qu'il vécut 90 ans. Il aurait eu 20 ans en 775. Mais c'est un vieillard qui écrit en 775, dit M. N. La preuve en est dans son ton larmoyant et sa connaissance de la Bible. Si jamais M. N. fréquente les orientaux il apprendra que le ton larmoyant n'est pas un indice de la vieillesse. La Bible était presque l'unique livre de lecture dans les écoles, et les enfants l'apprenaient par cœur. Il y a à la Bibliothèque Nationale un ms. syriaque qui porte une note disant qu'il fut écrit par un écolier de 13 ans. C'est une copie, bien entendu. Mais les trois premières parties de la Chronique ne sont, elles aussi, qu'une compilation. Pourquoi Denys n'aurait-il pu la faire à 20 ans ? Sa jeunesse même expliquerait l'inexpérience dont il fait preuve dans la partie ajoutée à sa compilation. Il n'y a donc là rien d'invraisemblable.

Je ne veux pas m'arrêter à relever certaines inexactitudes de dé-

que voici intégralement: « Je fus un de ceux-là dit Denys », c'est-à-dire un de ceux qui priaient pendant que les autres combattaient lors du siège d'Edesse en 814. — Le second consiste en ces mots : « Mâmoun descendit en Egypte et le patriarche Denys avec lui », le 3e est relatif à la rencontre de Denys et du fils du roi de Nubie, à Bagdad. J'ai cité ces deux faits dans mon Introduction. — Je ne m'arrête pas à relever les autres imputations ou insinuations malveillantes. Je crois avoir suffisamment montré que l'auteur s'est laissé aveugler par son animosité.

tail: je me propose de reprendre et de traiter d'une manière scientifique la question d'histoire littéraire soulevée par M. Nau.

Que l'auteur de la Chronique soit Denys ou un inconnu, cela n'empêchera que cet ouvrage (je parle de l'ensemble) restera un des ouvrages historiques les plus importants de la littérature syriaque et le plus important de son siècle.

M. Nau avait le droit de discuter l'authenticité de la Chronique et d'apporter à l'appui de son opinion, des preuves dont je me plais à reconnaître la valeur. Il l'a fait, et il a eu raison : la science ne peut qu'y gagner.

M. Nau avait envie de discréditer mon ouvrage et de faire croire que je suis tombé dans une absurdité, manifeste au simple examen du livre. Il l'a fait, et il a eu tort [1].

D^r. J. B. CHABOT.

CHRONIQUE

57. — M. l'abbé A. M. P. Ingold publie, d'une part, un petit volume (*Miscellanea Alsatica. Deuxième série.* Colmar, H. Huffel, Paris, A. Picard, 1895, in-8° de 172 p.) et, d'autre part, une courte brochure (*Les Bénédictins de Munster en Alsace et la question de l'auteur du livre de l'Imitation de Jésus-Christ.* Paris, A. Picard, 1896, gr. in-8· de 21 p.) La brochure ajoute beaucoup à ce que l'on savait déjà par Dom Calmet (1751),

---

1. P.-S. — Cette lettre était déjà imprimée lorsque j'ai eu connaissance d'un article de M. Th. Noeldeke, daté du 24 février 1896, (*Wiener Zeitschr. f. d. kunde d. Morgenl.*, t. X, pp. 160-170). L'éminent orientaliste allemand pense aussi que la chronique n'est pas de Denys, mais d'un écrivain inconnu antérieur de 70 ans. Il fait un certain nombre de remarques critiques sur mon édition, et y relève quelques erreurs de détail. — Cela ne l'empêche pas de reconnaître l'importance de l'ouvrage, ni d'écrire des phrases comme celles-ci : « Herr. J. B. Chabot hat sich durch die sorgfältige Edition und Uebersetzung ein neues Verdienst um Litteratur und Geschichte des Orients erworben » (p. 162) — Die Uebersetzung ist, soweit ich sie geprüft habe, mit Sorgfalt gemacht und hat mir für die Verständniss hier und da gute Dienste geleistet (p. 168). — Herrn Chabot danke ich zum Schluss noch ausdrücklich dafür, dass er dieses Werk nicht bloss den Orientalisten, sondern *auch allen Freunden orientalischer Geschichte* zugänglich hat (p. 170).

par Dantier (1857), de la part que prirent les Bénédictins alsaciens de l'abbaye du Val-Saint-Grégoire ou de Munster à la célèbre contestation sur l'auteur de l'*Imitation*. L'abbé Ingold a retrouvé de précieux documents à ce sujet dans les Archives de la Haute-Alsace, notamment des lettres de Dom Robert Quatremaires, de Dom Antoine de Lescale, de Dom Ignace Philibert. Nous louerions sans réserve cette savante brochure si l'auteur n'avait eu le tort, en citant une étude de Pohl où sont résumés les plus récents travaux sur la question (Kempen, 1894), de dire que la dispute « paraît terminée au profit de Thomas à Kempis. » Nous croyons que la cause de ce dernier ne sera jamais définitivement triomphante. — La 2ᵉ série des *Miscellanea Alsatica* contient les morceaux suivants : I. *Schœpflin et Gerbert : quinze lettres inédites de l'auteur de l'Alsatia illustrata* (d'après les autographes conservés à l'abbaye de Saint-Paul-en-Carinthie) ; II. *Conjectures sur Pierre l'Ermite et les origines de la maison de Savoie*, par le R. P. François Balme, des frères prêcheurs (à propos d'une charte de la fin du XIᵉ siècle) ; III. *Le bréviaire de Strasbourg : trois lettres inédites de Grandidier à Dom Berthod* ; IV. *Une inscription funéraire de Geoffroi de Kaysersberg à Pont-à-Mousson, 1358*, publié par A. Benoît ; V. *Anecdota Murbacensia* ; VI. *Comment une Colmarienne de la haute société écrivait le français au siècle dernier* ; VII. *Extraits de l'itinéraire du P. Burger* ; VIII. *Jean Évangéliste Zœpffel, évêque de Liège* ; IX. *Les derniers d'Andlau-Wittenheim ;* X. *Le tombeau de Mgr Berdolet à Aix-la-Chapelle* ; XI. *Sainte Odile était-elle Bénédictine ou chanoinesse ?* ; XII. *Ingoldiana* (1. Lettres d'armoiries de Nicolas Ingold. 2. Henri Ingold. 3. Jean Bernard Ingold, chanoine de Lautenbach. 4. La Mère Angélique Ingold). Le recueil est orné de cinq gravures et de bon nombre d'excellentes notes.

T. DE L.

58. — M. Hamy a offert à l'Académie des inscriptions et belles-lettres un ouvrage qu'il vient de publier sous ce titre : *Le Muséum d'histoire naturelle il y a un siècle, description de cet établissement d'après les peintures inédites de Jean-Baptiste Hilair.*

Ce travail a pour base une collection de dix belles aquarelles reproduites en phototypie et qui représentent le Jardin des Plantes en 1794. Elles sont signées du nom de J.-B. Hilair, le compagnon de voyage de Choiseul-Gouffier et l'auteur du plus grand nombre de dessins ou peintures qui ont servi à l'illustration du célèbre *Voyage pittoresque en Grèce*. Il n'est pas indifférent de constater avec quelle fidélité travaillait le consciencieux artiste qui a dessiné, au dernier siècle, tant de monuments de l'antiquité grecque aujourd'hui disparus. L'examen des planches qui représentent le Jardin des Plantes de 1794, en mettant en relief la merveilleuse exactitude de J.-B. Hilair, vient donner à son œuvre tout entière d'archéologie et d'ethnographie un caractère de sûreté et de précision qui en augmente considérablement l'importance scientifique.

59. — M. L. Delisle a présenté à l'Académie des Inscriptions et Belles-Lettres un ouvrage de M. Le Mire intitulé : *A propos du centenaire de madame de Sévigné.* C'est un curieux exemple de la façon dont une légende peut se créer en plein xixe siècle et arriver, en moins de cinquante ans, à trouver place, non seulement dans les livres de vulgarisation, mais encore dans des ouvrages qui passent à bon droit pour des modèles d'érudition et de critique. Il est généralement admis aujourd'hui que madame de Sévigné est morte de la petite vérole et qu'elle a été précipitamment enterrée, non dans le caveau de la famille Adémar, mais dans une fosse qu'on recouvrit d'un massif de maçonnerie, de sorte que les restes de la marquise purent échapper à la violation de la sépulture des seigneurs de Grignan, en 1793.

M. Le Mire a établi que madame de Sévigné succomba à des accès de fièvre continue. M. de Saint-Surin est le premier biographe qui ait parlé d'une petite vérole, et il l'a fait uniquement parce qu'il a attribué à la marquise de Sévigné ce que le médecin Chambon avait dit en 1714 de la dernière maladie de la comtesse de Grignan, très exactement désignée par les mots « madame de Sévigné, comtesse de Grignan. » Ce n'est pas tout. Il est parfaitement démontré que la marquise de Sévigné a été enterrée dans le tombeau de la famille de Grignan et que ses restes, reconnus en 1793 par les violateurs du tombeau, ont alors été l'objet de la plus indiscrète curiosité. Mais au moment de la Restauration, les habitants de Grignan jugèrent qu'ils avaient intérêt à faire croire que la sépulture de madame de Sévigné avait été épargnée. C'est alors que fut imaginée la fable de l'inhumation précipitée en dehors du caveau de la famille ; et ce qui acheva de donner crédit à cette fable, c'est qu'une enquête administrative prescrite en 1816 par le ministre de l'intérieur aboutit à un procès-verbal de notoriété qui consacrait la légende. La contre-enquête que M. Le Mire a dirigée avec beaucoup de perspicacité a rétabli la vérité sur tous les points.

ACADÉMIE DES INSCRIPTIONS ET BELLES-LETTRES

Séance du 12 juin. — Concours des antiquités nationales : MÉDAILLES : 1re M. G. Kurth, *Clovis;* 2e M. Buhot de Kersers, *Histoire et statistique du département du Cher;* 3e M. Courteaut, *Gaston IV, comte de Foi.* L'Académie a demandé une 4e médaille pour M. d'Herbemès, *Histoire des châtelleries de Tournai.* — MENTIONS : 1re M. l'abbé Mignon, *Origines de la scolastique et Hugues de Saint-Victor;* 2e M. Borelli, *Recherches sur divers services publics aux treizième et quatorzième siècles;* 3e MM. Chaumet et Georges, *Cachettes d'objets en bronze découverts à Saint-Yrieix;* 4e M. Carton, *Découvertes archéologiques en Tunisie;* 5e M. l'abbé Cochart, *La Juiverie d'Orléans du quatrième au quinzième siècle;* 6e M. de Borredon, *Sigillographie de l'ancienne Auvergne.* — M. Viollet est élu membre de la commission d'histoire littéraire, M. Perrot membre de la commission des travaux littéraires, et M. d'Arbois de Jubainville membre du conseil de perfectionnement de l'École des chartes. — M. CAGNAT communique : 1° une note de M. Dominique Novak, de Mahédia, relative aux fouilles faites par lui dans la nécropole punico-romaine de cette localité; 2° une inscription latine trouvée à Lamta, par M. Gauckler; c'est l'épitaphe d'un soldat de la 3e légion Augusta, mort à la guerre, près de Vatari, au nord de l'Aurès. — M. CHAVANNES, professeur au Collège de France, lit un mémoire sur cinq inscriptions chinoises trouvées dans l'Inde et dont M. Foucher a envoyé les photographies et les estampages. La plus ancienne a été gravée sous la petite dynastie des Han postérieurs (947 à 951 ap. J.-C.); trois sont datées de l'an 1022, deux de l'an 1033. M. Chavannes explique la première et, avec les renseignements qu'elle lui fournit, trace le tableau du mouvement religieux qui mit en relations la Chine et l'Inde à la fin du dixième siècle et au commencement du onzième. — M. de VOGÜÉ communique une lettre du P. Lagrange sur la découverte d'une inscription samaritaine à Amaos, l'ancienne Emmaüs, en Palestine. — M. Croiset dit que l'inscription de la base qui portait la statue de bronze récemment découverte à Delphes est métrique; il indique comment elle pourrait être restituée. Il se demande si la statue est le portrait du vainqueur proclamé ou celui du cocher. — M. RAVAISSON présente à cette occasion diverses observations sur le caractère de la statue et sur la polychromie dans l'art grec.

Séance du 19 juin. — M. G. SCHLEMBERGER, président, annonce la mort de M. E. de ROZIÈRE, membre de l'Académie. Il expose sa vie, ses travaux, ses titres aux regrets de l'Académie et lève la séance en signe de deuil.

Henry THÉDENAT.

L'Éditeur-Propriétaire-Gérant : ALBERT FONTEMOING.

Paris. — Imp. A. FONTEMOING.

BULLETIN CRITIQUE

85. — **La Philosophie du siècle,** par E. de ROBERTY. 1 vol. in-8°, 234 pp.

86. — **Agnosticisme,** essai sur quelques théories pessimistes de la connaissance, in-16, 164 pp. par le même. Paris, Félix Alcan.

M. de Roberty appartient à cette école qui se plaît à opposer la science à la métaphysique dans le dessein d'exalter la première. Selon lui, l'ancienne ontologie est inévitablement condamnée. Les conceptions originales de la philosophie contemporaine en ont relégué l'objet dans la région de l'Inconnaissable. Mais l'idée de l'inconnaissable ne correspond à rien de réel, l'Inconnaissable n'est pas : il n'y a que de l'inconnu et si tout n'est pas connu de nous, tout peut l'être. Seulement l'explication définitive du monde, ne sera fournie, les principes premiers des choses ne seront découverts que le jour où, par le rapprochement des résultats particuliers de chaque science, la pensée sera en mesure de saisir ce qu'il y a d'identique dans l'ensemble des faits et des lois qui les régissent. Montrer l'identité radicale des phénomènes, ce sera la tâche de la philosophie de l'avenir, de la vraie philosophie. Telle est la thèse dogmatique que M. de Roberty avait déjà développée dans un ouvrage antérieurement paru : l'*Ancienne et la nouvelle Philosophie*. Il ne se lasse pas de la reproduire dans la *Philosophie du siècle* et dans l'*Agnosticisme* qui font suite à ce livre et le complètent. Toutes les discussions qu'il institue sont inspirées par elle ; toutes tendent à la justifier.

Nous ne saurions, pour notre compte, adopter la définition singulièrement restreinte que M. de Roberty nous propose de la philosophie. Nous estimons que la vieille métaphysique, comme on dit avec dédain, celle qui traite de l'être en tant qu'être, des causes premières, des fins dernières, n'est pas près de disparaître. Si elle doit durer, ce n'est pas « parce qu'elle rencontre aujourd'hui des circonstances qui favorisent son développement, » c'est parce qu'elle étudie des objets réels et connaissables et que l'esprit humain ne peut se désintéresser de ces objets. Nous repoussons donc le phénoménisme de M. de Roberty. Néanmoins nous ne faisons nullement difficulté de reconnaître le bien fondé de quelques-unes des assertions capitales qu'il essaie d'établir : celles-ci en effet sont indépendantes de la fausse idée qu'il nous présente de la nature de la philosophie et de son but. Ainsi nous croyons comme lui que les trois grands systèmes philosophiques du siècle : le Positivisme, l'Évolutionnisme, et le Criticisme dérivent du sensualisme. Que le Positivisme et l'Évolutionnisme soient sortis de la philosophie des sens, personne ne songe à le contester ; mais les disciples plus ou moins fidèles de Kant se refuseraient à rapporter le criticisme à cette même origine. Et certes, il y a une différence profonde entre une doctrine qui voit dans la seule expérience la cause de toutes nos connaissances et celle qui admet l'existence de formes propres à la raison pure, de lois constituant l'essence même de l'entendement, qui professe l'idéalité du temps et de l'espace et affirme le caractère à la fois à priori et synthétique de certains jugements. Comment donc la première a-t-elle pu donner naissance à la seconde ? Serait-ce, comme le déclare M. de Roberty, parce que l'antithèse de ce qui est expérimental et de ce qui est à priori se résout en un vain jeu de l'esprit ? Faut-il dire, à son exemple, que l'apriorisme du chef de l'école criticiste est « plus verbal que réel » ? que les lois de l'hérédité permettent de ramener les jugements à priori à des jugements à posteriori », que la distinction des uns et des autres n'est qu'une distinction « entre les faits plus généraux, les expériences les plus anciennes d'une part, et les faits plus particuliers, les expériences plus récentes d'autre part » ? Non, l'hérédité n'explique pas mieux les principes rationnels que ne fait l'expérience individuelle. Il n'en est pas moins vrai qu'il y a un rapport de filiation entre le sensualisme et le criticisme, et ce rapport ce n'est pas à M. de Roberty mais à Rosmini[1] que nous en demanderons le secret. Le grand philosophe italien l'a découvert avec sa finesse or-

---

1. Rosmini : Saggio storico-critico sulle catégorie. Cap. v.

dinaire d'analyse, et il nous le montre nettement quand il nous dit : « En posant comme un principe, à la suite des sensualistes, que les sens fournissent seuls des objets réels à la connaissance humaine, Kant devait tomber dans le vice de la philosophie transcendantale et dans le subjectivisme ».

Nous sommes plus complètement d'accord avec M. de Roberty pour accuser l'idéalisme critique de Kant et de ses successeurs de supprimer la science. Très volontiers aussi nous faisons nôtres les objections qu'il élève contre l'Evolutionnisme, ses procédés de démonstration et les conclusions que Spencer en tire. L'hypothèse de l'évolution est en vérité le type de l'hypothèse invérifiable. Pour établir la prétendue loi qui, d'après lui, règle toutes choses, Spencer recourt à trois méthodes. « La première consiste à passer en revue toutes les sciences abstraites, toutes les espèces de phénomènes connus ; la seconde à recourir, dans les philosophies spéciales des sciences, aux plus hautes, aux suprêmes généralités ; la troisième à mettre à contribution la connaissance vulgaire, les idées incomplètes, les aperçus vagues, les inductions empiriques qui remplacent les notions précises et les lois encore absentes lorsqu'il s'agit des phénomènes restés en dehors de l'investigation exacte, tels que les faits psychiques et sociaux. Or ce mélange de sources d'information constitue une faute capitale et contre laquelle on ne saurait trop protester. La troisième méthode vicie foncièrement le résultat de l'opération entière. » Pressé de trouver l'unité des choses, Spencer se contente d'affirmer leurs propriétés communes. Il néglige et efface les lignes de démarcation entre les différentes sciences abstraites. Mais son monisme philosophique fondé sur un faux monisme scientifique est arbitraire : il n'est pas démontré.

Le Positivisme, l'Evolutionnisme et le Criticisme aboutissent à la théorie de la relativité de la connaissance : l'absolu dont la métaphysique se flattait de pénétrer la nature est proscrit comme inconnaissable. Cette théorie de l'inconnaissable est « le pessimisme de la théorie de la connaissance ». Elle mène infailliblement « au culte de l'ignorance ». Mais l'inconnaissable est une chimère. « Ce qu'il faut affirmer c'est l'inconnu. » « Et entre l'affirmation de l'inconnaissable et celle de l'inconnu il y a non pas un abîme — (ces comparaisons doivent être laissées à la poésie et à la rhétorique —)

mais une évolution mentale considérable, une foule de progrès successifs, d'acquisitions nouvelles et importantes dans les domaines connexes de la biologie, de la sociologie et de la psychologie. Il faut avoir parcouru un certain nombre de stades dans le champ du progrès, si vaste qu'il paraît illimité ; il faut non seulement avoir amassé mais aussi organisé en corps de doctrines scientifiques, beaucoup de connaissances très spéciales, pour être définitivement préservé et garanti contre cette illusion si tenace, cette tentation si étrange, cette possession de l'esprit si curieuse. Elle consiste, voulant faire la part de l'inconnu à ne lui laisser absolument rien, et voulant tirer profit de notre ignorance, à la condamner à une stérilité irrémédiable et éternelle : Ignorabimus!... Au vrai le concept de l'inconnaissable n'a rien de positif ; c'est, comme l'enseigne Kant un concept limitatif ; c'est le concept émotionnel par excellence. Il traduit la tendance au mieux, à l'idéal ; il nous ramène au supranaturalisme primitif ; il devient « un objet de foi ». Comme la plupart des phénomènes physiologiques et cérébraux, la tendance au meilleur, ainsi que le produit engendré par son accouplement avec l'idée pure, semblent susceptibles d'inversion ou de perversion, et l'histoire de ces modalités éclaire — (?) d'un jour nouveau la genèse du concept de l'inconnaissable. Le penseur exposé à l'afflux émotif signalé par Kant, l'homme livré au désir d'une autre espèce de savoir que la connaissance expérimentale, le chercheur hanté par l'idée correspondante à cette impulsion, le philosophe qui finit par succomber à l'action de ces deux puissants mobiles psychiques produisant l'idée-émotion ou le concept-limite, ceux-là peuvent incontestablement prendre rang entre les sujets étudiés par le pathologiste. » — Consolez-vous, pauvres agnostiques ! Si la sentence est dure, le style en est barbare, et sans doute le juge inexorable vous adjoindra comme compagnons les tenants de l'ancienne métaphysique, ceux qui sont, comme vous, « livrés au désir d'une autre espèce de savoir que la connaissance expérimentale »! — La constitution définitive et la progression rapide des sciences supérieures(?) et surtout de cette psychologie que le positivisme dédaignait tant seront « le vaccin de l'agnosticisme qui est « une religiosité latente » M. de Roberty n'aime pas l'explication théologique du monde. Or « l'hypocrisie agnostique » nous ramène à cette explication. Il ne saurait le lui pardonner.

Ce n'est pas nous qui défendrons l'Inconnaissable. D'abord, comme le remarque très bien M. de Roberty l'idée même en est radicalement contradictoire. Affirmer la réalité de l'Inconnaissable, n'est-ce pas, en effet, affirmer qu'on le connaît au moins en ceci qu'il existe. Et puis, quand on parle de l'Inconnaissable, au singulier, n'en affirme-t-on pas l'unité à la suite de H. Spencer ? Savoir que l'Inconnaissable est unique, c'est encore en connaître quelque chose. Mais il se pourrait aussi que l'Inconnaissable ne fût tel que provisoirement. Est-ce que l'exacte notion du devoir ne nous permettrait pas à elle seule de découvrir l'essence de l'âme humaine dont il est la loi, et cette âme ne trouverait-elle pas dans les exigences d'une pareille loi la promesse d'une relation future avec l'absolu dont elle émane ? Il y a plus ; nous estimons qu'une étude impartiale et fidèle de l'intelligence nous autorise à voir dans les principes de la raison les lois absolues des choses, et que les faits, interprétés comme il convient, à la lumière de ces principes, nous donnent le droit de déterminer la nature de la matière, celle de l'âme, et de remonter jusqu'à l'essence même de Dieu.

Comme nous venons de le dire, il est indispensable de faire précéder la métaphysique d'une bonne théorie de la connaissance. Mais qui donc, après avoir examiné attentivement les opérations de la pensée, pourrait croire en posséder l'explication véritable dans les vues étranges que M. de Roberty nous expose sur la réduction du moi au non-moi. « Une multitude de tubes nerveux juxtaposés et connus sous le nom de fibres blanches convergentes relient les noyaux opto-striés (siège de l'idéation inconsciente et point de départ des réflexes également inconscients) à une couche de substance grise, mince, onduleuse, continue qu'on appelle l'écorce cérébrale ou la périphérie corticale du cerveau. Ce nouvel amas de substance sert à son tour de siège à un phénomène, une excitation, un mouvement qui prolonge ou répète, en lui donnant à la fois une allure plus succincte et plus stable, le phénomène, l'excitation, le mouvement immédiatement antérieur.......

L'idéation inconsciente se caractérise surtout par ceci, que les *sensations* et les actes réflexes dérivés ne font que traverser les noyaux opto-striés sans s'y attarder et sans y engendrer des *systèmes quelconques d'idées*. Et la conscience semble plutôt résider dans la systématisation ou la liaison des mêmes éléments *intellectuels* (sensations, actes réflexes). Elle conserve plus ou moins durable l'énergie qui des corps opto-striés passe dans les circonvolutions périphériques.... Le *moi* ou plus strictement, la *notion* du moi *résulte* de cette liaison (ou mémoire de certaines idées, de certaines sensations, de certains actes, qui avant leur union et leur conservation par l'écorce cérébrale, formaient dans les centres profonds du cerveau, des *idées*, des sensations, des actes inconscients, c'est-à-dire une série de phénomènes *objectifs*.)

Et avant de devenir des idées inconscientes, ces *virtualités intellectuelles*, étaient dans toutes les autres parties de l'organisme et dans tous les milieux quelconques qui l'environnent, des manifestations d'énergie ou des mouvements, soit encore des phénomènes objectifs.

« *On peut donc affirmer* (?) en définitive, que si l'univers se compose de deux moitiés, elles présentent un circuit ininterrompu ».

M. de Roberty écrit gravement que la « pensée du métaphysicien s'exerce à vide. » Selon lui, elle s'attache à concilier des suppositions arbitraires et soustraites à toute expérience. Mais les opérations de la pensée ne sont pas, que nous sachions, hors de la région des faits. Que l'auteur de l'*Agnosticisme* prenne la peine de les considérer de plus près. Peut-être parviendra-t-il alors à distinguer la sensation de l'idée. Et, qui sait? peut-être aussi concevra-t-il quelque doute sur la valeur expérimentale de certaine psychologie du présent et de l'avenir, destinée à ruiner toute métaphysique ?

Eugène BEURLIER.

---

87. — Maurice PROU. **Catalogue des monnaies françaises de la Bibliothèque nationale.** *Les monnaies carolingiennes.* Paris, Rollin et Feuardent, 1896, in-8° de LXXXIX et 183 p. et 23 pl. héliog.

Voici un second catalogue publié par M. Prou et on peut affirmer qu'il est digne de prendre place à côté du livre consacré par le même savant à la numismatique mérovingienne. Les deux recueils feront faire un grand pas à l'étude des anciennes monnaies nationales; ils sont destinés à frayer la voie aux travailleurs curieux de chercher la solution des problèmes à étudier.

Dans une introduction qui est un véritable traité de numismatique carolingienne, au point où la science est à ce jour, M. Prou aborde les principales questions qui se rattachent à son sujet : le classement à adopter, les espèces monétaires, le droit de monnaie, les ateliers.

Pour le classement, M. P. adopte un ordre à la fois géographique et chronologique et je crois qu'il prend le meilleur parti. Il a reconnu la difficulté, peut-être insurmontable, à classer les monnaies de cette série par règnes. Cet ordre géographique est établi d'après les divisions de la Gaule au xe siècle telles que M. A. Longnon les a proposées ; dans chaque division, les ateliers monétaires sont placés alphabétiquement et dans chaque atelier les pièces sont décrites chronologiquement en tenant compte de leur style et de leur poids. — Cette nouvelle méthode pourra gêner certains collectionneurs désireux de former des séries complètes de rois, mais je crois qu'elle donnera des résultats utiles, plus conformes à la vérité, en *décentralisant* la numismatique carolingienne. Je demande pardon d'employer ce mot très moderne, mais il s'applique assez exactement, je crois, à une époque où l'autorité, après avoir été étroitement centralisée sous Pépin, Charlemagne et Louis Ier, était arrivée à une rapide dislocation.

A propos des *espèces monétaires*, M. P. établit que dans le système carolingien on ne frappe que des deniers, souvent mentionnés, et des demi deniers sur lesquels les textes gardent le silence ; il signale les monnaies en or, particulières à l'Italie et très exceptionnelles en Gaule où on n'en trouve qu'avec le nom d'Uzès. Sur cette question le problème n'est pas encore complètement résolu. — M. P. est naturellement amené à parler de la *livre de Charlemagne* qui a fait déjà dépenser pas mal d'encre : pour lui, la livre usitée pour la taille des monnaies, en Gaule, devait être très voisine sinon la même que la livre française de 16 onces ; son poids aurait été de 491 gr. 179 ; Charlemagne aurait adopté une unité, plus lourde que la livre romaine, employée déjà, au temps de Pépin, dans une partie de l'empire franc.

Le *droit de monnaie* fournit à M. P. l'occasion de donner des détails fort intéressants, appuyés sur des preuves solides au sujet de l'exercice du monnayage, droit souverain annihilé pendant la période mérovingienne et reconstitué par Pépin et Charlemagne. Il en résume l'évolution dans ces quelques lignes : « le souverain re-

» prend son droit exclusif d'émettre des monnaies ; il ne l'aban-
» donne plus mais il en déléguera l'exercice à des représentants,
» ces délégations donneront lieu à des usurpations et provoqueront
» au xe siècle un nouveau démembrement du pouvoir monétaire ».
— A propos de cette délégation royale, M. P. retrace le rôle des
missi et des comtes sur le fait des monnaies ; ceux ci commencent
par surveiller la fabrication au nom et suivant les ordres du roi ;
puis, la *moneta* faisant partie du *comitatus*, le jour où le *comitatus* cessa
d'être une délégation pour devenir la propriété du titulaire, la
monnaie appartint à ce dernier. Comme ce dernier continua à employer le type royal, l'immobilisation de ce type permet, quelquefois, de deviner la date de la transformation du bénéfice en fief. Un
détail important signalé par M. P. pour la première fois, c'est que
le droit de marché faisait aussi partie du *comitatus*, de telle sorte
que dans les concessions faites aux évêques et aux abbayes, lorsqu'un marché était autorisé, le droit de *moneta* y était souvent attaché. — Le dernier chapitre contient l'énumération des ateliers
monétaires carolingiens autant qu'on peut l'établir par les noms
royaux.

Le *Catalogue*, lui-même, donne la description de 1083 pièces
dont 921 appartiennent à des localités déterminées ; 162 n'ont pas
encore été attribuées : parmi celles-ci, je suppose qu'il se trouve des
imitations faites par ces faux-monnayeurs si fréquemment visés
dans les capitulaires ; 104 portent des noms royaux sans indication
d'ateliers ; dans cette série on remarque les deniers à la légende
XPICTIANA RELIGIO. M. Prou considère cette légende et le type qui
l'accompagne comme ayant été inaugurés par Charlemagne, en 800
après avoir reçu la couronne impériale à Rome. Cette interprétation est certainement la plus probable qui ait été proposée sur l'o-
rigine de cette légende qui a embarrassé plus d'un numismatiste et
qui a été conservée jusqu'au xiie siècle dans les provinces orientales de l'ancien empire franc. Il y aurait peut-être à chercher si
ces pièces n'appartenaient pas à la série des monnaies palatines.

Vingt-sept pages sont occupées par une table des légendes, des
noms propres et des principales matières ; c'est le complément indispensable d'un livre destiné à être sans cesse consulté.

A. de BARTHÉLEMY.

88. — THUREAU-DANGIN. **Saint Bernardin de Sienne,** un prédicateur populaire dans l'Italie de la Renaissance. Paris, Plon, 1896, in-12 de xv-332 pages.

M. Thureau-Dangin, au sortir de ses longs et grands travaux d'histoire contemporaine, a voulu se reposer le cœur et l'esprit en écrivant la vie d'un saint. Mais, comme il lui est difficile de se détacher tout à fait de l'histoire politique, il a fait choix d'un personnage qui s'est trouvé intimement mêlé à la vie de l'Italie, pendant la première moitié du quinzième siècle. Ce personnage n'est autre que l'apôtre de la dévotion au Saint Nom de Jésus, saint Bernardin de Sienne. Rien de curieux comme de suivre, à travers les cités turbulentes de l'Italie, ce prédicateur populaire, chez qui la science théologique et la tendre piété, se mêlaient très naturellement aux reproches les plus virulents contre le désordre des mœurs, aux appels les plus enflammés à la réforme et à la concorde. A plusieurs reprises, Bernardin nous apparaîtra comme le pacificateur des factions ennemies. Ses armes tombent des mains de ceux qui l'ont entendu. Peu d'hommes assurément ont exercé pareille action sur les masses. Ses discours, rédigés en latin, généralement très longs, surchargés de divisions scolastiques et d'idées abstraites n'expliqueraient point cette influence, si l'on ne devait y voir tout simplement la trame doctrinale qui faisait le fond de la prédication du saint religieux. Appuyé sur cette base solide, il s'abandonnait avec confiance à sa verve improvisatrice, parlant souvent plusieurs heures de suite, abordant tous les sujets, avec une vigueur, une familiarité, parfois une crudité d'expressions, dont nul prédicateur d'aujourd'hui ne saurait nous donner l'idée. L'état général des mœurs et l'extraordinaire sainteté du prédicateur lui permettaient d'ailleurs d'user d'une telle liberté. Le recueil des sermons prononcés à Sienne, en 1427, par S. Bernardin, et relevés avec une remarquable fidélité par un scribe de bonne volonté, nous montrent dans tout son éclat, dans toute sa souplesse, cette libre et vivante parole. Mais, même dans les sermons latins édités par le père de la Haye l'éloquence se fait jour parfois : je connais peu de morceaux oratoires qui égalent ces pages admirables sur Marie-Madeleine après la Résurrection. La foi, la charité débordent dans un mouvement superbe.

M. Thureau-Dangin ne s'est pas borné à mettre en lumière l'apôtre incomparable qu'a été Bernardin de Sienne. Il nous a initiés aussi à la part principale qu'il a prise à la réforme franciscaine. L'historien a rappelé avec beaucoup de justesse et de science les origines de la *stricte observance*, en la distinguant nettement de la tentative des *spirituels*, antérieure d'un siècle, très noble aussi dans ses intentions, mais qui avait glissé vers les rêveries joachimites et finalement s'était brisée dans une coupable résistance au Saint-Siège. Combien plus sage fut la conduite de Bernardin de Sienne à l'égard des *Conventuels*, combien plus parfaite son attitude en face du Souverain-Pontife lorsque lui-même se vit accusé à propos de la dévotion au Saint Nom de Jésus. La propagation de cette dévotion, la diffusion de la *stricte observance*, voilà ce qu'il y a de plus durable en apparence dans l'œuvre de Bernardin de Sienne. Il n'est pas, comme le dit très justement M. Thureau-Dangin, dans la destinée de l'Eglise militante que, même sous l'action des plus grands saints, les sociétés se convertissent de telle façon qu'elles soient garanties contre toute rechute. L'œuvre du missionnaire dans les pays chrétiens consiste à faire reculer le mal pour quelques années, à réveiller le divin idéal, à sauver sur le moment le plus grand nombre d'âmes possible. Plus que personne S. Bernardin l'a fait : « Non satis possum mirari et magnificare unum hominem tot populis saluti fuisse : » c'est le témoignage de son contemporain Maphæus Vegius.

Cette vie du grand apôtre populaire est fort agréable à lire. Sans être alourdie par l'appareil de la critique, on sent qu'elle repose sur une très sérieuse étude des documents et de l'époque. Beaucoup de traits, fort heureusement choisis, aident à replacer Bernardin dans son temps et dans son milieu. Nous avons affaire à un écrivain qui connaît son sujet et qui n'est point brouillé avec les idées générales. Enfin, pour ne sentir à aucun degré l'hagiographie de convention, l'ouvrage n'en est pas moins édifiant. Historiens, lettrés, bons chrétiens, s'uniront pour remercier M. Thureau-Dangin de l'excursion qu'il a faite sur ce beau domaine de la *Vie des saints* et pour souhaiter qu'elle ne soit pas la dernière.

Alfred BAUDRILLART.

89. — **Histoire du séminaire d'Angers,** depuis sa fondation en 1659 jusqu'à son union avec Saint-Sulpice en 1695, publiée pour

la première fois d'après le manuscrit original par C. LETOURNEAU, prêtre de Saint-Sulpice, supérieur du séminaire d'Angers. Trois volumes grand in-8°, avec portraits et dessins. Paris, A. Roger et P. Chernoviz.

Les *Mémoires* publiés par M. l'abbé Letourneau (c'est bien le nom qui me paraît convenir au manuscrit de Grandet) apportent à l'histoire religieuse du xvii° siècle une contribution précieuse. C'est avant tout l'histoire angevine, telle qu'elle se déroulait sous ses yeux, que Joseph Grandet a voulu raconter, mais, par plus d'un endroit, cette histoire se rattache à l'histoire générale du temps. Est-ce seulement à l'Anjou qu'appartient cet Henri Arnauld, chez qui revivent, avec quelques traits qui le singularisent, les caractères de sa famille, j'allais écrire de sa race ? Comme Antoine, comme Angélique, pour ne pas nommer les autres membres de cette tribu, l'évêque d'Angers veut la réforme de l'ordre ecclésiastique : aussi favorise-t-il l'érection d'un séminaire dans sa ville épiscopale. Mais il subit l'influence de son frère Antoine ; il partage les erreurs des siens ; de là, les procédés fâcheux et le mauvais vouloir que les directeurs des séminaires, dociles à l'enseignement de l'Eglise, rencontrèrent chez leur évêque. De là aussi son refus de confier son séminaire aux prêtres de Saint-Sulpice ; ceux-ci n'en prirent la direction qu'en 1695, après la mort de Henri Arnauld. Ajoutons, pour n'omettre aucun des traits de cette originale physionomie, qu'à l'esprit processif des Arnauld, l'évêque d'Angers qui, jeune encore, avait accompagné à Rome le nonce Bentivoglio, joignait des habitudes diplomatiques, et une prudence tout italienne, je n'ai pas dit *romaine*. Plus d'une fois, à ces hommes de Port-Royal, éminents par de si hautes et si fortes qualités, on est tenté d'adresser le vers de Corneille :

O ciel ! que de vertus vous me faites haïr !

Les Mémoires de M. Grandet, qui mourut en 1724, s'arrêtent à l'année 1695 ; mais, grâce aux documents dont il disposait et aux traditions qu'il a recueillies, M. Letourneau a continué presque jusqu'à nos jours l'histoire du séminaire d'Angers. Si notre attention se détourne aisément de ces luttes que l'orthodoxie soutint au xviii° siècle contre un jansénisme opiniâtre, en revanche, la résistance opposée au schisme constitutionnel par des prêtres que

Saint-Sulpice avait formés, les sages directions données au clergé, durant la révolution, par un digne disciple d'Emery, M. Meilloc ; les restaurations religieuses entreprises, au lendemain du concordat, par un admirable évêque, Charles Montault des Isles, ont toujours de quoi nous intéresser, et l'on sait gré au prêtre distingué qui en a tracé le consciencieux récit.

A. Largent.

90. — **Mémorial de Norvins,** publié par M. de Lanzac de Laborie, tome Ier. Paris, Plon, 1896, in-8° de 420 pages.

Il y a, paraît-il, sur la butte Montmartre, près de la basilique du Sacré-Cœur, une rue Norvins. Personne jusqu'à présent n'a songé à la débaptiser, car on ignorait quel personnage décorait de son nom une ruelle aussi obscure que lui. Le problème historique est aujourd'hui résolu ; non pas grâce à un érudit, mais à un officier ministériel, à un notaire ! Possesseur des papiers de Norvins, il eut l'heureuse idée de les mettre à la disposition de M. de Lanzac de Laborie. Le savant auteur de la *Domination française en Belgique* accueillit avec défiance ce qu'il prit d'abord pour une fastidieuse rapsodie, mais il changea bientôt d'avis, reconnut de bonne grâce que le notaire avait eu la main heureuse et après de consciencieuses et de minutieuses recherches aux Archives nationales, il se décida de publier le premier volume de ce mémorial que nous allons rapidement analyser.

Jacques de Norvins, né en 1769, est un contemporain de Napoléon Ier. Ses études terminées, il siège au Châtelet, grâce à la protection de Calonne. La gravité des mœurs n'était plus la même chez les magistrats du xviiie siècle que chez ceux du xvie. Aussi Norvins connut-il tous les mondes, le bon et le mauvais. Admis dans les meilleurs salons, il fréquentait aussi le Palais-Royal, les nouvellistes et l'ancien gouverneur du Parc-aux-Cerfs. Au bal de l'Opéra où il se rendit un jour en arlequin, il fit assaut d'esprit avec madame de Staël qui dut s'avouer vaincue, au grand amusement de la galerie. Il eut aussi dans cette circonstance l'honneur de dérider par sa verve un grand seigneur, assez triste d'ordinaire, le duc de Bourbon, père du duc d'Enghien qui rit de bon cœur en écoutant ses calembredaines et l'invita à souper.

Dans plusieurs châteaux il rencontra Florian, l'abbé Morellet, espèce d'original qui amusait la société courtoise qui l'entourait par le contraste de son sans-gêne. Saint-Lambert, devenu célèbre parce qu'il avait eu la même maîtresse que Voltaire, madame du Châtelet. Norvins se lie avec le fils de Buffon qui le conduit à Montbard où il visite chapeau bas, comme un sanctuaire, l'appartement naguère occupé par le grand homme. Pendant la saison d'été, Norvins était accueilli d'ordinaire à Brienne, château situé non loin de l'ancien manoir du sire de Joinville. L'hôte tenait à la fois du grand seigneur et de l'homme *sensible*, disciple de Jean-Jacques. Il avait épousé une roturière et daigné, avec les sept millions qu'elle apporta, redorer son blason, acheter un hôtel à Paris, réparer son château, remonter ses meutes et ses écuries; mais s'il se livrait au noble exercice de la chasse, M. de Brienne donnait aussi des bals champêtres dans son parc aux bons Champenois, conviait ses invités à éteindre avec lui les incendies et ne se contentait pas de verser des larmes sur les indigents, mais veillait à les soulager. Norvins nous décrit les plaisirs que l'on rencontrait alors dans cette société qu'il était particulièrement chargé de distraire comme improvisateur et directeur d'un théâtre de société. L'archevêque de Toulouse, frère du châtelain, moins rigoureux que Bossuet, assistait aux représentations avec son clergé dans une loge grillée.

Lors du procès de Favras, le jeune conseiller au Châtelet montra qu'il avait d'autres qualités que celles d'un poète de salon. Estimant injuste la condamnation de l'accusé, il brisa par scrupule et avec une crânerie toute juvénile sa carrière de magistrat.

La seconde partie du livre est consacrée à l'armée des Princes. Norvins expédié à Gœttingue par ses parents, après le malheureux voyage de Varennes, arrive bruyamment à Coblentz, payant double guides, revêtu d'un brillant costume, entrant dans la cour des auberges en faisant claquer son fouet. Il est accueilli à bras ouverts, et se montre très fier de sa réception, car tout le monde n'était pas admis à l'armée des princes, et certains par dépit repassèrent la frontière où les attendait la prison et la guillotine. La plupart de ses compagnons ne voient dans l'émigration qu'une excursion de quelques mois, on s'embrasse, on festoie, on boit à la *Contre*. Mais les princes s'aperçoivent que leur bourse se vide, Monsieur et le comte d'Artois essaient d'emprunter à leurs alliés qui les éconduisent lestement. Les volontaires royaux, qui sont venus modestement le sac au dos et le fusil de munition sous le bras, murmurent des privations qu'ils endurent. Norvins les entend au bivouac déblatérer contre les aides de camp du comte d'Artois que l'on trouve trop souvent à l'arrière-garde ; ils crient « en avant les aides de camp », comme les sans-culottes criaient « en avant les officiers. » Un jour Norvins voit défiler des blessés républicains et à leur aspect sa foi aux succès de l'émigration est à jamais détruite, il se rappelle avec effroi un fantassin placé dans une charrette, dont le sang coulait à flots, à chaque cahot, sur son uniforme blanc et qui se redressait cependant pour crier « vive la nation » avec la furie d'un fanatique.

Le volume se termine au moment où M. de Calonne prépare une armée de secours pour Lyon. Norvins qui doit en faire partie reçoit à Cologne l'ordre de se rendre en Suisse. Le brillant cavalier de Coblentz est presque réduit à la misère et possède à peine de quoi manger une fois par jour.

Ce mémorial déjà fort curieux promet de l'être bien davantage lorsque Norvins rentré en France participera à l'expédition de Saint-Domingue avec Leclerc, beau-frère de Napoléon. Le présent volume, par ses anecdotes, ne dément pas les idées générales qui circulent sur le xviii° siècle et sur l'émigration. Le futur Louis XVIII et le futur Charles X jouent un rôle assez mesquin et la naïveté de ces princes qui croient au dévouement chevaleresque des puissances européennes serait invraisemblable si elle n'était vraie. Norvins raconte beaucoup de faits, mais ne se livre pas à des réflexions ni à des considérations générales. Il n'a pas encore pour cela assez de maturité, on sent que cette partie du mémorial est rédigée par un jeune homme né dans une classe favorisée de la société, qui adopte par genre les idées nouvelles, mais en comprend mal la portée. Il vit en émigration avec l'insouciance de ses vingt ans et songe même à se marier quand il est dénué de ressources. Mais cet homme ne manque ni de bravoure ni de cœur et a déjà donné des preuves de sa droiture lors du procès de Favras.

F. ROUSSEAU.

CHRONIQUE

60. — Beaucoup de bien à dire de la brochure : *Les Ecoles de Cherbourg*

avant la Révolution et les Origines du Lycée de Cherbourg. Mémoire lu au Congrès des Sociétés savantes, à la Sorbonne en 1895 par Auguste LAVEILLE, membre de la Société d'Archéologie d'Avranches et de Mortain, de l'Histoire de Normandie et de plusieurs autres sociétés savantes Paris, A. Fontemoing, 1896, gr. in-8° — 2.50). L'auteur, qui a déjà fait ses preuves, (voir la liste de ses publications sur la couverture de sa brochure), a divisé son travail en deux parties : *Les petites écoles* (p. 3-18) ; *les origines du Lycée* (p. 16-31). Ces deux parties sont également bien traitées. On remarque dans la première partie une notice sur le plus ancien maître d'école dont le nom soit connu à Cherbourg, le bienheureux Thomas Hélie, né à Biville (Manche), vers l'an 1187, notice rédigée d'après le document le plus ancien et le plus précieux qui nous soit parvenu sur ce bienfaiteur des petits enfants, une vie latine composée par un contemporain, un clerc nommé Clément, publiée par M. Léopold Delisle (t. XXIII du *Recueil des Historiens des Gaules*, etc.) M. l'abbé Laveille cite une seconde vie du bienheureux, écrite en vers français de huit syllabes qui paraît avoir pour auteur Jean de Saint-Martin, natif de la Hague (fin du XIII° siècle ou commencement du XIV°), d'après laquelle Thomas Hélie enseignait à ses écoliers le français et le latin. A l'aide des documents conservés dans les Archives municipales de Cherbourg le savant abbé a pu suivre, presque d'année en année, à partir de 1590 jusqu'à la Révolution, la marche de l'école qui devint le collège communal et (tout récemment) le Lycée. Parmi les maîtres de cette école on distingue Guillaume Le Roux (milieu du XVII° siècle), le même sans doute que Pierre Le Roux, mentionné très honorablement par l'historien Trigan. L'instructif mémoire est complété (p. 32-38) par un tableau des écoles du district de Cherbourg et de leurs revenus en 1791-92 ; il est précédé d'un certificat délivré à l'auteur, sous forme de lettre, par M. Léopold Delisle qui, s'il est le plus bienveillant des hommes, est aussi le plus sincère des critiques, et qui n'exagère rien en déclarant que son compatriote a « recueilli tout ce qu'on pouvait rassembler sur les grandes et petites écoles de Cherbourg avant l'époque contemporaine ».

T. DE L.

61. — Sous ce titre : *Les origines des premiers consuls de la nation française à l'étranger*, M. Georges Salles, ancien élève de l'école des Chartes, auxiliaire de l'Institut, vient de faire paraître chez E. Leroux une intéressante brochure de 63 pages in-8. Après avoir rappelé le très grand rôle des consuls dans les colonies commerciales du moyen-âge, M. Salles s'étonne avec raison que les origines de cette belle institution n'aient pas encore été exposées. Ce n'est pas que les do-

cuments fissent défaut : l'auteur nous le prouve par les nombreux emprunts qu'il fait à ceux de la Bibliothèque impériale de Vienne, de la Bibliothèque nationale et de celle de l'Arsenal à Paris, des Archives des Bouches-du-Rhône, etc. Sur la période antérieure au xvie siècle, ils ne paraissent pas cependant abonder. A partir du règne de François Ier et jusqu'au milieu du règne de Louis XIV, l'étude de M. Salles est à la fois très précise et très nourrie. Après avoir fait connaître l'histoire générale de l'institution consulaire, M. Salles retrace l'histoire particulière des origines et des premiers développements de nos plus anciens consulats en Europe, en Afrique et dans le Levant.

A. B.

62. — *Les Croisés de Mayenne en 1158*. Etude critique par l'abbé Angot.

Gilles Ménage publiait, en 1683, dans son *Histoire de Sablé*, le récit très circonstancié de la cérémonie de départ, pour la Terre-Sainte, de cent neuf croisés appartenant aux principales familles du Maine. En érudit consciencieux, Ménage avait soin d'indiquer sa référence. « Cette notice, écrit-il, page 181, m'a été communiquée par M. de Goué, conseiller au Grand-Conseil, homme d'un mérite égal à sa naissance. » L'abbé Angot, étonné de voir qu'un document, relatif à un événement qui s'est passé en 1158, n'ait été connu que cinq siècles plus tard, ce qui, à tout prendre, n'implique pas une impossibilité absolue, a voulu toutefois recourir aux sources et s'assurer de son authenticité. Le résultat de son enquête, habilement et rapidement conduite, a été la preuve que M. de Goué, conseiller, etc., était un mystificateur, un simple *fumiste*, comme on dit aujourd'hui et qu'il a inventé de toutes pièces le fameux document communiqué par lui à Ménage à qui l'ont successivement emprunté tous les historiens du Maine, y compris le grave dom Piolin et le savant continuateur du *Gallia Christiana*, M. Hauréau. L'histoire reçue aura toujours besoin d'un échenillage et cette opération, délicate autant que nécessaire, quels que soient les efforts des érudits de la valeur de M. l'abbé Angot, ne sera jamais complète.

63. — *En Congé. Promenades et Séjours*. Marius Sepet.

Charmant volume d'une lecture aussi agréable qu'instructive. L'auteur a voulu faire part au public de ses impressions de voyage ; on ne peut que l'en remercier. Il n'a point la prétention de découvrir en France de nouvelles Amériques, travers assez commun chez certains touristes qui aiment à se donner des airs de Christophes Colombs, sans bouger de leur pays. Les localités qu'il visite, qu'elles appartiennent à la Bretagne, à la Provence, à la Normandie ou bien au

Poitou, sont connues de chacun ; les descriptions qu'il en donne n'ont rien, peut-être, de très original, de très pittoresque ; mais ce qui est bien personnel à l'auteur, ce sont ses réflexions, son humour et, plus que tout le reste, cette note essentiellement chrétienne qui est la dominante dans toutes les publications de cet écrivain. M. Marius Sepet nous fait ainsi voyager, le plus agréablement du monde, dans notre France, et tout particulièrement dans cette vieille Bretagne qu'il semble aimer, comme une patrie d'adoption, moins encore, sans doute, pour l'arome vivifiant de ses grèves et de ses bruyères que pour le parfum, autrement suave, autrement pénétrant, de ses traditions toujours fortement chrétiennes, en dépit du souffle dissolvant d'indifférence, sinon d'incrédulité, qui règne depuis si longtemps déjà sur notre pauvre chère France et qui semble gagner de plus en plus. A. R.

64. — M. l'abbé Clerval, vient de publier en 200 pages un *Guide Chartrain*, sous ce titre : *Chartres, sa Cathédrale, ses monuments*. Ordinairement les livres de cette nature, ne sont que des ouvrages de pure vulgarisation, et n'ont qu'un but commercial ; ils n'intéressent qu'assez peu l'archéologie et l'histoire. — Celui-ci a des prétentions plus hautes, et c'est pourquoi nous lui faisons l'honneur de le signaler. Il résume avec exactitude l'historique de la magnifique cathédrale de Chartres, et la décrit sommairement, mais complètement, ainsi que les autres églises et les monuments civils de la ville. Les chapitres consacrés au Trésor, au Tour du Chœur et surtout à la Crypte sont neufs et tout à fait au courant de la science actuelle. Les archéologues devront les consulter, car ils sont le résultat de longues études. Les touristes instruits qui voudront se rendre compte des mille détails des portails, des verreries, de la clôture, des clochers, etc. devront l'avoir sous les yeux et pourront s'y fier absolument. Il est d'ailleurs d'un format commode, orné de 20 illustrations, bien imprimé et peu cher (1 fr. 50.) A. B.

ACADÉMIE DES INSCRIPTIONS ET BELLES-LETTRES

Séance du 26 juin. — *Prix Gobert*. 1er prix. M. Noël Valois. *La France et le grand schisme d'Occident*. 2e prix : M. Petit Dutaillis, *Etude sur la vie et le règne de Louis VIII*. — M. E. Müntz communique à l'Académie le résultat de ses recherches sur l'emplacement de la maison de Pétrarque à Vaucluse. D'ordinaire on admet que cette maison s'élevait sur la rive gauche de la Sorgue, au pied du rocher que domine le château et à côté du tunnel qui relie les deux parties du village ;

tunnel auquel plusieurs archéologues attribuent une origine romaine. Il y a quelques années un revirement s'est produit en faveur de la rive droite : la maison du poète aurait occupé l'endroit précis où se trouve aujourd'hui le café de Laure et de Pétrarque. Enfin, tout récemment, le marquis de Monclar s'est efforcé de démontrer que cette demeure historique est identique à la construction qui se dresse de nos jours encore, à mi-côte, sur un terre-plein, à une petite distance du château. M. Müntz croit pouvoir démontrer que la maison existait avant que le poète allât s'établir à Vaucluse, et qu'elle fut acquise par lui à titre onéreux. Sa démonstration s'appuie sur le témoignage même de Pétrarque et d'auteurs contemporains. Cette maison était une construction en pierres, relativement solide, puisqu'en 1353 sa voûte résista à un incendie que des brigands y avaient allumé. Léguée à l'hospice de Vaucluse ou, à son défaut, aux héritiers de l'ancien serviteur du poète, elle ne tarda pas à devenir un lieu de pèlerinage pour les admirateurs du poète. A la longue cependant, le souvenir de l'hôte illustre qu'elle avait abrité s'affaiblit et lorsque, cent cinquante ans plus tard environ, Vellutello, Beccadelli et Symeoni visitèrent Vaucluse, la tradition avait certainement beaucoup perdu de son autorité. A cette époque, comme pendant le XVIIe siècle, nulle hésitation : c'est sur la hauteur que tous les biographes placent l'habitation du poète. La maison qu'ils nous décrivent est identique à celle qui existe encore, et que le marquis de Monclar a reconnue. Vers le milieu du siècle dernier, tout change. L'abbé de Sade, dans ses *Mémoires sur la vie de Pétrarque*, affirme que la maison se trouvait en contre-bas, au bord même de la Sorgue, et son opinion a été adoptée par les savants les plus autorisés. M. Muntz s'efforce de démontrer que les textes, même les plus caractéristiques, ne sont pas absolument inconciliables avec l'hypothèse d'une maison bâtie sur la hauteur. En tout état de cause le champ des hypothèses est désormais circonscrit : c'est sur la rive gauche de la Sorgue, au pied ou sur la cime du rocher et dans le voisinage immédiat du jardin qui est arrosé par cette rivière et que signale encore un tronc de laurier plusieurs fois séculaire qu'il faut chercher la maison de Pétrarque. Une nouvelle exploration des localités, aidée par les textes récemment mis en lumière, permettra de résoudre définitivement la dernière partie du problème. — M. FOUCART lit une note de M. RADET, professeur à la faculté des lettres de Bordeaux, sur une ville inconnue de Carie, Antioche de Chrysaoride, dont un décret des Amphictions reconnaît le caractère sacré et le droit d'asile. M. Radet détermine les limites de la Chrysaoride. La ville, d'après les termes mêmes du décret, était ancienne, apparentée aux Hellènes et regardant son éponyme Mylesos comme un descendant d'Aeolus et d'Hellen. Les traits caractéristiques indiqués par le décret s'appliquent très bien à la ville de Mylasa. Sous Antiochus III qui avait donné l'autonomie et un régime démocratique à la ville, celle-ci resta dévouée au roi de Syrie et résista aux entreprises de Philippe V. A l'aide des fragments d'inscriptions crétoises trouvées dans cette ville, on peut suivre les négociations de ses habitants avec les divers Etats grecs pour obtenir la reconnaissance de leur droit d'asile. Ce fut dans ces circonstances que Mylasa reçut le nom d'Antioche qu'elle porta du reste fort peu de temps. M. Radet, en combinant les données mylasiennes et celles de Delphes, fixe la date du décret des Amphictions à l'an 200 avant J. C. — M. Théodore REINACH fait une communication sur une loi d'Elis, gravée sur bronze, découverte à Olympie dans les fouilles que font les Allemands sur l'emplacement de cette ville. Contrairement à l'avis des éditeurs allemands, M. Reinach y voit une loi relative à la pratique du sacrifice humain contre lequel sont prononcées de fortes amendes et autres pénalités. La *patrie*, c'est-à-dire le *clan*, et la *gens* du coupable sont déclarées solidairement responsables du paiement de l'amende. Cette loi, qui est de 600 av. J.-C. atteste combien fut longue chez les Grecs la persistance de cette barbare coutume. — M. HEUZEY écrit de Constantinople que le nouveau gisement de tablettes chaldéennes découvert à Tello par M. de Sarzec appartient en grande partie à l'époque, historiquement très importante, de Sargon l'Ancien et de Naram-Sin. M. Thureau-Dangin, attaché à la mission de M. Heuzey, a même reconnu sur plusieurs fragments des dates se rapportant aux expéditions de Sargon dans le pays d'Elam et dans les régions occidentales voisines de la Méditerranée; ces indications contemporaines sont de nature à établir le caractère historique du célèbre texte connu sous le nom de *Présages* de Sargon.

Séance du 3 juillet — M. de MAS-LATRIE relève une erreur dans l'*Oriens christianus* en démontrant que jamais la ville de Cerines (île de Chypre) n'a été le siège d'un évêché latin. — M. de BARTHÉLEMY lit un mémoire sur l'origine du blason féodal, sujet qu'il avait étudié il y a vingt-six ans. Il croit qu'on peut considérer comme définitivement acquises les propositions suivantes: 1° Le blason féodal, inauguré sous Louis VII pour distinguer les sceaux d'un type jusque-là uniforme et destinés, en l'absence de témoins, à authentiquer les actes, commença à paraître au milieu du XIIe siècle au plus tôt; les contresceaux, d'origine anglaise, reçurent des armoiries en France à la même époque. 2° Les sceaux armoriés des personnages ayant droit de justice furent dès lors attachés au fief et se transmettaient avec celui-ci à des possesseurs successifs. 3° Au milieu du XIII° siècle, le droit d'anoblir, que s'attribua le roi, amena l'apparition d'armoiries attachées à la personne anoblie et non au fief; mais l'ancien état de choses persista lorsqu'il y eut création de châtellenies, de baronies, de comtés, de duchés. — M. GAUCKLER, directeur du service des antiquités de Tunisie, présente les relevés qu'il vient de faire d'une villa romaine récemment découverte à Sousse, l'antique Hadrumète, par M. le capitaine d'artillerie Dupont. Cette habitation, contiguë à la maison de Sorothus, déblayée en 1886 par les officiers du 4° tirailleurs, était, comme la première, entièrement pavée de riches mosaïques. Celles qui viennent d'être découvertes ornaient l'exèdre, appartement de réception de la villa isolé des autres chambres par un large corridor. Ce corridor, orné d'un motif géométrique, s'élargit en face de l'entrée pour former antichambre, et s'arrondit en abside du côté opposé à l'exèdre, vers la cour centrale. Le pavement de l'abside est jonché de fleurs et de fruits; sur les murs, également revêtus de mosaïques, se développe un vaste paysage marin. Dans l'antichambre, des barques de pêcheurs à la nasse et au trident sillonnent une mer poissonneuse. Le seuil de l'exèdre est occupé par deux nymphes debout flanquées de deux divinités marines assises. La salle centrale de l'exèdre, un *triclinium*, offre au milieu une grande mosaïque en T renversé, avec de nombreux médaillons à poissons, oiseaux et quadrupèdes divers entourant un tableau qui représente l'enlèvement de Ganymède. A droite et à gauche sont deux ailes ornées chacune d'un sujet spécial : l'une, qui semble avoir été refaite à une époque postérieure, offre une grande composition géométrique étoilée à nombreux médaillons; l'autre, d'un très beau travail représente le triomphe indien de Bacchus. La valeur artistique de cet ensemble décoratif permet de le dater de la fin du premier siècle de notre ère. Les mosaïques, immédiatement enlevées par les soins du service des antiquités, sont aujourd'hui déposées au musée du Bardo et orneront plus tard le musée local de Sousse. En terminant, M. Gauckler rend hommage au concours empressé et très efficace que lui ont prêté, en cette circonstance, MM. le colonel Granjean, le lieutenant-colonel Goiran et le capitaine Dupont, auquel revient l'honneur de ces belles découvertes. — M. CLERMONT-GANNEAU communique une inscription sémite en grec, de l'an 175 ap. J.-C., qui lui a été envoyée par M. Frédéric Son, de Zebdani (Syrie).

Henry THÉDENAT.

L'Éditeur-Propriétaire-Gérant : ALBERT FONTEMOING.

BULLETIN CRITIQUE

91. — **Les fabulistes latins,** depuis le siècle d'Auguste jusqu'à la fin du Moyen-Age, par Léopold HERVIEUX. Tome Ier. *Phèdre et ses anciens imitateurs directs et indirects.* 2e éd. entièrement refondue. Paris, Didot, 1893. 834 p. Tome II. *Même titre.* 2e éd. Paris, 1894, 808 p. Tome III. *Avianus et ses anciens imitateurs.* Paris, 1894, 530 p. Tome IV. *Eudes de Chériton et ses dérivés.* Paris, 1896, 482 p. — En tout 2654 p. gr. in-8°.

M. Hervieux s'occupe de Phèdre et de ses imitateurs depuis 1869 environ. Cette étude, à laquelle il n'a donné d'abord que ses loisirs de jurisconsulte très occupé, l'a conduit peu à peu à travers les bibliothèques d'une partie de l'Europe, où il a recherché et collationné des manuscrits. Conseiller municipal de Paris de 1884 à 1890, et conseiller fort écouté, il a renoncé depuis à la politique et aux honneurs de l'édilité pour se vouer entièrement à ses fabulistes. N'épargnant ni son temps, ni sa peine, ni son argent, il a élevé un véritable monument à leur gloire, monument de proportions trop massives, peu en rapport avec l'importance secondaire de la littérature étudiée par lui, mais monument qui restera, sinon à l'état d'édifice, du moins comme une carrière de bons matériaux.

Après quinze ans d'études, en 1884, M. Hervieux publia la première édition de ses *Fabulistes latins*, dont M. G. Paris s'occupa longuement dans le *Journal des Savants* (1884, p. 670; 1885, p. 37). En 1885, il donna une traduction en vers français des fables de Phèdre, qui fut couronnée par l'Académie. Puis, en poursuivant son travail, il s'aperçut que ses deux premiers volumes exigeaient une refonte; il eut le courage de les supprimer, de les remplacer par deux volumes nouveaux et d'en ajouter encore deux autres. Tant de vaillance et de dévouement à la science n'est pas chose banale; il faudrait en tenir compte même si l'œuvre de M. H. était mauvaise; on lui en saura d'autant plus de gré qu'elle est utile et contient, à côté de choses connues, trop longuement redites, nombre de faits et de textes qui sont nouveaux.

Tome Ier. Le premier livre est consacré tout entier à Phèdre. M. H. a surtout insisté sur les manuscrits, les éditions et les traductions des fables. L'histoire des manuscrits est intéressante et le serait davantage si l'auteur l'avait exposée d'une manière plus vive. Quant à la bibliographie qui vient après, je ne puis m'empêcher de dire qu'elle m'a inspiré de tristes réflexions. M. Hervieux, avec une bonne volonté presque touchante, a énuméré et décrit beaucoup de livres qu'il s'est donné la peine de voir par lui-même. Mais il a ignoré qu'il existait deux ouvrages, la *Bibliotheca scriptorum classicorum* d'Engelmann-Press et la *Bibliotheca classica* de Calvary, où il aurait trouvé l'indication de presque tous les travaux qu'il a cités, plus un grand nombre d'autres qu'il n'a pas connus. Or, cette partie de son œuvre paraît en seconde édition : il ne s'est donc trouvé personne, parmi ceux à qui M. H. a distribué la première, pour lui apprendre qu'il existait des recueils comme ceux d'Engelmann-Press et de Calvary, ou même certain *Manuel* où les recueils de ce genre ont été énumérés il y a seize ans. Bien plus, la première édition de ses deux volumes a été l'objet, dans le *Jahrbuch* de Bursian, d'un compte rendu très long, très consciencieux (1884, II, p. 205-229), où M. Heydenreich a relevé de nombreuses imperfections, tout en appréciant, comme il convient, la valeur de l'ensemble. Rééditant son livre, M. H. n'a pas connu ce compte rendu, dont la *Revue des Revues*, à défaut de son éditeur, aurait pu lui révéler l'importance; et c'est ainsi que toutes les critiques de M. Heydenreich sont encore de mise aujourd'hui, parce qu'il n'a été tenu compte d'aucune d'elles. N'est-il pas affligeant de constater qu'un homme travaillant à Paris puisse encore être exposé à de semblables mésaventures? Si j'avais eu, pour ma part, l'honneur de recevoir la première édition des *Fabulistes*, j'ose dire qu'il n'en aurait pas été ainsi.

Les lacunes de l'érudition de M. H. ne se bornent pas à cela; croirait-on qu'il ignore Teuffel, qu'il n'a pas même ouvert le *Dictionary* de Smith? Ce dictionnaire mentionne, à l'article *Phaedrus*, la publication du manuscrit du Vatican par Angelo Maï; M. H. a cherché ce manuscrit comme une épingle dans un pré, hésitant entre Rome et Stockholm et se décidant pour Rome parce que « cette direction lui souriait le plus. » Mais écoutons-le parler : « Le 11 octobre 1869, je partis pour la Ville Eternelle... Le jour même je me rendis au Vatican. Mais il était impossible d'entrer dans la bibliothèque. C'était l'époque des vacances; elle était fermée. J'appris que le Conservateur était un savant bénédictin français, le cardinal Pitra. J'allai le trouver dès le lendemain matin. Je lui exposai l'objet de ma visite et les raisons qui me faisaient penser que le manuscrit se trouvait au Vatican. Il ignorait, lui aussi (est-ce possible?) que le manuscrit s'y trouvait... Il me promit que, si le manuscrit existait, il serait à onze heures à ma disposition sur une des tables de la salle de travail. A l'heure dite, j'étais à la bibliothèque. Le manuscrit m'attendait, ouvert à la page où commençaient les fables de Phèdre. » (Tome I*er*, p. 94.)

Cette longue citation, que j'ai d'ailleurs abrégée, donnera une idée de la manière diffuse de l'auteur, en même temps que de ce qu'on peut appeler, sans irrévérence, sa naïveté philologique. La faute, répétons-le, en est moins à lui qu'à ceux qu'il a consultés. M. H. raconte qu'il était allé en vain à la Bibliothèque nationale (lire : *impériale*) pour demander des renseignements sur le manuscrit du Vatican. « Les bibliothécaires, écrit-il, ne purent même pas me dire s'il était dans la Bibliothèque. » Ces Messieurs devaient être bien ignorants, ou bien dépourvus de complaisance, ou bien distraits.

Avec le livre II, nous abordons les fables des imitateurs directs de Phèdre, les *Fabulae antiquae* et l'*Aesopus ad Rufum*, source perdue du manuscrit de Wissembourg (aujourd'hui à Wolfenbüttel) et du *Romulus* primitif. Ce dernier recueil a péri lui aussi, mais on peut dresser la liste des 84 fables qu'il comprenait à l'aide du *Romulus* ordinaire et du *Romulus* conservé à Vienne (p. 306). Pour les *Fabulae antiquae*, M. H. a montré qu'elles sont simplement les vers de Phèdre mis en prose; or, on y trouve 30 fables qui ne nous sont pas parvenues sous leur forme originale. Ces 30 paraphrases sont donc, pour la littérature latine, un véritable enrichissement.

Le livre III est une étude des fables dérivées du *Romulus* primitif et des manuscrits qui les renferment (*Romulus* ordinaire, R. de Vienne, R. de Florence, R. de Milan, R. de Berne). Ce livre ne comprend pas moins de 488 pages ! Assurément, la matière est vaste, mais l'auteur paraît la dilater à plaisir; non seulement il décrit les manuscrits qu'il a vus, mais il raconte la vie de ceux qui les ont possédés, transcrit *in extenso* les lettres qu'il a échangées à leur sujet avec des bibliothécaires, retrace longuement les courses et les démarches qu'il a dû faire pour les consulter. Le lecteur, gagné par l'impatience, voudrait parfois fermer le volume; il se ravise et tourne rapidement les feuillets.

II. Le tome IIᵉ de ce vaste ouvrage contient le texte des fables de Phèdre et de ses imitateurs latins. Il y a là 800 pages d'apologues dont la réunion représente un travail considérable. Pour Phèdre, M. H. a reproduit le manuscrit de Pithou, avec neuf pages d'excellents fac-similés tirés de cinq manuscrits. Viennent ensuite les *Fabulae antiquae* du (prétendu) *Vossianus* 15, les *Phaedrianae fabulae* du *Guelferbytanus* 148, Romulus, Vincent de Beauvais, etc. Cette collection n'existait pas encore, et elle rendra service; on y trouve des textes inédits, comme une partie de l'anonyme de Wissembourg, collationné pour M. H. par Heinemann, les moralités des fables de Walther, le *Romulus Florentinus*. M. Heydenreich a déjà montré, et un examen superficiel suffit à convaincre que M. H. n'a pas toutes les qualités d'un éditeur; mais on peut se demander si une pareille littérature, composée de copies de copies et de plagiats de plagiats, méritait qu'on s'y appliquât davantage. Le volume se termine par un utile tableau synoptique des 304 fables publiées et de leurs différentes rédactions.

III. M. H. a fait pour Avianus ce qu'il avait fait pour Phèdre; il a réuni tout ce qu'il a pu savoir sur sa personne, ses écrits, les mss. et les éditions de ses œuvres, les imitations qui en ont été faites; enfin, il a publié les fables d'Avianus et celles de ses imitateurs. Qualités et défauts de M. H. se montrent ici comme dans le premier volume : d'une part, beaucoup de conscience; de l'autre, beaucoup de prolixité et d'étranges lacunes. Ainsi, pour les éditions d'Avianus, M. H. s'arrête à celle d'Ellis (1887), bien que son volume soit daté de 1894, sans se douter que l'édition même d'Ellis a provoqué quantité d'importants travaux, dus à MM. Mayor, Rubensohn, Heidenhain, Crusius, etc. En revanche (p. 155), M. H. croit nécessaire de donner la cote de la Bibliothèque Nationale pour la traduction d'Avianus qui fait partie de la collection Panckoucke! L'édition d'Avianus n'est que la reproduction littérale du ms. de Trèves; les vers ne sont même pas numérotés. La liste des imitations de Virgile par Avianus contient force rapprochements inadmissibles, qui sont parfois de vraies puérilités. Ainsi *fab.* XIII, 10, *Illum qui super est consequiturque tremo,* est rapproché de *insequitur Nisus,* G. (*sic*)I, 408. Au lieu d'exprimer ainsi jusqu'à la moelle un index de Virgile, l'auteur aurait mieux fait de noter, chez Avianus, quelques souvenirs d'autres poètes, p. ex. *Fab.* XXIX, 14 — Juv. I, 135; *Fab.* XIV, 11 — Ennius, *Sat.* 45. M. H. redevient un guide utile pour les fables des imitateurs d'Avianus; il a le droit de dire ici, avec quelque fierté : « Marchant sur un sol presque complètement inexploré, ce que j'exposerai ne sera guère que le résultat de mes propres recherches. » Mais les publications de M. H. sont faites d'après un système que je n'entends point. Par exemple, pour le poète d'Asti, il reproduit le ms de Munich, avec les variantes du ms de Bruxelles en note. Cela le conduit à laisser dans le texte quantité de passages inintelligibles, alors que le Bruxell. donne évidemment les bonnes leçons (p. ex. p. 389, n. III, v. 1, où *Erato* est certain.) Mais je n'ai vraiment pas le courage de reprocher à M. H. d'avoir publié défectueusement ces inepties. C'est déjà beaucoup — d'autres diront trop — de les avoir tirés des mss où elles sommeillaient.

IV. Le quatrième volume de M. H., consacré à Eudes de Cheriton et à ses dérivés, conservera, outre l'intérêt qui lui est propre, celui d'avoir donné lieu au dernier article de notre très regretté Hauréau (*Journ. des Sav.*, fév. 1896). Eudes, né à Cheriton dans le comté de Kent, appartenait à une famille normande; ses insipides fables ont été composées vers 1220. Il en existe de nombreux mss. que M. H. a longuement passés en revue pays par pays. L'édition donnée par lui en 1884 fut la première complète; M. H. fait connaître les éditions partielles antérieures et s'étend, à la suite de M. P. Meyer, sur les traductions. Puis il s'occupe des paraboles éparses dans les sermons attribués à Eudes et dresse la liste de ces sermons. Vient ensuite un travail sur les compilations et imitations des fables d'Eudes; un chapitre entier est consacré aux fables abrégées de Jean de Sheppey (vers 1350). Enfin nous trouvons le texte des fables d'Eudes et de celles qui en dérivent (Sheppey et Bozon.) Dans tout cela, il n'y a pas ombre de talent, pas ombre d'esprit; on est surpris d'entendre M. H. traiter Eudes d' « écrivain de premier ordre » dans sa sphère (p. 125). Substituez à cet éloge un qualificatif de blâme, le plus dédaigneux que vous voudrez, et vous n'approcherez pas encore de la vérité.

M. H. avait attribué à Eudes, comme tous les biographes, deux recueils de sermons et un pénitentiel. Hauréau a clairement montré que l'auteur des sermons et du pénitentiel est Eudes de Chichester et non Eudes de Cheriton. Le fait que certains épilogues des fables se retrouvent dans les sermons n'est pas une preuve de l'identité des auteurs, car les prédicateurs d'alors avaient coutume d'introduire dans leurs sermons des fables tirées de divers recueils. La question paraît définitivement tranchée.

Hauréau a terminé son article, le dernier qu'il ait écrit, par quelques lignes justement flatteuses pour M. Hervieux: « Puisqu'il a la passion de l'enquête, qu'il n'hésite pas à la satisfaire ; on est loin encore d'avoir exploré, dans le moyen âge, tout le domaine des lettres latines et l'on a grand besoin, pour continuer l'exploration, de pionniers vaillants comme lui. » Je ne puis que m'associer à ce vœu et à cet hommage — à une condition pourtant : c'est que M. H. ne nous donne plus d'aussi gros volumes sur de petites choses. Il ne s'agit pas, quand on défriche une brousse de la littérature, de raconter au monde tous les coups de pioche qu'on a donnés, mais d'offrir, avec une vue du terrain, les fleurs qu'on a pu recueillir au milieu d'une frondaison à la fois stérile et luxuriante. Cette métaphore, comme toutes les métaphores, n'est qu'à moitié juste et j'aurais mieux fait de dire simplement que M. H., qui est un courageux et un patient, fera bien de ne pas tant présumer, à l'avenir, du courage et de la patience de son public.

Salomon Reinach.

---

92. — **Les Elégies de Tibulle, Lygdamus et Sulpicia,** texte revu d'après les travaux de la Philologie, avec une traduction littérale en vers et un commentaire critique et explicatif, par Ph. Martinon. 1 vol. in-8° : 10 fr. — A. Fontemoing, éditeur. Ouvrage couronné par l'Institut, 1896.

Des esprits chagrins reprocheront peut-être à M. Martinon de n'avoir pas pleinement tenu les promesses du long titre qu'il a imposé à son travail. Essayer de rendre en vers français la grâce aérienne de Tibulle paraîtra déjà téméraire à plus d'un. Que ne dira-t-on pas d'une tentative de traduction *littérale* en vers ?

Sans nous attarder à faire une fois de plus le procès facile de semblables traductions, félicitons M. M... d'avoir presque toujours bien compris et même, d'ordinaire, poétiquement traduit l'élégiaque latin, et surtout, malgré le titre, de ne s'être pas acharné à la traduction *littérale* pour des passages où le mètre choisi, l'alexandrin, la rendait à peu près impossible. En somme l'élégance de la traduction répond à celle de l'édition qui fait honneur à M. Fontemoing et sera la joie des amateurs.

Quant aux philologues, les plus indulgents eux-mêmes feront, sur la méthode que M. M... a suivie pour l'établissement du texte, des réserves auxquelles je m'associe.

Le long commentaire critique et explicatif a été heureusement rejeté à la fin du volume qu'il alourdit cependant encore. Il est, en effet, un peu diffus. En supprimant bien des inutilités et quelques erreurs, qu'il serait trop long de discuter ici, en serrant davantage le style, M. M... aurait gagné une place qu'un Index eût utilement occupée. Pour prouver à M. M... le soin que j'ai apporté à ma lecture, je lui signalerai certaines négligences de style, dans la préface et la notice en particulier [1], et aussi quelques fautes d'impression, du reste peu nombreuses [2]. — Il ne me reste qu'à remercier M. M... du plaisir que j'ai eu à relire Tibulle en sa poétique compagnie, et à souhaiter qu'il ne fasse pas trop attendre les autres volumes de son élégante collection.

J.-J. P.

93. — **Histoire générale, du IVe siècle à nos jours,** publiée par MM. Lavisse et A. Rambaud, Paris, Armand Colin. T. V, *Les guerres de religion*; t. VI, *Louis XIV*.

C'est avec la plus grande régularité que continuent à paraître les volumes de l'*Histoire Générale*, et cela n'a rien de surprenant quand on voit s'accroître, à chaque fois, de plusieurs noms nouveaux la liste des collaborateurs. Toutefois un nom revient plus régulière-

---

1. P. xv : il naquit à Gabies, *si l'on adopte* la correction de Baehrens. — P. xxi. Messala fut nommé préfet de Rome, *vieille magistrature qu'Auguste voulait restaurer,* — etc., etc.

2. P. viii beaucoup grave; *lire* beaucoup plus grave, — p. xxvii de bien *longues* durée, — p. xlviii où résolu, *pour* ou... etc., etc...

ment que tous les autres, preuve d'une collaboration plus effective ; on pourrait ajouter qu'elle a été aussi efficace, puisque M. A. Rambaud vient d'être nommé grand-maître de l'Université, ministre de l'Instruction publique. Nous n'osons pas dire que c'est l'*Histoire Générale* qui l'a conduit si haut ; mais n'y serait-elle pas par hasard pour quelque chose, son *Histoire de Russie*, dont les chapitres retrouvent successivement leur place à la fin de chacun des nouveaux volumes ? La curiosité du temps présent est assurément éveillée sur tous ces noms de tzars, avec lesquels les oreilles françaises étaient jusqu'ici peu familiarisées, sauf si le souverain s'appelle Pierre le Grand. Le récit de la jeunesse de cet original personnage, ainsi que des réformes qui furent l'œuvre de son règne, est bien conduit et d'après les sources les plus récentes. L'on est par ailleurs surpris de voir reléguer au milieu des indications bibliographiques [1] la mention du célèbre Testament, qui, pour être apocryphe, n'en joue pas moins un rôle si important dans les destinées récentes de la Russie. En tout cas, ce n'est pas sans intérêt que nous entendons l'empereur se faire l'écho du clergé orthodoxe de Jérusalem contre les Turcs et les Francs [2] « qui ont enlevé la moitié du Calvaire et le S. Sépulcre. » La question des Lieux Saints fait son apparition. Voilà en germe la guerre de Crimée, qui, après deux cents ans, ne lui a pas fait accomplir un pas en avant, hélas !

Si les protestations des Romains de Transylvanie contre la célébration du millénaire hongrois avaient besoin d'un commentaire ou d'une explication, nous les trouverions dans le chapitre de M. Xenopol dédié aux exploits de Michel Bravul, qui le 1er juillet 1600, « réalisa, ne fût-ce que pour un instant, l'unité politique de la nation Roumaine [3]. » Ainsi l'histoire du temps passé éclaire l'histoire contemporaine, période que l'encyclopédie historique de MM. Lavisse et Rambaud atteindra désormais rapidement. C'est à dessein que nous nous sommes servis du mot encyclopédie, car comment qualifier autrement l'ouvrage d'auteurs si divers, lequel ressemblerait assez aux « debating columns » d'un journal d'Outre-Manche.

1. T. VI, p. 722.
2. Ibid. p. 680.
3. Ibid. p. 820.

Prenons en effet la question de la Réforme, qui remplit près de la moitié des deux volumes dont nous nous occupons. Le lecteur aura du moins la satisfaction, si c'en est une, de la trouver exposée par des réformés et selon les vues réformées, MM. F. Buisson, C. Martin, S. Frédéricq, F. Puaux ; et, comme qui n'entend qu'une cloche n'entend qu'un son, nous avons ensuite deux bons chapitres de M. E. Chenon sur le concile de Trente et sur la réforme catholique sous Louis XIII. Etant averti de cette variété, chacun réserve son jugement, et c'est ce que nous ferons aussi.

Quant au règne de Louis XIV, il ne faudrait guère s'attendre à rencontrer du nouveau. Après tout ce qui a été dit sur le grand roi, on lit cependant avec intérêt la description judicieuse et fine que M. Lacour-Gayet nous donne de la cour, et l'on aime à suivre avec M. Tannery les progrès des sciences à cette époque. Enfin, à propos de l'annexion de Strasbourg, l'on ne peut s'empêcher de rapprocher avec tristesse deux dates : 30 septembre 1681 et 28 septembre 1870. Serait-il vrai que toutes deux appartiennent au même titre à l'histoire ?

H. D.

94. — **Mémoires du cardinal Consalvi.** Mémoire inédit sur le Concile national de 1811, texte italien et français, publié par l'abbé A. RANCE-BOURREY, docteur en théologie, professeur honoraire de Faculté. Grand in-8°, III-98 p. Paris, Maison de la Bonne Presse, 8, Rue François Ier.

Cette intéressante publication est l'une des dernières pages de l'histoire de l'Eglise gallicane ; c'est aussi l'une de celles où l'on retrouve le plus cet esprit d'indépendance vis-à-vis de Rome et de soumission au pouvoir civil qui caractérisa, en général, le Gallicanisme et qui faisait dire à Fénelon, au sujet des fameuses libertés de l'Eglise gallicane, le mot si connu : « Libertés à l'égard du pape, servitudes à l'égard du roi. »

Dans un court avertissement au lecteur, M. l'abbé R. B. donne de précieux renseignements sur ce fragment inédit des Mémoires de Consalvi. Entre autres choses, il nous apprend que ce document fut rédigé à Reims, sur la fin de cette même année, par le vénérable cardinal qui se trouvait alors exilé dans cette ville avec son collègue Césare Brancadoro.

Le traducteur serre de très près le texte qu'il donne au bas de chaque page, disposition qui facilite le contrôle du lecteur. Des notes assez nombreuses et substantielles viennent en aide à ce dernier et lui permettent de suivre aisément le récit.

Consalvi explique tout d'abord les circonstances particulièrement critiques dans lesquelles il composa cet écrit. Au fur et à mesure qu'il remplissait une page, il se hâtait de la dérober « aux surprises domiciliaires » et de la mettre en lieu sûr. Il recevait ses informations de Paris même où il avait des correspondants qui le tenaient au courant de ce qui se passait.

Afin de donner une idée de l'intérêt qu'offrent ces pages, qu'il nous suffise d'indiquer sommairement les faits qui s'y trouvent détaillés. Après avoir rappelé l'introduction subreptice des articles organiques dans le Concordat, le voyage du Pape à Paris à l'époque du couronnement et l'ingratitude dont Napoléon paya cet acte d'extrême condescendance, l'invasion des Etats Pontificaux, l'enlèvement du saint Père, etc., Consalvi raconte la démarche tentée auprès de celui-ci par des prélats courtisans pour le déterminer à céder aux exigences impériales, la formation d'un Comité ecclésiastique, en vue de préparer un Concile national, le rôle particulièrement odieux du cardinal Maury, le décret de convocation des évêques, la fameuse séance des Tuileries où le vénérable supérieur de Saint-Sulpice, M. Emery, eut une attitude si courageuse, si digne, si opposée à celle des prélats, qui avant tout ne songeaient qu'à plaire au Maître, la députation auprès de l'auguste captif de Savone des évêques de Tours, de Nantes et de Trèves, son insuccès, le dépit de Napoléon, la réunion du Concile, les intrigues qui en signalèrent l'ouverture, les efforts de l'empereur pour compléter l'asservissement de l'épiscopat gallican, sa colère en voyant le Concile, malgré ses complaisances précédentes, repousser le fallacieux décret qu'il lui enjoignait de signer les yeux fermés, la dissolution, puis la réouverture du Concile, deux actes également coupables et petits de cette comédie impériale, la désignation par Napoléon, en personne, des neuf membres du Concile qui devaient se rendre à Savone, la mort subite de l'évêque de Feltre, l'un d'eux, la conduite blâmable des cardinaux Dugnani, Roverella, Fabrizio, Ruffo et Bayane, la fermeté du Pape et le redoublement de rigueur à son égard. Tels sont les principaux événements décrits tout au long par Consalvi d'après les renseignements qu'il recevait de ses correspondants secrets. Inutile d'insister sur l'intérêt que ce récit offre au lecteur.

L'appendice qui termine la brochure renferme des documents très importants, concernant les faits rapportés par le célèbre cardinal. Napoléon voulait asservir l'Eglise, en se rendant maître de la personne du Pape, en l'isolant de ses conseillers habituels et en lui députant des prélats choisis par lui tout exprès. Mais il se trouva que le despote devant qui tout tremblait fut vaincu par la sainte obstination de l'auguste captif de Savone.

Nous ne saurions trop remercier M. l'abbé A. Rance-Bourrey de cette publication qui, si elle ne nous apprend « aucun fait nouveau », comme il l'observe lui-même, nous permet cependant de mieux apprécier les personnages qui jouèrent un rôle dans ce fameux Concile de 1811. L'ouvrage est édité avec soin. Quelques gravures sur bois, assez nettes, illustrent le texte qui, nous l'avouons, n'en avait guère besoin. On est assez content de les y trouver cependant, bien que les hommes dont elles rappellent plus ou moins fidèlement les traits ne soient pas toujours sympathiques. Si on aime, en effet, à revoir la noble figure de Consalvi, celles des Bertazzoli et des Roverelle nous laissent pour le moins indifférents.

A. ROUSSEL.

---

95. — **Discours militaires,** par S. E. le Cardinal PERRAUD, évêque d'Autun, Chalon et Mâcon, membre de l'Académie française. In-12 de IV-426 p. (1896). Paris, Téqui. Prix : 3 fr. 50.

Les œuvres que S. E. le Cardinal Perraud vient de recueillir sous le titre de *Discours militaires* sont des plus variées par le temps, comme par les sujets et par la forme. Il y a là des éloges funèbres et des lettres pastorales, de simples prônes et des discours de charité, même des polémiques sous forme épistolaire. Plusieurs de ces œuvres remontent à 1870 et au delà ; les plus récentes font allusion à la conquête de Madagascar. Le ton, la forme, le fond même devaient varier avec les circonstances ; il n'y a d'unité entre ces différentes pièces que par l'étiquette militaire qui leur convient à toutes et par le talent très personnel de leur auteur.

N'attendez point de lui qu'il s'épuise en formules banales ou qu'il s'attarde dans les lieux communs. Quand il rencontre sur son chemin un thème rebattu, par exemple les analogies entre le soldat et le prêtre, il passe ; et si un sujet a été déjà supérieurement traité par d'autres évêques, il renvoie simplement à ce qu'ils en ont dit ; pour lui il trouve toujours dans son esprit ingénieux et disert ou dans les souvenirs qui lui tiennent au cœur quelque considération nouvelle et quelque trait émouvant. Il aime les grands auteurs et les connaît mieux que personne ; ne cherchez pourtant point dans ses oraisons funèbres un pastiche de Bossuet et de sa solennité classique. C'était bon pour certains imitateurs, « sot bétail, je l'avoue, » qui péroraient au xviiie siècle et dont on disait qu'ils avaient fait une grande oraison funèbre « longue et plate comme l'épée de Charlemagne ». Mgr Perraud est de son temps, il veut que ses paroles aient avant tout la vie ; ses discours funèbres ne sont ni longs ni plats, mais ils sont nets et polis comme l'acier, avec cette pointe de glaive qui pénètre jusqu'aux moelles. Plutôt que d'être banal, il fera volontiers des digressions, cultivera la forme anecdotique, en égayera ses discours, tout en ayant soin de rattacher avec beaucoup d'art les anecdotes à son personnage. Et l'art est si ingénieux, par exemple dans certains mots de la fin, que quelquefois il s'aperçoit d'une manière bien visible. L'art des citations profanes ne pouvait manquer non plus de la part d'un normalien et Mgr Perraud l'est resté jusqu'au bout des ongles. Il semble que sa pensée ne se développerait pas entièrement sans quelque réminiscence des mots les mieux sentis de Virgile ou d'Horace, d'Eschyle ou de Bossuet. Mais ne peuvent-ils venir à propos, — et sous sa plume ils ne viennent jamais autrement, — dans des sujets mixtes, à la fois religieux et militaires? D'ailleurs Bossuet n'est-il pas un Père de l'Église et un écho de la Bible ? Les souvenirs bibliques ne sont pas moins fréquents chez Mgr Perraud et je souhaiterais à tous ceux qui dédaignent les profanes d'en avoir d'aussi riches et d'en tirer aussi bon parti. Ses discours de charité pour les soldats prisonniers en Allemagne et pour les paysans ruinés par la guerre, son prône sur le centurion de l'Évangile, sont particulièrement heureux comme emploi de l'Écriture sainte ; et quant aux panégyriques de Jeanne d'Arc, ils offrent une substance doctrinale remarquable sur le secours de Dieu et un frappant exemple de ce que peut la théologie pour éclairer l'histoire.

Mais, dans tous ses discours militaires, ce sont encore ses souvenirs personnels de la guerre de 1870 qui l'inspirent le mieux. L'oraison funèbre de Mac Mahon prononcée dans la cathédrale d'Autun est par là et par beaucoup d'autres qualités une pièce merveilleuse et d'un un art achevé ; je ne sais pourquoi je suis tenté de lui préférer pourtant le simple éloge d'un colonel et d'un sergent enterrés côte à côte dans le cimetière d'Autrecourt après la bataille de Beaumont. L'orateur a bien fait de recueillir ces simples paroles ; elles nous font revivre les heures douloureuses de ce mois de septembre 1870. A distance, les souvenirs perdent de leur précision et, pour relever un détail de l'oraison funèbre de Mac Mahon, Pourru-aux-Bois, où il se reposa quelques semaines après sa blessure, n'est point un village de Belgique, mais bien un village français de la frontière. Le lecteur sourira peut-être de la minutie de cette critique, je suis persuadé que l'éminent auteur n'y verra qu'un scrupule d'exactitude. Il ne voudrait pas pour son livre des formules banales du panégyrique, lui qui dit si bien qu'il a « horreur de louer au delà de la vérité. »

Je ne la dépasserai nullement en disant que le public lui saura gré d'avoir ajouté à l'écrin de ses autres œuvres oratoires la perle de ses discours militaires et en appliquant à ce recueil le texte qui l'ouvre, celui de l'éloge du général Ladislas Zamoyski : « Toute œuvre choisie sera justifiée et celui qui l'aura accomplie y trouvera sa gloire. » C'est vraiment une œuvre choisie parmi tant d'autres œuvres distinguées. Mais n'insistons pas. Prononcer le mot de distinction en parlant du Cardinal Perraud, ce serait tomber dans la banalité. Il se soucie moins de trouver sa gloire dans cette publication que de faire connaître celle des ancêtres auxquels il la dédie. Et puis tout cela même est secondaire : l'essentiel est que Dieu et la patrie y trouvent la leur. A. Boué.

96. — **L'abbé J. M. J. Bodson.** Pensées recueillies par sa famille et ses amis, précédées d'une introduction par Augustin Largent, prêtre de l'Oratoire, professeur à la faculté de théologie de Paris et d'une lettre de l'abbé L. Planus vicaire général d'Autun. 2 vol. in-12, xxi-259, et 285, Paris, Lecoffre, et Liège, Cormaux.

Il y a toujours quelque témérité à publier un recueil de « Pensées ». Avoir de l'esprit, du tact, de la profondeur, ou de l'imagination à chaque phrase d'une page imprimée, et cela tout le long d'un volume, si mince soit-il, c'est un don rare. Les La Rochefoucauld, les Vauvenargues, les Joubert, y réussissent à peine. On peut dire que la grande masse de leurs imitateurs y ont échoué ; je ne parle pas de Pascal qui est hors de pair.

C'est cependant ce qu'on a tenté pour le délicat auteur dont les deux volumes viennent de paraître à la fois en France et en Belgique (l'auteur est Belge) sur la recommandation très sympathique du P. Largent et de M. l'abbé Planus. Ce n'est pas l'auteur lui même qui fait confidence au public de ses pensées. Il s'agit d'un recueil posthume, formé par la piété reconnaissante de disciples, qui ont voulu rendre hommage à la science, au zèle, à l'esprit libéral et ouvert d'un maître bien-aimé.

M. Bodson, prêtre éminent, dans tous les sens du mot, très au courant des misères et des besoins de son siècle, avait rêvé, comme tant d'autres, d'écrire une apologie du Christianisme. Comme tant d'autres aussi, il n'a laissé que des matériaux. On a pu en extraire des pages dont le mérite principal est la distinction et la délicatesse des idées, la largeur des vues, le tout mis au service d'une ardente charité pour les âmes. Tel qu'il est, ce recueil fera peut-être tout le bien que l'auteur s'était promis de l'ouvrage projeté. Voici les titres des chapitres qui forment la division, un peu arbitraire, du recueil : Dieu, l'homme, le vrai, le bien, le beau ; observations morales. Le meilleur éloge que nous puissions faire de ces pensées, c'est d'en citer quelques-unes.

« Je n'aime point ceux qui se parent de la religion comme d'un manteau et qui semblent ne pleurer que les péchés d'autrui (II, 52).

« Qui n'est pas de son temps n'est d'aucun temps, à moins qu'il ne soit prophète. L'avenir peut arriver, mais le passé ne reviendra pas (II, 108).

« Si l'on savait que le Christianisme, loin de chercher à opprimer l'homme, l'aide au contraire à conquérir la plénitude de la liberté, on verrait en lui le sauveur du genre humain…. La liberté, c'est l'homme ; la religion, c'est Dieu ; et l'avenir de l'homme avec Dieu est le commencement, le milieu et la fin du Christianisme » (II, p. 12).

Voilà pour la méthode apologétique de l'auteur. On voit sa tendance libérale et attractive pour les hommes de notre génération.

Voici maintenant quelques pensées propres à faire apprécier la délicatesse, en même temps que l'élévation d'esprit de M. Bodson.

« Le bonheur est une harmonie, il naît de l'accord de l'âme avec Dieu (II, 134).

« Il manque toujours aux traits de l'homme qui n'a point pleuré la majesté de la souffrance (II, 182).

« Les larmes que fait verser l'admiration montent vers Dieu comme une prière » (ibid).

En résumé, les « Pensées » sont un de ces livres aimables à parcourir, doux à consulter, qu'il est bon d'avoir sur sa table, à la portée de sa main pour les ouvrir au hasard, surtout dans les moments où l'esprit fatigué a besoin de quelques instants de repos dans la lumière.
L. LESCŒUR.

CHRONIQUE ANGLAISE

65. — L'*Expositor* de mai contient un intéressant article de M. Ramsay intitulé : *Un point fixé dans la vie de S. Paul*. Ce point est la date de la pâque qui eut lieu au milieu du voyage de S. Paul à Jérusalem relaté au chapitre XX des Actes. M. Ramsay affirme que l'année 57 est la seule qui satisfasse aux conditions du récit. Il donne aussi ses conclusions sur d'autres points, en particulier sur la date du martyre de l'apôtre qu'il place en 67. On trouve dans le même numéro un article de Redpath sur le texte hébreu de l'ancien testament. M. R. désire qu'on publie un texte sans points-voyelles avec des notes indiquant les diverses manières de ponctuer qui ont servi de points de départ aux différentes versions.

— Dans l'*Academy* du 16 mai, Miss Agnes Lewis annonce que, parmi des fragments de manuscrits hébreux achetés en Palestine par elle et par sa sœur, M. S. Schechter de Cambridge vient de découvrir un fragment du texte hébreu de l'Ecclésiastique. Ce fragment sera bientôt publié.

— Le numéro du 23 mai, contient une note de M. F. P. Badham sur le passage de l'Evangile de Pierre relatif à la Nativité. L'auteur montre l'importance de ce passage pour l'histoire du docétisme.

— Dans le numéro du 6 juin, M. Conybeare étudie les éléments talmudiques dans les Actes d'Abercius. (Migne, t. CXV, col. 1230). Il compare les chapitres XV, XVI, et XVII des actes, avec l'histoire racontée dans le talmud de Babylone. (Meïla, 176).

— La *Clarendon Press* vient de publier la cinquième partie de la concordance des Septante de MM. Hatch et Redpath. Elle va jusqu'au mot προπυλον. La sixième partie qui terminera l'ouvrage est très avancée.

Parmi les ouvrages récemment publiés nous signalerons *A History of auricular confession and indulgences in the latin Church*, par H. C. Lea, t. I. *Confession and absolution*, (Sonnenschein), ouvrage très important qui est le résultat de longues recherches.

Sheridan, par W. Fraser, avec une introduction de la marquise de Dufferin et Ava. 2 vol. (Bentley.)

History of the English people, par J. R. Breen, tome VII.

Six lectures on the ante Nicene Fathers, par F. I. Hort (Macmillan). Les pères dont il est question sont S. Clément de Rome, S. Ignace, S. Polycarpe, S. Justin, S. Irénée, Hippolyte, Tertullien, S. Cyprien et Origène. Sur chacun d'eux M. Hort donne une courte notice biographique et bibliographique et termine par la traduction quelques-uns des principaux passages de leurs œuvres.

History of Early Christian art, par le Rev. E. L. Cutts (Society for Promoting Christian Knowledje), illustré. Ce livre est écrit avec des préoccupations anticatholiques.

CHRONIQUE

66. — Le prochain congrès international des orientalistes tiendra sa onzième session à Paris en 1897, conformément à la décision prise à l'unanimité par les orientalistes réunis à Genève en 1894.

Les orientalistes français se sont concertés pour fixer la date de ce congrès au 5-12 septembre 1897, pour constituer les sections et arrêter provisoirement le programme des travaux. La commission permanente est composée de MM. Schefer, président; Barbier de Meynard, vice-président; Maspero et H. Cordier, secrétaires; E. Aymonier, E. Guimet, J. Oppert, G. Schlumberger, E. Sénart, marquis de Vogüé, membres; Ernest Leroux, trésorier.

67. — M. Maspero a présenté à l'Académie des Inscriptions et Belles-Lettres le premier volume du grand ouvrage que M. de Naville vient de publier sur le temple de Deir el Bahari. M. de Naville a consacré quatre années de sa vie à déblayer ce temple et à le remettre en état; il a été assez heureux pour pouvoir reconstruire quelques portions de murailles écroulées ou détruites par les moines coptes et dont les débris jonchaient le sol. Ce premier volume renferme surtout des textes religieux d'une importance moindre, mais reproduits d'une façon très exacte et d'une main ferme par madame Naville. Les planches en couleur sont d'une sûreté rare et d'une grande déli-

catesse de couleur. Le texte qui les accompagne est fort clair; les points intéressants ont été mis en lumière avec la sobriété et l'habileté auxquelles M. de Naville nous a accoutumés de longue date.

68. — *Deux brochures de M. Léopold Delisle*. La *Notice sur un livre d'astrologie de Jean, duc de Berry* (Paris, librairie Techener, 1896, in-8 de 16 p.) est une importante contribution à l'histoire littéraire du xv° siècle. M. Delisle décrit et analyse, comme il sait décrire et analyser, le manuscrit offert au prince bibliophile, le 7 juin 1403, par Lubert Hautschild, abbé de Bruges. — Plus précieuse encore est la *Notice sur les manuscrits originaux d'Adémar de Chabannes*. (Tiré des *Notices et extraits des manuscrits de la Bibliothèque nationale et autres bibliothèques*. t. XXXV, première partie. Imprimerie nationale. Librairie Klincksiek, 1896, in-4 de 118 p. avec sept planches. Héliogravure Dujardin). Ce travail, dont le sommaire analytique (p. 116-118) indique toutes les richesses, soit au point de vue critique, soit au point de vue paléographique, complète excellemment les travaux divers consacrés au chroniqueur du xi° siècle dans la *Patrologie* de Migne (t. CXLI), dans l'*Histoire littéraire de la France* (t. VII), dans les *Monum. Germ. Hist. Script.* (t. IV), dans le *Bulletin de la Société de la Charente* (t. IV), dans le *Bulletin de la Société archéologique et historique du Limousin* (t. XXII). L'éminent critique, après avoir retracé les traits essentiels de la vie d'Adémar, nous fait connaître les manuscrits originaux de cet auteur qui sont, en entier ou par fragments, parvenus jusqu'à nous et qui sont conservés à la Bibliothèque nationale de Paris, à la Bibliothèque royale de Berlin, enfin à la Bibliothèque de l'Université de Leide.

T. de L.

69. — M. F. Magnette, docteur en philosophie et lettres, a publié, l'an dernier, deux excellentes brochures dont nous nous reprocherions de tarder plus longtemps à signaler le mérite : *Biens des couvents supprimés — France et Pays-Bas. Négociations* (Bruxelles, F. Hayez, 1895, gr. in-8 de 48 p. Extrait du tome V de la cinquième série du *Bulletin de la Commission royale d'histoire de Belgique*). — *Saint Frédéric, évêque de Liège 1119-1121*, (Liège, Cormaux, 1895, gr. in-8 de 38 p. Extrait du *Bulletin de la Société d'art et d'histoire du diocèse de Liège*. Tome IX).

L'édit du 17 mars 1783, par lequel l'empereur Joseph II, surnommé le *Spoliateur*, supprima un certain nombre de couvents, aux Pays-Bas, amena entre les cours de Bruxelles et de Versailles (1783-1784) une négociation si peu connue que M. Magnette n'a pu trouver aucun imprimé spécial sur le sujet. Le travail est très sérieusement fait : les phases par lesquelles passa l'affaire y sont retracées d'une façon complète. L'auteur a consulté une foule de pièces conservées aux

Archives impériales de Vienne, aux Archives du royaume à Bruxelles, aux Archives nationales et aux Archives du ministère des affaires étrangères à Paris. Il a eu soin d'analyser (p. 30-48) les plus intéressantes de ces pièces où l'on retrouve divers noms fameux dans l'histoire de la diplomatie, tels que ceux de Kaunitz, de Starhemberg, de Mercy-Argenteau, de Vergennes, de Belgiojoso, de Ségur, de Montmorin.

La notice sur *Saint Frédéric, évêque de Liège*, fait également honneur à M. Magnette. Biographie et bibliographie y sont traitées avec beaucoup de soin. Les notes, bourrées de références, montrent combien le chercheur a été consciencieux et zélé. M. Magnette est aussi judicieux critique qu'habile chercheur. A tous les points de vue sa notice, suivie (p. 29-38) des *Regestes de Saint Frédéric* (de l'année 1095 à l'année 1119) est digne d'un élève de M. G. Kurth et d'un compatriote des Bollandistes.

T. de L.

70. — M. Georges Picot a présenté à l'Académie des sciences morales et politiques un nouveau volume d'œuvres inédites de Montesquieu. Il avait déjà présenté, il y a quelques années, deux *Opuscules* et des *Mélanges inédits* de Montesquieu publiés par le baron de Montesquieu. C'était le début d'une série de volumes qui paraîtront successivement.

Les archives de la Brède ont, non sans accident, traversé les péripéties de la révolution. Les arrière-petits-fils de l'auteur ont classé ce qui en reste et ont eu la sagesse de les confier aux soins les plus éclairés pour en tirer les volumes offerts à l'Académie.

Ces documents manuscrits se partagent en deux groupes, dont les uns nous apprennent ce que Montesquieu a recueilli pendant ses voyages à l'étranger, et les autres nous font assister à son travail intérieur.

Le volume que M. Picot a présenté est le premier des *Voyages*, qui comprendront deux tomes. La préface, très complète et très savante, a été rédigée par M. Barckhausen, un des correspondants de l'Académie pour la section de législation, qui a partagé le soin de la correction des épreuves avec M. Dezeimeris, correspondant de l'Académie des incriptions et belles-lettres.

71. — M. Aucoc a offert à l'Académie des sciences morales et politiques un recueil des *Lois françaises et étrangères sur la propriété littéraire et artistique*, publié par MM. Lyon-Caen et Paul Delalain.

Déjà, en 1889, M. Aucoc avait fait hommage à l'Académie de deux volumes contenant : 1° les lois de la France et des divers Etats du monde, relatives à la propriété littéraire et artistique ; 2º les conventions internationales conclues par la France pour la protection des œuvres de littérature et d'art.

MM. Lyon-Caen et Delalain, viennent de publier un recueil complémentaire qui comprend les lois et règlements sur la propriété littéraire promulgués de 1890 à 1896 dans les différents pays du monde et les conventions internationales conclues pendant la même période.

SOCIÉTÉ NATIONALE DES ANTIQUAIRES DE FRANCE

Séance du 27 mai. — M. de LAIGUE envoie une note relative à une inscription funéraire chrétienne, peut-être du IVᵉ siècle, qui a été trouvée sur la montagne le Marchon, près de Tanger, par le comte de Tattenbach, ministre d'Allemagne dans cette dernière ville. M. de Tattenbach a fait don de ce texte au musée municipal de Cadix. — M. ARNAULDET fait une communication au sujet d'un contrat du 19 décembre 1508, passé entre Andreas de Baldis de Regio, sa mère Ludovica, Antoine son frère et *D. Pontichus filius quondam Georgii de Carchinis de Mediolano* d'une part, et Louis Bonaciali d'autre part, pour l'impression à Ferrare des Erotemata de Chrysoloras, abrégés par Guarino de Vérone. M. Arnauldet fait connaître en même temps une lettre écrite par le cardinal Hippolyte Iᵉʳ d'Este à sa sœur Isabelle, pour lui recommander l'imprimeur vénitien Alde Manuce. — M. PETIS DE VAUX fait passer sous les yeux de la société une série de types de rasoirs gallo-romains en bronze et en fer, trouvés en Bourgogne. — M. l'abbé BEURLIER fait une communication relative au mode d'attache des fers de lance tel qu'il est décrit dans Homère. Il signale notamment la nécessité de l'emploi d'un anneau pour maintenir la douille fixée à la hampe, quand cette hampe a été formée simplement en rabattant les ailes latérales de la partie inférieure du fer de lance, comme cela a lieu dans un certain nombre de pièces trouvées à Vaphio, sur l'acropole d'Athènes, etc. — M. le commandant MOWAT présente des observations au sujet d'une inscription conservée au Cabinet des médailles et provenant de la collection de Raoul Rochette. Il s'agit de l'épitaphe d'un décurion d'Ostie mentionnant un prêtre salien de Lavinium. M. Mowat signale aussi une urne funéraire romaine du Cabinet des médailles sur l'une des faces de laquelle se trouvent représentés deux personnages jouant à une table disposée en échiquier comme le jeu de la *mora* ou des *latrunculi*. — M. HÉRON DE VILLEFOSSE communique et commente une lettre du R. P. DELATTRE, dans laquelle ce dernier fait part de ses nouvelles découvertes dans le cimetière des *offi-*

ciales à Carthage. — M. Babelon présente de la part de M. E. Moignon, ancien sous-préfet, un fragment d'une inscription du moyen-âge trouvé dans les fondations d'une des plus vieilles maisons de Châlons-sur-Marne. — M. E. Babelon entretient la société des monnaies du tyran Saturnin qui se révolta en Orient sous Probus. Il rappelle que Vopiscus dit qu'un autre révolté nommé Firmin frappa aussi monnaie pour affirmer son autorité impériale. Il est donc possible qu'on trouve aussi un jour des monnaies de ce Firmin. *Les historiens de l'histoire Auguste*, qui parlent de ces tyrans, sont des sources historiques plus sérieuses et plus dignes de foi que ne le suppose l'hypercriticisme allemand contemporain. — M. Mowat partage sur ce point l'opinion de M. E. Babelon et l'appuie par de nouveaux arguments, en particulier pour ce qui concerne l'autorité de Pollion.

Séance du 3 juin. — M. Omont fait une communication au sujet d'un manuscrit français récemment acquis par la Bibliothèque nationale et contenant différents traités de médecine et un petit poëme d'environ 1530 vers, de la fin du XIII° siècle. D'après un passage de ce poëme, il fut composé en 1286, à Maubuisson près de Pontoise, par un personnage appelé Thomas de Thonon qui prend place, pour la première fois, dans l'histoire littéraire de la France. — Le vicomte Delaborde demande s'il ne s'agit pas dans ce Thomas de Thonon d'un simple copiste plutôt que du véritable auteur et compositeur du poëme. — M. Omont répond qu'il s'agit plus vraisemblablement de l'auteur même. — M. l'abbé Thédenat dépose sur le bureau de la Société le 1er fascicule du Bulletin de la Société pour l'année 1896. — M. Samuel Berger lit un mémoire de M. le chanoine Donais, de Toulouse, relatif au texte d'un pouillé contenu dans le livre des droits et des revenus du prévôt de Toulouse, XIII°-XVII° siècles. — M. Héron de Villefosse lit une lettre de M. Thiers de Narbonne. Cette lettre contient la description d'un cadran solaire romain, en pierre, muni d'un style en cuivre rouge et trouvé dans le cimetière de Narbonne. Un dessin est joint à la communication de M. Thiers. — M. Héron de Villefosse rappelle ensuite qu'il a présenté à la Société, en 1894 (*Bulletin* de 1894, p. 248 s.) une statuette en marbre blanc appartenant au Musée du Louvre et représentant *Vénus portant l'Amour sur son épaule*. Une statuette semblable, trouvée à Carthage en 1853, est conservée dans la collection de M. Martel, qui est vendue en ce moment, 1896, par les soins de M. Henri Léman, expert.

L'Éditeur-Propriétaire-Gérant : Albert Fontemoing.

BULLETIN CRITIQUE

---

97. — A. DE BARTHÉLEMY. — **Note sur l'origine de la monnaie tournois.** Paris, Klincksieck, 1896, in-4°, 14 pages (Extrait des *Mémoires de l'Académie des Inscriptions*, t. xxxv, 2ᵉ partie.)

La monnaie tournois a joui pendant la seconde partie du moyen-âge d'un crédit particulier, monnaie réelle imitée par la plupart des souverains, monnaie de compte, adoptée par toutes les administrations financières de l'Occident. M. A. de Barthélemy a consacré à la recherche de son origine un mémoire dont les conclusions seront adoptées par les historiens et les numismatistes. C'est un fait bien établi que l'église de Saint-Martin de Tours a frappé monnaie dès le viiᵉ siècle et qu'elle est restée en possession de ce droit jusque sous Charlemagne. Mais dès dernières années du règne de Charlemagne jusqu'au règne de Charles le Simple ce monnayage s'éclipse. Ce n'est pas là, au moins pour le règne de Louis le Pieux, quelque chose de particulier à Saint Martin de Tours. Aucun nom de saint n'a été inscrit sur les monnaies de Louis le Pieux. Les concessions de monnaies à des églises « paraissent avoir été suspendues, dit M. A. de Barthélemy, à dater du capitulaire de Thionville (805) qui interdisait toute fabrication monétaire en dehors des ateliers royaux. » Est-on autorisé à traduire le mot *palatium* du capitulaire de Thionville par ateliers royaux ? La mesure prise par Charlemagne n'est-elle pas plus restrictive ? « Volumus ut nullo alio loco moneta sit, nisi in palatio nostro. » Sans doute le palais est ambulatoire ; il suit le roi ; mais n'est-il pas vraisemblable que en quelque lieu qu'il fût établi, les monnaies qui y étaient frappées, ne devaient pas porter d'autre indication d'origine que la légende *Palatina moneta*. Si le capitulaire de Thionville a été exécuté, ç'a dû être d'une façon transitoire, car un grand nombre de noms de cités se lisent sur les monnaies de Louis le Pieux. Quand M. A. de Barthélemy dit que les concessions monétaires aux églises ont cessé sous le règne de Louis le Pieux, il n'entend pas par là que les rois aient cessé d'abandonner à des églises les profits du monnayage d'un atelier public (ce qui serait en contradiction avec les documents), mais seulement qu'il ne fut plus permis aux églises d'avoir des monnaies signées de leur propre nom. Les seules monnaies dont le cours soit autorisé sont celles qui portent le nom royal, qui sont conformes au type officiel. C'est seulement sous Charles le Chauve que des noms de saints figurent à nouveau sur les monnaies. A Tours sous Louis le Pieux, Charles le Chauve, Louis II, Louis III et Eudes, on ne trouve plus que des deniers « sur lesquels, avec le monogramme royal, on lit simplement la légende *Turonis*, *Turones*... La mention de saint Martin ne reparait pas avant Charles le Simple. Quelques numismatistes ont supposé qu'il y avait eu à Tours, deux ateliers : celui du roi et celui de l'abbaye de Saint-Martin. » Cette hypothèse est nécessaire si l'on identifie avec Charles le Chauve le *Carlus rex* dont le nom est gravé sur des monnaies au temple et à la légende *Sci Martini moneta*. Elle est inutile si on rapporte ces deniers, comme le propose M. A. de Barthélemy, au règne de Charles le Simple. Malheureusement l'âge de ces deniers est incertain. Nous remarquerons toutefois qu'ils sont d'un style bien différent des autres deniers qu'on donne au xe siècle. Quoi qu'il en soit, il y avait très probablement à Tours, au ixe siècle, un atelier royal, placé sous l'autorité du comte. « Or il se présente ici un fait particulier. Les comtes de Tours depuis 861 furent les descendants de Robert le Fort...; ils étaient en même temps abbés laïques de Saint-Martin de Tours. » De sorte que lorsqu'en 919 le comte-abbé Robert eut obtenu du roi Charles le Simple pour l'église de Saint-Martin le droit d'avoir une monnaie particulière « propriam monetam et percussuram proprii numismatis » il dut se trouver à la tête de deux ateliers, l'atelier royal devenu comtal et l'atelier abbatial. Le diplôme de Charles le Simple fait allusion à des concessions royales antérieures sans préciser; il est probable que les religieux auraient été fort embarrassés pour produire aucun diplôme; ils fondaient leurs prétentions sur les monnaies qui portaient le nom de saint Martin ; ce qui n'implique pas que ces deniers du roi Charles auxquels nous faisions allusion précédemment, remontent au règne de Charles le Chauve; car il suffisait qu'on eût connaissance des triens et deniers mérovingiens pour en conclure à un droit de monnaie antérieurement concédé. Un denier considéré avec raison par M. A. de Barthélemy comme étant postérieur à l'acte de 919 ne porte-t-il pas l'antique formule *Ratio Sci Martini* ? Un autre denier offre d'un côté le buste du saint et la légende *Caput sancti Martini* et de l'autre les mots *Turonis civitas*. Comme si on avait voulu indiquer la fusion des deux ateliers, l'atelier du comte, et celui de l'abbé, en un seul. Après l'avénement de Hugues Capet au trône, les vicomtes s'attribuèrent les droits et revenus des anciens comtes. Le comté de Tours passa à la maison de Blois, puis à celle d'Anjou jusqu'à sa confiscation par Philippe Auguste en 1204. Les comtes pouvaient donc frapper monnaie à la fois comme abbés et comme comtes ; mais ils n'émirent d'espèces qu'à un seul type avec deux légendes, *Scs Martinus* d'une part, *Turonis civitas*, d'autre part, rappelant la double origine de leur droit. Philippe Auguste rompit le dernier lien qui rattachait l'atelier à la basilique en substituant son propre nom à celui du saint. Cependant, l'hôtel de la Monnaie, qui existe encore, s'il n'était pas établi dans l'enceinte de Châteauneuf, n'était pas non plus dans la cité, mais dans le bourg de Saint-Pierre le Puellier, qui dépendait de Saint-Martin. Les droits constatés, au XIIIe siècle, des sires de Preuilly sur la monnaie de Tours, ne s'expliquent, comme le remarque M. A. de Barthélemy, que si l'on suppose que l'atelier de Tours devenu royal n'était que l'ancien atelier de saint Martin ; car les sires de Preuilly étant avoués de saint Martin, il est naturel qu'un profit leur ait été attribué sur le monnayage de l'abbaye. Mais il faut croire qu'au XIIIe siècle l'origine de la monnaie tournois s'était obscurcie et que les religieux de Saint-Martin n'y avaient plus aucune part, puisqu'ils obtenaient du roi Louis X qu'il mandât à ses gens des comptes de leur permettre de frapper monnaie conformément à leur ancien privilège, permission dont au reste ils ne paraissent pas avoir usé, de telle sorte que ce mandement royal ne fut pour eux rien de plus qu'une lettre de non-préjudice.

Telles sont les grandes lignes de la thèse soutenue par M. A. de Barthélemy avec l'autorité que lui donne une connaissance approfondie de l'ensemble de notre histoire monétaire. Nous avons laissé de côté plusieurs aperçus ingénieux et intéressants relatifs à des questions subsidiaires. C'est ainsi par exemple que les monnaies de Chinon ont désormais leur véritable place dans le monnayage du xe siècle. Démêler avec finesse, comme l'a fait M. A. de Barthélemy, les origines obscures d'une monnaie qui, plusieurs siècles durant, tint dans les relations économiques une place prépondérante est chose d'importance. C'était aussi en raison de la rareté et du laconisme des documents écrits et des monuments numismatiques, une œuvre ardue ; et si ceux-là seuls en sentiront tout le mérite qui savent par expérience la difficulté que présentait cette étude, tous les historiens apprécieront, du moins, la sûreté de méthode avec laquelle l'auteur a conduit ses recherches et les a fait aboutir.

M. Prou.

VARIÉTÉS

NOUVELLE ÉTUDE SUR LA CHRONIQUE ATTRIBUÉE A DENYS DE TELLMAHRÉ

Dans le n° du *Bulletin critique* du 15 juin 1896, j'ai montré que la quatrième partie de la chronique attribuée à Denys de Tellmahré était un ouvrage de peu de valeur et ne pouvait pas être de Denys contrairement à ce que l'on avait cru jusque-là. M. l'abbé Chabot a contesté mes conclusions dans une lettre insérée dans le n° du *Bulletin critique* du 25 juillet 1896.

Je remercie M. l'abbé Chabot de me donner, par sa lettre, l'occasion de confirmer par de nouvelles raisons, mon article précédent. Car il ne s'agit pas ici d'écheniller une lettre ; la question est beaucoup plus élevée, il s'agit de savoir si une certaine chronique qui a fourni à Assemani plus de cent pages de sa Bibliothèque Orientale et qui est la base d'un nombre considérable de travaux, est bien l'œuvre prônée par les anciens auteurs du célèbre patriarche Denys de Tellmahré — je maintiens qu'Assemani, les orientalistes les plus célèbres à sa suite, et enfin M. l'abbé Chabot qui a traduit et publié la quatrième partie de cette chronique se sont trompés, *bien que pour des motifs tout différents*. L'ouvrage n'est pas de Denys, mais d'un inconnu, sans doute d'un moine, qui vivait dans la région Amida Edesse, probablement au monastère de Zouqenin et qui terminait son travail en l'an 775 de notre ère.

Dans la seconde partie de ce travail, je me demanderai à nouveau quelle est l'importance *de la quatrième partie* de la chronique publiée par M. l'abbé Chabot. Je prouverai que dans les douze premières pages « chaque phrase a besoin d'être rectifiée par une note », et que le reste de l'ouvrage offre « une histoire édifiante, surchargée de citations de l'Ecriture [1]... » La preuve m'est facile à faire. Il suffit que MM. les éditeurs du *Bulletin* veuillent bien reproduire pour leurs lecteurs *la première page* (je ne choisis pas) traduction et notes de l'auteur de M. l'abbé Chabot et *certain récit de peste* (pp. 32-39) qui nous conduira à des résultats encore inédits et bien intéressants. Chacun (mais surtout les professeurs qui ont vu des copies de très mauvais élèves) pourra juger par lui-même de la valeur de la chronique publiée par M. l'abbé Chabot. Ce procédé de démonstration est à employer avec les auteurs spéciaux, lesquels ne peuvent guère être lus que par quelques amis, ce qui leur laisse peu de chance d'être critiqués. Ils pourraient donc en imposer au reste du public par de belles références, des phrases sonores et d'audacieuses affirmations, si l'on ne vulgarisait leurs œuvres autant qu'on peut le faire [2]. — Je dirai un mot, incidemment, des diverses personnalités que M. l'abbé Chabot se permet d'introduire dans sa lettre.

I. *L'ouvrage en question n'est pas de Denys de Tellmahré, mais d'un moine inconnu qui écrivait en 775, probablement dans le monastère de Zouqenin, près d'Amida.*

J'ai déjà donné bien des raisons puisque M. l'abbé Chabot, après avoir appelé mon texte du « verbiage », veut bien reconnaître plus bas que ce même texte renferme *des arguments* qui *ne sont pas sans valeur*, mais je puis maintenant ajouter à ces arguments une preuve d'autorité tiré d'un article de M. Theodor Nöldeke que le célèbre *orientaliste* a eu l'extrême obligeance de m'envoyer en épreuve dès la réception de mon article du *Bulletin* [3].

On trouve à la septième ligne :

Diese Chronik ist nicht die des Dionys, sondern das ungefahr 70 Jahre früher geschriebene Werk eines Unbekannten.

---

1. Voir *Bull. critique*, 15 juin 1896.
2. J'affirme que les onze pages suivantes ne valent pas mieux que la première et que j'aurais pu trouver d'autres récits analogues à celui de la peste de 744, mais le *Bulletin* ne peut tout publier.
3. Wiener Zeitschrift für die kunde des Morgenlandes.

« Cette chronique n'est pas celle de Denys, c'est une œuvre, écrite 70 ans plus tôt par un inconnu. »

Et au bas de la page 2.

Jetz müssen wir uns also damit begnügen, dass es das im Jahre 774-775 abgeschlossene Werk eines Mönches oder Clerikers von Zuqnin ist.

« Maintenant il faut donc nous contenter de dire que c'est l'œuvre, terminée en 774-775, d'un moine ou d'un clerc de Zouqenin. »

Voilà bien, je crois, ce que j'ai énoncé, et si M. l'abbé Chabot, qui étudie cependant cet ouvrage depuis assez longtemps, n'a pas encore pu y découvrir ces deux faits, il me permettra de le renvoyer à l'*orientaliste* célèbre qui est M. Theodor Nöldeke.

Mais ici se présente une première personnalité « *j'ai*, nous dit M. l'abbé Chabot, *tout simplement* adopté l'opinion d'Assemani. »

Cette phrase qui tend *tout simplement* à mettre M. l'abbé Chabot sous le couvert d'Assemani, mérite quelques développements. Je dis que les cas de M. l'abbé Chabot et d'Assemani sont bien différents.

En effet, Assemani croyait (B. O. t. II, p. 98) que Denys florissait vers 775, car il nous dit : *Claruit anno Græcorum, 1086, Christi 775*, et plus loin : *Scripsit annales ab orbe condito ad suam usque ætatem, nimirum ad annum Græcorum 1086*.

« Il écrivit des annales depuis le commencement du monde *jusqu'à son époque, qui est l'année 1086 des Grecs* (775). »

Assemani croyant que Denys florissait vers 775, pouvait donc *sans absurdité aucune* lui attribuer une chronique qui se terminait en cette année [1].

Tout autre est le cas de M. l'abbé Chabot :

Il attribue à Denys l'ouvrage qu'il publie, puis il dit (Introd. p. ix, l. 3-5) :

Ses écrits — du moins ceux qui sont parvenus jusqu'à nous — ne nous fournissent aucun renseignement sur sa vie, et plus loin (l. 11-14) : *Nous ne connaissons ni le nom ni la condition de ses parents, ni même*

---

1. On comprend que plus tard lorsque Assemani connut l'année de la mort de Denys, il ne voulut pas démentir pour cette seule raison ce qu'il avait écrit dans les feuillets précédents déjà imprimés. Il put voir là quelques difficultés et laisser à d'autres le soin de résoudre le problème.

*l'année de sa naissance que nous devons placer par conjecture à **la fin du** VIIIe **siècle**.*

Or l'ouvrage en question montre que son auteur, appelé Denys par M. l'abbé Chabot, écrivait certainement dans la région d'Amida et cela l'année 775. Ce dernier fait est établi par au moins cinq passages différents, et M. l'abbé Chabot ne l'a pas vu, puisque non seulement il n'en parle pas, mais de plus il fait naître l'auteur, par conjecture, A LA FIN du VIIIe siècle. On me demande en général à ce sujet si M. l'abbé Chabot avait lu la 4e partie de la chronique de Denys, je renvoie, bien entendu, à la couverture du 112e fascicule de la Bibl. des Hautes-Études, où chacun peut lire : « Quatrième partie de la chronique syriaque de Denys de Tell-Mahré, publiée par M. J. B. Chabot. »

Enfin en attendant que M. l'abbé Chabot me montre *sur quel ton je dois présenter mes arguments*, il me permettra de le prier de changer un mot à l'une de ses phrases, au lieu de dire : « ON ne connaît à cette époque le nom d'aucun historien excepté celui de Denys » qu'il dise sans crainte de blesser la modestie JE ne connais, ou s'il le préfère NOUS ne connaissons. Mais c'est là, bien entendu, un pluriel d'excellence, car, s'il le voulait, chacun lui indiquerait dans le catalogue d'Ebd Jesus six ou sept auteurs d'histoires et de chroniques perdues qui vivaient vers cette époque. Je puis encore lui dire comment j'ai fait, pour lever la difficulté qu'il nous énonce en ces termes : « Je n'ai pas voulu toucher à cette question avant d'avoir vu le manuscrit original. » J'ai tout simplement, prié quelqu'un d'examiner le manuscrit et de m'écrire si son état confirmait ou infirmait mes hypothèses.

J'en resterai là pour la première partie en attendant le travail dans lequel M. l'abbé Chabot se propose « *de traiter d'une manière scientifique la question* » que M. Nöldeke (pour ne pas parler de moi) a résolue.

II. Avant de citer le texte de notre auteur, je tiens à dégager certaines personnalités que M. l'abbé Chabot paraît vouloir compromettre à sa suite. Les vivants sont de taille à se défendre eux-mêmes, s'ils le jugent à propos ; je dirai seulement un mot de M. l'abbé Martin.

La lettre de M. l'abbé Chabot nous apprend que M. l'abbé Martin, en 1867, année durant laquelle il transcrivit deux mille soixante-douze pages de syriaque, savait *à peine* le syriaque [1].

J'ai sous les yeux la copie faite par M. Martin de la seconde et de la troisième partie de Denys, et elle ne me paraît pas mauvaise. M. l'abbé Chabot a eu tort de ne pas prouver ce qu'il dit dans sa lettre au moment où il publiait Denys. Il écrit en effet (Introd. p. xxxiv). « Nous avons préparé notre travail à l'aide du ms. 285 de la Bibl. Nat. C'est une copie du ms. du Vatican exécutée à Rome en 1867 par M. l'abbé Martin. Elle s'arrête au fol. 153^b du ms. de Rome et renferme beaucoup d'inexactitudes. » Et voilà tout. J'ai cherché dans le texte édité pour voir si j'y trouverais quelques lectures de M. l'abbé Martin comme en donnait M. Wright, mais je n'en ai trouvé trace, de sorte que tout se passe comme si M. l'abbé Chabot n'avait absolument pas connu le ms. 285, et avait simplement cédé au besoin de placer une phrase sonore de plus dans son édition, j'aurais cependant été heureux de constater si les inexactitudes de M. Martin, que M. l'abbé Chabot a dû voir, ne restent pas toujours dans l'ordre des *variantes qu'offrent tous les manuscrits*.

Enfin M. l'abbé Chabot nous apprend que la première édition de Josué le Stylite donnée par M. l'abbé Martin est moins bonne que la seconde édition donnée par M. Wright. C'est ce qui a lieu en général. Et si l'on compte les variantes que M. Wright a eu la conscience de mettre au bas des pages, on trouvera que l'édition de M. l'abbé Martin a donné un texte encore acceptable, surtout si l'on remarque qu'il n'avait pas *les principes* dont on s'inspire parfois pour donner un texte correct. Il aurait pu dire en effet à M. l'abbé Chabot : Le texte que j'édite je l'ai transcrit moi-même, les épreuves que l'on m'a envoyées, je les ai corrigées moi-même...

Pour expliquer cela, je dois dire que j'ai eu jadis sous les yeux la copie de la moitié de la quatrième partie de Denys que l'on a prêtée à M. l'abbé Chabot et qu'il a expédiée directement à l'Imprimerie Nationale, puis M. Guidi voulait bien se charger de collationner les épreuves sur le manuscrit et de les corriger ainsi. (Voir Introd. p. xxxiv, l. 15). Après cela M. l'abbé Chabot renvoyait les épreuves

---

[1]. Voir le catal. du Fonds syriaque de la Bibl. Nat. où il est dit que les n°^{s} 284, 285, 286, 287, 288 ont été transcrits cette année à Rome, par M. l'abbé Martin.

à l'Imprimerie Nationale et faisait faire les corrections aux frais de l'Ecole des Hautes Etudes ou de l'éditeur Bouillon.

Je l'écris ici afin que cela serve aux futurs éditeurs. M. l'abbé Chabot aurait pu leur rendre ce service en ajoutant un paragraphe après cette phrase de son introduction (p. XXXIII). « Il nous faut dire un mot, en terminant, *des principes* dont nous nous sommes inspirés dans cette publication. » Ce paragraphe aurait eu pour titre : *Principes pour éviter les fautes que l'on fait d'ordinaire dans les transcriptions et pour publier sans grand travail ni dépenses et sans voir le manuscrit un texte syriaque correct.* Ces principes manquaient à feu M. l'abbé Martin. J'en arrive enfin à examiner la valeur intrinsèque de l'ouvrage attribué à Denys.

Je n'ai pas encore parlé de sa seconde et de sa troisième partie non éditées, je vais donner ici quelques idées inédites qui pourront servir à M. l'abbé Chabot dans le travail qu'il prépare pour exposer *d'une manière scientifique* les questions que je lui ai signalées sur la quatrième partie. Quand il aura fait ce travail, je lui conseille de le mettre en tête des 112e fascicules non encore vendus, en place de cette introduction dans laquelle il découpe et traduit des entrefilets de Bar Hebreus sur Denys de Tellmahré, lesquels entrefilets nous font là selon la locution vulgaire « l'effet d'un cheveu sur la soupe » puisque Denys de Tellmahré n'a rien à voir avec la chronique publiée par M. l'abbé Chabot.

Si M. l'abbé Chabot réédite la phrase suivante : *Cette seconde partie* « pourrait tout au plus servir à contrôler quelques leçons douteuses du texte original de l'historien grec (Socrate) » ; je lui serais bien obligé d'ajouter quelques détails et de me dire quelles leçons il espère contrôler, ou même quelles leçons il a contrôlées, car il avait à la Bibl. Nat. la seconde et la troisième partie transcrite par M. Martin. Je lui demande cela parce que je lui vois dire beaucoup de mal de l'auteur syriaque (Préf. syr. p. IV), et encore plus du scribe qui a écrit le manuscrit du Vatican. Je me demande donc comment, avec une mauvaise transcription d'un mauvais ouvrage, il espère *corriger* Socrate.

Pour moi, j'ai trouvé qu'après Eusèbe de Verceil, Socrate nomme Paulin évêque de Trèves dans les Gaules (Migne, col. 302), tandis que Denys, avec un contexte identique, donne Flavien évêque de

Tibérias en Galilée[1]. Il va sans dire que je préfère le texte grec.

M. l'abbé Chabot pourra dire que la seconde partie de Denys renferme à peine le douzième de Socrate, on y trouve de place en place la traduction mot à mot d'un fragment de chapitre de Socrate, puis des chapitres entiers sont entièrement omis ou figurent à peine par leurs titres.

Par exemple le texte du prétendu Denys débute (fol. 4r) par la traduction d'une portion du chap. vi du 1ᵉʳ livre de Socrate (Migne, col. 46, l. 22 — c. 47, l. 16), puis il donne les noms des sectateurs et des adversaires d'Arius et passe sans transition (fol. 5r) au chap. xviii (Migne, col. 123), dont il traduit encore une partie.

De même les livres II et III de Socrate qui occupent en Migne texte et traduction 276 colonnes, sont à peine représentés en Denys par quelques titres de chapitres par le récit de l'essai de reconstruction du temple de Jérusalem et celui de la mort de Julien, en tout moins de huit pages. En somme l'auteur traduit ou omet, il ne sait pas résumer. Il ajoute des faits empruntés à la chronique d'Édesse, il en ajoute aussi quelques-uns que je n'ai pas encore retrouvés ailleurs et il donne explicitement la date de chaque fait.

La *troisième partie* de la chronique du prétendu Denys, à laquelle M. l'abbé Chabot consacre huit lignes en tout (Introd. p. xxxi), méritait cependant plus long examen.

1° Je n'y ai trouvé jusqu'ici aucune citation du Jean d'Éphèse édité par M. Cureton. Cette édition n'a donc aucun rapport avec celle de la troisième partie de Denys, quoi qu'en dise M. Chabot (Introd. p. xxxi).

2° *J'ai trouvé en Denys*, à une ligne près, toutes les portions historiques de Jean d'Asie éditées par M. Land (Anecd. t. II, p. 289-330). De plus, il y a en Denys des titres et des fins de chapitres et aussi des faits intermédiaires qui manquent en M. Land. De même j'ai trouvé, très lisibles dans la copie de M. l'abbé Martin, les parties illisibles dans le ms. de Londres, par exemple. Land, Anecd. ii, p. 316.

3° M. Land, après avoir édité les vies des hommes illustres d'après le ms. de Londres, comme il l'a fait, aurait donc dû éditer les fragments historiques de Jean d'Asie d'après le manuscrit de Rome,

---

[1]. Transcr. Martin n° 284, fol. 17.

puisque tous les faits de Londres s'y trouvent avec meilleur texte et qu'il y en a d'autres; le ms. de Londres aurait fourni des variantes.

4° J'ai de même trouvé textuellement en Denys, à l'exception des vies de Sévère et d'Anthime, tous les fragments donnés par M. Land (Anecd. II, p. 385-392) sous le titre : *Scriptoris anonymi capita historica*. L'un de ces fragments est attribué nommément à Jean d'Asie (transcr. Martin, fol. 249r), ainsi l'auteur de ces fragments est *certainement* Jean d'Asie. Voilà encore un résultat (comme du reste les précédents) que je crois être le premier à donner.

5° Puisque nous trouvons textuellement en notre auteur tous les fragments de Jean d'Asie (excepté trois) publiés par M. Land, nous pouvons donc en conclure que le prétendu Denys a transcrit Jean d'Asie, il ne l'a pas résumé ni retravaillé, pas plus qu'il n'a résumé Socrate, il l'a certainement transcrit au moins en majeure partie, sinon tout entier (de 408-565), comme on savait déjà qu'il avait transcrit la chronique de Josué le Stylite, la lettre sur les martyrs Hymiarites et l'histoire des huit enfants d'Ephèse.

Il s'ensuit donc que pour la seconde et la troisième partie de sa chronique, l'auteur n'est pas, à proprement parler, un compilateur, car il nous offre trop peu de traces de travail personnel; c'est un copiste ou si l'on veut un metteur en pages, et cela est fort heureux car c'est grâce à cela que ces deux parties gardent leur valeur historique, celle qu'elles doivent à leurs auteurs respectifs, Socrate, la chronique d'Edesse, Josué le Styliste, Jean d'Asie, etc.

L'auteur a, du reste, voulu nous l'indiquer, je crois, quand il a mis sa préface en tête de *la quatrième partie*. Il a semblé dire : *Voici ce qui est de moi*. Chacun va pouvoir en apprécier la valeur. Voici d'abord la première page de la quatrième partie (12ᵉ fasc. des Hautes-Etudes, trad. p. 3).

Le texte de Denys est écrit en petites capitales, et les notes de M. l'abbé Chabot le sont en italiques.

L'AN 898 (587), MOURUT L'EMPEREUR JUSTINIEN[1], ET JUSTINIEN IV RÉGNA AVEC TIBÈRE-CÉSAR.

1. *Il s'agit de Justin II. La confusion entre les noms de Justin et Justinien est chose habituelle chez les écrivains syriaques. Le Justinien IV, dont il est question ici n'a jamais existé. Denys a adopté l'année 898 comme date de la mort de Justin sur la foi de la Chronique de Jean d'Asie, qu'il a suivie dans*

sa troisième partie. Nous avons dit dans notre introduction ce qu'il fallait penser de la chronologie de l'auteur. Pour la rectification des dates, le lecteur est prié de se reporter aux tableaux synoptiques que nous avons donnés à la suite de cette introduction.

Je trouve, dans le tableau synoptique en question, que Justinien est mort en 565 et Justin II en 578. La date de l'auteur (587) ne s'applique donc ni à l'un ni à l'autre. Ainsi tout est faux dans cette première phrase, la date est fausse. Justinien ce serait Justin II. Justinien IV n'a pas existé, et n'a donc pas régné avec Tibère-César. Comme on le voit, la première phrase promet.

Je voudrais bien savoir aussi où M. l'abbé Chabot a vu que l'auteur a adopté l'année 898 sur la foi de la Chronique de Jean d'Asie. Car la troisième partie transcrite par l'abbé Martin et que tous pouvaient consulter à la Bibliothèque nationale s'arrête à l'an 889 des Grecs (558)[1].

L'an 901 (589-590) Justinien mourut et Tibère régna seul.

Or d'après le tableau synoptique, Justin II mourut en 578, ce qui nous donne encore une différence de onze ans, et l'auteur paraît toujours parler de ce Justinien IV qui n'a jamais existé.

L'an 902 (590-591) mourut le saint patriarche d'Antioche Pierre.

Nous allons voir que ce fait seul est exact dans toute cette première page.

L'an 905 (593-594), mourut Tibère. Il eut pour successeur Maurice qui régna huit ans.

D'après le tableau synoptique, Tibère mourut en 582 et Maurice régna dix ans.

L'an 912 (600-601) Il y eut au milieu du jour de grandes ténèbres : les étoiles s'élevèrent et apparurent comme pendant la nuit. Elles restèrent environ trois heures, après quoi les ténèbres se dissipèrent et le jour brilla comme auparavant — cette année mourut Maurice. Un autre Maurice et Théodose régnèrent pendant douze ans[3].

3. *Il n'y a eu qu'un Maurice qui régna vingt ans. Théodose son fils, qui*

1. Man. syr. n. 284 fol. 252. Si M. l'abbé Chabot avait trouvé ailleurs ce texte de Jean d'Asie auquel il semble faire allusion, il devrait nous le dire, car cette découverte lui ferait grand honneur.

avait été associé à l'Empire, fut assassiné avec ses frères par ordre de Phocas, mais Khosroës II exploita habilement la rumeur populaire qui voulait que le jeune prince eût échappé au massacre.

J'ajoute qu'une éclipse de soleil de trois heures, est une absurdité, puisque la plus longue ne dure que quelques minutes; de plus, d'après le tableau synoptique, l'unique Maurice mourut en 602 et eut pour successeur Phocas.

L'AN 914 (602-603) NARSÈS, GÉNÉRAL DES PERSES [4], S'EMPARA D'EDESSE [5]. ÉTANT ENTRÉ DANS LA VILLE, IL FIT SAISIR ET LAPIDER L'ÉVÊQUE SÉVÈRE [6] QUI MOURUT DANS CE SUPPLICE.

4. *Narsès était le général romain. Khosroës II devait son trône à Maurice et voulut venger son bienfaiteur; Narsès s'allia avec le roi de Perse contre Phocas, s'enferma dans Edesse et fit lapider Sévère qui lui était hostile.*

Les cinq ou six noms propres pressés dans ces deux phrases les rendent un peu difficiles à saisir. Elles sont expliquées par le contexte dans l'histoire d'Edesse de M. Rubens Duval d'où elles sont tirées. — Il n'en résulte pas moins que Narsès était un général romain. Peut-être le prétendu Denys a-t-il été trahi par quelque réminiscence, car en 735 (424) c'est bien un certain Narsès qui dirige les Perses[1]. Puisqu'il ne s'agit que d'une défection il n'y a donc pas lieu de parler ici de la prise d'Edesse.

5. *V. Rubens Duval, Hist. d'Edesse, pag. 222-223, note 1.*

J'ai cherché ce renvoi et j'y ai trouvé..... le texte de Denys. Puisque M. l'abbé Chabot l'éditait, ce n'était vraiment pas la peine de nous envoyer le lire là-bas.

6. *V. Rubens Duval. Histoire d'Edesse, pp. 237-238.*

J'ai trouvé à cet endroit une discussion sur Sévère, évêque d'Edesse. D'après Assemani, dit M. Rubens Duval, Sévère succéda immédiatement à Jacques Baradée en 578, tandis que Bar Hebreus place entre eux un certain Sergius l'Arménien qu'il mentionne en l'an 591. Assemani s'appuie sur la chronique que l'on croyait être du patriarche Denys, et M. Rubens Duval paraît bien porté à mettre le texte du patriarche au-dessus de celui du maphrien. Aujourd'hui nous savons que l'ouvrage attribué à Denys est l'œuvre d'un bien pauvre historien; nous croirons donc jusqu'à

1. Man. syr. n° 284, fol. 31 v.

nouveaux documents qu'entre Jacques Baradée et Sévère un certain Sergius a été évêque d'Edesse.

L'an 915 (603-604) saint Athanase fut fait patriarche d'Antioche [7].
7. *Athanase ne succéda pas immédiatement à Pierre, (ci-dessus ad ann. 902) mais à Julien.*

Comme on le voit Denys omet ici un patriarche, comme nous l'accusions d'avoir omis ci-dessus un évêque d'Edesse — D'après le tableau synoptique, Athanase succéda à Julien en 906 et non en 915.

L'an 916 (604-605) Edesse fut prise [8].
8. *Sur la vraie date de la prise d'Edesse (probablement 609), cf. R. Duval. Hist. d'Edesse, p. 223, n. 2.*

Ainsi dans cette première partie de l'ouvrage, laquelle *comprend quinze lignes*, toutes les dates, excepté une, sont inexactes, toutes les durées attribuées aux règnes sont inexactes; deux empereurs nommés là n'ont jamais existé, et pour couronner le tout nous y trouvons la mention d'une éclipse de soleil laquelle, sans miracle, dure trois heures [1], on a dû faire en tout *seize rectifications différentes*.

Ainsi tous les lecteurs peuvent se rendre compte que je suis resté en dessous de la vérité quand j'écrivais : *Dans les douze premières pages, chaque phrase a besoin d'être rectifiée par une note.*

Je donne maintenant un exemple *entre autres* du style narratif de notre auteur :

Je voudrais pouvoir tout reproduire, mais ce morceau comprend sept pages (p. 32-39), je donne du moins le commencement et la fin de chaque paragraphe, afin que l'on ait une idée exacte du tout.

Titre : *De la grande peste qui arriva en ce temps-là.*

Ce temps-là c'est 744. M. l'abbé Chabot nous dit en note : *La peste ravagea aussi l'Occident, surtout au printemps de l'année 748.* Il devrait bien nous dire clairement s'il croit à une peste de quatre ans.

1er paragr. 17 lignes :

« Ici le prophète Jérémie nous vient en aide très à propos, lui qui

1. J'ai dit ci-dessus que la durée maximum d'une éclipse de soleil est de quelques minutes.

» sait mieux que personne se lamenter...... Les cadavres des hommes
» tomberont comme le fumier sur la face de la terre, comme l'herbe
» derrière le faucheur et il n'y a personne qui la recueille. »

2ᵉ paragr. 37 lignes :

« Qu'il vienne maintenant (le prophète) et qu'il pleure non plus sur
» un seul peuple, ni sur la seule ville de Jérusalem, mais sur tous
» les peuples et sur des villes nombreuses..., sur la terre tout entière...,
» sur les cadavres en putréfaction et déchiquetés qui gisent dans les
» rues de l'univers entier..., sur les maisons..., sur les palais..., sur
» les chambres nuptiales..., sur les jeunes vierges..., sur beaucoup
» de choses semblables...... Appelez les pleureuses et que les chan-
» teuses de lamentations viennent célébrer le deuil toutes ensemble,
» non plus sur un fils unique, ni sur un seul cadavre, mais sur des
» peuples et des royaumes. »

3ᵉ, 4ᵉ et 5ᵉ paragr. 23 lignes :

« Par le déchirement sera déchirée la terre, par le brisement sera
» brisée la terre, par le chancellement chancellera la terre...... J'en-
» verrai après eux, dit le prophète, le glaive et la captivité, la famine
» et aussi la peste. Toutes ces choses arrivèrent de nos jours sans
» aucune exception... ils trébuchaient comme s'ils étaient ivres, ils
» demandaient du pain et il n'y en avait point, ainsi que dit le pro-
» phète. »

6ᵉ, 7ᵉ et 8ᵉ paragr. 40 lignes :

« D'abord un grand nombre de chefs de famille commencèrent à
» tomber malades et à mourir de corruption du sang et d'ulcères......
» le nombre de ceux qui périrent de faim fut plus considérable que
» celui de ceux qui périrent par la maladie. Ce furent surtout ceux
» qui avaient du pain à satiété qui furent saisis par cette maladie. »

Concilie qui le pourra ces deux phrases, comme du reste la
plupart des autres.....

« Cette peste commença à sévir sur les pauvres qui étaient aban-
» donnés sur les places; on les ensevelissait avec honneur, au chant
» des cantiques, et on les enterrait convenablement, et comme il n'y
» eut bientôt plus de pauvres, la mortalité sévit avec une telle vio-
» lence sur les seigneurs des villages et des villes, que quand les prê-
» tres voulaient faire un enterrement on réunissait le matin dans un
» même lieu 50, 60, et jusqu'à 80 ou 100 cercueils, dans chacun des-
» quels il y avait deux ou trois morts ou même quatre enfants.

A la place du traducteur, j'aurais été embarrassé ici, et me serais
demandé s'il ne fallait pas mettre voitures au lieu de cercueils, car

trois cadavres d'un poids moyen de 70 kil. donnaient à ce cercueil un poids de 420 livres et une grandeur que chacun peut se figurer...

« Les Arabes couvrirent la terre de fosses, et les Juifs pareille-
» ment... Il arrivait que dans un seul groupe se trouvaient réunis
» plus de cent cercueils dans lesquels il y avait plus de 200 ou de
» 250 morts, car ils s'entassaient les uns à côté des autres pendant
» tout le jour. »

9e et 10e par. 17 lignes :

« Là point de distinction entre le serviteur et son maître, entre la
» servante et sa maîtresse... combien de familles périrent parce qu'il
» ne leur resta pas un seul héritier. »

Je cite maintenant en entier le seul passage de tout ce récit de peste qui renferme des noms propres, on remarquera que ce sont uniquement des noms de province. L'auteur paraît nommer là tous les noms qu'il connaît. Il faut lire ce passage avec attention. Les phrases sonores, vagues et contradictoires que l'on trouve ici, comme ailleurs, du reste, donnent bien une idée de la solennelle « bêtise » de l'auteur.

11e par. 12 lignes :

« La langue humaine est incapable d'exprimer les calamités prodi-
» gieuses qui survinrent dans le pays qui s'étend depuis l'Euphrate
» jusqu'à l'Occident, aussi bien que dans les autres villes de la Pales-
» tine, dans le Nord et dans le Midi, jusqu'à la mer Rouge, de même
» que dans le reste de la Cilicie, de la Lycaonie, de l'Asie [mineure],
» de la Bithynie, de la Lysynie, de la Galatie, même de la Cappa-
» doce, car l'oppression de cette cruelle souffrance se fit sentir sur
» tout l'univers. Comme la pluie qui descend sur toute la terre, ou
» comme les rayons du soleil qui se répandent également en tous
» lieux, cette peste se répandit pareillement sur le monde entier. Ce-
» pendant elle sévit davantage sur les pays précédemment désignés. »

12e par. 24 lignes :

« Dans ces régions, des bourgs et des villages nombreux sont de-
» venus subitement déserts sans personne qui y passe ou qui y de-
» meure. Ils étaient remplis de cadavres en fermentation étendus sur
» le sol comme le fumier sur la face de la terre sans personne pour
» les ensevelir, car il ne resta pas un seul de leurs habitants... Des
» vieillards et des vieilles femmes ornés de cheveux blancs... gisent
» la bouche béante dans les rues... Des vierges charmantes, de belles
» jeunes filles qui attendaient les hyménées joyeux, et l'ornement de

» vêtements précieux sont étendues découvertes, pourrissent pêle-
» mêle. Voilà ce qui est arrivé dans ces contrées. »

13ᵉ 14ᵉ et 15ᵉ par. 19 lignes :

« Partout ceux qui restaient — en bien petit nombre, — enlevaient
» les morts... Beaucoup manquaient de proches, on les voyait étendus
» sur les rues et dévorés par les chiens... chacun ne suffisait qu'à sa
» propre maison : on prenait même plusieurs ouvriers à gagner uni-
» quement pour emporter les cadavres de la maison... Bientôt il n'y
» eut plus ni pleurs, ni chagrin, ni douleur, car tout homme frappait
» à la porte du tombeau... »

16ᵉ, 17ᵉ, 18ᵉ par. 42 lignes :

« Et maintenant, mes bien-aimés avec quelles larmes pleurerai-
» je?... (Le fléau) s'abattit premièrement sur les pauvres qui étaient
» étendus dans les rues des villes... et quand ceux-ci étaient complète-
» ment enlevés alors cette verge terrible se tournait contre les riches
» et les seigneurs des villes. »

On se rappelle qu'on a déjà vu cela.

« Ces deux choses furent opérées par la miséricorde divine, de ma-
» nière à profiter aux deux parties. D'abord aux habitants des villes...
» ensuite [aux pauvres]... Le fléau en effet se tourna vers les grands
» dès que les pauvres furent ensevelis, et la mort les saisit tous de-
» puis le plus petit jusqu'au plus grand, personne d'entre eux ne
» resta. »

On croit sans doute que le chapitre se termine ici, puisque nous venons de lire pour la troisième fois que tous les pauvres sont morts et que l'auteur vient d'ajouter que tous les riches depuis le plus petit jusqu'au plus grand, sont morts aussi ; il n'en est rien, en réalité, l'auteur, suit ici pour les hommes le procédé qu'il suit plus loin, pour le bétail et que j'ai exposé dans mon premier article. Il les fait toujours mourir tous, mais cela ne tire pas à consé-quence et ne les empêche pas de devenir encore malades, et même de mourir de nouveau.

Car la phrase qui suit immédiatement celle que je viens de don-ner est :

« Ceux mêmes qui échappaient à cette calamité et n'en mouraient
» point se retiraient, tant qu'ils étaient, en dehors des villes. A la fin
» ceux qui survécurent furent frappés d'une plaie terrible, celle des
» aines, les uns d'une seule, les autres des deux... »

Après avoir lu ce texte on me dira sans doute : évidemment l'auteur est un homme inintelligent qui prend plaisir à aligner les phrases sonores dont il ne comprend pas le sens, il écrit donc des absurdités, mais au fond il doit y avoir quelque chose de vrai, et il a dû mourir bien du monde à cette époque-là. Rassurez-vous, âmes sensibles, il est probable qu'il est mort peu de monde comme il en meurt dans les épidémies dont nous entretiennent de temps à autre nos journaux, je dis même qu'il se pourrait peut-être qu'il ne soit mort personne.

Car notons d'abord que l'avant-dernière phrase du récit est : *Les Arabes ne cessèrent point de se combattre et de se nuire mutuellement*, cela commence déjà à nous rassurer sur leur santé, mais de plus j'ai constaté que l'auteur rapporte textuellement sur cette peste de 744 une page et demie de la description donnée par Jean d'Asie de la peste de 544. En particulier les seuls noms propres qui existent dans notre auteur et que j'ai cités se retrouvent tous dans un ordre différent mais se retrouvent tous en Jean d'Asie. La Lysynie de notre auteur y est cependant remplacée par la Mysie.

M. l'abbé Chabot voudra bien comparer le texte qu'il a édité page 36, l. 3-24 à Land Anecd. II, p. 304, l. 17... p. 305, l. 9... p. 305, l. 14... (textuel).

Il voudra bien comparer aussi Denys, p. 37, l. 3-5, à Land p. 306, l. 1 (textuel). Denys, p. 38, premières lignes à Land, p. 316, l. 5 (même idée).

Denys, p. 40, l. 19 au haut de la page suivante à Land, p. 318, l. 1-12, Denys, p. 42, l. 19... à Land, p. 315, l. 7... (même idée).

Les noms propres de Denys, p. 40, l. 2... sont en Land, p. 310, l. 15...

Quand M. l'abbé Chabot aura fait cette comparaison, il donnera au résultat *le ton* qu'il préfère et l'exposera de *la manière scientifique* dont il parle dans sa lettre ; maintenant que la voie est ouverte, la profonde connaissance qu'il a de son auteur en particulier et de la littérature syriaque en général lui permettra sans doute de trouver de nouveaux plagiats. Je ne puis que l'encourager dans cette étude, en attendant je vais lui donner à nouveau mes conclusions.

On vient de lire un récit fait sans goût, sans précision, sans logique, sans aucun sens historique ; de plus ce récit de la peste de 744 n'est qu'un plagiat et un développement du récit déjà donné par Jean d'Asie de la peste de 544 [1]. Nous avons donc affaire à un auteur qui semble avoir des clichés pour les divers événements, guerres, pestes, exactions, inondations, et les sort de temps à autre. Est-ce avec raison ou sans raison, nous n'en savons rien à priori. Il nous donne le petit jeu quand il est mal disposé à écrire et le grand jeu quand tout va bien [2].

Nous avons déjà vu que dans sa première page toutes les dates (excepté une) sont fausses, toutes les durées des règnes sont inexactes, deux empereurs sont mentionnés qui n'ont jamais existé, et une éclipse de soleil y dure trois heures quand son maximum serait quatre minutes.

Je crois donc que l'on ne me trouvera pas exagéré si je conclus que je ne connais au niveau de cette histoire ecclésiastique que les copies de très mauvais élèves et immédiatement en dessous que le cours d'histoire ecclésiastique professé à ses soldats par l'illustre colonel Ramollot. Encore, dit-on que celui-ci était, du moins, pittoresque et original. Cette quatrième partie du prétendu Denys est presque inutile, puisque les faits connus qu'elle nous donne étant presque tous faux, nous ne pouvons nous servir des faits inconnus qui ne se trouvent que là ; elle est même nuisible, car elle ne peut que fausser le goût, la raison, et les notions historiques du lecteur. Si M. l'abbé Chabot ne me comprend pas, je ne traiterai plus cependant ce sujet à nouveau, je préfère après ceci lui laisser croire que son auteur *a fait l'ouvrage le plus important de son siècle et l'un des plus importants de la littérature syriaque.* Pauvre littérature, si elle n'avait que de tels amis !

F. Nau.

CHRONIQUE

72. — M. de Mas-Latrie a offert à l'Académie des inscriptions et belles-lettres le premier numéro d'une revue fondée par l'Œuvre

---

[1]. Denys avait déjà transcrit cette peste à sa place dans la troisième partie [transcr. Martin fol. 203-226 ce qui correspond à Land Anec. p. 304-325].

[2]. Voir les répétitions que j'ai signalées dans mon dernier article. J'ai fait aussi une étude sur ses inondations et je lève facilement la difficulté que trouva M. R. Duval dans son *Hist. d'Edesse.* V. trad. Chabot, p. 29.

des écoles d'Orient et dont le titre est *Revue de l'Orient chrétien*. Cette œuvre avait déjà pour organes un bulletin bimestriel et un recueil mensuel, *La Terre sainte*, où ont été données les informations les plus précises et les plus circonstanciées sur les scènes qui ont ensanglanté onze vilayets d'Asie Mineure ; son conseil a pensé qu'il était bon d'y ajouter un recueil spécial, d'un caractère scientifique, pour traiter les questions d'histoire, d'archéologie et même de théologie. La première livraison contient des articles du P. Scheil, du P. Michel, de M. le baron d'Avril, de M. Pisani et de M. le barron Carra de Vaux.

73. — La librairie Lecoffre entreprend la publication d'une collection pour servir à l'étude et à l'enseignement de l'histoire ecclésiastique. On a distribué la matière en une série de sujets capitaux, chacun devant constituer un volume indépendant, chaque volume confié à un savant sous sa propre responsabilité, chaque collaborateur chargé, non pas tant de produire un travail original, que de dire où en est la science, où elle se trouve et comment elle se fait. On n'a pas l'intention de faire œuvre pédagogique et de publier des manuels analogues à ceux de l'enseignement secondaire, ni davantage œuvre de vulgarisation au service de ce que l'on est convenu d'appeler le grand public : il y a une œuvre plus urgente à réaliser en matière d'histoire ecclésiastique, qui est une œuvre de haut enseignement, puisqu'il n'existe pas, du moins en pays de langue française, de publications intermédiaires entre les manuels élémentaires et des œuvres comme celles de Janssen, de De Rossi ou de Hergenrœther. On croit répondre au désir de bien des maîtres et de bien des élèves de l'enseignement supérieur français, autant que du clergé et de l'élite des catholiques, en créant une collection comparable pour le plan à l'*Histoire universelle* de W. Oncken. Pour cette œuvre on s'est adressé à des hommes de science, ayant déjà fait leurs preuves. Le plan des sujets à traiter est conçu de façon que l'ensemble des vingt-cinq ou trente volumes qui composeront la collection embrasse toute l'histoire générale de l'Église. Les volumes ne paraîtront ni dans l'ordre chronologique, ni à dates fixes, mais à mesure qu'ils seront prêts. Et chaque volume, de 300 à 400 pages, se vendra séparément.

A. B.

L'Éditeur-Propriétaire-Gérant : ALBERT FONTEMOING.

BULLETIN CRITIQUE

98. — **The Old latin and the Itala,** by F.-C. Burkitt. Cambridge, University Press, 1895. viii-96 p. (Texts and Studies, t. IV, n. 3).

Il y a quelques jours, nous étions réunis à *Christ's College*, à Cambridge, dans la chambre du docteur Robinson. L'Université de Cambridge avait voulu faire fête à deux des rédacteurs du *Bulletin critique* et les solennités académiques avaient alterné avec les banquets les plus somptueux. Mais aucune fête, si brillante qu'elle ait pu être, ne laissera dans notre mémoire un aussi profond souvenir que les quelques moments que nous avons passés, dans la retraite d'un paisible collège, à discuter sur la méthode historique et à nous entretenir familièrement avec quelques théologiens et quelques philologues cantabrigiens. Nos interlocuteurs étaient les compagnons d'œuvre, les collègues et les élèves du docteur Robinson; toute la rédaction des *Texts and Studies* était là. Tandis que nous entendions notre hôte et l'abbé Duchesne nous parler des vertus de l'historien, dans cette chambre de *fellow* qui a été habitée par Darwin, ou tandis que nous nous entretenions ensuite de nos communs travaux, au pied du mûrier de Milton, dans la verdure et parmi les fleurs, il nous souvenait de ces anciens qui s'en allaient *in silvis Academi quaerere verum*. Il est si bon d'oublier ce qui divise pour ne plus se souvenir que de ce qui est sain, élevé et bienfaisant! *Ecce, quam bonum, et quam jucundum, habitare fratres in unum!* C'est aussi une chose excellente et qui réconforte, de voir un jeune maître entouré de ses disciples, de saluer une véritable école historique et de se sentir dans le laboratoire d'une œuvre considérable, dédiée aux origines de l'Eglise et à l'étude de la Parole de Dieu.

Au milieu de nos conversations théologiques, un des jeunes savants présents, M. Burkitt, nous remit le dernier fascicule paru des *Texts and Studies* : il en est l'auteur et ce petit volume est consacré à l'étude de l'*Itala*. Le sujet était de nature à nous intéresser, et la thèse soutenue par l'auteur l'était bien plus encore, car M. Burkitt ne prétend pas à moins qu'à révolutionner toutes nos idées sur un point important de l'histoire de la Bible. Pour le dire tout de suite, à ses yeux, l'*Itala* de saint Augustin n'est pas du tout une ancienne version latine, mais purement et simplement la Vulgate.

Quant à moi, je l'avouerai, j'éprouvai au premier moment un sentiment de plaisir à la pensée qu'un de nos amis de Cambridge venait de lancer dans le monde une nouveauté. Les hypothèses nouvelles sont toujours intéressantes à discuter, il faut ouvrir les fenêtres si l'on veut que l'air circule, et il est bon que les vieux fondements soient de temps en temps éprouvés. En outre, je m'attendais à rencontrer quelque paradoxe brillant et à avoir la satisfaction de démontrer au jeune critique qu'il se trompait. Car on est tout heureux, lorsqu'on a reçu des amis de l'étranger la plus large hospitalité, de pouvoir se persuader à soi-même que l'on a conservé son entière indépendance. Critiquer sincèrement un bon et fidèle ami est un plaisir que les esprits libres savent goûter.

A cet égard, j'ai été quelque peu déçu. Le système que nous présente M. Burkitt est beaucoup plus modéré, beaucoup mieux balancé que je ne m'y attendais. On annonçait une bombe, une fusée, que sais-je ? La bombe a éclaté et elle n'a pas fait grand dégât, parce qu'au fond l'idée de M. Burkitt est ou me paraît assez juste et tout au moins digne d'une sérieuse considération. D'autre part elle affecte notre vocabulaire théologique et nos manières de parler plutôt qu'elle n'ébranle le système généralement admis quant au classement des versions latines de la Bible.

De quoi s'agit-il, en effet ? Saint Augustin, dans son *De doctrina christiana*, daté de 397 (II, 22 ; t. III, col. 27 des Bénéd.), désigne ainsi la version qu'il préfère : *In ipsis autem interpretationibus Itala ceteris praeferatur, nam est verborum tenacior cum perspicuitate sententiae.* Ce passage a toute une histoire. Pendant longtemps, sur sa foi, on a donné le nom d'*Itala* à l'ancienne version latine, ou plutôt à toutes les anciennes versions latines ensemble. Lorsqu'on a compris, avec Westcott et Hort, qu'il y a eu plusieurs versions latines, on a baptisé « africains » les textes les plus anciens et « italiens » les plus récents. Mais on s'est entendu (et M. Ceriani a eu son rôle dans l'éclaircissement de cette question) pour restreindre la patrie d'origine de la recension « italienne » au diocèse politique d'Italie, qui correspond à peu près au patriarcat d'Aquilée et à la province ecclésiastique de Milan, avec Bologne et Ravenne en plus. L'*Itala* serait donc la version en usage à Milan, dans la patrie intellectuelle de saint Augustin.

Je fais grâce au lecteur des essais qu'on avait faits d'abord pour débarrasser la science du mot d'*Ita'a*. On a essayé de changer *Itala* en *illa* (Casley, Bentley) ou en *usitata* (Potter, Marsh, Eichhorn). Mais le terme d'*Itala* paraît très bon à tous égards ; on trouve dans saint Augustin : *montes Italos, oleam Italam, Italae gentes, sermo Italus*. Il faut donc conserver ce mot et l'expliquer.

Nous croyions lui avoir donné un sens très convenable. M. Burkitt nous contredit en face et nous dit : il ne s'agit pas ici d'une ancienne version. L'*Itala* que préfère saint Augustin, c'est la Vulgate. Lorsqu'il se sépare de la Vulgate, ce n'est pas toujours pour se conformer aux versions que nous appelons italiennes ; il se souvient parfois des anciens textes africains, auxquels il fait des emprunts très curieux. L'africanisme est, plus qu'on ne croit, à la maison chez lui. L'évêque d'Hippone cite généralement les Evangiles d'après saint Jérôme. Si nous lisons avec soin le *De doctrina christiana*, nous verrons qu'à plusieurs reprises, en dehors même des Evangiles, la version à laquelle il donne la préférence est la Vulgate (cette démonstration est très bien déduite). Or le nom d'Italie s'applique naturellement d'abord à l'ensemble de la péninsule. Saint Augustin a donc donné le nom d'*Itala* à la version de saint Jérôme et non à celle qui était en usage dans le nord de l'Italie. C'est du reste ainsi qu'Isidore de Séville a compris le passage que nous commentons ; c'est de la Vulgate qu'il dit qu'elle est *verborum tenacior et perspicuitate sententiae clarior*.

Je ne demande pas mieux. Mais je dis que d'abord cela n'est pas aussi neuf qu'on pourrait le croire, et qu'ensuite cela change moins qu'il ne semble à nos idées sur les anciennes versions latines.

J'ai sous les yeux une dissertation imprimée à Mersebourg en 1824 par un nommé Breyther et où la thèse de M. Burkitt est présentée avec autant de conviction, quoiqu'avec moins de science ; Fritzsche, dans son excellent article de l'*Encyclopédie* de Herzog, a discuté par le détail l'hypothèse de Breyther qui est celle de M. Burkitt ; enfin M. Reuss, dans la 2ᵉ et dans la 3ᵉ édition de sa *Geschichte der heil. Schriften Neuen Testaments*, expose au § 452, avec réserve et sans rien affirmer, un système qui se rapproche beaucoup de celui de notre auteur. D'après lui, l'*Itala* de saint Augustin pourrait bien être, non pas précisément la Vulgate, mais la première traduction de saint Jérôme d'après les LXX, version qui, comme on sait ¹, jouissait de toute l'approbation de l'évêque d'Hippone. J'aurais désiré que M. Burkitt discutât l'hypothèse de M. Reuss. Il nous aurait dit s'il n'y a pas là une conception tout au moins intéressante. Notez qu'en 397, la traduction d'après l'hébreu était fort loin d'être achevée.

Je crois en outre que le système de M. Burkitt, s'il nous faut l'adopter, ne modifiera pas même grandement notre manière de parler. Il y a longtemps que nous avons renoncé au mot d'*Itala*. Après comme avant, nous avons le droit, jusqu'à l'élaboration d'un meilleur système, d'appeler « italiennes » les versions que reproduisent généralement les citations de saint Ambroise et des commentaires de saint Jérôme et, en beaucoup d'endroits, celles de saint Augustin. Mais déjà cette notion de versions « italiennes » est, à certains égards, si flottante dans notre pensée, que nous y renoncerons volontiers s'il le faut. Ne nous hâtons pourtant pas.

En effet, la question n'est pas mûre. D'abord, on n'a encore presque rien fait pour le classement des versions latines de l'Ancien Testament. Rien ne peut être fait en cette matière, avant que le grand travail de M. Thielmann soit au moins en cours de publication et avant que M. Ulysse Robert ait publié entièrement l'Octateuque de Lyon. Quant à saint Augustin lui-même, on va, dit-on, donner au public d'un jour à l'autre le formidable amas de citations bibliques de ce Père (il y en a 42.816) que P. de Lagarde avait recueillies et qu'on conserve à Goettingue. Alors seulement on pourra se rendre compte de ce que c'est que l'*Itala* de saint Augustin. Mais il fallait que la question fût posée. M. Burkitt s'est acquitté de cette tâche avec beaucoup de sens et de finesse. Je ne

---

1. Epître 28, datée de 395 ; cf. ép. 82.

serais pas étonné que la solution définitive se trouvât dans la direction qu'il indique.

Il faut surtout (et M. Burkitt nous y aidera) nous détacher de cette pensée, qu'un même Père de l'Eglise cite toujours le même texte et qu'un même ms. reproduit une seule version. M. Burkitt nous montre fort bien l'Eglise d'Afrique usant d'une Bible qui est une véritable mosaïque. Il nous rend très justement attentifs aux éléments africains contenus dans un célèbre ms. du texte « européen, » le *Colbertinus*. Dans nos études, chaque leçon doit être examinée pour elle-même. On ne sait pas combien une telle analyse a besoin d'être minutieuse et précise.

Je n'ai pas le temps de relever beaucoup d'autre choses bonnes et utiles qui sont dans le fascicule de M. Burkitt[1]. C'est sa thèse seule que j'ai voulu considérer aujourd'hui.

Samuel BERGER.

---

99. — **La synergie sociale,** par Henri MAZEL. — Paris, Armand Colin ; 1896; 1 vol. in-18.

La synergie sociale, c'est-à-dire, l'action commune, le concert des forces de la société et des individus en vue du bien de tous, tel est le sujet de ce livre dont le titre a quelque peu besoin d'être expliqué, au moins pour les profanes. L'auteur l'a compris d'ailleurs lui-même et, dès la première ligne, sans autre préambule, il précise son objectif dans cette triple question : qui a fait les civilisations du passé, qui a ouvré la nôtre, quel sera l'artisan de celle de l'avenir ? Répondons d'avance avec lui, car il est comme nous disciple de Tocqueville et de le Play : ce n'est pas la foule qui n'a jamais rien édifié, c'est une élite.

---

1. Quelques remarques de détail : P. 2 et 11. Le *Codex Vercellensis* est-il sûrement du IVᵉ siècle ? Il n'y a rien de sérieux dans la légende qui en fait l'autographe de saint Eusèbe de Verceil. — P. 11. Le *Bobiensis* n'a certainement pas appartenu à saint Colomban. Ceci n'est pas une tradition, mais une fable. — P. 62, l. 29. Est-ce *ex eo* ou *ex uno* qu'il faut lire ? — P. 5. Les premières bibles complètes (*bibliothecae*) en latin dont nous retrouvions la trace remontent au pape Hilarus († 468 — voy. *Bulletin critique*, 1892, p. 247). — P. 10 et 34. Je serais bien étonné que les fragments en marge du *Codex Legionensis* provinssent d'un ms. grec.

L'idée est juste, elle était autrefois élémentaire, banale, et il faut que le « mensonge égalitaire » ait faussé le bon sens moderne pour qu'elle paraisse aujourd'hui un paradoxe, une nouveauté. C'est pourtant un fait — et M. Mazel le démontre surabondamment — que ni en Egypte, ni à Athènes, ni à Sparte, ni à Rome, ni dans l'Europe médiévale, ni même aux Etats-Unis, la pure démocratie, telle que nous la connaissons, n'a été féconde. Dès qu'un « peuple ne souffre aucune supériorité, il est mûr pour la tyrannie d'un seul ou la conquête de l'étranger... Toute nation consiste dans son élite. » Schopenhauer l'avait déjà remarqué : « La nature est tout ce qu'il y a de plus aristocratique au monde, » et Darwin : « Il n'est pas vrai que tout homme soit égal à un autre. » Mais si M. Mazel pense avec Renan que « le grand œuvre ne s'accomplira point par la démocratie » il s'éloigne de ce grand dédaigneux de l'humanité en ajoutant : nous ne serons sauvés que par une aristocratie de volonté, d'âme, de caractère. Pour redresser les énergies, il faut des réformes d'âmes et non des réformes de textes.

Laissons donc de côté le passé, non parce que ses enseignements sont méprisables, mais parce que, si étroits que soient les liens du présent avec lui, nous avons l'incurable infirmité de n'en tenir aucun compte, et voyons ce qu'il est permis d'attendre de l'avenir. Pour préparer les réformes nécessaires, il convient de jeter un regard attentif et clairvoyant sur l'état de notre société actuelle. Et d'abord si la France moderne est fille de la Révolution de 1789, et si l'on ne peut comprendre l'une en ignorant l'autre, que nous a légué notre mère ? Elle a voulu fonder une société, et elle est encore à chercher un gouvernement. L'esprit jacobin a ruiné la foi religieuse avec sa constitution civile dont le Concordat a été à l'origine un simple adoucissement et il a compromis la vitalité nationale avec son régime successoral. Pour combler un déficit d'une cinquantaine de millions, la Révolution a fait une banqueroute de plusieurs milliards ; pour affermir la paix, elle a déchaîné vingt-cinq ans de guerres civiles ; pour établir la liberté, elle a intronisé la Convention et Bonaparte ; pour relever l'initiative personnelle, elle a fait un peuple de salariés et de fonctionnaires ; pour tuer l'arbitraire, elle a enfanté la Terreur. Aucun bien n'est sorti d'elle. Nulle époque n'a plus déshonoré l'humanité.

La vie locale s'est éteinte ; la noblesse a disparu comme catégorie sociale ; malgré ses vertus privées, le clergé renfermé dans la sacristie a perdu son ascendant social que la liberté de l'enseignement, traquée ou comprimée par l'Etat, ne peut encore lui rendre ; la bourgeoisie de plus en plus désintéressée du travail libre, « de foi grêle et de désirs faibles, » ne connaît plus que « l'effort médiocre et la direction réglementée ; » l'autorité, paternelle et l'éducation se sont émasculées ; l'engouement pour la pédagogie et la multiplicité des programmes universitaires ont créé chez nous un grand nombre de révoltés, mais très peu d'hommes libres, entendons très peu de caractères, beaucoup d'ambitieux, mais peu de citoyens. La magistrature enfin, qui devrait jouer le rôle d'arbitre suprême, n'a ni indépendance ni force morale. Elle est dans la main du pouvoir dont normalement elle est appelée à réprimer les abus.

Voilà les maux : où sont les remèdes ? M. Mazel en propose plusieurs et en développe éloquemment le mode d'application. Mais, en fait, ils se réduisent tous à un seul, la liberté. « C'est la liberté, dit-il, qu'il faut aux basses classes comme aux hautes. » Qu'on ne s'y trompe pas : dans sa bouche, ce mot si souvent torturé de son vrai sens, signifie action libre de l'énergie individuelle. Cette libre activité de l'individu ne peut s'obtenir que par la liberté d'association, la liberté testamentaire, la réduction des fonctions publiques et celle du service militaire à son strict minimum, la suppression des impôts inutiles, c'est-à-dire non rigoureusement indispensables — l'auteur établit qu'il est possible d'économiser chaque année 300 millions au moins sur notre budget civil, — et par dessus tout, la restauration de l'équilibre moral par un sincère retour à la pratique du Décalogue et au respect des traditions. « Le mépris de la coutume et le fétichisme de la loi, déclare M. Mazel, remontent à la vogue des glossateurs ; le dédain de la chose religieuse, la haine du Christianisme ont leurs racines dans le vieil esprit albigeois. » Soit : jusqu'ici je ne m'y refuse pas ; qu'il me permette toutefois de faire une réserve lorsqu'il ajoute : « Si l'on voulait concevoir un peuple idéal, on le rêverait ainsi : les classes inférieures catholiques, les autres protestantes, les individualités tout à fait supérieures encore catholiques. » Pourquoi cette étrange distinction, quand il vient de dire que « le caractère du protestant français reste équivoque » et qu'il est « rarement chrétien » ?

Cette réserve et deux ou trois autres ne m'interdisent pas de reconnaître les excellentes intentions de l'écrivain et la valeur de son étude. Elle a le rare mérite d'être franche, osée et de rejeter loin d'elle toute complaisance pour des doctrines dangereuses, mais à la mode, telles, par exemple, que le socialisme, « l'antithèse de toute civilisation, » parce qu'il est la négation de l'effort libre et de l'initiative individuelle. » Oui, disait un compagnon de Cabet en parlant de l'Icarie, il n'y avait pas de prolétariat, de paupérisme, de mendicité, ni de vagabondage ; mais il n'y a rien de tout cela non plus dans une plantation d'esclaves. » Elle se distingue également par l'élévation et la vigueur du style. Parfois cependant celui-ci est un peu outré, j'allais dire un peu trop moderne. Que signifie un « soleil troublé par la comète photiaque ou choqué par le bolide luthérien? » La Révolution ne pourrait-elle être peinte plus simplement que dans cette phrase : « Jamais l'esprit du mal n'obombra la terre en plus colossale chauve-souris » ? Il est possible de juger sévèrement M. Thiers sans ajouter : « Cet homoncule a toujours été nauséeux aux cœurs almes, » ou de regretter la politique de M. Grévy sans dire : « le mépris pour lui ne sera jamais assez triangulaire. »

Remarques puériles, sans doute, qui ne diminuent pas l'intérêt du livre, mais qui attestent du moins celui que sa lecture attentive m'a inspiré.

Henri Beaune.

---

100. — **Vie du B. Innocent V,** (Frère Pierre de Tarentaise) archevêque de Lyon, Primat des Gaules, et premier pape de l'ordre des Frères Prêcheurs, par un religieux du même ordre, 1 vol. in-8° de viii-368 p. avec son portrait. Rome, Imprimerie Vaticane, 1896.

L'auteur que ne désigne qu'une qualification générique ne serait peut-être pas bien difficile à découvrir : à voir l'assurance avec laquelle il utilise des sources d'origines les plus diverses, à suivre l'enchaînement puissant de son argumentation, à s'aventurer sous sa conduite dans de savantes digressions à travers l'histoire générale ou celle de l'Université de Paris, on n'a pas trop de mal à soulever un coin du voile mystérieux… mais respectons les intentions du pieux biographe qui veut concentrer l'attention sur la seule figure de son héros.

La vie du B. Pierre de Tarentaise semble avoir été composée pour montrer combien une longue préparation scientifique est utile à la formation des hommes d'action. A quarante-six ans, Pierre n'était pour ainsi dire pas sorti des écoles, il avait sans doute franchi tous les degrés qui conduisaient à la chaire dont le précédent titulaire était S. Thomas d'Aquin; pendant une période de quatre années, il avait rempli les fonctions de provincial et même, entre la démission d'Humbert de Romans, et l'élection de Jean de Verceil, il avait, comme vicaire général, gouverné pendant près d'un an tout l'ordre dominicain. Malgré cela c'était avant tout un homme d'étude quand, en 1272, Grégoire X, à peine intronisé sur la chaire de S. Pierre, le nomma archevêque de Lyon. Il y avait de grandes choses à faire dans ce poste éminent : apaiser d'abord le conflit qui depuis des années divisait les chanoines et les bourgeois; ramener les uns et les autres aux sentiments de respect dus à l'autorité de l'archevêque : et de ce côté le Souverain Pontife obtint pleine satisfaction. Mais la grosse affaire était de préparer à Lyon la tenue du Concile général où devaient intervenir les Grecs; on sait que l'union fut proclamée en 1274, et si elle ne fut pas durable, il ne faut pas s'en prendre à ceux qui avaient tout fait pour que la réconciliation fût sincère et définitive.

Pendant le Concile, Pierre reçut le chapeau de Cardinal, le chapeau destiné à S. Thomas qui mourut en se rendant en France; il fut fait en même temps évêque d'Ostie et doyen du Sacré Collège. Le pape ne voulait pas se séparer d'un conseiller aussi précieux, celui qui avait, dit-on, élaboré pendant le Concile le règlement des conclaves, qui, dans plusieurs de ses dispositions et surtout dans son esprit, est encore en vigueur aujourd'hui.

Le premier conclave devait avoir lieu à la mort de Grégoire X; il ne se fit pas attendre, et ce fut Pierre de Tarentaise qui en sortit pape le 21 janvier 1276, sous le nom d'Innocent V. Il avait alors cinquante ans; tout faisait espérer un long pontificat qui permettrait de porter efficacement remède aux maux de la chrétienté; et cependant cinq mois après la fièvre romaine avait eu raison de ce tempérament si vigoureux : pour la seconde fois de l'année, l'Eglise était veuve.

Mort en odeur de sainteté, Innocent V a été presque aussitôt l'objet d'un culte que ses frères en S. Dominique voudraient voir reconnu et approuvé pour toute l'Eglise. Il est certain que les quatre années de la « vie publique » de Pierre de Tarentaise sont des années bien remplies, les services signalés qu'il a rendus le placent au nombre de ces Pontifes à l'esprit large et à l'âme généreuse que le Saint-Esprit emploie comme des instruments d'élection pour gouverner la Jérusalem terrestre.

P. PISANI.

101. — **Histoire des relations de la France avec Venise du XIIIe siècle à l'avénement de Charles VIII,** par P. M. PERRET, précédée d'une notice sur l'auteur par M. Paul MEYER, de l'Institut. 1896, 2 vol. gr. in-8° de XXXII-596 et 469 p.

Paul Michel Perret, né à Lyon, le 24 juin 1861, est mort à Paris, le 24 avril 1893, ayant consacré, dit M. Paul Meyer, « les dernières années d'une vie trop courte à des travaux qui ne donnent qu'une faible idée de ce qu'il était capable de faire et qui pourtant suffisent à lui assurer un rang honorable entre les érudits de sa génération. » Tous ceux qui liront la notice du savant professeur écrite avec beaucoup de simplicité et beaucoup de cœur, éprouveront grande estime et grande sympathie pour le laborieux travailleur qui nous a été si prématurément enlevé. Je m'associe d'autant plus aux regrets si bien exprimés par M. Meyer, que j'avais fondé plus d'espoir sur le jeune érudit auquel j'avais demandé, par l'intermédiaire d'un commun ami, un livre qui nous manque et qu'il semblait désigné pour écrire, une histoire de Louis XI aussi neuve, aussi exacte, aussi complète que l'*Histoire de Charles VII* par M. le marquis de Beaucourt. M. Meyer, après avoir raconté la noble vie de son confrère, toute vouée à l'étude, après avoir analysé ses diverses publications, toutes relatives au XVe siècle [1], nous entretient des projets du malheureux travailleur, du grand ouvrage qu'il laissait inédit, du désir témoigné par le mourant que le manuscrit de cet ouvrage fût remis entre les mains du di-

---

1. Voir (p. IX-X) la liste de ces publications, comprises entre les années 1889 et 1892.

recteur de l'École des Chartes pour que la publication en restât assurée. « Sa dernière volonté, » dit M. Meyer (p. xi), « reçoit aujourd'hui son accomplissement. Un ancien élève de l'École des Chartes, très versé dans l'histoire du xv° siècle, M. Alfred Spont, docteur ès lettres, a bien voulu, à ma demande, se charger de revoir l'ouvrage, de le compléter, si besoin était, d'en surveiller l'impression et d'en faire la table. J'ai relu, après M. Spont, toutes les épreuves, et ce n'était pas trop de cette double revision pour assurer la correction d'un ouvrage qui abonde en citations de documents et en noms propres. Si, comme il est vraisemblable, quelques erreurs nous ont échappé, le lecteur n'en fera pas porter la responsabilité à Perret. » Ai-je besoin d'ajouter que, malgré la trop modeste expression « comme il est vraisemblable », les consciencieux reviseurs n'ont aucune erreur à se reprocher, et qu'ils ont à merveille rempli leur pieuse mission?

La *Notice* est suivie d'une *Table des ouvrages cités*, (p. xv-xxxii), liste d'une grande richesse et qui à elle seule prouverait combien Perret était exactement informé de la littérature, tant française qu'étrangère, de son sujet[1].

J'aurai tout à l'heure l'occasion de dire combien était profonde la science bibliographique de l'auteur. Indiquons auparavant le contenu des deux volumes. Dans le premier sont réunis sept chapitres intitulés : La France et Venise de Saint-Louis à Charles V (1230-1380); La France et Venise sous Charles VI (1380-1424); La France et Venise de 1424 à 1442; La France et Venise de 1442 à 1454; la fin du règne de Charles VII (1454-1461); Louis XI et Venise avant la rupture (1461-1464); Froideur entre la France et Venise (1464-1472). Le second volume contient deux autres chapitres : Les intri-

---

1. La plupart des ouvrages consultés par Perret appartenaient à « la bibliothèque spéciale qu'il avait formée à grands frais » (*Notice*, p. ix). M. Meyer nous apprend « que les matériaux recueillis par Perret en vue de son ouvrage, notamment plusieurs cartons remplis de documents copiés dans les archives de Milan et de Venise, ont été donnés par madame Perret, avec une partie de la bibliothèque de son fils, à l'École des Chartes ». — On a omis, dans la *Table des ouvrages cités*, le *Commynes* de mademoiselle Dupont, souvent utilisé, notamment i, 517; ii, 10, 132, et le *Codex* de Lünig, plus souvent encore utilisé, notamment i, 39, 213; ii, 40, 82, 111.

gues milanaise et bourguignonne (1472-1478); la politique d'intervention de Louis XI [1], trois appendices (Traité du gouvernement de la Cité et de la Seigneurie de Venise; État des registres du Sénat de Venise; correspondance des Simonetta) et 45 pièces justificatives, en langue latine, qui vont du 16 septembre 1401 au 1er juin 1481 et qui, presque toutes très importantes, sont précédées d'un sommaire explicatif en quelques mots, par exemple, pour le premier document : *Venise refuse d'intervenir dans les affaires de Naples*, et, pour le dernier document : *Venise repousse de nouveau le projet de croisade de Louis XI*. Le traité du gouvernement de Venise, qui forme le premier appendice, est un document très curieux, composé en France, probablement à la requête de quelque grand personnage, à la fin du xvᵉ siècle. Il mériterait une étude spéciale que Perret avait l'intention de lui consacrer, mais que la mort l'a empêché de rédiger. C'est au principal manuscrit de ce traité (appartenant à M. le duc d'Aumale) qu'est empruntée la vue de Venise au xvᵉ siècle, reproduite en phototypie, qui orne le tome II. L'ouvrage se termine par une *Table alphabétique*, qui m'a paru fort bien établie.

L'*Histoire des relations de la France avec Venise*, sans être d'un style remarquable, est cependant d'une lecture facile. Le récit, constamment puisé aux sources les plus pures, vise surtout à l'exactitude et fait bien ressortir l'enchaînement des faits. Beaucoup de choses nouvelles s'y mêlent à beaucoup d'incontestables rectifications. L'auteur tantôt corrige et tantôt complète les travaux de ses devanciers. On remarquera surtout la précision de ses indications chro-

---

[1]. Quelques-uns des mémoires publiés avant 1892 par Perret ont pris place, plus ou moins modifiés par l'auteur, dans les deux volumes d'aujourd'hui : c'est ainsi que l'*ambassade de l'abbé de Saint-Antoine de Vienne et d'Alain Chartier à Venise, d'après des documents vénitiens* (1425 (*Revue historique*) forme une partie du chapitre III; la *première ambassade vénitienne à Louis XI, 12 octobre 1461 — mai 1462* (*Revue d'histoire diplomatique*) est entrée dans le chapitre VI; *La paix du 9 janvier 1478 entre Louis XI et la République de Venise* (*Bibliothèque de l'Ecole des Chartes*, t. LI) constitue presque tout le chapitre VIII. Enfin un autre mémoire, sur le *renouvellement par Charles VIII du traité du 9 janvier 1478 entre la France et Venise* (Bibliothèque de l'École des Chartes, t. LI) forme la fin de l'ouvrage.

nologiques. Il a si minutieusement étudié ce côté de son sujet que l'on pourra, grâce à lui, améliorer plusieurs pages de l'*Art de vérifier les dates* [1] et même de quelques-unes des plus recommandables publications de notre temps [2]. La source principale, pour le xvᵉ siècle est fournie par les archives italiennes, et spécialement par les registres du sénat de Venise, qui ont été dépouillés (les renvois au bas des pages en portent témoignage) feuillet par feuillet. En somme, ce livre est une des meilleures histoires diplomatiques que nous possédions pour le xvᵉ siècle.

Après avoir loué les grandes qualités du texte, je dois louer les grandes qualités de l'annotation. Cette annotation, très abondante sans l'être trop, est aussi intéressante qu'instructive. Perret s'y montre judicieux critique [3] et surtout bibliographe accompli. Il connaît tous ses ouvrages publiés sur la matière en Allemagne

---

[1]. Quand donc nous donnera-t-on, au moins en ce qui regarde la France, une édition de l'œuvre bénédictine qui soit à la hauteur de la science actuelle? En mettant à profit les meilleurs ouvrages successivement consacrés, de nos jours, à l'histoire de chaque règne, on obtiendrait un recueil qui serait un inappréciable instrument de travail. Edgar Boutaric avait eu le projet de le mettre entre nos mains, mais les circonstances seraient aujourd'hui plus favorables qu'il y a quarante ans, à cause des magnifiques progrès de la critique historique.

[2]. Voir les observations sur le *Charles VII* de M. de Beaucourt (I, 314), le *roi René* de M. Lecoy de la Marche (I, 230, 261), les *Négociations diplomatiques de la France avec la Toscane* d'Abel Desjardins (II, 17). M. Perret a même relevé (I, 213) un anachronisme dans les deux recueils officiels de Dumont et de Lünig, où le traité de Rivoltella (18 octobre 1448) a été mis en l'année 1449. Voir, au sujet de diverses dates erronées, de très concluantes discussions (II, 88, 89, 140, etc.).

[3]. Voici, par exemple, (II, 32, note I) son appréciation de deux ouvrages qui ont été jadis trop favorablement examinés : « Un travail d'ensemble où seraient analysées les causes complexes de la défaite de Charles le Téméraire est encore à faire. M. Zermel (*Cur Caroli Temerarii consilia, Ludovico XI obstante, non successerint?* Berlin, 1856) a tenté cette étude, mais son opuscule, qui ne considère d'ailleurs qu'un aspect de la question, est arriéré et insignifiant. Quant à l'ouvrage de M. Foster Kirk, *Histoire de Charles le Téméraire*, traduction française par M. Flor O'Squar (Paris, 1867); il est également superficiel ».

comme en Angleterre, en Italie comme en France, et non seulement les ouvrages considérables, mais les simples opuscules, les mémoires des collections académiques, les articles des recueils périodiques. On est étonné, presque effrayé de tant de citations accumulées au bas des pages et dont aucune n'est de seconde main. Le diligent auteur a tout vu, *ce qui s'appelle vu*, même ces humbles dissertations qui se cachent dans les volumes des sociétés savantes de province comme les violettes dans les bois [1]. Parmi les notes qui, à divers égards, méritent le plus l'attention, indiquons (dans le tome I) celles qui concernent la soie à Venise (p. 2), Hugues de Vienne (p. 58), Dino Rapondi (p. 64) [2], Louis d'Orléans (p. 67), [3] Philippe de Poitiers, baron de Vadans, d'Arcis-sur-Aube (p. 125), Artaud de Grandval, abbé de Saint-Antoine (p. 131), Alain Chartier (p. 132), Joachim de Montain (p. 142), et dont un des Quarante, M. Paul Thureau-Dangin vient de retracer un éloquent portrait dans son beau livre sur *Saint Bernardin de Sienne* (1896, p. 49) que vient de si bien apprécier ici le R. P. Baudrillart, Sigismond Malatesta, le condottiere dont les aventures ont été racontées avec tant de verve par Charles Yriarte (p. 144), le pape Eugène IV (p. 150), Théodore de Valpergue, chambellan du roi, bailli de Lyon, châtelain de Severac, gouverneur de Bayonne (p. 180), Baudouin de Tucé (p. 188), l'habile diplomate Angelo Acciajuoli (p. 189), la prétendue donation de Philippe Marie Visconti à François Sforza (p. 191), Barthélemy Colleoni, gouverneur

---

1. Par exemple la notice de l'abbé René sur *Les Bissipat de Beauvaisis* dans les *Mémoires de la société académique du département de l'Oise* (1889), citée II, 84.

2. Sur ce grand négociant lucquois, qui était une véritable puissance financière de l'époque, avec ses trois comptoirs de Bruges, Montpellier et Paris, M. P. ne cite pas moins d'une demi-douzaine d'auteurs : Vallet de Viriville, Le Roux de Lincy et Tisserand, Tuetey, le duc de La Trémoille, Delaville le Roulx.

3. L'auteur renvoie à la monographie publiée par M. Eugène Jarry (*La vie politique de Louis de France, duc d'Orléans* (Paris, 1889) et à deux études, l'une de M. A. de Circourt (*Le duc Louis d'Orléans, ses entreprises hors du royaume*, 1889. *Revue des Questions historiques*), l'autre de Maurice Faucon (*Le mariage de Louis d'Orléans et de Valentine Visconti*, 1882, *Archives des missions scientifiques et littéraires*).

d'Asti (p. 197), Jean Cossa, comte de Troya, baron de Grimaud, sénéchal de Provence (p. 199), Guillaume de Vaudrey, chambellan du duc de Bourgogne (p. 216), Guillaume de Montferrat (p. 219), André Birague (p. 252), Angelo Simonetta (p. 256), Thomas de Rieti (p. 271), Jean de Calabre (p. 274), le médecin Jacques de Biandrate (p. 295), Jean d'Amancier (p. 310), Jean de Chambes, chevalier, seigneur de Montsoreau (p. 321), Georges Havart, seigneur de la Rosière (p. 321), Marius Philelphe, le fils du grand humaniste (p. 349), Bernard Justiniani « à qui l'on doit la première histoire vénitienne qui ait un plan bien conçu » (p. 368)[1], le traité de Dieppe, du 18 juillet 1464 (p. 434), l'abbé de Casencave (p. 450), Louis de Valpergue, frère cadet du chancelier de Savoie (p. 451), Auguste de Lignana, abbé de Maisonneuve (p. 463), Albert Magalot (p. 503), Pierre Doriole (p. 505), Guillaume de Rochefort (p. 519), Guillaume Fichet, recteur de l'Université de Paris, agent diplomatique de Louis XI auprès de Jean Galéas Visconti (p. 534)[2], le jurisconsulte Bernard Bembo (p. 578), et (dans le tome II) Antoine de Montjeu (p. 10), Marc Antoine Morosini (p. 38), la bataille de Morat (p. 80)[3], Georges Paléologue de Bissipat (p. 84), Lionel, prince Pio de Carpi de Savoia (p. 90), le cardinal Raphaël Riario (p. 126), Sigismond dei Conti, l'écrivain apostolique (p. 129), Tris-

---

1. Louis XI l'arma chevalier, le 6 janvier 1462. Le roi ne se contentait pas d'accorder des distinctions honorifiques. Voir (p. 385) le don fait par lui aux ambassadeurs vénitiens de « 24 pièces d'argenterie qui pesaient 60 marcs ». M. P. a consigné dans ses notes bien d'autres détails anecdotiques.

2. Perret mentionne, à ce propos, une *Etude sur une négociation diplomatique de Louis XI, roi de France*, par E. Moufflet (Marseille, 1884) et nous conseille d'en rapprocher « les heureuses rectifications qu'y a faites M. Ghinzoni dans son mémoire : *Gabeazzo Maria e Luigi XI*, dans l'*Archivio Storico Lombardo*, XII, 1885 ».

3. L'auteur dit : « La relation de la bataille de Morat par Panicharola avait échappé aux recherches de M. de Gingins. M. Ghinzoni a eu la bonne fortune de la retrouver aux Archives de Milan et il l'a publiée en s'illustrant de doctes éclaircissements dans l'*Archivio Storico Lombardo*, XIX, 1892. On trouvera aussi un intéressant récit de cette bataille dans une dépêche adressée, le 4 juillet 1476, par un anonyme à Jean Scarampo, à Mantoue (Archivio Gonzaga, E XXIV). »

tan Guillem II, seigneur de Clermont-Lodève, vicomte de Nébouzan, « alors le chef d'une des plus grandes familles du Midi » (p. 130)[1], le prétendu voyage de Philippe de Commynes à Rome (p. 132).

L'ouvrage est complet en soi. La date à laquelle il s'arrête (1484) est une limite. Sans doute, on peut regretter que l'auteur n'ait pas eu le temps de rédiger une conclusion, dans laquelle il aurait résumé les traits carastéristiques de la politique vénitienne, si prudente et si bien suivie, au regard de la politique française, non dépourvue d'habileté, mais moins constante. Toutefois les vues générales qui résultent de cette patiente étude se laissent facilement dégager, et nous ne pouvons que nous associer au sentiment que M. Meyer exprime en ces termes : « Telle qu'elle est, l'*Histoire des relations politiques de la France avec Venise*, fera honneur au jeune savant qui, destiné à une mort prématurée, sut préférer à toutes les jouissances de la fortune les satisfactions que procure l'étude désintéressée de l'histoire ».

T. DE L.

CHRONIQUE

74. — Le Dr James continue à publier la série des catalogues des mss. des collèges de Cambridge. Après Sidney-Sussex et le Musée Fitzwilliam (voy. *Bull. Crit.*, 1895, p. 355 et 601), c'est le tour de *Jesus College*, de *King's College* et d'Eton (cet établissement est étroitement apparenté à King's). Le catalogue de King's avait été commencé par Bradshaw. De tels travaux sont également importants pour la description des textes et des miniatures, et nul savant ne les lira sans y faire plus d'une curieuse découverte. S. B.

75. — Au Havre, M. Alexis Lemale, après avoir réédité quelques livres du xvie siècle, et imprimé avec une rare correction plusieurs ouvrages grecs, poursuit depuis cinq ou six ans une vaste entreprise qui suffirait à illustrer sa maison, déjà si avantageusement connue.

Sous le titre de *la Normandie monumentale et pittoresque*, M. Lemale consacre à chacun des départements de cette province un splendide in-folio d'environ six cents pages, enrichi de nombreuses héliogravures et autres dessins d'un goût excellent.

Le vaillant imprimeur a pu dire sans exagération que la préparation d'un volume exige de lui une correspondance qui égale son texte

---

[1]. Perret n'oublie pas de mentionner le travail d'Ernest Martin : *Chronique et généalogie des Guillem, seigneurs de Clermont, diocèse de Lodève, et des diverses branches de leur famille*, Marseille, 1892.

en étendue, car il lui faut grouper dans chaque région une pléiade d'artistes, d'archéologues et d'écrivains érudits, puis faire marcher de concert toutes ces habiletés réunies. Ces deux ou trois cents monographies donnent le dernier mot de la science locale, souvent avec un progrès considérable sur les études antérieures. Qu'on juge par là de l'attrait exceptionnel de ce monument élevé à la gloire du sol normand.

La Seine-Inférieure, l'Eure et le Calvados ont paru. Quelques mois suffiront pour terminer les deux derniers volumes.   A. T.

SOCIÉTÉ NATIONALE DES ANTIQUAIRES DE FRANCE

Séance du 10 juin. — M. HÉRON DE VILLEFOSSE communique le texte d'une inscription latine qui lui est adressée par M. J. BERTHELÉ, archiviste de l'Hérault. Il s'agit d'une épitaphe funéraire romaine inédite, conservée dans l'ancienne église de Montarnaud; son intérêt réside dans la mention de l'ethnique *Samnogensis*, d'une peuplade de la Narbonnaise. — M. Héron de Villefosse présente ensuite à la Société des poteries constituant le mobilier complet d'un tombeau punique fouillé sous ses yeux à Carthage, il y a environ six semaines, par le R. P. Delattre. Ce petit mobilier est composé 1° d'un vase en terre blanche à large panse; 2° d'un vase en terre rosée avec couvercle; 3° d'un petit flacon en terre blanche avec anse surbaissée; 4° d'une petite œnochoé en terre rosée; 5° d'une lampe en forme de petite assiette à bord déprimé; 6° d'un scarabée. C'est là le mobilier ordinaire des tombes puniques. Il est remarquable que ces poteries sont neuves et paraissent n'avoir jamais renfermé aucune espèce de liquide ou objet quelconque. — M. DE LAIGUE envoie l'estampage et la copie d'une inscription trouvée à Espera, près Cadix, et que lui a signalée le R. P. Vera. C'est une inscription très fragmentée qui paraît, suivant M. de Laigue, contenir les noms d'un *Annius Libo*, l'inscription mentionne peut-être aussi la ville d'Asido dont les ruines sont à proximité du lieu où la découverte a été faite. — M. Cagnat lit un mémoire de M. NOVAK, colon de Mehdia (Tunisie) relatif à des fouilles opérées par ce dernier dans la nécropole phénicienne d'El-Alia, à 25 kilom. au sud de Mehdia. Ce mémoire qui renferme la description détaillée des tombes puniques est renvoyé à la Commission des Impressions. — A la suite de cette communication, le Prince ROLAND BONAPARTE, M. DELABORDE, le marquis de RIPERT-MONCLAR et M. GAIDOZ échangent diverses observations au sujet du mode de sépulture chez les peuples primitifs et sur le système de décharnation des cadavres antérieurement à leur inhumation. M. Delaborde, en particulier, rappelle que le corps de saint Louis fut décharné et que pour cette opération on le fit bouillir dans du vin.

Séance du 17 juin. — Le marquis de RIPERT-MONCLAR lit une notice relative à un rouleau de parchemin du XV° siècle appartenant à la famille Blount, en Angleterre, et sur lequel sont représentées seize miniatures des Stations du Chemin de la Croix. Le texte qui accompagne ces miniatures est emprunté aux Evangiles. A peu près contemporain des BB. Becket, ce petit manuscrit est un des plus anciens témoins de la diffusion en Occident de la pratique du Chemin de croix, dont les Franciscains de Terre Sainte eurent l'initiative — M. Héron de Villefosse lit une lettre du commandant Demaeght, conservateur du Musée d'Oran, par laquelle ce dernier annonce la découverte à Benian de plusieurs inscriptions funéraires romaines; l'une de ces inscriptions mentionne un *magister Barcariorum*, c'est-à-dire, pense M. de Villefosse, le chef de gens qui montaient de petites barques. Le mot *barca*, barque, est un mot de basse latinité qu'on trouve pourtant déjà dans une inscription romaine d'Espagne. — Le commandant Mowat fait une communication au sujet de la croix gammée qu'on trouve comme type ou comme symbole accessoire sur un grand nombre de monnaies antiques, en particulier de petites monnaies primitives en electrum frappées dans une ville incertaine de la côte occidentale de l'Asie mineure. M. Mowat propose de reconnaître dans cette croix gammée un symbole religieux, universellement reconnu, et destiné à donner à la monnaie son caractère officiel et sacré.

Séance du 24 juin. — M. l'abbé Thédenat, président, lit une notice nécrologique sur notre regretté confrère M. Eugène de Rozière, membre résident de la société, sénateur, décédé la semaine dernière. Il s'attache à faire ressortir les mérites scientifiques de M. de Rozière et se fait l'interprète des regrets profonds de la Société. — M. le Président adresse ensuite des félicitations à nos confrères MM. l'abbé Duchesne et Samuel Berger, qui viennent d'être promus au grade de docteurs de l'Université de Cambridge. — M. R. Cagnat fait une communication au sujet d'inscriptions latines découvertes récemment par les PP. Blancs, dans l'Henchir Thibar, ancienne ville de Thibaris. Ces inscriptions ont été transmises à M. Cagnat par le R. P. Delattre, notre associé correspondant à Carthage. — M. Cagnat revenant ensuite sur une communication de la séance précédente relative à une inscription qui mentionne des *barcarii*, pense que ces *barcarii* formaient le personnel d'une flottille fluviale, peut-être des pontonniers militaires. — M. le général Pothier fait observer qu'actuellement encore on envoie d'Alger des pontonniers avec des barques, pour permettre de franchir le Chelif au moment des crues de ce fleuve. — M. l'abbé Thédenat pense que ces marins étaient peut-être civils, mais soumis, en cas de besoin, à la réquisition militaire. — M. Pasquier, archiviste départemental de Toulouse, fait une communication relative aux archives anciennes des notaires de Toulouse. Il annonce que M. l'abbé Douais a classé ces archives, qu'il en dresse l'inventaire avec le plus grand soin, et qu'il y a recueilli déjà des documents importants pour l'histoire de l'art et des artistes à Toulouse et dans la région de Toulouse, depuis le xvᵉ siècle. — M. MARQUET DE VASSELOT appelle l'attention de la Société sur un petit coffret conservé dans l'église de Roncevaux et dont il a parlé déjà dans une séance précédente. Ce coffret est orné d'un médaillon en argent estampé et doré représentant le Christ bénissant; sur le bord on lit l'inscription :

IN NOMINE PATRIS·FILIIS·PA.

La syllabe PA doit être une abréviation du mot *Paracleti*; il semble que l'on ne connaissait jusqu'ici aucun autre exemple de cette formule de bénédiction. — M. MOWAT rappelle, à l'occasion de la présence à la séance de M. Gauckler, une inscription de Mactar communiquée par ce dernier à la Société et dans laquelle se trouve le mot *idurionem*. Suivant M. Mowat ce mot, qu'on ne trouve dans aucun autre texte latin, se rattache à la même racine que le mot *idus*; le verbe *iduare*, d'origine étrusque, signifie séparer, partager, et les ides partagent le mois en deux parties. Le terme *idurio* signifierait une portion, un compartiment, une section du cimetière où le personnage a été inhumé. — M. MARTHA fait observer que les grammairiens latins qui ont donné le sens de diviser au mot *iduare* n'ont ainsi formé qu'une étymologie après coup et que nous ne saurions lui reconnaître une valeur scientifique. — M. CAGNAT fait remarquer qu'une autre étymologie a été proposée pour le mot *idurio* par M. Philippe Berger; c'est une étymologie tirée des langues sémitiques, ce qui conviendrait mieux, à priori, à un mot trouvé dans un pays habité en grande partie par une population d'origine et de langue sémitiques.

ACADÉMIE DES INSCRIPTIONS ET BELLES-LETTRES

Séance du 10 juillet. — Il existe, en Algérie, dans les cercles d'Ain-Sefra et de Géryville, des rochers couverts de gravures antiques, dont M. Flamand a entretenu l'Académie dans une intéressante communication lue en mai 1892. Le Dʳ HAMY annonce que M. Cambon, pour assurer la protection de ces précieux monuments de l'antiquité berbère, a décidé, à la suite de son voyage en Algérie, que, dans les quatre stations principales, à Thyoul, à Asles, à Keradja et à Guebar-Khechim, les roches gravées seraient immédiatement, à l'aide d'une subvention, protégées par des entourages de grilles. M. Cambon a en outre chargé M. Flamand de faire des estampages de ces gravures, qui seront communiqués à l'Académie des inscriptions, et il se propose de faire bientôt publier un travail spécial où seront groupées la description et les figures de ces monuments si importants pour l'étude des époques préhistoriques de l'Afrique septentrionale. — M. OPPERT donne la traduction d'un texte cunéiforme du Musée britannique, publié par le P. Strassmaier (*Nabon.*, 428). Ce document, une des nombreuses pièces relatives aux comptes du temple du Soleil à Sippara, aujourd'hui Abou-Haba, date de l'an 546 avant Jésus-Christ, et rend compte de l'argent touché pour les loyers des terrains du Soleil, sorte d'œuvre pie mise à profit par l'administration du temple, qui avait ses poids, ses mesures, sa monnaie et son taux d'intérêt à elle. — M. Édouard BLANC présente à l'Académie les estampages des trois principaux sarcophages qui se trouvent dans le mausolée de Tamerlan (Gour-Emir) à Samarkande. Il indique d'abord sommairement la place de l'édifice, sa disposition, et présente des photographies de ses diverses façades revêtues de briques émaillées formant des mosaïques aux couleurs éclatantes et sur lesquelles s'entrelacent des inscriptions multiples qui transforment certaines de ces façades en véritables pages d'histoire. Malheureusement, ainsi qu'il est d'usage dans les pays musulmans, la plus grande partie de ces textes sont composés simplement de formules religieuses. Les dimensions des photographies, qui sont très nettes, permettent de lire aisément ces textes entrelacés dont la lecture sur place est presque impossible. Après avoir passé sous un portique très intéressant par son architecture et par les inscriptions qui le surchargent, on pénètre dans une cour intérieure au fond de laquelle se dresse le dôme central, flanqué de deux chapelles latérales. Sous ce dôme central, revêtu de briques émaillées d'un bleu éclatant, s'étend une salle haute de 24 mètres où sont les cercueils de Tamerlan et de huit autres personnages de sa famille et de son entourage. Ces cercueils, en jade ou en pierre dure, sont couverts d'inscriptions. Ce ne sont d'ailleurs que des cénotaphes. Dans une crypte souterraine se trouvent les véritables pierres tombales. Trois seulement sont intactes; les autres, maintes fois brisées et raccommodées avec du plâtre, ont perdu leurs inscriptions. M. Ed. Blanc a relevé les empreintes des trois premières dont l'une donne la généalogie du grand conquérant. M. Blanc donne ensuite des renseignements sur les travaux récents de la commission russe d'archéologie qui, envoyée à Samarkande l'automne dernier, vient de relever en détail les diverses parties du Gour-Emir et en fera l'objet d'une publication importante. — M. Salomon REINACH présente la photographie d'un magnifique aigle en marbre qui, découvert à Rome en 1752, a fait partie de la collection d'Horace Walpole et se trouve aujourd'hui à Gosford House, dans celle de lord Wemyss. M. Reinach ajoute quelques détails sur la formation et la dispersion de la collection Walpole, qui contenait des œuvres d'art de premier ordre.

Henry THÉDENAT.

L'Éditeur-Propriétaire-Gérant : ALBERT FONTEMOING.

BULLETIN CRITIQUE

102. — Kirsch. **Die päpstlichen Kollektorien in Deutschland während des XIV Jahrhunderts,** 3° volume des *Quellen und Forschungen aus dem Gebiete der Geschichte,* publiées par la Gœrres-Gesellschaft. — Paderborn, Schöningh, 1894 ; in-8°, LXXVIII-562 p.

Le présent volume est le troisième de la collection des *Quellen und Forschungen aus dem Gebiete der Geschichte,* publiée par la Gœrres-Gesellschaft. Il forme le commencement d'une série de publications qui seront consacrées à l'histoire des finances pontificales au XIV° siècle. On doit se féliciter du choix qui a été fait de cet objet d'études. La fiscalité pontificale à la fin du Moyen-Age a servi de thème à bien des déclamations vagues d'adversaires ou d'apologistes. Il est temps de leur substituer des travaux solides ; maintenant qu'ils sont devenus possibles, grâce à l'ouverture des archives du Vatican. Dans ces dernières années, de bonnes publications partielles ont été faites dans ce domaine [1] ; mais si l'on excepte l'édition du Liber Censuum commencée par M. Fabre, on n'a encore tenté aucune entreprise aussi considérable que celle dont nous annonçons le début.

Il a naturellement fallu commencer par inventorier les registres de la Chambre apostolique du temps des papes d'Avignon, répartis dans les deux grandes séries des *Collectoriae* et des *Introitus et Exitus Camerae apostolicae.* La série des *Introitus et Exitus,* dit Mgr Kirsch dans sa préface, comprend deux catégories principales

---

[1]. A la liste des comptes de collecteurs publiés jusqu'à présent, donnée par Mgr. Kirsch p. VIII, il faudrait ajouter : Fabre, *Les décimes ecclésiastiques dans le royaume d'Arles de 1278 à 1283,* dans *Annales du Midi,* 1892, p. 371.

de registres : les *Manualia* dans lesquels chaque fonctionnaire notait ses recettes et ses dépenses ; et les *Introitus et Exitus Camerae apostolicae* proprement dits, dans lesquels étaient sommairement inscrites, sous diverses rubriques, les recettes et les dépenses de chaque année du pontificat. Les *Collectoriae* contiennent surtout les comptes des collecteurs envoyés par la Chambre dans les divers pays, les registres constatant le paiement de celles des taxes sur les bénéfices ecclésiastiques qui étaient acquittées directement à l'administration centrale, et de nombreux registres renfermant les promesses de paiements faites par les prélats (*obligationes*) et les quittances rédigées par les camériers, trésoriers et notaires de la Chambre. Cette série a été constituée sous sa forme actuelle au siècle dernier, par les soins de Garampi, qui groupa par pays les comptes des collecteurs et les fit presque tous relier ainsi que les autres registres. Bon nombre de pièces appartenant à cette série avaient été auparavant reliées par erreur, dans les registres de bulles, sur papier, provenant de la chancellerie des papes d'Avignon. L'inventaire des *Collectoriae* a été fait par Mgr Kirsch, celui des *Introitus et Exitus* par M. Glasschrœder ; ces inventaires seront publiés. En attendant, Mgr Kirsch nous donne les comptes des collecteurs apostoliques qui ont opéré en Allemagne, depuis le commencement du xive siècle jusqu'au grand schisme. Dix de ces comptes existent encore et forment les dix premiers chapitres de l'ouvrage. A la suite de chacun d'eux, Mgr Kirsch reproduit, d'après les registres d'*Introitus et Exitus*, la mention des versements faits à la Chambre par le collecteur dont il s'agit. Le chapitre xi renferme les mentions de versements faits par des collecteurs dont les comptes n'ont pas été retrouvés. Enfin un appendice contient quelques documents intéressants ; je citerai particulièrement une série de décisions adressées à des collecteurs par l'administration pontificale, à propos de cas embarrassants qui se produisaient dans la perception des annates. Un double index des noms de personnes et des noms de lieux termine le livre.

Il est inutile d'insister sur les services que peut rendre cette publication à quiconque s'occupe du xive siècle ; sur le nombre énorme de renseignements qu'elle contient pour l'histoire générale, pour l'histoire locale, pour la topographie ecclésiastique. Quant aux contributions qu'elle apporte à l'histoire de l'administration financière des papes, Mgr Kirsch les a exposées lui-même dans une très substantielle introduction.

Il détermine d'abord quels sont les revenus que percevaient les collecteurs. Un certain nombre de droits devaient être acquittés par les intéressés eux-mêmes, en cour de Rome ; tels sont les communs services, les visitations, les droits de chancellerie ; les collecteurs n'avaient pas à s'en occuper. Ils étaient chargés de lever : 1º Les cens dus par certains royaumes ou seigneuries (encore faut-il observer que les plus importants étaient stipulés payables en cour de Rome). 2º Les cens de certains monastères ou églises. En principe, on aurait dû en envoyer le montant à la cour pontificale ; en fait, au xivᵉ comme au xiiiᵉ siècle, la chambre apostolique devait ordinairement en réclamer le paiement et ne l'obtenait qu'avec de longs retards. 3º Les décimes ecclésiastiques imposés par le pape. Mgr Kirsch donne la liste de tous ceux qui furent établis au xivᵉ siècle, soit pour les croisades et la lutte contre les infidèles (à laquelle les papes songent toujours) ; soit au profit du Saint-Siège. Dans un cas comme dans l'autre, d'ailleurs, ce sont les collecteurs pontificaux qui les perçoivent ; et les décimes, même levés pour la croisade, sont versés dans le trésor pontifical, à charge pour le pape de prendre en main les intérêts de la chrétienté. 4º Les subsides volontaires (*subsidia caritativa*) demandés par les papes au clergé. 5º Les annates, définitivement réglés, à partir de Clément VI, en 1342 ; et les revenus des bénéfices vacants (*medii fructus*). Mgr Kirsch entre dans les détails les plus circonstanciés sur l'origine et l'assiette de ces taxes. 6º Les successions de prélats que le pape s'était réservées. 7º Les dons et legs faits au Saint-Siège par des clercs et des fidèles.

Le chapitre deuxième de l'introduction donne la liste des collecteurs qui furent envoyés en Allemagne au xivᵉ siècle. Le chapitre iii entre dans le détail de leurs opérations. Les collecteurs, arrivés dans la région qui leur était assignée, devaient publier les bulles pontificales qui leur donnaient leurs pouvoirs. Ils en faisaient dresser des copies authentiques, et chargeaient les sous-collecteurs ou des mandataires spéciaux de les signifier aux intéressés. Cette proclamation n'allait pas toujours sans difficultés. Pour la perception, les collecteurs étaient assistés de sous-collecteurs qu'ils désignaient eux-mêmes ; d'ordinaire un clerc de chaque diocèse. Il s'agissait d'abord de déterminer quels bénéfices étaient soumis aux taxes. Pour les cens, les extraits du *Liber Censuum*, remis aux collecteurs, leur servaient de guide. Pour les taxes générales, dont les bénéfices les plus pauvres étaient exempts, il fallait évaluer l'importance des revenus de chaque bénéfice. Pour les annates, les collecteurs recevaient du Saint-Siège la liste des bénéfices conférés par le pape, sur lesquels la taxe était due. Enfin ils se faisaient remettre la copie des comptes de leurs prédécesseurs, afin de réclamer les arriérés. — Comme base pour asseoir l'impôt, tantôt on se servait des évaluations faites, au cours du XIIIe siècle, en vue de la perception des décimes de Terre-Sainte ; tantôt on exigeait du contribuable, sous serment, la déclaration de son revenu ; quelquefois on tenait compte du chiffre des procurations dues par les bénéficiers au visiteur ecclésiastique. Parfois enfin collecteur et débiteur débattaient, de gré à gré la somme à verser. La perception était effectuée, dans chaque diocèse, par le sous-collecteur, au milieu de mille difficultés suscitées par la mauvaise volonté des prélats, même de mille dangers : il n'était pas rare qu'on détroussât les agents pontificaux. Les collecteurs avaient le droit de frapper de censures ecclésiastiques les débiteurs récalcitrants.

Les sommes levées étaient déposées provisoirement dans des monastères ; puis à intervalles irréguliers, tantôt d'eux-mêmes, tantôt sur l'ordre du pape, les collecteurs les font parvenir à la chambre apostolique. Quelquefois ils l'apportent eux-mêmes ; quelquefois ils en chargent des agents à eux ; parfois ils s'adressent à des banquiers. Mgr Kirsch donne la liste des maisons de banque (presque toujours italiennes) qui servent ainsi d'intermédiaires. L'argent provenant d'Allemagne était ordinairement remis aux agences que les maisons italiennes avaient dans les Pays-Bas, et transmis de là à Avignon par lettre de change.

A leur retour, les collecteurs devaient rendre leurs comptes ; ce sont précisément ces comptes, conservés en partie, que publie Mgr Kirsch. Ils mentionnent successivement les recettes, les dépenses, les envois d'argent faits à la curie. Les comptes, examinés par un clerc de la Chambre ou parfois un banquier commis à cet effet, étaient soumis ensuite au trésorier et au camérier, qui les approuvaient définitivement, puis déposés aux archives de la Chambre.

Les collecteurs étaient naturellement responsables des sommes perçues par eux; s'ils ne pouvaient s'acquitter, les revenus de leurs bénéfices étaient mis sous séquestre et perçus par la Chambre; ils pouvaient être eux-mêmes retenus prisonniers.

Est-il possible de se faire une idée du chiffre total des revenus que le Saint-Siège a tirés de l'Allemagne, durant le xive siècle. Mgr Kirsch l'a tenté, et sans se dissimuler que les résultats ont nécessairement quelque chose d'approximatif (puisqu'on ne possède pas tous les comptes des collecteurs, et que ces comptes ne mentionnent pas les paiements faits directement en cour de Rome), il a pu rendre très vraisemblable sa conclusion « que les taxes payées étaient un très minime pourcentage des revenus ecclésiastiques de l'Allemagne. L'opposition que rencontraient les impôts pontificaux provenait moins de l'élévation des taxes, que des opinions qui régnaient en Allemagne dans la noblesse et le haut clergé. On ne voulait entendre parler ni d'impôts d'état, ni de taxes pour les besoins généraux de l'Eglise. » En somme l'opposition aurait été surtout affaire de principe. Il serait curieux de savoir si une enquête analogue, entreprise pour d'autres pays, conduirait au même résultat.

Dans un dernier paragraphe, enfin, Mgr Kirsch résume les renseignements que les comptes des collecteurs fournissent pour l'histoire monétaire (opérations de change auxquelles se livraient les collecteurs et les banquiers; valeur relative des diverses monnaies).

Tel est ce remarquable travail, indispensable à quiconque s'occupe de l'histoire de la fin du Moyen-Age, et bien propre à faire attendre avec impatience les autres publications qu'annonce Mgr Kirsch [1]. Il fait le plus grand honneur à l'initiative de la Goerres-Gesellschaft, qui a donné là un exemple qu'il serait bien désirable de voir imiter.

E. JORDAN.

---

1. C'est-à-dire, outre les inventaires dont il a été question plus haut, le vol. 4 des *Collectoriæ Alamanniæ*, renfermant des actes par lesquels des bénéficiers allemands s'engagent au paiement des annates, et des quittances constatant les versements effectués par eux.

103. — **Essai sur les présidiaux,** par E. Laurain, ancien élève de l'école des Chartes. Paris, Larose, 1896, in-8°, 257 p. (Extrait de la *Revue historique de droit français et étranger*.)

La création des présidiaux par Henri II est la tentative la plus hardie qui ait été faite, sous l'ancienne monarchie, pour mettre quelque ordre dans le chaos des juridictions inférieures, multipliées à plaisir et comme enchevêtrées les unes dans les autres, abréger la durée des procès en diminuant le nombre des causes d'appel, et assurer ainsi aux plaideurs le bénéfice d'une justice plus expéditive et moins coûteuse. Il faut reconnaître toutefois, après avoir lu le consciencieux essai de M. Laurain, que les résultats sur lesquels avaient compté les promoteurs d'une réforme, justifiée à tant de titres, ne furent que très imparfaitement atteints. La constatation de cet insuccès est faite pour nous surprendre, bien qu'il s'explique par des raisons assez plausibles et des faits indiscutables : hostilité des parlements, jaloux de toute juridiction rivale de la leur, mesures fiscales maladroites ayant pour effet d'empêcher le recrutement d'une magistrature, qui jouissait d'une considération morale insuffisante et n'attirait pas les candidats par l'appât de charges lucratives. On comprend moins bien que l'institution des présidiaux n'ait pas été plus appréciée des plaideurs, que « l'amour-propre » ou l'intérêt « de clocher » ne leur aient pas concilié plus de partisans, toute localité, dotée d'un siège présidial, retirant de la situation privilégiée qui lui était faite, un profit matériel évident. Or, il ne semble pas que les présidiaux, bien accueillis à l'origine, aient été longtemps populaires, ni qu'ils aient trouvé dans n'importe quelle classe de la nation des défenseurs très convaincus. Leur existence fut toujours précaire, contestée; leur décadence commença avant que leur situation se fût affermie.

Lorsque parut l'édit d'Henri II (janvier 1552) qui créait des présidiaux dans 60 villes de France, l'opinion publique était préparée à cette innovation. L'appellation de *cours présidiales* servait, depuis le xiv° siècle, à désigner, dans les provinces méridionales, les tribunaux présidés par les sénéchaux; elle était d'un usage beaucoup plus rare dans les grands bailliages. Déjà quelques-uns de ces tribunaux, — bailliages ou sénéchaussées, — comprenaient un nombre fixe de conseillers en titre d'office, dont les sentences étaient exécutoires par provision, malgré l'appel interjeté; enfin certaines causes de minime importance pouvaient être tranchées en dernier ressort par les premiers juges. L'édit de 1552 généralisa ce qui n'avait été jusque-là que l'exception. Des cours présidiales furent créées dans tous les bailliages et dans toutes les sénéchaussées qui paraissaient justifier un semblable établissement. Elles étaient composées de neuf magistrats jugeant en dernier ressort jusqu'à 250 livres de capital ou 10 livres de revenu, et à charge d'appel jusqu'à 500 livres de capital ou 20 livres de revenu. Un certain nombre de bailliages étaient supprimés et réunis au présidial le plus voisin.

Le Parlement de Paris opposa la résistance la plus vive à une réforme, qui limitait en fait l'étendue de sa juridiction, et qui, toute favorable qu'elle fût aux plaideurs, offrait, quand elle se produisit, l'apparence fâcheuse d'un simple expédient financier. La résistance fut cette fois, comme toujours, de pure forme, mais la même opposition se répéta contre toutes les mesures qui furent prises pour développer l'institution des présidiaux ou en retarder la décadence. Toutefois le mal dont ils seraient morts peut-être, si la Révolution ne fût venue faire table rase de tout le système judiciaire de l'ancien régime, tenait, semble-t-il, à d'autres causes, déjà en partie indiquées. Au xviiie siècle les vacances se multipliaient dans les présidiaux, personne ne se souciant d'acheter des charges auxquelles étaient attribués des gages, insuffisants en eux-mêmes et diminués encore par des taxes de plus en plus lourdes. On essaya tardivement de remédier au mal (1774). Jousse, conseiller au présidial d'Orléans et l'auteur estimé de plusieurs traités juridiques, a attaché son nom à cette réforme qui consista dans ce qu'on a appelé l'*ampliation des présidiaux*. Les limites de leur compétence furent étendues jusqu'à 2000 livres en dernier ressort et jusqu'à 4000 livres en première instance. Quelques années à peine s'étaient écoulées qu'une réaction se produisit contre « l'ampliation » des présidiaux, mais c'était pour revenir, en 1788, d'assez mauvaise grâce, au régime plus libéral de l'édit de 1774. Une commune catastrophe allait bientôt supprimer du même coup présidiaux et parlements.

J'ai résumé à grands traits, dans les lignes qui précèdent, la première partie du mémoire de M. Laurain. Les deux dernières traitent de la *juridiction* (p. 102-182) et de l'*organisation des présidiaux* (p. 183-257). Ces divisions étaient toutes indiquées, et M. L. a su y faire rentrer un grand nombre de faits nouveaux, intéressants, bien présentés. Son travail, qui est un bon chapitre de l'histoire de nos institutions judiciaires, manque toutefois un peu d'ampleur. Il est à regretter qu'il ne se termine pas par une conclusion où aurait été mis en relief le rôle, — si modeste qu'on le suppose, — joué par les présidiaux, et l'action qu'ils ont dû, malgré tout, exercer sur notre ancienne jurisprudence. L'absence d'une table quelconque, — il n'y a même pas de table des chapitres — est fort incommode. J'ajouterai enfin que ce mémoire, où de très sérieuses qualités font bien augurer des futurs travaux de l'auteur, a été rédigé ou imprimé avec une certaine précipitation. Les négligences de style, sur lesquelles je ne veux pas insister, sont vraiment un peu trop nombreuses.

R. Delachenal.

---

104. — **Pensées de Blaise Pascal,** dans leur texte authentique et selon l'ordre voulu par l'auteur... édition coordonnée et annotée par M. le chanoine Didiot... Société de S. Augustin, Desclée et Cie, 1896. In-8° de viii-399 pages.

105. — **Les pensées de Pascal,** reproduites d'après le texte autographe, disposées selon le plan primitif... édition philosophique et critique... par A. Guthlin, ancien vicaire-général et chanoine d'Orléans. Paris, Lethielleux, s. d. In-12 de cxcv-508 pages.

Presque en même temps la librairie catholique vient de donner au public deux nouvelles éditions des Pensées de Pascal. L'une, la première en date, a pour auteur le doyen de la Faculté de théologie de Lille, connu par de remarquables travaux dont le *Bulletin critique* a eu l'occasion de faire l'éloge en leur temps. La seconde de ces éditions est l'œuvre de M. l'abbé Güthlin, longtemps professeur de philosophie au collège libre de Colmar, théologien de Mgr Raess au Concile du Vatican et mort vicaire général de Mgr Dupanloup. Cette œuvre posthume a été recueillie et achevée par les pieux soins du neveu de l'auteur, Mgr Güthlin, consulteur de l'ambassade française à Rome après avoir été professeur de théologie au grand séminaire de Strasbourg, — le *Lucius lector* dont l'ouvrage sur le Conclave a fait sensation il y a deux ans.

Comme on le voit le nom des auteurs est une garantie en faveur de leur œuvre. Examinons rapidement en les comparant l'une à l'autre, ce qui recommande ces deux éditions.

I. Elles ont d'abord un point commun : l'une et l'autre prétendent avoir suivi l'*ordre voulu par l'auteur*, le *plan primitif*, c'est-à-dire celui que nous fait connaître le neveu de Pascal, Et. Perier, dans la préface de l'édition de 1670 de Port-Royal. Cet accord n'est qu'apparent : car les deux auteurs sont arrivés à des résultats fort différents, assez satisfaisants toutefois les deux pour être, ce me semble, indifféremment adoptés. Je préfère cependant l'idée de M. Güthlin, rangeant les Pensées sous deux grandes divisions : l'homme déchu, l'homme relevé; plan à la fois plus simple et plus logique.

Si l'édition de M. Didiot a l'avantage sur l'autre de nous donner divers *Documents biographiques*, déjà connus du reste, celle de M. Güthlin, en revanche, possède, avant le texte même des Pensées, une magistrale introduction de près de 200 pages; morceau capital sur lequel il faut attirer l'attention : à mon sens jamais n'ont été écrites de plus belles pages sur Pascal, ni plus exactes à tous les points de vue.

Après quelques renseignements biographiques (I, *Pascal et son œuvre*) M. Güthlin nous donne l'historique et la bibliographie du ms. de Pascal (II. *Le livre des Pensées.*) Le IIIe chapitre (*Plan et doctrine des Pensées*), développe longuement la double idée qui fait le fond de tout l'ouvrage : la profonde misère de l'homme sans Dieu, la félicité ferme et durable de l'homme avec Dieu. Dans un IVe chapitre (*Méthode et principe de cette apologétique*) nous avons un essai critique sur la valeur de la méthode inductive, employée de préférence par Pascal. M. Güthlin fait ressortir la puissance de cette méthode, et met en lumière la fécondité d'une apologie qui combine les certitudes psychologiques avec celles de l'histoire et qui porte au plus haut degré la force et l'évidence de la démonstration. Le Ve chapitre (*Génie de l'apologiste et de l'écrivain*) contient une appréciation plus complète et plus détaillée des divers éléments du génie de Pascal. Le VIe et le VIIe (*Pascal et le scepticisme, textes et objections*) vengent victorieusement Pascal de son prétendu pyrrhonisme, pyrrhonisme bien singulier en effet qui puise à toutes les sources de la certitude, qui en admet et en applique les divers critériums.

Dans le VIIIe chapitre (*Pascal et le Jansénisme*), j'ai eu la joie de trouver exprimées, avec une remarquable puissance de logique et dans un langage très élevé, des idées qui me sont chères et que, dans la faible mesure de mes forces, j'ai essayé de défendre bien des fois. M. Güthlin sans se laisser arrêter par le préjugé courant et des apparences spécieuses, examine si, oui ou non, Pascal a été janséniste. Et pour faire cette recherche, comment procède-t-il? comme le torrent des auteurs, va-t-il, du fait que Pascal a vécu un certain temps dans un milieu janséniste, qu'il a polémisé contre les Jésuites, lancé l'une ou l'autre boutade un peu vive sur les matières du temps,... conclure à son hétérodoxie? Non : M. Güthlin s'y prendra autrement, et aussi fin critique que rigoureux logicien et exact théologien, il examinera le texte même des Pensées de Pascal et il y trouvera, à maintes reprises (sans parler d'autres données historiques que je néglige pour abréger) que Pascal, tout en étant le combattant passionné du parti, a répudié nettement la théologie de ses amis. A l'aide d'un attentif examen, l'auteur prouve que les cinq propositions, c'est-à-dire comme il dit « la moëlle et la substance du Jansénisme » ne se trouvent pas dans le livre des Pensées, et il conclut avec raison par ces remarquables paroles qu'on nous saura gré de citer : « Qu'importe... au point de vue philosophique, qu'il ait eu des amis à Port-Royal et qu'il ait voulu les défendre dans leurs luttes contingentes? Qu'importe qu'il ait été un Janséniste de parti, de passion et de tempérament, s'il n'a pas été lui-même un Janséniste de doctrine? L'atmosphère intellectuelle dans laquelle il vivait a pu déteindre sur son ton, l'accent et les formules de son langage, au point même que ses expressions atteignent parfois l'extrême limite d'une sévère correction. Mais sur tous les points essentiels de la doctrine, la vigoureuse trempe de son génie philosophique a été plus forte que les influences du milieu et les passions de coterie et de secte » (p. CLVII). Je voudrais tout citer de ce remarquable chapitre, comme par exemple ces excellentes réflexions (p. CXXXXI) sur le rigorisme moral, qui ne découle nullement, comme le fait observer l'auteur, de la doctrine janséniste laquelle conduirait plutôt au *Carpe diem* du poète. Mais il faut nous contenter de renvoyer le lecteur à ces pages si rigoureusement raisonnées.

Un dernier chapitre (*Pascal et notre temps*) montre combien l'étude des Pensées est opportune à notre époque ; car, comme le remarque M. Güthlin, « Pascal a entrevu l'élargissement du champ de l'apologétique ; il a suivi notamment, avec une étonnante sagacité, le rôle dévolu à la méthode *inductive et expérimentale*, si fort en faveur de nos jours, et qui, de l'aveu des plus judicieux esprits, fournit les meilleures armes de la lutte contre le rationalisme contemporain » (p. clxv).

II. M. Güthlin, nous venons de le voir, défend Pascal d'avoir été sceptique et d'avoir adopté les erreurs théologiques de ses amis de Port-Royal. D'accord avec lui sur le premier point, M. Didiot est loin, quant au reste, d'être de son avis. Désireux de faire, comme il dit, une édition *catholique* des Pensées, il s'efforce de tenir en garde le lecteur contre toute erreur, de pensée et d'expression, de celui qu'il regarde comme absolument acquis à la secte janséniste. Louable intention, surtout de la part d'un professeur de théologie. Mais combien outrée ! Si l'on a pu dire justement que l'évêque d'Ypres avait lu S. Augustin à travers les lunettes de Calvin, M. Didiot n'a-t-il pas lu Pascal à travers celles du... P. Patouillet ? Voyez plutôt : ici il découvre une erreur condamnée par le Concile du Vatican (p. 63) ; mais il ne s'est pas rendu compte que dans la langue de Pascal (ce serait cependant une chose élémentaire que de connaître la langue spéciale de l'auteur qu'on étudie) le *cœur* n'est pas seulement, comme l'observe justement Güthlin (p. lxxv) la faculté de sentir et d'aimer, mais « cette puissance primordiale de l'âme, cette spontanéité primitive qui saisit, d'un mouvement naturel, par un élan immédiat et direct, l'évidence des premiers principes, les axiomes de l'éternelle vérité... » tandis que le mot *raison* ne désigne chez lui que la faculté de raisonner. Sur ce point les idées de Pascal sont non point opposées, mais conformes aux décisions du Vatican, comme le montre facilement M. Güthlin (p. 31).

Toujours préoccupé de prendre Pascal en défaut, M. Didiot à propos de cette pensée : « Nous sommes pleins de concupiscence, donc nous sommes pleins de mal ; donc nous devons nous haïr nous-mêmes et tout ce qui nous excite à une autre attache que

Dieu seul, » trouve là le pur jansénisme (p. 248), tandis que M. Güthlin fait remarquer l'harmonie de la conclusion de Pascal avec le *qui amat animam...* de l'Evangile (p. 55).

« Dans un (jardin) de supplices, (Jésus) s'est sauvé et tout le genre humain » écrit Pascal. M. Didiot se garde bien de souligner ce « remarquable démenti donné à l'un des points fondamentaux de la doctrine jansénienne ; » (Güthlin, p. 223) ; et à un autre endroit analogue (p. 274 dans les deux éditions) : « Quand on dit que Jésus-Christ n'est pas mort pour tous... » M. Güthlin fait observer que Pascal « non seulement répudie ici nettement la 5ᵉ proposition de Jansénius, mais qu'il indique l'une des raisons principales qui doivent faire rejeter une doctrine qui, favorisant le désespoir, détruit la base même de la morale chrétienne » ; tandis que M. Didiot, dans tout ce chapitre, cherche à donner un sens janséniste à toute une série de pensées de Pascal.

Et ainsi de suite. Je multiplierais aisément ces citations qui font toucher du doigt la différence des procédés des deux auteurs : M. Güthlin annotant Pascal pour le défendre et interprétant favorablement les expressions outrées et inexactes dont l'exagération ne doit pas faire méconnaître l'orthodoxie fondamentale de l'ensemble ; M. Didiot au contraire l'expliquant pour l'attaquer, et le lâchant à nos ennemis.

Or j'avoue préférer le premier système, et je répèterai, pour conclure, de l'immortel auteur des Pensées, ce qu'écrivait le cardinal Pie de Bossuet : « Quant à moi son nom, son génie, son savoir... me tiennent au cœur et je ne consentirai jamais à livrer à nos adversaires... le monopole de cette gloire de l'Eglise et de la France. »

A. INGOLD.

---

106. — Aloïs KNÖPFLER, prof. à Munich. **Johann Adam Möhler,** *ein Gedenkblatt zu dessen hundertstem Geburtstag*, avec un portrait de Möhler, 1 vol. pet. in-8, de ix-149 p., Munich, Lentner, 1896.

Ne demandons pas à l'auteur de ce travail une véritable vie de l'historien de saint Athanase. Il n'a pas prétendu l'écrire. On ne comprendrait pas qu'une *Vie* de Möhler contînt si peu de renseignements sur ses ouvrages. Quel autre événement marquant, dans une existence tout entière vouée au travail, que l'apparition de l'*Unité dans l'Eglise* ou la publication de la *Symbolique* et de l'histoire de *Saint Athanase*? Ceux mêmes qui ont lu la *Symbolique*, par exemple, aimeraient rencontrer ici quelques détails sur l'impression qu'elle a produite, sur la lointaine influence qu'elle a exercée et dont certains écrits de Manning, récemment mis au jour par M. Purcell, rendraient au besoin témoignage. Contentons-nous de la table chronologique soigneusement dressée (p. 143-149) des livres et des articles écrits par Möhler. Sachons du moins gré à M. Knöpfler d'avoir tracé de son héros un portrait digne de la belle gravure mise en tête du volume.

Möhler était né le 6 mai 1796, le deuxième des sept enfants d'un aubergiste-boulanger d'Igersheim. Il commença tard ses études au médiocre gymnase d'une localité voisine, Mergentheim, passa au lycée de la même ville, étudia à la faculté de théologie d'Ellwangen, transférée dans sa dernière année d'étude à Tubingue, résida enfin un an au séminaire de Rottenbourg. Par un miracle d'application, le jeune homme triompha des difficultés qui s'opposaient à sa vocation scientifique : après une année de ministère paroissial, après deux années passées comme répétiteur à Tubingue, il fut nommé, en 1822, *Privat docent* à la faculté de théologie, en attendant qu'il devînt titulaire d'une chaire en 1825.

Chemin faisant, M. Knöpfler signale les exagérations, les jugements sévères, les erreurs manifestes de Wörner qui a écrit, vers 1866, un récit peu sûr de l'existence de Möhler. Les pages sur la jeunesse sont remplies de détails intéressants à propos de la vie des étudiants ecclésiastiques. Il n'est pas vrai que Möhler ait reçu dans sa jeunesse un enseignement « tout rationaliste », ni qu'il ait fait ses études sur les bancs des brasseries, ni qu'il ait fréquenté assidûment les bals d'étudiants; mais il semble bien qu'il ait eu de bonne heure une grande indépendance de jugement. Certains curés souhaitaient que le jeune vicaire de Riedlingen eût un esprit « vraiment ecclésiastique ». Un vieux prêtre, ironiste bienveillant, répliquait qu'un si savant jeune homme avait bien le droit de « croire autrement » que les anciens, et que le temps l'amènerait au même point qu'eux. Le vieux prêtre se montra plus clairvoyant que le comte Spiegel, archevêque de Cologne, qui s'opposa vers 1828 ou 1829, à ce qu'on appelât Möhler à une grande université. Ces préventions étaient dénuées de raison. La dignité de la vie de Möhler, la sainteté de sa mort, les heureux effets de ses ouvrages le démontrèrent trop tard à ceux qui l'accusaient de manquer du « véritable esprit ecclésiastique ».

Les universités de Fribourg en Brisgau, de Breslau, de Munich, de Bonn et le ministère prussien se disputèrent Möhler. Il céda aux instances de Döllinger en 1835, et se transporta de Tubingue à Munich, lassé des attaques dirigées contre lui après la publication de la *Symbolique*, et dégoûté par l'attitude de certains collègues. Son espoir d'un plus chaud accueil à Munich fut déçu. Doué d'une nature fine, nerveuse, d'une sensibilité délicate, il ressentait vivement, cruellement quelquefois, les attaques et jusqu'aux plaisanteries un peu lourdes de ses collègues. Le pauvre savant n'éprouvait pas pour les hommes ce mépris raisonné qui rend également indifférent aux éloges de la sottise et aux dénigrements de la malveillance.

Sa carrière de professeur fut courte ; elle dura de 1825 à 1838. En un si court espace de temps, il donna l'exemple d'un retour à l'étude des sources et fonda l'école historique de l'Allemagne catholique. M. Knöpfler tire des articles disséminés de Möhler quelques extraits qui caractérisent l'école historique, qui précisent les différences entre la théologie dogmatique et la théologie historique (p. 44-45) et donnent la clef de quelques pensées un peu obscures et d'un tour un peu paradoxal.

Hippolyte M. Hemmer.

---

107. — **Journal du maréchal de Castellane,** tomes III et IV. Plon, in-8° de 500 pages.

Les volumes précédents ont mis suffisamment en relief le caractère de ce vieux troupier, de ce fanatique de l'uniforme et de la tradition militaire. Il est donc inutile d'insister davantage ; qu'il nous suffise de feuilleter rapidement les deux derniers tomes de ce journal, consacrés au règne de Louis Philippe, au gouvernement provisoire de 1848 et enfin à l'avénement de Louis Bonaparte, comme Président de la République et ensuite comme Empereur.

Parmi les rares idées générales que l'on rencontre, au milieu d'un fouillis d'anecdotes, la plupart assez insignifiantes, on découvre une critique contre les avantages des campagnes d'Algérie. Castellane ne craint pas de braver, à cette occasion, ni l'enthousiasme général, ni même celui des princes d'Orléans; il affirme que la guerre contre les Arabes est une mauvaise école pour l'éducation de nos officiers. Un article récent, paru dans la *Revue des Deux Mondes* où l'auteur blâme l'éparpillement de nos forces dans les colonies, au lieu du recueillement favorable à la revanche, aurait sans doute reçu les applaudissements de celui qui regrettait la France amoindrie de Napoléon où plusieurs rois ne remplissaient guère que des rôles de préfets. Entier dans ses affections comme dans ses antipathies, il n'aimait guère ceux qui avaient obtenu leurs grades ou leurs croix en Algérie, il détestait en particulier Lamoricière, le traitait d'ambitieux et le jugeait incapable de diriger une division sur le terrain de manœuvres.

Soldat avant tout, suivant toujours le drapeau même s'il changeait de couleur, Castellane recevait sans broncher les ordres d'un pékin, ministre de la guerre, comme Arago, lorsque le gouvernement de 1848 jugea à propos de l'inviter à faire valoir ses droits à la retraite.

Privé de son commandement, dépourvu de fortune, réduit à une modique pension, le général connut la gêne. Il assiégea le ministère d'inutiles protestations qui ne furent prises en considération que par le Président Bonaparte. Nommé commandant en chef de l'armée de Lyon, enivré de retrouver l'ancienne activité, sans laquelle il ne pouvait plus vivre, passant des revues, présidant des banquets, inaugurant des monuments, au bruit des acclamations populaires, promu sénateur, à peine s'aperçoit-on dans ces Mémoires qu'il y eut un coup d'Etat. Le tome IV se termine par des récits de fêtes ; l'Empereur épousait Eugénie Montijo et Castellane recevait à cette occasion le bâton de maréchal.

F. Rousseau.

108. — **André Michel,** NOTES SUR L'ART MODERNE (Peinture). — Paris, A. Colin, 1896, in-18.

C'est pour ceux qui aiment la critique sage, pondérée et sérieuse, basée sur un fond solide de connaissances historiques et de philosophie d'art, et par là protégée contre les vains engouements, capable de ne pas croire aveuglément aux intentions des jeunes ou aux conquêtes de l'impressionisme, tout en poursuivant avec énergie partout où il se cache le fantôme redouté et toujours renaissant des influences académiques, que M. André Michel a réuni ces pages, toutes de sympathie pour l'art moderne, en ce qu'il a d'excellent, de neuf et de durable. La plupart des études ici groupées sont familières, soit aux lecteurs de la *Gazette des Beaux Arts*, soit au public plus étendu du *Journal des Débats* et de la *Revue des Deux Mondes*; mais on a plaisir à les retrouver ainsi plus maniables et définitivement classées en volume. Qu'il s'agisse de Corot ou de Millet, d'Ingres ou de Delacroix de Meissonier ou de Raffet, de notre cher et grand Puvis de Chavannes, même des œuvres récentes de nos derniers Salons, M. André Michel va toujours au fond des choses, et excelle à dégager du monde des apparences les lois qui président à l'évolution des systèmes et à l'incessant renouvellement des genres. Il est peu de critiques aussi compréhensives que la sienne, aussi pleines de sens et de portée. Ce qui en fait l'originalité en même temps que le charme, ce qui en élargit encore l'horizon, c'est que le passé y intervient fréquemment, en un commentaire éloquent et nourri, pour aider à comprendre et interpréter le présent. Il n'est pas indifférent, par exemple, d'entendre parler du moyen âge devant les Madones d'Uhde ou de Dagnan. La connaissance des époques disparues éclaire souvent d'une singulière lumière ce qui se passe sous nos yeux, l'effort actuel de nos artistes, la vie même que nous vivons. M. André Michel suit en cela son goût naturel et l'attrait d'études ardemment poursuivies; mais il fait du même coup œuvre de rare et intelligente critique. On ne peut que souhaiter à ce petit volume d'être le premier d'une série, pour la gloire de son auteur autant que pour notre profit à tous.

L. P. R.

SOCIÉTÉ NATIONALE DES ANTIQUAIRES DE FRANCE

Séance du 1er juillet. — M. l'abbé THÉDENAT, président, donne lecture des paroles qu'il a prononcées sur la tombe de notre regretté confrère Louis Courajod, mort la semaine précédente. — M. CAGNAT revient sur l'étymologie du mot *idurio*. D'après une note que lui a fournie M. Philippe Berger, le mot *idurio* répond assez exactement au mot *heder, hadrat*, qui désigne, en hébreu et en phénicien, une enceinte sacrée. — M. MOWAT maintient le rapprochement qu'il a proposé entre le mot *idurio* et le verbe *iduare*, partager, diviser. — M. GAUKLER communique les photographies de deux beaux bustes trouvés à El-Djem (Thysdrus), aujourd'hui dans une collection privée à Sousse, Tunisie. L'un de ces bustes représente Faustine mère, l'autre Antonin. — M. MICHON signale la présence au Louvre d'un buste de Crispine, provenant aussi de Thysdrus. — M. J. Adrien BLANCHET fait une communication relative à une statuette de bronze trouvée à Mandeure (Doubs) par M. Pequignet, cultivateur dans cette localité. Cette statuette haute de 34 centimètres représente un génie de Mars, imberbe et coiffé d'un casque ; elle est recouverte d'une belle patine et il ne manque que les attributs des deux mains.

Séance du 8 juillet. — M. MICHON lit un mémoire sur les recherches archéologiques et épigraphiques du P. Germer-Durand en Palestine. Le travail de M. Michon est destiné aux *Mémoires* de la Société et renvoyé à la commission des impressions. — M. G. LAFAYE, communique la photographie d'un cippe funéraire conservé à Rome, au musée du Capitole et consacré à la mémoire du gladiateur *Anicetus*, de la classe des *provocatores*. Le bas-relief qui le décore est le seul où figure l'image d'un provocator accompagné de son titre (*provocator spatarius*). Il est représenté ici sous une porte, probablement la porte *Sanavivaria* par laquelle passaient les gladiateurs. — M. PROU présente à la Société la photographie d'un portrait du roi Charles V dessiné à la plume dans la lettre initiale d'un acte royal de 1366 conservé aux Archives nationales. Il rappelle qu'on avait déjà signalé diverses représentations du roi Charles V aussi encadrées dans des initiales, et il insiste sur l'importance, au point de vue iconographique, du nouveau document qu'il présente. — M. DELABORDE propose de rapprocher ce portrait de Charles V du buste dit de *saint Louis*, conservé à la sainte chapelle et qui, ainsi que cela est parfaitement établi, n'est autre qu'un buste de Charles V. — M. E. MICHON présente à la Société une inscription qui lui est communiquée par le P. Lagrange, de la société, correspondant en Palestine. Cette inscription a été trouvée à Emmaüs, l'ancienne Nicopolis. Son intérêt réside surtout dans la mention de la 5e légion macédonique.

Séance du 15 juillet. — M. Paul GIRARD lit une note sur un moule à bijoux en porphyre vert antique trouvé à Samos. On y remarque en particulier l'image en creux d'un poisson dont la tête est munie d'un long éperon. — MM. GAUKLER et THÉDENAT signalent des moules analogues. — M. GAUKLER donne des renseignements sur les fouilles qu'il a exécutées à Carthage dans le cimetière des *Officiales*. Il insiste en particulier sur la forme des cippes et sur le mobilier funéraire : notamment les *Tabellae devotionis*, les lampes, poteries, monnaies, etc. Ces tombes sont du temps de Domitien. — M. Ulysse Robert lit, de la part de M. A. LEDIEU, bibliothécaire-archiviste d'Abbeville, une notice sur Ernoul Delf, entailleur à Abbeville au XVe siècle, et auteur d'une *Mater dolorosa*, conservée dans le local des archives communales. Cette *Mater dolorosa* dont deux photographies sont jointes à la notice de M. Ledieu, semble de l'année 1462. — M. MARQUET DE VASSELOT conteste que la *Mater dolorosa* dont parle M. Ledieu puisse remonter au milieu du XVe siècle; il croit que l'image dont on présente la photographie remonte tout au plus à la première moitié du XVIe siècle.

Séance du 22 juillet. — M. l'abbé THÉDENAT, président, lit une notice nécrologique sur M. Auguste Prost, membre résident, décédé depuis la dernière séance, et se fait l'interprète des regrets unanimes de la Compagnie. — M. GAUKLER communique à la Société une série d'inscriptions latines récemment découvertes par M. Poivre à Maktar, en Tunisie. Ce sont : 1° Une dédicace à la grande mère des dieux, rappelant le souvenir d'un taurobole et d'un criobole offerts pour le salut des empereurs Dioclétien et Maximien par un certain Q. Minthonius Fortunatus. 2° La dédicace d'un temple de *Liber Pater*, construit et dédié pour le salut de Marc Aurèle par la ville d'Uzappa (Ksour-abddmelek). 3° Un milliaire du temps de la tétrarchie placé au premier mille d'une voie allant de Maktar vers le S. O, voie jusqu'ici inconnue. 4° Une épitaphe chrétienne latine, de très basse époque, présentant diverses particularités : le sigle S P pour *sepultus* et les formes anguleuses des lettres Δ Λ. — M. PROU présente quelques remarques au point de vue paléographique, sur la forme des lettres anguleuses. On aurait tort d'y voir des lettres grecques intercalées dans une inscription latine. Les signes Δ et Λ sont des déformations normales des lettres D et L romaines, dont on peut suivre les dégénérescences graduelles dans les légendes monétaires du VIIe siècle. — M. MARQUET DE VASSELOT lit, au nom de M. Bing, une notice sur deux œuvres inédites du sculpteur Jean de Liège. Il s'agit des statues tombales du roi Charles IV le Bel et de la reine Jeanne d'Evreux, conservées aujourd'hui au couvent des Carmélites de Paris, sous les fausses dénominations de saint Louis et de Blanche de Castille. — M. Babelon communique de la part du Père Delattre deux monuments trouvés à Carthage : 1° Une inscription dédiée à Pluton par un prêtre de Cérès nommé Pullaienus Clinia. 2° Un sceau du XIII° siècle, au nom d'une femme appelée Nabille Habet.

Séance du 29 juillet. — M. Michon soumet à la société un petit lot de statuettes provenant du *cabirion* de Thèbes et qui sont entrées au Musée du Louvre. Il s'agit de figurines de plomb et de bronze offertes dans le sanctuaire des Cabires et représentant, pour la plupart, des taureaux ; plusieurs portent une inscription votive. — Le R. P. Lagrange expose les résultats archéologiques d'un voyage qu'il a fait au Sinaï, au point de vue des souvenirs chrétiens et pour vérifier le récit de sainte Sylvie. Il a retrouvé en particulier au Djebel Taouneh les ruines d'une église signalée par sainte Sylvie et qui fut édifiée sur le lieu de la prière de Moïse. Au Djebel Monça, où sainte Sylvie place le lieu où la loi fut donnée à Moïse, se trouve un petit édicule qui paraît être les ruines de l'abside d'une ancienne basilique également signalée par sainte Sylvie. — M. Gaidoz revenant sur une communication qu'il a faite antérieurement au sujet du terme d'Erinnys καμψίπους, épithète qu'il traduit par *aux pieds à rebours*, montre une figure d'Ephaestos sur un vase corinthien du VI° siècle où ce personnage paraît avoir les pieds à rebours. M. Gaidoz en tire la conclusion que cette difformité mythique des mauvais génies était connue des Grecs aussi bien que des autres peuples du globe. — La compagnie entre en vacances jusqu'au premier mercredi de novembre. Il y aura une séance de vacances le mercredi 8 septembre.

ACADÉMIE DES INSCRIPTIONS ET BELLES-LETTRES

Séance du 17 juillet. — M. G. Schlumberger, président, annonce la mort de E. Curtius, de Berlin, associé étranger de l'Académie, et retrace à grands traits sa carrière scientifique. — M. Dieulafoy est désigné pour lire à la séance trimestrielle son mémoire sur Les *Prophètes*. — La place de M. E. de Rozière est déclarée vacante et l'élection de son successeur fixée au mois d'octobre. — M. Paul Labrouche, de Tarbes, envoie une note sur une voie antique qui, traversant de biais l'ancienne Gaule, reliait l'Arvernie à l'Ibérie. Ce chemin a fait l'objet d'assez nombreux mémoires; mais aucun des auteurs qui l'ont étudié n'a su déterminer avec précision le point exact des Pyrénées que franchissait ce grand chemin qui ne figure pas dans les itinéraires officiels de l'empire romain. M. Labrouche pense avoir retrouvé des textes qui paraissent combler cette lacune et ajouter un fait particulièrement curieux à ce qu'on croit connaître de cette artère essentielle. Ces textes établissent, semble-t-il, d'une façon indéniable, qu'elle était praticable aux chars — les textes disent voitures — de France en Espagne jusqu'à une époque peu éloignée de nous, puisque des voitures passaient encore le port frontière sous le règne d'Henri IV. Dans l'antiquité, au moyen-âge et jusqu'à une date relativement récente, il existait donc, dans les Pyrénées centrales, un passage praticable aux colliers chargés, alors que, de nos jours, toute la partie de la chaîne comprise entre les Basses-Pyrénées et les Pyrénées-Orientales est entièrement dépourvue de voies de transit, si l'on renonce à considérer comme telles de mauvais sentiers, la plupart interdits aux bêtes de somme. — M. C. ENLART communique le résultat de la mission qu'il vient d'accomplir dans l'île de Chypre pour y rechercher les monuments de l'architecture gothique. Se fondant principalement sur des exemples empruntés, d'une part, aux cathédrales de Nicosie et de Famagouste, et, d'autre part, à l'abbaye de Lapaïs, M. Enlart reconnaît dans ces monuments une influence considérable des écoles gothiques de la Champagne et du Languedoc, et subsidiairement, au XVe siècle, celle des écoles de la Catalogne et de l'Aragon. — M. CLERMONT-GANNEAU fait quelques observations sur la communication précédente et donne lecture de son rapport sur le mémoire par lequel M. Fossey, élève de l'école française d'Athènes, rend compte de son voyage archéologique en Syrie, où il a recueilli d'importantes inscriptions romaines, grecques et coufiques. — M. Salomon REINACH présente la gravure d'un petit cerf en or, publiée en 1756 par le comte de Caylus, auquel il appartenait, et pris à tort pour un taureau. Ce monument découvert sur l'emplacement de l'ancienne ville d'Amyclées, dans le Péloponèse, présente tous les caractères de l'art mycénien. Caylus qui avait reconnu qu'il n'était ni grec, ni égyptien, le croyait persan ou scythique. C'est le premier objet mycénien qui ait été signalé en Europe; il y aurait grand intérêt à le retrouver.

Henry THÉDENAT.

L'Éditeur-Propriétaire-Gérant : ALBERT FONTEMOING.

BULLETIN CRITIQUE

109. — Henri LESÊTRE. **La sainte Eglise au siècle des Apôtres**, un vol. in-8°, Paris, Lethielleux.

Le présent volume est la suite de celui qu'a publié il y a quelques années M. l'abbé Lesêtre, sous le titre de : *Notre-Seigneur Jésus-Christ dans son saint Evangile*. Il est destiné, comme lui, à devenir populaire et à bon droit. Le premier était une concordance des quatre Évangiles dont les interstices étaient comblés, dans une juste mesure, par les explications nécessaires à l'intelligence du texte sacré. Le second contient de même les *Actes des apôtres* et le reste des écrits du nouveau Testament, ainsi que les quelques ouvrages des Pères qui appartiennent au premier siècle, encadrés comme il convient. L'auteur a laissé de côté toutes les légendes qui sont venues plus tard surcharger les documents primitifs. Dans un livre destiné au public que vise M. Lesêtre on ne saurait mieux faire. Il est inutile de discuter les légendes ; le mieux est de s'en tenir aux textes incontestés. Comme il le dit élégamment : « l'histoire du premier siècle de l'Eglise enrichie de ces additions postérieures, ferait songer à ces madones dont les longs manteaux d'or et d'argent, émaillés de pierres précieuses, étincellent de mille feux dans la demi-obscurité du sanctuaire. Il en est qui par habitude ou par goût aiment ces riches et lourdes parures. D'autres préfèrent, dans son antique simplicité, la statue de marbre et de bronze dont les lignes harmonieuses se dégagent en pleine lumière. Nous partageons les préférences de ces derniers ».

Il est quelques points cependant où j'aurais été encore plus réservé que M. l'abbé Lesêtre. Malgré l'affirmation d'Origène, il me paraît difficile d'admettre que saint Pierre soit allé lui-même dans le Pont, dans la Galatie, etc. (p. 100). Cette hypothèse n'est pas nécessaire pour expliquer la présence des noms de ces provinces en tête de la première épître du chef des apôtres. Il n'y a cependant pas d'autre argument en faveur de cette thèse. Rien ne prouve non plus que « l'autre lieu » où alla saint Pierre au sortir de la prison où l'avait enfermé Hérode Agrippa soit Antioche (p. 99). La date de 42 pour la venue du même apôtre à Rome ne repose pas sur une tradition (p. 100). La seule donnée traditionnelle c'est le chiffre de 25 ans, les dates sont le résultat de calculs et varient selon l'année où chaque historien place la mort de saint Pierre. Eusèbe sur ce point n'est même pas d'accord avec lui-même. M. l'abbé Lesêtre n'élève pas le moindre doute sur le fait qu'Aquila et Priscille aient possédé une maison sur l'Aventin (p. 107); cela n'est pas absolument démontré. Pour expliquer les adieux de saint Pierre et de saint Paul sur la voie d'Ostie, il suppose que Pierre était encore en liberté et accompagna Paul qui se rendait au supplice. L'hypothèse est ingénieuse, mais il est difficile d'en donner aucune preuve.

En ce qui touche saint Paul, je ne crois pas que les Galates auxquels il adresse son épître soient la population celtique qui habitait la Galatie du Nord (p. 151), mais bien les habitants des villes que saint Paul évangélisa dans sa première mission, c'est-à-dire d'Antioche de Pisidie, d'Iconium, de Lystres, de Derbé, etc. En d'autres termes, le mot Galatie me paraît désigner la province romaine et non la région des Galates. Dans le chapitre où il parle de la persécution de Domitien (p. 445), M. Lesêtre aurait pu indiquer parmi les provinces où les chrétiens furent poursuivis, la Bithynie. Pline fait allusion à cette persécution dans sa lettre à Trajan.

Enfin je ne crois pas qu'on puisse compter la lettre à Diognète parmi les documents du premier siècle (p. 528-540). Il me paraît difficile de la placer avant le temps d'Hadrien.

Ces divergences d'opinion, sur des points de détail, n'empêchent pas que je considère le volume de M. l'abbé Lesêtre, comme un des meilleurs livres de vulgarisation sur les origines chrétiennes.

Emile BEURLIER.

---

110. — E. BABELON. **Carthage,** Paris, L. Leroux, 1896, in-18 de 180 p. Figures, plans et cartes.

M. Leroux vient de publier dans la collection des *Guides en Algérie et Tunisie* un nouveau volume que nous recommandons aussi bien aux touristes qu'aux personnes qui préfèrent voyager au coin de leur feu. Ces *Guides* ne sont pas des petits livres composés de compilations découpées à droite et à gauche et faufilées ensemble avec plus ou moins de critique. Ce sont de véritables petits traités tels qu'on peut attendre d'érudits comme MM. Cagnat et Babelon qui parlent avec autorité de ce qu'ils ont vu de leurs yeux. M. Cagnat est l'auteur de *Lambèse* ; aujourd'hui M. Babelon nous conduit à Carthage. — Je ne pense pas que l'on puisse résumer sous une forme plus précise et plus attrayante l'histoire de cette grande république, fondée sur l'aristocratie financière, qui par son génie commercial, son égoïsme national, son sans-gêne inconscient, et sa mauvaise foi traditionnelle sut créer un empire aussi puissant que détesté. En quelques pages, M. B. expose clairement l'histoire de l'antique Carthage, assez compliquée dans les récits des auteurs classiques; après la colonisation romaine, il fait passer sous les yeux des lecteurs les épisodes dramatiques qui accompagnaient l'introduction du christianisme puis le schisme donatiste. En 60 pages, à la fin du volume, l'auteur promène ses lecteurs sur tous les points de l'emplacement de Carthage et des environs où le touriste a quelque chose à voir. Il explique en quelques lignes ce qui fut, les découvertes importantes exhumées du sol. Il signale les erreurs, les identifications imaginaires et s'impose la mission, en ne disant que ce qui est vrai, de faire sérieusement œuvre d'archéologue.

Je ne pense pas que l'on puisse aller se promener en Tunisie sans avoir, dans sa poche, le petit livre dont nous parlons en ce moment. A. DE BARTHÉLEMY.

---

111. — **C. Licini Calvi Reliquiæ. Calvus,** édition complète des fragments et des témoignages, étude biographique et littéraire, par F. PLESSIS, avec un essai sur la polémique de Cicéron et des Attiques, par J. POIROT. Paris, Klincksieck, 1896. III-107 pp. pet. in-8.

M. Frédéric Plessis avait autrefois publié sur Calvus une pénétrante étude. Il vient de la reprendre et d'en faire un livre. Ce livre comprend deux parties : une édition et un mémoire d'histoire littéraire.

L'édition comprend les fragments de Calvus. Ils ne sont pas nombreux, mais ils sont significatifs. Collectionnés par les entomologistes de curiosités grammaticales dans les derniers siècles, ils n'en ont que plus de prix d'avoir tous quelque intérêt. Comme l'a fort bien noté M. Plessis, c'est la preuve qu'ils représentent fidèlement auprès de nous l'œuvre d'un esprit réfléchi. M. Plessis a eu le tort de ne pas indiquer quel ordre il a suivi dans la disposition de ces textes. Pour les textes en vers, le classement est métrique : hendécasyllabe phalécien (1 et 2), scazon (3), glyconique suivi d'un phérécratien (4), hexamètre dactylique (5-14), distique élégiaque (15-18), incertain (19). Dans les catégories qui comprennent plusieurs fragments, les hexamètres dactyliques, par exemple, le principe qui préside à leur succession a été celui des œuvres : épithalame (5-7, mais M. P. doute de cette attribution pour 6 et 7), *Io* (9 sqq). Les vers de ce dernier poème sont rangés dans l'ordre le plus naturel. Le poète exprime d'abord les sombres pressentiments sur la destinée de la jeune femme : « A ! uirgoni felix, herbis pasceris amaris », auxquels font écho les paroles d'*Io* elle-même : « Mens mea dira sibi praedicens omnia uecors »; la scène mythologique est représentée par ce vers où il est question d'Argus endormi par Mercure : « cum gravis ingenti coniuere pupula somno »; puis viennent la fuite éperdue : « frigida iam celeri superatur Bistonis ora | ⟨ uirgine ⟩ »; la lassitude de cette fuite : « sol quoque perpetuos meminit requiescere cursus », un des plus beaux vers de la poésie antique; enfin le dénouement et l'annonce de la naissance d'Epaphus : «... partus grauido portabat in aluo ». Ainsi l'imagination guidée par le fil que lui prête M. Plessis, arrive à reconstruire le poème. M. Plessis ne risque aucune attribution pour le fr. 8 : « pollentemque deum Venerem » : il peut en effet se rattacher aussi bien à un épithalame qu'au poème sur Io.

L'établissement du texte trahit la même attention et un effort pour ressaisir la réalité antique qui est assez rare chez les philologues. Ici, on chercherait en vain trace d'un système et de théories subjectives. Le fragment 12 (« frigida... ora ») en est la preuve. Baehrens en avait déjà donné un texte acceptable. Mais M. Plessis a trouvé moyen d'améliorer « celeri superata est » (ms : « celeris uergatar »)en substituant le présent au passé, ce qui n'est pas seulement plus conforme à la lettre de la tradition, comme il le remarque modestement, mais ce qui est aussi d'une plus grande vraisemblance littéraire. Il a de plus fortifié les raisons d'adopter « Bistonis ora » en retrouvant la même expression dans les Héroïdes (Ovide), xvi, 240. C'est aussi le sentiment de ce qu'ont été l'antiquité et la Renaissance, qui conduit M. Plessis à défendre très ingénieusement un vers conservé par Caelius Rodiginus et que l'on considérait jusqu'ici comme fabriqué par cet humaniste.

La collection des fragments oratoires est plus spécialement l'œuvre de M. Poirot, élève de M. Plessis à l'Ecole normale supérieure. Le plus important des résultats nouveaux auxquels sont parvenus les deux auteurs est la découverte d'un fragment jusqu'ici négligé dans Sénèque le rhéteur. Celui-ci nous rapporte que Calvus distinguait entre *dicere* et *declamare* : « Ait enim declamare iam se non mediocriter, dicere bene : alterum putat domesticae exercitationis esse, alterum uerae actionis » (Contr. i, pr. 12).

Fragments en prose et en vers sont accompagnés d'un commentaire à la fois critique et explicatif. Si un texte ordinaire a besoin d'être éclairé, à plus forte raison un recueil de fragments, et un éditeur n'a presque rien fait pour le public quand il en a reproduit la teneur. On trouvera tout le nécessaire dans les notes de MM. Plessis et Poirot. On pourrait seulement désirer un peu plus de renseignements sur certaines particularités grammaticales des fragments de prose, sur celles-là mêmes pour lesquelles ces débris nous ont été conservés (*ad* pour *at*, *delita*, *collos*, etc.). Il est bien probable qu'avec le frag. poétique n. 18 (« Bithynia quicquid, et pedicator Caesaris unquam habuit ») il faut rétablir un génitif pluriel : *uenerum*, par exemple; cette construction, d'un génitif avec un neutre pronominal exprimant une idée de quantité, est fréquente dans la partie familière de l'œuvre de Catulle (iii, 2 : *quantumst hominum uenustiorum*; ix, 10 : *quantumst hominum beatiorum*; xxxi, 14 : *quicquid est cachinnorum*).

La transition entre l'édition des fragments et l'étude littéraire est faite par la reproduction des passages d'auteurs anciens où il est question de Catulle. Tantôt ces témoignages sont l'amorce des citations des fragments et nous les expliquent, tantôt ils nous ont conservé quelque trait de la vie de l'auteur ou quelque appréciation de son œuvre. De ces maigres renseignements, M. Plessis a tiré une étude biographique et littéraire qui donne de l'homme et de l'auteur une image précise et vraisemblable. Sur un point seulement, les textes peuvent conduire à une conclusion un peu différente. L'originalité de Calvus dans le siècle de César et de Catulle, aurait été la chasteté, d'après M. P. Si M. Plessis n'avait condamné le parallèle en termes justes et amusants, on serait plutôt tenté de comparer Calvus à quelques-uns de nos contemporains, inquiets et passionnés, graves et sensuels, qui redoutent et ne fuient pas le plaisir, qui mêlent à la volupté même du péché cette amertume qui devrait seulement en être la conséquence et comme le prix, qui apportent dans les affections légitimes le trouble des passions coupables. Que Calvus ait puisé ce sérieux profond dans sa sagesse de païen raisonnable, tandis que nos contemporains fortifient inconsciemment leur philosophie de tout ce que des siècles de christianisme ont pu accumuler de réserves d'ascétisme, voilà certes une différence qui va presque jusqu'à détruire le parallèle. Mais une comparaison dont on souligne les points faibles précise peut-être mieux que d'autres procédés et ce qui est et ce qu'on veut dire. En tout cas, j'accorde à Calvus avec M. Plessis « une noblesse grave », qui suffit à marquer sa différence avec le léger Catulle ; mais je n'irais pas jusqu'à garantir la pureté de ses inspirations, comme fait son éditeur. Je retrouve dans son éloquence le même élément de passion mal contenue. Sous ce style volontairement sec et décharné, se cache un feu qui brûle intérieurement et qui éclate en transports de la voix et du geste quand l'orateur passe de l'ombre du cabinet au grand jour de la tribune et des débats publics. Le portrait de Quintilie, probablement la femme de Catulle, est d'une délicatesse trop exquise pour que j'ose y porter la main. Sous ce nom, qui est presque tout ce que nous savons, M. Plessis a su mettre la profondeur des sentiments intimes.

C'est cette pénétration, ce fond sérieux d'idées et d'observations qui est le principal mérite et le charme de cette étude. Ainsi l'on y trouve toute une rhétorique latente, non pas celle des rhéteurs, mais celle d'un savant et aussi d'un poète qui connaît son art. Les réflexions suivantes (p. 54) pourraient être appliquées justement à plus d'un de nos écrivains : « Quand une école littéraire montre cette inquiétude de la perfection, elle peut braver bien des critiques et des sourires; elle a pour elle une qualité morale : l'habitude de faire bien ce que l'on peut. Il est vrai qu'elle n'échappe pas à de graves défauts; je ne dis rien de la méconnaissance des valeurs, de l'importance égale attribuée à tous les détails dans la préoccupation de ne pas écrire une phrase, un mot qui ne soit digne de remarque; son vice principal est d'oublier ce qu'il y a de vrai dans la sagesse populaire : « Le mieux est l'ennemi du bien; la perfection n'est pas de ce monde »; non que l'on ne doive faire du mieux qu'on peut, mais parce qu'il faut connaître jusqu'où l'on peut faire bien, consentir à cette limite, et se rendre compte qu'en corrigeant et retranchant sans cesse, il arrive que l'on gâte au lieu d'améliorer. » Voici une courte et pratique leçon de style ou de morale (p. 62) : « La passion met parfois dans ce qu'elle inspire de la lourdeur, et non de la vivacité ». Sur l'éducation des femmes (p. 64) : « A l'encontre de ce qui se passait en Grèce, où les courtisanes avaient le privilège de l'instruction et du commerce intellectuel avec les hommes, à Rome il était permis à la femme d'être vraiment l'amie et la compagne du mari; on lui laissait le droit d'orner et de cultiver son esprit. L'idéal de Molière peut ne pas suffire à tous. » M. Plessis a aussi des idées arrêtées en critique (p. 55, n. 5) : « On tire en général des conclusions beaucoup trop précises de toutes ces expressions (érotiques) purement littéraires ». Sa conclusion indique en quelques lignes le véritable rôle des études classiques et le sentiment qui doit les animer (p. 67) : « Aujourd'hui, on ne se renferme plus comme autrefois dans le cercle des littératures classiques; c'est là une heureuse expansion; mais il ne faudrait pas croire, parce qu'il y a d'autres temps et d'autres pays à connaître, que tout soit dit sur les grands siècles de Rome. Il reste encore bien des recoins inexplorés, bien des endroits où il faudrait repasser pour s'assurer qu'on ne s'est pas trompé jusqu'ici. On en reviendrait parfois avec des vues nouvelles; on en rapporterait, plus souvent qu'on ne se l'imagine, un des sentiments les plus nobles et les plus doux, l'admiration. » Aussi ne faut-il pas s'attendre à ce que M. Plessis cède à certains goûts à la mode. « Je ne puis m'empêcher de remarquer, en passant, que Plaute, Lucrèce et Catulle sont les trois auteurs, qui, de nos jours, sauvent la littérature latine, laquelle ne plaît guère à une époque un peu malade de la peur d'admirer ce qu'on admirait avant elle. Ne croyons pas du reste qu'aucun d'eux le doive précisément à son génie. Ce qui plaît dans le premier, c'est qu'il paraît extra-classique ; dans le deuxième, son athéisme, et l'occasion qu'il donne de rabaisser Virgile ; dans le troisième, pour ne rien dire de légèretés aimables, l'opinion qu'il est négligent de la forme et tout d'inspiration, opinion erronée : Catulle était, en même temps qu'un poète ému, un versificateur plein de recherches et de scrupule » (P. 44, n.). On voit que M. Plessis n'est pas de ces courtisans de la jeunesse que nous trouverions ridicules si nous ne les savions intéressés.

Le travail de M. Poirot sur la polémique de l'école attique avec Cicéron est écrit avec finesse et témoigne d'une bonne méthode. Il aboutit à des conclusions assez neuves. L'école attique, discipline d'artistes soigneux, un peu courts de souffle, assurément incapables de l'abondance d'un Cicéron, a longtemps balancé l'influence du grand orateur, et des causes qui ne sont pas d'ordre purement littéraire ont seulement assuré la défaite de ces rivaux. Elle a ses racines dans une tradition foncièrement latine ; Scipion Émilien et les Gracques sont les précurseurs des Attiques, dont le nom grec ne doit pas nous donner le change. C'est une tradition aristocratique, sobre et dédaigneuse, admirablement conforme à la brièveté et à la gravité romaines. C'est la véritable urbanité des Romains de Rome. Cicéron reste en dehors de cette ligne. Il continue plutôt Caton et les représentants de l'éloquence plébéienne, un peu massive et rhomboïdale, qui n'excluait ni le bavardage des hors d'œuvre ni le gros sel des calembours. On s'explique ainsi pourquoi Cicéron fait de la multitude le juge naturel de l'éloquence : il avait ses raisons.

Enfin un index complet de tous les mots des fragments termine cette intéressante brochure, si pleine d'idées et de choses. Voilà qui est d'un excellent exemple.

En achevant son étude sur Calvus, M. Plessis parle d'un livre de M. Nicolas sur Gallus et ajoute (p. 67) : « Calvus, par les questions que soulève autour de lui son rôle important parmi les poètes alexandrins et les orateurs attiques, par lui-même aussi, par sa haute valeur morale et par son grand talent personnel, mériterait d'inspirer quelque travail analogue ». Ce sont les seules lignes inutiles que j'ai trouvées dans le livre de MM. Plessis et Poirot. Après eux en effet, on ne voit pas ce que peuvent bien des en-

fers demander aux vivants l'ombre de Calvus et l'ombre de ses œuvres[1].
E. JALY.

---

112. — **Histoire de la Congrégation de Savigny,** par dom Claude AUVRY, publiée pour la première fois, avec une Introduction et des Notes par Auguste LAVEILLE, tome Ier, in-8°, XLVI-411 pages.

Cette publication considérable, puisqu'elle comprendra trois volumes, est faite aux frais de la Société de l'histoire de Normandie.

L'éditeur, dans une savante Introduction, raconte l'origine et les vicissitudes de la Congrégation et de l'abbaye de Savigny. « C'est essayer, dit-il, en parlant de ce travail, de soulever la pierre d'un sépulcre »[2]. Besogne d'autant plus difficile et partant d'autant plus méritoire qu'il s'agit d'une pierre plus massive et plus lourde. En réalité cependant, cette pierre tombale avait déjà été soulevée, ne serait-ce que par l'abbé Darras, qui consacre à l'histoire de l'abbaye de Savigny une cinquantaine de pages lesquelles sont loin d'être les plus mauvaises de sa lamentable *Histoire de l'Église*. Mais M. Laveille fait mieux que de remuer un sépulcre, il reconstitue, pierre à pierre, pour ainsi dire, cette abbaye, si florissante durant de longs siècles, dont il ne reste plus que des ruines informes.

Le fondateur de cette maison fut saint Vital de Mortain, digne émule du célèbre fondateur de Fontevrault, Robert d'Arbrissel, et non d'Arbrisselles, comme écrit M. Laveille, d'après son auteur, bien que cette orthographe soit manifestement fautive et ne se retrouve pas ailleurs que chez dom Claude Auvry, du moins que nous sachions.

Après avoir esquissé à longs traits l'histoire de Savigny, M. Laveille nous renseigne sur le manuscrit dont il a entrepris si cou-

---

1. Il resterait à peine à corriger quelques fautes d'impression : *Curius* (p. 1); p. 9, « 239 » devrait être en caractère ordinaire; p. 29, l. 11 du bas, lire *accuratius*; p. 30, l. 7 du bas lire : *consilium meum*; p. 43, l. 4 du bas (texte) : lire *l'on* (*l'en*); ib., n. 4, lire : *qui solus legit ac facit*; p. 69, n. 3, lire : p. 51 (non p. 151). — La distinction du *j* et de l'*i*, de l'*u* et du *v*, n'est pas un progrès sur l'esquisse parue autrefois. Il y a des inconséquences, d'ailleurs : p. 45 : *Gaius*, dans le texte, et *Gajus* dans la note 2.

2. VIII.

rageusement la publication. Il nous raconte par quelle série d'hypothèses et d'investigations, plus ingénieuses les unes que les autres, il est parvenu à soulever le voile de l'anonymat derrière lequel se cachait, on ne sait trop pourquoi, la modestie de l'auteur. Certes, lorsque l'on a parcouru son ouvrage, l'on demeure persuadé que s'il eût écrit son nom en toutes lettres, au lieu de se borner à ces initiales énigmatiques, D. C. A. P. D. S., son humilité monacale n'eût pas couru grand risque, tant son style est touffu, *buissonneux*, tant surtout est lâche parfois la trame de son récit. Heureusement pour cet écrivain novice, il a trouvé un éditeur intelligent et habile qui, dans l'Introduction dont nous parlions tout à l'heure, nous donne le fil conducteur destiné à nous guider au milieu de ce labyrinthe et qui, en une série de notes brèves mais substantielles, indique les références de l'auteur et fournit toutes les explications désirables, pour alléger sa lecture. Auvry fut le contemporain de Lobineau, mais il n'y paraît guère, ce qui d'ailleurs ne saurait nullement nous étonner. S'il n'a pas le talent ni l'érudition du savant bénédictin breton, Claude Auvry est loin toutefois d'être sans mérite. C'est ainsi que l'on trouve, dans son ouvrage, la transcription d'un grand nombre de documents perdus depuis ou du moins ignorés. Les archives de Savigny « remplissaient cinquante-neuf caisses, lorsqu'on les transporta au district, lors de la Révolution [1]. » Il est plus que probable que toutes ses archives n'arrivèrent pas saines et sauves à destination. Il dut se passer à Savigny ce qui, à la même époque, se passa presque partout ailleurs, pour les châteaux et les monastères. Certains *tenanciers*, désireux de profiter de la circonstance pour pêcher en eau trouble, durent faire disparaître, en les détruisant par le feu ou autrement, le plus de parchemins possible, afin d'anéantir leurs titres de servage et de demeurer propriétaires des biens dont ils n'étaient jusque là que les fermiers. Ce calcul, bien que le plus souvent déjoué, causa néanmoins l'anéantissement d'une foule de documents précieux pour l'histoire locale. C'est toujours une bonne fortune, lorsqu'on les retrouve, au moins en partie, chez des compilateurs qui, comme Auvry, les avaient insérés, avant la catastrophe, dans leurs élucubrations. Au défaut des origi-

---

[1]. Introd. XXXVI.

naux, ces copies, si pâles parfois qu'elles puissent être, ne laissent pas que d'offrir un puissant intérêt.

Le mérite d'Auvry est considérable et il est bon de ne point l'oublier, lorsqu'on lit cette phrase un peu trop sévère peut-être, de son éditeur, à son adresse :

« Ses interminables dissertations sur les vertus de ses héros, ses fastidieuses redites, ses phrases grossièrement incorrectes, finissent par fatiguer le lecteur le mieux disposé [1]. »

Plus d'un sera porté à reprocher à M. Laveille de n'avoir pas allégé quelque peu ce lourd in-octavo, en abrégeant quelques-unes de ces *dissertations interminables* ou en retranchant quelques-unes de ces *redites fastidieuses*, ce qui eût rendu sa lecture un peu moins indigeste ; mais, comme, au demeurant, il s'agit surtout d'un ouvrage à consulter et que dès lors il ne s'adresse guère qu'aux érudits, gent patiente s'il en fût, peut-être l'éditeur a-t-il mieux fait de publier le manuscrit in-extenso.

Ce premier volume ne renferme guère que la vie de saint Vital. Il se divise en trois livres. Le premier prend le Bienheureux, depuis sa naissance jusqu'à la fondation de l'abbaye de Savigny, en l'an 1112 ; le second nous conduit jusqu'à sa mort, 1122 ; le troisième va de 1122 à 1125 ; il commence l'histoire de S. Geofroy, disciple et successeur immédiat de Vital.

Parmi les nombreux documents, consultés par dom Auvry, se trouve une biographie latine de son héros, composée par Etienne de Fougères qui fut évêque de Rennes de 1168 à 1178 [2]. Le manuscrit d'Etienne, longtemps oublié, a été retrouvé par l'abbé Sauvage, à la Bibliothèque nationale, et publié par lui, en 1882, dans les *Analecta Bollandiana* [3]. Auvry semble avoir eu constamment le manuscrit du prélat rennais sous les yeux, lorsqu'il rédigeait son ouvrage ; il le cite souvent et souvent s'autorise de son nom.

Les érudits auxquels s'adresse cette publication ne sauraient trop féliciter M. Laveille de l'avoir entreprise. Puissent les deux autres volumes ne se faire pas trop longtemps attendre !

A. ROUSSEL.

1. XLII.
2. Introd. XXXVII.
3. Ibid.

113. — Mémoires de Saint-Simon, (collection des Grands Ecrivains), par A. DE BOISLISLE. Tome XII. In-8° de 681 pages.

Voilà une édition dont on ne se lasse point de faire l'éloge. Le nouveau volume est aussi parfait que les précédents et nous ne pouvons que renvoyer le lecteur à ce que nous en avons dit ici même, au fur et à mesure de leur apparition.

Ce tome XII contient l'année 1704 et les premiers mois de la suivante. En outre le lecteur y trouvera, comme précédemment, un bon nombre d'additions de Saint-Simon au *Journal de Dangeau*, puis XVII notices et pièces diverses, dont quelques-unes fort importantes méritent d'être signalées : ainsi les fragments de la *Correspondance du Marquis de Louville*, communiqués par Mgr d'Hulst, où se lisent de curieux détails sur le P. Daubenton (p. 531, 541...) ainsi encore les *lettres du maréchal de Tessé*, etc...

L'annotation est, comme toujours, d'une richesse incomparable et très habituellement d'une exactitude non moins remarquable. Je relève seulement quelques insignifiantes imperfections. Page 16, il est question de la vie de Malebranche, du P. Cloyseault, et M. de B. semble ignorer qu'elle a été imprimée. Elle n'a du reste aucune importance (6 pages, tandis que celle d'André aussi publiée par moi en a 430.). M. de B. ne connaît pas non plus mes *Annales de l'Oratoire* où il aurait vu (1885, p. 118 et 154) que le portrait de Malebranche de Juilly qu'il croit original n'est qu'une copie. — Page 31 : Gran-Strigonie est toujours la ville archiépiscopale primitiale de la Hongrie. — Page 38, à propos de Noris, c'est une erreur que de parler de la règle *établie* par S. Augustin — P. 72, c'est onze ans (de 1552 au 28 mars 1563) que Daillon de Lude garda l'évêché de Luçon. Je signale à ce propos à mes amis vendéens la découverte faite par M. de B. (p. 70, note 5) d'un portrait de ce prélat. — Page 320, M. de B. aurait pu citer sur Puysieux le gouverneur de Huningue, le joli portrait qu'en fait Mabillon dans son *Iter germanicum*. — P. 386, la note sur les Leiningue-Westerburg, demanderait à être rectifiée à l'aide de l'ouvrage sur *les anciens territoires d'Alsace-Lorraine* publiée par le bureau de statistique de Strasbourg, p. 153. P. 407, il y a, à Juilly, non pas un beau portrait du P. de la Tour, mais deux : l'un de face, l'autre de profil, également remarquables l'un et l'autre. La note de la page suivante, sur l'Oratoire, est passablement inexacte : il y avait, à cette date, non pas une, mais trois *Institutions* de l'Oratoire ; et il y a erreur aussi sur le chiffre des collèges et sur celui des séminaires.

Page 574, la brochure de M. Brièle sur la *dernière marquise de Lionne* (1886) n'est-elle pas moins complète que l'article de la *Revue d'Alsace*, 1887, p. 172 ?

On voit à quelles minuties se réduisent les critiques, et combien il est difficile de prendre vraiment en défaut le savant éditeur des *Mémoires de Saint-Simon*.

A. INGOLD.

---

114. — MARQUISE DES RÉAULX. **Le roi Stanislas et Marie Leczinska.** Paris, Plon. 1895, in-8° de 415 pages.

L'ouvrage de madame des Réaulx est un résumé complet et aimable, fait d'après des ouvrages de seconde main, de tout ce que l'on sait sur le roi Stanislas Leczinski et sa famille. Le but de l'auteur est d'établir que, malgré certaines critiques récentes, Stanislas demeure le roi bienfaisant. Toutes les duretés, toutes les difficultés doivent être rejetées sur l'impitoyable exécuteur des volontés du roi de France, le chancelier de la Galaizières. On regrette çà et là quelques inadvertances ; pourquoi par exemple, dans le récit des négociations avec l'Angleterre, pour obtenir la main de la princesse Anne, substituer le titre de *duc* de Broglie à celui de *comte* justement employé par de Raynal que l'on se borne pourtant à analyser ?

A. B.

---

115. — **Royer-Collard**, par E. SPULLER. — *Les grands Ecrivains français*. Hachette, 1892.

Un portrait de Royer-Collard tracé par M. Spuller, le chef des Doctrinaires jugé par le théoricien et le modérateur de l'opportunisme, le représentant du libéralisme monarchique mis en regard d'un libéral républicain : voilà un rapprochement qui ne saurait manquer ni de piquant ni d'imprévu.

M. Spuller était un homme droit qui apportait à ses études la préparation consciencieuse d'un grand travailleur, mais aussi des préoccupations politiques. De là les qualités et les défauts de ce livre, écrit avec chaleur et talent.

La figure de Royer-Collard y apparaît nettement dessinée et mise en relief, telle que la nature l'avait ébauchée à grands traits : front haut, sourcils proéminents, nez accusé, « quelque chose d'*abrupte* » dans l'ensemble, comme dit Saint-Beuve. Au moral, un fond chrétien et sévère qu'il devait à une éducation tout imbue de l'esprit plutôt que des idées de Port-Royal ; caractère fier, hautain et volontiers solitaire ; allié incommode en politique, indépendant même du parti qui était le sien et des ministres qu'il soutenait, dédaigneux de la popularité, très jaloux de considération, étranger à l'ambition du pouvoir, supérieur aux hommes et mettant ses principes et sa dignité bien au-dessus de ses intérêts et même de l'amitié, facilement ombrageux à l'égard des jeunes talents qui pouvaient menacer sa renommée, faisant la leçon à tout le monde avec une insolence superbe et une verve triomphante. C'est ainsi qu'il s'est brouillé successivement avec des hommes considérables dont plusieurs étaient ses amis, tels que le duc de Richelieu, Lainé, de Serre, Guizot. De Serre, d'un de ses plus intimes et des plus chers et de qui il a dit, après la rupture : « Il y a entre nous de l'ineffaçable, » de Serre finit par le faire exclure du conseil d'Etat, tant il le trouvait intransigeant. Guizot, d'abord accueilli et patronné par lui, eut le tort plus tard de rester sourd à une de ses démarches. Le châtiment ne se fit pas attendre : « Guizot un homme d'Etat ! C'est une surface d'homme d'Etat. S'il fait par hasard de la grande politique à la tribune, soyez sûr qu'il n'en fait que de la petite dans le cabinet. » De pareils traits laissent d'incurables blessures. Combien d'autres on pourrait rappeler, tels que celui-ci contre M. de Rémusat, le Benjamin de l'école doctrinaire pourtant : « Je ne comprends pas qu'on ait des oreilles pour entendre ce jeune homme, quand on a des jambes pour le fuir. » Et celui-ci contre M. de Salvandy : « Ce n'est pas un sot, c'est le sot . » Enfin le plus sanglant de tous contre Odilon Barrot : « Il y a longtemps que je vous connais, Monsieur. Il y a trente ans, vous vous appeliez Pétion. »

C'est l'homme politique surtout que M. Spuller a étudié, l'interprète attitré de la Charte, le théoricien de la monarchie héréditaire par son principe et moderne par ses institutions. A cet égard, le chapitre consacré aux Doctrinaires est l'un des plus intéressants et des plus pénétrants. Les idées de Royer-Collard y sont exposées avec justesse dans un style rapide et agréable. Placé entre les deux forces qui sont aux prises de 1815 à 1830, royalistes ultras d'une part, qui rêvent de rétablir progressivement l'ancien régime, et parti révolutionnaire de l'autre qui veut renverser la monarchie, Royer-Collard marche à la tête d'un groupe modéré et sincèrement libéral. Légitimiste convaincu, il défend la monarchie héréditaire ; très hostile aux privilèges abolis, partisan déterminé de l'égalité sociale et des justes conquêtes de la Révolution, il réclame la liberté des cultes, la liberté de la presse, l'inamovibilité de la magistrature et les garanties du gouvernement parlementaire. Les classes moyennes lui paraissent désormais appelées à exercer le pouvoir. « Elles ont abordé les affaires publiques, dit-il ; elles ne se sentent coupables ni de curiosité ni de hardiesse d'esprit pour s'en occuper : elles savent que ce sont leurs affaires. »

Cette position intermédiaire entre des groupes extrêmes obligeait Royer-Collard à des changements d'attitude, selon que prévalait l'un de ces groupes et que la monarchie ou la liberté se trouvaient menacées. De là le reproche de versatilité, mérité en apparence, que lui adresse M. Spuller ; versatilité, « qu'il élevait, dit-il, à la hauteur d'une théorie profonde et majestueuse, usant en cela jusqu'à l'abus des dons de son grand esprit. » Sainte-Beuve avait déjà vengé Royer-Collard de ce reproche [1]. M. Faguet a repris la question avec la vigueur dont il est coutumier, et a montré dans ces variations d'opinion sur la liberté de la presse et sur les droits de la Chambre la conséquence inévitable de la doctrine même professée par le grand libéral de la Restauration. Il tournait sur un pivot immobile pour se porter, selon les circonstances, au secours du faible contre le fort et maintenir l'équilibre entre les deux forces en conflit [2].

Dans les questions religieuses ou dans celles qui s'y rattachent, M. Spuller, malgré son effort pour être impartial, ne s'est pas complètement dégagé de ses préjugés et de ses passions. Il a fait trop longtemps écho au cri de Gambetta : « Le cléricalisme, voilà l'ennemi » pour être vraiment libre dans ses jugements, là où le christianisme est en cause. Il se souvient d'avoir écrit autrefois un livre contre les Jésuites ; et maintenant il ne leur reproche pas seule-

---

1. *Nouveaux Lundis*, t. VI.
2. *Politiques et Moralistes du XIXe siècle*.

ment de s'être appuyés, dans leurs luttes religieuses, sur le pouvoir politique, mais encore d'avoir combattu la Réforme, la philosophie du xviiie siècle et la Révolution ! Quand il juge les articles de Royer-Collard sur cette philosophie incrédule et sensuelle du siècle dernier, il les exécute avec un dédain transcendant. A ses yeux, ils sont « médiocres, tout envenimés d'aigreur et ils ne méritaient pas que le baron de Barante les tirât de l'oubli. » Il me vient un soupçon. M. Spuller, a-t-il lu ces articles? Ne s'est-il pas contenté de les apprécier sur la foi de M. Schérer, dont on retrouve jusque dans ses expressions l'influence visible ? S'il les avait lus d'un peu près, il me semble qu'il aurait reconnu et signalé, à côté de pages empreintes d'une violence excessive, des pages d'une ironie supérieure, et d'une vigueur qui sentent un maître.

M. Spuller est hostile à la liberté d'enseignement si glorieusement conquise au prix de tant de luttes et d'efforts. A ses yeux, les droits du père de famille ne comptent pas devant ceux de l'Etat. On le savait. Mais ce qui surprend, c'est de voir Royer-Collard rangé parmi les partisans absolus du monopole universitaire et parmi les ennemis de la liberté. Il est vrai qu'il réclamait pour l'Etat le droit de régir, de contrôler et de surveiller l'enseignement et l'éducation. Mais il n'excluait pas du droit à l'existence les institutions particulières et les collèges fondés en dehors de l'initiative universitaire. Il le dit formellement. Et la preuve en est qu'en 1815, il avait formé un projet de décentralisation rendant aux autorités locales le droit de gouverner leurs maisons d'éducation. Le débarquement de Napoléon empêcha ce projet d'aboutir. Et supposé que M. Spuller eût bien interprété la pensée de son héros, on n'en pourrait rien conclure de décisif sur la question de principe. Les circonstances étaient en effet tout autres qu'aujourd'hui. L'Université, au lieu d'affecter l'indifférence religieuse, faisait profession de christianisme. Le président du Conseil royal était, en 1815, le cardinal de Bausset et le recteur de l'Académie de Paris, l'abbé Nicole. L'Université « se glorifiait » dit Royer-Collard lui-même, de compter parmi ses membres six à sept cents ecclésiastiques, débris de l'ancien clergé et des congrégations enseignantes. La question de la liberté d'enseignement ne se posait donc pas du tout alors comme elle s'est posée depuis. La vérité est que presque personne n'y pensait et c'est forcer le sens des textes cités par M. Spuller que de vouloir en tirer une profession de foi en faveur de la sécularisation totale de l'enseignement.

Ajouterai-je que M. Spuller nie le retour de Royer-Collard au christianisme pratique, qui eut lieu dès 1841, quatre ans avant sa mort. Il écarte, sans les citer, les deux lettres à M. Becquey, qui en sont une preuve irréfutable. C'est une faiblesse inattendue de la part d'un historien éclairé et consciencieux.

Malgré ces réserves fondées, le livre est fort attrayant et instructif, et laisse une profonde impression. Royer-Collard y apparaît vraiment grand, grand par ses talents et ses vertus, « grand par sa personnalité morale, l'une des plus considérables que la France ait connues depuis la Révolution... Que pèseraient, dans les balances d'une exacte justice, ses préjugés et ses travers, si on leur opposait ses qualités et ses services ? Il a consacré sa vie entière aux plus nobles causes. N'a-t-il pas lutté avec une persévérance que rien n'a découragée contre le fanatisme religieux, contre les privilèges aristocratiques, contre l'ignorance, le pire des fléaux ?.... Il a instruit, il a élevé la France, en lui exposant des idées qui ne passeront point, dans une langue impérissable.

A. Chauvin.

---

116. — **Monseigneur Puginier,** par C. d'Allenjoye, 1 vol. in-18, de 220 p. Paris. Tequi.

Ce petit volume contient un excellent abrégé de la vie de celui qui pendant près de vingt-cinq années fut vicaire apostolique du Tonkin ; nous y trouvons une belle figure d'apôtre et de français.

Comme missionnaire, il fut un ouvrier infatigable sous l'action duquel la religion chrétienne fit d'immenses progrès parmi les populations annamites, si dignes de comprendre et de goûter les enseignements de notre foi ; puis, franchissant les limites des régions explorées, Mgr Puginier entreprit avec un succès complet l'évangélisation des tribus à demi sauvages du Laos. La persécution ne ménagea pas ces œuvres grandissantes ; à ses débuts le jeune missionnaire avait connu l'épreuve, au temps du féroce Tu-Duc ; à la fin de sa carrière, il eut à traverser des crises sanglantes déterminées par les progrès de nos conquêtes et surtout par les funestes hésitations de nos gouverneurs.

Quand l'occupation française commença au Tonkin, c'est le vieux missionnaire qui semblait désigné par son autorité morale et son expérience pour le rôle d'intermédiaire et de conseiller, et il en fut ainsi le plus souvent. Ceux qui essayèrent de se passer de ses avis ne tardèrent pas à s'en repentir. Il est touchant d'autre part de lire les lettres pleines de déférence, de confiance et d'amitié qu'adressaient à l'évêque F. Garnier, H. Rivière, Courbet ; Paul Bert lui-même, quand ils traitèrent ensemble, oublia son anticléricalisme ; M. de Lanessan ne fut pas moins empressé à lui rendre justice, tant il est vrai qu'une fois à l'abri de certaines influences corruptrices, tous les enfants de notre France se plaisent à oublier ce qui a pu les diviser pour ne songer plus qu'à ce qui les rapproche, et travailler dans un loyal accord à la grandeur de la patrie ! Pourquoi faut-il avoir passé les mers pour éprouver les uns pour les autres ces sentiments d'estime réciproque et de cordiale entente qui feraient disparaître de lamentables antagonismes ?

P. PISANI.

CHRONIQUE

76. — H. BAGUENIER-DESORMEAUX. — *Bonchamps et le passage de la Loire par l'armée vendéenne en 1793* avec un portrait inédit. Vannes, librairie Lafolye, 1896, gr. in 8° de 79 p. M. Baguenier-Desormeaux est un des hommes qui connaissent le mieux les choses vendéennes ; son travail d'aujourd'hui ne peut qu'augmenter la bonne réputation dont il jouit auprès de tous ceux qui s'occupent de l'histoire des dernières années du XVIII° siècle. Ce travail est à la fois un récit et une dissertation. Le récit, très animé, très vivant, est minutieusement exact, minutieusement complet. La dissertation est très judicieuse et très concluante. Le renommé spécialiste se montre aussi habile critique que fidèle narrateur. Quand on aura bien lu son texte et ses nombreuses notes, quand on l'aura suivi dans tous les détails de son exposé et de sa discussion, on ne pourra se dispenser de dire avec lui : « Ce qui est irréfutable, c'est que Bonchamps, qui parmi les autres généraux royalistes, tous si braves, s'était créé une place hors de pair par sa froide intrépidité et ses incomparables talents de stratégiste et de tacticien, a mis le sceau à sa gloire en sauvant les prisonniers républicains de Saint-Florent. Son nom demeure pour ce motif entouré d'une immarcessible auréole. » Signa-

lons dans la très intéressante brochure quelques points particulièrement dignes d'attention: le parallèle établi (p. 6) entre les trois véritables hommes de guerre de la première Vendée : le lieutenant de cavalerie d'l'Elbée, le lieutenant de vaisseau Charette et le capitaine de grenadiers Bonchamps, infiniment supérieur à ses camarades ; les réserves faites (Ibid.) au sujet des injustices de la marquise de la Rochejaquelein et de ses copistes ; les témoignages anciens et nouveaux relatifs à l'excellence du plan qu'avait formé Bonchamps, de porter tout l'effort de la lutte au nord de la Loire (p. 7); les objections adressées à M. Chassin, « l'infatigable historien de la Vendée républicaine » (pp. 11, 26, 57, 62, 72, 89, 91, 95); à d'autres historiens de la Vendée, « plus enclins à arrondir de belles périodes et à enfler de pompeux discours, qu'à serrer de près la vérité historique » (p. 13), au marquis d'Elbée qui, dans son *Généralissime d'Elbée*, a été « trop entraîné par son illustre grand oncle » (p. 49), à Crétineau-Joly, à Théodore Muret et autres, qui ont servilement suivi les *Mémoires* de madame de la Rochejaquelein (p. 39), à M. de Barante, éditeur desdits mémoires (pp. 51-56), à « l'éminent historien » M. C. Port, au sujet de l'article *Bonchamps* de son classique *Dictionnaire de Maine-et-Loire* (p. 63), à M. Dieuaide qui, dans *l'Intermédiaire des chercheurs et curieux*, a contesté, en ce qui regarde les généreuses paroles de Bonchamps mourant qui sauvèrent les cinq mille prisonniers républicains, les plus formels témoignages, en s'appuyant seulement sur des recueils biographiques « faits de seconde ou même de dixième main » (p. 73 et suiv.). Louons encore diverses notices et appréciations sur le marquis général de Donnissan (p. 27), sur le prince de Talmond et le chevalier d'Autichamp (p. 32-34), sur Kléber et ses *Mémoires* (p. 77-80 et 93), etc. Louons encore les abondantes notes géographiques et bibliographiques, toutes d'une précision parfaite. Signalons enfin la beauté du portrait de Bonchamps, mis en tête de la précieuse brochure consacrée à la juste glorification du héros qui ne fut pas moins admirable par les plus hautes qualités militaires que par les plus hautes qualités morales.

T. DE L.

ACADÉMIE DES INSCRIPTIONS ET BELLES-LETTRES

Séance du 24 juillet. — M. F. RAVAISSON-MOLLIEN est nommé membre de la commission administrative en remplacement de M. E. de Rozière, décédé. — M. LE BLANT communique les estampages de deux inscriptions trouvées à Sofia en 1894 et que lui a envoyés

M. Dobrusky, conservateur du Musée national de cette ville : ✝ *Hic positus est Demetrius diaconus. — Decius hic famulus (sancti) Andreae.* ✝ M. Dobrusky signale également la découverte près de Sainte-Sophie, de trois tombeaux en maçonnerie contenant une fiole en verre, des fibules en bronze et quelques monnaies de Valens et Justin II. Au milieu des substructions d'une ancienne église également située près de Sainte-Sophie on a trouvé trois inscriptions chrétiennes dont une latine et deux grecques, qui sont du ve ou vi^e siècle. Enfin, dans un tombeau enfoui dans l'abside de la basilique Sainte-Sophie, on a ouvert une tombe contenant des ossements décomposés, des restes de broderie en or et une capsella en argent de 7 centimètres sur 8 contenant une manière organique décomposée; elle porte le monogramme constantinien sur une de ses faces et le monogramme crucifère sur l'autre. M. Le Blant incline à croire que c'était une boîte à reliques ensevelie avec le mort. — M. C. JULLIAN expose que, dans l'empire gaulois de Postume, on ne trouve aucune trace de cette renaissance des nationalités qui, selon certains historiens, se serait manifestée au début du iiie siècle, sous la dynastie des Sévère. L'Hercule dont Postume a remis la religion en honneur n'est pas, comme on l'a dit, un Hercule gaulois, mais l'Hercule gréco-romain. — M. CLERMONT-GANNEAU discute les noms propres et le sens général d'une inscription bilingue gréco-palmyrénienne, mal interprétée jusqu'ici. Il recherche à cette occasion à quelles dates Palmyre fut faite colonie romaine et fut pourvue d'un sénat. — M. l'abbé SOURICE commence la lecture d'un mémoire sur la topographie de l'ancienne Alexandrie.

Henry THÉDENAT.

L'Éditeur-Propriétaire-Gérant : ALBERT FONTEMOING.

Paris. — Imp. A. FONTEMOING.

BULLETIN CRITIQUE

---

117. — **Mélanges de littérature ancienne,** par Constant MARTHA, 1 vol. in-12, Paris, Hachette. 1896.

C'est une très douce satisfaction, un plaisir délicat auquel se mêle une nuance de mélancolie, après qu'a disparu un écrivain goûté, et que l'on n'attendait plus rien de sa plume, de voir paraître sous son nom un volume nouveau, publié par des mains pieuses : on retrouve alors ses impressions de naguère, avec ce renouveau de fraîcheur que donne l'imprévu. Le jugement aussi est plus libre. Les préventions, bonnes ou mauvaises, se sont atténuées, le lecteur se dégage plus aisément des préoccupations personnelles, il va droit à l'âme et au talent. Ainsi commence en chacun, sans qu'il s'en doute, l'impassible et inconscient travail de la postérité.

En outre, ces sortes de livres sont pour l'ordinaire composés de pièces détachées, les unes anciennes, d'autres datant d'hier, que l'auteur avait négligé ou remis à plus tard de réunir lui-même. Il en résulte qu'il nous apparaît sous un jour nouveau. Ses variations, ses hésitations, s'il y en a, en tout cas ces mille nuances changeantes qui diversifient les âges de la vie, nous apparaissent comme en un tableau, où d'ensemble se montre à nous l'histoire d'un esprit.

C'est dire que nous avons été heureux de la publication de ce dernier volume d'un maître aimé, auquel nous rendions ici-même au lendemain de sa mort, un hommage insuffisant, mais venant du cœur.

Il est toujours difficile d'analyser ces sortes de recueil, où se trouvent rapprochées les matières les plus diverses. On risque, comme le remarque M. Martha lui-même, à propos d'un livre dont il rendait compte, de tomber dans la sécheresse d'une table de matières.

Toutefois, que l'auteur, dans une aimable causerie, nous parle de l'*Education de la femme dans la Grèce ancienne*, qu'il traite de *Pindare et du génie lyrique*, des *Romains à la Comédie*, des *Relations de Lucrèce avec Cicéron*, du rôle d'*Auguste*, ami et protecteur des lettres, ou qu'il revienne avec *Sénèque* à l'un de ses sujets favoris, une unité se retrouve dans la pensée, que l'on serait surpris de n'y pas rencontrer, je veux dire cette tendance moraliste qui fait le fond de tous les écrits de M. Martha.

Et n'est-ce pas belle matière à moraliser, que le rôle de la femme chez les Grecs et son éducation? L'auteur abordait là une matière moins riche assurément que celle qui devait inspirer à l'un des siens un beau livre sur l'*Education* des jeunes Athéniens [1]. Mais justement, cet effacement même du rôle de la femme méritait bien d'être étudié dans ses causes et dans ses effets. Aussi, avec quelle justesse de tact l'auteur nous dévoile le vice d'un monde si séduisant par tant de côtés, mais où la famille n'a pas tenu la place à laquelle elle a droit dans une société respectueuse de la saine morale et vraiment soucieuse de la dignité humaine. Et d'où vient cette infériorité où est encore tenue la femme grecque au siècle de Périclès, alors que nous la voyons au contraire dans les poèmes homériques l'aide, l'associée, et pour tout dire, presque l'égale de l'homme? De ce que, alors que l'homme sortait peu à peu de la barbarie et de l'ignorance primitive, de la vie féodale, rustique et militaire, pour s'élever jusqu'aux sommets de la culture la plus raffinée, la femme restait stationnaire, confinée dans les travaux manuels, ne voyait pas s'ouvrir devant son intelligence et son cœur un horizon plus vaste que le soin de son ménage et la direction de ses servantes. Combien timide, encore que digne d'un disciple de Socrate, la tentative de Xénophon, pour dégager la poésie du foyer et relever, au moins à ses propres yeux, le rôle de la femme dans la maison! Combien étroite encore cette éducation que le bon Ischomaque, tente, avec succès d'ailleurs, de donner à sa naïve, honnête, et ignorante épouse! C'est bien plus tard, avec Plutarque seulement, que l'on demandera sérieusement s'il convient d'instruire les femmes, et quelle éducation on doit leur accorder. Mais cet état stationnaire, qui accroît de siècle en siècle la distance qui sépare l'homme de la femme, à quoi l'attribuer? Sans

---

1. *L'Éducation Athénienne*, par Paul Girard.

doute les lois de Solon, pleines de sollicitude pour la femme, mais dont le tort est peut-être de les trop protéger, doivent en être pour une part rendues responsables. Mais n'y eut-il là, comme semble l'admettre M. Martha, que l'erreur d'un moment dont les conséquences devaient trop durer? Les lois sont à un certain degré faites à l'image des mœurs, et si les mœurs changent, la loi, fatalement, doit tôt ou tard finir par changer, ou bien elle tombe en désuétude. Serait-ce donc que la défiance du législateur à l'égard du sexe était justifiée ? Pour dire le vrai, et si désobligeante que puisse être l'hypothèse pour la femme grecque, on serait porté à le croire. A voir les mœurs des hommes, n'est-on pas fondé à se méfier de celles des femmes? Et sans doute la faute la plus grave de législateur a été de ne pas réagir contre de telles tendances en s'efforçant de constituer plus fortement et plus largement la famille, non la famille légale, mais la famille intime. Il ne paraît pas avoir même entrevu qu'une éducation mieux appropriée à la société de son temps eût été peut-être le remède le plus efficace à un mal qu'il n'ignorait pas. Il semble en somme qu'il y ait eu là un vice de race. La vie au dehors n'explique pas assez l'indifférence, le mépris de l'homme pour sa compagne. Cette vie au dehors existait aussi chez les Romains, elle existait aussi à Sparte, et quelle différence entre la matrone surtout et l'humble ménagère d'un Athénien au temps de la plus brillante civilisation?

On est d'abord un peu surpris de rencontrer sous la plume de l'auteur du *Poème de Lucrèce* et des *Moralistes sous l'Empire Romain*, une étude sur *Pindare et le génie lyrique*. Cette étude, il est vrai, fut écrite à propos du livre de Villemain qui porte le même titre. Et puis le moraliste ne perd pas ses droits. Il revient vite, au contraire, à ses pensées familières. Lucrèce n'a-t-il pas touché au lyrisme dans son *Invocation à Vénus?* Que dis-je, n'a-t-il pas atteint au sublime de l'élan lyrique? Et Horace n'est-il pas un poète lyrique ? Bonne occasion de nous parler de cette morale d'Horace dont le professeur entretenait volontiers son auditoire avec tant de finesse et parfois de profondeur.

Les *Romains à la Comédie* fournissent à l'auteur d'ingénieux développements sur Plaute et Térence. En quoi consiste l'originalité de Plaute? En quoi est-il Romain? D'où vient, après une fortune toute contraire, le mépris relatif où tombe durant de longs siècles la comédie de Plaute, tandis que celle de Térence est exaltée, apprise par cœur, imitée, l'écrivain porté aux nues? Autant de questions souvent débattues, mais qui gagnent toujours à l'être par un critique pénétrant, doué d'une rare finesse psychologique.

Cicéron a-t-il eu des relations avec Lucrèce? Ici la thèse d'érudition va de pair avec la psychologie. M. Martha conclut, avec quelques réserves de modestie, à l'affirmative. Et les raisons qu'il donne de son opinion, les textes qu'il cite, surtout les rapprochements patients qu'il institue entre certains vers de Lucrèce et des passages du philosophe orateur ne laissent guère à douter qu'il ne soit dans le vrai, comme d'ailleurs il est dans le vraisemblable.

Les deux dernières études ne sont pas si anciennes qu'il soit nécessaire d'en rappeler ici l'analyse. L'une, sur *Auguste et les Lettres*, est la leçon d'ouverture des cours de l'auteur à la Faculté des Lettres pour 1890-91, la dernière ou l'avant-dernière année de son enseignement. L'autre, sur Sénèque, a été lue à l'Académie des sciences morales et politiques dans la séance du 11 octobre 1890, et si mes souvenirs sont exacts, publiée dans les comptes-rendus de cette Académie.

Nous devons remercier l'éditeur de ces pages. Le lettré et le moraliste se retrouvent ici avec toute la délicatesse, toute la sûreté de goût et de pensée, toute l'honnêteté fortifiante, toute la bienveillance impartiale que l'on appréciait dans les autres ouvrages de l'auteur. C'est un beau et bon livre qui fera honneur à la mémoire de M. Martha. André BAUDRILLART.

---

118. — **Russia and the English Church** during the last fifty years. — Vol. 1, containing a correspondence between Mr William Palmer, fellow of Magdalen College, Oxford, and Mr Khomiakoff, in the years 1844-1854. Edited by W. J. BIRKBECK, M. A., F. S. A. Magdalen College, Oxford. Published by the Eastern Church Association. — In-8° de LVIII-227 p. London, Rivington, Percival and C°. 1895.

A plusieurs reprises, certains Anglicans ont cherché à établir des liens d'intercommunion entre l'Église d'Angleterre et les diverses Églises orientales; c'est même là une des fins de l'*Eastern church Association*, pour laquelle M. Birkbeck a publié cet intéressant volume. Il ne semble pas que l'on ait abouti à des résultats de quelque importance, et cela se conçoit sans peine. Si l'Église d'Angleterre s'est éloignée du catholicisme romain, si elle a admis une certaine dose de protestantisme dont elle se dépouille graduellement, toutes ses traditions, son organisation, sa théologie en font une Église occidentale ; seule l'unité de foi et d'obéissance au pouvoir pontifical peuvent maintenir les communions orientales unies dans l'unique bercail ; mais si ces deux conditions font défaut, si l'intercommunion entre l'Église orthodoxe et les anglicans ne doit aboutir ni à un symbole commun ni à la reconnaissance d'une autorité suprême, comment la concevoir, et en quoi consistera-t-elle ? D'ailleurs les avances ne semblent pas avoir jamais eu pour auteurs les dignitaires de l'Église orthodoxe, grecque ou russe, mais exclusivement des membres de la communion anglicane. C'est que, pour les orthodoxes, tous les occidentaux, anglicans aussi bien que romains, sont hérétiques et schismatiques ; pour beaucoup d'anglicans, au contraire, leur Église est une partie de la grande Église catholique, au même titre ou à peu près que la communion romaine ou la communion dite orthodoxe. Plusieurs comprennent cependant que cette prétention n'est pas soutenable, que l'Église doit être *une*, et que les caractères de la véritable Église ne peuvent se trouver également dans le groupe qui reconnaît l'autorité suprême du pape et rejette tous les autres, dans les fidèles qui relèvent du synode de Pétersbourg, pour ne pas dire du tzar, dans la communauté qui obéit au patriarche de Constantinople, ou dans cette Église d'Angleterre qui vit encore de ce que lui ont laissé de catholicisme Henri VIII et Élisabeth.

Il est cependant des anglicans qui ont tenté de s'unir à l'Église orthodoxe, et tel est précisément le cas de M. Palmer, dont M. Birkbeck publie la correspondance avec M. Khomiakoff. Une fois convaincu que l'Église anglicane ne pouvait être la véritable Église de Jésus-Christ, il s'adresse aux communions qui lui paraissent avoir le mieux conservé les traditions de l'antiquité ; il étudie la théologie orientale et en admet tous les dogmes, toutes les pratiques, y compris l'exclusion du *Filioque* ; il fait plusieurs voyages en Orient, et sollicite à diverses reprises son admission. Mais il avoue lui-même qu'il en redoutait plus qu'il n'en désirait le succès, tandis que son cœur souhaitait la communion avec Rome alors même qu'il la combattait le plus ardemment. Il ne voulut pas s'adresser à l'Église russe, parce qu'il la trouvait dans une situation trop dépendante du pouvoir civil; il ne consentit pas à être admis dans l'Église grecque, parce qu'on ne voulait pas reconnaître la validité de son baptême anglican. Après une dernière démarche à Philadelphie (l'une des sept Églises de l'Apocalypse), il vint à Rome et fut converti par le P. Passaglia.

Il n'est pas moins intéressant d'étudier les idées théologiques du correspondant de M. Palmer, M. Alexis Stepanovitch Khomiakoff, qui exerça, bien que laïque, une influence considérable sur la théologie orthodoxe. Outre ses lettres à M. Palmer, M. Birkbeck publie de lui un essai sur l'unité de l'Église; il donne encore, dans sa remarquable introduction, de longs extraits d'un travail de M. Samarin sur l'œuvre de Khomiakoff. Ce dernier n'attache pour ainsi dire aucune importance à la hiérarchie; pour lui, le gardien de l'orthodoxie est le corps entier de l'Église. Celle-ci est un organisme vivant de foi et d'amour; en dehors de l'Église, comprise à sa manière, il n'y a que l'erreur rationaliste, sous ses deux formes du latinisme et du protestantisme. Il est curieux de l'entendre juger l'anglicanisme : « L'anglicanisme est un contre-sens dans le monde réformé, comme le gallicanisme dans le monde romain. Le gallicanisme est mort; l'anglicanisme n'a pas de longs jours à vivre. Amas fortuit de principes conventionnels sans lien intime qui les unisse l'un à l'autre, ce n'est qu'une étroite jetée de terres sablonneuses battues par les vagues puissantes de deux océans ennemis et qui va s'éboulant des deux côtés dans le romanisme ou la dissidence;... plongé tout entier au sein de l'Église par tout ce qu'il y a de religieux, il est tout ce qu'il y a de plus opposé à l'idée même de l'Église; car il n'est ni une tradition, ni une doctrine, mais une simple institution nationale, c'est-à-dire l'œuvre avouée des hommes. Il est jugé et il se meurt. » Il faut avouer que M. Khomiakoff est moins heureux quand il essaie de répondre aux objections de M. Palmer contre l'Église orientale, et en particulier, contre son défaut absolu de prosélytisme.

La situation n'a guère changé, ni en Orient, ni en Angleterre, depuis que MM. Palmer et Khomiakoff échangeaient leurs longues et intéressantes lettres; l'attrait exercé par Rome sur l'élite de l'anglicanisme n'a fait que s'accroître, et M. Khomiakoff ne pourrait plus dire que le romanisme est un État temporel.

A. Boudinhon.

119. — Le R. P. Marcel CHOSSAT, de la Compagnie de Jésus. **Les Jésuites et leurs œuvres à Avignon, 1553-1708.** Avignon, Fr. Seguins, imprimeur-éditeur, gr. in-8° de XIII-521 pages. — prix : 7 fr. 50.

Le R. P. Chossat nous présente ainsi son livre (*Avant-propos*, p. VI) : « Ce livre n'est pas une thèse, moins encore un réquisitoire ou un plaidoyer : dans ma pensée, il n'est qu'une modeste contribution aux travaux d'histoire locale et de pédagogie qui sont à la mode aujourd'hui. » Il nous apprend ensuite que la plus grande partie des documents qu'il a consultés et mis en œuvre se trouvent à Avignon, les uns aux Archives départementales et municipales, les autres au Museum-Calvet, le reste à la bibliothèque du collège Saint-Joseph. Il ajoute que, contre l'usage, il ne veut parler ni de son impartialité, ni de sa sincérité, les citations et les références nombreuses placées sous les yeux du lecteur étant les garants des faits rapportés. Hâtons-nous de dire que le R. P. Chossat, qui a été un consciencieux chercheur, a été aussi un consciencieux historien, et qu'il sera difficile de trouver une seule erreur de quelque gravité dans un ouvrage où sont traités, en plus de 500 pages, tant de sujets divers, très bien indiqués dans la *Table analytique des matières* qui suit l'*Avant-propos* (p. VII-VIII). Je me contenterai d'emprunter à cette *Table* le titre des vingt substantiels chapitres dont se compose le volume : I. *Fondation du collège, 1533-1569.* II. *Protestants et Jésuites.* III. *Premiers accroissements du collège, 1571-1593.* IV. *Le noviciat Saint-Louis.* V. *Ouverture des cours de théologie et fondation des cours de philosophie au collège, 1594-1608.* VI. *Œuvres de miséricorde.* VII. *Vie et perfection chrétiennes.* VIII. *Les errants* (c'est-à-dire les Huguenots et les Juifs). IX. *Période de construction, 1608-1655.* X. *Organisation et plan des Études.* XI. *Les grammaires.* XII. *Les préceptes de littérature.* XIII. *Les devoirs, les auteurs, la dispute.* XIV. *Exercices extraordinaires des classes.* XV. *Éducation religieuse, morale et civique.* XVI. *Les classes supérieures au XVIIe siècle.* XVII. *Les classes supérieures au XVIIIe siècle.* XVIII. *Le dernier siècle du collège.* XIX. *Œuvres de zèle au dernier siècle du collège.* XX. *Dispersion des Jésuites, 1768.*

Dans ces vingt chapitres, où abondent des renseignements qui au mérite de l'exactitude joignent souvent le mérite de la nouveauté, figurent beaucoup de personnages célèbres tels que Pie V, le cardinal Alexandrin, le cardinal Georges d'Armagnac, le cardinal de Bourbon, le cardinal Farnèse, le cardinal de Richelieu, le cardinal Tarugi, saint François de Borgia, saint François de Sales, saint François Regis, saint Vincent de Paul, le P. Auger, le P. Codret, le P. Antoine Possevin, qui est le véritable héros du livre [1], le P. Athanase Kircher, le docte Génébrard, Marie de Médicis, madame d'Ancezune, fondatrice du noviciat de Saint-Louis, Claude de Crillon, premier consul d'Avignon, frère aîné du brave Crillon, etc. [2].

A l'histoire même des Jésuites à Avignon se mêlent d'intéressantes particularités sur les collèges au XVIe siècle (p. 2-3); sur l'histoire littéraire de la ville des papes (p. 10-11); sur la maison de La Motte, qui portait autrefois les noms de palais et de tour, édifice dont les archéologues indigènes n'ont parlé que d'une façon insuffisante [3] (p. 14-15); sur Madeleine Lartissuse, qui « avait fait en mourant un testament aussi étrange que sa vie avait été orageuse » (p. 16); sur Peiresc et son frère, élèves du collège d'Avignon (p. 68); sur la visite faite à ce même collège par Gilbert Génébrard, archevêque d'Aix, lequel fut tellement content de la fête à lui donnée, « qu'il dit au P. Valladier qu'Avignon lui semblait être de toutes les villes de France celle qui réunissait les conditions les plus favorables aux études » (p. 69) [4]; sur le génois Do-

---

1. Son image, comme c'était juste et convenable, a été mise en tête du volume. C'est un fort beau portrait où revit la fine et distinguée physionomie du grand bibliographe auquel on doit les trois riches in-f° de l'Apparatus Sacer et qui fut le P. Sommervogel de son temps.

2. Voir (p. 41) un billet de Crillon au P. Possevin, « son plus affectionné ami. »

3. Le R. P. Chossat, en combinant les meilleures données, arrive à établir que cet édifice fut construit par le cardinal Annibal Ceccano, au commencement du XIVe siècle, et qu'il appartint ensuite au cardinal Gaillard de la Motte, fils d'une nièce de Clément V, puis au cardinal Nicolas de Brancas, archevêque de Cosenza, qui le légua à sa famille, laquelle en resta propriétaire plus d'un siècle et demi.

4. Voir (p. 109) le récit par un témoin oculaire d'un banquet chez les Jésuites d'Avignon auquel, en 1596, assista, au quatrième rang,

minique Grimaldi, évêque de Cavaillon, vieux capitaine qui succéda, en 1585, au cardinal d'Armagnac [1], et qui « en même temps archevêque, vice-légat et général..., chaque matin, après avoir dit la messe, endossait la cuirasse, montait à cheval et faisait des courses dans le pays pour le protéger contre les entreprises des hérétiques du dehors » (p. 71); sur le Père Jean Lorin « un des plus doctes interprètes de l'Écriture [2] (p. 79) et sur le P. Jacques Salian, qui écrivit des *Annales de l'Ancien Testament jusqu'à l'Ascension de Notre-Seigneur*, « ouvrage d'une immense érudition, digne de servir d'introduction aux *Annales ecclésiastiques* de Baronius » (*ibid.*); sur le *Carnet d'un régent*, sorte de formulaire conservé parmi les mss. de la bibliothèque de Grenoble, où l'on voit « que l'on prêchait alors en France (vers 1732) la barrette en tête, comme cela se fait encore en Allemagne et en Angleterre, et que l'on saluait l'auditoire au premier *M. T. C. F.* » (p. 87); sur Denis Attiret, né à Dôle, qui devait mourir à Pékin, premier peintre de

l'archevêque Génébrard avec le cardinal Aquaviva, légat, le cardinal Tarugi, l'archevêque d'Urbin, Antoine Gianotti, vice-légat, et quatre autres prélats. « L'on prêcha, en neuf langues, les huit béatitudes, à chaque prélat la sienne, et la neuvième langue fut la conclusion... Le traitement qu'on leur fit fut tel, et, suivant la bulle de Clément VIII, selon la façon de la Compagnie les jours solennels, savoir deux entrées, potage, deux portions et deux desserts. Les deux entrées furent de la langue de bœuf à la sauce douce, la seconde un pâté de pigeon; celui des cardinaux avait le pigeon entier, les autres le demi. » Puis venaient chapon bouilli, mouton, perdrix, artichauts, asperges, poires en compote au sucre. Les convives furent très contents, surtout « le bon cardinal Tarugi qui était hors de soi. »

1. Voir sur le cardinal d'Armagnac les pages 36, 41, 48, 49-51, 54, 55-57, 60. Les futurs biographes du grand cardinal ne pourront pas négliger ces informations qui toutes sont nouvelles et empruntées à des documents inédits.

2. A la page 188, le R. P. Chossat en reparle ainsi : « Ce savant écrivain, avec l'assentiment de Mgr Tarugi, organisa pour les Juifs des conférences hebdomadaires au *Ghetto* d'Avignon. Le discours se faisait en hébreu et le samedi; tous les habitants de la place de Jérusalem étaient contraints d'assister à la réunion. L'orateur exposait les preuves de notre religion ou réfutait les blasphèmes et les calomnies du *Talmud* et des autres livres rabbiniques. »

l'empereur de Chine, et qui, étant à Avignon frère coadjuteur de la Compagnie, orna de ses fresques l'église Saint-Louis (p. 93-94); sur le collège de Carpentras (p. 111-115); sur l'entrée de la reine Marie de Médicis à Avignon et sur la relation qui nous en a été laissée par le P. Valladier (p. 116-119); sur le pèlerinage (septembre 1601) à l'église métropole d'Avignon fait en procession par les catholiques d'Orange (p. 140-141); sur la *Triple Couronne* du P. Poiré, tant appréciée par Dom Guéranger qui y saluait « un résumé de ce que les siècles ont produit de plus lumineux sur la Reine du ciel et de la terre », un traité « demeuré tout rayonnant de la plus haute poésie » (p. 142) et sur diverses autres productions des Jésuites d'Avignon (p. 141-143); sur un sommaire de la doctrine chrétienne en quatrains français par le P. Michel Coyssard, imprimé pour la première fois à Tournon en 1591, et que le R. P. Chossat rapproche des quatrains de Pibrac, immortalisés par Molière (p. 145-146)[1]; sur le P. Arnous (*sic*)[2], futur confesseur de Louis XIII, prêchant à Avignon contre les Juifs le jour de la Trinité, suivant la coutume du lieu (p. 189); sur l'intolérance des

1. Voici contre Clément Marot (p. 146) une curieuse tirade extraite de la préface par d'Orléans des *Hymnes* de Coissard, dans l'édition notée du Museum Calvet : « Disons qu'entre les ignorants qui ont manié la harpe de David a été Clément Marot, gascon de nation, calviniste de religion, bouffon de vocation et de mœurs, un vrai b... qui se pensant un grand poète, bien qu'il ne fût qu'un barbouillon de papier et aussi apte à faire des vers qu'un âne à jouer du violon, se voulut mêler de traduire ces psaumes en français. Mais comment il s'y porta, Dieu le sait et l'œuvre le montre. Car, outre les mauvaises rimes et les incongruités en français qui s'y trouvent, les impuretés et les ignorances qui y sont montrent aux oreilles quel était l'âne. Or les hérétiques ayant recueilli ces mauvaises pièces et les ayant recousues ensemble en firent leurs habillements de fête à l'exemple de ces pauvres gueux qui, transissant de nécessité et n'ayant rien chez eux pour se vêtir, s'en vont de fumier en fumier chercher de vieux haillons dont ils couvrent leur vergogne aux dimanches. » Si la politesse manque à ce morceau, on peut dire que la verve n'y manque pas.

2. Ce nom s'écrivait *Arnoux*. Voir la *Bibliothèque de la Compagnie de Jésus*, t. I, 1890, in-4°, p. 566. Un peu plus loin, le ministre Jérémie *Ferrier* devient *Ferrière* (p. 208).

protestants de Montpellier qui, en 1617, refusèrent de laisser prêcher à la cathédrale un jésuite d'Avignon, le P. Georges, et qui, comme l'évêque, Mgr Fenouillet, était allé pour prendre dans son carrosse le prédicateur aux portes de la cité, baissèrent les ponts-levis et empêchèrent ainsi le prélat de rentrer, avec son compagnon, dans sa ville épiscopale (p. 212); sur la bibliothèque des Jésuites d'Avignon qui était estimée [1] et à laquelle le P. Joachim Faucher, en 1639, donna par testament mille écus, dont le revenu devait être employé, chaque année, à l'achat de quelques livres (p. 217); sur le séjour à Avignon du cardinal de Joyeuse, qui y mourut le 22 avril 1615, entre les bras du P. Louis de Lingendes, recteur du collège, et du cardinal de Richelieu, qui y vécut deux ans dans une profonde retraite et qui est inscrit parmi les bienfaiteurs des Jésuites pour un don de 300 livres (p. 218); sur un dîner offert à l'évêque d'Uzès [2] et aux chanoines des Doms, à l'occasion des fêtes de 1622 pour la canonisation de saint Ignace et de saint François Xavier, dîner où les invités « furent repus spirituellement de douze discours en langues diverses sur les paroles du psaume XLIV : *Isti sunt viri misericordiæ* » (p. 227); sur le

---

1. Henri de Suarez, délicat bibliophile, écrivait à Louis Jacob, auteur du *Traité des plus belles bibliothèques* (Paris, 1644, p. 611) : « Les Pères Jésuites ont fait une fort bonne bibliothèque en toute sorte de bons livres, même il y a quelques anciens manuscrits. » Le R. P. Chossat, qui paraît fort aimer ces instruments de travail qu'il appelle une *bonne fortune*, cite (*ibid.*) un ms. où, à la date du 12 septembre 1761, on lit que les Pères Jésuites fouillent chez tous les marchands de vieux livres... » Il faut toujours saluer avec sympathie les gens qui bouquinent.

2. L'auteur a oublié de dire que l'évêque d'Uzès était alors Louis de Vigne dont l'épiscopat se prolongea de 1601 à 1624. C'est l'occasion de relever quelques autres omissions au sujet de l'indication des sources, notamment p. 68 où nous lisons cette phrase sur Peiresc : « *Ce pourvoyeur de la république des lettres*, dont les papiers, au dire de M. Egger, sont une mine qui, encore aujourd'hui, semble inépuisable aux philologues... » On voudrait savoir dans quel livre et dans quel endroit du livre Egger a rendu cet hommage à Peiresc. Je connais quelqu'un qui ajoute ceci à ses prières de chaque soir : *Mon Dieu, préservez-nous des vagues références !*

récit, composé par le P. Annibal Gelliot, professeur de rhétorique au collège d'Avignon, de l'entrée triomphale de Louis XIII en cette ville, le 16 novembre 1622 (p. 229-232)[1], sur les travaux très divers du P. Athanase Kircher, professeur de mathématiques et de langues orientales à Avignon, lequel, comme le rappelle le R. P. Chossat « pressentit le télégraphe et l'attraction universelle, en même temps qu'il codifiait la musique, cherchait la clef des hiéroglyphes, écrivait sur la Chine et fabriquait la première lanterne magique » (p. 234-237)[2]; sur l'histoire de la grammaire

---

1. Le R. P. Chossat, citant l'archiviste Achard, d'après l'*Annuaire de Vaucluse* de 1864, dit (p. 232) : « L'historien de l'opéra, Castil-Blaze, a écrit que le premier opéra représenté en France avait été *Akébar, roi de Mogol*, tragédie lyrique de l'abbé de Mailly, représentée en 1646 dans le palais épiscopal de Carpentras, douze ans avant les essais faits à Paris par Perrin et Cambert. Avant d'acquiescer à cette affirmation, ajoute le même écrivain, nous demandons de quel nom on doit appeler cette belle et ingénieuse action théâtrale, représentée en 1622 dans la salle des exercices du collège des Jésuites devant le roi Louis XIII et dont les airs, composés par le chanoine Intermet, ravirent à un tel point l'auditoire, qu'ils furent, suivant l'expression employée par le chroniqueur de ces fêtes, tirés par les courtisans des mains des musiciens. » Entre Avignon et Carpentras, le R. P. Chossat ne se prononce pas. Nous imiterons sa prudente attitude et nous redirons avec lui : *adhuc sub judice*.

2. L'auteur (p. 274) se moque quelque peu d'une singulière assertion d'un des grands dignitaires de l'Université : « M. Compayré, qui pense ou du moins écrit que le nombre des savants de la Compagnie de Jésus ne dépasse pas trois, compte Kircher parmi ces trois perles rares. » Il signale un peu plus loin (p. 263, note), « une distraction de M. Compayré. » En revanche (p. 335, note 3) il lui prodigue des éloges peut-être exagérés : « Il est juste de noter que dans tout son beau et savant travail, *Histoire critique des doctrines de l'éducation*, M. Compayré est d'autant plus impartial et plus vrai qu'il est plus neuf et plus original. » Cela fait, au total, six épithètes laudatives, ce qui est beaucoup. On trouvera sans doute un peu trop familière, dans un ouvrage très sérieux, cette interpellation au même personnage (p. 334) : « De grâce, *cher M. Compayré*... » Et, puisque nous en sommes aux petits reproches, disons encore qu'on s'étonnera de voir (p. 46) cette métaphore maritime si souvent employée par les

latine au collège d'Avignon et sur les ouvrages de Jean Despautère et du P. Annibal Codret (p. 274-280); sur les grammaires grecques de Théodore de Gaza, de Clénard, de Vergara, d'Antesignanus, d'Alexandre Scot, professeur à Tournon, puis directeur des études à Carpentras [1], du jésuite allemand Gretser, etc. (p. 286 295), sur les ouvrages classiques du P. Dominique de Colonia et du P. Jouvancy (p. 304-306), sur *Œdipe*, tragédie du P. Melchior de Folard, frère du célèbre chevalier de même nom (p. 307-309) [2]; sur les travaux géographiques des Jésuites (p. 318); sur les neuf conférences publiques relatives aux antiquités d'Avignon données en 1598 par le P. Valladier dans l'église du collège, qui servait alors de salle des actes (p. 341); sur les relations des Jésuites d'Avignon avec Mgr d'Inguimbert, l'abbé Pithon-Curt, le baron Bimard de la Bastie, « correspondant honoraire de l'Académie française » [3], le che-

---

journalistes en notre fin de siècle : « En 1650, le procès *bat de nouveau son plein* à la Rote d'Avignon. »

1. Je rappelle avec plaisir que j'ai eu l'honneur de publier dans le *Bulletin critique* (année 1886) le testament d'Alexandre Scot, de 1616.

2. Reproduisons cette anecdote (p. 308) : « La pièce entière est très émouvante. Aussi, raconte le P. de Folard (ms. 1551 du Museum-Calvet), ai-je vu arriver à la représentation de cette tragédie, quoique donnée par de jeunes écoliers, quelque chose d'approchant à ce qui arriva aux *Euménides* d'Eschyle. Au point précis de la reconnaissance, nos acteurs s'émurent et s'effrayèrent à un tel point qu'ils prirent la fuite; et ce mouvement passa en même temps dans les spectateurs, qui presque tous se mirent en devoir de faire de même. »

3. L'Académie française n'a jamais eu de correspondants. Bimard de la Bastie était membre *associé* de l'Académie des Inscriptions et Belles-Lettres. Indiquons une autre inexactitude dans ce paragraphe de la p. 341 : « Citons encore parmi les historiens qui firent leurs études à Avignon, Joseph Marie Suarès, évêque de Vaison et *plus tard* bibliothécaire au Vatican (c'est le contraire qui est vrai. Suarez était depuis plusieurs années custode de la bibliothèque du Vatican quand il fut nommé (16) évêque de Vaison). Henri de Suarès, *un des pères de l'histoire d'Avignon*; Honoré Bouche, le seul des anciens historiens de la Provence qui ait un peu de critique. » Ceci me semble bien dur pour les successeurs de Bouche, Pierre-Joseph de Haitze et l'oratorien Jean-Pierre Papon, et pas assez flatteur pour Bouche lui-même, qui a mis plus *qu'un peu de critique* dans ses deux volumes in-f°.

valier de Folard, le marquis de Caumont, MM. de Calvière, de Cambis-Velleron, de Pérussis, Calvet, etc.

L'ouvrage du R. P. Chossat, également indispensable à ceux qui voudront s'occuper de l'histoire de la Provence et à ceux qui voudront s'occuper de l'histoire de la Compagnie en général, de l'histoire de l'éducation en particulier, est terminé par un *Appendice* formé des pièces justificatives suivantes : *Règlement du séminaire diocésain vers 1607*; *Du cours de l'enseignement des Jésuites* (extrait du *Plaidoyer de Mᵉ Jacques de Montholon*, Paris, 1612); *Des cantiques et du catéchisme* (extrait du *Discours*, relié à la suite des *Hymnes sacrés* du Père Coyssard, édition de 1596); *L'Ordre du collège de la Congrégation de Notre-Dame de Lorette*; *Argument de la tragédie de Yolande*; *Des méthodes actives au* xvɪᵉ *siècle*; *Carnet d'un élève du collège d'Harcourt*, 1750-1753; *Analyse de Valentinien, tragédie par le Père Tournefort*; *Lettres du général des Jésuites* (le Père Aquaviva, au P. Louis Michaëlis, recteur du collège d'Avignon, du 5 août et du 16 octobre 1607); *Résumé des thèses de philosophie*, 1648; *Status quæstionis d'une thèse de théologie*; *État financier du Noviciat en 1636*; *Contrat de donation de personne*.

Le volume, si bien imprimé par M. Fr. Seguin et sur un si beau papier, est orné de cinq planches : portrait (déjà cité) du P. Possevin, tiré de la *Galerie illustrée de la Compagnie de Jésus*, par le P. Hamy, 1893; Fac-simile de la délibération du Conseil de ville d'Avignon fondant le collège, 14 avril 1564; *État* du collège en 1617 d'après un dessin du cabinet des Estampes de la Bibliothèque nationale (phototypie Michel); projet de construction en 1619 (*ibid.*); placard d'un Exercice littéraire. Collège Saint-Joseph (photogravure Michel).

T. DE L.

---

120. — **Mémoires épistolaires sur la Révolution à Laval,** avec notice sur M. Duchemin de Villiers et Annotations, par l'abbé ANGOT. Paris, Alphonse Picard, libraire, 82, rue Bonaparte, 1896. In-8, 246 p.

En attendant de faire paraître le *monument* qu'il construit, pierre à pierre, dans sa studieuse retraite, à la gloire de sa province natale, M. l'abbé Angot publie, de temps à autre, quelque fragment d'histoire locale, afin de tenir son monde en haleine et de l'aider à prendre patience. En réalité, toutes ces publications partielles ne réussissent qu'à nous faire désirer plus vivement le *morceau de résistance ;* ces intermèdes, par leur intérêt même, inspirent un plus ardent désir de voir enfin la pièce.

La notice, mise en tête de cette importante brochure, nous initie aux mœurs de la magistrature provinciale immédiatement avant la Révolution ; elle est rédigée dans ce style sobre et clair auquel l'abbé Angot nous a déjà habitués par ses publications précédentes. Dans ces pages substantielles, il n'y a place que pour les choses ; point de phraséologie dès lors, ni la moindre trace de rhétorique, ce dont nous ne saurions trop féliciter l'auteur. Ce que nous disons de cette notice historique, s'applique également aux nombreuses notes qui accompagnent le texte et qui l'éclairent, en fournissant aux lecteurs toutes les indications dont il a besoin pour se retrouver au milieu de tant de noms de personnes ou de localités.

Les Mémoires épistolaires se composent de lettres écrites au jour le jour à M. Duchemin de Villiers, le plus souvent par mademoiselle Artémise Duchemin, sa sœur. C'est une page très curieuse de l'histoire de la Révolution et tout spécialement de celle de la Chouannerie, encore si mal connue, en dépit des publications relativement nombreuses dont elle a été l'objet. Longtemps le mot de *Chouan* fut considéré comme une insulte : mais aujourd'hui qu'on l'applique exclusivement aux partisans de la Religion et de l'ordre, on lui rend son sens primitif et il est redevenu ce qu'il n'aurait jamais dû cesser d'être, un éloge et un honneur, bien que souvent encore, dans la pensée et la bouche de ceux qui le prononcent, il soit une épithète de mépris.

L'éditeur nous avertit que si les correspondants de M. Duchemin ne rendent pas aux insurgés du Maine toute la justice qui leur est due, c'est qu'ils écrivaient aux plus mauvais jours de la Terreur, à une époque où le secret des lettres ne pouvait être plus respecté que l'honneur et la vie des citoyens dont les Révolutionnaires se faisaient un jeu. Il faut donc souvent lire entre les lignes et compléter certaines demi-confidences, si l'on veut avoir la pensée vraie et complète de ces correspondants, notamment de mademoiselle Duchemin dont les lettres sont de beaucoup les plus nombreuses et les plus intéressantes.

Dans une note trouvée parmi ses papiers et rédigée en 1792,

M. Duchemin parle des vexations sans nombre qu'avaient à subir dès cette époque, les « honnêtes gens » de la part de « fripons », investis de l'autorité publique ou agissant en son nom. Il invite ses concitoyens au calme, à la patience ; « La moindre imprudence serait fatale », ajoute-t-il. Ici, l'abbé Angot fait observer que « d'autres eurent plus d'énergie » que M. Duchemin et « qu'on doit plus à ceux-ci pour la conservation des vrais principes religieux et sociaux, qu'à ceux qui craignaient toujours de compromettre la faible dose de sécurité qu'on leur permettait encore [1]. » Nous partageons tout à fait cette manière de voir. L'étude personnelle que nous avons faite de cette époque troublée nous a pleinement convaincu que si la Bretagne et les provinces qui forment la Vendée militaire ont mieux gardé que d'autres leurs traditions religieuses et sociales, c'est qu'à cette époque elles les défendirent plus courageusement et qu'elles ne craignirent pas d'exposer leur vie et de verser le sang de leurs enfants pour la cause doublement sainte de la liberté religieuse et civile. Tous les travestissements que certains historiens aux gages de la Révolution imposèrent aux faits ont pu les rendre longtemps méconnaissables ; mais aujourd'hui que les passions se calment, ils apparaissent de plus en plus dans leur jour véritable et ce n'est pas à l'avantage des *grands* hommes de cette même Révolution.

Dans une lettre à son frère, datée du 5 floréal, an III (24 avril 1795), mademoiselle Duchemin lui mandait, entre autres nouvelles : « Il y a ici une compagnie qui porte le nom de *Légion territoriale*, étant composée d'hommes du pays. Elle est commandée par Letourneur : on l'emploie de préférence à escorter les convois de grain et de foin que l'on requiert dans toutes les paroisses. Ces hommes sont sans discipline et se livrent au brigandage ». Puis mademoiselle Duchemin entre dans quelques détails concernant les horreurs que soldats et gardes nationaux commettaient à l'envi. M. l'abbé Angot écrit en note : « Tous les documents officiels de l'époque, tout en faisant l'éloge obligé du courage des troupes républicaines, constatent leur indiscipline et leurs brigandages. Les administrations municipales se plaignent fréquemment qu'elles font plus de ravage dans leurs contrées que les Chouans eux-mêmes [2]. » Il n'y avait

1. P. 62.
2. P. 115.

que les archives secrètes de la République à parler des forfaits accomplis par les Bleus; les documents publics se taisaient là-dessus; ou s'ils en parlaient, c'était pour les imputer aux Blancs. Ce n'est plus maintenant un secret pour personne que l'organisation des Faux-Chouans par le gouvernement républicain. On se rappelle cette fameuse lettre du ministre de la police, Sotin, à son subordonné Oudard; elle est datée du 23 ventôse an VI (13 mars 1798). On y lit ces phrases caractéristiques : « Il faut que la Chouannerie soit déshonorée dans ses œuvres vives... Je vous envoie des Jacobins qui, nuisibles à Paris au développement des institutions constitutionnelles, rendront en Bretagne d'immenses services. Ce qu'ils détestent le plus au monde, ce sont les Chouans; laissez-les faire, et ils iront plus loin que tous les insurgés... Qu'ils soient barbares, en criant : *Vive le Roi*, et priant le ci-devant bon Dieu. Faites dresser des procès-verbaux par les compères des administrations départementales. Qu'on m'adresse tout cela avec des détails horribles et des circonstances *saupoudrées de larmes*, et le reste me regarde. » Cette institution républicaine fonctionnait dès 1794, comme il appert d'une lettre du général Rossignol au Comité de salut public [1]. Mademoiselle Duchemin parle des *Contre-Chouans* dans une lettre du 26 déc. 1791. « Ils ont le malheur, dit-elle; quoiqu'en costume, les paysans ne manquent point de les reconnaître [2]. »

En dépit de sa réserve obligée, mademoiselle Duchemin ne pouvait toujours taire les atrocités officielles des Bleus; c'est ainsi qu'elle écrivait à son frère, le 24 août 1795. « Je reviens aux questions militaires; tu peux ajouter foi aux horreurs qu'a marquées madame d'Hauterive dans le temps de son pillage; elles se sont renouvelées depuis, et *même vis-à-vis des femmes de la ville qui allaient chercher du grain avec les soldats* [3]. » Plus tard elle constate que ces Bleus étaient « mal reçus dans tout le pays [4]. » On ne saurait s'en étonner. Dans sa lettre du 11 mai 1796, elle raconte le martyre de M. Martial de Savignac, curé de Vaiges [5] où l'on voit

1. Cf. Crétineau-Joly. *Vendée militaire*, III. 204, 225.
2. 187.
3. p. 151.
4. Lettre du 16 sept. 1796 p. 154.
5. Cf. Perrin. *Les Martyres du Maine*, 69 et suiv.

tout ce qu'une âme révolutionnaire pouvait renfermer alors d'impiété, de cynisme et de froide cruauté. En vain, mademoiselle Duchemin dont la famille, à Laval, jouissait d'une certaine influence, mit-elle tout en œuvre pour arracher à la mort ce prêtre vénérable, ses efforts échouèrent contre la lâche scélératesse d'un général qui tenait, sans doute, à se venger sur un prêtre inoffensif des échecs répétés que lui avaient fait subir les Chouans.

Ce recueil épistolaire se termine par trois lettres concernant la Chouannerie durant les Cent-Jours et deux autres au sujet du passage des Prussiens dans le pays de Laval, en août 1815.

Ces documents, nous le répétons, sont d'une importance relativement considérable, bien que d'un intérêt local ; ils nous permettent d'étudier de plus près l'histoire des guerres civiles de l'Ouest, écrite pendant longtemps sous la dictée des passions jacobines, et dénaturées à plaisir par les plumes officielles. Nous espérons que M. l'abbé Angot, poursuivant le cours de ses infatigables investigations, fera, pour l'insurrection du Maine, ce que le regretté M. de la Sicotière a fait pour celle de Normandie. Il est surtout entre toutes deux figures belles et nobles que nous serions heureux de le voir dégager de la pénombre qui les voile encore, celle de Jean Cottereau, le premier *Chouan*, l'intrépide faux-saunier de la clôserie des Poiriers [1] et l'héroïque boiteux, Jean Treton, dit *Jambe-d'Argent*. Ces deux humbles paysans dont la bravoure légendaire n'eut d'égale que la piété attendent toujours leur historien. Pourquoi ne serait-ce pas l'abbé Angot, leur compatriote ?

A. ROUSSEL.

CHRONIQUE

77. — *Une majuscule à contresens.* — La lettre incriminée mérite si bien cette épithète, que bon nombre de prêtres ont dû passer leur vie sans comprendre la phrase qu'elle fausse, bien que le texte se traduise à livre ouvert par tout écolier qui a deux mois de latin.

On lit donc, même dans l'édition type, au commencement de la v° leçon de l'office de S. Luc : *totamque baptizati* Leonis, *fabulam*. Or il s'agit non du baptême d'un sieur *Léon*, mais bien d'un *lion* baptisé ; comme l'a dit l'abbé Corblet dans son *Histoire du baptême*. La note des Bénédictins sur ce passage de S. Jérôme ne laisse aucun doute à cet égard.

1. Paroisse de Saint-Ouen-des-Toits.

Ce baptême d'un lion sembla plus tard une telle énormité même dans les apocryphes, peu scrupuleux en fait de vraisemblance, qu'elle ne se retrouve pas dans les manuscrits que Tischendorf a connus. Pourtant un écho affaibli du trouble causé par cette fable est sans doute la peine que prend S. Thomas de remarquer que le baptême ne saurait s'administrer aux bêtes (*non brutis*).

La majuscule doit être le fait de quelque scribe mal avisé, soucieux de donner du sens à une phrase qui lui en semblait dépourvue. Les Grecs n'ont pas été plus sages que nous, témoin le Λέοντος de la Patrologie. En revanche, la minuscule *leonis* est la leçon de Toulouse (1818) et du bréviaire des trois ordres franciscains (Paris, 1744).

A propos de textes liturgiques, voici quelque chose de pis. Plusieurs fois l'an, la généralité des missels nous fait dire un mot pour un autre dans la postcommunion des Docteurs : *Confessor tuus et doctor egregius*. Quand le saint est évêque, il faut certainement *Pontifex tuus et...* Il serait pourtant bien facile d'imprimer, sauf l'approbation de qui de droit : *Confessor* (vel *Pontifex*) *tuus...*   A. T.

ACADÉMIE DES INSCRIPTIONS ET BELLES-LETTRES

Séance du 31 juillet. — M. l'abbé SOURICE achève la lecture de son mémoire sur la topographie d'Alexandrie. Cette topographie, mal connue jusqu'à ce jour, doit être établie d'après les textes des auteurs anciens grecs, latins et arabes contrôlés par l'étude du sol actuel et des antiquités recueillies dans les ruines. — M. ED. BLANC donne la lecture du texte des inscriptions des deux sarcophages du mausolée de Tamerlan dont il a entretenu l'Académie dans la séance du 10 juillet. Ces inscriptions donnent la généalogie de Tamerlan et celle de Genghiz-Khan. M. Edouard Blanc, compare la généalogie donnée par ces textes avec celle que fournissent les textes traduits jusqu'à présent en Occident et en tire des conclusions historiques importantes. S'appuyant sur l'une des épitaphes, qui est celle de Miran-Chab, un des fils de Tamerlan, et la rapprochant d'un texte d'Abd-er-Razak-el-Samarkandi, il en déduit des conclusions relatives à l'origine et à la date du monument lui-même. L'identification de celui-ci avec les monuments cités par les anciens, et notamment par Baber. dont les mémoires, traduits par M. Pavet de Courteilles, sont le principal document que l'on possède sur l'ancienne topographie de Samarkande, était restée jusqu'à présent incertaine malgré l'importance et la notoriété du Gour Emir. L'épitaphe de Miran-Chab rapprochée des documents historiques relatifs à ce prince fournit à M. Blanc la preuve que le monument ancien auquel on a identifié jusqu'à présent le mausolée de Tamerlan ne serait pas le Gour Emir, mais bien une autre mosquée, celle de Tchil-Dokteran, détruite en 1866 par un tremblement de terre avant l'arrivée des Russes, et dont il a étudié les ruines. M. Léon Dorez communique un mémoire sur le livre illustré de Fra Francisco Colonna, publié par Alde Manuce à Venise, en 1499, sous le titre d'*Hypnerotomachia Poliphili*. Il a réuni un certain nombre de faits qui semblent donner raison à l'opinion émise par le P. Frederici en 1803, que les gravures de ce livre auraient été directement imitées des fresques qui ornaient le palais épiscopal de Trévise, et surtout de celles du grand cloître de Sainte-Justine de Padoue peintes en 1482-1494 par Bernardo Parentino.

M. Dorez démontre ensuite l'influence artistique du Poliphile sur un manuscrit de la Bibliothèque nationale, exécuté pour Louise de Savoie, et son influence littéraire sur l'œuvre de Rabelais spécialement dans la description de l'abbaye de Thélème et du temple de la Dive Bouteille. — M. Tocilesco communique la découverte qu'il a faite, dans ses fouilles de la Droboudja, d'un mausolée élevé par l'empereur Trajan en l'honneur des soldats romains tombés dans une bataille contre les Daces. Ce monument est d'une importance toute spéciale, car il est le seul conservé, du moins dans le monde romain, de la catégorie nommée Πυρος ou *Rogus*. De plus son existence dans le voisinage du monument triomphal d'Adam-Clissi semble confirmer l'hypothèse, émise jadis par M. Tocilesco, que les guerres entre les Daces et les Romains ont eu lieu sur les deux rives du Danube. La base de ce mausolée est de forme rectangulaire. Chaque mur a 6 mètres de hauteur, 11 mètres 67 de longueur ; de chaque côté on y monte par un escalier à six marches. Le côté est doit être celui de la façade principale. A côté de morceaux d'architecture (fragments d'architrave et de frise ornée d'acanthes, socle et pilastres brisés), on a recueilli, sur les marches de l'escalier, quatre plaques calcaires, dont trois sont couvertes d'inscriptions, qui donnent les noms de soldats, légionnaires, prétoriens et auxiliaires tués à l'ennemi. Le style des inscriptions et l'architecture de ce monument se rapportent bien à l'époque de Trajan. Le monument lui-même permet d'expliquer des textes jusqu'ici obscurs de Tacite et d'Ammien Marcellin, et des bas-reliefs de la colonne Trajane ; il donne d'utiles renseignements sur l'organisation de l'armée romaine. M. Tocilesco espère que la continuation de ses fouilles à Adam-Clissi lui donnera les éléments d'une reconstitution complète.

Henry THÉDENAT.

L'Éditeur-Propriétaire-Gérant : ALBERT FONTEMOING.

BULLETIN CRITIQUE

121. — **The Mahâbhârata of Krishna-Dvaipâyana Vyâsa,** — translated into english prose, by Pratâpa Chandra Roy. Calcutta. Bhârata Press. 1895.

L'œuvre de vulgarisation entreprise par le Pandit indien Pratâpa Chandra Roy est colossale, puisqu'elle ne comprend pas moins de cent fascicules, formés chacun de quatre-vingts pages de texte très serré. Quatre-vingt-dix-huit fascicules ont paru. Le premier date de 1883, le dernier de 1895.

Le savant professeur d'Oxford, Max-Muller, écrivit au traducteur pour le féliciter de son entreprise courageuse. Il ne laissait pas de chatouiller un tantinet son amour-propre national. « I expect the time will come, lui disait-il, when every educated native will be as proud of his Mahâbhârata... as Germans are of their Nibelunge, and Greeks, even modern Greeks, of their Homer. »

Après avoir transcrit, dans sa préface, cette phrase élogieuse du célèbre indianiste, Chandra Roy observe que les Hindous sont excusables de tirer vanité d'un chef-d'œuvre tel que le poème dont il entreprend la traduction et de chercher dès lors à le faire connaître des nations étrangères ; mais qu'au demeurant il s'agit moins d'un sujet d'orgueil que d'une œuvre de la plus haute importance pour les études historiques et philologiques, en un mot, pour la science, dans ses branches principales : « It is really fraught with results of the utmost importance to the cause of historical and philological research, in fact, to the cause of knowledge in all her principal departments. »

Nous craignons que le bon Pratâpa n'exagère quelque peu le mérite, d'ailleurs très réel, du Mahâbhârata. Sans doute le philologue, le moraliste, l'amateur de légendes, etc., y trouveront largement leur profit ; mais nous croyons, n'en déplaise au traducteur, que l'historien ne s'estimera pas aussi bien partagé. Il se verra en présence d'un amas considérable de traditions où la fantaisie a la plus grande part et il lui sera bien difficile, pour ne pas dire impossible, de dégager les quelques éléments vraiment historiques qui peuvent s'y rencontrer.

Le sujet de ce poème, le plus vaste qui soit au monde, est la querelle intestine des descendants de Bharata, monarque de la dynastie lunaire. Il a pour auteur Vyâsa, nom qui a presque le même sens que le mot *diascévaste* et signifie *arrangeur*, compilateur. Vyâsa, comme tous les écrivains hindous, se complaît dans les digressions, les hors-d'œuvre ; c'est ainsi que les épisodes étrangers au sujet remplissent à peu près les quatre cinquièmes de l'ouvrage. On conviendra que notre auteur a largement usé de la permission de divaguer et qu'il y a mis un peu d'indiscrétion.

Le poème se divise en dix-huit *parvans* ou sections. Dans la première section, le poète introduit ses personnages ; ce sont, d'un côté, les cent Kurus, fils du même père et de la même mère, et de l'autre, leurs cousins, les cinq Pândavas, mariés à une femme unique, nommée Draupadî. Dans la seconde, l'aîné des Pândavas joue son royaume aux dés, lors de la grande assemblée tenue dans Hastinâpura et le perd. Les Kurus condamnent alors les Pândavas et leur épouse à vivre exilés pendant douze ans dans une forêt. Le troisième livre renferme l'histoire de cet exil. Là se rencontre l'épisode ravissant de Nala et de sa fidèle compagne, fleur merveilleuse de fraîcheur et de parfum perdue au milieu de buissons épineux et secs. Le quatrième livre contient le récit des aventures des Pândavas, la treizième année de leur exil, lorsque, quittant leur forêt, ils entrent sous un déguisement au service du roi Virâta. Dans le cinquième sont énumérés les préparatifs de guerre des Kurus et des Pândavas. Ils sont formidables. C'est par millions que se chiffrent les guerriers enrôlés sous chaque bannière. La terre tremble sous le poids de tant d'hommes, marchant les uns contre les autres, montés sur des chars, des éléphants et des chevaux. Le sixième nous montre ces armées innombrables aux prises, dans une vaste plaine que l'on a placée au nord-ouest de Delhi et qui depuis lors porta le nom de *champ* (de bataille) *des Kurus*, c'est le Kuru-Kshetra. Bhîsma qui donne son nom à ce livre est le généralissime des Kurus ; il tombe percé de coups par Arjuna, l'un des Pândavas. Le septième livre est plein des exploits de Drona, le nouveau chef des Kurus ; il succombe à son tour, sous les flèches du frère de

Draupadî. Dans le huitième livre, nous assistons aux nombreux combats de Karna, le successeur de Drona, que tue Arjuna. Au livre suivant, Çalya prend le commandement des Kurus. A la suite de nouveaux combats, aussi nombreux que sanglants, il ne reste plus, du côté des Kurus, que trois guerriers, tandis que les Pândavas, malgré les pertes qu'ils ont éprouvées, conservent encore sous leurs ordres une armée considérable. Mais voilà qu'au dixième livre, celui du *sommeil* (Sauptika-parvan), les trois Kurus surprennent leurs adversaires endormis et les détruisent entièrement; seuls les cinq frères échappent au massacre. Le onzième livre renferme le récit des lamentations de Gândhârî, la mère des Kurus, et des autres femmes qui viennent reconnaître leurs morts et les pleurer. Le douzième nous fait assister au couronnement de Yudhisthira, l'aîné des Pândavas, lequel, au milieu de son triomphe, se sent troublé de remords pour le meurtre de ses cousins. Bhîsma que nous avons vu, au sixième livre, blessé à mort par Arjuna, le frère du nouveau monarque, et qui agonise sur *son lit de flèches*, réconforte son ancien adversaire, Yudhisthira, qui fut d'ailleurs autrefois son élève et lui tient un long discours sur les devoirs des rois, sur l'adversité, sur l'émancipation finale, c'est-à-dire, le salut; vrai sermon en trois points, le plus interminable que l'on entendît jamais, puisqu'à lui seul il comprend la sixième partie du poème et même davantage, soit exactement *treize mille sept cent soixante-quatorze distiques*. Pour un mourant, l'on conviendra que Bhîsma garde encore assez de souffle. Ce douzième livre est tout ensemble le plus long et le plus difficile de tout le poème. A chaque pas il s'y rencontre des obscurités qui font le désespoir du traducteur lequel, pour essayer de les éclaircir, multiplie les notes, le plus souvent sans résultat. Pour comprendre néanmoins tout le mérite d'une pareille tentative, il faut s'être heurté soi-même à ces obstacles d'interprétation et avoir expérimenté personnellement à quel prix ces sphinx de l'Inde livrent leurs secrets... quand ils les livrent. Quelque imparfaite qu'elle puisse être, nous doutons que la traduction de Pratâpa soit de longtemps remplacée par une autre plus satisfaisante. Dans le treizième *parvan*, Bhîsma termine enfin sa dissertation triplement formidable et meurt. Au quatorzième, le roi Yudhisthira procède au sacrifice par excellence, le sacrifice du cheval. Au quinzième, le vieux monarque aveugle et démissionnaire, Dhritarâshtra, la reine Gândhâri, son épouse et mère des Kurus, accompagnés de la mère de Yudhisthira, Kuntî, embrassent la vie érémitique et se retirent dans la forêt. Ils vivaient là depuis deux ans, lorsqu'un incendie consuma la forêt; ils se jetèrent dans le brasier et conquirent par ce moyen la délivrance finale. Le livre suivant nous fait assister à la mort de Krishna et de Râma qui retournent au ciel d'où ils étaient descendus sur la terre. Dvarakâ, la ville qu'ils habitaient, est engloutie par la mer, aussitôt après leur départ, tandis que les Yadus, race à laquelle ils appartenaient, se tuent les uns les autres, à coups de massue, par suite de la malédiction des Brâhmanes, insultés par quelques-uns d'entre eux. Cet épisode est raconté dans tous ses détails par l'auteur du Bhâgavata Purâna, au livre onzième. Dans le dix-septième Parvan, le roi Yudhisthira descend du trône et, suivi de ses quatre frères, se retire sur le mont Meru. Dans le dix-huitième et dernier, il monte au ciel avec ses frères, Draupadî, et son chien fidèle dont il refuse de se séparer.

Telle est, dans ses très grandes lignes, l'esquisse de ce poème fameux. Pratâpa qui en avait entrepris la traduction dans un but de propagande religieuse encore plus que scientifique, ainsi qu'il s'en explique dans sa préface, et pour faire diversion à sa douleur paternelle, n'a pu mettre la dernière main à cette œuvre colossale. Il s'est éteint, l'an dernier, après une longue maladie, au milieu des sentiments profondément religieux qui furent ceux de sa vie tout entière. Dans la touchante notice funèbre qu'elle lui consacre, sa veuve, Sundarî Bâlâ, raconte que, durant les derniers jours de sa vie, il ne se lassait pas de répéter le nom de Hari, le dieu des Vishnouïtes, et que, lorsqu'il lui devint impossible de le prononcer, l'agonie commençant, il fit signe qu'on le lui redît à l'oreille jusqu'à son dernier soupir. Sundarî Bâlâ, au lieu de se brûler sur le bûcher de son époux, comme autrefois les veuves de l'Inde, les *Satis*, a cru avec raison mieux faire pour sa mémoire en poursuivant l'achèvement de son œuvre. D'ailleurs, il ne lui restait plus que six fascicules sur cent à publier. L'an dernier, quelques mois après la mort de son mari, elle adressait aux souscripteurs un dernier appel qui, sans doute, aura été entendu.

Nous recommandons cette traduction aux lecteurs désireux de connaître à fond les vieilles légendes et traditions de l'Inde, sans être obligés d'en étudier la langue, ce qui exigerait un temps qu'ils peuvent plus utilement employer.

A. ROUSSEL.

---

122. — **Mathurin Régnier**, par M. Joseph VIANEY, maître de conférences à la Faculté des lettres de Montpellier (Hachette, 1896).

En 1889, M. A. Rigal produisait une volumineuse étude sur *Alex. Hardy*; en 1891, M. F. Brunot se faisait précéder à la Sorbonne par la *Doctrine de Malherbe d'après son commentaire sur Desportes*; il y a deux ans M. Faguet reliait son xvi° siècle à ses grands maîtres du xvii° par une série de cours sur la *Poésie française de 1600 à 1620*; M. Joseph Vianey est venu à son tour, cette année, éclairer de ses lumières cette période obscure, où jusqu'en ces derniers temps on ne s'aventurait guère qu'en tâtonnant dans d'épaisses ténèbres. Son livre sur *Mathurin Régnier*, par le nombre et la netteté de ses informations, par la conscience de ses recherches, par la méthode de son enquête, a dû satisfaire pleinement les érudits et les historiens de notre littérature.

On a vite fait de dire que depuis la mort de Henri III jusqu'au Cid notre poésie subit une crise de transition, c'est-à-dire qu'elle hésita, s'essaya et marcha vers un but qu'elle ignorait; on croit être quitte envers la vérité quand on a parlé de confusion, de désordre, de chaos au Parnasse; on va jusqu'aux mots d'orgie, d'anarchie, de folies du carnaval; on conclut que les lettres flottaient au hasard sans pilote et que Malherbe se rencontra à point pour saisir le gouvernail et les remettre dans le droit chemin. Mais les comparaisons ne sont pas des raisons; et la réalité est plus complexe. M. Vianey, en décrivant le « milieu » qui eut une si grande influence sur le faible caractère de Régnier, en dépeignant la société dont les Satires ont été le reflet pittoresque, en recherchant les courants auxquels obéit alors l'esprit français, semble avoir découvert la dernière province de cette contrée, dont de sûrs explorateurs avaient déjà parcouru la plus grande partie; il a fait plus: il a tracé en tous sens des voies commodes qui permettront à nombre de voyageurs de s'orienter dorénavant dans ces lointains parages.

Le grand fait, la tendance générale qui explique la littérature de cette période, c'est la réaction, — plus ou moins consciente, il est vrai — contre la poésie idéaliste, ou, si l'on veut, toute romanesque et lyrique de la Pléiade. On abandonne la fiction, chère à l'école de Ronsard, pour la réalité, qu'elle avait bannie des vers. On fait renaître la satire des mœurs, on revient à l'esprit gaulois et caustique des fabliaux, des farces et du Pantagruel, que l'école de Ronsard avait comprimé. On restaure enfin « les deux divinités dont elle avait brisé l'autel », Rabelais, le peintre satirique, et Marot, le poète courtisan.

Mais cette réaction s'opère indirectement par l'intermédiaire des poètes italiens, pour lesquels l'admiration de la France atteint alors son apogée, et, chose curieuse, que la Pléiade « avait consacrés classiques et placés à côté des anciens ». On retourne à Rabelais (et à Villon), par l'Arioste, l'Arétin, Berni et leurs disciples ; on retourne à Marot (et à Thibaut de Champagne), par Pétrarque, Guarini et Tansillo. Les poètes français de 1600 sont tout imprégnés de sève gauloise et de galanterie précieuse, mais grâce à une imitation constante des Italiens, qui avaient du reste emprunté ces deux qualités foncières de notre race à nos conteurs et à nos trouvères. Les d'Aubigné, les Vauquelin, les Berthelot, les Sygognes, les Motin, les Régnier d'une part ; Desportes, du Perron, des Yvetaux, Bertaut, Porchère et Sponde d'autre part, représentent ces deux courants de la gauloiserie et de la préciosité, qui ont régné tour à tour, ou, le plus souvent se sont manifestés parallèlement d'un bout à l'autre de notre histoire littéraire ; même, ce qui caractérise les lettres françaises sous Henri IV et Marie de Médicis, c'est le mélange et la confusion momentanés de ces deux courants ; ce qui n'est pas pour nous surprendre, car il n'y a pas loin de la sensualité franche à la volupté raffinée, et ainsi s'explique le succès simultané qu'eurent alors les stances les plus doucereuses et les odes les plus polissonnes, la prédilection des dames pour les œuvres à la fois affétées et malpropres, recueillies dans les *Muses gaillardes* ou dans le *Cabinet satyrique*.

Enfin, à la même époque, aussi éloigné des *pétrarquistes* que des *arétinistes* et fort isolé, Malherbe, avec ses airs de réagir contre Ronsard, continue en réalité l'œuvre de la Pléiade, et, par suite, s'oppose à tous ses contemporains ; il émonde, redresse, perfectionne Ronsard, mais enfin il est son meilleur disciple, sans le savoir. Toutefois, s'il est plus sévère que lui pour la forme, il est plus sec dans le fond ; s'il est plus artiste, il est moins poète et reste sans ascendant sur son entourage, sans postérité immédiate; car, c'est Marini et Antonio Pérez qui régneront à l'Hôtel de Rambouillet, et c'est à l'école de l'Italie et à celle de l'Espagne que les Français resteront jusqu'en 1660.

Il n'est pas question de l'Espagne dans la thèse de M. Vianey ; mais il ne faut pas s'en étonner, car, en dehors du théâtre de Hardy, l'influence des poètes espagnols est postérieure d'une génération à celle des poètes italiens, comme Anne d'Autriche l'est à Marie de Médicis. Ce sont les « mariages espagnols » de 1615 qui marquent le retour en France de l'esprit chevaleresque, gâté de gongorisme et de donquichottisme, dont s'inspirèrent Scudéry, Rotrou, les deux Corneille et Scarron.

Après le milieu littéraire, le milieu social, dont les Satires de Régnier sont un miroir fidèle, nous est très complètement présenté par M. Vianey. Puis, abordant la partie critique de son étude, l'auteur s'attache à démontrer que toute l'originalité de Régnier est dans sa manière de voir et de peindre les grotesques de son temps, sans les séparer « des accessoires associés à leur existence », ni de leurs mouvements et gestes habituels. Car Régnier anima ses personnages et ne rendit pas seulement les contours, les formes et les couleurs ; il eut le don de la vie, par où il est supérieur à Boileau, simple dessinateur et peintre de nature morte. De plus sa XIIIe Satire, Macette, vaut les meilleures scènes de Molière. Enfin par ses comparaisons expressives, par son style pittoresque il rappelle à la fois Rabelais et Montaigne, par son vers plein, solide et vigoureux il annonce P. Corneille. Mais, en revanche, Régnier est un médiocre narrateur : il ignore l'art de la composition ; son récit manque d'aisance, de sobriété, de clarté, parfois de vraisemblance ; on doit lui reprocher son délayage, la pauvreté de ses idées et de son vocabulaire, les négligences de sa langue et de sa versification, qui le rendent indigne de compter parmi les purs classiques. Ici, louons vivement M. Vianey de n'avoir pas surfait son héros, d'en avoir indiqué les faiblesses avec la plus constante impartialité, et d'avoir conclu qu'il est moins admirable par son œuvre personnelle que par celle de sa postérité, qui compte au premier rang La Fontaine, Boileau, Molière et A. de Musset.

Nous n'exprimerons qu'un regret, d'autant plus vif que l'intérêt des rapprochements faits par M. Vianey est toujours très grand. Pourquoi leurrer notre attente par des phrases comme celles-ci : « Il est inutile de dresser la liste des vers que Régnier doit à Horace (page 108). — Il est inutile de citer des exemples de Rabelais et de Régnier (page 136, note). — On n'aurait pas de peine à trouver chez l'Arétin les pendants de ces immortels bouffons (idem). — Il est inutile de prolonger cette revue » (page 215). Que l'auteur ait obéi à des scrupules d'écrivain qui sait se borner, ou de moraliste qui craint de choquer ses lecteurs, c'est son excuse ; mais qu'il ait excité au plus haut point notre curiosité pour la laisser ensuite toute déçue, c'est un supplice renouvelé de Tantale, que M. Vianey pourra facilement épargner aux lecteurs de sa seconde édition, tout en restant dans les limites de l'œuvre artistique et... de la bienséance.

P. Laumonier.

---

123. — Gustave Clément-Simon. **Le protestantisme et l'érudition dans le pays basque au commencement du XVIIᵉ siècle.** — *Jacques de Béla. Biographie. Extraits de ses Œuvres inédites.* (Paris, Honoré Champion, 1896, gr. in-8° de 125 p. Tiré à part du *Bulletin* de la Société des Sciences, Lettres et Arts de Pau. Tome XXIV de la 2ᵉ série.

M. Clément-Simon nous donne, dès la première page de son intéressante étude, une idée favorable de son héros : « Jacques de Béla, dans sa longue et laborieuse existence, a beaucoup songé à la postérité qui ne l'a pas payé de retour. Le nom de ce grand travailleur, de cet écrivain infatigable ne figure dans aucune de nos Biographies générales. La *France protestante* qui a recueilli avec un soin pieux tous les souvenirs laissés par les moindres notoriétés de la religion réformée [1] a oublié cet adepte de marque qui fut des plus

[1]. Avec un soin *pieux*, soit ! Je demande la permission d'ajouter que ce soin a été bien insuffisant. Les frères Haag et leur continuateur ont négligé non seulement d'innombrables protestants dignes de mention, mais encore des familles entières, comme, pour n'en citer qu'une, la famille *de Chevalier d'Escage* (en Agenais) dont j'ai publié le *livre de raison* (1895). Signalons, au sujet des imperfections du recueil tant loué par M. Clément-Simon, les plaintes d'un coreligionnaire de MM.

ardents dans sa foi, qui joua un rôle important dans son parti et fut, par lui ou les siens, étroitement mêlé à tous ses succès comme à toutes ses souffrances. Il est vrai que ses jours s'écoulèrent dans une petite province, à l'extrémité du royaume, et qu'il dépensa son activité et son intelligence sur un très modeste théâtre : sa vie n'en fut pas moins bien remplie, consacrée aux affaires publiques, au culte passionné de la science ; sa mémoire méritait de rester moins obscure ».

Autant Jacques de Béla a été négligé par la postérité, cette grande oublieuse, autant M. Clément-Simon s'est consciencieusement et sympathiquement occupé de cet érudit. On peut dire en toute vérité que l'écrivain abandonné de tous pendant près de trois siècles a trouvé dans la notice que lui consacre son parent par alliance [1]

Haag et H. Bordier dans une savante et récente brochure à laquelle j'ai donné de justes éloges dans la *Revue critique* du 28 septembre dernier (*un numismate Montalbanais au* XVIe *siècle*. Toulouse, 1896, pp. 3 et 4). La *France protestante* ne pourrait devenir exacte et complète qu'avec le concours zélé de tous les consistoires. Il faudrait que MM. les pasteurs, qui se lancent trop souvent à corps perdu dans des polémiques inutiles, employassent leurs loisirs à des recherches sérieuses parmi les manuscrits de chaque région. Sans cette battue générale, une notable partie du gibier huguenot échappera toujours aux continuateurs du recueil Haag-Bordier.

1. On lit (p. 18, note 2) que la maison de Béla est éteinte dans la ligne masculine pour toutes les branches et que la branche aînée s'est fondue dans la maison de Casamajor Rey par le mariage, en 1726, de Marguerite de Béla-Chéraute, avec Maximilien de Casamajor. Le fils de ce dernier, Jacques Béla de Casamajor, baron de Chéraute, conseiller au parlement de Navarre, eut deux filles, dont l'aînée, Sophie, épousa, le 20 février 1803, Jean-Claude de Rouilhan, baron de Montaut, père du baron de Rouilhan, beau-père de M. Clément-Simon. C'est ainsi que le biographe a hérité des manuscrits de Jacques de Béla, auxquels il a joint d'autres manuscrits du même à lui légués par « le vénérable et regretté chanoine Menjoulet, l'érudit historiographe du diocèse d'Oloron » qui les tenait du marquis d'Uhart, parent des Béla. M. Clément-Simon possède aussi (voir p. 17, note 2) l'*Histoire* [*inédite*] *des Basques* du chevalier de Béla, descendant de Jacques. Une autre rédaction en 3 vol. in-f°. appartient à M. Antoine d'Abbadie, de l'Académie des Sciences.

le plus ample des dédommagements. M. Clément-Simon a été fort aidé par son héros lui-même, car il nous dit (p. 6) que Jacques de Béla a écrit sa propre biographie, ajoutant : « Nous l'empruntons pour presque tous les détails à ses *Tablettes* et à ses papiers de famille. Les mémoires du chevalier de Béla, son arrière-petit-fils, écrivain fécond comme lui, nous fourniront le surplus ».

Des *détails!* ceux qui les aiment seront contents de M. Clément-Simon : il les répand de la main la plus généreuse dans toute l'étendue de sa brochure, non seulement en ce qui regarde la famille de Béla, mais aussi en ce qui regarde la description de la vicomté de Soule, berceau de cette famille (aujourd'hui arrondissement de Mauléon), l'antique maison de Chéraute dont les Béla étaient issus par les femmes et à laquelle ils succédèrent dès le xvie siècle, le voyage en Béarn de Louis XIII, qui « voulant se montrer vrai fils du Béarnais, rassurait le peuple (18 octobre 1620) en lui criant par une fenêtre dans l'idiome local : *n'ajat po, n'ajat po*, n'ayez crainte », les vieilles prérogatives de la terre de Soule et la vente que Louis XIII, en 1642, fit de cette terre à Arnaud de Peyré, plus connu sous le nom de comte de Tréville, le fameux capitaine des mousquetaires, etc. Je résume en quelques lignes la notice sur Jacques de Béla : il naquit à Mauléon, le 15 février 1586 ; son père, Gérard, était bailli royal de Soule depuis l'année 1577 ; sa mère, Catherine de Johanne, était fille d'un général lieutenant de robe longue au pays de Soule, conseiller du Roi en sa chancellerie de Navarre, etc. Il fit ses études classiques au collège de Lescar, les termina à l'âge de dix-sept ans, fit ses études juridiques avec non moins de succès[1] et fut reçu docteur *utriusque juris* à vingt ans. Le 3 mai 1614, il se maria avec une jeune fille de la meilleure noblesse de la Basse-Navarre, Jeanne d'Abide de la Carre, laquelle était catholique[2]. Il fut un très actif avocat, n'ayant jamais pu remplir les fonctions de bailli royal de Mauléon qui lui avaient été laissées par son père. Il mourut le 23 mai 1667, ayant dépassé quatre-vingt-un ans. On a conservé long-

---

1. Voir (p. 8) le récit, tiré des *Tablettes*, de la soutenance à Toulouse de sa thèse en doctorat en droit.

2. M. Clément-Simon parle d'une façon piquante du jeune et ardent huguenot se soumettant à célébrer son mariage à l'église (p. 9) : « Quand l'amour seigneurie (c'est l'expression de Béla) il fait taire tous les scrupules ».

temps au château de Chéraute, dit M. Clément-Simon (p. 16) une pierre tombale sur laquelle étaient inscrits ces mots : *Ci-gît Jacques de Béla qui mourut eu disant : Fiat voluntas tua.* La nombreuse lignée de Jacques de Béla ne fut pas sans illustration. Parmi ses sept enfants on remarque surtout Athanase, catholique et prêtre, vicaire général de l'évêque d'Oloron, qui publia le premier catéchisme en langue basque (Pau, 1696, très rare) et qui composa d'importants mémoires historiques aujourd'hui perdus [1].

M. Clément-Simon, dans la seconde partie de son excellente notice, considère dans Béla l'écrivain, le philosophe, l'érudit, et aussi l'homme moral tel qu'il se peignit la plume à la main. Il a eu l'admirable patience de dépouiller tous les ouvrages que ce trop fécond personnage nous a laissés et qui formeraient bien à l'impression une douzaine de gros volumes en caractères compacts (encore n'est-ce pas là tout son bagage, une bonne part de ses travaux n'étant pas venue jusqu'à notre temps). M. Clément-Simon, aussi équitable comme critique qu'il était équitable quand il remplissait avec tant d'éclat de hautes fonctions dans la magistrature, se garde bien de surfaire le laborieux compilateur : il voit simplement en lui un homme de grande lecture, d'une prodigieuse mémoire [2], d'une énorme puissance de travail. Il nous intéresse à ce personnage, enseveli dans une bourgade reculée, qui fut toute sa vie passionné pour l'étude et qui jusqu'à son extrême vieillesse consacra ses moindres loisirs à cette maîtresse absorbante et toujours de plus en plus aimée. M. Clément-Simon analyse très bien les trois ouvrages de Béla qui nous ont été conservés [3] : 1° Les *Tablet-*

---

1. Dans son testament, en date du 10 mars 1693, (l'original est aux archives de M. Clément-Simon), il charge son neveu Jean de Bélagrace, étudiant en théologie, de faire imprimer ces mémoires qu'il désigne ainsi : *Une histoire et bonnes remarques sur la nation basque et le présent pays de Soule.*

2. Dans l'antiquité, dit M. Clément-Simon (p. 8), Jules-César faisait encore mieux puisqu'il dictait à trois secrétaires à la fois dans des langues différentes et, de notre temps, le pâtre Inaudi a montré une mémoire plus prodigieuse. On ne peut donc taxer de gasconnades, si invraisemblables soient-ils, les tours de force mnémoniques de Jacques de Béla.

3. Parmi les ouvrages perdus, le biographe signale (p. 23-24) : un

tes, véritable encyclopédie des connaissances de son temps, ample exposé des notions qu'il avait recueillies sur toutes matières : religion, philosophie, morale, sciences, littératures [1]; 2° *Inventarium juris*, commentaire en latin du Code de Justinien et des constitutions nouvelles authentiques [2]; 3° *Commentaire sur la coutume de Soule*, traité très connu, car jusqu'en 1789, il servait de règle devant les tribunaux de Soule, dans toutes les questions douteuses.

Que dire des *Extraits des Tablettes de Béla* (p. 39-125) sinon qu'ils sont extrêmement curieux? Je ne puis donner ici des extraits de ces *Extraits*, car il y en aurait trop, mais j'engage vivement mes lecteurs à se procurer la brochure de M. Clément-Simon et je suis certain qu'ils ne se plaindront pas d'avoir suivi le conseil de quelqu'un qui lui-même a trouvé tant d'agrément et de profit dans une notice si bien faite et dans des citations si bien choisies [3].

T. DE L.

Dictionnaire basque, un *Compendium de grammaire basque*, un *Traité du compte ecclésiastique*, un formulaire juridique (*Style pour un jeune avocat*), un *Traité de la mémoire locale*. C'est l'occasion de signaler diverses très bonnes notes bibliographiques de M. Clément-Simon, par exemple, sur les rares livres béarnais et basques de la bibliothèque de Jacques de Béla, dont une édition qui n'a jamais été citée (p. 34), sur la parémiologie euskarienne (p. 354), etc.

1. L'œuvre forme six gros volumes in-4°, chacun d'environ 1100 pages, d'une écriture fine et serrée, surchargées de notes et de références en marge. Les matières y sont rangées par ordre alphabétique (*Aage, Abus, Accommoder, Accord, Action, Advocacerie, Affliction, Agréer, Agriculture, Alchimiste, Alliance, Ami, Amitié, Amour*, etc.) Un de ces volumes a disparu. M. Clément-Simon possède les cinq autres et les résume aussi bien qu'il les apprécie (p. 20-36).

2. L'auteur, en la préface, appelle singulièrement « petit ouvrage » cet in-4° de 1696 pages dont les marges sont aussi remplies que le corps du texte. Le travail avait été achevé le 28 juin 1615, Béla ayant alors vingt-neuf ans.

3. Beaucoup regretteront avec moi que M. Clément-Simon n'ait pas annoté les *Extraits*. Sans doute, parmi les écrivains et les ouvrages cités par Béla, plusieurs sont trop connus pour qu'il soit besoin de dire quoi que ce soit sous leur nom, comme pour LE LOYER, auteur des *Spectres*, Pibrac, auteur des *Quatrains*, Scipion Dupleix, auteur de l'*Ethique*, etc. Mais on souhaiterait quelques éclaircissements au sujet de

124. — Francis de Pressensé. **Le cardinal Manning.** Paris. Perrin et C¹ᵉ. 1896. vol. in-18 de 137 pages.

Les articles que M. Francis de Pressensé a fait paraître au mois de mai 1896, dans la *Revue des Deux Mondes*, sur le cardinal Manning, ont eu un trop grand retentissement pour qu'il soit utile d'en rappeler ici le contenu. L'importance du sujet, le nom, le talent, la religion de l'auteur, l'ardente sympathie avec laquelle ce protestant parlait du grand transfuge du protestantisme anglican et le vengeait des perfides attaques d'un malhonnête biographe, la remarquable intelligence de la doctrine catholique qui perçait sous les réflexions de l'écrivain, tout était fait pour provoquer l'intérêt, piquer la curiosité, satisfaire l'attrait des âmes religieuses. Il était naturel aussi que de tels articles soulevassent de vives polémiques, et, dans ce temps où chacun se croit un droit sur la conscience d'autrui, il était inévitable que les sentiments personnels que l'on attribuait à l'auteur ne lui valussent appels et sommation, de la part de catholiques ou de protestants plus zélés que discrets. On n'a pas craint de faire intervenir jusqu'à la presse quotidienne et d'y débattre publiquement ces mystères de l'âme dont le dénouement est l'abjuration et la conversion. Beaucoup de protestants, outrés des conclusions auxquelles paraissait aboutir M. de Pressensé, se sont efforcés pour les ébranler de rétablir coûte que coûte l'autorité de l'historien de Manning, M. Purcell, et ne se sont pas fait faute d'invoquer contre les tendances du fils la mémoire vénérée d'un père qui fut, parmi nos frères séparés, l'un des plus nobles chrétiens de ce siècle. M. Francis de Pressensé aurait pu négliger ces attaques si elles n'avaient jeté le trouble dans beaucoup d'âmes sincères. Une occasion s'offrait à lui de fortifier ses conclusions et d'expliquer ses propres tendances. Un grand nombre de personnes en effet le sollicitaient avec raison de réunir en un volume durable les articles de la *Revue des Deux Mondes*. Après quelques hésitations, il s'est rangé à leur avis et quiconque suit avec sol-

---

Vivald (Opus regale), de Vernoy (*Plaidoyers*), de Hal (*Sénèque chrestien*), de Majole (*Jours caniculaires*), du P. Loriot (*Secrets moraux*), de Melliet (*Discours politiques et militaires*), de Du Pont (*Philosophie des Esprits*), de Gitrar (*L'Astuce du Diable*), de Guérin (*Laict des chrestiens*), de d'Aubus *ou mieux* Daubus (*L'Ebionisme*), etc.

licitude, avec émotion, le mouvement religieux de notre temps lui en saura un gré extrême. En tête de ces articles, l'auteur a placé une longue introduction, — cent deux pages, — qui est à la fois l'éclatante confirmation de tout ce qu'il avait avancé au sujet de M. Purcell, et la plus suggestive comme la plus touchante des professions de foi. Les preuves de la partialité voulue et de l'ignorance de Purcell sont là accumulées de telle sorte qu'en dehors des documents nombreux qu'on pourra toujours puiser dans ce livre, on ne sera plus, nous l'espérons, tenté de l'invoquer comme une autorité. C'est déjà quelque chose ; mais là n'est pas le principal mérite de cette préface ; il réside dans la partie doctrinale et personnelle. Peu d'hommes ont autant réfléchi que M. de Pressensé aux questions religieuses, telles qu'elles se posent de nos jours, et à tous les problèmes qui naissent du progrès et de la diffusion des méthodes rationnelles et de l'étude scientifique de l'Écriture. Il voit fléchir les deux bases sur lesquelles le protestantisme s'est jusqu'à présent appuyé ; et il en vient à se demander si, pour sauver le christianisme « surnaturel », qui contient le salut de l'espèce, comme celui de l'individu, il reste d'autre ressource que de se laisser « toucher par cette ombre de Pierre qui guérissait les malades de Jérusalem. » Le dilemme ne se présentait pas ainsi à Manning « qui n'a pas eu à choisir entre la religion de l'autorité et la religion de la liberté, mais entre la religion de l'autorité authentique, légitime et réelle, et la religion de l'autorité factice et illusoire. » Mais c'est ainsi qu'il se pose à la plupart des protestants d'aujourd'hui, depuis que les résultats de la science théologique contemporaine, mis à la portée de tous, ont fait pencher tant d'âmes vers « une religion où le dogme jouera un rôle, sinon nul, du moins fort effacé et où du même coup achèvera de s'évaporer ce qui pouvait subsister de l'idée d'église, de celle des moyens de grâce et des sacrements. » Or quels seraient les titres d'une Église sans dogmes ? Et comment les sauvegarder sans se retourner vers l'autorité, mais ce n'est même pas manquer aux véritables principes établis et suivis par les réformateurs que de se reconnaître le droit « de réviser la tradition et de révoquer en quelque sorte les conclusions de ceux-là mêmes dont ils avaient reçu le dépôt de la foi. Si la Réforme a pu légitimement remonter le cours des âges et biffer les douze ou treize siècles de l'évolution catholique, à cause des conséquences, funestes à ses yeux, du principe d'autorité, on ne saurait invoquer de fin de non-recevoir contre ceux que préoccupent les conséquences du principe individualiste et qui cherchent à remonter le courant et à ressaisir l'unité vivante de la chrétienté. »

M. de Pressensé ajoute quelques pages plus loin : « Ne se peut-il faire parfois que ce soit pour être fidèle à l'esprit, aux leçons, aux principes de ceux à qui l'on doit la connaissance du salut que l'on se sente tenté de se montrer infidèle à leur doctrine. » La vraie manière de leur demeurer fidèle c'est de prêter, comme ils l'ont fait, l'oreille aux accents de la conscience. Nous ne nous permettrons pas de poursuivre davantage M. Francis de Pressensé sur ce terrain très intime où des polémistes trop peu réservés, trop peu scrupuleux, se sont permis de l'attirer. Tout ce que nous dirons, c'est que ce livre inspire non seulement une réelle admiration pour la valeur intellectuelle de celui qui l'a écrit, mais appelle la respectueuse sympathie de quiconque est capable de s'incliner devant une grande âme profondément religieuse.

Alfred Baudrillart.

VARIÉTÉS

Mélanges. Charles de Harlez. — Recueil de travaux d'érudition offert à M. Charles de Harlez, à l'occasion du 25ᵉ anniversaire de son professorat à l'Université de Louvain. 1871-1896. Librairie et imprimerie ci-devant E. J. Brill. Leyde, 1896. In-4°, xiv-403.

Ce *livre mémorial,* pour me servir de l'expression de Mgr Abbeloos, recteur magnifique de l'Université de Louvain, est un hommage rendu par ses collègues en orientalisme à Mgr de Harlez, le savant infatigable que chacun sait. L'intrépide professeur de Louvain a exploré les idiomes non seulement de l'Asie, mais de toutes les parties du monde un peu. Cette méthode, on le comprend, ne lui a pas permis d'approfondir également toutes ces langues et l'on peut regretter qu'il n'ait pas su limiter son ardeur de savant; la comparaison classique est toujours là : ce qu'un fleuve gagne en largeur, il le perd souvent en profondeur. Il n'empêche que Mgr de Harlez a publié des ouvrages remarquables et cela en fort grand nombre. Peut-être cependant n'a-t-il pas donné encore toute sa mesure. En effet, le public, vu l'immense variété de ses connaissances, est en droit d'attendre de l'éminent philologue un travail capital sur la Grammaire comparée ; ce sera son chef-d'œuvre, son *masterpiece*, qui restera pour attester l'étendue et la solidité de l'érudition de son auteur.

Parmi les Orientalistes qui ont tenu à témoigner à Mgr de Harlez leur sympathique estime, en collaborant à cet ouvrage, nous relevons les noms de savants tels que MM. Barth, Chavannes, Lévi, Sénart, Oppert, pour nous borner à la France. C'est assez dire les pages intéressantes que trouveront dans ce volume, d'ailleurs magnifiquement édité, ceux qui s'intéressent à l'étude des langues, principalement de celles de l'Extrême-Orient.

L'illustre *Jubilaire* a dû être d'autant plus sensible à cet hommage de ses confrères qu'il est plus spontané, plus cordial et que les fleurs dont il se compose, si elles sont d'un aspect moins gracieux, sont, en revanche, moins éphémères, peut-être, que celles qui entrent ordinairement dans les bouquets de fête.

J. G.

Temps passé, *Journal sans date*, par P. MAX-SIMON. 2ᵉ édition. — Paris. L. Bataille et Cⁱᵉ, 1896, 1 vol. in-24.

Un mot seulement sur cet élégant petit volume, sorti des presses artistiques d'un imprimeur de province, écrit au jour le jour, sans prétention et qui n'eût pas sans doute franchi le cercle étroit de l'amitié, si celle-ci n'avait fait violence à son auteur et n'avait exigé de sa modestie qu'il entr'ouvrît un instant sa porte à un public choisi. En ce temps où la mode est aux *Mémoires*, dont quelques-uns sont plus ou moins suspects, les simples récits et souvenirs d'un contemporain méritent-ils le dédain, lorsqu'ils sont dictés, comme ceux-ci, par une complète sincérité ? Le docteur Max-Simon n'a joué aucun rôle politique ou officiel : il s'est, dit-il lui-même, borné à regarder en passant la vie. Aussi s'abstient-il scrupuleusement de nous entretenir de sa personne, mais il peint en quelques traits les hommes célèbres avec lesquels il s'est trouvé en contact, et se borne à raconter les anecdotes ou les faits dont il a été le confident, sinon le témoin. Ces pages détachées, qui rassemblent Balzac, Lamartine, Lamennais, Montalembert, Lacordaire, Jules Favre, Guy de Maupassant, Ampère, Babinet, le docteur Récamier, Andral, Claude Bernard et nombre de médecins, parmi lesquels le père de l'auteur, sont pleines de détails inédits et piquants, de mots spirituels, d'observations délicates et ingénieuses, de traits d'humour et de singularités authentiques. On les lira avec curiosité et l'intérêt qu'elles inspireront ne sera pas diminué, tant s'en faut, par l'absolue bonne foi du rapporteur.

H. B.

CHRONIQUE

78. — M. Jules Cauvière nous raconte d'une façon charmante ses impressions de voyage, *De Digne à Saint-Martin-Vésubie et à Nice* (Paris, librairie A. Fontemoing, 1869, gr. in-8º de 32 p. Extrait de *La Quinzaine*). Les cinq pages consacrées à *Digne* disent tout sur cette ville et l'auteur a trouvé le moyen de joindre à ses descriptions une apologie de Gassendi et un éloge d'un des hommes qui ont le mieux parlé du philosophe provençal, M. L. de Berluc-Perussis. Toutes les localités que l'on trouve jusqu'à Nice sont très heureusement *photographiées* par le fin observateur et spirituel narrateur. Veut-on une idée de sa manière ? Il dit de l'humble *Châteauredon* que le soleil du Midi transfigure ce village, « comme le rayon de la gloire fait resplendir un pennon en lambeaux ». Sur Barrême, sur Moriez, sur Vergons, sur Annot, sur Entrevaux, sur Puget-Théniers, etc., M. Cauvière est complet dans sa piquante brièveté. Il nous promet d'autres relations en ces lignes finales : « Nous ne prenons pas congé du lecteur. Espérons qu'il ne prendra pas congé de nous ». J'ose répondre au nom de tous les lecteurs : *Non. On vous retrouvera avec grand plaisir*. J'ose même ajouter : Continuez longtemps à voyager et à raconter et à mériter que l'on inscrive sur votre tombe — oh ! le plus tard possible — ces mots qui vous plairont, à vous qui aimez les latinades et qui citez Juvénal et autres poètes : *bonus viator, bonus scriptor*.

T. DE L.

79. — *Vacances d'un journaliste*, par Victor Fournel Pierre Téqui, libraire-éditeur, 28 rue de Tournon. 1897. in-12 de 321 pages. 2 fr.

En lisant ces pages, écrites d'une plume alerte, on sent que l'on a affaire à un écrivain de profession. Je crois qu'il serait inutile d'y chercher des informations absolument nouvelles ; mais ce que tant d'autres ont déjà raconté, ce que les Joanne et les Bœdeker ont décrit, l'auteur le redit à sa façon, avec esprit et verve. Il donne à ces descriptions une note personnelle qui ne laisse pas que d'être agréable, bien que peut-être un peu monotone. Il fait voyager à sa suite le lecteur dans les Vosges, en Espagne, à Londres, à travers l'Allemagne, l'Autriche et la Hongrie sans trop le fatiguer. Ce petit volume écrit sans prétention, non sans un certain talent, peut être mis entre toutes les mains ; il délassera de lectures plus sérieuses, et le temps que l'on passera avec lui ne sera point complètement perdu.

80. — *Grandeurs et décadence d'une oasis*, par Ch. Wallut ; *Le dernier Lair*, par Paul Féval, fils ; *Les Révolutions d'autrefois* par A. Genevay ; *Histoire naturelle pittoresque* (nouvelle édition) par H. de la Blanchère ; tels sont les titres de quatre nouvelles publications de la même librairie. Ce sont des œuvres d'imagination, d'une valeur inégale. Elles se recommandent particulièrement aux lecteurs désireux de tuer le temps assez agréablement, sans s'exposer au danger de se fatiguer le cerveau à suivre les péripéties des héros de ces petits drames fort honnêtes d'ailleurs. Les auteurs ne visent pas à l'instruction, mais seulement à l'amusement du public auquel ils s'adressent : ils atteignent, croyons-nous, leur but : on ne saurait en dire autant de tous les romanciers.

81. — *Les Alpes*. Histoire et souvenirs, par Xavier Roux, chez Téqui, Paris, 33, rue du Cherche-Midi. 1897, in-12. 271 pages.

Ce charmant petit volume, comme celui de M. Victor Fournel dont nous parlions tout à l'heure, est d'une lecture tout à la fois instructive et facile. L'auteur se borne aux Alpes françaises, principalement à l'ancienne province du Dauphiné dont il nous décrit les localités et les sites les plus intéressants. Il rappelle au passage les événements historiques dont ce pays fut le théâtre, faisant ainsi marcher de front l'histoire et la topographie. Bien qu'il évite avec soin toute dissertation par trop sérieuse, on devine que l'auteur connaît bien son sujet, tant il s'y meut à l'aise ; de plus, et cela n'est point pour déplaire, la plume de M. Roux, toujours comme celle de M. Fournel, est respectueuse à l'endroit des choses respectables ; le sentiment chrétien se retrouve à chaque page et nulle part il n'y paraît déplacé ! Cet éloge n'a rien d'excessif et nous estimons qu'il a son prix, surtout par le temps qui court.

82. — *Questions du jour. Revenu, salaire et capital, leur solidarité*, par le duc de Noailles. Paris Téqui. 1896. in-18. 152 pages.

Cette étude est de celles qui s'imposent à l'attention de tout le monde ; elle serait particulièrement salutaire à ces malheureux travailleurs qui se laissent duper si facilement par d'impudents orateurs de clubs soucieux avant tout de pêcher en eau trouble et propagateurs sans vergogne d'utopies dont ils savent très bien la dangereuse inanité, mais dont ils se servent comme d'amorces pour s'attirer une popularité du plus mauvais aloi.

Voici la conclusion de l'auteur; il la développe dans les dernières pages de son très intéressant opuscule : « Tout système de partage ou de liquidation socialiste, loin d'offrir des solutions supérieures aux combinaisons actuelles de la liberté économique, causerait la ruine de la société et de la civilisation modernes. »

Nous voudrions voir cet excellent petit livre surtout aux mains des naïfs partisans du socialisme ; ils y trouveraient la réfutation des doctrines mensongères autant qu'alléchantes auxquelles ils prêtent une oreille trop complaisante. Ils reconnaîtraient de quel côté sont leurs vrais amis et de quel autre leurs réels exploiteurs. A. R.

83. — L'historique de la mesure du temps vient de trouver une utile contribution dans les méditations d'un habile praticien octogénaire, auteur de divers mémoires et inventeur d'ingénieux appareils (120 p. in-8.)

Dans ses *Recherches sur l'origine de l'Horlogerie*. M. Hainaut, horloger à Rouen, semble avoir solidement établi les conclusions suivantes : la prétendue horloge fabriquée par Gerbert n'était qu'un cadran solaire ; — le sablier, qu'on serait tenté de croire antique n'est expressément cité qu'au XVe siècle ; — les premières horloges à poids et à balancier ne sont que d'une centaine d'années plus anciennes ; — la plus vieille horloge du monde est aujourd'hui celle du beffroi de Rouen. Elle date de 1389 : et par surcroît de célébrité, elle est la première de toutes qui ait sonné les quarts.

Voici, à côté de ces solutions, un problème : Que peut bien être cet *arcturus*, mentionné comme machine chronométrique dans les registres capitulaires de Rouen ?

A. T.

ACADÉMIE DES INSCRIPTIONS ET BELLES-LETTRES

Séance du 7 août. — M. Hamy dépose sur le bureau deux mémoires dont il est l'auteur, consacrés à deux personnages qui ont joué un rôle important dans l'histoire des origines du Jardin des Plantes. — L'un de ces personnages est Jean Héroard, premier médecin de Louis XIII et le premier surintendant du Jardin royal (1626-1628) ; l'autre est Vespasien Robin, son *démonstrateur de botanique* (1635-1662) surtout connu pour avoir enrichi la flore européenne de précieuses espèces, entre autres le *Robinia faux acacia*. — M. Hamy a beaucoup ajouté à ce que l'on savait du vieil *arboriste du roy* en publiant la correspondance inédite échangée, de 1610 à 1639, entre Robin Peiresc et Valavez. — M. Foucart présente quelques observations relatives à l'inscription gravée sur la tiare de Saïtaphárnès. — M. Furtwængler a affirmé que cette inscription est incorrecte et en tire la conclusion qu'elle est l'œuvre d'un faussaire. — M. Foucart montre qu'elle est rédigée de la manière constamment employée dans les inscriptions grecques. On sous-entend le verbe ἐστεφάνωσε, *a honoré d'une couronne ; ce qui justifie l'emploi de l'accusatif.* — M. Weil expose que le poète Alcman instruisait les belles filles de Sparte et qu'il parle dans ses vers de leurs danses et de leurs chants. — Une de ses odes, un *Parthénée*, conservé partiellement sur un papyrus du musée du Louvre, et d'abord publié par Egger, a donné lieu à beaucoup de travaux et de conjectures. Tout récemment un mémoire de M. Diels vient de jeter beaucoup de lumière sur ce texte obscur. M. Weil résume la magistrale étude du savant de Berlin, dont il adopte les vues tout en proposant, à son tour, quelques interprétations nouvelles. — Le R. P. Lagrange, de l'ordre des frères prêcheurs, professeur à l'école biblique de Jérusalem, fait une communication sur des milliaires arabes récemment découverts en Palestine. — Le troisième connu a été trouvé, ce printemps dernier, au couvent grec de Kousira, nommé par les Arabes Deïr-el-Kelt, à trois quarts d'heure à l'ouest de Jéricho. Il provient, comme les deux premiers, d'Abd-el-Mélik. Malheureusement l'indication de la distance par rapport à Damas en allant à Jérusalem se trouvait sur la partie qui manque. Ce milliaire ne permet donc pas de calculer la valeur du mille arabe, qui n'est pas exactement connue ; mais il est néanmoins intéressant pour l'histoire de l'écriture arabe et l'organisation administrative des Ommiades. — MM. Clermont-Ganneau et Dieulafoy présentent, à cette occasion, quelques observations sur les unités métriques employées successivement en Palestine.

Henry THÉDENAT

L'Éditeur-Propriétaire-Gérant : Albert Fontemoing.

BULLETIN CRITIQUE

125. — **Quellen und Forschungen zur Geschichte und Kunstgeschichte des Missale Romanum im Mittelalter**; *Iter italicum*; von d^r. theol. Adalbert Ebner; Fribourg, Herder, in-8° de x-487 pages.

126. — **The missal of Robert of Jumièges**, edited by H. A. Wilson, Londres, 1896; in-8° de LXXIV-348 pages, avec 15 planches.

127. — **The missal of Saint-Augustine's Abbey Canterbury**, edited by Martin Rule; Cambridge, University Press, 1896; in-8° de CLXXXIV-174 pages.

M. le docteur Ebner a entrepris de reconstituer l'histoire du missel romain à travers les mille variations qu'il a subies pendant le moyen-âge. Un tel travail suppose la connaissance et le classement de tous les anciens missels qui sont parvenus jusqu'à nous. M. L. Delisle, par son mémoire sur d'anciens sacramentaires, a largement ouvert la voie, sur ce terrain comme sur tant d'autres; mais il s'est borné aux sacramentaires, c'est-à-dire aux livres du type le plus ancien, aux premiers termes de la série. M. Ebner a recherché aussi les missels pléniers. De plus il a voulu explorer par lui-même les dépôts de manuscrits épars dans toute l'Europe. Le présent volume, comme l'indique le sous-titre, contient les résultats de ses recherches en Italie. Viendra ensuite un *Iter germanicum*, sans doute aussi un *Iter gallicum* et quelques autres, car autrement le dépouillement serait incomplet.

Dans cet *Iter italicum*, qui s'étend à une quarantaine de villes, depuis Aoste jusqu'à Bari, j'ai remarqué surtout un intéressant sacramentaire conservé à Padoue, qui semble représenter un texte grégorien un peu différent de celui que nous connaissons par les innombrables exemplaires dérivés du sacramentaire d'Hadrien Ier.

A la description des manuscrits font suite deux appendices. Dans l'un sont reproduits un certain nombre de textes copiés par M. Ebner dans les bibliothèques italiennes. Ces textes intéressent surtout l'histoire des prières et formules secondaires, de celles que l'on interpola un peu partout et sans entente, dans le sacramentaire officiel de Rome et dont quelques-unes seulement ont fini par s'imposer. Il y a aussi, soit dans cet appendice, soit dans le catalogue descriptif, d'utiles reproductions de calendriers. Enfin, un deuxième appendice présente quelques-uns des résultats obtenus par l'auteur dans son étude des manuscrits italiens rapprochés de ceux que l'on connaissait déjà. Il est bref sur les difficiles questions que l'on agite autour des premières origines, plus étendu sur l'histoire du missel depuis Charlemagne. On ne peut que souhaiter la continuation d'un travail aussi intéressant que difficile et d'ailleurs fort bien inauguré.

2. — Le volume de M. H. A. Wilson fait partie de la collection de textes liturgiques entreprise par la société Henry Bradshaw. Il a subi diverses vicissitudes avant d'être confié aux mains expérimentées de l'éditeur du sacramentaire gélasien. C'est la reproduction d'un sacramentaire donné à Jumièges par son ancien abbé Robert, qui devint évêque de Londres, puis archevêque de Cantorbéry (1051-1052). Ce livre avait été exécuté à Winchester, probablement pour le New Minster, aux environs de l'année 1020. Telles sont, du moins, les conclusions de M. Wilson et je les considère comme fort plausibles. Le contenu est celui de tous les sacramentaires grégoriens, mais avec quelques particularités intéressantes au point de vue de l'hagiographie anglaise. Il y a même un fait à relever pour notre hagiographie à nous; c'est que, dans une litanie, saint Martial est marqué à la suite des apôtres et des évangélistes [1]. Il y a là une des traces les plus notables et les plus anciennes de ce progrès singulier qui fit passer ce saint du rang des confesseurs à celui des apôtres, précisément dans le premier quart du XI° siècle.

3. — Le manuscrit publié par M. Martin Rule est d'un siècle environ plus jeune que le précédent. Actuellement il est conservé

---

1. Rectifier, à ce propos, ce que j'ai dit de ce manuscrit dans les *Annales du midi*, t. IV, p. 325.

à Cambridge, dans la bibliothèque du collège de Corpus Christi. L'éditeur n'a pas de peine à établir qu'il est de l'extrême fin du xie siècle ou peut-être des premières années du siècle suivant. A l'origine c'était un sacramentaire; mais on y a ajouté après coup les textes des pièces de chant. M. Martin Rule s'est convaincu que l'original de cet exemplaire était un livre à l'usage de saint Grégoire le Grand. Cette idée est longuement développée dans son érudite préface. Mais j'ai peine à croire qu'il la fasse accepter du commun des liturgistes. En émettant cette observation, je n'entends pas dire que les vieux livres liturgiques anglais et spécialement ceux de l'abbaye de Saint-Augustin à Cantorbéry n'aient pas de droits à une considération toute spéciale. En les étudiant de très près on arrivera peut-être à y reconnaître, comme dans le sacramentaire de Padoue, des traces importantes de la liturgie grégorienne telle que la contenaient les livres antérieurs à Charlemagne.

L. Duchesne.

---

128. — Syveton. **Une Cour et un Aventurier au XVIIIe siècle. Le Baron de Ripperda**; d'après des documents inédits des Archives impériales de Vienne et des Archives du ministère des affaires étrangères de Paris. Paris, E. Leroux, 1896, in-18 de 309 pages.

L'ouvrage de M. Syveton sur cet étrange aventurier qui s'imposa en 1725 à la cour de Madrid et tint entre ses mains, durant quelques mois, les destinées de l'Europe, présente un vif et sérieux intérêt. Il est écrit avec beaucoup de verve et d'esprit; les appréciations sont généralement justes; les deux figures de Ripperda et de la reine Elisabeth Farnèse se détachent heureusement de l'ensemble; enfin et surtout, ce livre apporte à l'histoire diplomatique une importante contribution en faisant connaître, en dehors de toutes les conjectures traditionnelles, le caractère vrai de l'alliance conclue, en 1725, entre l'Espagne et la maison d'Autriche. Je pourrais signaler beaucoup d'autres résultats obtenus par les savantes recherches de l'auteur et qui, pour être moins précieux que celui-là, ne sont pas cependant à dédaigner.

A vrai dire, on ne saurait faire à M. Syveton qu'un seul reproche de quelque gravité: pourquoi, sur cette crise si intéressante de la

politique espagnole, a-t-il omis de consulter les documents espagnols, pour ne s'arrêter qu'aux documents autrichiens et aux documents français? Les documents espagnols relatifs à Ripperda sont peu nombreux, je le veux bien; la plupart de médiocre valeur, je l'accorde encore; il en est cependant, aux Archives d'Alcala de Hénarès que M. Syveton aurait pu dépouiller avec fruit [1].
Il y aurait appris à juger avec moins de faveur la politique autrichienne en 1724 et aurait rendu plus de justice aux efforts de la

1.
Liasse.	Date.	
3549	«	Antecedentes sobre la familia de Ripperdà.
3451	1724	Pasaporte al Baron de Ripperdà para pasar à Olanda.
Id.	1725	Cartas y copias del Sr. Orendain al Baron de Ripperdà, instructivas para tratar y ajustar la paz con el Señor Emperador.
Id.	1725	Plenipotencia ad Duque de Ripperdà para dar cumplimiento à lo estipulado en los articulos 6° y 16 del tratado de Paz con el Emperador y el Imperio.
Id.	1725	Carta de Crehencia para D. Luis Baron de Ripperdà
Id.	1725	Titulo de Secretario de Estado al Duque de Ripperdà.
4818	1726	Conversacion del Duque de Ripperdà con D. Juan Francesco Bruto.
766	1726	Cartas particulares al Duque de Ripperdà pretendiendo destinos y gracias.
Id.	id.	Otras de enhorabuena al dicho Duque por el Ministerio de Estado y del Despacho.
Id.	id.	Copias de las obligaciones de asientos para la provision de Armas y alimentos para la tropa y proposiciones, para la Administracion de Rentas Reales en tiempo del Duque de Ripperdà.
4828	1726	Copias sobre la causa del Duque de Ripperdà extraido à la fuerza de casa del Embajador de Inglaterra, donde se habia refugiado y conducido al Alcazar de Segovia.
4823	1726	Carta (en italiano) del Cardenal Alberoni a Felipe V, Roma, 6 septiembre de 1726, con una minuta (en frances) con antecedentes relativos al Baron de Ripperdà.
3476	1732	Decreto dado en Sevilla à 16 de Julio de 1732, para que se anule, borre y cancele la merced de Duque y Grande concedida al Baron de Ripperdà.

France et de l'Angleterre pour donner satisfaction aux désirs de l'Espagne. Il y aurait surtout trouvé le dernier mot des négociations qui ont suivi le renvoi par le duc de Bourbon de l'Infante Anne-Marie-Victoire et abouti si rapidement aux trois traités de Vienne. Pour n'avoir pas lu les lettres du secrétaire d'Etat Orendayn à Ripperda, M. Syveton a dû faire sur ce point la part assez large à l'hypothèse et est tombé dans quelques erreurs.

On me permettra de les signaler, dans l'ordre où je les ai relevées, ainsi que les légères divergences d'appréciation qui me séparent sur un petit nombre de détails de M. Syveton.

P. 27. L'auteur accuse l'Espagne et les puissances médiatrices au congrès de Cambrai d'avoir *sournoisement* dénié à l'Empereur la suzeraineté sur la Toscane, Parme et Plaisance que lui avait reconnue la quadruple alliance de Londres. Ces puissances étaient dans leur droit, attendu que la quadruple alliance ne reconnaissait la suzeraineté de l'Empereur qu'après l'avénement de l'Infant don Carlos, tandis que Charles VI prétendait l'exercer tout de suite. D'ailleurs les réponses de l'Empereur aux propositions de l'Espagne, de l'Angleterre et de la France allaient jusqu'à l'insolence et à la brutalité. De même, dans ses négociations avec Ripperda, la cour de Vienne se montrera très peu scrupuleuse.

P. 29. Le marquis de Monteleon n'est arrivé à Paris qu'au mois d'août 1724. Sur les débuts de sa mission auprès du gouvernement français, ses lettres, qui sont à Simancas, fournissent de précieux renseignements. On ne rencontre pas dans ces Archives les *instructions* données à cet ambassadeur extraordinaire que M. Syveton n'a pas trouvées non plus dans d'autres dépôts ; mais le projet de traité du 2 juillet 1724 (Simancas, Est. l. 4351) supplée à ces instructions.

P. 32. Ce n'est pas à la fin de septembre, mais le 6 de ce mois, que Monteleon a fait ses premières ouvertures au secrétaire d'Etat de Morville.

P. 35 36. S'il est vrai que les réponses évasives et dilatoires du gouvernement français, expédiées par Monteleon le 13 novembre 1724, aient déterminé le brusque revirement de la politique espagnole, il ne l'est pas qu'elles « aient jeté Philippe V dans un de ces accès de fureur qui l'arrachaient si violemment à son apathie habituelle. » Le ton de Philippe est au contraire très grave, très triste et même très affectueux pour notre ambassadeur, le maréchal de Tessé. Le petit-fils de Louis XIV cesse de compter sur la France et il en ressent une vive affliction.

P. 46. On ne saurait dire que « le marquis de Miraval, président du conseil de Castille, et le confesseur du roi, le jésuite Bermudez, fussent tous deux Impérialistes. » Ils étaient tout simplement partisans du gouvernement de l'Espagne par les Espagnols et opposés à la perpétuelle intervention du maréchal de Tessé qui, du vivant de Louis Ier obsédait de ses projets les deux cours de Saint-Ildefonse et de Madrid. D'ailleurs Tessé perd la tête chaque fois qu'il parle des jésuites et surtout du père Bermudez qu'il déteste. Le duc de Bourbon et le comte de Morville ont reconnu, peu de mois après, tout le mal qu'avait fait Tessé par ces haines aveugles. En définitive, on ne doit point oublier que, si Bermudez a été disgracié, c'est pour avoir trop fortement voulu la réconciliation de la France et de l'Espagne. La parole si violente de la Reine contre Bermudez que rapporte M. Syveton (p. 47) a été dite par elle non pas à Tessé, mais au roi lui-même.

P. 48. Grimaldo n'était pas, comme l'écrit M. Syveton, sur la foi de Tessé, « *vendu* » à l'Angleterre. Ainsi que la plupart des ministres influents de cette époque, il avait, *avec la permission du roi son maître*, reçu des présents du roi d'Angleterre. Après le renvoi de l'Infante, le gouvernement fut trop heureux de s'appuyer sur la bonne volonté de ce même Grimaldo si vilipendé par Tessé.

P. 65. M. Syveton a raison de dire que, de 1719 à 1724, Ripperda, déchu de son ambassade, fut oublié du gouvernement espagnol. Une lettre de Laules à Philippe V, datée de Paris, 8 juillet 1724 (Archives d'Alcala, l. 2460), prouve cependant qu'à cette date le roi d'Espagne tint à être renseigné exactement sur la valeur du personnage; les résultats de l'enquête faite en Hollande par l'ambassadeur Beretti-Landi furent très défavorables à Ripperda. La conclusion, à laquelle tous les actes de l'administration future de Ripperda devaient apporter tant d'arguments nouveaux, disait « que c'était un homme sans principes, d'un esprit déréglé et étourdi, peu estimé, peu considéré, hormis de quelques gens de sa trempe, tous également méprisés. »

P. 81. L'usage immodéré des documents autrichiens peut seul expliquer l'épithète de « scandaleusement partiale » appliquée aux puissances médiatrices. M. Syveton me répondra peut-être que je suis sous le coup des documents espagnols.

P. 92. Le secrétaire de Ripperda, Henri Wiespien, est parti de Vienne pour Madrid le 10 ou le 11 mars et est arrivé à Madrid le 31 du même mois.

P. 95-97. Le résumé des actes relatifs au renvoi de l'Infante Anne-Marie-Victoire manque de précision et quelquefois d'exactitude; il eût suffi de donner sur ce point les conclusions de M. Paul de Raynal, dans son livre : « Le Mariage d'un Roi. » Par exemple, M. de Raynal a prouvé d'une façon péremptoire (et il y a encore bien d'autres preuves que celles qu'il donne) que notre ambassadeur Tessé n'a pas connu la résolution du gouvernement français et qu'il est parti de Madrid sans la soupçonner. L'abbé de Livry n'a pas été chassé *aussitôt* après avoir annoncé à Philippe « la douloureuse nouvelle ».

P. 98-107. Les six lettres d'Orendayn à Ripperda du 9 mars au 2 avril 1725 que renferment les archives d'Alcala entraîneraient un remaniement complet de ces dix pages. M. Syveton, qui a démontré sans réplique possible que Ripperda avait sans cesse fait fi de ses instructions, commet l'imprudence « de conjecturer les instructions envoyées par la cour de Madrid postérieurement au renvoi de l'Infante d'après les propositions que Ripperda fit à Vienne (page 100, note 1)! Si M. Syveton avait eu l'heureuse idée d'écrire aux archivistes d'Alcala, il aurait reçu le texte authentique de ces instructions, les premières en langage convenu et avec des noms supposés, les dernières en clair et parfaitement intelligibles. Il y aurait vu que bien loin de « réclamer un appui plus sérieux relativement à Gibraltar *et à Port-Mahon* », Philippe abandonnait au bon vouloir impérial la question de Port-Mahon; que le roi d'Espagne n'avait pas renoncé à la médiation de l'Angleterre en même temps qu'à celle de la France (c'est Georges Ier qui, le 20 avril, refusa de continuer à faire l'office de médiateur); que la paix devait être signée à Cambrai par les plénipotentiaires du Congrès, après l'avoir été à Vienne; que Ripperda n'a pas eu les instructions définitives de sa cour avant le 25 avril, et que, s'il s'est décidé à revenir plus tôt de Prague à Vienne, c'est au reçu des premières lettres de mars; enfin et surtout que, si Ripperda a signé les traités du 30 avril à des conditions aussi désavantageuses pour l'Espagne, et sans stipuler les mariages entre infants et archiduchesses, c'est qu'il en a reçu, par une lettre du 2 avril, l'ordre formel de la cour de Madrid; celle-ci ne songeait plus qu'à se venger de la France. Nous n'avons pas trouvé trace du projet de mariage dont parle M. Syveton entre le prince des Asturies et l'archiduchesse Marie-Thérèse; il est vrai qu'il y a un tel enchevêtrement dans les noms supposés des lettres en langage convenu, que celui de don Ferdinand pourrait s'y trouver à la rigueur; mais la lecture attentive et réitérée de ces documents nous porte à croire qu'il s'agit tout au contraire d'une concession nouvelle de Philippe V, qui, si l'on voulait comprendre dans le traité la promesse de mariage, se contenterait de la seconde archiduchesse pour don Carlos.

M. Syveton a fort bien marqué la place que cette préoccupation du mariage de ses fils Carlos et Philippe a tenue dans l'esprit d'Elisabeth Farnèse. Elle y a subordonné longtemps toute la politique espagnole; mais en cela, quoi que pût en penser le gouvernement français, elle ne se montrait pas anti-bourbonienne, puisque le résultat de ces alliances eût été l'absorption de la maison d'Autriche par la maison de Bourbon. Dans ses rêves politiques et maternels, Elisabeth Farnèse a vu l'Autriche, l'Espagne, la France, l'Italie, l'Amérique, unies sous le sceptre de ses fils. La même raison qui lui faisait poursuivre les mariages autrichiens la poussait à réclamer l'abolition des renonciations d'Utrecht. Inutile de montrer ce qu'un projet si grandiose avait de chimérique et d'irréalisable.

La seconde partie de l'ouvrage de M. Syveton relative au fantastique gouvernement de Ripperda nous paraît tout à fait bonne. Avec quelques corrections et additions, le volume entier serait excellent; tel qu'il est, il demeure la meilleure étude parue jusqu'à ce jour sur l'un des types les plus curieux de ces aventuriers politiques dont fourmille le XVIIIe siècle [1].

Alfred BAUDRILLART.

---

129. — **Histoire du second Empire,** par Pierre de la GORCE, Plon, in-8°, t. III, 485 pages.

Ce livre est consacré presque tout entier aux affaires italiennes;

---

[1]. Dans la *Revue d'histoire diplomatique* (1896). M. Syveton étudie un autre de ces types, le Baron de Gœrtz.

M. de la Gorce y expose avec le soin méticuleux et la consciencieuse impartialité qu'il a déjà montrés dans les deux précédents volumes, la conduite embrouillée de Napoléon III, et la politique tortueuse de Cavour. La partie de l'ouvrage réservée à l'intervention française, à la paix de Villafranca, aux annexions italiennes, présente au lecteur un récit intéressant mais quelque peu aride. Le volume ne devient attachant que lorsqu'on sort des finasseries diplomatiques pour trouver des événements échappant pour ainsi dire aux combinaisons des hommes d'Etat et dépassant leur attente par leurs résultats.

I

Ainsi, quand cette espèce de condottiere à la chemise rouge et au *sombrero* légendaires s'embarqua pour entreprendre la conquête de la Sicile, Cavour jugeait l'expédition de Garibaldi tellement aléatoire que, pris subitement d'un goût très vif pour les beaux arts, le ministre du roi de Piémont s'enfermait dans les musées, pour se dérober à toute question. Il apprenait bientôt le succès de Marsala, l'inaction de Napoléon III, le soulèvement de la Sicile en faveur des Mille et l'accueil que recevait, dans la Calabre, cette troupe grotesquement galonnée, triomphant sans peine d'armées régulières qui livraient volontiers leurs armes quand on promettait aux soldats un congé illimité. Le roi de Naples, François II, s'embarquait pour Gaëte, tandis que son peuple acclamait avec joie l'homme au *talisman merveilleux*, l'égal, pour l'instant, de S. Janvier, le dictateur Garibaldi, salué au nom de tous par une adresse de Liborio Romano, le même écrivain qui avait rédigé les adieux du roi à son peuple.

En présence d'un tel succès, Garibaldi oubliait qu'il ne travaillait pas pour lui, mais pour le Piémont. Cavour l'arrêta en s'emparant avant lui des Etats du Pape.

II

Pour l'accomplissement de ce dessein, il y avait à redouter l'intervention de Napoléon III, protecteur avéré du S. Père, puisqu'il entretenait une garnison dans Rome, sous les ordres du général de Goyon; puisqu'il autorisait un général français, Lamoricière, à réorganiser avec Mgr de Mérode l'armée pontificale. L'audace des

Piémontais aboutit à la victoire de Castelfidardo et à la reddition d'Ancône. Loin d'être entravé par le gouvernement français, Cavour recevait les éloges du prince Napoléon, qui en plein Sénat flétrissait Lamoricière et « ses bandes », raillait le sous-lieutenant Mérode, transformé en *ministre des armes,* et traitait la Papauté de *cristallisation du moyen-âge.*

Ce discours, imprimé et répandu dans toute l'Italie, traduisait, sans doute, avec une violence qui ne lui était pas habituelle, les secrètes pensées de Napoléon, puisqu'il ne s'opposait pas à la publication de cette brochure. Il essayait toutefois encore de louvoyer, de regagner le clergé, qui ne le saluait plus avec l'humilité des premiers jours, mais se ralliait à la véhémente parole de Mgr Pie ou de Mgr Dupanloup. A la Chambre, un député alors inconnu, M. Keller, interpellait le gouvernement en ces termes : « Dites-nous ce que vous êtes, l'ordre ou la révolution » et il osait ensuite lire le testament d'Orsini en déclarant : « La Révolution incarnée dans Orsini, voilà ce qui fait reculer la France ».

L'Empereur perdait donc la confiance d'une partie des Français, il s'attirait la haine du clergé, enfin il ne pouvait compter sur la reconnaissance de l'Italie qui lui reprochait son abandon à Villafranca et le considérait comme suffisamment indemnisé par Nice et la Savoie.

Le livre de M. de la Gorce se termine par le récit de l'agonie de Cavour, qui expirait à Turin au mois de juin 1861. Il reçut à son lit de mort les secours de la religion et proféra ces paroles entrecoupées : « Je veux que le peuple de Turin sache que je meurs en bon chrétien ». Le créateur de l'Italie jouait-il une suprême comédie, ou avait-il conservé un reste de foi que ralluma l'approche des derniers instants? Problème redoutable et que l'histoire ne saurait résoudre.

Telle est l'analyse rapide des principaux événements à la fois si compliqués et si dramatiques que contient l'ouvrage de M. de la Gorce. Plus de quarante ans se sont écoulés depuis la mort de Cavour; Antonelli dans sa conduite politique avait bien raison de préférer la patience diplomatique à la violence de son rival Mérode. Le Pape n'est plus traité, même par ses adversaires, en *cristallisation du moyen-âge,* tandis que l'Italie *une,* minée par la paix armée que lui impose la triple alliance et par d'infructueuses

tentatives de colonisation, subit les défaites que lui inflige un roi nègre.
F. ROUSSEAU.

---

130. — J. PAGUELLE DE FOLLENAY. **Vie du Cardinal Guibert,** archevêque de Paris. 2 vol. in-18 de xx-564 et 732 p. Paris, Poussielgue. 1896.

C'est le propre des esprits supérieurs de savoir se créer des collaborateurs ; mettant en œuvre l'activité des autres, ils étendent presque indéfiniment leur champ d'action et se multiplient en la personne de ceux qui, remplis de leur pensée, marchent dans la direction qui leur est imprimée et s'appliquent à des travaux adaptés à leurs talents. Tel était le cardinal Guibert qui, dans son expérience, savait si bien s'entourer d'auxiliaires faits pour le seconder ; tel est celui qui, désigné par la voix publique pour écrire la vie d'un ami vénéré, a su faire choix d'un homme instruit, pieux, spirituel et patient, pour composer un livre qui est en quelque sorte la synthèse de l'histoire de l'Eglise de France pendant près d'un siècle.

La première partie (je dirais le premier acte, si le personnage se prêtait le moins du monde à la mise en scène) se passe en Provence au lendemain de la Révolution : un jeune enfant grandit au milieu d'une famille chrétienne, et nous voyons éclore en lui la vocation ecclésiastique ; au second plan paraissent quelques vénérables survivants de l'ancien clergé qui transmettront au jeune néophyte leur austère gravité, sans lui communiquer aucun des préjugés gallicans et jansénistes qui ont contribué à pervertir une partie du clergé de l'ancien régime.

Le pieux séminariste rencontre sur son chemin un jeune prêtre que dévore un zèle ardent : l'abbé de Mazenod, neveu de l'évêque de Marseille auquel il succédera un jour, est le fondateur d'une petite société de missionnaires voués à l'œuvre de la rechristianisation de la France ; nous jetons un coup d'œil sur cette œuvre des missions qui suffirait à elle seule pour désigner la monarchie restaurée des Bourbons à la reconnaissance de l'Eglise tout entière : encouragés par des princes bienveillants, les nouveaux apôtres s'en vont réveiller dans les âmes la grâce du baptême assoupie pendant une longue période de compression administrative.

C'est dans dans cette milice que le jeune Guibert s'enrôle, sacrifice généreux, mais non pas inconscient. Le novice traverse des crises douloureuses, il doute de sa vocation, il est ébranlé par les reproches de ses parents qui sont pourtant chrétiens, il est sur le point de défaillir, mais d'une main douce et ferme le Père de Mazenod relève son enfant et l'amène à consommer son immolation ; dès lors le maître et le disciple ne formeront plus qu'un cœur et qu'une âme ; une confiance réciproque les attache l'un à l'autre, et un jour viendra où le Père Guibert servira de conseiller, de consolateur, de protecteur même à son père bien-aimé.

Voici le Père Guibert appliqué à l'œuvre des missions : après avoir annoncé la parole de Dieu dans les Cévennes et en Provence, il devient recteur d'une des maisons de sa communauté, à N. D. du Laus. L'épreuve le sanctifie en épurant son zèle ; de tous les côtés surgissent des contradictions : de la part de certains évêques, imbus de préjugés d'un autre âge, et qui n'admettent pas que l'Eglise marche avec son siècle, pour le préserver de dangers nouveaux et le guérir de nouvelles erreurs ; de la part du gouvernement issu de la révolution de 1830, qui voyant, généralement à tort, dans les missions, une campagne de propagande en faveur de la dynastie déchue, excite, ou ne calme pas, ce qui revient au même, les fureurs antireligieuses d'une minorité de sectaires.

L'œuvre des missions a fait son temps, mais la Providence appelle son fidèle serviteur à une entreprise dans laquelle il saura donner la mesure de ce qu'il vaut ; le jeune missionnaire qui débutait timidement à Nîmes en 1825 est devenu un homme d'expérience, prudent et hardi, inflexible et souple, humble et cependant fait pour gouverner. La Corse, à peine pacifiée, a besoin d'une rénovation religieuse ; son clergé est le premier à réclamer une réforme radicale ; il faut créer des séminaires à Ajaccio, et le Père Guibert est préposé à cette tâche épineuse qu'il mène à bonne fin dans l'espace de sept années. Les besoins de ses fondations l'obligent à traiter avec les préfets, avec les directeurs du ministère, avec les ministres, avec le roi lui-même ; il laisse partout l'impression d'un homme droit, prudent et conciliant : en 1842, un décret royal le désigne pour occuper le siège épiscopal de Viviers.

Evêque, puis archevêque, Mgr Guibert se montra tel qu'il avait été comme supérieur du séminaire d'Ajaccio : ce fut un homme modéré. Il désapprouvait les excès dans tous les sens, il était blâmé par les exagérés des deux partis. Ce sont des luttes retentissantes que ce pacifique eut à soutenir, mais les hommes clairvoyants ont fini, les uns plus tôt, les autres plus tard, par reconnaître le bien-fondé de ses appréciations et la sagesse de ses conseils. On en eut la preuve dans le tournoi épistolaire où le ministre des Cultes, M. Rouland, l'attira en 1860 ; il s'agissait de la question romaine et des fautes commises par Napoléon III ; complice ou dupe des révolutionnaires italiens, ce prince infortuné préparait de ses propres mains le désastre qui devait engloutir son trône, et des publications officieuses donnaient au Pape des conseils perfides qu'accompagnaient d'hypocrites protestations de respect; il fallait un homme résolu pour arracher les masques, et cet homme fut Mgr Guibert; nulle part mieux que dans ce chapitre, on ne voit revivre une époque déjà lointaine, mais dont la plupart de nos contemporains ont vu se dérouler les lamentables péripéties.

Avec la guerre franco-allemande, Mgr Guibert, archevêque de Tours, se révéla sous un jour nouveau : appelé par les circonstances à donner l'hospitalité au gouvernement fugitif de la Défense nationale, on le vit, patriote avant tout, abandonnant son palais aux blessés, y recevant Crémieux, le garde des sceaux israélite, avec autant de tact que de cordialité ; avec madame Crémieux, devenue sa commensale, il est homme du monde, digne évêque des châtelains tourangeaux ; à certains politiciens il sait imposer le respect ; il oblige les gens mal élevés à conserver leurs distances ; avec Garibaldi, il redevient intraitable et il ferme sa porte au spoliateur de l'Eglise ; digne et ferme avec les Prussiens, sa noble attitude impose le respect aux vainqueurs et leur arrache des mesures de modération, bien rares dans cette lugubre période.

Après la mort de Mgr Darboy, le gouvernement de M. Thiers fit offrir à l'archevêque de Tours le poste de combat où trois prélats sur quatre venaient de périr assassinés ; cette considération seule put vaincre ses répugnances et lui faire répéter le *Non recuso laborem* de saint Martin, dont il avait relevé le tombeau et dont il cherchait surtout à suivre les exemples.

Archevêque de Paris, Cardinal, fondateur de la Basilique du vœu national, de l'Université catholique et d'une foule de grandes œuvres qui lui survivent, Mgr Guibert s'était élevé dans une atmosphère sereine du haut de laquelle, vénéré de ses diocésains, il dominait tout ce qui s'agitait autour de lui par la majesté de son caractère ; il s'en était remis, pour la conduite des affaires de pure administration, sur les collaborateurs éminents qu'il avait initiés à ses méthodes de gouvernement, et, libre du côté des détails, il se réservait pour les questions d'une portée plus générale. On peut dire que, pendant les dernières années, il fut le chef incontesté de l'Eglise de France ; dans ses rapports avec les pouvoirs publics, il savait tenir un langage toujours mesuré, mais d'une énergie qu'on ne se fût pas attendu à trouver sous la plume d'un octogénaire ; pas une iniquité ne s'accomplit (et la liste en est longue !) sans qu'une protestation s'élevât, déférente dans la forme, mais impitoyable par sa logique ; il est quelques-unes de ses lettres qui mériteront de prendre place parmi les beaux morceaux de notre littérature.

Ce que tous n'ont pas soupçonné, c'est que ce grand vieillard avait une âme tendre et que ses vertus intimes étaient d'aussi bon aloi que ses talents extérieurs ; il continua dans sa vie d'évêque à pratiquer les renoncements du religieux, mais son austérité n'avait rien de rébarbatif ; quelques confidences discrètes de ses familiers nous le montrent simple et enjoué ; ami des petits et des pauvres, il répandait sans bruit de princières aumônes, et sa douce sympathie allait jusqu'aux plus humbles créatures, aux oiseaux et aux fourmis de son jardin, au chat de Saint-Prix, aux ânes qu'il s'amusait à voir brouter dans les vallées de la Savoie... *Benedicite omnes bestiae et pecora Domino !*

Pour composer un tel livre, il fallait se livrer à de longues recherches ; M. le chanoine P. de F. n'a pas reculé devant de pénibles voyages en Provence et en Corse pour pouvoir compulser les archives et interroger les derniers témoins des jeunes années du Cardinal. Pour l'époque récente, la tâche était plus difficile encore, car dix années ne donnent pas assez de recul à l'historien pour qu'il puisse se mouvoir à son aise entre les susceptibilités et les modesties qu'il a à ménager.

La tendance dont l'écrivain a voulu se garder avant tout est celle qui transforme le biographe en un panégyriste de parti pris ; il a voulu sortir du type trop commun des vies écrites dans le mode laudatif, genre faux et fade qui n'a rien à voir avec l'histoire. C'est là ce qui constitue l'originalité et le principal mérite d'un excellent travail, un peu long, peut-être, mais toujours instructif.

P. PISANI.

---

131. — **Manuel de Bibliographie historique,** par Ch. V. LANGLOIS, chargé de cours à la Faculté des Lettres de Paris : I. *Instruments bibliographiques*. Paris, Hachette, 1896, in-8°, 196 pages, 3 fr. 50.

Ce volume est le résumé des cours de M. Ch. V. Langlois à la Sorbonne sur les Eléments de la Bibliographie historique. Il renferme l'indication sommaire des instruments bibliographiques que la science a jusqu'ici mis au service des travailleurs, et que ceux-ci doivent connaître, apprécier et utiliser, sous peine de produire des œuvres inexactes, incomplètes, ou même déjà faites par d'autres. Ce n'est pas chose facile de classer les innombrables recueils de travaux et de sources publiés depuis le xvie siècle, dans tous les pays, sur toutes les matières possibles, et ce n'est pas sans une certaine difficulté, que, malgré sa clarté et sa netteté, l'on suit M. Langlois à travers tous les répertoires historiques. La première lecture de son ouvrage est pénible et laisse de la confusion dans l'esprit : la seconde en est plus consolante et plus fructueuse. C'est le sujet lui-même, ardu et nouveau, qui en est la cause, et il faut rendre grâces à l'auteur de l'avoir quand même abordé.

Le livre I est consacré aux Eléments de *Bibliographie générale*, et traite d'abord de la Bibliographie des bibliographies, puis des Répertoires de bibliographie universelle et nationale. Il passe rapidement sur la Bibliographie des bibliographies, c'est-à dire sur les Répertoires de livres ayant trait à tous les sujets possibles, parce que cette sorte de Bibliographie (Vallée, Petzhols) est trop générale dans son plan pour être complète, exacte et précise, vu le nombre incalculable d'écrits publiés jusqu'à nos jours. — Les Répertoires de Bibliographie universelle comprennent: les Répertoires de livres imprimés de telle à telle date (p. e. Hain), les répertoires des livres singuliers et utiles (p. e. Brunet et Graesse), les catalogues des grandes bibliothèques (p. e. de Paris et de Londres), les répertoires généraux des Périodiques, les Encyclopédies, etc. — Quant aux Répertoires de bibliographie régionale, c'est-à-dire, qui renferment la listes des livres publiés sur n'importe quel sujet dans les différents pays, ils se divisent selon ces pays eux-mêmes. En France, par exemple, nous avons le *Journal de la librairie* de Lorens.

Cette première partie, la plus générale, est aussi la plus courte, et M. Ch. V. Langlois veut traiter spécialement de la *Bibliographie historique.* Le livre II est consacré à celle-ci et indique d'abord les Répertoires des sources originales, puis les Répertoires des travaux, livres ou périodiques, intéressant l'histoire.

Les Répertoires des sources originales se composent surtout des Catalogues de Bibliothèques et d'Archives, des Recueils de documents inédits ou imprimés, limités ou non à certains pays, (p. e. la France) à certaines littératures, (p. e. l'Orientale) à certaines corporations, (p. e. les Jésuites, les Franciscains) à certaines branches d'étude (p. e. l'histoire de la Philosophie), et enfin des études sur les sources originales mêmes, (p. e. Wattenbach, Sources de l'histoire d'Allemagne.)

Les Répertoires des travaux, sous forme de livres ou d'articles, peuvent être classés de deux manières, selon les pays où ces travaux ont paru, ou selon leurs objets. La première de ces divisions a peu d'importance : la seconde est plus utile, et comprend les articles et les ouvrages relatifs, soit à l'histoire universelle, soit à une période de l'histoire (p. e. le moyen-âge), soit à l'histoire d'une nation ou d'une région (p. e. de la France, de la Bretagne), soit enfin à l'histoire d'une branche spéciale, (p. e. de la Philosophie.)

Tels sont les cadres entre lesquels M. Ch. V. Langlois répartit toute la matière bibliographique. Il n'a pas eu l'intention, dans ce *Manuel*, d'être complet, et d'indiquer tous les cadres possibles, et dans chacun d'eux tous les Répertoires même utiles. Cela l'aurait entraîné trop loin, et il n'y a pas à lui reprocher par conséquent d'en avoir omis quelques-uns, comme le Catalogue des manuscrits hagiographiques que les Bollandistes sont en train de faire pour toutes les grandes Bibliothèques, et qui est un type de ces catalogues de littérature et de manuscrits spéciaux qu'il recommande lui-même avec M. L. Delisle (p. 70). Les appréciations jointes à l'énumération des Répertoires bibliographiques lui donnent de l'intérêt et sont fort utiles. Ne sont-elles pas quelquefois un peu sévères ? Si le plan de la *Topobibliographie* de M. U. Chevallier, qui est en cours, est un peu vague et arbitraire, son travail sera quand même bien utile. Quant à sa *Bio-bibliographie*, elle mérite tous les éloges, bien qu'elle n'ait pas la prétention de juger les ouvrages qu'elle indique sur chaque auteur. Pourquoi ne compterait-il pas sur le tact historique de ceux qui s'en servent?

En résumé, ce *Manuel* sera fort utile à tous les travailleurs. Ceux qui commencent seront préservés en le lisant de longs tâtonnements, et s'orienteront de suite dans l'immense dédale de la bibliographie historique : ceux qui ont déjà étudié classeront mieux les instruments de travail avec lesquels ils sont familiarisés et les apprécieront avec plus de sûreté.

Toutefois ce *Manuel* ne sera complet que lorsqu'il sera suivi du second tome qui est déjà annoncé, et qui, en retraçant l'histoire et le tableau de l'organisation comparée du travail historique dans les divers pays, nous fera connaître les principales entreprises et les principaux monuments de l'érudition et de l'historiographie modernes.

A. CLERVAL.

CHRONIQUE

84. — M. l'abbé Z. Blanchard, chanoine de Gap, vicaire général honoraire, a bien fait de publier la *Vie de Monseigneur Arbaud, évêque de Gap (1823-1836)* [1], et l'évêque actuel de ce diocèse, Mgr Berthet, a bien fait de louer à la fois, dans une lettre à l'auteur du livre qui lui est dédié, le héros et le biographe. Chacun, après avoir lu les pieux récits de M. le chanoine Blanchard, s'appropriera les belles paroles dites par Mgr Berthet en l'honneur de son saint et vénéré prédécesseur et en l'honneur de l'auteur lequel (p. VIII) s'exprime ainsi : « Cette histoire est exactement vraie. Pour sa rédaction, j'ai travaillé en bénédictin : j'ai consulté les livres, les hommes et les monuments. Son style laisse à désirer : il se sent de la vieillesse de l'historien, harcelé par les approches de la mort ». Le trop modeste auteur parle avec une injuste sévérité de son style et j'ai le double espoir que ses lecteurs goûteront également en lui l'écrivain et le biographe et qu'il vivra encore assez longtemps pour jouir paisiblement du succès de son

1. Gap, J. C. Richaud, 1896, in-8° de X — 163 p. Belle impression sur beau papier, avec portrait de Mgr Arbaud.

livre. Ce livre, aussi sincère que complet, fait aimer autant le vertueux prélat que l'édifiant biographe. Je me contenterai de citer ce passage qui mérite d'être médité en un temps où d'effrénées ambitions ecclésiastiques rappellent trop les épigrammes lancées jadis contre ceux qui couraient scandaleusement après des bénéfices, comme d'avides lévriers après une grasse proie (p. 101) : « L'archevêché d'Avignon et l'archevêché d'Aix lui furent successivement offerts. Aucune de ces offres séduisantes n'ébranla l'attachement qu'il avait pour son pauvre diocèse et pour ses chers coopérateurs. Dans une de ces occasions, en répondant à sa nièce [1] qui l'avait félicité de ce qu'elle appelait son avancement, il s'exprimait ainsi : *Je suis réellement fâché que l'on ait pensé à moi pour le poste dont vous me parlez. Il ne saurait y avoir de ma part qu'un refus, toujours désagréable à celui qui le donne et à celui qui le reçoit. Il me serait aussi pénible de quitter le diocèse auquel je travaille depuis vingt-cinq ans, et mes prêtres que j'ai en quelque sorte tous faits, qu'il vous serait pénible de vous séparer de votre petit Paul.* Or, ce petit Paul était son fils unique [2]. » Souhaitons à l'Église de France beaucoup d'évêques comme Mgr Arbaud et à ces évêques-modèles souhaitons des biographes comme M. le chanoine Blanchard !   T. DE L.

85. — *La dernière publication de feu Mgr Ricard.* — Mgr A. Ricard, *Prélat de la Maison de Sa Sainteté*, a beaucoup, beaucoup écrit, et, dans sa féconde carrière, prématurément interrompue, il n'a peut-être rien donné de meilleur que *Les défauts de la comtesse de Grignan. Mémoire lu à l'Académie de Marseille* (dont il était alors *Directeur*) [3]. L'auteur constate d'abord que la faveur dont a joui madame de Sévigné s'est étendue à sa petite-fille, madame de Simiane, « l'une des mieux cotées dans la galerie des femmes lettrées du XVIIIe siècle. » Entre les deux, ajoute le spirituel écrivain, se place une femme encore, celle-ci moins bien partagée : c'est la fille de l'une et la mère de l'autre, la comtesse de Grignan. Il a été convenu, semblerait-il, de lui faire payer les com-

---

1. Madame Edouard Arbaud, née Stéphanie Pasquier, nièce du duc Pasquier, chancelier de France.
2. M. Paul Arbaud, dont les généreux et nobles sentiments sont dignes de ceux de son très vénéré grand-oncle, est un des plus savants et des plus zélés bibliophiles de toute la Provence. Ses collections sont aussi célèbres par leur beauté que par la facilité de leur accès.
3. Marseille, imprimerie Barthelet, 1895, gr. in-8° de 51 p. L'épigraphe de la brochure est trop curieuse pour que je résiste à l'envie de la faire connaître à mes chers lecteurs : « J'aurais bien souhaité que ce mangeur de vipères (le médecin Raymond) eut scu guérir madame de Grignan ; il m'aurait conservé une bonne amie, et je serais resté dans un pays où je me plais fort, dont elle faisait le principal ornement, et où je n'avais pris le parti d'y établir mon séjour, que parce qu'elle y faisait le sien » (CHAMBON, *Traité des métaux et des minéraux*).

pliments si libéralement décernés au-dessus et au-dessous d'elle. Le prestige même que son mari s'est fort justement acquis par ses brillantes qualités d'administrateur, d'homme de guerre, de parfait gentilhomme, a servi bien à point à établir un parallèle aussi piquant pour le public que désavantageux pour l'infortunée comtesse. » Mgr Ricard cite en premier lieu Saint-Simon qui, « à l'occasion de la mort de la grande épistolière française », exécute sa fille « en deux coups de plume, presque deux coups de boutoir », et qui, à neuf ans de là, en 1705, quand « l'idole » meurt à son tour, lui décoche une nouvelle flèche, à la Parthe, en passant. Vauxcelles, un des commentateurs de madame de Sévigné (édition de 1801) renchérit encore sur Saint-Simon. M. Paul Janet et M. Frédéric Masson ont été peu indulgents pour madame de Grignan. Le marquis de Saporta s'est tenu plus sur la réserve que ses devanciers, tout en se laissant quelque peu influencer par l'appréciation de M. Paul Janet, son collaborateur à la *Revue des Deux-Mondes*. A ces accusateurs ou demi-accusateurs Mgr Ricard oppose Grouvelle, de Maistre, Victor Cousin, Camille Lebrun ; il leur oppose surtout un témoignage contemporain qui, « singulière image du caractère discret et méconnu de madame de Grignan, est demeuré jusqu'à ce jour enfoui et ignoré dans les archives intimes d'un cloître » et qui « nous est parvenu sous la forme d'une plaquette de 18 pages, imprimée à Marseille chez Brébion, et datée du 1er octobre 1705, un mois et demi après la mort de la comtesse. » Il tire de la circulaire adressée à l'ordre entier de la Visitation par le premier monastère de Marseille d'excellents arguments en faveur de la fille bien-aimée de madame de Sévigné, insistant sur la grande autorité qu'il faut attribuer à « ce petit recueil des vertus de feue madame la comtesse de Grignan ». Il montre quels liens étroits unissaient cette dernière à l'ordre de la Visitation Sainte-Marie et particulièrement au premier monastère de Marseille. Il établit que les divers reproches adressés à Françoise Marguerite de Sévigné sont immérités et on peut dire que la brochure intitulée : *Un procès à reviser* mériterait de porter ce titre : *Un procès revisé*. L'auteur a joint à son décisif plaidoyer de curieuses *annexes* : I *Réception à Marseille de la marquise de Sévigné, du comte et de la comtesse de Grignan*; II *Lettre du comte de Grignan aux échevins de Marseille, sur la mort de madame de Sévigné*; III *Acte de décès et de sépulture de la comtesse de Grignan*; IV *Acte de décès et de sépulture du chevalier de Grignan, comte d'Adhémar*; V *Extrait de l'inventaire du château de Mazargue, en 1714*; VI *Lettre du comte de Grignan à la Supérieure de la Visitation de Marseille*; VII *Acte de décès et de sépulture du comte de Grignan*; VIII *Cérémonial observé pour le service public célébré sur la demande des Etats de Provence, à l'occasion du décès du comte de Grignan*; IX *Acte de décès de la comtesse d'Adhémar;* X *Note sur les résidences du comte et de la comtesse de Grignan.*

T. DE L.

ACADÉMIE DES INSCRIPTIONS ET BELLES-LETTRES

Séance du 14 août. — M. CLERMONT-GANNEAU fait observer que dans un assez grand nombre de chartes latines rédigées en Terre-Sainte par les croisés on rencontre un mot, *berquilium, berchilium, berchile,* que, jusqu'ici, on expliquait par le mot *bercail* en le comparant au vieux mot français *berquil*, qui a, en effet, ce sens. Reprenant l'étude de ces textes, M. Clermont-Ganneau démontre, par leur contenu même, que le mot en question a un tout autre sens : il désigne en effet un grand bassin, un réservoir, une piscine. Il faut y reconnaître une transcription du mot arabe *birké, berki,* qui a précisément ce sens et qu'on retrouve dans la Bible sous le nom hébraïque *berēkah.* Ce mot, comme tant d'autres, a été emprunté aux indigènes de Syrie par les croisés ; c'est par voie d'étymologie populaire que ces derniers l'auront rapproché du mot français *berquil*, avec lequel il n'a de commun que la forme extérieure. — M. DELOCHE lit un *Mémoire sur les indices de l'occupation de la Gaule par les Ligures antérieurement à l'invasion des Gaulois,* qui eut lieu au VIIe siècle avant Jésus-Christ. A l'aide de nombreux documents du moyen âge, on peut constater la présence de l'ethnique ligure dans les noms des montagnes, des forêts et des cours d'eau du bassin de la Vienne et de la Charente comme dans les bassins de la Garonne et de la Dordogne, et dans les bassins de la Meuse et de la Seine comme dans celui de la Loire. De là on peut tirer la conclusion que des populations liguriennes ont séjourné sur le territoire qui, par suite de l'occupation plus récente des Gaulois, a pris le nom de Gaule. C'est là un fait important, qui vient à l'appui d'une théorie historique professée depuis quelques années, en France par M. d'Arbois de Jubainville, et récemment encore en Allemagne par MM. Hirschfeld et Sieglin — M. B. HÉRON DE VILLEFOSSE lit une lettre du R. P. DELATTRE qui, dans ses fouilles de Carthage, après l'exploration des nécropoles de Douïmès et du cimetière de Saniet-ez-Zitoun, a tenté le déblaiement d'une partie de l'arène de l'amphithéâtre ; il a constaté qu'elle est, contrairement à l'opinion actuelle, égale à celle du Colisée et de Tarragone ; il a trouvé en outre des inscriptions donnant les noms des spectateurs qui devaient occuper les sièges où elles étaient gravées, par exemple: *pomp. innocen|ti iunior. c. p.* D'autres noms sont suivis du titre C(*larissimus*) V(*ir*); il en est un après lequel on a gravé PPAKK. — M. HÉRON DE VILLEFOSSE communique ensuite, de la part de M. H. Lascombe, directeur du Musée du Puy, l'empreinte d'une inscription récemment trouvée à Saint-Paulien (Haute-Loire), autrefois *Ruessio.* Le texte, gravé sur une plaque de marbre haute de 8 centimètres sur 65 millimètres de largeur est ainsi conçu : *Saluti ge|neris hu|mani.| sergius| primus| posuit| merito.* La face postérieure de la plaque porte le même texte légèrement modifié : *saluti gene|ris humani|l. sergius pri|mus meri|to posuit| deae.....* il est probable que le mot qui manque était *Saluti.* Cette inscription est intéressante par ses petites dimensions et par la formule nouvelle : *Saluti generis humani.*

Henry THÉDENAT.

BULLETIN CRITIQUE

132. — **La France chrétienne dans l'histoire.** Ouvrage publié à l'occasion du XIVe centenaire du baptême de Clovis, sous le haut patronage de Son Em. le cardinal Langénieux et sous la direction d'A. Baudrillart, prêtre de l'Oratoire, cinquième mille. Un vol. in-4° illustré, Paris, 1896, xxiii — 684 p. Prix 15 francs broché, 23 francs relié.

— Le même, septième mille, un vol. in-12, Paris, 1896, xxxi-698 p. Prix 4 francs [1].

1. Voici, pour n'avoir pas à y revenir dans le cours de l'article, la liste des chapitres avec les noms des auteurs :

LIVRE I. — Les origines chrétiennes de la France. — Ch. I. **La Gaule chrétienne sous l'Empire romain**, par M. l'abbé Duchesne, membre de l'Institut, directeur de l'Ecole française de Rome. — Ch. II. **Le Baptême de Clovis ; ses conséquences pour les Francs et pour l'Eglise**, par M. Godefroy Kurth, professeur à l'Université de Liège. — Ch. III. **La vie monastique en Gaule au VIe siècle**, par le R. P. de Smedt, S. J. Bollandiste, correspondant de l'Institut.

LIVRE II. — Les services rendus par les Francs a l'église et par l'église aux francs jusqu'a Charlemagne. — Ch. I. **Les Francs et la défaite de l'Islamisme**, par M. Imbart de la Tour, professeur à la Faculté des lettres de Bordeaux. — Ch. II. **Les Rois francs et la Papauté, de saint Grégoire le Grand à Léon III**, par M. Paul Fabre, ancien membre de l'Ecole française de Rome professeur à la Faculté des lettres de Lille. — Ch. III. **Charlemagne**, par E. Jules Roy, professeur à l'Ecole des Chartes et directeur-adjoint à l'Ecole des Hautes-Etudes.

LIVRE III. — L'église et la formation de la France. Reims et Saint-Denis. — Ch. I. **Hincmar**, par M. Paul Fournier, professeur à la Faculté de Droit de Grenoble. — Ch. II. **Adalbéron : l'Eglise de Reims et l'avénement de la dynastie Capétienne**, par M. Marius Sepet, bibliothécaire à la Bibliothèque nationale. — Ch. III. **Gerbert, le premier pape français**, par M. l'abbé Ulysse Chevalier, correspondant de l'Institut, professeur à la Faculté libre des lettres de Lyon. — Ch. IV. **Suger**, par M. Lecoy de la Marche, sous-chef de la section historique aux Archives nationales.

LIVRE IV. — La France au service de l'Eglise a l'époque féodale. — Ch. I. **La Chevalerie**, par M. Léon Gautier, membre de l'Institut, professeur à l'Ecole des Chartes. — Ch. II. **L'Ordre de Cluny et la réforme de l'Eglise**,

Le premier rayon qui se fait jour parmi les ténèbres de nos origines chrétiennes éclaire les drames du forum, de l'amphithéâtre et des prisons de la colonie lyonnaise. Cette tragique et sublime

par M. Chénon, professeur à la Faculté de Droit de Paris. — Ch. III. **Saint Bernard**, par M. l'abbé Vacandard, aumônier du Lycée de Rouen. — Ch. IV. **Les Croisades**, par M. le marquis de Vogüé, membre de l'Institut.

LIVRE V. — LA FRANCE ET LA CIVILISATION CHRÉTIENNE DU MOYEN AGE. — Ch. I. **Les Chansons de Gestes**, par M. l'abbé Klein, professeur à l'Institut catholique de Paris. — Ch. II. **Les Mystères**, par M. Petit de Julleville, ancien membre de l'Ecole d'Athènes, professeur à la Faculté des Lettres de Paris. — Ch. III. **L'Eglise et les sources de notre histoire**, par M. François Delaborde, archiviste aux Archives nationales. — Ch. IV. **Les Universités**, par M. Edouard Jordan, ancien membre de l'Ecole française de Rome, professeur à la Faculté des Lettres de Rennes. — Ch. V. **L'Art chrétien au Moyen Age**, par M. André Pératé, ancien membre de l'Ecole française de Rome, attaché au Musée de Versailles.

LIVRE VI. — L'ÉGLISE ET LA PATRIE FRANÇAISE DU XIIIe AU XIVe SIÈCLE. — Ch. I. **Saint Louis; grandeur de la France au XIIIe siècle**, par M. Wallon, secrétaire perpétuel de l'Académie des Inscriptions et Belles-Lettres. — Ch. II. **Le Roi Très Chrétien**, par M. Noël Valois, archiviste honoraire aux Archives nationales. — Ch. III. **Jeanne d'Arc**, par M. le marquis de Beaucourt, directeur de la *Revue des Questions Historiques*.

LIVRE VII. — LA FRANCE ET LA RENAISSANCE CATHOLIQUE DANS LES TEMPS MODERNES. — Ch. I. **La France catholique en face du Protestantisme au XVIe siècle; la papauté et la conversion d'Henri IV**, par le R. P. Baudrillart, de l'Oratoire, professeur à l'Institut catholique de Paris. — Ch. II. **Les Congrégations séculières et la réforme du Clergé français au XVIIe siècle, le Cardinal de Bérulle, Saint Vincent de Paul, J.-J. Olier**, par le R. P. Largent, de l'Oratoire, professeur à l'Institut catholique de Paris. — Ch. III. **La France et les missions catholiques sous l'ancien régime**, par M. l'abbé Pisani, professeur à l'Institut catholique de Paris.

LIVRE VIII. — LA CULTURE CHRÉTIENNE ET FRANÇAISE DU XVIIe SIÈCLE. — Ch. I. **L'idée chrétienne dans l'œuvre littéraire et philosophique du XVIIe siècle**, par M. René Doumic, professeur agrégé de l'Université. — Ch. II. **La Chaire chrétienne au XVIIe siècle**, par M. Alfred Rébelliau, ancien professeur à la Faculté des Lettres de Rennes, sous-bibliothécaire de l'Institut. — Ch. III. **Les Bénédictins français et les services qu'ils ont rendus à la science historique**, par le Prince Emmanuel de Broglie.

LIVRE IX. — L'ÉGLISE ET LA FRANCE AU TEMPS DE LA RÉVOLUTION. — Ch. I. **L'Eglise de France pendant la Révolution**, par M. l'abbé Sicard, du clergé de Paris, lauréat de l'Académie française. — Ch. II. **Le Concordat**, par M. le comte Boulay de la Meurthe.

LIVRE X. — LES SERVICES RENDUS PAR LA FRANCE A L'ÉGLISE ET PAR L'ÉGLISE A LA FRANCE A L'ÉPOQUE CONTEMPORAINE. — Ch. I. **La Vie intellectuelle du catholicisme en France au XIXe siècle; la défense de la foi**, par M. Ollé-Laprune, maître de Conférences à l'Ecole normale supérieure. — Ch. II. **Les Œuvres catholiques en France au XIXe siècle**, par M. l'abbé Beurlier, professeur à l'Institut catholique de Paris. — Ch. III. **Le Protectorat de la France** vision se détache en pleine et réelle lumière sur un horizon vague et lointain où flottent des formes indécises et des mirages. Le chœur des premiers martyrs de la Gaule est conduit par le vénérable évêque Pothin et par la douce vierge Blandine. Dès lors le progrès ne s'arrête plus; sur divers points de la Gaule, de nouveaux martyrs amènent sans cesse au Christ de nouvelles recrues. Bientôt des évêques comme Hilaire de Poitiers défendront la pureté et l'intégrité de la foi; d'autres, comme Martin de Tours, achèveront ses conquêtes et, souvent au prix du martyre, poursuivront dans les campagnes reculées les restes des superstitions païennes. C'est donc, aussi loin que nous pouvons remonter vers les origines de notre histoire religieuse, dans un sol profondément remué par le dur labeur des confesseurs, détrempé et fécondé par le sang des martyrs que plongeront bientôt les racines de l'arbre quatorze fois séculaire à l'ombre duquel la France vit encore.

Quand les invasions longtemps contenues rompent leurs digues, quand la puissance romaine s'effondre en Gaule, c'est derrière leurs évêques que se pressent les populations abandonnées de leurs chefs. Le torrent s'écoule, entraînant avec lui toute organisation civile; ce sont encore les évêques, vrais rois sans sceptre et sans couronne dans leurs diocèses, qui préparent les temps nouveaux. Sans regrets superflus d'un passé à jamais disparu, ils vont au devant des barbares. A Clovis converti, ils rallient les populations gallo-romaines; et, réunissant dans une même foi les anciens habitants du sol et les rudes conquérants, ils préparent de loin l'unité française.

Sous les rois mérovingiens, l'épiscopat faiblit, mais les moines lui succèdent : ils cultivent le sol, instruisent les petits; ou bien, sortant de leur solitude, ils font entendre aux grands toujours prêts à abuser de la force, des paroles hardies et souvent écoutées.

sur les chrétiens de l'empire ottoman, par M. Georges GOYAU, ancien membre de l'Ecole française de Rome, professeur agrégé de l'Université. — Ch. IV. **Le Cardinal Lavigerie; son œuvre chrétienne et française en Afrique**, par S. G. Mgr PERRAUD, évêque d'Autun, membre de l'Académie française. — Ch. V. **La Vie surnaturelle du catholicisme en France au XIX⁰ siècle**, par Mgr d'HULST, recteur de l'Institut catholique de Paris. — Ch. VI. **Le Saint-Siège et la France; Pie IX et Léon XIII; Conclusion**, par M. Etienne LAMY.

Pendant ces siècles de formation Dieu a façonné la France ; le moment arrive où il va armer son bras pour la défense de la foi. Maîtres en Espagne, les Musulmans ont entamé la Gaule ; autant par l'habileté de sa politique que par la force de ses armes, Eudes d'Aquitaine les contient d'abord ; puis, quand il est défait sous les murs de Bordeaux, Charles Martel, dans les plaines de Poitiers, inflige à ces ennemis de la foi et de la civilisation une défaite sanglante et définitive. Pépin donne au Saint Siège un territoire et l'indépendance. Charlemagne est le protecteur attitré de l'Église et le convertisseur de ses peuples.

La royauté française se détachant de l'Empire et devenant nationale, l'unité de la France s'affermit de plus en plus, et les évêques, ceux de Reims surtout, Hincmar et Adalbéron, y ont une large part.

Alors, sur ce sol de la Gaule où ont germé déjà tant de moissons chrétiennes, s'épanouit naturellement, comme dans le terrain qui lui est propre, la fleur de chevalerie. Quelles qu'aient pu être dans la suite les déviations de cette institution, ce n'en fut pas moins, sous l'influence de l'Église, une aspiration grandiose vers un idéal élevé, le don de soi-même ; la volonté de se dévouer pour le faible et l'opprimé, d'être le bras de Dieu, de promener par le monde l'éternelle justice. Il n'est pas surprenant que, tombant dans des âmes ainsi préparées, l'ardente parole de Pierre l'Ermite et d'Urbain II soulève les foules et les précipite vers l'Orient dans un élan où se trouvent d'accord et leur foi chrétienne et leur humeur belliqueuse. C'est leur foi en effet et leur générosité qui les guident ; elles veulent délivrer le saint sépulcre, donner à l'Occident accès au tombeau du Christ et aux grâces spirituelles qui en émanent. Pour elles, pendant longtemps, leur seule ambition sera un peu de gloire militaire et l'espoir du martyre.

L'Église a accueilli les barbares soldats de Clovis, natures simples et naïves peut-être, mais d'un sang lourd et épais, ne connaissant d'autre loi, d'autre frein que la force brutale ; et elle les a conduits à ce point de grandeur morale d'être épris d'un idéal de justice et de dévouement, de se faire tuer pour une idée !

Et, pendant ces périodes troublées, l'église de France présentait à la chrétienté la réforme de Cluny, l'école historique de Saint-

Denys, saint Bernard, la création de l'Université de Paris et le grand nom du moine Suger.

Sous ces influences diverses, naissent une littérature et un art vraiment français, puisant leurs inspirations aux sources pures de la foi dont les cathédrales gothiques sont la plus sublime expression ; et voici venir l'homme, le roi qui, dans sa vie et dans sa mort, semble être la personnification même de la France du xiiie siècle, saint Louis.

A ces temps lumineux succèdent les jours sombres ; victime de ses divisions le royaume de France est en grande partie aux mains des Anglais. Mais Dieu peut-il abandonner la nation fidèle, l'instrument providentiel de ses desseins ? Il sauvera la France ; et, pour que son action immédiate soit bien visible, ce ne sera pas par le jeu naturel des lois morales qu'il a posées, mais par un miracle. Avec Jeanne d'Arc, le surnaturel éclate dans l'histoire, son évidence ne saurait être niée.

On voudrait fermer ici le livre et, arrivé à ces hauteurs, ne plus redescendre vers les plaines. Quelle admirable unité, jusqu'à cette époque, dans notre histoire, et comme, de ces sommets, le plan divin est visible jusqu'aux plus lointains horizons ! Est-ce à dire qu'il n'y a pas d'ombre au tableau ? loin de là ! En sortant du baptistère de Reims, Clovis et ses Francs n'ont pas tout d'un coup abdiqué la cruauté et la rudesse natives de leurs mœurs : le miracle n'est pas la loi ordinaire de l'histoire. Trop souvent, dans le cours des siècles qui précèdent, il est question de réformes — réformes des fidèles, réformes dans le clergé, réformes chez les moines — pour qu'il n'y ait pas eu de longues périodes d'affaissement et d'oubli des devoirs ; les mystères et les œuvres littéraires inspirées par l'esprit chrétien sont bien l'expression de l'état général des esprits ; il faut reconnaître cependant que d'autres œuvres à tendances contraires sont accueillies non sans faveur ; si les rois de ces temps méritent le titre de *très chrétiens* plus que leurs successeurs qui, seuls cependant, en eurent le privilège incontesté, on ne saurait nier qu'ils ne furent pas toujours pour le Pape des enfants respectueux, et que, plus d'une fois, la France, cette fille aînée de l'Eglise, frappa le sein qui l'avait nourrie. Mais qu'importent des temps d'arrêt et même de recul, si ensuite la marche en avant est reprise avec plus d'ardeur, si, commençant avec les martyrs de Lyon, cette période de l'histoire chrétienne de la Gaule aboutit au siècle de saint Louis et à la mission de Jeanne d'Arc ?

Il semble que ce soit une loi dans l'ordre moral que toutes les choses humaines, même les plus grandes et les plus nobles, arrivées à leur apogée, au moment où elles semblent plus voisines de la perfection, redescendent, comme incapables de se maintenir à ces hauteurs plus qu'humaines, puis meurent ou végètent jusqu'au jour où Dieu suscite une force ou un homme providentiel qui les réveille de leur sommeil mortel. N'est-ce pas, de siècle en siècle, le sort de toutes les institutions? Que nous offre l'histoire, sinon des alternatives de progrès, de grandeur, de décadence et de réformes? Cela entre d'ailleurs dans les desseins de Dieu ? La réforme, c'est la lutte ; et la lutte pour le bien n'est-elle pas, pour les sociétés aussi bien que pour les âmes, une condition et une nécessité de la vie ? La France en fait une fois de plus l'expérience au XVI° siècle. Au moment où, au sortir des longues guerres qui avaient tenu tout en suspens, elle allait se ressaisir et revenir à son génie national, la Renaissance la détourne de sa voie et la conduit vers des idées qui ne sont pas les siennes ; un esprit de réaction mystique contre ce retour au paganisme entraîne certaines âmes au delà du but et de leur volonté ; les défiances du pouvoir temporel contre l'autorité spirituelle de Rome empêchent le peuple de trouver chez ses gouvernants l'appui dont il aurait besoin dans la crise de la foi ; des abus trop certains et des faiblesses morales trop évidentes paralysent les bonnes volontés. Ces causes et une grande audace expliquent la naissance et les succès de la réforme protestante. Complices plus ou moins volontaires de la nouvelle erreur, défenseurs peu intelligents ou maladroits de la vérité, les rois de France sont au-dessous de l'effort ou de la modération qu'exigerait la gravité des circonstances. Mais alors le peuple français se réveille ; il affirme, parfois avec des excès qu'expliquent sans les absoudre les excès du parti adverse, sa volonté de repousser l'hérésie. Et, au moment de la crise suprême, c'est bien la volonté nationale obéie par ses représentants qui sauve en France la foi et peut-être l'unité du royaume et lui donne un roi français et un roi catholique.

Ce grand effort porte ses fruits. Le XVII° siècle est pour l'Église française une période d'incomparable grandeur. A côté des ordres anciens fleurissent des congrégations nouvelles adaptées à de nouveaux besoins des âmes. Dieu suscite de grands serviteurs de l'Église dont le clergé de France porte encore l'empreinte. C'est dans la chaire chrétienne que l'éloquence trouve sa plus haute expression. Quoiqu'elle cherche ailleurs ses inspirations, la littérature profane elle-même est, souvent à son insu, profondément chrétienne, et le vieil esprit français triomphe en elle et par elle du paganisme. Les Bénédictins de France sont, dans le monde savant, les représentants en titre de la science et de la critique historique.

Comment d'un siècle si beau, où le prestige de l'Église fut si grand, vit-on sortir l'incrédulité et la corruption du xviii° siècle ? Le clergé de France comprit-il bien alors les besoins de son temps ? La défense de la foi fut-elle à la hauteur de l'attaque ? Les ordres monastiques étaient-ils fidèles à leurs vertus premières et à l'esprit de leur institution ? Quoi qu'il en soit, les fautes commises furent cruellement et, aussi, courageusement expiées pendant la Révolution. Le clergé qui s'était résigné à tout, perte de son rang et de ses richesses, qui, de lui-même, avait abandonné ses privilèges, ne se révolta que le jour où on lui demanda de renoncer aussi à l'intégrité de sa foi. Alors il y eut des martyrs ; leur sang lava les souillures de l'autel, souillures dont on a d'ailleurs exagéré l'étendue. Malgré des défections, la foi et l'héroïsme du clergé pendant la tourmente furent tels que la France, dès que le calme se fit, redemanda ses prêtres, ceux qui étaient restés fidèles ; et la pacification ne fut possible que par le Concordat, c'est-à-dire sans schisme.

Puis l'Église se remit à l'œuvre, ayant perdu ce qu'elle tenait des hommes mais non « ce qu'elle tenait du ciel et que les puissances humaines ne pouvaient lui ravir. » Deux hommes providentiels, deux écrivains, au sortir de la révolution, aident à la renaissance de l'idée chrétienne en France : l'un ramène vers l'Église les imaginations et les cœurs ; l'autre, génie âpre et puissant, s'indigne de l'attitude humble et passive de sa noble cliente, et, prenant une vigoureuse offensive, retourne contre les ennemis de la foi les armes que Voltaire avait forgées contre elle. La philosophie spiritualiste renaît ; les conférences de Notre-Dame sont créées ; dans la chaire, à la tribune, dans le haut enseignement, dans la presse, des voix éloquentes et chrétiennes réclament pour les croyants le droit de vivre et les libertés nécessaires. Mais, au lendemain de la première victoire, les divisions, dont s'étaient déjà manifestés les premiers symptômes, deviennent définitives; et, pendant un quart de notre siècle, les enfants d'une même mère usent en luttes fratricides des forces qui auraient pu être employées à de si grandes conquêtes. Mais heureusement la France chrétienne n'est pas entièrement absorbée dans ces discordes malfaisantes ou stériles. L'Église a perdu ses biens, mais la générosité des fidèles est inépuisable. Jamais siècle ne fut plus que le nôtre fécond en œuvres pies. Il semble que la charité chrétienne se soit ingéniée à entourer d'un immense réseau de bienfaisance toutes les formes de la misère humaine et de la dégradation morale. A côté d'œuvres nombreuses, la société de Saint Vincent de Paul et l'Institut des petites sœurs des pauvres seront la gloire de notre siècle. Au dehors, la France, comme sous l'ancien régime, prodigue dans les missions son or et ses enfants, et ses gouvernements successifs, quelle que soit par ailleurs leur politique religieuse, sont obligés de poursuivre en Orient les traditions de la France très chrétienne. En Afrique, à l'avant-garde de la civilisation, un archevêque qui aurait été capable d'entraîner les peuples dans une croisade, si notre xix° siècle avait encore des peuples assez croyants, fait pénétrer la foi et l'influence françaises dans des régions jusque-là fermées, et donne à l'Église cet honneur de prendre l'initiative d'une action énergique pour extirper l'esclavage de la surface du monde.

Un chapitre, que je désirerais plus sévère encore contre certains petits livres et certaines formes de petites dévotions, nous donne ensuite un tableau exact de ce qu'est, à notre temps, la vie surnaturelle en France, tableau qui n'est pas décourageant. L'auteur signale avec raison la funeste erreur de trop nombreux chrétiens, ou soit-disant tels, qui ne comprennent pas assez que la fréquentation des sacrements est un moyen et non un but; que toute religion serait vaine qui ne se traduirait, dans la vie pratique, par aucune bonne volonté, par aucun effort pour réformer nos mœurs, accomplir nos devoirs de chaque jour, être meilleurs envers nos frères. D'autres, grâce à Dieu, sont plus éclairés et le chapitre se termine par cette consolante constatation : « Le respect humain » n'enchaîne plus les âmes. On ne rougit plus de pratiquer ce que » l'on croit. Ceux qui se réclament du nom chrétien ne craignent » plus de puiser ouvertement aux sources de la grâce. Enfin la

» piété dans ce qu'elle a de plus simple et de plus tendre, la mys-
» ticité même en ce qu'elle a de plus élevé, ne rencontrent plus la
» défiance et n'excitent plus le sourire des hommes religieux et
» instruits. »

Dans une conclusion éloquente, nourrie de faits, profondément pensée, M. Etienne Lamy étudie l'action et l'influence diverses exercées en France par les deux Papes Pie IX et Léon XIII, dont les longs règnes occupent la dernière moitié du siècle qui s'achève. L'un et l'autre pontife eut le mérite de choisir, par devoir, la conduite la moins conforme à son attrait : « Le devoir a
» raidi en un long anathème la grâce souriante et affectueuse de
» Pie IX, il a assoupli à toutes les patiences l'âme impétueuse et
» doctrinale de Léon XIII. » Mais les bases solides sur lesquelles Pie IX a établi l'autorité pontificale ont rendu plus facile et moins dangereuse pour Léon XIII sa tâche de conciliateur. C'est à cette tâche, à ce que l'on a appelé la politique de Léon XIII, politique si peu comprise et souvent travestie, que l'auteur a consacré ses pages les plus chaudes et les plus entraînantes. Comme l'Église alla autrefois au devant des barbares, Léon XIII veut aller vers la démocratie. Ce n'est plus aux rois ou aux empereurs intéressés à asservir l'Eglise et à limiter son action, aux gouvernants sectaires et satisfaits qu'il s'adresse ; il va droit au peuple, au peuple qui souffre et qui travaille, qui a soif de consolation et de justice. Voilà le grand converti qu'il faut de nouveau conduire au baptistère de Reims. Ce ne sera plus un chef qui, avec lui-même, convertira son peuple ; ces temps sont passés ; c'est le peuple revenu à Dieu qui aura le gouvernement de son choix.

Cette étude, par laquelle se termine le volume, fait suite à la préface qui l'inaugure. Dans celle-ci, l'éminent archevêque de Reims, résumant l'ensemble de l'œuvre, retrace à grands traits l'histoire chrétienne de la France, tout ce qu'elle fit pour l'Église, tout ce qu'elle dut à sa foi de grandeur et de puissance ; M. E. Lamy en déduit les conséquences. Les lecteurs pressés, qui ne voudront lire que les premières et les dernières pages du volume, en auront cependant toute la substance et toute la morale : pourquoi la France fut grande et respectée ; quels malentendus amenèrent, entre l'Eglise et la France, une déplorable rupture ; ce que la France y perdit et enfin comment, par un retour à ses traditions chrétiennes, elle recouvrera ses forces en les puisant « à la même » source où les trouva la France naissante ».

Tel est, dans ses grandes lignes, l'ouvrage magistral publié sous le haut patronage de S. E. le cardinal Langénieux et sous la direction du P. A. Baudrillart. Son titre *La France chrétienne dans l'histoire*, en donne-t-il une idée bien exacte? Non. La France chrétienne dans l'histoire, ce serait une histoire complète, celle des erreurs et des faiblesses aussi bien que celle des gloires et des triomphes ; il y faudrait parler non seulement de ce qu'a fait le catholicisme en France, mais aussi de ce qu'il aurait pu faire et n'a pas fait, de ce qui, quelquefois par sa faute, a été fait sans lui. Juger strictement le livre d'après son titre, ce serait s'exposer à être injuste, car on l'accuserait d'avoir mutilé l'histoire. Dans son ensemble *La France chrétienne* est une œuvre d'apologétique : d'ailleurs l'apologie, même en histoire, est très légitime quand elle ressort de faits réels sincèrement exposés. Au contraire examiné en détail, dans chacun de ses chapitres détachés et de mains diverses, cet ouvrage équivaut à un volume d'une revue historique. Les sujets, il est vrai, ont été distribués d'après un plan savamment dressé, mais les auteurs ont travaillé seuls, sans entente et dans une complète indépendance. Comme dans toute œuvre collective, les mérites sont inégaux et les procédés divers. Chez quelques-uns on aperçoit des traces de préoccupations apologétiques ; ce n'est pas un reproche que je leur fais — ils avaient le droit d'entendre ainsi leur sujet — mais une simple constatation. La majorité, la grande majorité des auteurs ont été avant tout historiens et critiques. On ne refusera certe pas ces deux qualités au chapitre de l'abbé Duchesne. Le R. P. de Smedt, avec de touchants scrupules, est manifestement resté au-dessous de l'éloge de peur de l'exagérer. Est-il possible de tenir avec plus d'équité la balance entre la louange et le blâme que l'a fait M. Paul Fournier dans son étude sur Hincmar? La préoccupation d'être juste même envers des adversaires, de respecter même l'erreur quand elle est sincère et désintéressée, de dire toute la vérité, n'est-elle pas la caractéristique des pages honnêtes et savantes que le P. Baudrillart a consacrées à la réforme? Où peut-on rencontrer une analyse plus fine, plus pénétrante, plus psychologique que celle de l'esprit de la littérature au xviie siècle par M. Doumic? Existe-t-il beaucoup d'études aussi approfondies et aussi personnelles que celle de M. Rebelliau sur la chaire chrétienne à la même époque ?

J'arrête ici cette énumération. Je voudrais, en terminant, poser une question. Dans un siècle, si l'archevêque de Reims d'alors veut, à l'occasion du quinzième centenaire, publier un nouveau volume, quel en sera le premier chapitre ? Je crois fermement que ce premier chapitre traitera de l'union de la science et de la foi. C'est un des besoins les plus essentiels de notre temps ; ce sera l'œuvre providentielle du siècle qui commence. Et, dans ce chapitre, *La France chrétienne* sera citée comme un des premiers symptômes de cet heureux accord. Qu'on examine en effet la liste des auteurs qui y ont collaboré : à côté de ce que l'Eglise compte de plus élevé dans la science et la hiérarchie, les représentants les plus autorisés de la science laïque dans les académies, les universités, les écoles, les musées, les bibliothèques, sont venus collaborer à une œuvre préparée et dirigée par les chefs de l'Eglise de France : un prince de l'Eglise l'inspire, la couvre de son haut patronage et en écrit l'introduction ; un autre cardinal signe un de de ses plus beaux chapitres ; le cardinal sécretaire d'état de Sa Sainteté, lui envoie, au nom de Léon XIII, une solennelle approbation. Les savants ne craignent donc plus d'aller vers l'Eglise et de travailler avec elle. C'est un fait nouveau, que personne, il y a trente ans, n'aurait prévu. Le volume dont je viens de parler en témoigne et peut-être aussi les dix sept-années d'existence de cette modeste revue. Accueillons avec empressement ces hommes de bonne volonté, aimons la respectueuse indépendance de leur esprit, laissons-les, dans le domaine de l'histoire, élargir le champ de la critique et ne dressons pas devant eux des dogmes fantaisistes. Comme eux nous savons bien qu'il n'y a qu'une histoire, la vraie ; qu'une critique, la bonne, quels que soient les sujets auxquels on l'applique. Au prochain centenaire, on constatera, j'en ai la ferme espérance, que cette féconde union se sera de plus en plus affirmée pendant le vingtième siècle, et qu'elle aura puissamment aidé l'Eglise à la conquête des âmes, la seule conquête à laquelle elle doive et veuille aspirer.

Henry THÉDENAT.

133. — **Les Bénédictins de S. Maur à S. Germain-des-Prés. Nécrologe des Religieux de la congrégation de S. Maur décédés à l'abbaye de S. Germain-des-Prés** publié avec introduction, suppléments et appendices par M. l'abbé Vanel, chanoine honoraire et membre de plusieurs sociétés savantes. Paris, 1896. Grand in-4° de LXIII-412 pages.

M. Vanel, connu par divers estimables travaux relatifs à l'histoire ecclésiastique moderne de France, vient de publier le Nécrologe des Bénédictins de S. Maur à S. Germain-des-Prés. Mais le savant éditeur ne s'est pas borné à reproduire l'intéressant ms. de la Nationale contenant ce *Nécrologe*. Dans une excellente introduction de 63 pages (grand in-4° : en format moins extraordinaire, ce morceau eut fait tout un volume), M. V. nous donne d'abord un aperçu historique de l'abbaye de S. Germain; il étudie ensuite spécialement la congrégation de S. Maur, et après son histoire extérieure nous renseigne sur la vie intérieure de cette célèbre congrégation et spécialement de cette maison, nous parlant en détail de cette admirable organisation du travail d'où sont sorties les œuvres gigantesques qui ont fait et feront jusqu'à la fin des temps l'admiration du monde entier. Enfin cette introduction se termine comme de juste par quelques détails sur le ms. du *Nécrologe*, sur les auteurs connus ou présumés de ces notices mortuaires; sur la façon dont M. V. a procédé pour les compléter et sur les autres mss. dont il s'est servi dans ce dessein.

Le *Nécrologe* proprement dit comprend 290 pages (paginées 294 par erreur) et contient 266 notices, la première rédigée en 1632, la dernière datée de 1792. Les bornes d'un compte-rendu ne permettent pas d'en donner la liste : il suffira de dire qu'on y trouvera les renseignements les plus intéressants sur ces immortels Bénédictins qui ont fait la gloire de leur ordre et de leur congrégation, depuis Tarisse jusqu'à Mabillon, d'Achery, Massuet, de Sainte-Marthe, Martène, Montfaucon, Vaissette et autres. Vraiment c'est une galerie incomparable, et combien, après avoir parcouru l'ouvrage de M. Vanel, on trouve plus juste que jamais le mot connu de Benjamin Guérard.

Parmi ces notices, celle des hommes illustres que je viens de citer, celle aussi des supérieurs de la congrégation, ont plus d'étendue que les autres. Pour ces personnalités plus marquantes, M. V. a su aussi trouver et ajouter des documents nouveaux fort intéressants, comme pour Mabillon l'histoire de ses cendres. Pour tous l'auteur complète de la façon la plus heureuse le chroniqueur bénédictin, rompant ainsi la monotonie de ces notices qui, bien que rédigées par divers auteurs, sont un peu toutes faites dans le même moule. Et à ce propos il ne sera pas inutile de remarquer que ces petites biographies font plus ressortir la sainteté de la vie et l'éminence des vertus de nos religieux que leurs talents et le succès de leurs travaux. Sur le simple carreau de pierre qui scellait l'endroit où étaient déposés leurs restes mortels, que lisait-on, même pour Mabillon? le jour et l'année de leur mort et pas autre chose, pas même leurs noms : admirable marque de cet esprit d'humilité qui n'abandonna jamais ces grands religieux. Sur son lit de mort, le P. de Sainte-Marthe fit à ses moines cette recommandation : « J'exhorte nos confrères à continuer de bien étudier et à ne pas se servir du prétexte de leurs études pour vivre dans la dissipation; qu'ils pensent qu'ils doivent être saints, avant que d'être savants. » Ce fut en effet la caractéristique des Mauristes et l'on pourrait répétés de la plupart d'entre eux et des plus célèbres, — après l'avoir appliqué à Mabillon lui-même le premier — ce qu'il dit du vénérable Bède : « A le voir prier, il semblait qu'il n'étudiait pas ; à voir la quantité de ses ouvrages, il semblait qu'il ne faisait autre chose que d'écrire [1]. »

Enfin la publication de M. Vanel se termine par huit Appendices de 100 pages environ, dont voici les titres : I. Les abbés commendataires. II. Les supérieurs-généraux. III. Les prieurs. IV. Les sous-prieurs. V. Liste des religieux. VI. Les derniers jours et les derniers moines. VII et VIII. Biens mobiliers et immobiliers. Un utile index alphabétique complète l'ouvrage.

Cet aperçu montre tout l'intérêt de la publication entreprise et menée à bonne fin par M. Vanel, avec, j'ose le dire, la patience, l'érudition et le talent d'un vrai mauriste. Son ouvrage rendra les plus réels services à tous ceux qui ont affaire à l'histoire littéraire et religieuse de la France, je dirai même de l'Eglise.

Est-ce à dire qu'il soit absolument sans défauts? J'offenserais

---

1. *Traité des études monastiques.* I, p. III (de l'édit. in-12 de 1692).

l'auteur si je lui prêtais cette prétention. Mais vraiment son ouvrage offre peu le flanc à la critique et je n'y relèverai, surtout dans le corps même du volume, que de bien légères inexactitudes. Ainsi p. III, Melek pour Melk, Disertines pour Dissentis, Wandrille pour Vandrille. P. 233, critique plus grave, l'auteur semble croire à la prétendue mission de S. Maur en Gaule. Dans les *appendices* par contre, j'aurai quelques observations plus importantes à faire. Dans la notice sur Furstemberg, l'auteur dit que pour le siège de Cologne Clément de Bavière était le seul candidat *canoniquement* éligible : c'est fort douteux, malgré le bref d'Innocent XI. En somme Clément triompha parce que le pape était brouillé avec Louis XIV, affaire de politique et point du tout de droit canon. Dans la notice sur d'Estrées, il est question de la *Paix de Clément IX* et M. Vanel écrit qu'il n'y a aucun doute « sur la duplicité des évêques adhérents, la mauvaise foi des ministres et la complicité plus ou moins consciente des deux principaux intermédiaires, Vialard.. et d'Estrées. » Est-ce si sûr que cela ? j'avoue que pour mon compte, plus j'étudie cette affaire, plus les difficultés grandissent dans mon esprit. J'espère qu'on ne me trouvera pas téméraire, ayant Bossuet pour garant de la sincérité des négociateurs de la Paix de l'Eglise. Et puisque nous sommes sur le terrain du jansénisme, où naturellement M. Vanel a dû s'aventurer aussi, — car S. Germain fut activement mêlé à toutes les querelles religieuses du temps, — sans entamer une discussion qui serait ici un hors-d'œuvre et nous mènerait trop loin, je dirai seulement que l'auteur me paraît condamner un peu trop absolument les bénédictins appelants de la bulle *Unigenitus* et ne s'être pas assez rendu compte des raisons qui peuvent expliquer leur attitude.

Quoi qu'il en soit, *molte gracie* à M. Vanel qui nous a donné un excellent ouvrage, très bon instrument de travail que tous ceux qui s'occupent de l'histoire des XVIIe et XVIIIe siècles seront heureux de lire et de consulter.

A. INGOLD.

CHRONIQUE

86. — M. Albert Mayr vient de publier dans l'*Historische Jahrbuch* t. XVII, p. 475, un intéressant mémoire sur les origines de l'église

de Malte. Dans cette île, visitée par saint Paul, les premières traces du christianisme n'apparaissent qu'au IVe siècle, et cela dans quelques monuments figurés. Depuis l'occupation byzantine du sixième siècle, on trouve des évêques de Malte, dont quatre seulement sont connus par leurs noms. En 870 l'île tomba au pouvoir des Arabes; l'évêché disparut et même la population chrétienne. Les Normands reprirent Malte en 1091, mais il fallut un certain temps pour qu'il s'y reconstituât un diocèse. Le premier évêque certain de cette nouvelle série n'apparaît qu'en 1156.   L. D.

87. — Le tome VII de la nouvelle édition de la *Bibliothèque de la Compagnie de Jésus*, par le R. P. *Carlos* SOMMERVOGEL, S. J. Strasbourgeois (in-4° de 1984 colonnes, Paris, Alphonse Picard et Gill, 1896), mérite les mêmes éloges que les tomes précédents, c'est-à dire tous les éloges. On ne sait ce qu'il faut admirer le plus du soin extrême de l'auteur ou de son extrême activité. On a pu dire sans trop d'exagération que l'éminent bibliographe se joue des in-4° comme Hercule se jouait des plus gros rochers. En quelques années seulement le vaillant fils de Strasbourg — l'Alsace qui, pour ne parler que de notre temps, nous a donné un autre si intrépide travailleur dans l'auteur de la *Bibliographie Oratorienne*, serait-elle donc la patrie des bibliographes ? — a publié plusieurs milliers de pages où les renseignements sont aussi abondants qu'irréprochables, et avant la fin de notre siècle — fin qu'honorent à jamais de tels travaux — nous tiendrons dans nos joyeuses mains, nous tous qui avons tant besoin de ce gigantesque instrument de travail, le tome Xe qui sera le couronnement de l'édifice. Dans le tome VII on remarquera surtout les articles *Rogacci* (Benoît), *Rome* (col. 39 à 112), *Roothaan* (Jean Philippe), *Rosenthal* (Jean), *Rosignoli* (Charles Grégoire), *Rosweide* (Héribert), *Rouen* (collège et autres établissements de la compagnie), *Rue* (Charles de la), *Sacchini* (François), *Saint-Jure* (J. B.), *Sanadon* (Noël Étienne), *Sanché* (Thomas), *Sarbiewski* (Mathias Casimir), *Scheiner* (Christophe), *Scherer* (George), — avec indications sur la question de la papesse Jeanne — à laquelle croient encore (*horresco referens*) quelques sectaires endurcis et dont l'horloge retarde de près de trois siècles, — *Schott* (André), *Scribani* (Charles), *Secchi* (Ange) — article à rapprocher de celui qui concerne l'astronome *Scheiner*, qui lui aussi opérait à Rome et qui lui aussi s'occupa surtout du Soleil — *Serarius* (Nicolas), *Sirmond* (Jacques), *Souciet* (Étienne), avec curieux détails sur le *Dictionnaire de Trévoux*, *Surius* (Jean Joseph), article où l'on annonce une édition des œuvres complètes de ce religieux, préparée par le P. Michel, de la province de Toulouse, lequel a recueilli près de six cents lettres de « l'exorciste des religieuses ursulines à Loudun. » Mais arrêtons-nous, car le

R. P. Sommervogel, qui marche à pas de géant, serait homme à terminer son tome VIII avant que cette simple note fût achevée.

T. DE L.

88. — Si M. Frantz Funck-Brentano était un moins attrayant érudit, il faudrait s'excuser de mentionner si tard sa remarquable étude (*La Devineresse. Une féerie pour la réforme des mœurs sur Louis XIV*. Paris, librairie Fontemoing, 1895, gr. in-8° de 16 p. Extrait du tome XIII des *Etudes historiques*). Heureusement l'auteur est de ceux qui ne risquent rien quand on les fait attendre. Le succès arrive quand même. Cette fois, il était d'autant plus assuré que le sujet traité est plus intéressant, plus à la mode. M. Franck-Brentano le constate, en tête de son récit : « Depuis plusieurs années, la faveur est revenue aux sciences occultes : magie et spiritisme, astrologie et alchimie, chiromancie, chirognomonie, phrénologie, graphologie, etc. » L'habile historien nous reporte ensuite de deux cents ans en arrière et nous montre, à la fin du XVIIe siècle, un mouvement semblable, mais beaucoup plus fort, rappelant que « ce fut un engouement véritablement furieux pour la magie, la sorcellerie et l'alchimie qui, vers le deuxième tiers du règne de Louis XIV, poussa tout Paris dans les antichambres des magiciennes. » Il appartenait à l'érudit qui s'est tant et si bien occupé des *Archives de la Bastille* de raconter l'histoire d'une pièce de théâtre qui se rattache au procès demeuré célèbre sous le nom de *procès des poisons* et qui, dans la pensée de la Reynie, était destinée à prouver que la prétendue science des devineresses et des sorciers n'était que leurre et duperie et à mériter qu'on appliquât à cette impressionnante leçon de morale le *ridendo castigat mores?* On trouvera dans la curieuse brochure du docte bibliothécaire de l'Arsenal mille détails intéressants sur la *Démonomanie* de Jean Bodin, les *Illusions et impostures des diables* de Jean Wier, médecin du duc de Clèves, sur divers ouvrages relatifs à la magie et à la possession démoniaque publiés par Bonet, Al. de Saint-André, Salomon Semler, Lindinger, Gruner, Peller et Hugh, Farmer, Daub, sur Donneau de Vizé et Thomas Corneille, auteurs de la *Devineresse* (1679), sur l'odieuse scélérate dite la Voisin, etc. De la brochure très suggestive de M. F. Funck-Brentano il résulte une fois de plus que l'homme a soif de croire et que cette soif est si forte que tel qui craindrait de se compromettre en croyant en Dieu a la misérable faiblesse de croire aux tables tournantes et autres jongleries du spiritisme.

T. DE L.

SOCIÉTÉ NATIONALE DES ANTIQUAIRES DE FRANCE

Séance de vacances du 9 septembre. — M. DE ROUGÉ, président, annonce la mort de monseigneur JULIEN-LAFERRIÈRE, Évêque de Constantine, correspondant de la société depuis l'année 1878. — M. de ROUGÉ fait ensuite part à ses confrères des dispositions testamentaires de M. Auguste PROST, ancien membre résidant qui lègue à la compagnie une somme de 100,000 francs, exempte de tous droits, pour l'aider dans ses publications. Cette donation est faite à la condition que la société publiera chaque année un recueil contenant des travaux sur l'histoire de Metz et des pays voisins. Une lettre très touchante de notre regretté confrère, adressée au président de la société et datée de l'an 1879, indique ses désirs au sujet des publications qu'il pourrait être bon d'insérer dans le nouveau recueil qui portera le titre de *Mettensia*. La société accepte avec reconnaissance le legs de M. Prost et les conditions qui l'accompagnent. M. A. de BARTHÉLEMY est prié de se charger de faire une notice sur M. Prost qui fera partie du premier fascicule des *Mettensia*. — La société adopte, pour l'insérer dans le règlement intérieur, la proposition suivante : « Chaque nouveau membre, au moment de son élection, sera prévenu par le président qu'il doit, dans les six mois, présenter une notice nécrologique sur son prédécesseur. » — M. AUDOLLENT communique une inscription trouvée dans les carrières d'onyx d'Aïn Tekbabet, province d'Oran, et aujourd'hui conservée au Musée du Louvre. Ce texte, dont on n'a pas encore réussi à découvrir le sens, est en lettres onciales probablement de basse époque, et, au point de vue de la paléographie, donne lieu à des rapprochements avec la célèbre inscription du moissonneur. — M. HÉRON DE VILLEFOSSE communique, de la part du R. P. DELATTRE, une inscription trouvée à Carthage dans le cimetière des *officiales* et mentionnant un *nomenclator*; en voici le texte : *Lascivus. aug. ser nomenclator pius. vixit. ann. xxii |h s e*. Le P. Delattre donne, dans la même lettre, quelques renseignements sur ses fouilles dans l'amphithéâtre de Carthage et mentionne la découverte qu'il vient de faire sur la colline Saint-Louis d'un peigne en ivoire de l'époque chrétienne. — M. HÉRON DE VILLEFOSSE signale ensuite, d'après le journal l'*Autunois* (17 juin 1896), la découverte, dans un puits, à Chassenay, près d'Arnay-le-Duc et non loin de la source minérale de Maizières, de vases, casseroles et patères en bronze dont plusieurs ont encore des traces de dorure. Sur l'un des vases on lit : *aug. sacr. deo. albio. et damonae. sex. mart. cociliani. f. ex iussu eius s. l. m.* Albius est sans doute un autre nom du dieu

Borvo compagnon habituel de *Damona*. Des colonnes, un buste sans tête et les monnaies trouvées en même temps semblent indiquer que ce trésor appartient à un petit temple détruit au IVe siècle. — M. Héron de Villefosse ajoute quelques nouveaux détails à la communication qu'il a faite le 7 janvier 1891 sur une inscription trouvée à Rodez.

ACADÉMIE DES INSCRIPTIONS ET BELLES-LETTRES

Séance du 21 août. — Le secrétaire perpétuel, donne lecture d'une lettre par laquelle M. Ed. Leroy, notaire à Paris, informe l'Académie qu'il est détenteur d'un testament par lequel M. Prost, ancien membre résidant de la Société des Antiquaires de France et savant archéologue, lègue une rente de 1200 fr. destinée à la fondation d'un prix. L'Académie accepte le legs avec reconnaissance et décide que les formalités nécessaires pour que l'Académie puisse entrer en possession seront faites. — Le R. P. Delattre adresse à l'Académie une lettre de remerciements pour l'allocation de 3000 fr. qu'elle vient de lui faire sur les fonds de la donation Piot, ce qui lui permettra de continuer les fouilles qu'il a entreprises à Carthage. — M. J. Oppert donne l'analyse d'un cadastre chaldéen du quatrième millésime avant J.-C., trouvé à Telloh et que le R. P. Scheil lui a envoyé de Constantinople. Ce monument renferme le plan d'un terrain divisé en quinze lots, dont l'ensemble mesurait 76,730 unités agraires. La longueur des lignes qui limitaient ces lots est donnée sur les titres mêmes. Le terrain entier était divisé en deux parties jumelles de 38,365 unités agraires chacune, et l'une d'elles appartenait à l'ancienne cité. M. Oppert indique, d'après ses calculs personnels, les dimensions de chacun de ces lots réduites en unités agraires. Le terrain pouvait avoir une superficie totale de 6 hectares. — M. Maspéro communique une lettre du même P. Scheil, renfermant plusieurs pièces d'une correspondance échangée entre Hammourabi, roi de Babylone, au XXIIIe siècle avant J.-C. et Sinidinnam, roi de Lara, son vassal. La première de ces pièces renferme la mention d'un don de statues divines fait par le suzerain à Sinidinnam pour *le récompenser de sa vaillance au jour de la défaite de Koutour-Lahgamar*. On sait que, dans le chapitre XIV de la Genèse, est racontée une expédition en Palestine accomplie par un roi d'Elam, Khodor-Laomer, et ses vassaux. La critique tenait ce souverain et son histoire en suspicion contre les archéologues. Déjà, l'an dernier, M. Pinches avait trouvé sur deux tablettes babyloniennes des allusions à ce Koutour-Lahgamar. Le document découvert par le R. P. Scheil ajoute une preuve nouvelle et donne quelques détails à ce sujet. Le Sinidinnam de sa lettre est l'ancien roi de Lara détrôné, quelques années auparavant, par un autre Elamite, Koutour-Mabouk, et par le fils de celui-ci, Rim-Sin. Ce roi détrôné s'était réfugié chez Hammourabi, roi de Babylone. Il avait ensuite contribué par sa vaillance à la victoire que Hammourabi avait remportée sur

Rim-Sin et avait dû être réinstallé à Lara comme vassal du souverain de Babylone. — Les deux autres lettres contiennent des ordres donnés par Hammourabi à Sinidinnam qui montrent avec quel soin les rois de Babylone surveillaient les actes de leurs feudataires. — MM. Deloche et E. Müntz commencent la seconde lecture de leurs mémoires, le premier sur *L'indice de l'occupation par les Ligures du territoire qui fut plus tard la Gaule*; le second sur *La tiare pontificale du VIIIe au XVIIe siècle*.

Séance du 28 août. — M. Heuzey rend compte à l'Académie des résultats de sa mission à Constantinople, d'où il a rapporté au Musée du Louvre les monuments chaldéens que M. Paul Cambon, ambassadeur de France à Constantinople, a obtenus de la générosité du sultan Abdul-Hamid, monuments qui, pour la plupart, remontent aux plus lointaines origines de la civilisation asiatique. Ce sont : 1° Un bétyle ou galet sacré autour duquel Eannadou, le roi de la stèle des Vautours, a inscrit la relation de son règne; 2° une grande lame de bronze ou de cuivre, en forme de fer de lance longue de 90 centimètres et portant un lion gravé avec le nom d'un très ancien roi du pays de Kish; 3° une tête de taureau en bronze aux yeux incrustés de nacre et de lapis; 4° deux fragments d'une stèle sculptée, dont l'inscription contient le nom de la ville d'Agadé; 5° quatre grandes tablettes d'argile, de la deuxième dynastie de la ville d'Our; 6° un choix de vingt tablettes plus petites, mais d'un intérêt historique exceptionnel en ce qu'elles fournissent, pour la première fois, plusieurs dates authentiques des règnes de Sargon l'Ancien et de son fils Naram-Sin, qui vivaient vers 3800 avant Jésus-Christ. Ce fait est établi par un travail opéré sur plusieurs milliers de fragments, et, à ce sujet, M. Heuzey prend date en lisant une note dans laquelle M. François Thureau-Dangin, attaché à sa mission, déchiffre et traduit la plupart de ces documents. A côté des campagnes entreprises contre le pays d'Elam, d'Erech, de Goutti, d'Amourrou (la Syro-Palestine), on y trouve des faits archéologiques d'un intérêt exceptionnel, comme la reconstruction du temple de Bel à Niffer, et surtout l'édification du temple d'Anounit à Babylone, première mention historique connue de cette grande cité asiatique. Toutes ces antiquités proviennent des grandes découvertes poursuivies depuis seize ans par la France à Tello, dans l'ancienne Chaldée, sous la direction de M. de Sarzec. Le sultan, dont la libéralité gracieuse est en même temps un acte de haute équité envers la science française, a décidé qu'une part des meilleurs fruits de nos fouilles serait accordée à nos collections nationales. Le président, au nom de l'Académie, félicite M. Heuzey de sa communication et des résultats de sa mission; il remercie aussi M. Cambon, ambassadeur de France, de son heureuse intervention et se fait l'interprète de la respectueuse gratitude de l'Académie envers S. M. I. le Sultan, qui a si gracieusement offert ces monuments à la France. — M. Oppert fait ressortir l'importance de la découverte de ces objets remontant au trente-huitième siècle avant. J.-C. S'appuyant sur des textes précis, il repousse l'identification avec Sargon Ier du nom d'un roi qu'on ne peut lire que Bingani-San-eres. Ce dernier a pu être le fils de Sargon Ier et le prédécesseur immédiat de Naram-

Sin, fils du même Sargon. — M. Menant dit ne pouvoir que s'associer aux justes observations de M. Oppert, qu'il avait déjà développées dans un mémoire que des circonstances particulières l'ont empêché de publier. — M. Eugène Müntz termine la seconde lecture de son mémoire intitulé *la Tiare pontificale du huitième au seizième siècle.* — M. Homolle fait, au nom de M. Théodore Reinach, une communication sur une épigramme funéraire de l'île de Rhodes, dont l'estampage et la copie ont été envoyés à l'auteur par M. Victor Toussaint, directeur du *Scolasticon* (école normale) des frères de la doctrine chrétienne. Cette petite pièce, dont la métrique est irréprochable, est remplie de réminiscences homériques et n'est pas un mauvais spécimen du genre dont on trouve tant d'exemples dans les recueils de Kaibel, de Cougny et d'Hoffmann. Le titulaire du monument, le jeune Daphnaios, était mort à l'âge de quatorze ans, écrasé par un rocher qu'il avait reçu sur la tête. Ses parents lui élevèrent un monument, et le poète, s'identifiant au défunt, s'adresse à ce tombeau et à cette stèle pour les inviter à le pleurer et à faire connaître au monde sa triste destinée. — M. Ardaillon, ancien membre de l'école française d'Athènes, expose à l'Académie le résultat de ses recherches sur l'exploitation antique des mines du Laurium. M. Ardaillon, grâce à la bienveillance des ingénieurs d'une compagnie française qui a repris l'exploitation de ces gisements célèbres, a pu étudier à loisir les vestiges nombreux de l'industrie minière des Athéniens. Il convient de distinguer la mine, τὸ μέταλλον, et l'atelier métallurgique, τὸ ἐργαστήριον. La mine se compose d'un ensemble de galeries et de puits combinés pour atteindre le plus économiquement possible les amas minéralisés. Par la sûreté de l'attaque et la perfection le l'exécution, ces ouvrages dénotent une remarquable habileté professionnelle. L'abatage du minerai et son extraction, le soutènement et la ventilation des chantiers, tout est conçu avec méthode et simplicité. Abondamment fournie par l'esclavage, la main-d'œuvre n'était pas ménagée et, bien qu'il soit impossible de la déterminer exactement, la production des mines a été très considérable. Les ateliers de métallurgie comprenaient deux parties bien distinctes : 1° les lavoirs, où le minerai, après avoir été classé par grosseur et par densité, était débarrassé des matières étrangères qui l'accompagnent; 2° les fours où le minerai enrichi se transformait en plomb d'œuvre. Soumis à la coupellation, ce plomb fournissait l'argent à une telle finesse de titre que, pendant longtemps, la monnaie athénienne a fait prime dans le monde grec. La production de ce métal précieux au Laurium a eu une importance capitale pour le développement économique de la ville d'Athènes.

Henry Thédenat.

L'Éditeur-Propriétaire-Gérant : Albert Fontemoing.

Paris. — Imp. A. Fontemoing.

BULLETIN CRITIQUE

134. — **Die Prophetische Inspiration**, biblisch-patristische Studie von D. Franz Leitner. Freiburg i. B. Herder, 1896. In-8, ix-195 pages.

135. — **Nouvelles études sur la restauration juive après l'exil de Babylone**, par A. Van Hoonacker, Paris, Leroux, 1896. In-8, vii-311 pages.

I. La dissertation de M. Leitner forme les 4ᵉ et 5ᵉ fascicules du tome Iᵉʳ des *Biblische Studien* publiés sous la direction du Prof. Bardenhewer, de Munich, (voir *Bulletin critique* du 15 mai 1896). C'est une étude très serrée, fort chargée d'érudition biblique, patristique et germanique. Quand on l'a lue d'un bout à l'autre, et il ne faut pour cela qu'un peu de courage, on sait mieux ce que la Bible et les anciens Pères laissent entendre ou enseignent touchant l'inspiration prophétique. Reste à comprendre ce qu'elle a été dans la réalité psychologique. L'auteur essaie bien de nous l'expliquer. Sans doute il a fait tout ce qu'il pouvait, peut-être tout ce qu'on peut faire pour éclairer un pareil sujet. Mais mon esprit reste plein de ténèbres devant ce livre qui promet de la lumière. Il y a un endroit où l'on marque la part de l'agent divin et celle de l'agent humain dans la prophétie, d'après Amos (iii, 8) : « Le lion a rugi... qui ne craindrait? Iahvé a parlé : qui ne prophétiserait? » Ailleurs, Dieu met les paroles dans la bouche des prophètes. Ceux-ci n'ont plus qu'à les dire ; mais ils ne sont pas tenus au mot à mot ; c'est pourquoi Isaïe est plus éloquent que Jérémie. Quoi de plus simple? On dit aussi que l'inspiration prophétique est la même que l'inspiration des écrivains sacrés : la seule différence qu'il y ait entre les deux consiste en ce que, dans un cas, Dieu veut faire parler l'homme qu'il a pris pour organe, et que, dans l'autre cas, il veut le faire écrire ; ce sont deux moyens de communiquer le message divin. Voilà-t-il pas encore une chose tout à fait claire? Il n'y a plus, en effet, qu'à analyser le phénomène *psychologique* moyennant lequel un homme s'est trouvé en mesure de parler au nom de Dieu ; il n'y a plus qu'à démontrer comment la même notion *psychologique* d'inspiration peut s'appliquer au prophète, je ne dis pas dans le moment où il rédige ses visions ou sa prédication, mais dans celui où il reçoit le coup de la révélation, et à un historien tel que saint Luc ou l'auteur du second livre des Machabées. Ce sont assurément de petites difficultés, mais qu'on aimerait à voir résolues.

II. On connaît la thèse de M. Van Hoonacker sur Esdras-Néhémie : d'après le savant professeur de Louvain, la mission de Néhémie se place historiquement avant celle d'Esdras, et il y a eu transposition de documents dans la Bible ; Néhémie est venu à Jérusalem sous Artaxerxès I ; Esdras a introduit sa réforme sous Artaxerxès II. Cette thèse, appuyée sur de bonnes preuves, aurait trouvé plus de crédit dans le monde savant si les critiques protestants n'avaient été un peu embarrassés pour la mettre d'accord avec leurs hypothèses sur le rôle d'Esdras dans la composition de la Loi. Un exégète hollandais, M. Kosters, adopte la succession Néhémie-Esdras, mais il veut que la réforme d'Esdras ait eu lieu aussi sous Artaxerxès I. Et M. Van Hoonacker de le réfuter point par point, de le pousser jusque dans ses derniers retranchements, de le pulvériser sous les textes et les arguments. C'est un terrible réfutateur que M. Van Hoonacker. Est-il vraiment si nécessaire de courir après les gens qui s'emparent de nos idées, quand ce serait pour les gâter? est-il donc si amusant de rectifier de faux raisonnements? Le livre de M. V. H. contient d'excellentes parties ; mais j'ai peur qu'on ne trouve moins de plaisir à lire sa réfutation qu'il n'en a eu certainement à l'écrire. L'auteur rendrait un véritable service à la science et à sa propre thèse en faisant enfin de celle-ci un exposé large, clair, méthodique et sans attirail de controverse.

A. F.

136. — **Un ancien texte latin des Actes des Apôtres,** retrouvé dans un manuscrit provenant de Perpignan, par Samuel BERGER. (Tiré des *Notices et extraits des manuscrits*, t. XXXV, 1ʳᵉ partie), in-4°. Paris, C. Klincksieck.

Le texte que notre collaborateur M. Samuel Berger a découvert à la Bibliothèque nationale dans le manuscrit latin 321 est seulement une partie de la traduction des Actes des Apôtres, (ɪ-xɪɪɪ, 6; xxvɪɪɪ, 16-30). Ce qui lui donne un intérêt particulier c'est que « son origine est certaine » et qu'à l'aide de quelques « autres textes également bien localisés, » il permet « d'établir la tradition du texte sacré sur la frontière des Pyrénées. » M. Berger démontre, en effet, à l'aide d'un calendrier inséré au folio 236 et qui contient un certain nombre de saints locaux que le manuscrit est originaire de la région située entre Narbonne, Bourges, Arles et Tarragone. Une note insérée au folio 1 prouve qu'il appartenait aux Frères Prêcheurs de Perpignan, au temps même où il a été écrit, c'est-à-dire au xɪɪɪᵉ siècle. C'est là, ou dans les environs, qu'il a été copié.

Peu de manuscrits présentent une orthographe aussi curieuse que le 321; tantôt la particule est accolée au mot qu'elle détermine (*abeo*); tantôt au contraire elle est séparée dans les mots composés (*ab negastis*). M. Berger a relevé avec le plus grand soin les principales altérations, les particularités de syntaxe, l'orthographe des noms propres, etc. Il remarque que bon nombre des particularités qu'on rencontre ici se retrouvent dans le *Codex Cavensis* et dans la *Bible de Rosas*. Au milieu du xɪɪɪᵉ siècle le texte a été retouché. Les leçons de seconde main reproduisent pour les Actes, le pur texte languedocien. Au contraire, le texte des Epîtres catholiques est le texte espagnol. Les ressemblances avec le *Codex Toletanus* en particulier sont frappantes. C'est donc un texte mi parti, « c'est le texte de la frontière catalane. »

M. Samuel Berger soulève en passant plusieurs problèmes à l'étude desquels il convie les critiques. Il voudrait notamment qu'on fît « le départ des éléments anciens du texte latin du *Codex Bezae* et des retraductions grecques qui le défigurent », qu'on « donnât une réponse à cette question: Y a-t-il, en dehors des textes dits *Africains*, un seul groupe ou deux groupes de traductions? » Espérons que cet appel sera entendu, ce serait grand profit pour la critique de la version latine des livres saints.   E. B.

137. — **La Vie de Mirabeau,** par Alfred STERN, professeur d'histoire à l'Ecole polytechnique fédérale de Zurich. Traduction française : tome I, par MM. LESPÈS, PASQUET et Pierre PÉRET ; tome II, par H. BUSSO ; Paris, Bouillon, 1895-1896, IV-398 et 398 pages in-8°.

M. Stern est renommé, entre tous les historiens de langue allemande, pour l'érudition et l'impartialité qu'il apporte à l'étude de la Révolution française. La biographie de Mirabeau, publiée par lui à l'occasion du centenaire de 1789, loin d'être une simple compilation des travaux français, a été signalée par tous les juges compétents comme un travail aussi original qu'instructif. Il faut donc remercier les traducteurs et l'éditeur qui viennent de mettre ce livre à la portée de tous les lecteurs de ce côté-ci du Rhin. L'auteur a écrit une préface spéciale et inséré les quelques retouches nécessitées par les publications postérieures à 1889.

M. Stern s'est, naturellement, beaucoup servi des deux volumes de feu M. Louis de Loménie et des documents alors inédits que M. Charles de Loménie a mis à sa disposition. Il a tiré le plus heureux parti des travaux de M. Aulard, de divers imprimés peu connus ou oubliés ; les deux grands dépôts de la rue des Francs-Bourgeois et du quai d'Orsay lui ont fourni des pièces du plus haut intérêt. Hors de France, il a consulté avec fruit plusieurs collections publiques ou privées. Malheureusement, une consigne aussi inexorable que contraire aux intérêts de la science lui a barré l'accès des archives d'Arenberg, à Bruxelles. : il demeure donc impossible de contrôler la manière dont M. de Bacourt a édité la correspondance Mirabeau-La Marck.

Entre bien des parties de la vie de Mirabeau, vivement éclairées par M. Stern, nous citerons d'abord l'éducation économique et financière du grand orateur, ses polémiques de presse au service de Calonne et ses attaques répétées contre la gestion de Necker : l'historien montre que l'animosité personnelle n'inspirait pas seule ici Mirabeau, et que, sauf sur la question des assignats, il faisait preuve de clairvoyance en dénonçant l'insuffisance des expédients suggérés par l'ingéniosité du ministre. En second lieu, et pour nous borner, disons que nul aussi bien que M. Stern n'a fait ressortir la part d'illusions, de chimères et aussi d'intrigues contenue dans les divers plans que la féconde imagination de Mirabeau enfanta après son rapprochement avec la cour : après avoir lu son livre, on conçoit mieux comment Marie-Antoinette, déjà mise en défiance par le passé de son nouveau conseiller, n'a été que médiocrement séduite par les moyens mêmes qu'il lui soumettait.

La revision des épreuves, faite sans doute un peu à la hâte, a laissé subsister un trop grand nombre d'incorrections matérielles. Nous rangeons dans cette catégorie la référence *Geoffroy* pour *Geffroy* (II, 174, note) et l'indication qui fait du comte Portalis le *frère* (au lieu du *fils*) du rédacteur du Code civil (II, 348).

L. DE LANZAC DE LABORIE.

---

138. — **Rivarol**, sa vie, ses idées, son talent, d'après des documents nouveaux, par André LE BRETON, docteur ès lettres, maître de conférences de littérature française à la Faculté des Lettres de Bordeaux : Paris, Hachette, 1895, VII-388 pages in 8°.

Le volume de M. Le Breton est, je crois, une thèse de doctorat, où l'érudition est loin de faire défaut : pour recueillir dans les diverses bibliothèques de l'Europe les pages tombées de la plume insouciante de Rivarol, pour les reconnaître à travers les pseudonymes et les fausses attributions, pour rejeter au contraire des morceaux admis comme authentiques par l'ignorance ou la crédulité des précédents biographes, M. Le Breton a dépensé des trésors de science et de persévérante sagacité. Mais encore plus qu'œuvre de critique, il a fait œuvre d'art et d'esprit : je ne connais point de thèse pour ma part dont la lecture m'ait davantage diverti.

Pour discuter le jugement que M. Le Breton porte sur l'œuvre littéraire et les principes de Rivarol, il faudrait la compétence d'un lettré et d'un moraliste. Tout au plus me permettrai-je de dire qu'il me semble pousser un peu loin le panégyrique, soit quand il s'extasie devant des reparties qui sont surtout impertinentes [1], soit quand il s'autorise d'un ingénieux rapprochement pour saluer en Rivarol le précurseur de Châteaubriand, soit enfin lorsqu'il l'exalte comme l'ancêtre de ces incrédules respectueux

[1]. M. René Doumic a magistralement mis en relief ce côté déplaisant du caractère de Rivarol.

et mélancoliques, navrés de l'incompatibilité qu'ils ont constatée entre la simplicité des croyances chrétiennes et l'ampleur de leur génie. Dans cette tristesse, il y a trop de complaisance en soi-même et de mépris pour la foule ; cette tolérance-là n'est point fondée sur un sincère et complet respect des convictions d'autrui.

Mais soit prédisposition naturelle, soit résultat d'une longue fréquentation, le talent de M. Le Breton offre d'étranges analogies avec celui de Rivarol. Celui-ci avait la rare faculté de prévenir les objections qu'on pourrait lui faire, et de les formuler avec un bonheur d'expression qui désarmait ses contradicteurs. De même M. Le Breton, après avoir célébré l'écrivain, le pamphlétaire et le philosophe, indique des réserves en termes si justes et si délicats qu'à insister sur ce point, on risquerait tout ensemble de paraître manquer de bonne foi et de provoquer une comparaison mortifiante. Rivarol avait encore ce don, d'être goûté par presque tous les gens d'esprit et de ne l'être guère que par eux : et pareillement, ébloui que je suis par le feu d'artifice que son biographe tire en son honneur, si je m'avisais de dire à voix basse que tant de fusées finissent par lasser quelque peu le spectateur, ou qu'une épigramme n'est pas toujours un argument, M. Le Breton, plus courtois que Rivarol, ne me déclarerait pas tout uniment que je suis un niais, mais il le penserait sans doute, et le donnerait peut-être à entendre. Laissons-nous donc aller au charme de sa verve, sans chercher, selon le conseil de Molière, « des raisons pour nous empêcher d'avoir du plaisir », sans même essayer de noter au passage les mots les mieux trouvés, car c'est tout le livre qu'il faudrait transcrire, depuis le surnom de « Boileau-dandy » appliqué à Rivarol lui-même en tant que critique littéraire, jusqu'à celui de « madame Mentor » où chacun reconnaîtra madame de Genlis, jusqu'à ce tableau moral de la fin du dix-huitième siècle : « La société de l'ancien régime touche à son heure dernière : la grâce s'en est légèrement attendrie, les cœurs y sont en apparence moins secs qu'aux jours de Fontenelle ou de madame du Deffand ; Grétry tient la musette, et Florian s'apprête à promener ses moutons, sans s'apercevoir qu'il pleut, qu'il pleut, bergère, et qu'il serait plus opportun de les ramener. Il y a comme un parti pris de laisser-aller chez le roi et ses ministres qui ne daignent pas entendre la rumeur grossissante ; chez la reine qui, jeune et charmante, ne se résigne pas à s'ennuyer noblement ; chez les mondains qui se croient les *hommes de la nature* toutes les fois qu'ils donnent carrière à leurs vices. »

Le chapitre sur les idées politiques de Rivarol n'est peut-être pas celui que M. Le Breton a ciselé avec le plus d'amour : c'est du moins celui que j'ai le plus complètement goûté. Après un siècle, l'impartialité ne devrait plus être un mérite : personne pourtant jusqu'ici n'en avait fait preuve au même degré en parlant de Rivarol. L'historien a su, après Taine et M. Sorel, décrire en termes pénétrants l'infatuation philosophique qui perdit la Constituante ; à la légende qui fait de Rivarol le champion aveugle de l'ancien régime, il a opposé le portrait flatté peut-être, mais ressemblant, du monarchiste constitutionnel ou égalitaire, qui condamne les privilèges sans aucune arrière-pensée.

En résumé, M. Le Breton nous a révélé le vrai Rivarol : il ne nous le fait peut-être pas beaucoup aimer, comme cela eût été son rêve ; il nous apprend en revanche à connaître le plus disert et le plus spirituel des *rivarolisants* d'aujourd'hui [1].

L. DE LANZAC DE LABORIE.

[1]. Voici quelques minuscules points de détail qui me paraissent susceptibles d'explication plus encore que de rectification. — Le *duc* de Breteuil (p. 85) doit être une faute d'impression pour le *baron*. — Quand les émigrés désertèrent Bruxelles en 1794 (p. 85), n'étaient-ce point les soldats de Jourdan qu'ils redoutaient plutôt que ceux de Pichegru ? — Sur Perrinet de Thauvenay, l'agent de Louis XVIII à Hambourg (p. 56 et *passim*), le premier volume du *Mémorial* de Norvins, paru postérieurement au livre de M. Le Breton, contient quelques détails dont ce dernier pourrait tirer parti pour une seconde édition : son mariage avait été précédé d'une tentative de suicide, et c'étaient deux *belles-filles* qu'il avait. — M. L. B., qui a voulu consulter à l'église Saint-Sulpice, à Paris, un acte de mariage remontant à 1780, dit : « Il m'a été répondu que tous ceux qui étaient antérieurs à la Révolution avaient disparu » (p. 34, note). La réplique a pu paraître à l'auteur et à ses lecteurs une fin de non-recevoir ou un aveu d'incurie. La vérité est que M. L. B. aurait pu s'épargner cette démarche : en vertu du décret de la Constituante qui *laïcisait* les actes de l'état civil, toutes les paroisses du royaume durent verser leurs registres aux secrétariats des mairies ; ceux de Paris, soigneusement classés et conservés à l'Hôtel-de-Ville, ont péri dans l'incendie de

139. — Histoire de la Vendée militaire, par J. Crétineau-Joly. Nouvelle édition illustrée, augmentée d'un cinquième volume et ornée d'une carte en couleur par le R. P. J. Emmanuel Drochon, des Augustins de l'Assomption.

Cette magnifique publication fait honneur à la Maison de la Bonne Presse qui l'a entreprise ; nous osons lui prédire le plus grand et le plus légitime succès.

Longtemps on s'est plu à méconnaître les mérites, incontestables pourtant, du livre de Crétineau-Joly. Ce que tous les partis lui refusaient, c'était l'impartialité ; les partisans de la Révolution l'accusaient de n'avoir rédigé qu'un long plaidoyer en faveur de l'ancienne monarchie; les Royalistes, de leur côté, ne se faisaient pas faute de le traiter de libéral et de Jacobin. C'est qu'il disait

mai 1871. — Voici qui est plus téméraire de ma part : en lisant l'intéressante notice consacrée à Elisabeth-Paule de Rivarol (p. 331-332), et en examinant l'ingénieux calcul par lequel M. L. B. lui attribue en 1797 une fille mariée, je me suis demandé si l'interprétation des deux lettres inédites de 1797 ne pouvait pas être modifiée. Rivarol écrit à son père: « Vous me parlez de la petite fille de Paule. Qui donc a-t-*elle* épousé ? Se souvient-*elle* toujours de moi ? » Ces deux dernières phrases n'auraient-elles point pour sujet, non pas la fille de Paule, mais Paule elle-même, et les deux questions ne sont-elles point plus naturelles ainsi, dans une famille et dans un temps où les liens d'intimité étaient passablement distendus. Un mot sur la fille de Paule arrache à Rivarol cette réflexion : « La fille de Paule ! Mais Paule est donc mariée ! Avec qui ? » Dans sa réponse (perdue), le père donnait sans doute ce renseignement, et c'est alors que Rivarol riposte (18 août) : « Dites à mon beau-frère que je suis très sensible aux assurances qu'il me donne de son amitié. Il suffit qu'il mérite la vôtre pour être sûr de la mienne. » M. L. B. convient que Rivarol parle là de son beau-frère comme d'un inconnu. Dans la même pièce, la phrase : « Ma sœur....... doit écrire à la petite Paule », toute simple s'il s'agit d'une lettre de madame de Beauvert à sa jeune sœur madame de Faguet, se comprend plus difficilement d'une lettre à une nièce qu'elle a à peine vue. Il se peut que cette hypothèse soit inadmissible : mais plus j'ai relu les documents publiés par M. L. B. et plus elle s'est emparée de mon esprit. Il ne me reste plus qu'à m'excuser auprès des lecteurs du *Bulletin* d'avoir tant abusé de leur patience.

aux uns et aux autres leurs vérités sans déguisement, et même avec assez de brutalité. Après avoir retracé le tableau des abominations révolutionnaires, commises au nom de la France qui, dans l'immense majorité de ses enfants, les avait en horreur, il racontait les défaillances multiples du parti royaliste, les méfaits de la trop fameuse Agence, dirigée par l'abbé Brottier, sous le haut patronage du comte de Provence, alors retiré à Milhau, les intrigues non moins misérables, à Londres, de l'entourage du comte d'Artois dont il ne manquait pas de signaler la *lâcheté* ainsi que les décevantes et dès lors criminelles promesses; et il n'hésitait pas à intituler l'un des derniers chapitres de son livre : *Ingratitude de la Restauration envers la Vendée militaire*. C'était plus qu'il n'en fallait pour s'attirer la haine des *Ultras* qui ne comprenaient pas qu'un écrivain qui se disait royaliste osât dire la vérité, même lorsqu'elle ne tournait pas complétement à la louange de la monarchie.

Est-ce à dire que l'auteur de cette remarquable histoire soit à l'abri de tout reproche? Non certes, et en cela il reste dans la commune loi dont nul d'ailleurs ne saurait s'affranchir. Vendéen, il a un faible pour ses héroïques compatriotes; ce n'est pas moi qui l'en blâmerai, d'autant que ce faible ne va pas jusqu'à dénaturer les faits. Il raconte avec passion les exploits vraiment merveilleux de ces laboureurs, de ces paysans, jusque-là si soumis, si pacifiques, qui, un beau jour, sentant que le joug imposé par la Révolution était trop lourd et surtout trop ignominieux pour leurs épaules d'hommes libres et de chrétiens, le secouèrent énergiquement, et, munis d'armes improvisées, tinrent de longs mois en échec les meilleurs soldats du monde, les futurs vainqueurs de l'Europe.

Le premier, Crétineau montra par des preuves irréfutables que l'insurrection vendéenne fut à son début un mouvement essentiellement populaire. Les paysans allèrent chercher les nobles dans leurs châteaux, pour les mettre à leur tête : « Nous sommes aussi braves qu'eux, disaient-ils, mais ils savent mieux se battre que nous. » On se rappelle que Charette qui hésitait à se mettre à la tête de ses paysans, malgré leurs supplications, fut menacé par eux d'être fusillé sur place, s'il ne se rendait pas à leur désir.

Crétineau ne manque pas non plus d'observer, et certes la remarque est piquante, que ces défenseurs de la monarchie *absolue* entendaient n'obéir que d'*amitié* à leurs chefs, d'ailleurs librement élus par eux; tandis que les Républicains, partisans à grand fracas de la liberté, de l'égalité et de la fraternité, se soumettaient volontiers à une discipline sévère, sous la conduite de généraux qui leur étaient imposés et auxquels ils obéissaient aveuglément, tout en les méprisant parfois, à cause de leur incapacité ou de leur lâcheté, tels, par exemple, que Léchelle et Rossignol, pour ne citer que ces deux noms. Ajoutons que ce défaut de discipline valut à l'armée catholique et royale, après une série de victoires brillantes, la déroute du Mans et la catastrophe finale de Savenay. C'est aussi l'absence d'unité dans le commandement, sinon dans l'obéissance, qui causa le désastre de Quiberon.

La guerre de Bretagne et de Vendée garda toute sa sublimité, tout son héroïsme, tant qu'elle fut religieuse ; lorsqu'elle ne fut plus que politique, [ce qui eut lieu surtout après le Concordat, elle] perdit presque toute sa grandeur. Après la mort de Georges Cadoudal, le dernier de ses héros, ce ne fut plus qu'une lutte de partis, sans importance, ni prestige.

La nouvelle édition de l'Histoire de la Vendée militaire, préparée par les soins du R. P. Drochon, Vendéen comme Crétineau-Joly, et déjà connu avantageusement du public par un consciencieux travail sur la *Petite Église*, renferme le texte intégral des éditions précédentes. Ce qui la distingue de celles-ci, outre le format, ce sont de nombreuses et très intéressantes illustrations, dues, la plupart, au pinceau fidèle de M. le comte de Cambourg dont le bisaïeul, mort à 101 ans, fut général de division dans l'armée vendéenne; au crayon de Chauvelin et surtout à celui du célèbre David d'Angers, toutes inédites. De plus, l'éditeur complète par des notes abondantes et substantielles les informations de Crétineau et souvent redresse ce qu'elles ont d'inexact. Il lui est cependant arrivé, au moins une fois, ce qui prouve que l'érudition la plus sûre peut être prise en défaut, de commettre une erreur en pensant relever une inexactitude prétendue de son auteur ; c'est dans la note première de la page 178 du troisième volume. En citant un *Avis au public*, affiché en août 1794, au nom de Jean Chouan qui n'existait déjà plus à cette époque, Crétineau ajoute : « C'est le seul ordre écrit qu'ait jamais donné Jean Cottereau et il est posthume. » Le P. Drochon s'inscrit en faux contre cette assertion et il reproduit une lettre que, dans les premiers mois de cette même année, 1794, Jean Chouan aurait adressée au juge de paix de Moisdon. Il est possible qu'il l'ait dictée à quelqu'un des siens, bien que le ton particulièrement grossier de cette pièce ne réponde guère à ce que nous savons du caractère simple et pieux de Jean Chouan; mais ce qui est certain, c'est qu'il ne savait ni lire, ni écrire. Le P. Drochon aurait pu s'en convaincre, en se rappelant ce que Duchemin-Descepeaux [1], raconte au sujet de la mort du prince de Talmont. Une lettre fut envoyée à Jean Chouan pour l'informer de la route que devait suivre l'escorte qui conduisait le captif, de Fougères où il avait été reconnu et pris, à Laval où il allait être fusillé. Jean Chouan se fit rendre compte de cette lettre par l'un de ses compagnons, Jean Godeau, qui passait pour savoir lire couramment et qui, incapable de déchiffrer la missive, dit à son chef, pour cacher son ignorance, qu'elle était insignifiante et qu'il ne fallait pas s'inquiéter de ce *barbouillage*. Ce ne fut que quelques jours plus tard, en apprenant la mort du prince, que Jean Chouan sut toute l'importance de l'avis qu'on lui avait fait parvenir. Il ne se consolait pas de ce malheur et son historien observe que, plus que jamais, il regretta de n'avoir pas écouté son père autrefois, lorsqu'il voulait, dans son enfance, lui apprendre à lire.

Mais c'est là, dans le beau travail du P. Drochon, une légère tache dont le lecteur, même le plus difficile, ne saurait s'offusquer. « Verum ubi plura nitent... non ego paucis Offendar maculis [2]. »

Trois volumes sont déjà publiés; les deux derniers paraîtront prochainement. Le cinquième, dû entièrement à la plume infatigable de l'éditeur, renfermera une liste, aussi complète que possible, des officiers qui combattirent dans les rangs des Vendéens ou des Chouans; ce sera le livre d'or des familles bretonnes et vendéennes. Il contiendra de plus une foule d'autres documents inédits qui compléteront ceux recueillis en si grand nombre par Crétineau-Joly, augmentant ainsi la valeur de cet ouvrage estimable, en dépit des fautes et des défauts inévitables dans une étude de ce genre et d'aussi longue haleine.

A. Roussel.

1. *Lettres sur la Chouannerie*, 1er vol. 208 et seq. nouvelle édition.
2. Hor. *Ad Pisones*. 351.

VARIÉTÉS

Les Moulages de Delphes au Musée du Louvre.

Le lundi 19 octobre, a eu lieu, au Musée du Louvre, l'ouverture de la salle consacrée aux moulages des sculptures découvertes à Delphes par l'Ecole française d'Athènes. Le ministre de l'Instruction publique et des Beaux-Arts, accompagné du directeur des Beaux-Arts, était venu lui-même inaugurer cette intéressante collection, destinée à s'accroître encore par de nouveaux envois, et sur laquelle tous les assistants ont eu plaisir à entendre les explications fournies par M. Homolle, directeur de l'Ecole d'Athènes.

La galerie, où a été disposée cette collection par les soins de la conservation des antiquités grecques et romaines, est située, parallèlement à la grande salle des antiquités assyriennes, au rez-de-chaussée sous la colonnade. Un peu étroite, elle s'éclaire du moins par de nombreuses fenêtres, qui y distribuent abondamment la lumière et dont les profondes embrasures ont permis de placer tels quels les panneaux de frise avec retour d'angle, en donnant à certains morceaux particulièrement délicats le jour frisant qu'ils réclamaient.

Au fond, le grand sphinx des Naxiens se dresse sur un piédestal, en attendant qu'il puisse être rétabli sur la colonne qui lui servait de support. De part et d'autre, deux « Apollons » gigantesques — pour garder la désignation habituelle donnée indistinctement à toutes les représentations du type masculin à l'époque archaïque — se présentent de face aux visiteurs comme deux frères. Et ce sont bien deux frères, si, comme tout permet de le croire, nous avons là les images de Cléobis et de Biton, ces deux héros de la force musculaire en même temps que de la piété filiale, dont nous savons que les statues étaient consacrées à Delphes. Les deux statues sont de même taille, de même aspect, et à ce point semblables que les jambes de l'une ont pu être rajustées à la seconde mutilée, pour la compléter. La base porte une signature qui nous apprend que la statue était l'œuvre d'un artiste argien.

D'autres sculptures en ronde bosse mériteraient de nous arrêter:

deux têtes de cariatides coiffées d'un *polos* décoré de personnages, l'une aux yeux saillants, l'autre, au contraire, dont les yeux creux attestent qu'ils étaient incrustés d'une matière précieuse ; — deux torses de femme drapée du style des statues de l'Acropole ; — une Niké ailée dont le prototype se retrouve dans la Niké de Délos ; — et pour descendre à une époque plus basse, une tête d'homme, un portrait d'un réalisme extraordinaire dans l'expression des caractères individuels, qui est dans son genre un chef-d'œuvre, — enfin une réplique du type connu d'Antinoüs, pleine de grâce et d'élégance.

Mais l'attention va de préférence aux bas-reliefs qui décoraient les trois trésors rendus au jour par les fouilles récentes, le trésor de Sicyone, le trésor de Cnide et le trésor d'Athènes.

Du trésor de Sicyone, le plus ancien, et dont les sculptures appartiennent encore à l'époque où les maîtres du ciseau se contentaient du tuf, suppléant par une polychromie éclatante à l'imperfection de la matière, nous avons cinq métopes. La plus complète nous montre Idas et les Dioscures ramenant de Messénie les bœufs qu'ils ont enlevés : les têtes des animaux, vues de front, viennent se buter contre les perches que tiennent horizontalement les héros de manière à former une barrière improvisée. Sur les autres métopes figurent l'enlèvement d'Europe courbée sur le cou du taureau, le sanglier de Calydon, le bélier qui portait Hellé, et, de nouveau, les Dioscures de face, à cheval, de part et d'autre du navire Argo monté par des guerriers et le chantre Orphée.

Le trésor de Cnide, désigné d'abord sous le nom de trésor de Siphnos, était décoré sur ses quatre faces d'une frise ininterrompue. La plus grande partie en a été retrouvée et, notamment, des blocs d'angle, dont la présence a permis de reconstituer les dimensions des différentes façades et la disposition respective des décorations. Il comportait, en outre, un fronton sculpté, représentant la dispute du trépied entre Hercule et Apollon, que Latone tente d'arracher au combat, tandis qu'au centre Athéna intervient en pacificatrice. Quoique de proportions assez lourdes et d'un travail bien inférieur à la frise, ce fronton frappera les visiteurs par une curieuse particularité : la partie inférieure des figures y est traitée en bas-relief, tandis que, dans le haut, le fond en retrait les laisse entièrement indépendantes et découpées à jour. « C'est, remarque

M. Homolle, comme une tentative intermédiaire entre le fronton en bas-relief et le fronton à figures détachées. »

Sur la paroi de droite de la salle sont disposées les frises des façades sud et nord. Le sujet de la première avait été emprunté à la légende de Pélops et d'Œnomaüs : nous voyons les quadriges attelés, précédés d'un groupe de cavaliers, prêts à disputer la course. Mais bien mieux conservées et plus intéressantes sont les sculptures de la façade septentrionale. Ici c'est la gigantomachie, conçue suivant les mêmes principes que les scènes analogues des peintures de vases contemporaines : sur l'un des panneaux, Héra se précipite avec rage sur un ennemi terrassé, près d'elle Athéna plus tranquille dans son triomphe lutte contre Enkelados ; sur l'autre, derrière Apollon et Artémis combattant côte à côte, Cybèle lance contre les géants son attelage de lions.

A cette scène pleine de mouvement et d'une si énergique facture répond, sur la façade orientale et sur le mur opposé de la galerie, le combat autour du corps d'un guerrier mort que se disputent, de chaque côté, deux guerriers aux prises, dont les coursiers impatients attendent prêts à s'éloigner de la mêlée et à emporter les vainqueurs. Un second panneau de la même frise nous montre les dieux assemblés suivant les péripéties du combat dont ils protègent tel ou tel des acteurs : dieux des Grecs, parmi lesquels Athéna assise devant deux déesses, dont l'une touche le menton de sa voisine pour attirer son attention ; dieux des Troyens, Arès en armes, Aphrodite se penchant vers Artémis, Artémis caressant la tête de son frère Apollon qui se retourne vers elle. Enfin le même mur du côté des fenêtres a donné place à deux morceaux de la frise occidentale relative à l'apothéose d'Hercule, à la gauche de qui Athéna monte sur son char attelé de quatre chevaux ailés que maintient Hermès, tandis que, faisant pendant, une déesse descend de son quadrige.

Il ne saurait être question de signaler ici les détails de ces diverses sculptures, les inégalités de style qu'on y a relevées, — la gigantomachie et le combat d'une invention plus dramatique et d'une souplesse plus adroite, — les caractéristiques diverses qui s'expliquent assez bien par l'attribution à Cnide, colonie argienne, ville de l'Asie-Mineure. « Dès maintenant, écrit M. Collignon, c'est du côté de l'Ionie et des îles qu'il convient sans doute de chercher l'école à laquelle appartiennent les sculpteurs. Si l'on songe à la rareté des monuments de l'école iono-insulaire pour la fin du vi^e siècle et le début du ve, on appréciera facilement quelle place est réservée, dans l'histoire de l'art archaïque, aux sculptures de ce trésor. » L'on ne saurait, néanmoins, ne pas indiquer, ne fût-ce que d'un mot, l'influence que les sculptures du trésor de Cnide ont exercée sur les artistes postérieurs; et, de même que telle œuvre de l'âge d'or de la peinture ou de la sculpture italienne se retrouve en germe, avec tout le charme des essais, dans l'œuvre plus modeste d'un des artistes de la première renaissance, deux au moins des scènes de la frise exposée au Louvre, le défilé de la course d'Œnomaüs et l'assemblée des dieux, nous offrent comme une esquisse archaïque du défilé de la procession des Panathénées et du groupe des divinités dans la frise du Parthénon.

Les métopes du trésor d'Athènes, d'un art plus délicat encore, sont un peu plus récentes et ont le rare avantage de nous fournir pour le classement des œuvres primitives de l'école attique un point de repère rigoureusement daté. Le trésor avait été consacré en souvenir de la victoire de Marathon et, sous le couvert des légendes qu'elles figurent, il n'était point difficile de découvrir l'allusion à la défaite des barbares. Les exploits d'Hercule et de Thésée, en particulier la lutte contre Géryon développée en plusieurs scènes et les combats contre les Amazones, en occupaient la plus grande partie. Le nombre des plaques retrouvées en entier ou par fragments n'est guère inférieur à trente, et tel devait en effet être le nombre des métopes, si l'on en admet six pour chacune des façades et neuf sur les côtés. Toutes ne sont pas égales ni surtout également conservées. De la Géryonie, groupée sur l'une des parois d'une embrasure, restent trois groupes de vaches et de bœufs, un chien renversé à terre, et surtout, aux prises avec Hercule, le triple monstre dont un des corps succombe tandis que les deux autres sont encore animés à la lutte. En face sont d'autres travaux d'Hercule : ici le lion de Némée, là le héros dans l'effort naïvement rendu pour saisir et arrêter la bête qui fuit devant lui. Viennent ensuite une série de combats, malheureusement en partie mutilés, venant des métopes de la légende de Thésée et dans lesquels on a reconnu Thésée vainqueur de Périphétès, de Skiron, de Kerkyon; un peu plus loin les restes d'une gracieuse figure d'Amazone; et encore Thésée et le Minotaure, dont la présence a donné la clef de l'interprétation des scènes précédentes. De la lutte contre le taureau de Marathon, il ne subsiste rien du héros; mais le taureau qui succombe, les genoux pliés, le mufle contre terre, les naseaux dilatés, est d'une anatomie énergiquement modelée et d'un saisissant effet. Une dernière métope oppose à l'animation de ces combats une scène d'une religieuse sérénité. Debout devant Athéna, vers laquelle il s'avance la main droite levée, Thésée porte pour tout vêtement une tunique courte et légère d'un tissu transparent et crêpé que recouvre une chlamyde. « Tel on le voit sur une des plus belles coupes d'Euphronios recevant l'anneau d'Amphitrite. Athéna qui l'assiste dans cette même scène s'y présente, comme ici, en long chiton plissé, avec l'himation et l'égide, le casque en tête et la lance à la main ; sa tête qui s'incline, douce et souriante, indique quelles devaient être sur le bas-relief la pose et l'expression de la déesse. »

L'Ecole d'Athènes, en même temps qu'elle entreprenait la grande œuvre des fouilles de Delphes, n'a pas abandonné un autre champ de découvertes que de nombreuses campagnes ont fait sien, Délos. De Délos provient une magnifique statue d'athlète, de dimensions légèrement supérieures à la nature, dont le moulage se dresse devant une fenêtre, isolé de toutes parts de manière à être vu de tous côtés. L'heureux inventeur est M. Couve, aujourd'hui maître de conférences à la faculté des lettres de Nancy, qui, grâce à une subvention accordée par l'Académie des Inscriptions et Belles-Lettres sur la fondation Piot, a pu, pendant l'été de 1894, s'attaquer au déblaiement des habitations privées de la ville importante et riche qui, au second siècle avant notre ère, s'était développée autour des sanctuaires. S'il faut sans doute quelque initiation pour apprécier à leur valeur entière les frises de Delphes non encore dégagées de toute saveur d'archaïsme, nul, espérons-le, ne restera indifférent devant cette belle image de jeune homme. Et de fait, c'est la réplique d'une des statues les plus célèbres de la Grèce antique, œuvre d'un de ses plus illustres sculpteurs, du Diadumène de Polyclète. La chevelure parée d'une bandelette, le vainqueur est debout près d'un tronc d'arbre sur lequel est posé son manteau ; les bras et les jambes sont brisés, mais les morceaux se rajustent, et, malgré l'absence des mains, la statue, on peut le dire, est complète. Infiniment supérieure au marbre de Vaison, aujourd'hui au British Museum, elle est à cet égard très précieuse. La tête elle-même, avec le nez en grande partie conservé, n'est pas indigne des plus belles têtes isolées du même type, et si, peut-être, l'on pourrait être tenté de trouver dans le faire si libre de la chevelure la trace d'une main un peu plus récente, l'ensemble n'en constitue pas moins un des meilleurs, sinon le meilleur exemplaire où se puisse saisir l'influence directe du grand maître argien.

L'intérêt exceptionnel de ces moulages, qui ont pour nous la valeur d'originaux, puisque les monuments mêmes ne doivent pas quitter le sol de la Grèce, justifie assez la place qui leur a été faite dans notre musée national : souhaitons qu'ils y attirent de nombreux admirateurs, à qui ils fassent mieux connaître et aimer davantage l'œuvre scientifique que la France continue, fidèle à ses traditions, et que poursuit avec tant de succès l'Ecole d'Athènes.

Etienne MICHON.

CHRONIQUE

89. — **Dictionnaire des Antiquités Grecques et Romaines** d'après les textes et les monuments, ouvrage rédigé par une société d'écrivains spéciaux etc. sous la direction de MM. Charles DAREMBERG et Edm. SAGLIO, avec le concours de M. Edm. POTTIER. 22ᵉ fascicule (*Grammateus — Hercules*), contenant 112 gravures. In-4°, Paris, Hachette.

Le 24ᵉ fascicule du *Dictionnaire des Antiquités Grecques et Romaines* termine la seconde partie du tome II (F. G.) et contient les premières feuilles du tome III. Nous avons maintes fois fait l'éloge de cette savante publication, nous n'y reviendrons pas. Parmi les articles du dernier fascicule nous signalerons les suivants qui sont particulièrement importants : Graphè (E. Caillemer), Gratiae (S. Gsell), Gymnasiarcha (S. Glotz), Gymnasium (G. Fougères), Gymnastès (Bussemaker), Gymnastica ars (Bussemaker et G. Fougères), Gymnacceum (P. Paris, R. Cagnat), Harpyia (V. Bérard), Haruspices (A. Bouché-Leclercq), Hasta (E. Beurlier, E. Cuq), Hécate (P. Paris), Hellanodikai (G. Glotz), Hellatotamiai, Helotae (Ch. Lécrivain), Heraia, Herakleia (Louis Couve), Hercules (H. Dürrbach). E. B.

90. — *Giornale della societa asiatica italiana. Volume nono* 1895-96. — Les Mémoires publiés dans ce volume sont au nombre de neuf. Ils

se rapportent principalement à l'Inde, la Perse, la Chine, et l'Egypte. M. Pullé y donne la suite du texte de la Satdarçanasamuccayatîkâ dont le commencement se trouve au volume précédent. De même, M. de Harlez publie la seconde partie de la traduction du livre de Mi-tze sur l'*Amour universel*. Le travail publié par M. Pullé a pour objet les spéculations philosophiques de l'Inde, celui de l'éminent professeur de Louvain se réfère à la morale pratique. On sait la différence entre ces deux nations de l'Extrême Orient, l'Inde et la Chine. L'Inde se plut toujours aux théories subtiles, vaporeuses, et se laissa souvent leurrer par son imagination qui pour elle, plus encore peut-être que pour les autres, est bien la *folle du logis*. Le Chinois, au rebours de l'Hindou, est positif et souvent terre-à-terre. Il ne songe guère à l'au delà, souvent même il n'y croit pas. Il borne son horizon à ce monde et s'arrange de façon à y vivre le plus commodément. Sa morale relève plutôt de la police que de la religion, si l'on peut s'exprimer ainsi. Ajoutons que Mi-tze semble avoir été moins matérialiste que ne le furent la plupart des philosophes chinois ; on rencontre fréquemment dans ses écrits des passages spiritualistes, mais peut-être le sont-ils plus dans l'expression que dans l'idée. Quoi qu'il en soit, ce n'est point du reproche de matérialisme que son traducteur essaie de le laver, mais bien de celui de *communisme*. Parce qu'il prêchait la charité, l'*Amour universel*, on l'accusait de vouloir bouleverser l'ordre public et ruiner la société. Rien, dans ses écrits, suivant M. de Harlez, ne justifie ce grief.

M. Fino étudie la *philosophie égyptienne* et il s'aide pour cela des travaux les plus récents des égyptologues, particulièrement de ceux de M. Maspéro. Son travail est très intéressant ; on y trouve des détails très curieux sur les croyances religieuses des anciens Egyptiens. L'auteur a consulté à ce sujet surtout le fameux *Livre des Morts*, comme aussi le *Livre des Funérailles*, monuments précieux de ces temps reculés et si longtemps ignorés.

M. Vittorio Rugarli publie la traduction d'un poème d'Asadi le jeune : *Le livre de Ghershasp*. Dans une notice brève, mais substantielle, le traducteur nous fait connaître le persan Asadi, et donne une rapide analyse de son poème. M. Rugarli nous présente sa traduction, non comme un travail définitif, mais plutôt comme un essai, à moins toutefois qu'il ne faille, ce que j'espère bien, mettre au compte de sa modestie la phrase suivante : « Questa versione presento agli studiosi non senza titubanza, perché non posso credere che il testo sia sempre stato tradotto e con fedelta e con correttezza. »

Dans ses deux Mémoires intitulés : *Fatti antichi ogni giorno ricordati* et *Favole cinesi*, M. Nocentini nous donne un double échantillon de la littérature chinoise ; de même M. Pavolini présente au lecteur un double spécimen de la littérature de l'Inde ancienne dans ses deux travaux qui ont pour titres : *Vicende del tipo di Mûladeva* et *Analisi di un manoscritto fiorentino del Kathârnava*. Ces études sont fort courtes ; mais elles sont loin d'être dépourvues d'intérêt. Ce sont, le plus souvent, des récits charmants dans leur brièveté. Les Orientaux se plaisent infiniment à *conter*, mais il est bien rare qu'ils sachent se borner, comme dans les pages dont MM. Nocentini et Pavolini nous donnent la traduction ou l'analyse.

La série des Mémoires est close par un travail de M. Stanislao Prato sur les astres considérés dans les langues orientales comme le symbole de la beauté. Il fait à ce sujet de nombreux rapprochements dont quelques-uns sont assez inattendus. Nous croyons toutefois que les littérateurs de tous les pays et de tous les temps ont assez l'habitude de comparer au soleil, à la lune ou aux étoiles les objets qui par leur éclat, leurs charmes éblouissants, attirent et fascinent les regards. Un bulletin bibliographique savamment rédigé termine le volume.

Nous avons dû nous borner à ces indications sommaires ; nous les croyons suffisantes pour permettre au lecteur de juger de l'intérêt de cette publication. A. R.

ACADÉMIE DES INSCRIPTIONS ET BELLES-LETTRES

Séance du 4 septembre. — M. A. Prost, membre de la société des Antiquaires de France a légué à l'Académie une rente de 1200 francs pour la fondation d'un prix annuel à décerner à l'auteur français d'un livre sur la ville de Metz et les pays voisins. — Le docteur Hamy expose le résultat de ses recherches sur le célèbre alchimiste Basile Valentin, auteur d'ouvrages qui, en leur temps, ont eu beaucoup de retentissement. Les derniers historiens de la chimie ont démontré que cet auteur, né sur les bords du cours supérieur du Rhin et moine bénédictin, est d'une époque bien postérieure au commencement du XVe siècle, date à laquelle on croyait jusqu'ici qu'il avait vécu. En effet, William Davidson, chimiste du milieu du XVIIe siècle, et de 1647 à 1651 intendant du Jardin du Roy, parle de Basile Valentin pour l'avoir connu et entendu. Or, Davidson, qui était né en 1593, aux environs d'Aberdeen, passait en France en 1613 ou 1614 et débutait, de 1619 à 1622, dans la pratique de la médecine et l'étude de la chimie chez Claude Dormy, évêque de Boulogne, au château de Beauchamp, près Bourbon-Lancy. C'est, au plus tôt, vers la dernière des dates ci-dessus que Davidson a pu connaître Basile Valentin, dont, au surplus, les plus anciennes éditions ne remontent pas au delà des premières années du XVIII° siècle. — M. HOMOLLE, directeur de l'école française d'Athènes, explique et commente plusieurs inscriptions relatives à Gélon et à Hiéron découvertes dans les fouilles de Delphes et présente une série de photographies de monuments figurés de même provenance, parmi lesquels on remarque un groupe de danseuses. — M. CLERMONT-GANNEAU, rapprochant des textes arabes rectifiés de certains passages de Pline le Jeune, fait une communication sur Gadara, ville importante de la Décapole. — M. Jules VARS, professeur au collège Rollin, propose, par l'intermédiaire de M. Michel Bréal, une explication nouvelle d'un vers d'Ovide (*Métamorphoses*, XI, 516). Il s'agit d'une tempête : *Jamque labant cunei spoliataque tegmine cerae rima patet*. Le mot *cunei* désigne non, comme on l'a cru, une fausse quille destinée à protéger les quilles véritables, mais les tenons fixés à demeure par des chevilles et retenant entre eux les bordages. Un bateau antique, de construction romaine, trouvé dans la vase du vieux port de Marseille et actuellement exposé au musée Borelly, offre précisément un spécimen de ces tenons. On comprend aisément ce qu'un pareil procédé devait donner de solidité à la coque du bâtiment et de rapidité à la construction navale. Les joints étaient, en outre, remplis d'étoupes et calfatés. Il faut donc, traduire ainsi le vers d'Ovide : *Déjà les tenons des bordages prennent du jeu, et, privés de leur calfatage, les joints s'entr'ouvrent.*

Henry THÉDENAT.

BULLETIN CRITIQUE

140. — **Etude historique sur les corporations professionnelles chez les Romains**, depuis les origines jusqu'à la chute de l'empire d'Occident par J. P. WALTZING, professeur à l'Université de Liège, mémoire couronné par l'Académie royale de Belgique, t. I, le droit d'Association à Rome, les collèges professionnels considérés comme associations privées. Un vol. in-8° Louvain, Ch. Peters.

Lorsque M. Mommsen écrivit, en 1843, son étude sur les collèges romains, la tâche qu'il entreprenait était difficile, car on ne possédait pas alors une collection complète des inscriptions romaines. Cette difficulté n'existe plus aujourd'hui et l'heure est venue de refaire ce travail : c'est ce qu'a essayé M. Waltzing et le premier volume qu'il a déjà publié montre qu'il le mènera à bonne fin.

Après avoir classé, dans un chapitre préliminaire, les diverses corporations romaines et montré l'extension de l'organisation corporative parmi les gens de même profession, il fait, dans sa première partie, l'histoire de l'association à Rome depuis l'époque des rois jusqu'au temps d'Alexandre Sévère. Dans la seconde partie, il étudie les collèges considérés comme associations privées. Il démontre que « les collèges professionnels n'eurent jamais dans la constitution de l'Etat romain une place privilégiée, » mais qu' « ils parvinrent à exercer aux comices une certaine influence légale et qu'ils se firent surtout remarquer dans les troubles politiques et dans les désordres de toute espèce. » Il insiste surtout sur la nécessité pour l'historien qui veut juger sainement de la nature des collèges romains de ne pas se laisser influencer par les souvenirs des ghildes du moyen âge ou par les conditions des corporations modernes, car s' « il y a quelques ressemblances entre les unes et les autres les différences sont encore plus frappantes. » Le but des collèges romains n'est ni la conservation des procédés industriels, ni l'apprentissage ni l'exploitation en commun d'un métier. « La religion, le soin des funérailles, le désir de s'élever au-dessus du commun de la plèbe, de rendre plus douce sa pénible existence, telles étaient les sources du besoin d'association qui travaillait la classe populaire. » Si, par certains côtés, les collèges ressemblent aux ghildes du moyen âge, cela tient à la nature des choses ; jamais le rôle politique des collèges ne fut comparable à celui des ghildes dans les communes ; en revanche, les ghildes n'étaient pas appelées à remplir des services publics comme furent les corporations romaines de l'époque impériale.

L'auteur décrit ensuite l'organisation des collèges, leur composition, la hiérarchie de leurs chefs, leur administration financière. La ressemblance est ici frappante entre les collèges professionnels et les collèges religieux ou funéraires. C'est que, pour tous, le but à atteindre est le même ; excepté quelques corporations puissantes, ils se recrutent dans le même milieu social ; les uns et les autres suivent un modèle commun, la cité démocratique. Enfin l'examen de leur budget et la liberté que l'Etat leur laisse dans l'emploi de leurs fonds prouvent qu'ils sont à l'origine des institutions privées et non des corps exclusivement officiels.

Le livre de M. Waltzing est intéressant. Ses conclusions sont solidement appuyées sur les textes. La discussion des opinions émises sur les divers points qu'il étudie est approfondie, parfois même un peu trop étendue. Il connaît à fond la littérature du sujet et la bibliographie qui précède son livre réjouira les amateurs de cette science. A mon avis, elle est surabondante. Pourquoi donner la liste complète des recueils d'inscriptions et même l'indication du contenu de chacun des volumes du *corpus*? Cette liste était à sa place dans la brochure publiée antérieurement par M. Waltzing sur le *Recueil général des inscriptions latines et l'épigraphie romaine depuis cinquante ans*, mais il est inutile de la répéter chaque fois qu'on publie un travail dont les inscriptions fournissent les principaux éléments. Pourquoi aussi citer des ouvrages qui, de l'avis même de M. Waltzing, ne renferment rien de neuf? Sur un point nous signalerons à M. Waltzing une lacune. Il considère comme démontrée l'opinion de M. de Rossi, d'après lequel les chrétiens formaient de véritables collèges funéraires (pp. 12, 47, 133, 139, 150). Cette opinion est en effet généralement admise et récemment encore elle était soutenue par M. Hardy [1]. Mais elle a contre elle de sérieuses difficultés que M. l'abbé Duchesne a mises en lumière dans son cours lithographié sur les *Origines du Christianisme*, p. 393. La première a été vue par M. Waltzing quoiqu'il n'en ait peut-être pas saisi toute l'importance (pp. 139, 314-316). Si Tertullien parle des collèges c'est dans une intention satirique et pour montrer que l'Eglise Chrétienne ne leur ressemble pas. De plus « un collège funéraire, dit M. Duchesne, était une association composée d'un petit nombre de personnes, une église de grande ville, comme celles de Rome, d'Alexandrie, d'Antioche, de Carthage, devait compter au iiie siècle trente, quarante, cinquante mille membres. Se figure-t-on saint Fabien, saint Cyprien, saint Denys d'Alexandrie, venant se faire inscrire à la préfecture comme chefs d'un collège de *Cultores Verbi* composé de 50,000 personnes, associées en vue de se procurer un enterrement convenable? » Sans doute il a pu y avoir des confréries funéraires au sein de la communauté chrétienne, mais la communauté elle-même ne paraît pas jamais avoir été constituée en un grand collège funéraire. Et il conclut que si, à la mort de Marc-Aurèle, les églises « ont joui de longs intervalles de paix, si elles ont réussi à posséder des immeubles apparents et considérables, c'est qu'on les a tolérées ou même reconnues, sans aucune fiction légale comme églises, comme sociétés religieuses. » La police savait à quoi s'en tenir sur le compte des chrétiens. Elle n'ignorait pas qu'ils formaient une société organisée. Les chrétiens et la police, les évêques et les préfets auraient un peu paru jouer la comédie en demandant ou en accordant l'enregistrement d'un corps aussi nombreux parmi les collèges. Ces objections ont une sérieuse portée et on eût souhaité les voir discutées par M. Waltzing [2].

E. BEURLIER.

---

1. E. G. Hardy. *Christianity and the roman government*, in-8° Londres 1894, p. 190-196.
2. La raison de cette lacune est très probablement que M. Waltzing n'a pas eu entre les mains les leçons de M. Duchesne, qui, nous l'avons dit, ont été seulement lithographiées et non imprimées.

141. — **Histoire de Bretagne**, par Arthur Le Moyne de la Borderie, membre de l'Institut. Tome Ier. Rennes, J. Plihon et L. Hervé; Paris, Alph. Picard. 1896, in-4° de iv-592 p.

Parmi les expressions dont notre temps a le plus abusé figure en première ligne l'expression *monument*. Dieu sait à combien d'œuvres médiocres et fragiles l'ambitieux substantif a été appliqué ! Hélas ! que j'en ai vu crouler de ces prétendus monuments aussi hâtivement que maladroitement construits ! En combien de ruines lamentables sont transformés ces édifices de carton auxquels on osait promettre l'immortalité ! Tel de ces ouvrages au front desquels on avait pompeusement inscrit un dérisoire *ære perennius* n'a vécu que l'*espace d'un matin*. Le livre dont je viens rendre compte mérite, au contraire, d'être appelé dans toute la force du terme un monument. Fait de main de maître, on ne le verra pas s'effondrer, se détériorer. Il restera debout, bravant les années et montrant à la postérité comment on travaillait en Bretagne, à la fin d'un siècle où l'on ne sait presque plus travailler.

Une grande louange qu'il faut donner tout d'abord à M. de La Borderie, c'est que, toute sa vie, il s'est préparé à écrire l'histoire de sa bien-aimée terre natale. Je crois pouvoir affirmer que, depuis près d'un demi-siècle, il n'a pas fait une seule infidélité à la vieille Armorique. Fondateur de la *Revue de Bretagne et de Vendée*, il a enrichi ce recueil d'innombrables communications exclusivement régionales, comme aussi l'*Annuaire historique de Bretagne*, les *Annales de Bretagne*, les *Archives du Bibliophile breton*, la *Biographie bretonne*, etc. Oui, tous ses travaux, depuis sa sortie de l'École des Chartes, appartiennent au cycle breton : *Historia Britonum de Nennius*, *Historia Britannica avant Geofroi de Monmouth*, *Servage en Bretagne*, *Bretons insulaires*, *Études historiques bretonnes*, etc. Même quand il a touché à la politique, près de cent mille suffrages de ses compatriotes l'ayant envoyé siéger à la Constituante, il a encore traité un sujet local en son Rapport sur *le camp de Conlie et l'armée de Bretagne* (1874). Autre garantie de parfaite exactitude : avant de rédiger son livre, le très docte académicien l'a *professé*. Ses leçons à la Faculté des lettres de Rennes ont eu un retentissement considérable. On m'a raconté que son cours était suivi avec une sorte d'enthousiasme par des centaines de fidèles disciples auxquels il avait communiqué le feu sacré. L'immense succès obtenu, pendant plusieurs années successives, par M. de la Borderie dans la chaire créée pour lui, illustrée par lui, il le retrouvera certainement auprès de ses lecteurs. Un livre ainsi doublement soigné avec tant de conscience et d'amour, peut-il ne pas être excellent? Et doit-on s'étonner si d'un culte aussi exclusif que prolongé soit sorti un travail remarquable à tous les points de vue?

Voici le contenu du volume : *Avertissement*. — *Topographie générale de la Bretagne* : I *Le littoral breton*; II *L'affaissement du littoral*; III *Les montagnes*; IV *Les rivières*; V *Les forêts*. — *Histoire de Bretagne*. Première période. *Les origines bretonnes*. Première époque : *Les Gaulois et les Romains dans la péninsule armoricaine* : I *Les tribus gauloises de la Pén. arm.*; II *Lutte contre Jules-César*; III *Les cités gallo-romaines de la Pén. arm.*; IV *La domination romaine dans la Pén. arm.*; V *Commencement du christianisme dans la Pén. arm.*; VI *Ruine de la Pén. arm.* — Deuxième époque. *Établissement des Bretons dans la Pén. arm.* : I *Invasion de l'Ile de Bretagne par les Anglo-Saxons*; II *Les émigrations bretonnes*; III *Etat de la Pén. arm. au moment des émigrations bretonnes*: IV *Les émigrants bretons* (v^e et vi^e siècles); V *Idée générale de l'établissement des Bretons dans la Pén. arm.* (du ve au viiie siècle); VI *Les émigrations bretonnes et les cités armoricaines pendant la dernière partie du* v^e *siècle*; VII *Les émigrations bretonnes pendant la première partie du* vi^e *siècle*; VIII *Les Bretons armoricains au milieu du* vi^e *siècle*; IX *Les Bretons armoricains pendant la dernière partie du* vi^e *siècle*; X *Les Bretons armoricains aux* viie *et* viiie *siècles*; XI *Les monuments bretons du* v^e *au* viiie *siècle*; XII *La marche franco-bretonne du* vi^e *au* viiie *siècle*.

Ces vingt-trois chapitres, tous pleins de choses, sont suivis de neuf *notes et éclaircissements* : I *Les voies romaines de la baie du Mont-Saint-Michel*; II *La ville de Nasado*; III *Textes historiques invoqués pour étendre le pays des Venètes jusqu'à la Loire*; IV *Le texte de Procope relatif aux émigrations bretonnes*; V *Sur les vies anciennes de Saint-Tudual*; VI *Sur les vies anciennes de Saint-Samson et sur son épiscopat*; VII *Sur la vie ancienne de Saint-Hermeland*; VIII *Conoo, Conober, Conomor*; IX *L'abbaye de Saint-Jacut*.

Le volume est terminé par diverses tables (*Table générale analytique*; *Table chronologique des chefs bretons armoricains du* v^e *au*

VIIIᵉ siècle ; *Table alphabétique des saints bretons* [plus haut] mentionnés), par des *observations sur les cartes géographiques*, enfin par ces cartes elles-mêmes, au nombre de cinq, qui représentent *la Pén. arm. à l'époque gallo-romaine, l'Ile de Ré à l'époque des émigrations bretonnes, la Bretagne arm. et la Marche Franco-Bretonne, l'Archipel de Bréhat* [1], *la Bretagne au moyen-âge. Divisions ecclésiastiques.*

J'emprunte à l'*Avertissement* quelques lignes utiles : « Sur l'époque préhistorique on n'y [dans le présent volume] trouvera rien. La pré-histoire, c'est l'histoire avant l'histoire, c'est-à-dire l'histoire en préparation, en hypothèse, qui n'est pas encore fixée : terrain de recherches très intéressant, mais jusqu'ici trop mouvant pour qu'on y puisse asseoir une construction historique solide. L'histoire, comme nous entendons la faire, commence avec le premier texte historique concernant un peuple ou un pays, c'est-à-dire, pour les Armoricains, avec la guerre contre César. » L'auteur annonce qu'il a donné à l'époque des Gaulois romanisés une place plus considérable que celle qui lui est accordée dans toutes les Histoires de Bretagne publiées jusqu'à ce jour. « Nous avons essayé, dit-il, de présenter un résumé méthodique, éclairé par les renseignements de l'histoire, des nombreuses fouilles, découvertes, recherches de toute nature relatives à l'ère gallo-romaine faites en Bretagne depuis soixante ans », ajoutant que « ce résumé forcément très sommaire donne néanmoins de l'occupation et de la domination romaines dans notre région une vue d'ensemble que l'on chercherait vainement ailleurs ». En ce qui regarde l'émigration des Bretons insulaires sur le continent et leur établissement dans la Pén. arm., M. de la Borderie s'exprime ainsi : « C'est là réellement la création de la Bretagne continentale et de la nation bretonne d'Armorique. Ces questions d'origines ont la réputation d'être arides et ténébreuses. Je me suis efforcé de les

---

1. Côtes-du-Nord. A cette carte, où est figurée l'île Lauret, on a annexé un plan détaillé (avec légende) des ruines du monastère de S. Budoc en ladite île Lauret. N'oublions pas de louer les nombreuses vignettes dont le volume est orné, à commencer par la première page (un chevalier breton armé de pied en cap avec la devise : *potius mori quam fœdari*) et à finir par la dernière (deux anges autour d'un palmier avec la devise *curvata resurgo* et avec cette indication : *Achevé d'imprimer à Rennes par Hippolyte Vatar le XXXIᵉ jour d'Août M.DCCC.IV.C.*

clarifier autant que possible et d'en tempérer la sévérité ici par des récits, là par des descriptions de monuments, qui montrent dans un jour vrai et pittoresque à la fois la physionomie de ces âges lointains. Je me suis gardé toutefois de sacrifier le fond à la forme. Voici, sinon ce que j'ai fait, du moins ce que j'ai voulu faire : un texte d'une lecture courante, ayant pour appui des notes critiques, chronologiques, et des citations de documents rejetées au bas des pages et à la fin du volume ». Le reste de l'*Avertissement* est occupé par de judicieuses considérations sur le double danger d'une critique trop téméraire, trop négative et d'une critique trop timide, trop superstitieuse. Entre ces deux critiques, une qui va au delà, l'autre qui reste en deçà, l'une excessive, abusive, subversive, l'autre infirme, aveugle, insuffisante, M. de La Borderie choisit la critique *honnête et modérée*, c'est-à-dire, comme il la définit, « le discernement équitable des éléments constitutifs de la vérité historique, » ce qui me rappelle le mot d'Ovide :

In medio tutissimus ibis.

Nous connaissons déjà les idées, la méthode de l'auteur. Je voudrais par une citation un peu longue, mais la seule longue de tout mon article, faire bien connaître son style dont nous n'avons eu encore que de trop petits échantillons. Voici (p. 1-2) une description de la Bretagne où vibre une verve éloquente inspirée par le plus ardent patriotisme : « Cette province est la région la plus occidentale de la France. Elle s'élance dans l'Océan comme un immense éperon triangulaire, dont la base tournée vers l'Est se développe de la baie de Bourgneuf à Saint-Malo sur une hauteur de quarante et quelques lieues, projetant sa pointe — cap Finistère ou cap Saint-Mathieu près Brest — à soixante-dix lieues au delà vers l'Occident. — Sur trois faces elle a pour toute frontière la Mer — au sud et à l'ouest, le grand, le sauvage Océan ; au nord, la Manche, jadis nommée la mer de Bretagne, *mare britannicum*. Le développement de son littoral — sans tenir compte des cent mille baies, anses, criques, anfractuosités de toute sorte qui le mordent et le déchirent à chaque pas — mesure une ligne d'environ cent cinquante lieues ; avec toutes ces découpures, cela passe deux cents. — Ligne continue de rochers et de falaises ; véritable et immense ligne de défense, hérissée de remparts et de citadelles, de forts et de bastions de toute forme et de tout aspect ; blindage colossal et pittoresque de granit dur comme l'acier, soutenant d'une part cette pointe extrême du vieux continent, et de l'autre brisant depuis des siècles, avec un mépris sublime, l'assaut affolé des vagues. — Mais cette vieille péninsule, si furieusement assaillie et si énergiquement protégée, est-elle un prix digne d'un tel effort, digne de cette lutte éternelle livrée pour sa défense ? — Oui certes ! — Ce n'est point une contrée plate, monotone et prosaïque. C'est, au contraire, une région pleine de contrastes, de grâces variées, imprévues et attirantes, et aussi de grandes harmonies, là riantes et radieuses, ici graves et solennelles, ailleurs mystérieuses et sombres. De son sol émane une vertu vivifiante, une poésie douce et forte montant vers le ciel comme un encens, et dont quiconque foule ce sol, étranger ou indigène, subit le charme pénétrant. Pour peuple cette terre n'eut jamais que des races à l'âme forte, au bras vaillant, au cœur franc et généreux » [1].

Ne pouvant analyser le volume — la place me manquerait, quelque généreuse que soit l'hospitalité du *Bulletin critique* — je vais me contenter d'en tirer un certain nombre de particularités qui montreront assez tout l'intérêt de la publication, comme quelques filons d'une mine d'or suffisent à en révéler la puissante richesse.

Nous trouvons (p. 6-7) la confirmation de l'opinion exprimée par feu Ernest Desjardins et par plusieurs savants actuels touchant l'origine des monuments mégalithiques dont le sol de la Bretagne est parsemé : cromle'hs, dolmens, menhirs, et dont Henri Martin parlait sur un ton oratoire mêlé du plus ridicule attendrissement, évoquant autour de ces pierres mystérieuses avec un langage et une crédulité dignes de M. Prudhomme le souvenir des divinités gauloises, pierres qualifiées à tort monuments druidiques, recon-

1. Conférez un magnifique passage sur le *littoral breton* : « Sa première et peut-être sa plus belle parure, notre péninsule la doit à son éternelle et implacable ennemi, l'Océan, qui ne cesse de la battre de ses vagues, de l'étreindre en ses bras infinis, et si dure est cette étreinte, qu'elle a creusé sur ses flancs mille larges baies, mille golfes profondément enfoncés, etc (p. 1-2). On remarquera (p. 5) la mention du Grand Bé, « portant à son flanc la tombe glorieuse du plus grand poète de la race celtique, Châteaubriand. »

nues aujourd'hui pour n'avoir aucun rapport avec le druidisme, et pour être des vestiges d'une civilisation fort antérieure aux âges historiques. Ainsi tombent pour toujours les grotesques théories qui avaient été échafaudées sur les gigantesques blocs branlants de la Bretagne, comme sur ses colossales pierres immobiles !

L'auteur se moque finement (p. 7) d'autres extravagantes opinions selon lesquelles « ni la baie de Cancale ni la rade de Saint-Malo n'existaient encore au commencement du viiie siècle de l'ère chrétienne ». Il reproche à un écrivain fantaisiste du xviiie siècle, l'abbé Trigou, et à un écrivain beaucoup plus fantaisiste du xixe siècle, l'abbé Manet, d'avoir tracé d'un continent imaginaire — non moins imaginaire que l'évêque de Nantes, du viiie siècle créé et mis au monde par l'abbé Travers et trop naïvement adopté par feu B. Hauréau [1], — un plan précis, détaillé, comme s'ils l'avaient vu [2]. Il lui est facile de démontrer que le système soutenu par ces abbés est un pur roman et que le choix de l'année 709 pour y rattacher la catastrophe d'une marée idéale changeant la face d'une partie de l'Armorique, tient uniquement à un contresens dans l'interprétation du très curieux récit de la fondation du Mont-Saint-Michel.

Indiquons, en passant, diverses remarques sur la défiguration de quelques noms bretons et sur le déplacement de quelques localités bretonnes dans la carte de l'État-Major (pp. 13, 19-21, 32, 37, 45),

1. C'est l'évêque Salvius que « le chicanier Travers », comme l'appelle M. de la Borderie, a sinon inventé, du moins introduit dans l'histoire en s'appuyant sur l'auteur du *Livre des États, empires et principautés du monde*, livre qui n'est qu'une ridicule compilation, qu'une misérable rapsodie. Cela, dit M. de la Borderie (p. 548, note 5), n'étonne point de sa part. Mais on est surpris de voir Dom Morice et ensuite M. Hauréau (*Gall. christ.* XIV, 800) accepter sans aucune difficulté ce nouvel évêque.

2. Chez Trigou, observe M. de la Borderie, ce n'était qu'un germe ; fécondé par l'imagination de Manet (1829), ce germe est devenu un arbre touffu, énorme, encombrant. A côté de l'exécution des malencontreux émules en géographie *non historique*, citons comme contraste cette appréciation si juste de deux travailleurs normands (p. 9) : « Feu M. de Gerville, savant très distingué, auteur d'un *Mémoire sur les voies romaines du Cotentin*, l'initiateur du maître actuel de l'érudition française, l'illustre directeur de la Bibliothèque nationale, M. Léopold Delisle, ce qui, malgré son grand mérite personnel, restera encore son plus beau titre de gloire. »

sur les tracés chimériques assignés dans d'autres cartes aux chaînes montagneuses de la Bretagne, particulièrement aux montagnes d'Arès, tracés auxquels l'auteur oppose les informations les plus précises (p. 15), sur Jugon, le plus fort donjon de Bretagne, comme l'attestait un antique proverbe rimé (p. 19), sur un plagiat commis par Ad. Joanne au préjudice de M. de Courcy, lequel avait luimême — *par pari refertur!* — pillé le Dr Fouquet (p. 30), sur la rivière l'Out qui à Rohan, sous le rocher qui porta le château de ce nom, s'épanche en un bassin circulaire d'une fraîcheur et d'une pureté sans pareille (p. 31)[1], sur la forêt de Broceliande dont on vient de s'occuper dans un travail très développé que M. de La Borderie n'a pas eu le temps de connaître (p. 44)[2].

Si l'on veut bien se rendre compte de tout ce qui, dans le reste du volume et dans les quatre volumes suivants, concerne l'histoire de Bretagne proprement dite, il faut lire le lumineux résumé qu'en a donné l'auteur (p. 53-57) sous le titre de *Division générale de l'histoire de Bretagne*. On y verra que l'ouvrage total embrassera trois grandes périodes : 1° *Les origines bretonnes* (depuis l'aurore des temps historiques jusqu'à la constitution définitive du duché de Bretagne, c'est-à-dire depuis César jusqu'à Alain Barbetorte, depuis l'an 57 avant J.-C. jusqu'à l'an 938 de l'ère chrétienne ; 2° *La Bretagne duché* (de 938 à 1491, date où s'accomplit l'union de la Bretagne à la France, par le mariage de la duchesse Anne avec

---

1. L'auteur ajoute : « mais ce beau miroir ne réfléchit plus l'antique forteresse féodale, pas même ses ruines, car il n'en reste pas pierre sur pierre. » Notons (p. 30) une protestation contre la forme *Oust* « orthographe officielle cependant, qui n'en vaut pas mieux pour cela. »

2. *La forêt de Bréchéliant (Brocéliande) la fontaine de Bérenton, quelques lieux d'alentour, les personnages principaux qui s'y rapportent par Félix* BELLAMY (Rennes, librairie Plihon et Hervé, deux forts volumes in-8 raisin, avec nombreuses vues hors texte. M. de la Borderie dit (p. 50) : « Grâce aux bardes gallois, aux trouvères de France, au poète dont on vient de lire les beaux vers [Brizeux], la renommée de la grande forêt armoricaine, répandue avec leurs poèmes dans toute l'Europe, est devenue universelle, immortelle. » Comment M. de la Borderie n'a-t-il pas cité une seule fois l'ouvrage sur *les forêts de la Gaule et de l'ancienne France* de son ancien confrère Alfred Maury, dont une nouvelle édition a été donnée récemment ?

le roi Charles VIII) ; 3° *La Bretagne province* (période qui commence en 1491, pour finir dans la fameuse nuit du 4 août 1789).

Dans la partie gallo-romaine des *Origines bretonnes*, M. de La Borderie utilise, outre les textes anciens, les recherches de Léon Renier, d'Ernest Desjardins et d'autres spécialistes contemporains, non sans contrôler leurs assertions, non sans les réfuter parfois. On remarquera particulièrement la discussion, très concluante à mon humble avis, des systèmes récents et nullement fondés au sujet des cités gauloises et gallo-romaines de la Pén. armor. (p. 81-83), les études sur les Namnètes (p. 84-92), sur les Venètes (p. 92-100), sur les Osismes ou Osismiens (p. 101-112), sur les Curiosolites (p. 113-130), sur les Redons (131-143)[1]. Au début du chapitre sur la domination romaine dans la Pén. armor., nous trouvons (p. 144) cette importante rectification : « **La plupart des historiens, particulièrement les historiens bretons, se plaisent à nous peindre, plusieurs siècles durant après la conquête des Gaules, un état de lutte sourde, latente, mais continuelle, tenace, dans les cœurs toujours vivante, entre les vainqueurs et les vaincus. On nous montre ceux-là donnant à leur occupation dans la Pén. armor. un caractère exclusivement militaire, couvrant le pays de postes et de camps retranchés soigneusement et savamment combinés pour tenir en bride les indigènes. D'autre part on nous peint ceux-ci frémissant sous le joug, toujours prêts à s'insurger : vrai est-il qu'ils ne s'insurgent pas, mais toujours nous assure-t-on, ils ne rêvent qu'à le faire, et si le poids de ces camps, de ces forts, de ces garnisons romaines, entassés en quelque sorte sur leur poitrine, se fût allégé un instant, immédiatement contre le joug romain eût éclaté, assure-t-on, une explosion immense, universelle. C'est là une pure fantasmagorie. La Gaule se réconcilia de bonne heure avec Rome**[2]. »

1. M. de la Borderie constate par exemple (p. 87, note 2) que M. Léon Maître, dans ses études très intéressantes sur la géographie ancienne des Namnètes, a eu l'idée singulière de transférer le *Brivates portus* au Croisic, en dépit de ce nom de *Brivat*, *Brivet* ou *Brivé* identique au nom inscrit dans Ptolémée et resté évidemment attaché à la situation qu'indique ce géographe.

2. L'auteur raille agréablement (p. 168) les antiquaires, ses compatriotes, qui voient partout des camps romains : « Ils sont abondants, foi-

Les notices sur les voies romaines de la Bretagne (p. 147-149)` sur les autres antiquités de cette province (p. 149-156), sur la mythologie gallo-bretonne (p. 172-187) ne laissent rien à désirer. En somme, toute la partie gallo-romaine de l'ouvrage est traitée avec une compétence qui permet de saluer en M. de La Borderie un archéologue de première valeur. Autant l'auteur est familier avec les difficiles questions de géographie ancienne, autant, plus loin, il se montre à nous médiéviste des plus habiles, méritant à cet égard le glorieux surnom qui lui a été donné de *Bénédictin Breton*. Oui, tous ceux qui liront avec la sérieuse attention requise en pareil cas les pages où se déroule, claire comme l'eau des belles rivières si bien décrites tout à l'heure, l'histoire du moyen-âge en la Pén. armor., mettront M. de La Borderie fort au-dessus des Dom Lobineau, des Dom Audren et des autres savants qui, selon son expression, ont fondé au XVIIe siècle la science historique bretonne.

Sur les premiers chrétiens de la Bretagne, sur S. Donatien, S. Rogatien et autres nombreux personnages qui contribuèrent tant à faire fleurir la civilisation dans la sauvage *presqu'île des Saints*, M. de La Borderie a réuni avec un zèle pieux tous les renseignements qui pouvaient le mieux compléter les récits des hagiographes. Tout en louant beaucoup cette considérable contribution à l'histoire ecclésiastique de la Bretagne, je me demande si M. de La Borderie n'a pas un peu trop incliné vers de douteuses légendes. Lui qui est la loyauté même ne sera pas scandalisé de la sin-

sonnants, encombrants, ces camps. A en croire les archéologues locaux, pas de commune qui n'en ait au moins un ; si par grand hasard quelqu'une en manque, sa voisine en possède en revanche trois ou quatre. A faire le compte de tous les camps romains signalés par les archéologues romains, on arriverait certainement à plus de mille, peut-être au double, pour toute la péninsule. » M. de la Borderie ajoute avec une verve spirituelle : « Beaucoup de ces prétendus camps romains n'en sont pas du tout. Certains archéologues se sont plu à les multiplier indéfiniment ; dès qu'ils avisent un fossé, un rejet de terre, sans rien examiner, ils crient : camp romain !

La moindre taupinée est un *camp* à leurs yeux.

Et pourquoi, à quoi bon cette avalanche de camps dans l'intérieur de la péninsule ? On ne le voit pas du tout. »

cérité avec laquelle je marquerai ici l'étonnement que j'éprouve de voir un tel érudit s'écarter parfois de ce prudent *juste-milieu* dont il a si bien parlé dans son *Avertissement*. Il me semble que, sur certains points, l'historien de la Bretagne s'est laissé entraîner plus loin qu'il n'eût fallu par d'attrayants vieux récits que je me permettrai de comparer à ces feux follets trompeurs qui égaraient les voyageurs d'autrefois.

Ce regret exprimé, — existe-t-il une *hermine* absolument sans tache [1] ? — il ne me reste plus qu'à signaler la haute valeur des pages qui, dans le reste du volume, sont relatives aux émigrations bretonnes, pages où je retrouve si souvent cités des noms tels que celui de mon cher et vénéré Tillemont [2], du regretté Fustel de Coulanges, de M. J. Loth, le très docte doyen de la faculté des lettres de Rennes, de plusieurs autres célèbres *bretonisants*.

Je terminerai cet article à la fois trop long et trop court par des félicitations à la Bretagne. Heureuse province, dirai-je, qui grâce à deux de ses plus nobles enfants, M. de La Borderie et M. René Kerviler, l'auteur du *Répertoire général de bio-bibliographie bretonne*, le martyr d'un travail excessif, presque surhumain, possédera deux ouvrages qui, se complétant l'un par l'autre, constitueront

1. Un autre regret que j'exprimerai, c'est que M. de La Borderie ait assez vivement interpellé son éminent confrère M. l'abbé Duchesne (pp. 196, 558-560, 564-567). J'ai voué la plus affectueuse estime aux deux adversaires et je déplore que ces travailleurs d'élite, qui représentent avec tant d'autorité d'admirables établissements scientifiques, l'Ecole des Chartes, l'Ecole d'archéologie de Rome, la Faculté des lettres de Rennes, l'Institut catholique de Paris, et par dessus tout, l'Institut de France, soient séparés par un petit abîme. Puisse le pont de la conciliation être bientôt jeté sur cet abîme et rapprocher deux savants si dignes d'être amis ! Ce qui devrait faciliter les pacifiques relations entre eux, c'est qu'ils ont souffert pour la même cause, car M. de la Borderie se plaint (p. 502. *Addition à l'avertissement*) de certains critiques, de l'école *qui admet tout*, lesquels l'ont mis à l'index pour avoir combattu certaines prétentions à l'origine apostolique et qui l'ont dénoncé comme une sorte de *parpaillot* pour ne vouloir pas admettre tous les miracles des légendes de basse époque. A ces communs contradicteurs MM. l'abbé Duchesne et de la Borderie devraient dire d'une commune voix que *l'esprit* vivifie.

2. Voir ce que j'en ai dit dans la *Revue catholique de Bordeaux* du 10 octobre dernier, article sur *Montesquieu et M. Jullian*, p. 587.

une encyclopédie régionale aussi durable que le granit de ses falaises !

T. DE L.

---

142. — **Histoire de la Troisième République.** I. *La Présidence de M. Thiers*, par E. ZÉVORT, recteur de l'Académie de Caen : Paris, Félix Alcan, xii-411 pages in-8°.

La *Bibliothèque d'Histoire contemporaine*, dont fait partie ce volume, comprend des ouvrages d'inspiration à peu près identique, mais de valeur très inégale. J'ai eu occasion de louer ici même l'*Histoire diplomatique de l'Europe*, de M. Debidour, dont les deux tomes, munis d'une si riche bibliographie, ne quittent guère ma table de travail. A l'autre pôle, on sait à quoi s'en tenir sur l'*Histoire du second Empire*, de Taxile Delord. C'est malheureusement dans la seconde catégorie, celle des pamphlets, qu'il faut ranger le livre de M. Zévort.

Peut-être le temps n'est-il pas encore venu où l'on peut écrire sur le gouvernement de la Défense Nationale et l'Assemblée de 1871 autre chose que des souvenirs personnels ou des précis chronologiques. Plusieurs des principaux acteurs sont encore de ce monde, ce qui gêne la liberté d'esprit de l'historien : nous jugeons mal un ami politique vivant, plus mal un adversaire. De plus, les autobiographies sont encore en petit nombre, et, en dépit des indiscrétions, les plus importants documents des archives nous échappent. Nous en sommes donc réduits aux journaux, aux comptes-rendus parlementaires, à ce décor extérieur et officiel qui n'est souvent qu'un trompe-l'œil.

A ces inévitables lacunes, M. Zévort a suppléé par le parti pris. Son livre, dont le titre est incomplet et qui commence en réalité au Quatre-Septembre, n'est qu'une longue et systématique apologie de Gambetta, de sa conduite et de son parti. Thiers et Grévy, durement traités pour n'avoir pas accepté de siéger au gouvernement de la Défense, ne rentrent en grâce auprès de l'auteur que lorsqu'ils luttent contre la majorité de l'Assemblée nationale. M. Zévort loue celle-ci d'avoir été laborieuse, mais il s'exprime avec la dernière dureté non seulement sur ses idées politiques, mais sur sa résignation à accepter les conditions de paix dictées par l'Allemagne. Des différents partis qui composaient l'Assemblée, de leur idéal gouvernemental, de leur passé, des coalitions nouées entre eux, il ne parle qu'en termes tout à la fois vagues et passionnés.

Le récit des opérations militaires est nerveux et intéressant, abstraction faite des reproches adressés à quiconque a eu le malheur de se trouver en désaccord avec le dictateur. Quant à l'insurrection de 1871, M. Zévort, sous prétexte d'établir un équitable partage des responsabilités, glisse sur les incendies et l'exécution des otages, pour insister, avec pièces justificatives à l'appui, sur les fusillades sommaires prescrites par les officiers de l'armée de Versailles.

Ce devrait être enfin le premier souci de l'historien qui évoque un passé si récent, d'apporter les plus grands ménagements dans ses appréciations sur les individus, et d'éviter jusqu'à l'apparence de toute personnalité. Plus d'un lecteur s'étonnera des imputations blessantes ou déshonorantes dirigées contre MM. Silvy et de Cumont, par exemple. Leur administration a pu déplaire à certains membres du corps universitaire : libre à ceux-ci de la discuter, mais sans incriminer leur zèle ou leur patriotisme. Ces procédés, regrettables même dans les polémiques de presse, cadrent mal avec la gravité de l'histoire.

L. DE LANZAC DE LABORIE.

CHRONIQUE

91. — Nous donnons, d'après le journal officiel, l'analyse d'une communication faite par M. Berthelot à l'Académie des sciences sur les mines de cuivre du Sinaï qu'exploitaient les anciens Egyptiens.

Les mines de cuivre du Sinaï sont les plus anciennes dont l'histoire fasse mention. D'après des documents authentiques, elles ont été exploitées depuis le temps de la IIIe dynastie égyptienne (5000 ans environ avant Jésus-Christ jusqu'à la fin des Ramesseïdes (vers 1300 à 1200 avant notre ère). Leur possession a été l'objet de plusieurs guerres, mais elles sont complètement abandonnées depuis trois mille ans, abandon que justifie la pauvreté de leurs minerais actuels. C'est assurément de ces mines que provient le sceptre de Pépi Ier, roi de la

VIe dynastie, sceptre en cuivre pur, conservé au British Museum [1].

En raison de l'intérêt qui s'attache à l'histoire des métaux dans la civilisation humaine, et à celle de la métallurgie antique, M. Berthelot a cru utile d'avoir des renseignements précis sur les mines du Sinaï et sur les procédés suivis à leur époque dans l'exploitation du cuivre. M. de Morgan a bien voulu aller lui-même visiter ces mines et en rapporter des échantillons. M. Lacroix, professeur de minéralogie du museum d'histoire naturelle, a aidé M. Berthelot dans leur examen.

Les mines du Sinaï sont voisines de la côte du golfe de Suez. Deux gisements ont été exploités : celui de Wadi-Maghara (ancien et moyen empire), et celui de Serabil-el-Khadem, un peu plus récent.

Ces mines sont situées dans la région des grès et non dans celle des porphyres qui forment la masse principale de la montagne. On y trouve des minerais de cuivre, des minerais de fer, spécialement de l'hématite et du grès ferrugineux. On y trouve du gypse.

On assure qu'il n'y a pas de couche calcaire proprement dite dans la région. Cependant, M. Berthelot a trouvé un morceau de calcaire compact dans ses échantillons, et les scories et débris de fours renferment aussi du carbonate de chaux.

M. Berthelot décrit trois différents minerais de cuivre, des turquoises, un hydrosilicate de cuivre et des grès imprégnés de sels de cuivre, et il en donne l'analyse.

Il entre ensuite dans des détails sur les produits métallurgiques, parois des fours et des creusets, laitiers et scories, fragments d'outils.

Les fragments d'outils offrent un intérêt particulier, car ils représentent les produits incontestables de la fabrication et ils ont été trouvés dans les restes des habitations des mineurs, à Wadi-Maghara. Ils sont au nombre de trois.

1° *Pointerolle.* — Elle a servi à travailler la roche. Elle est recourbée à son extrémité en forme de biseau, et la forme de cette extrémité correspond à celle des stries du rocher. Elle est cassée. Le morceau actuel est long de 37 millimètres, large de 16 millimètres, et son épaisseur, égale à 10 millimètres dans la masse principale, diminue peu à peu jusqu'à 3 millimètres vers le biseau. Cet outil a été fondu, mais peu régulièrement et dans un moule assurément grossier. Il est constitué par du cuivre, ne contenant pas d'étain en dose sensible ; mais il est fortement arsenical. On sait que la présence de l'arsenic durcit le cuivre. Les alchimistes grecs et égyptiens s'en servent continuel-

---

[1]. Voir *la Chimie au moyen âge*, premier volume : « Transmission de la science antique », p. 366 ; 1893, par M. Berthelot.

lement pour le blanchir, mais l'origine minéralogique de l'arsenic contenu dans l'outil actuel et le procédé par lequel il y a été introduit sont obscurs. En effet, M. Berthelot n'a retrouvé d'arsenic ni dans les minéraux (chrysocolle, turquoise, grès imprégnés de sels de cuivre), ni dans les grès ferrugineux employés comme fondants. La patine est verdâtre et renferme du chlore (atakamite).

2° *Fragment de burin*. — Ce nom désigne un fragment d'outil plus petit que le précédent et moins rouge : il est également cassé. Le fragment est long de 24 millimètres; sa largeur varie de 6 millimètres à 4 millimètres 5; son épaisseur de 4 à 3 millimètres. La pointe semble avoir été taillée à quatre pans, mais elle est émoussée et en partie détruite; le métal est très dur. C'est un bronze exempt d'arsenic à dose sensible. La patine jaune-brun contient du carbonate de chaux, du fer et un peu de cuivre.

3° *Aiguille*. — Elle est recouverte d'une épaisse patine formée de carbonate de chaux et de cuivre. Cette patine se détache aisément par le choc. Il reste une aiguille longue de 54 millimètres, et dont le diamètre est voisin de 1 millimètre. L'axe est plein et métallique. L'aiguille est munie de son chas. Le métal est tendre, facile à plier. C'est du cuivre exempt d'étain. Il y a une petite quantité d'arsenic, avec une trace imperceptible d'antimoine.

M. de Morgan a également remis comme termes de comparaison et produits dérivés probablement des mines du Sinaï :

1° Une couleur verte, en morceaux amorphes, vitreuse à l'intérieur, trouvée dans les tombeaux, à El Amrah, près d'Abydos. C'est de la chrysocolle (nom moderne);

2° Deux aiguilles et une épingle, qu'il a ramassées lui-même dans la très ancienne nécropole de Toukh (entre Thèbes et Abydos). L'épingle a deux pointes. Elles est longue de 82 millimètres. Le diamètre, patine comprise, est de 2 millimètres environ. Elle se rompt aussitôt par la flexion, ce qui met en évidence un axe central métallique plein, rouge, brillant, entouré d'abord de protoxyde de cuivre mat, compris lui-même dans une gaîne verdâtre. Le métal est du cuivre, avec une petite quantité d'étain et une dose d'arsenic. Les deux aiguilles sont munies de leur chas. L'une, longue de 32 millimètres, est de structure analogue à la précédente; l'autre, de 92 millimètres, est altérée plus profondément et également fragile, le cuivre étant changé en partie en protoxyde.

La patine verdâtre contient une trace de chlore. La structure intérieure de cette aiguille est remarquable. En effet, l'axe est canaliculé, un vide central étant entouré par du cuivre enveloppé de patine.

Cette disposition, qui ne se trouve ni dans l'autre aiguille ni dans l'épingle, semblerait l'indice de quelque procédé spécial de fabrication ; par exemple, en fabriquant l'aiguille avec une feuille de métal enroulée, au lieu d'arrondir une bande découpée dans une lame, car la filière était inconnue alors.

Le métal de cette aiguille est rouge, constitué par du cuivre avec un peu d'étain et une dose sensible d'arsenic. Le chas est d'assez grande dimension.

Ce sont là des alliages pauvres en étain, tels qu'on en rencontre dans les régions où ce dernier métal était rare et difficile à obtenir.

En résumé, conclut M. Berthelot, les minerais de cuivre du Sinaï sont des minerais pauvres et peu abondants, constitués par des grès renfermant des silicates et carbonates basiques et des turquoises. Leur récolte devait être pénible et exiger une main-d'œuvre considérable. L'extraction du métal se faisait par des méthodes semblables à celles que la métallurgie du cuivre a suivies pour des minerais analogues depuis l'antiquité jusqu'à ces derniers temps : je veux dire par l'emploi du bois, comme réducteur, combiné avec celui de fondants siliceux et calcaires. Ces mines ont été abandonnées il y a 2000 ans, à cause de la pauvreté des minerais, de leur raréfaction et sans doute aussi des difficultés de l'exploitation et des transports dans une région déserte et éloignée de l'Egypte proprement dite. Il n'en est pas moins intéressant de constater que l'on était arrivé, probablement dès le début de l'exploitation des mines du Sinaï, c'est-à-dire il y a près de 7000 ans, aux procédés suivis jusqu'à nos jours, procédés d'ailleurs fondés sur un empirisme dont l'origine est facile à concevoir et qui n'exigeaient la connaissance d'aucune théorie proprement dite, telle que celles qui transforment en ce moment la métallurgie traditionnelle.

SOCIÉTÉ NATIONALE DES ANTIQUAIRES DE FRANCE

Séance du 4 novembre. — M. l'abbé THÉDENAT, président, annonce la mort de M. C. E. PAYARD, directeur des cristalleries de Baccarat, correspondant de la Compagnie. — Les places de MM. E. DE ROZIÈRE, L. COURAJOD et Aug. PROST, décédés, sont déclarées vacantes. Les trois élections auront lieu le second mercredi de décembre. — M. DE LAIGUE envoie la copie d'un fragment d'inscription latine trouvé en Espagne que lui a signalé le P. VERA. — M. MOWAT communique de la part de M. DECOMBE, conservateur du Musée de Rennes, les estampages de trois inscriptions gravées sur des autels découverts dans le mur gallo-romain de Rennes. Ces inscriptions font connaître les noms de deux prêtres délégués au temple de Rome et d'Auguste à Lyon, les noms de deux nouveaux Mars gaulois et enfin les noms des *pagi* entre lesquels se divisait le territoire de la cité des *Redones*. En signalant l'importance de cette découverte, M. Mowat rappelle que, il y a six ans, on retira du même mur d'enceinte quatorze bornes milliaires. — M. E. MOLINIER fait une communication sur une particularité de la coiffure féminine dans la civilisation byzantine. Sur un diptyque du trésor de Mouza, sur une miniature du fameux manuscrit de Dioscoride à Vienne, sur la mosaïque de Saint-Vital de Ravenne, dans un buste de femme découvert à Rome en 1888, et sur d'autres monuments, on remarque, autour de la tête des femmes, une sorte de bourrelet pareil à celui qu'on met encore aujourd'hui sur la tête des jeunes enfants, et qu'on a pris pour un arrangement des cheveux en couronne. M. Molinier démontre que c'est, en réalité, une sorte de bonnet. De plus il retrouve la même coiffure sur des monuments de l'art occidental, sur lesquels se trouve ainsi démontrée l'influence byzantine, par exemple des figures de vierges italiennes et la figure de sainte Foy au trésor de Conques. — M. DE BOCK, conservateur du Musée de l'Ermitage, à Saint-Pétersbourg, fait une communication au sujet d'un procédé technique permettant d'enlever, quand elle n'a pas pénétré trop profondément, la rouille qui recouvre souvent les antiques armures et autres objets qui ont longtemps séjourné dans la terre. Ce procédé chimique, inventé par un norvégien de Christiania, repose sur l'emploi d'une solution de soude caustique et de feuille de zinc.

ACADÉMIE DES INSCRIPTIONS ET BELLES-LETTRES

Séance du 11 septembre. — M. Gaston Boissier lit un travail de M. FABIA, professeur à la faculté des lettres de Lyon, sur *Les théâtres de Rome au temps de Plaute et de Térence*. Jusqu'à l'inauguration du théâtre de Pompée, en l'an 55 avant Jésus-Christ, les Romains n'eurent que des théâtres provisoires en bois, composés d'abord simplement d'une estrade pour les acteurs et d'une barrière limitant l'espace réservé au public, puis, plus tard, munis de gradins. D'après Ritschl, dont l'opinion est aujourd'hui classique, l'innovation des gradins ne remonterait pas au delà du VII° siècle de Rome, et les prologues de Plaute, où il est question de spectateurs assis sur des gradins, auraient été, par conséquent, refondus en vue de reprises posthumes. M. Fabia, au moyen même des textes invoqués par le philologue allemand, démontre que, dans la seconde moitié du vi⁰ siècle, Rome avait déjà des théâtres à gradins. Ainsi se trouve détruite la raison d'impossibilité chronologique qui, seule, pouvait permettre de contester sérieusement l'authenticité des prologues de Plaute. En effet, les gradins étaient en usage à l'époque où ces prologues ont été écrits. M. Fabia avance d'une cinquantaine d'années au moins l'histoire de l'édifice théâtral romain et restitue à Plaute une partie de son œuvre. — M. Oppert donne l'interprétation d'un plan antique d'un terrain chaldéen postérieur de mille ans à celui de Telloh, dont il a entretenu l'Académie dans une des précédentes séances. Ce nouveau monument, qui peut dater de 2500 à 2000 ans avant J.-C., a été envoyé par le R. P. Scheil de Constantinople. C'est un médaillon en brique, sur le verso duquel est écrit le compte de six terrains rectangulaires dont M. Oppert a réussi à déterminer les dimensions. — M. Clermont-Ganneau lit une série de notes sur quelques fiefs et apanages des croisés en Terre Sainte fondés par Godefroy de Bouillon. Il croit en avoir retrouvé l'emplacement dans des villages de la Palestine.

Séance du 18 septembre. — La séance s'ouvre par un long comité secret. M. Clermont-Ganneau fait ensuite une communication sur quelques localités, champs de bataille et châteaux-forts des croisés en Terre-Sainte, dont on n'avait pu, jusqu'à nos jours, fixer exactement les noms et l'emplacement sur le terrain. — M. Barbier de Meynard fait quelques observations sur cette communication.

Séance du 25 septembre. — L'Académie fixe au 13 novembre sa séance publique annuelle. — M. Clermont-Ganneau, en collectionnant les chroniques arabes et franques et en corrigeant les altérations des textes, détermine le nom et la position de certaines localités de la Palestine qui jouèrent un rôle important au cours des luttes entre les croisés et les musulmans dans la région du lac de Tibériade. La localité appelée Oukhouânè ou Kahouhânè, base des opérations de Saladin dans son attaque contre Tibériade suivie de la fameuse victoire de Hettin, n'est autre que l'énigmatique *Cavan* ou *Cauan*, de Guillaume de Tyr, qui existe encore aujourd'hui sur les bords mêmes du lac de Tibériade, au débouché du Jourdain, au lieu dit Kahouânè, qui a conservé fidèlement le nom ancien. — M. Jamot lit, au nom de M. Holleaux, professeur à la faculté des lettres de Lyon, une note sur l'inscription gravée sur la tiare de Saïtapharnès. Il fait observer, pour répondre à une objection de M. Furtwaengler, que les graffites souvent remarqués sur des objets antiques en métal sont l'œuvre de particuliers. Ici, nous sommes en présence d'un texte officiel, rédigé et reproduit sous l'autorité et le contrôle des magistrats d'Olbia. Il appuie ensuite, par de nouveaux exemples, la légitimité de l'emploi, dans cette inscription, de l'accusatif déjà justifié par M. Foucart.

Henry THÉDENAT.

L'Éditeur-Propriétaire-Gérant : Albert Fontemoing.

Imprimerie Générale de Châtillon-sur-Seine. — A. Pichat.

BULLETIN CRITIQUE

---

143. — **Essai sur l'histoire de l'Augustalité dans l'Empire romain,** par Félix MOURLOT, ancien élève de l'Ecole pratique des Hautes Études, agrégé d'histoire, professeur au lycée de Valenciennes. Un vol. in-8°. Paris, Emile Bouillon.

Le volume de M. Mourlot forme le 108ᵉ fascicule de la *Bibliothèque de l'école des Hautes Études*. Il mérite de figurer dans cette collection, car on y trouve l'excellente méthode qui est l'honneur de l'Ecole. Après avoir donné une bibliographie de son sujet, l'auteur expose sommairement les systèmes qui ont été émis sur l'augustalité et il indique les hypothèses qu'il faut désormais abandonner. Il est certain que l'institution des *Augustales* est antérieure à la mort d'Auguste, donc ils ne peuvent avoir été créés à l'image des *Sodales Augustales*, qui datent de Tibère. Ils ne sont pas non plus imités des *Vicomagistri* de Rome. La variété qu'on constate dans l'organisation de ces collèges ne permet pas de croire que le gouvernement impérial soit intervenu dans leur organisation ; enfin, il y a témérité à supposer que partout l'ordre des Augustales dérive d'un collège annuel de six membres ; il est également impossible de prétendre que partout les *Augustales* précèdent chronologiquement les *Seviri* et que ceux-ci sont les *Magistri* du collège. Il est donc oiseux d'essayer de ramener à une règle uniforme l'organisation du culte augustal. Il faut s'attacher surtout aux différences saisissables dans cette organisation et essayer d'en préciser les causes et la portée.

Dans la première partie de son travail, M. Mourlot montre que l'augustalité a été une manifestation du sentiment populaire, favorable à la divinité impériale. Elle offre, dit-il, un caractère mixte qui fait qu'elle se distingue à la fois des cultes purement privés et des cultes officiels. Elle appartient aux premiers par ses origines, aux seconds par son organisation et par les conséquences qu'elle amena. Les *Augustales* ne sont pas, à proprement parler, des prêtres ; ce sont des dévots de la divinité impériale, groupés en confréries. Mais bientôt ces confréries acquirent une assez grande importance et formèrent une classe qui prit rang entre le décurionat et la plèbe.

L'auteur établit ensuite la répartition géographique de l'augustalité dans l'empire. Il donne une liste aussi complète que possible des cités où l'on rencontre des collèges d'Augustaux, indiquant, pour chacune, le nom sous lequel les membres de ce collège apparaissent dans les inscriptions. Il pense que les *Seviri* et les *Augustales* représentent deux formes d'un seul culte, originairement diverses. Il admet que, dans les régions où il y a des *Seviri*, ceux-ci reçurent bientôt, à titre de récompense, la prorogation, puis la perpétuité des honneurs du sévirat, sans en conserver les charges. Ce furent les *Seviri Augustales*. Mais dans les régions où, au début, les *Augustales* furent des corporations religieuses, on choisit dans ces corporations un certain nombre de membres chargés de remplir les fonctions du culte. Dans le premier cas, les *Seviri* sont antérieurs à la corporation ; dans le second, la corporation existe la première. M. Mourlot prouve aisément ce qui regarde les *Seviri*, les textes, en effet, paraissent clairs ; mais en ce qui concerne les *Augustales*, son seul argument paraît être l'absence du mot *Seviri*. Pour ma part, j'ai peine à admettre que le début dans le collège ne consistât pas à remplir tout d'abord les charges et, par conséquent, à exercer, sous un autre nom, les mêmes fonctions que les *Seviri*. C'est le mode de recrutement le plus naturel : aux nouveaux, ce qui est onéreux, plus tard, les avantages et les honneurs. La différence n'est donc pas si grande entre les deux types.

Faut-il admettre entre eux un type intermédiaire qui se serait localisé, selon M. Henzen, dans la partie australe de la péninsule italique ? Un certain nombre d'inscriptions tendraient à le faire croire. M. Mourlot pense que, dans cette région, le sévirat conduit tantôt à l'augustalité, tantôt aux magistratures municipales. Il se refuse à voir jamais dans les *Seviri* des magistrats de la corporation des *Augustales*.

Ces chapitres forment la partie la plus intéressante du livre. Le reste est consacré à des questions sur lesquelles il n'y a guère de controverse : les rapports de l'augustalité avec les autres cultes, les modes d'accès à l'augustalité, les charges qui incombaient aux *Augustales*, les honneurs qui leur étaient décernés, leur condition civile, leur rang et leur influence dans la cité.

L'auteur conclut en indiquant les causes qui ont amené la disparition des *Augustales*. C'est d'abord une cause économique : la misère générale. Les charges sont trop lourdes, on ne trouve plus de gens disposés à les supporter. C'est ensuite une cause religieuse : le triomphe du christianisme. A mon avis, la première est la plus importante. Sans cela, on eût vu pour les *Augustales* s'opérer une transformation semblable à celle qui modifia la situation des flamines municipaux et des prêtres provinciaux. Les fonctions de ceux-ci se sécularisèrent et ils continuèrent à exister longtemps encore. Il en eût été de même pour les *Augustales* si la classe dans laquelle ils se recrutaient n'eût été heureuse de se soustraire à un fardeau insupportable pour elle.

Au livre de M. Mourlot sont jointes deux cartes, qui seront consultées avec le plus grand profit : la première indique la répartition de l'augustalité dans tout l'empire ; la seconde est spéciale à l'Italie centrale et méridionale. Elles eussent rendu plus de services encore, si l'auteur avait pris soin d'indiquer, par des signes différents, les villes où se rencontrent les types divers de l'augustalité.

Emile BEURLIER.

---

144. — **Les Assemblées provinciales de la Gaule Romaine**, par E. CARETTE, docteur en droit, lauréat de la faculté de droit de Paris. Un vol. in-8°. Paris. A. Picard et fils.

Dans un article de la *Revue critique* [1], M. R. Cagnat écrivait ces mots sévères, mais hélas! trop souvent justifiés : « Les candidats au doctorat en droit ne se rendent pas compte des nécessités scientifiques actuelles. » Et il leur donnait le conseil « d'abandonner ces grands sujets qui veulent une érudition à laquelle les jeunes gens ne peuvent pas prétendre aujourd'hui, et de se limiter à l'étude consciencieuse de certains points précis, moins connus. » M. Carette a eu raison d'entrer dans cette voie et de se borner à étudier

1. *Revue critique*, juillet 1889, p. 49.

les assemblées provinciales de la Gaule Romaine, au lieu d'écrire un livre d'ensemble sur cette institution. Il n'y a rien de très nouveau dans ce volume, mais l'auteur connaît bien le sujet. Il a consulté les travaux les plus récents; il les a analysés avec soin, parfois un peu longuement.

Le principal reproche qu'on pourrait lui adresser c'est de n'avoir pas eu le courage de rester uniquement sur son terrain. Sans doute, il est difficile de se borner aux renseignements qui ne regardent que la Gaule. Sur bien des points il est nécessaire pour expliquer ce qu'on rencontre en notre pays de signaler ce qui se passait dans les autres provinces de l'empire, mais M. Carette n'a-t-il pas plus d'une fois dépassé la mesure? Tout ce qui touche aux *legati*, par exemple, est inutile. M. Carette ne fait, en somme, qu'appliquer à la Gaule ce que nous savons, non pas même des *legati* des assemblées provinciales, mais des *legati* en général. De même, à l'époque du bas empire, les renseignements touchant la Gaule sont peu nombreux, M. Carette ne peut résister à la tentation d'y suppléer à l'aide de ce que nous savons sur l'Afrique.

On connaît aujourd'hui suffisamment les caractères généraux des assemblées; pour se rendre compte des différences qui existaient de province à province, il est indispensable de se borner à des monographies où le départ des documents soit fait avec la plus grande rigueur.

Une seconde observation est à faire sur la méthode suivie par M. Carette. Il se contente trop facilement des ouvrages de seconde main et ses citations étonnent plus d'une fois. Par exemple, il cite (p. 41) un volume de la *Bibliothèque rose* pour prouver que Ramsès se qualifiait de fils de Phra; Michelet pour démontrer que, d'après Servius, Bacchus, dans Virgile, est la personnification de César; Philarète Chasles (p. 255) est donné comme garant de l'existence des *litterae informatae* dans les églises chrétiennes; Granier de Cassagnac (p. 216) nous assure que dans les plaidoiries devant le Sénat, la langue grecque était admise. Le moindre texte d'un auteur ancien eut bien mieux fait notre affaire. Rien ne les remplace; pas même la *Rome au siècle d'Auguste* de Dézobry.

Que M. Carette ne donne pas de références pour prouver qu'Antonin avait fait élever un temple à Faustine, personne ne lui en fera un reproche, mais qui s'attendrait à voir en note : Mgr Guillon, *Examen critique des doctrines de Gibbon, du Dr Strauss et de M. Salvador sur Jésus-Christ, son Evangile et sa doctrine?* (p. 257). L'autorité de Chateaubriand ne suffit pas à prouver que : « sous *Dioclétien, Paturin*(!) est immolé à Toulouse, et Denys à Paris, alors que Cyprien a la tête tranchée à Carthage » (p. 256). D'une manière générale c'est dans les pages où il sort de son sujet proprement dit que M. Carette est plus malheureux. Là il se fie trop souvent à des articles de journaux ou à des livres d'une valeur historique médiocre. C'est là aussi qu'il fait des incursions sur un domaine qu'il connaît peu. Il nous apprend, par exemple, que les *quakers* et l'*armée du salut* admettent les femmes à la prêtrise (p. 299). Comment le feraient-ils puisqu'ils n'ont pas de sacerdoce [1]?

Le livre se termine par une liste des personnages qui se rattachent par un titre officiel aux assemblées provinciales gauloises, et par deux appendices contenant le texte de la plaque de Narbonne et de l'Edit d'Honorius, ainsi que la bibliographie de ces documents. Une magnifique photogravure reproduit la plaque de Narbonne, que M. Adolphe Demy, oncle de M. Carette, a libéralement acquise pour en faire don au Musée du Louvre. Signalons aussi un bon index alphabétique.

Emile BEURLIER.

---

145. — LENOTRE. **Un conspirateur royaliste pendant la Terreur.** — **Le baron de Batz.** — Un vol. in-8° de 400 pages, Perrin.

On croit peut-être, en ouvrant ce livre, qu'il contient des détails biographiques sur le baron de Batz : c'est une erreur. Il s'agit du roman d'un défroqué, l'ex-capucin Chabot, subitement enrichi et

---

[1]. A ces observations, j'ajouterai quelques remarques de détail.

P. 61. M. Guiraud s'est rangé à l'opinion que j'ai émise sur le sens du texte d'Aristide.

P. 75. On ne mettait pas les bûchers dans les chambres; il y a dans le texte *locum*.

P. 121. M. Carette m'attribue à tort la pensée que les délégués à l'assemblée des trois Gaules s'appelaient *jurati in sacra*. Il ne s'agit dans le passage cité que de l'Etrurie.

réparant, par des excès de bonne chère, les jeûnes prescrits jadis par la règle de son couvent. Les menus sont soigneusement cités à l'appui ; on sait par ex. que tel jour, à telle heure, il s'empiffrait de quatre côtelettes et d'un poulet. Il s'agit également de la *messe rouge* ou du supplice de mademoiselle de Sainte-Amaranthe. Mais, pendant ce temps, que fait le baron de Batz ? Il est bien évident que, s'il paraissait au grand jour, ce ne serait plus un conspirateur. Aussi le laisse-t-on dans l'ombre, où il machine des plans antirévolutionnaires très simples, sinon très pratiques. Si la Convention est divisée contre elle-même, elle périra fatalement. En corrompant les divers membres de cette assemblée, ceux-ci se jalouseront, se défieront les uns des autres, se guillotineront réciproquement et la monarchie renaîtra de ces ruines sanglantes. Rien de plus simple, en effet ; mais où trouver l'argent nécessaire, où trouver les moyens ? Dans les *Trois Mousquetaires* d'Alexandre Dumas, on se contente de suivre des aventures invraisemblables, sans s'inquiéter du reste. Par l'audace des entreprises, M. de Batz a quelque ressemblance avec d'Artagnan ; malheureusement pour lui, il échoue, quand l'autre réussit toujours. Sur la place Louis XV, il n'arrache pas le roi à ses bourreaux, il n'enlève pas Marie-Antoinette de la prison du Temple ; enfin, le 13 vendémiaire, les sections des Filles-Saint-Thomas et Lepelletier, qui marchent contre une poignée d'hommes défendant la Convention, s'enfuient à toutes jambes au bruit du canon.

A partir de cet échec, le baron de Batz cesse-t-il de conspirer ? « Nous ne le croyons pas, écrit M. Lenôtre, c'eût été renier sa nature. » Ce serait aussi dommage, car les Directeurs, qui remplacèrent la Convention, étaient presque tous corrompus ; il y avait moyen de s'arranger avec eux. Pourtant, le baron de Batz ne donne plus signe de vie : il laisse à Bonaparte le temps de remporter ses immortelles victoires d'Italie et de s'entraîner au despotisme en Egypte. L'auteur, qui ne déteste pas les phrases sonores, tire du récit des événements qu'il a présentés, la conclusion suivante : « La Convention était détruite et la monarchie allait renaître, mais dans la personne de ce maigre et chétif jeune homme, qu'un hasard avait jeté dans la lutte. Les héros les plus audacieux ne sont, en somme, que des instruments au service d'une force mystérieuse qui les tient dans sa main ; ils obéissent lorsqu'ils croient agir : et voilà de quoi rabattre l'orgueil de l'homme, pygmée inconscient et aveugle, qui s'agite et que Dieu mène. » Le baron de Batz était oublié jusqu'à ce jour. Est-il beaucoup plus connu aujourd'hui ? J'en doute.   F. ROUSSEAU.

VARIÉTÉS

Le Blason de la République Française.

Un élégant petit volume a été publié récemment sous le titre de *Armoiries et Décorations*[1]; il s'agit de tous les empires, monarchies et républiques. On y trouve les blasons de toutes ces nationalités, les portraits des chefs d'état, les modèles des décorations, croix ou médailles honorifiques, les nuances des rubans ; c'est un recueil intéressant à consulter ; il a nécessité des recherches multipliées. Les auteurs n'ont pas ménagé leur peine et on doit leur savoir gré de la manière dont ils ont réussi.

Dès les premières pages, on remarque le blason attribué à la République Française ; j'avoue que ma curiosité était excitée par les articles des journaux dans lesquels, dernièrement, on parlait des armoiries de la République Française peintes sur les carrosses destinés à l'empereur de Russie ; elles différaient du type indiqué dans le livre dont je viens de parler.

D'après le volume en question, on doit blasonner ainsi : D'azur aux lettres R F d'or, l'écu soutenu d'un tortil de laurier et de chêne posé sur un faisceau de licteur sommé d'un bonnet phrygien de gueules et accompagné de quatre drapeaux tricolores. Au tortil est attachée la croix de la Légion d'honneur.

En réalité, ce blason n'en est pas un; c'est un chiffre, un modèle de timbre administratif dont on peut discuter quelques accessoires. Pourquoi un bonnet *phrygien*? Cette coiffure n'était pas celle des affranchis. C'est celle du berger Pâris, jugeant sur le mont Ida; c'est celle d'Atys qui s'affranchit, dit-on, de certaines obligations humaines qui n'avaient rien de politique. Le bonnet

---

[1]. *Armoiries, drapeaux, décorations*, par J. Martin, de Montalbo et Raymond Richebé ; illustrations de Joseph van Driesten. Paris, in-16, Librairie des contemporains, 15 rue de Maubeuge, 1896.

d'affranchi, le *pileus* est représenté sur des deniers de la République romaine frappés en commémoration des Ides de Mars, jour de l'assassinat de César.

Le chiffre décrit plus haut est reproduit un peu partout, sur des panneaux en forme de boucliers ou de disques, multipliés dans les cérémonies publiques. Il est de toutes les couleurs, ainsi que les fonds, rouges, jaunes, verts : il y en a pour tous les goûts.

Sur les voitures de gala, nous avons pu constater que les insignes de la République sont différents. D'abord il n'y a pas de fond ; un héraldiste dirait *champ*. Les initiales R F sont entourées, sans tenir à rien, sans être posées sur quoi que ce soit, par un large cordon de la Légion d'honneur auquel la croix est suspendue ; derrière, un faisceau de licteur avec une hache d'arme (qui ressemble un peu à une hallebarde de suisse) à laquelle est attachée une banderolle portant les mots : *Honneur, Patrie* ; le tout posé sur deux drapeaux tricolores et entouré de deux palmes, l'une de chêne, l'autre de laurier.

Bien dessiné et habilement peint, tout cela forme un ensemble très agréable à l'œil ; mais, je le répète, c'est un chiffre, un motif de vignette. Cela ne constitue pas les armoiries d'une nation ; on s'est servi maintes fois de ce mot : il ne faut pas en détourner le sens. Je remarque que dans *Armoiries et Décorations* il ne se trouve pas une autre République qui n'ait un écusson portant autre chose que de simples initiales. Et, cependant, il semble que la France a quelque droit à avoir un emblème national qui puisse figurer sur le sceau de l'Etat ainsi que sur les monuments publics soit en France, soit à l'étranger : sur les ambassades, par exemple.

Est-il donc si difficile de définir, aujourd'hui, les véritables armoiries traditionnelles de la France ? — Il me semble qu'il n'y a rien à inventer ; il suffit de réfléchir un instant.

Dans une communication faite il y a quelques mois à l'Académie des inscriptions et belles-lettres, je crois avoir démontré que, lorsque le blason fut mis en usage, à la fin du xiie siècle, il avait été attaché au sol. Les grandes circonscriptions féodales, les royaumes eurent alors des armoiries qui ne variaient pas. Tout au plus si, quelquefois, lorsqu'il y avait un changement dans les titulaires, on ajoutait un signe indiquant le passage de ceux-ci. Il arrivait aussi, souvent, qu'un personnage étranger au fief quittait les armes de sa famille pour prendre celles du fief qu'il était appelé à détenir.

Cet usage se conserva et il existe encore traditionnellement dans plusieurs pays. Ainsi, pour ne pas multiplier les exemples, nous citerons Pierre de Dreux, petit-fils de Louis VI, qui en épousant l'héritière de Bretagne adopta les armes de Dreux brisées d'un franc cartier d'hermines, blason de cette province : son fils et ses successeurs portèrent d'hermines plein ; Philippe le Bon duc de Bourgogne et ses successeurs qui mettaient sur le tout en Franche-Comté le blason de la Comté ; en Flandre le lion de Flandre. De nos jours, on voit sur les armes nationales d'Autriche le blason de la dynastie régnante Habsbourg, Lorraine ; de même en Danemark celui d'Oldenbourg ; en Roumanie celui d'Hohenzollern ; en Suède et Norvège celui de Wasa et de Bernadotte ; en Bulgarie celui de Saxe-Cobourg et Gotha ; en Grèce, celui de Danemark ; en Espagne les armes de Bourbon figurent sur le blason national jusqu'à l'Empire, époque à laquelle on leur substitua l'aigle de Napoléon ; pendant le court règne d'Alphonse, d'abord duc d'Aoste, les fleurs de lis et l'aigle furent remplacées par la croix de Savoie. En Belgique, le lion d'or qui est le blason national, est chargé sur l'épaule d'un écusson aux armes de Saxe, armes personnelles de Léopold Ier. — Il faut noter qu'en Grande-Bretagne, la maison de Saxe-Cobourg ne modifie en rien les armoiries traditionnelles de ce royaume [1].

Depuis quelques semaines « on s'alambique la cervelle » comme disait le P. Ménestrier, pour composer les armoiries de la France ; on semble vouloir inventer quelque chose qui ait un sens. C'est la conséquence du préjugé d'après lequel tout écusson armorié doit être une figuration hiéroglyphique dont certains initiés peuvent donner la traduction. C'est transformer le blason féodal en une sorte de *rébus*.

Dans la persuasion que les fleurs de lis étaient le blason personnel des Bourbons dont on ne voulait plus entendre parler, les divers gouvernements qui se sont succédé depuis un siècle n'ont pensé qu'à les faire disparaître. Les Napoléon leur ont substitué un

[1]. Il suffit de jeter un coup d'œil sur les écussons des empires et royaumes pour voir qu'ils sont chargés d'une multitude de blasons qui sont ceux des provinces et des États réunis sous un même sceptre. Tous ces blasons sont territoriaux et non personnels.

aigle, souvenir classique de l'Empire romain, bien que les Bonaparte eussent des armes personnelles ; sous Louis-Philippe, on adopta la représentation des Tables de la loi qui symbolisaient la charte de 1830. Il faut noter que sous l'Empire comme sous la Monarchie de Juillet, on était, dans le monde officiel, parfaitement ignorant de la science héraldique ainsi que de la tradition historique. Aujourd'hui je crois que les personnes qui prétendent s'occuper de la question que je traite en ce moment ne sont guère plus au courant. Tous leurs efforts ont eu pour résultat de composer une vignette, un cul de lampe, tout au plus une devise.

On parle du *coq* : mais le *coq gaulois* n'a rien à faire ici. Son origine est un calembour fait par les Romains dans un esprit de persiflage. Les armes véritables de la France sont : *d'azur semé de fleurs de lis d'or*. Elles sont le blason national du pays, inauguré sous le règne de Louis VII alors que ni ce roi, ni sa famille, ni la nation n'avait eu encore d'armoiries[1]. En 1377 lorsque Charles V fondait le couvent des Célestins de Limoux, près de Mantes, il rappelait que les fleurs de lis étaient l'emblème du royaume de France et non celui du roi : *lilia quidem signum regni Francie* [2].

Vingt-neuf rois de la même famille se succédèrent sur le trône de France de telle sorte que l'on prit l'habitude de voir dans les fleurs de lis leur blason personnel et non le blason national. Re-

1. On peut même dire que la famille royale n'avait pas de nom ; lorsque l'on voulut donner un nom patronymique au malheureux Louis XVI, Marat et Camille Desmoulins l'appelèrent Capet. C'était ridicule puisque ce vocable était un surnom personnel qu'Hugues, le premier de la dynastie, ne transmit à aucun de ses successeurs. De même que l'on désigna les Mérovingiens et les Carolingiens par le nom du premier de leurs races, on eut pu dire les Hugoniens, peut-être les Robertiens, du nom de Robert le Fort. Mais ce sont là des désignations inventées par les historiens et non des vocables familiaux.

La maison royale de France eut des branches qui prirent le nom de leurs fiefs ou apanages, comme *Angoulême* sous Charles VI, *Orléans* sous Louis XIV, *Bourbon* à dater de Robert fils de saint Louis : ces noms de fiefs devinrent des noms patronymiques ; jamais Robert ne s'appela ni fut désigné comme France-Bourbon.

2. *Mémoires de la Société des Antiquaires de France*, T. 28, p. 242, et seq. Au milieu du XIVe siècle, on substitua trois fleurs de lis au semé.

marquons que, pendant la domination anglaise, les rois d'Angleterre ajoutèrent à l'écusson anglais, les fleurs de lis qui, certainement, à leurs yeux, représentaient la France et nullement la maison royale qu'ils avaient dépouillée en partie.

Je conclus en disant que si l'on veut adopter un type héraldique pour la République française en ayant égard à la critique historique, on doit prendre le *semé de France*, c'est-à-dire un écu d'azur, semé de fleurs de lis d'or en y ajoutant un signe particulier.

Ce signe pourrait être, en imitant Pierre Mauclerc, en Bretagne, un franc cartier aux couleurs nationales, c'est-à-dire pallé d'azur, d'argent et de gueules avec les initiales R F brochant sur le tout [1].

Quant aux accessoires, la question reste à décider ; l'écu pourrait être posé sur deux faisceaux de licteur en sautoir, et entouré du *collier* de l'ordre de la Légion d'honneur.

A. DE BARTHÉLEMY.

CHRONIQUE D'ITALIE

MOYEN-AGE. — RENAISSANCE ET RÉFORME. — TEMPS MODERNES

92. — Une foule d'études particulières d'intérêt assez mince, l'absence de toute œuvre attirant l'attention par l'importance du sujet et l'étendue des recherches, la fixant par la vigueur de la méthode et la précision de la pensée, — voilà le double fait que l'on constate, ici, du reste, comme un peu partout, lorsqu'on parcourt les récentes publications italiennes qui concernent le Moyen-Age, la Renaissance et la Réforme, les Temps Modernes.

A l'*Archivio di Stato* de Turin, M. Luigi Schiaparelli a découvert un diplôme de Béranger I (888) qui confirme toutes les possessions de l'abbaye de Bobbio ; il le publie dans les *Atti dell' Academia Reale delle Scienze di Torino* [2]. — M. Giuseppe Colucci nous donne *Un nuovo poema*

1. Cette combinaison me paraît préférable au *lion*, emblème *du peuple*, posé sur le tout, proposé par un abonné de l'*Intermédiaire* (10 juillet 1893). Ici, nous tombons dans le symbolisme et il faudrait une décision officielle pour notifier à tous présents et à venir que *lion* est synonyme de *peuple souverain*.

2. Diploma inedito di Berengario I (a. 888) in favore del monastero di Bolbio.

latino dell' XI secolo. La vita di Anselmo da Baggio e il conflitto fra il sacerdozio e l'impero. (Roma, 1895). Anselme de Baggio était évêque de Lucques, grand ami de Pierre Damien, conseiller très écouté de Mathilde; on soupçonne qu'il a joué un rôle, plutôt qu'on ne l'affirme, les documents faisant défaut. En 1806, Giacomo di Villanova découvrit un poème dont Anselme était le héros dans un monastère bénédictin de Santa Maria di Ripoll, en Calabre; Vincenzo de la Fuento en publia quelques passages en 1870 et M. Colucci publie aujourd'hui l'œuvre complète. Il prétend que Rangerio, l'auteur du poème, est né en Italie vers 1031; qu'il a écrit avant 1097, sous Grégoire VII ou Victor III; mais il ne croit pas que le nouveau texte jette grande lumière sur le confident de la grande comtesse. — Aux lecteurs du dernier ouvrage de M. Thureau-Dangin, je signale la publication de L. Maccari : *Nozze Sarrocchi-Chiavai (saggio di una predica volgare di S. Bernardino da Siena)* (Sienne, 1896). Le texte du sermon, qui fut prononcé à Santa Croce, est tiré d'un manuscrit des archives de Sienne, découvert par Bianchi en 1867 au couvent de Sainte-Agnès de Montepulciano. — M. Bolognini nous retrace *Le relazioni tra la republica di Firenze e la republica di Venezia nell' ultimo ventennio del secolo XIV* (Venise, 1895). Dans une introduction succincte, il étudie les rapports des deux états de 1300 à 1380; jusqu'en 1336, ces rapports ont été seulement commerciaux; passé cette date, ils prennent un caractère politique lors de la guerre de Venise contre Mastino II della Scala et lors de la paix de Turin, conclue sous la médiation de Florence. De 1390 à 1392, lorsque la lutte éclate entre celle-ci et Milan, Venise reste neutre et finit par imposer la paix; de 1397 à 1402, lorsque, pour la seconde fois Florence se heurte aux Visconti, Venise résiste à toutes les tentatives que fait celle-là pour l'attirer à elle.

Avec M. Giuseppe Marattini qui publie à Bologne le *Cronache forlinesi di Andrea Bernardi dal 1476 al 1517*, nous ne quittons pas les histoires locales; et, cette fois-ci, ce n'est plus de Florence, de Milan ou de Venise qu'il s'agit, c'est de Forli. C'est à Forli, en effet, que, vers 1476, le jeune Bernardi va s'établir; il a vingt ans, beaucoup de bonne humeur et peu d'écus; pour vivre, il ouvre une boutique de barbier et, comme son futur confrère de Pézenas, il sait délier la langue de ses clients tout en leur faisant la barbe. Le soir, la besogne finie et la boutique fermée, le jeune homme recueille ses souvenirs, les couche par écrit, racontant un jour le massacre de Riario, le lendemain les vengeances qui le suivent, puis la guerre contre Valentino, puis les aventures de Morattini, le tout avec la plus sereine indifférence. La *Deputazione di storia patria per la provincia della*

Romagna y a vu, sans doute, un gage d'impartialité ; car c'est sous ses auspices que le journal du barbier de Forli vient de paraître. — Pavie n'est pas moins jalouse de son histoire, dont elle réunit les documents dans les *Memorie e Documenti per la storia di Pavia*; c'est dans cette collection (fascicules 1-4) que M. Antonio Bonardi vient de faire paraître un récit inconnu jusqu'à ce jour du siège de la ville et de la fameuse bataille livrée sous ses murs [1]. — M. Giuseppe della Santa [Scintilla, a. X, n. 28-31] a publié *uno Documento inedito per la storia di Sisto V*. C'est un acte par lequel le procureur général des mineurs conventuels, celui-là même qui devait plus tard succéder à Grégoire XIII, fait cession de tous ses biens au vicaire général de l'ordre. Le fait en lui-même est de faible importance ; mais le personnage qu'il concerne paraît de si haute allure et de si puissant relief qu'on ne saurait s'en désintéresser. Je n'en dirai pas autant de Giulio Cesare Muzio, encore qu'il ait été « vice-sopracomito della galera istriana nella guerra contra i Turchi degli anni 1571-1572 » et qu'il ait eu l'honneur de fournir à M. Albino Zenatti l'objet d'une savante étude [2]. Muzio, après une brouille avec son père, se réconcilia avec lui et mérita, par sa brillante conduite à Lépante, le pardon paternel ; il coula dans la bataille une galère turque et en prit une autre que montait le bey de Négrepont. Aussi bien c'est, je crois, le seul point de la vie de Muzio qui intéresse M. Zenatti : son étude n'est qu'un cadeau de noces et c'est à un lieutenant de vaisseau qu'il l'envoie. — M. Comba [3] a des visées plus hautes : il revendique pour l'Italie l'honneur d'avoir eu *ses* protestants, aussi bien que l'Allemagne, l'Angleterre ou la France : il ne faut pas que l'on puisse confondre désormais avec l'Espagne la patrie de la *civiltà*; Hermas, Hippolyte, Novatien, Jovinien, Claude et Arnauld ; Valdo surtout, Joacchim, Dolcino, Dante et Savonarole, voilà les précurseurs de Luther en Italie. Que M. Comba ait à cœur de se réclamer du protestantisme au moment même où il semble se dissoudre [4], cela ne regarde que lui : je sais même des personnes qui n'en seront pas autrement fâchées : celles qui prétendent, méchamment, que l'Italie retarde, d'une génération pour le moins, sur les pays de l'Europe occidentale. Mais, ce

---

1. L'assedio e la battaglia di Pavia, diario inedito. Pavie, 1895.
2. Giulio Cesare Muzio,... ricerche di Albino Zenatti. Messina, 1896.
3. I Nostri Protestanti. I Avanti la Riforma. Firenze, 1896. — En 1881, M. C. avait publié une Introduzione alla storia della Riforma in Italia.
4. Cf. notamment le livre récent de F. de Pressensé. Le cardinal Manning : Préface ; — les belles études de G. Goyau dans la Revue des Deux-Mondes : 15 août 1896. p. 849 et 852 ; — 1er octobre 1896. p. 582 et 584.

dont on peut discuter, c'est de la précision des idées et de la propriété du langage. Est-il permis de caractériser d'un même mot, d'englober sous une même dénomination Hermas qui fut, dit-on, frère de Pie [vers 140-155?] et Savonarole; Hippolyte, l'auteur présumé des Philosophoumena et Dante; Novatien et Joacchim de Flore? Entendez-vous au sens strict le terme de *protestants*? Il est alors inexact d'en affubler Dante et Savonarole aussi bien qu'Hippolyte et Hermas : la querelle des indulgences date d'octobre-novembre 1517 et c'est en 1498 qu'a été brûlé le grand ennemi des Médicis. Donnez-vous à ce même terme un sens plus large? Voulez-vous désigner ceux qui, s'émancipant du Catholicisme considéré comme une erreur, marquent en quelque sorte les étapes successives de l'humanité en marche, s'affranchissant d'une religion dépassée et s'efforçant d'atteindre le vrai? Dites-le d'abord : vous serez plus clair. Prouvez ensuite que le protestantisme de Luther a eu dans l'histoire de l'anti-christianisme, la part prépondérante que vous lui assignez, sans négliger Wiclef et sans oublier que la Réforme, par ses origines et ses conséquences, fut un mouvement chrétien tout autant qu'un mouvement anti-chétien. Montrez enfin ce qu'ont de commun des tendances aussi disparates que celles que vous étudiez ; sous le tumulte des faits qui composent l'histoire de ces pré-protestants, montrez les progrès logiques de l'idée qu'ils représentent et qui les détermine : j'aurais plaisir, je l'avoue, à voir Hermas collaborer avec Dante, Valdo donner la main à Hippolyte et Jovinien préparer Savonarole. La démonstration de l'unité *positive* de faits très différents s'expliquant par des causes différentes peut seule autoriser le titre qu'a pris l'auteur et la façon dont il a conçu son sujet. — M. V. La Mantia semble avoir mieux atteint le but qu'il s'était proposé en publiant à Palerme, après la *Storia della legislazione civile e criminale di Sicilia*, les *Leggi civili del regno di Sicilia* 1130-1816. L'introduction est consacrée à l'étude des sources du droit sicilien, les Constitutiones regni Siciliae de Frédéric II, les Capitula Siciliae des rois Aragonais, les Pragmaticae regum Siciliae sanctiones,... : on ne s'explique pas l'oubli des assises normandes. L'ouvrage lui-même est divisé en trois livres; dans le premier, sont groupés tous les textes concernant les personnes; dans le second ceux qui ont rapport aux biens; dans le troisième ceux qui traitent des modes d'acquisition et de transmission de la propriété : chaque document est accompagné d'un bref commentaire. Il est peu de pays dont l'histoire soit aussi captivante que la Sicile; sa position géographique sur les confins de l'Orient et de l'Occident l'a exposée tour à tour aux influences de l'un et de l'autre, a réglé ainsi les vicissitudes de ses destinées, a déterminé par là la complexité de sa physionomie historique et géographique. A qui voudrait en analyser les traits essentiels, peu de livres seraient aussi utiles que celui de M. La Mantia.

Tous ceux qui ont eu à s'occuper d'histoire diplomatique savent quel cas il faut faire des dépêches des ambassadeurs vénitiens : c'était le plus souvent des hommes d'un esprit clair, précis et fin. Aussi apprendra-t-on avec plaisir que M. Massimo Kowalewsky vient de publier à Turin *I dispacci degli ambasciatori veneti alla corte di Francia durante la rivoluzione* : d'autant que ces ambassadeurs Antonio Capello [14 juillet 1788 — 2 août 1790], Almoro Pisani [8 août 1790 — 29 août 1792] et Alvise Contarini sont les dignes successeurs de leurs grands ancêtres. D'un coup d'œil très juste, ils devinent non seulement le retentissement qu'aura la convocation des Etats en 1789, mais encore la peur et l'inaction des modérés dans les Assemblées Primaires et, plus tard, la chute des Girondins. — Un mémoire de Mgr Arezzo vient d'être publié [1]. Représentant du Pape à Pétersbourg et rappelé par son chef, Mgr Arezzo eut à Berlin, en novembre 1806, une entrevue avec l'Empereur. Napoléon lui dit que l'Italie lui appartenait par la conquête; qu'il avait hérité des droits de Charlemagne, et qu'en conséquence le Pape devait lui obéir et fermer ses ports aux Anglais. La conclusion était prévue; les raisons qui la préparaient l'étaient, sans doute, beaucoup moins : le pauvre nonce, habitué aux calmes discussions des cours et à leurs diplomatiques lenteurs avoue que la rapidité avec laquelle Napoléon accumulait les objections et improvisait des arguments, d'ailleurs contradictoires, lui faisait perdre le fil de ses idées : nouveau témoignage rendu à cette force de vie vraiment prodigieuse de l'empereur corse. — M. Covoni (Pierfilippo) a publié une étude sur le royaume d'Etrurie [2] que les lecteurs du livre de Marmottan consulteront avec intérêt : ils y chercheront moins une histoire politique qu'une chronique agréablement écrite de la vie de cour à Florence, de 1801 à 1807. C'est au contraire un document de valeur précise que nous donne M. Francesco Novati en publiant sous le titre de *Uno anno di storia italiana* 1848 une lettre de Mgr Giovanni Corboli : c'est lui, semble-t-il, qui a conseillé l'amnistie à Pie IX; lui qui, lors du conflit survenu entre Modène et la Toscane, a fait accepter la médiation du Pape; lui enfin qui s'est occupé d'établir une ligne douanière entre les états péninsulaires, sorte de Zollverein italien. La lettre est semée de détails piquants sur la cour

---

1. Relazione del mio abboccamento in Berlino coll' Imperatore Napoleone nel novembro 1806.
2. Covoni : Il regno d'Etruria. Firenze, 1894.

pontificale et de renseignements curieux sur les intrigues anglaises.
— L'état-major italien qui avait publié le tome I de son grand ouvrage sur la campagne de 1866, a fait paraître depuis le tome II [1]. Ce volume commence au lendemain de Custozza et comprend deux parties bien distinctes : la première donne un récit de la retraite de l'armée italienne du Mincio et du Bas-Pô (avec La Marmora et Cialdini) sur l'Oglio et sur Modène. La seconde nous retrace l'attaque des Italiens et la marche de Cialdini sur l'Isonzo, tandis que la Marmora surveille le quadrilatère; elle nous donne en outre un tableau des opérations militaires dans le Tyrol et le Trentin, dans la vallée de la Chiesa et la Valteline où combattent les volontaires, et sur les rives de la Brenta que gardent les divisions Medici et Cosenz; elle comprend encore un résumé de la campagne maritime [défaite de Persano par Tegethof à Lissa] et des négociations de la paix. Comme on peut le penser, on trouvera dans cet ouvrage, manifestement inspiré de l'étude du grand état-major allemand sur la guerre de 1870, des renseignements très nombreux et, sans doute, très exacts; on regrette qu'ils n'aient pas été présentés avec moins de sécheresse : la précision du détail n'entraîne pas nécessairement l'aridité du récit.

Albert DUFOURCQ.

CHRONIQUE

93. — M. Nestle vient de publier, sous le titre de *Philologica Sacra, Bemerkungen über die Urgestalt der Evangelien und Apostel geschichte* (Berlin, Reuther et Reichard) une série d'études sur les variantes des Evangiles et des Actes dans leurs relations avec le texte syriaque.

Le quatrième volume de l'excellente collection de M. Schrader qui a pour titre *Keilinschriftliche Bibliothek* vient de paraître (Berlin, Reuther et Reichard). Il contient la transcription et la traduction de textes relatifs aux lois et aux usages et permet d'étudier la civilisation assyrienne pendant une période de 2000 ans.

La plupart de ces textes sont des contrats originaires de Babylonie, d'Assyrie et de Cappadoce. Les derniers sont de l'époque des Seleucides et des Arsacides.

94. — Le supérieur de Saint-Louis des Français à Rome, Mgr d'Armailhacq, a eu l'heureuse pensée de créer, sous le titre d'*Annales de*

---

1. La campagna del 1866, redatta dalla sezione storica del corpo di Stato Maggiore, tome II. Rome, 1895, 5 cartes.

Saint-Louis des Francais, une revue trimestrielle qui donnera aux chapelains et aux pensionnaires de Saint-Louis la facilité de publier quelques-uns de leurs travaux et de faire connaître les résultats de leurs recherches historiques et de leur application à suivre les maitres de la science dont ils sont à Rome les auditeurs empressés.

Dans le premier fascicule des *Annales* qui vient de paraître, les mémoires sont variés; ils témoignent de la diversité des recherches faites par les chapelains. Outre une introduction historique sur les études des membres de la communauté, due à la plume du supérieur, nous y remarquons un *Aperçu historique et canonique sur la Daterie d'Avignon,* par M. l'abbé Meffre; un *Sommaire des bulles de Jean XXII concernant les diocèses de Rodez et de Vabres,* de M. l'abbé Calmet, et, sous forme de notes et impressions, un article sur la galère impériale du lac de Nemi, par M. l'abbé Chenillat.

On ne peut qu'applaudir à l'apparition de ce recueil qui procure au clergé de notre église nationale l'occasion de démontrer que son séjour dans la ville éternelle est utile à la science.

ACADÉMIE DES INSCRIPTIONS ET BELLES-LETTRES

Séance du 2 octobre. — M. Henri COURTEAULT, archiviste aux Archives nationales, lit un mémoire de M. Paul LABROUCHE, archiviste du département des Hautes-Pyrénées, sur *Le port de la Ténarèse.* Il existait, dès l'époque préromaine, une grande route centrale dans les Pyrénées; cependant, de nos jours, cette chaîne n'offre de route carrossable qu'à ses deux extrémités. Le tracé de cette route, généralement appelée *Ténarèse* — de la dénomination qu'elle portait en Armagnac, — n'était fixé d'une manière définitive que jusqu'à la limite du plateau de Lannemezan. Des documents d'archives ignorés jusqu'à ce jour et des relevés topographiques pris sur les lieux mêmes ont permis à M. Labrouche de déterminer le tracé de cette route du plateau de Lannemezan jusqu'en Espagne. Par l'Aquitaine, elle mettait le nord et le centre de la Gaule en relations avec l'Espagne. Utilisée pendant la conquête romaine, elle servit de grande voie aux lieutenants de César pour soumettre les populations remuantes du Midi. Délaissée après la conquête, elle resta chemin de voiture, d'accès de plus en plus difficile, durant tout le moyen âge et jusqu'au début du XVIIe siècle. Aujourd'hui elle n'est plus qu'un des très nombreux chemins muletiers qui traversent la chaîne des Pyrénées dans sa partie centrale. — M. CLERMONT-GANNEAU communique le résultat de ses recherches sur la patrie du prophète Elie. — M. Oppert présente à l'Académie la reproduction chromolithographique du manuscrit de la bibliothèque du Vatican portant le numéro 3373. C'est un rituel mexicain, en langue nahua, complet et encore revêtu de sa reliure originale. Le fac-similé, exécuté aux frais du duc de Loubat, reproduit l'original jusque dans ses moindres détails matériels, par exemple, ceux de la reliure, avec une parfaite exactitude. En même temps, M. Oppert présente trois brochures : une étude historique, en italien, du R. P. Ehrle, préfet de la Bibliothèque Vaticane, établissant que la première mention de ce manuscrit est dans l'inventaire des Rainaldi 1596, mais qu'il était au Vatican avant cette date, y étant sans doute entré pendant la direction du cardinal Amulio, probablement en 1566; deux brochures, en français et en espagnol, de M. F. del Paso y Troncoso, conservateur du Musée de Mexico, établissant que, dans la reproduction exécutée par Aglio, vers 1840, pour le grand ouvrage de lord Kingsborough, l'ordre des pages a été complètement bouleversé. La brochure espagnole se termine par une concordance des planches de la publication anglaise avec les feuillets du manuscrit original.

Séance du 9 octobre. — M. Müntz fait une communication sur la légende de Virgile, légende si populaire au moyen âge. Virgile, épris de la fille de l'empereur de Rome, est monté dans un panier où, à l'aide d'une corde manœuvrant sur une poulie, il doit être hissé jusqu'à une fenêtre du palais par la princesse elle-même. Mais celle-ci, quand le panier est à mi-chemin, noue la corde, laissant le poète exposé à la risée publique. M. Müntz recherche les représentations dans les arts de cette légende dont M. Comparetti a déjà étudié le développement dans la littérature. Les artistes la représentent sous toutes les formes et sur les monuments les plus variés, souvent en regard de la légende plus ancienne d'Aristote servant de monture à Compaspe. M. Müntz fait circuler les dessins d'un certain nombre de ces monuments. On a négligé de faire remarquer que cette légende a été intercalée dans les *Triomphes* de Pétrarque, qui, cependant, avait lui-même tourné ces fables en ridicule et fait figurer Virgile non parmi les vaincus mais parmi les chantres de l'Amour. Le duc de Rivoli avait déjà signalé ce fait que, en Toscane, les légendes d'Aristote et de Virgile étaient presque toujours associées aux représentations du triomphe de l'amour. — M. Oppert, corroborant son ancienne opinion, la seule compatible avec la chronologie biblique et confirmée par de nouvelles découvertes, établit les dates des éponymes annuels de Ninive. Il en conclut que l'assassinat de Sennachérib par ses fils doit être fixé à la date du 22 janvier (tebeth) 680 avant J.-C. et que l'abdication de son successeur, Assar-Hadon, eut lieu au mois de mai 668 avant J.-C. — M. Meyer lit un travail de feu M. Hauréau sur *quelques docteurs en théologie signataires d'une supplique à Philippe le Bel.*

Séance du 16 octobre. — M. Homolle rend compte des travaux de l'Ecole française d'Athènes pendant l'année qui vient de s'écouler. Il communique ensuite une série de photographies des monuments découverts à Delphes et à Délos. Une carte manuscrite, de 1 millimètre par mètre, de l'Ile de Délos, a été dressée par M. Couvert. Celui-ci et M. Ardaillon y inscrivent leurs découvertes et marquent ainsi rigoureusement l'emplacement des monuments. — MM. Delisle, G. Paris, Meyer, Longnon, Gautier et de Lasteyrie sont élus membres de la commission du prix Bordin. MM. Heuzey, Perrot, de Barthélemy, Saglio, Weil et Boissier sont élus membres de la commission du prix du Budget. — M. Clermont-Ganneau étudie l'inscription phénicienne de Larnaka (cypre) signalée à l'Académie par M. Philippe Berger. Le nom de mois diversement interprété jusqu'ici doit se lire *Zebahchichchism* et se traduire : *sacrifice des soixante* (victimes). Dans le système sexagésimal des Sémites, le nombre 60 jouait le même rôle que le nombre 100 dans le système centésimal des Grecs; ce mois est donc à rapprocher du mois *Hécatombaeon* des Grecs, et, de même que ce dernier mois était le premier du calendrier grec, peut-être le *mois des soixante* inaugurait l'année phénicienne dont le point de départ est inconnu. Le nom de la ville cypriote *Lapich* est, dans cette inscription, orthographié non avec un *i* final mais avec une sifflante. Dans ce même texte les *yods* (= *i*) sont marqués d'un point en dessous, comme notre *i*, dont l'yod est l'ancêtre, porte encore aujourd'hui un point, mais au dessus. — M. L. Delisle lit une lettre de l'abbé Urceau sur la découverte, dans la cathédrale d'Angers, en juin dernier, de la tombe d'Ulger, évêque d'Angers en 1125-1149. On a trouvé la crosse, le sceau et l'anneau en or avec inscription.

Séance du 23 octobre. — L'Académie propose des sujets pour les prix *Ordinaire, Bordin* et *Delalande-Guérincau.* — M. Clermont-Ganneau continue son explication de l'inscription de *Larnaca.* Il propose quelques interprétations nouvelles de divers passages. Il fait remarquer que le passage le plus important est celui où Yatanbaal, auteur de la dédicace, parle de sacrifices quotidiens institués par lui, à perpétuité, en l'honneur de Melkarth pour son salut et celui de sa race. Une phrase, parallèle à cette première et non comprise jusqu'ici, fait mention de sacrifices mensuels institués par Yantabaal en l'honneur des Ptolémées ses suzerains. Un des Ptolémées mentionnés semble être Ptolémée VI Philométor, ce qui donnerait la date 171 av. J.-C.

Séance du 30 octobre. — M. Vidal de la Blache fait une étude sur les voies du commerce dans la géographie de Ptolémée. Cet auteur avait consulté des documents d'origine commerciale tels que des rapports de navigateurs qui étaient conservés à Alexandrie, des guides comme le Périple de la mer Erythrée, des itinéraires. La recherche des produits demandés par le commerce et des voies qu'ils suivaient est donc nécessaire pour l'intelligence de Ptolémée. C'est grâce au commerce de l'ivoire que Ptolémée a si bien connu la région des lacs du Nil, et le commerce de la soie lui a permis de se renseigner sur le centre de l'Asie. Une carte représentant l'état économique du monde au IIe siècle après J.-C. vient à l'appui de cette communication. — M. de Vogüé communique : 1° La traduction d'une inscription nabatéenne de Pétra connue seulement par une copie assez défectueuse prise par un voyageur anglais il y a plus de quarante ans. Cette inscription mentionne des fondations pieuses qui étaient inscrites dans un registre spécial mis sous la protection des dieux locaux, Dutara, Moutebah et Harisha. La fondation en question comprend des maisons, des jardins irrigués et entourés de murs. Cette inscription confirme ce que les auteurs anciens, et en particulier Strabon, nous ont appris de la bonne administration des Nabatéens. 2° La traduction d'une inscription syriaque, gravée sur le linteau de la porte d'un baptistère du VIe siècle dans les ruines d'une des nombreuses villes chrétiennes de la Syrie centrale. Ces ruines, situées à une journée d'Alep, portent aujourd'hui le nom de Dehhes. 3° Plusieurs inscriptions grecques relevées dans le Liban par le P. Jullien, missionnaire. Elles renferment des noms propres araméens intéressants pour l'onomastique locale. L'une d'elles est dédiée au dieu Hadaranes par une vierge qui s'était abstenue de pain pendant vingt ans; une autre est dédiée à Jupiter Alexitychœos, c'est-à-dire *qui préserve des accidents*. — M. Maurice Croiset, professeur au Collège de France, lit une étude relative aux *Entretiens d'Épictète* par Arrien. Le recueil d'*Entretiens*, dont nous possédons la moitié, est le seul qui ait transmis aux siècles suivants le souvenir authentique des leçons de son maître; en second lieu, ce même recueil, romanié et paraphrasé, a pris d'assez bonne heure diverses formes et divers titres qui ont créé à son sujet une confusion fâcheuse. — M. Oppert explique un texte où le roi de Babylone, Saosduchin, se déclare très effrayé par une éclipse de lune survenue le 15 sebat et qui lui présage de grandes infortunes. Ce malheureux roi, en effet, assiégé, cinq ans plus tard, par son frère Sardanapale, périt dans un incendie allumé par ses sujets affamés. L'éclipse mentionnée par ce texte est du 18 janvier 653 avant J.-C. On ne saurait admettre la date de 664 proposée par M. Lehmann, qui a eu le tort de prendre pour base de ses calculs le calendrier erroné de M. Mahler, de Vienne.

Henry Thédenat.

L'Éditeur-Propriétaire-Gérant : Albert Fontemoing.

Imprimerie Générale de Châtillon-sur-Seine. — A. Pichat.

BULLETIN CRITIQUE

---

146. — **Une profession de foi rationnelle**, par L. Beaugrand, président de chambre honoraire près la cour d'appel de Poitiers. Paris, Perrin et C¹ᵉ, in-19, 290 p.

147. — **La Réaction contre le positivisme**, par l'abbé P. de Broglie. Paris, Plon et Nourrit. In-16, 300 p.

Les deux ouvrages dont nous venons de rapprocher les titres tendent à une même fin générale : arracher aux doctrines qui nient les vérités d'ordre suprasensible les esprits qu'elles ont pu séduire ; ramener ceux-ci d'abord à la philosophie qui établit de telles vérités, puis à la religion qui les confirme, les précise et les complète ; prouver la divinité du christianisme. Mais là s'arrête la communauté de vues de leurs auteurs. M. L. Beaugrand ne conduit ses lecteurs qu'à un christianisme arbitrairement éclectique et mutilé. Il est superflu de dire ici que celui dont M. de Broglie s'est constitué le défenseur est le christianisme intégral, en un mot, le catholicisme.

I. C'est pour lui-même principalement que M. Beaugrand a entrepris d'écrire sa profession de foi. Il a voulu examiner de près ses croyances, éprouver leur fondement à l'aide d'une raison impartiale, éclairée et sincère, garantir leur durée contre les atteintes que risqueraient de leur faire subir l'affaiblissement toujours possible et, par suite, toujours redoutable d'une intelligence vieillissante. Mais comme la vérité est un bien universel et communicable ; comme quiconque en connaît le prix et croit la posséder, brûle du zèle de la répandre, il convie ses semblables à partager avec lui les fruits de ses méditations personnelles. Quel est donc be credo de M. Beaugrand ? Il renferme en premier lieu cet ensemle de doctrines que l'on a nommé la religion naturelle. M. Beaugrand croit donc à l'existence d'un Etre parfait, existant par soi, infiniment sage, bon, puissant, créateur de toutes choses. Il croit qu'entre les œuvres de Dieu, l'homme est revêtu d'une dignité particulière, parce qu'il a une âme faite à l'image de son auteur, active, pensante, douée d'une volonté libre et appelée à des destinées immortelles. Il croit que par nature l'âme humaine est sous la dépendance de la loi absolue du devoir, que cette loi nous commande de réprimer les tendances inférieures de notre nature, de dompter nos passions, et que la sanction de l'impératif moral consiste en des peines ou des récompenses éternelles lesquelles se résument en la possession ou la privation définitive de Dieu lui-même. Il croit que notre cœur porte en soi le sentiment religieux et qu'une inclination innée nous pousse à rendre à Dieu le culte auquel il a droit. Ce culte revêt des formes multiples. C'est le culte de l'adoration, de l'amour et de la reconnaissance ; c'est le culte de la prière qui fortifie notre libre arbitre, nous console dans nos afflictions, nous fortifie et nous relève après nos chutes ; c'est enfin le culte extérieur et public dont les pratiques, rites et cérémonies, divers suivant les religions positives, doivent rester libres attendu qu'ils sont les expressions de la conscience.

Longtemps M. Beaugrand s'en est tenu à ces croyances purement philosophiques. Mais un jour vint où il se convainquit que très petit est le nombre des intelligences suffisamment cultivées pour se rendre compte, par la seule force de la raison, du fondement essentiel de la vie et du but final vers lequel l'homme gravite. Il en conclut la nécessité d'une religion positive. C'est alors qu'il étudia le christianisme en vue de résoudre cette question : Peut-on raisonnablement accepter l'enseignement de Jésus-Christ ? Sa réponse fut affirmative et de philosophique son credo devint chrétien. Mais M. Beaugrand veut un christianisme raisonnable, et le christianisme n'est tel, à son avis, qu'à la condition d'être débarrassé des éléments étrangers, contradictoires, absurdes qu'ont introduits en lui, d'une part la superstition et la crédulité populaire, de l'autre *le despotisme moral des papes et des conciles*. Voici à quoi se réduit ce christianisme véritable selon M. Beaugrand. Il repose sur trois bases essentielles. 1° Le fait de la déchéance originelle et héréditaire de la nature humaine par la faute du premier homme, déchéance qui fut suivie de la promesse d'un Rédempteur ; 2° le mystère de la trinité dans l'unité divine ; 3° le mystère de l'incarnation du Verbe en la personne de J.-C., le rédempteur annoncé et de notre rachat par la vertu du sacrifice de ce sauveur. Ces vérités nous sont attestées par la Bible et par les Evangiles, écrits dont l'authenticité est prouvée. Dieu nous les a fait connaître au moyen d'une révélation spéciale ; mais si elles dépassent la raison, elles ne lui sont pas contraires. Pour les admettre celle-ci n'est nullement contrainte de se renier elle-même.

A l'origine en effet — c'est-à-dire, il y a sept ou huit mille ans au plus, comme le raconte le récit de la Genèse confirmé par les affirmations de la géologie et les suppositions qu'autorisent les plus anciens vestiges laissés sur le globe par notre race — le couple d'où l'humanité allait sortir fut créé par Dieu. Il le fut sans doute à l'état adulte et parfait, car le tout-puissant ouvrier a dû mettre dans cette création privilégiée la pleine harmonie qu'il avait mise dans le reste de l'univers. Avec la vie et les facultés constitutives de leur nature, nos premiers parents reçurent la notion des vérités éternelles dont leur être moral avait besoin, celle des vérités d'ordre matériel indispensables à leur être physique, le langage et le don d'une langue toute formée. Mais le couple primitif prévariqua. Moïse nous l'enseigne ; Platon et Cicéron l'ont cru, et les plus antiques traditions des peuples le rapportent. Dieu qui est ordre, vérité, sainteté, pouvait, en stricte justice, abandonner les coupables au néant. Mais Dieu est aussi souveraine bonté. Il pouvait admettre l'humanité déchue au bénéfice d'une expiation réparatrice. Toutefois un médiateur devenait nécessaire entre l'homme pécheur et son créateur offensé. Ce médiateur devait être Dieu lui-même. Mû par son amour Dieu trouva dans sa propre essence, qui est la trinité dans l'unité, la victime capable de l'apaiser. Mais est-il bien vrai que l'essence divine soit telle qu'elle vient d'être définie ? N'en doutons pas. L'image de la trinité n'est-elle pas gravée dans notre âme ainsi que nous le montre l'analyse pénétrante à laquelle Bossuet a soumis les puissances de notre esprit?

Dieu donc consentit à envoyer son Verbe au secours de l'humanité. Lui-même, il annonça aux révoltés de l'Eden le futur avénement du Messie. En son nom des prophètes rappelèrent le libérateur à venir au peuple qui avait été choisi pour conserver le dépôt des vérités religieuses et les promesses du salut. C'est ainsi qu'à différentes époques Isaïe, Michée, Jérémie, Ezéchiel, Jacob, Daniel, pour nommer seulement ceux dont les écrits offrent des passages très frappants, firent retentir aux oreilles des Juifs les oracles de la rédemption. Enfin, les temps étant accomplis, le Verbe se fit chair et naquit d'une vierge. Les Evangiles nous instruisent de sa naissance, nous racontent sa vie, ses miracles, sa passion, sa mort, sa résurrection. Ils résument son enseignement dogmatique et moral. Ils nous montrent le fils de Dieu prêchant la religion pure, fondant son sacerdoce, établissant son église. Or nous devons croire aux Evangiles. Ce n'est pas qu'on puisse *avec une entière certitude* attribuer ces écrits aux apôtres dont ils portent les noms. Mais cette attribution a pour elle les plus grandes vraisemblances. Ce n'est pas non plus que le *contenu en soit rigoureusement vrai*. Bien des légendes et des récits de miracles absurdes ou puérils s'y sont glissés, effets et témoins de croyances superstitieuses empruntées par les Juifs aux peuples parmi lesquels ils furent retenus en captivité. Cependant le caractère particulier de la plupart des miracles rapportés dans les Evangiles permet d'en faire accepter la réalité, la divinité de J. C. étant une fois admise. Que sont en effet ces prodiges? Des actes de bienfaisance, par exemple, la guérison du paralytique de Jérusalem, celle de Lazare, etc. Aussi bien, le vrai miracle du Christ, le miracle permanent qui se continue à travers les siècles, c'est l'amour qu'il a su allumer dans les cœurs pour sa personne et qui les a ravis.

En quittant la terre J.-C. a laissé deux grands vestiges de lui-même : l'Eglise et l'Eucharistie. Il faut dire que J.-C. a fondé une église. Certes il n'a pas organisé le culte public qu'il convient de rendre à Dieu. Il n'a pas fixé le cérémonial de ce culte. Mais il a constitué la société des fidèles qui acceptent sa parole, qui croient à sa doctrine et la pratiquent. A cette société il a donné un gouvernement représenté d'abord par les apôtres et leur chef Pierre, ensuite par les successeurs des apôtres et de Pierre, c'est-à-dire par l'épiscopat et la papauté. L'Eglise doit se souvenir sans cesse du sacrifice par lequel J.-C. a payé la dette de l'humanité déchue. C'est pourquoi le Christ lui a légué l'Eucharistie. L'Eucharistie est le *mémorial* de la passion et de la mort de Jésus. Mais en quoi consiste ce mémorial? J.-C. est-il réellement présent dans les espèces eucharistiques par suite d'une transsubstantiation ? C'est ce que tend à nous faire croire l'*interprétation la plus vraisemblable du sacrement de l'amour divin*. Mais peut-être aussi la présence du Christ dans l'eucharistie est-elle une présence simplement figurée et mystique ; ou bien encore le Verbe de Dieu descend-il dans le pain et le vin et s'unit-il à leur substance. De ces trois suppositions le catholicisme a rejeté les deux dernières pour s'attacher à la première. Il a eu tort : *car chacune d'elles peut invoquer en sa faveur des saints et des conciles.* — Par l'église et l'eucharistie J.-C. a constitué le christianisme qui durera autant que l'humanité. Le christianisme est divin : tout prouve en lui un acte spécial de la divinité, et c'est sans raison que le protestantisme libéral a renoncé à soutenir cette vérité manifeste. Du reste, gardons-nous de croire que le christianisme ait dit son dernier mot. Il suivra l'humanité dans ses évolutions futures comme il l'a accompagnée dans les transformations qu'elle a subies depuis que le Verbe son fondateur est retourné dans le sein du Père.

Tels sont les points de philosophie et de religion, auxquels M. L. Beaugrand accorde l'adhésion de sa raison. C'est par des arguments moraux qu'il essaie de les établir. A coup sûr les preuves morales ont un grand poids en pareille matière. Elles sont l'âme des vérités qui intéressent directement la conduite de la vie ; elles jouent un rôle considérable dans l'acceptation ou le rejet de ces vérités par notre volonté. Toutefois elles ne sauraient suffire. Il y a déjà un grave inconvénient à s'en contenter lorsqu'il s'agit de thèses purement philosophiques. A vouloir le faire on est amené à mépriser les objections sérieuses, à laisser sans réponse des difficultés réelles, à affirmer de prétendues évidences parfois assez obscures. Le péril est plus grand encore lorsqu'on a affaire aux dogmes précis d'une religion positive comme le christianisme. Le christianisme est et se donne pour un fait historique. Il convient de le traiter comme tel et de l'étudier conformément aux exigences et avec la méthode de l'Histoire. Or la méthode historique conduit-elle aux résultats que M. Beaugrand a trouvés ? Il faut avouer que si le Christ est le fils de Dieu comme le confesse M. Beaugrand, il a dû fonder une religion moins inconsistante, indécise et vague que celle dont nous venons de retracer les traits d'après l'auteur d'*Une profession de Foi rationnelle*. Mais pour quels motifs M. Beaugrand choisit-il certains articles dans le credo catholique tandis qu'il repousse les autres? Il serait difficile de le dire : M. Beaugrand affirme ou nie souvent; il discute rarement. Son ouvrage est entièrement dépourvu de critique. Il témoigne d'une connaissance de l'histoire plus que médiocre. Ajoutons que la passion s'y fait trop souvent sentir. Quiconque prendra la peine de lire l'appendice qui le termine se demandera où est l'impartialité que M. Beaugrand nous avait promise. Le beau factum que voilà ! Sous prétexte de résumer l'histoire de l'Eglise catholique on nous expose tous les griefs que l'on croit avoir contre elle : rien n'y manque : l'orgueil de la papauté, ses crimes, ses exactions, *l'absurdité monstrueuse* de l'infaillibilité que le pape s'attribue, les bûchers de l'Inquisition, les dragonnades, l'ignominie du célibat ecclésiastique ! etc., etc., etc. Mais que devient la profession de foi *rationnelle* ?

II. La raison, la logique la plus rigoureuse règlent l'argumentation par laquelle M. l'abbé P. de Broglie s'efforce d'indiquer de quelle façon il importe de diriger la *Réaction contre le Positivisme*.

Et cependant, c'est une généreuse passion, la passion des âmes, qui anime l'argumentateur. On peut dire du dernier livre écrit par M. de Broglie qu'il a été l'acte suprême de charité intellectuelle fait par ce noble prêtre, qui pratiqua toutes les formes de la charité envers le prochain et trouva une mort tragique dans l'exercice de l'une des plus ingrates d'entre elles. Un grand nombre d'esprits qui allaient jusqu'à nier la lumière intelligible se prennent à la réclamer: M. de Broglie voulut leur en montrer la source.

Il n'y a plus à le contester, en effet : le positivisme est en train de mourir. « L'empire exclusif que la science semblait exercer sur l'esprit de la plupart de nos contemporains est maintenant profondément ébranlé... Notre génération commence à s'apercevoir que ce serait peu de chose de dominer le monde extérieur si, ne sachant d'où elle vient ni où elle va, elle se trouvait impuissante à se gouverner elle-même. M. de Broglie aurait pu revendiquer, à juste titre, une grande part de l'honneur d'avoir contribué à ce discrédit dans lequel tombe chaque jour davantage la doctrine de Comte. Ceux qu'intéressent les choses de la pensée ont certainement lu les deux gros volumes consacrés par lui à la réfutation de ce singulier système qui, prétendant s'appuyer sur les données de l'expérience, en arrive à détruire toute philosophie. Dans la *Réac-*

tion contre le Positivisme, il ne s'agit pas de discuter des théories déjà réfutées, mais de guider les esprits qu'elles retiennent encore sans les satisfaire vers le spiritualisme complet et concret du symbole catholique qui seul est capable de les contenter. Faire voir « comment, par quelle route, à quelles conditions, on peut remonter du positivisme au christianisme, du pôle négatif au pôle positif de la pensée ; tracer à la réaction actuelle l'unique voie qu'elle doive suivre ; lui montrer le terme où elle doit aboutir, si elle ne veut pas être un effort impuissant et stérile, tel est le but précis de cet ouvrage qui est un ouvrage de tactique. Nul plus que l'abbé de Broglie n'était à même de le poursuivre. L'ardeur de son prosélytisme, sa compétence en matière scientifique et philosophique, l'intelligence qu'il avait des doctrines contemporaines et des causes de leur succès, la dialectique souple et ingénieuse qu'il mettait au service d'une vaste érudition, le charme et l'éclat qu'il savait parfois donner à son style, bref, son zèle, sa science et son talent en faisaient un des maîtres de l'apologétique chrétienne. Tous ces mérites se retrouvent dans la *Réaction contre le Positivisme*. La lecture de ce bon livre ne cause qu'un regret : c'est que l'auteur en ait précipité la rédaction. Mais si la forme de l'ouvrage est un peu négligée, on conviendra que le fond en est excellent. Plus d'un esprit sincère, nous aimons à le croire, se sera laissé persuader et convaincre par la logique lumineuse et bienveillante de M. l'abbé de Broglie.

Résumons à grands traits la stratégie de cet ardent ami de la philosophie et de la religion. Après avoir rappelé l'insuffisance du positivisme, son étroitesse, son impuissance à donner satisfaction aux légitimes aspirations de notre cœur, avide de parfait bonheur et d'amour complet, à celle de notre intelligence, curieuse de la vérité absolue, son insuccès dans sa tentative d'explication de la conscience morale et du devoir, il cherche à reconnaître les obstacles que la réaction contre un système aussi pauvre aura à vaincre. Ces obstacles se réduisent à deux thèses qui se formulent ainsi : « L'homme n'a pas besoin d'un au-delà. » « L'homme ne saurait connaître l'au-delà. » La nature, qui ne souffre pas qu'on la détruise, réfute d'elle-même la première ; c'est la seconde qu'il s'agit d'attaquer et d'anéantir. Sa force apparente vient de ce qu'elle repose sur un préjugé universel. Ceux qui la soutiennent invoquent en effet en sa faveur des arguments tirés des contradictions qui se remarquent entre les diverses religions et les diverses philosophies. En face d'un tel obstacle, deux tactiques sont possibles. On peut essayer de le tourner ou de le renverser. Les chefs du mouvement néo-chrétien ont préféré essayer de le tourner. Ils célèbrent le christianisme, mais lui refusent la possession de la vérité exclusive ; quant à la philosophie, ils la dédaignent. Dès lors, à quel résultat aboutissent-ils ? Ils voudraient sortir de la prison du monde visible, mais ils y restent, ne connaissant pas d'issue pour en sortir. Ils ne ressemblent pas mal à ces chanteurs qui, sur le théâtre, chantent en chœur : marchons, marchons, et demeurent toujours sur la scène ! Puisque ces soi-disant médecins de l'humanité n'apportent aucun remède, celle-ci cherchera quelque autre guérisseur. Hélas ! la voilà qui se jette dans la superstition ! On sait quel succès obtiennent le spiritisme et l'occultisme. Or, ces doctrines ne sont pas seulement fausses ; elles sont, de plus, dangereuses, car elles favorisent les passions, elles conduisent au fanatisme et sont contraires à la science dont pourtant elles se réclament. N'est-il pas à craindre que le découragement ne succède aux folles espérances d'une réaction mal dirigée ? Or, le découragement mène à la brutalité de l'égoïsme, au dilettantisme, au pessimisme théorique et pratique et au désespoir. Aussi importe-t-il que ceux qui se chargent de lutter contre le positivisme sachent montrer la région d'où viendront aux âmes en détresse les consolations qu'elles appellent.

Il ne faut donc pas tenter de tourner l'obstacle qui a été signalé. C'est à le détruire que l'on doit s'employer. M. l'abbé de Broglie nous donne l'exemple. Il engage, pour ainsi parler, une lutte corps à corps avec la thèse de l'agnosticisme. Il y déploie toutes les ressources de sa philosophie et de sa science. En vain oppose-t-on l'immutabilité des résultats auxquels les sciences physiques et historiques sont parvenues à la diversité perpétuelle et aux contradictions de la religion et de la philosophie. Une telle différence dans les résultats devait fatalement découler de la différence qu'il y a dans la nature des vérités établies par les unes et les autres. Les premières ont une certitude incontestée et universellement admise ; les secondes ont une certitude contestée et militante. Elle tient aussi aux passions que contiennent les vérités d'ordre moral et religieux.

Comment donc l'esprit pourra-t-il s'assurer de ces dernières ? Par la méthode d'autorité ou celle du libre examen ? Par les deux à la fois. Un examen impartial permet de prouver la transcendance et, par suite, la divinité du christianisme. Le christianisme, sa doctrine, l'Église et son histoire, sont des faits qui doivent avoir une cause proportionnée à ce qu'ils sont comme effets. Cette cause ne saurait être que l'intervention de Dieu lui-même. Mais la philosophie doit venir en aide au sceptique qui doute de l'existence de Dieu. Or, la philosophie est capable de prouver cette existence : Un Dieu seul peut rendre compte des lois du monde physique, de la finalité qui éclate dans la nature, du mouvement qui n'est pas inhérent, mais communiqué à la matière, du progrès dont le monde matériel est le théâtre. Elle détermine l'essence métaphysique et morale de la cause première et sa transcendance par rapport à l'univers.

Ce Dieu qui explique l'univers explique aussi la loi morale que compromettent les formes multiples de la doctrine de l'intérêt. La notion de cet Etre souverain résout une foule de problèmes relatifs aux origines. Mais les desseins du Créateur restent impénétrables à notre faible intelligence. La raison est, en conséquence, tentée d'abandonner le Dieu qu'elle a trouvé. Pour qu'elle continue à le confesser, il lui faut un secours. C'est la religion qui le lui apporte. Le christianisme et la philosophie ont besoin de s'unir. Le christianisme maintient la règle des mœurs dont l'expérience échoue à rendre compte. Il est la révélation du surnaturel, une communication bienveillante à nous adressée par un être parfait, et, à ce titre, souverainement véridique. Il remplace le théisme, lequel manque de précision et qui ne saurait être étudié par le commun des hommes, faute de temps, de capacité, de méthode, de courage. Mais le christianisme, on l'a déjà dit, est un fait. Il convient de le traiter comme un fait. Pas de préjugés a priori. On croira à Dieu et au miracle, au lieu de rejeter Dieu pour rejeter le miracle. Allons jusqu'au bout. Le christianisme doit être intégral, logique, dès lors il est le catholicisme. Et le catholicisme sauvera la société moderne. On a dit qu'il s'oppose aux idées, aux conquêtes de cette société. C'est une erreur et une calomnie. Le catholicisme accepte le bien et se borne à réparer le mal.

En définitive, la réaction contre le positivisme n'aboutira pas si elle ne va jusqu'au catholicisme. Cette restauration de la vraie religion est déjà commencée. M. l'abbé de Broglie en salue le succès auquel collaborent tous les esprits réellement positifs.

Eugène BEURLIER.

---

148. — **Monuments Grecs relatifs à Achille,** par F. RAVAISSON. (Extraits des Mémoires de l'Académie des Inscriptions et belles Lettres, t. XXXIV, 2ᵉ partie) in-4° Paris. C. Klincksieck.

« On a souvent expliqué par les poèmes homériques, dit M. Ravaisson, des monuments figurés où sont empreintes des idées et des traditions différentes de celles dont ces poèmes sont inspirés et qui, en effet, remontent à d'autres sources mythologiques et poétiques. » Le mémoire que nous signalons ici a pour but de rectifier l'interprétation donnée à des monuments ainsi mal compris. Le premier est un cratère d'Euphronios qui est au Musée du Louvre. Deux scènes y sont représentées : dans la première, Panofka et Gerhard avaient cru reconnaître l'entrevue d'Ulysse et de Pénélope décrite dans l'Odyssée. Plus tard Panofka changea d'idée et interpréta la scène comme représentant la colère d'Achille retiré sous sa tente après l'enlèvement de Briséis, MM. Brunn et Karl Robert adoptèrent cette explication. Pour M. Ravaisson, le sujet est tout autre. Il y voit Ulysse présentant des armes à Achille caché sous des habits de femme auprès de Déidamie, fille de Lycomède. Deux vases de Berlin reproduisent le même sujet mais sous forme de caricatures.

Dans le second tableau MM. Brunn et Robert avaient cru retrouver un épisode de l'Iliade : Le sommeil et la Mort transportant le corps de Sarpédon en Lycie, sur l'ordre de Zeus. Pour M. Ravaisson le héros mort est Achille devenu dieu.

De cette scène d'apothéose M. Ravaisson rapproche deux bas-reliefs bien connus. L'un d'eux est celui dont un exemplaire existe au musée du Louvre, avec une inscription en caractères latins qui date très probablement de la Renaissance : ZETVS ANTIOPA AMPHION. L'exemplaire du musée de Naples porte en grec ΕΡΜΗΣ ΕΥΡΙΔΙΚΗ ΟΡΦΕΥΣ. Quoique cette dernière inscription soit plus récente que la sculpture, Zoega a pensé qu'elle en donnait le véritable sens et que le bas-relief représentait Hermès venant reprendre

Eurydice à Orphée parce que celui-ci n'a pas observé la condition que les dieux lui avaient imposée. Pour M. Ravaisson, c'est encore un épisode de la légende d'Achille qu'il faut ici reconnaître : Hermès amène au héros dans l'île de Leucé la compagne que lui envoient les dieux.

Le second bas-relief est celui où Visconti avait vu une visite de Bacchus au roi Icarius père d'Erigone, et dont l'exemplaire du Musée du Louvre est ainsi décrit dans le catalogue : « Offrande à Bacchus, sous la forme d'un banquet funèbre. » Au dire de M. Ravaisson, c'est un autre épisode du séjour d'Achille à Leucé. D'après la légende, les dieux vinrent l'y visiter. Nous avons ici la visite de Bacchus, accompagné de son cortège ordinaire. Si l'on trouve sur les sépultures de nombreuses reproductions de cette scène, la cause en est qu'on voulait assimiler au grand héros de l'Iliade les personnages que ces tombeaux renfermaient. Le mémoire est accompagné de quatre planches représentant les monuments ainsi interprétés. B.

---

149. — **Genua und die Mœchte am Mittelmeer**, 1257-1311, par Georg Caro. Tome I, Halle, Niemeyer, 1895, un vol. in-8° de xiv-414 pages.

M. Caro se propose de raconter l'histoire de Gênes de 1257 à 1311. Ce sont deux dates importantes dans l'histoire génoise; en 1257, les classes inférieures, tenues jusqu'alors à l'écart par l'aristocratie des riches propriétaires et armateurs, se saisissent pour la première fois d'une part dans le gouvernement, en se constituant en *peuple*, au sens technique du mot, et en se donnant un capitaine, Guillaume Buccanegra. En 1311, la ville, lasse de discordes, abdique son indépendance entre les mains de Henri VII. Cette même période est remplie au dehors par des guerres presque continuelles contre Venise, contre Pise, contre Charles d'Anjou; elle est marquée par de grands événements auxquels Gênes prend parfois sa part, ou dont elle subit le contre-coup : chute de l'Empire latin de Constantinople, établissement de la dynastie angevine dans le midi de l'Italie, Vêpres Siciliennes, dernières croisades et fin de la domination chrétienne en Palestine. Aussi, bien que

M. Caro semble s'excuser, dans sa préface, d'avoir choisi un sujet aussi spécial, faut-il lui savoir gré de ne pas s'être arrêté aux objections qu'il s'est faites. Rien de plus instructif que d'étudier l'histoire du Moyen-Age en s'identifiant successivement aux divers acteurs qui y jouent un rôle; en une matière aussi compliquée, le seul changement de point de vue suffit souvent pour renouveler un sujet, et Gênes est assurément, par son importance propre et ses multiples relations, admirablement placée pour servir de centre d'observations, sans parler de l'intérêt que présente l'évolution de ses formes constitutionnelles.

M. Caro a partagé son sujet en deux volumes. Le premier, le seul paru, s'arrête en 1281, à la veille des Vêpres Siciliennes. Je vais essayer d'en résumer les principales idées et conclusions, sans toujours m'astreindre à suivre l'ordre presque rigoureusement chronologique adopté par l'auteur dans son exposition.

Commençons par l'histoire constitutionnelle; c'est là peut-être que M. Caro s'est montré le plus neuf. Il fait voir avec raison que la révolution génoise de 1257 n'est qu'un cas particulier d'un mouvement qui vers cette époque, et dans la plupart des villes italiennes, entraîne les classes populaires à se donner une organisation et à réclamer des garanties. Partout les choses se passent de même; sous le nom de *peuple*, la classe inférieure constitue une corporation nouvelle, distincte de la *commune* et comprise dans la commune, dirigée par un *capitaine du peuple*. A Gênes, le premier capitaine, Guillaume Buccanegra, entouré d'un conseil de trente-deux *anziani*, assisté de fonctionnaires subalternes, pourvu d'une garde, reçoit pour dix ans les pouvoirs les plus étendus, et même le droit de modifier, d'accord avec les anziani, les statuts de la commune. Le podestat en fonctions lors de la révolution, Alberto de Malavolti, se retira, n'acceptant pas sa situation diminuée; ce furent le capitaine et les anciens qui lui donnèrent un successeur. Ainsi se manifestait la prépondérance des institutions nouvelles sur les anciennes qui continuent à subsister : la podestatie et le conseil.

M. Caro analyse avec beaucoup de finesse le fonctionnement du nouveau régime. Si Buccanegra eût été fidèle à son mandat, il aurait, semble-t-il, cherché à organiser le peuple dont il était le chef et à lui assurer une part fixe dans le gouvernement, par exemple en développant les corporations de métiers et en attribuant à leurs représentants des sièges au conseil de la commune. Au contraire, faussant la constitution, il se montra uniquement préoccupé de se faire chef de l'état tout entier ; il transforma en fait le conseil du peuple, les anciens, en une sorte de second conseil de la commune ; et comme on ne pouvait gouverner Gênes sans faire appel aux talents et à l'influence des nobles, il fut amené à faire place aux nobles, en nombre de plus en plus grand, dans le conseil des anciens. Le peuple n'avait donc gagné à la révolution que d'être l'instrument dont Buccanegra se servait pour constituer à son profit une sorte de *tyrannie*. La déception des classes inférieures, non moins que le mécontentement de l'aristocratie, lésée par certaines mesures économiques de Buccanegra, expliquent la facilité avec laquelle, en 1262, une émeute renversa le capitaine.

L'ancienne constitution fut rétablie. Mais M. Caro fait voir qu'elle était faussée dans son esprit. En réalité, le gouvernement de 1262 à 1270 est un gouvernement de combat. L'aristocratie lutte pour conserver ses positions reconquises. Désormais le choix du podestat est entouré de précautions nouvelles ; ce magistrat, à son entrée en charge, doit jurer de s'opposer à la reconstitution du *peuple* ; il est l'objet d'une surveillance plus jalouse ; le grand conseil, réuni plus souvent, vérifie avec plus de soin, par une commission spéciale, la rédaction et l'exécution de ses décrets ; en même temps que les huit *nobili* qui, avant 1257, ne dirigeaient que l'administration financière, tendent à devenir pour le podestat un conseil intime et permanent.

Ce régime était néanmoins précaire à cause des discordes de la noblesse. Les tentatives avortées de Simon Grillo et d'Oberto Spinola permettaient d'en prévoir la chute. En 1270, les familles gibelines des Spinola et des Doria s'entendirent pour une révolution ; et le 28 octobre, après une émeute heureuse, Oberto Spinola et Oberto Doria furent proclamés, avec des pouvoirs absolus, capitaines non plus du peuple, mais *de la commune et du peuple* de Gênes. Cette fois donc c'est officiellement que la direction de l'état tout entier leur était confiée. Ils étaient assistés d'un conseil *d'anciens de la commune et du peuple*, qui (parfois grossi par l'adjonction d'un nombre variable de prud'hommes) supplanta pour les affaires importantes l'ancien conseil de la commune (devenu le *grand con-*

seil) sans cependant le faire disparaître. La charge de podestat pouvait sembler inutile; de fait elle fut supprimée durant plusieurs années; et si on la rétablit, en 1274, ce fut dans des conditions différentes. Le podestat reste en théorie le premier personnage de la ville; en réalité il est subordonné aux deux capitaines. Une sorte de partage d'attributions s'établit entre eux, le podestat restant confiné dans les fonctions judiciaires; et s'il figure encore parfois dans les actes de gouvernement, ce n'est plus que pour la forme. -- Quant au peuple, dit encore *felix societas beatorum apostolorum Simonis et Jude* (la révolution avait eu lieu le jour de la fête de ces deux apôtres), il reçut en 1270 son organisation propre; il avait à sa tête un abbé (*abbas conestabulorum populi Janue*), chef surtout militaire. Toutefois, en tant que corporation, le peuple n'intervient guère dans le gouvernement; si les documents parlent d'actes émanés de la commune et du peuple de Gênes, cela veut dire seulement que des hommes du peuple font partie du conseil des anciens et du grand conseil.

Tel est ce régime, qui valut à Gênes quelques années de brillante prospérité, et que M. Caro a raison de regarder comme un des plus remarquables de cette époque où presque partout, en Italie, la liberté municipale fait place à la seigneurie. Ici ce sont les chefs de deux familles qui simultanément sont placés à la tête de la cité.

Quant à l'histoire extérieure de Gênes, durant la même période, elle est souvent indépendante des transformations intérieures. C'est que, sous quelque régime que vécût Gênes, des intérêts permanents, commerciaux et coloniaux, dominaient impérieusement ses relations avec l'étranger. Ainsi, depuis 1256, Génois et Pisans combattaient en Sardaigne pour la possession de Cagliari; la révolution de 1257 n'interrompit pas cet épisode de la lutte traditionnelle des deux cités, et la guerre continua, désastreuse pour Gênes. A partir de 1257 s'y ajoute, en Syrie, une guerre entre Gênes et Venise; là encore Gênes eut le dessous. Le pape intervint et après de longues négociations amena les parties à accepter son arbitrage; mais la nouvelle de cet arrangement n'empêcha pas les Pisans d'achever de ruiner la domination génoise en Sardaigne, et arriva en Syrie quand déjà les Vénitiens avaient chassé les Génois de Saint-Jean d'Acre. Sur un point du moins la diplomatie génoise avait été heureuse. Gênes conclut en 1257 avec Manfred une convention qui lui assurait de grands avantages commerciaux ; les deux contractants se promettaient réciproquement la neutralité. Comme M. Caro le remarque très justement, il ne faut pas conclure de ce traité que Gênes adhérât au parti gibelin. Bien que peut-être la faction gibeline de l'aristocratie n'ait pas été tout à fait étrangère à l'élévation de Buccanegra, Gênes restait guelfe. C'est seulement une preuve que les deux grands partis guelfe et gibelin étaient beaucoup moins étroitement qu'on ne le croit parfois inféodés l'un à l'Eglise, l'autre aux Hohenstauffen.

Il n'en était plus tout à fait de même quand Manfred et Gênes renouvelèrent leur alliance en 1261 ; car à ce moment Manfred s'était compromis sans retour avec le parti gibelin, et combattait en Toscane l'ancienne alliée de Gênes, Lucques. Ce qui détermina l'évolution gibeline de Gênes, ce sont les nécessités de sa guerre avec Venise, qui recommençait. Les efforts du pape n'ayant pu aboutir à une paix durable, Gênes conclut avec Paléologue le fameux traité qui précéda de près la chute de l'empire latin de Constantinople. Elle se vengeait par là de sa rivale et la supplantait dans la position privilégiée qu'elle occupait en Orient depuis la quatrième croisade. Et cette politique, pour blâmable qu'elle fût à d'autres égards, répondait si bien aux intérêts de Gênes, qu'inaugurée un peu avant la chute de Buccanegra, elle fut après lui continuée sans modifications.

La prise de Constantinople, attirant de force vers l'Orient l'attention du Saint-Siège jusqu'alors absorbée surtout par les affaires italiennes, est le point de départ de longues négociations que M. Caro expose avec clarté. Peut-être pourrait-on serrer la question d'un peu plus près. Je crois, et j'espère avoir bientôt l'occasion de montrer en détail, que le projet de réconciliation entre Urbain IV et Manfred, ce dernier se chargeant d'agir contre Paléologue ; ce projet tellement encouragé par l'empereur Baudoin, par Venise, par saint Louis, par tous ceux qui avaient à cœur les intérêts de l'Orient chrétien, fut poussé plus loin que ne le dit M. Caro. Le pape, en tous cas (quelles qu'aient pu être en cela sa sincérité ou ses illusions), n'épargna rien pour que l'opinion publique le prît très au sérieux. Aussi, en même temps qu'il négociait avec Manfred, adoptait-il une attitude très nette vis-à-vis de Paléologue, contre lequel il faisait prêcher la croisade; de Gênes, déjà frappée de l'interdit et sommée sous les peines les plus graves de rompre son alliance avec les Grecs. Qu'Urbain IV, au lieu d'exécuter ces menaces, ait usé envers Gênes d'une extrême longanimité, ne renouvelant guère ses sommations que pour la forme, c'est ce qu'explique l'échec des pourparlers avec Manfred. Dès que saint Louis, qu'il s'agissait de conquérir à l'idée de l'expédition sicilienne, fut bien convaincu de l'impossibilité de s'entendre avec Manfred, dès que d'autre part Urbain IV eut en mains, avec la preuve de rapports intimes entre Baudoin et Manfred, un sujet de plainte contre l'empereur détrôné, on vit le pape presque simultanément entamer enfin sérieusement les négociations avec Charles d'Anjou et se rapprocher de Paléologue. Ce rapprochement, auquel M. Caro n'attache peut-être pas toute l'importance qu'il mérite, me paraît rendre compte pour une bonne part de la décision par laquelle, à la fin de 1263, Paléologue renvoya les galères génoises, dont il n'avait plus besoin, étant tranquille du côté de l'Occident.

Gênes, ménagée par le pape, avait donc ses coudées franches en Orient. Elle en profita pour continuer avec acharnement sa guerre contre Venise, que ne purent suspendre ni le traité conclu en 1265 entre Venise et Paléologue, ni les instances du pape et de S. Louis. M. Caro raconte, avec trop de détails peut-être, les monotones épisodes de cette lutte de corsaires, où aucun des deux partis ne parvenait ni même ne cherchait à porter à l'autre des coups décisifs. Absorbée par les affaires d'Orient, engagée d'ailleurs avec Manfred, incertaine aussi sur les résultats de l'expédition, Gênes fit une réponse évasive à Charles d'Anjou qui lui demandait son appui. La bataille de Bénévent la surprit; elle avait manqué l'occasion d'acquérir des droits à la reconnaissance du vainqueur. Elle la manqua une seconde fois, lors de l'expédition de Conradin; le conseil, tiraillé en sens contraires, ne pouvant parvenir à prendre parti.

Après Tagliacozzo, il fallut bien céder à l'influence française, devenue prépondérante. Coup sur coup Gênes traite avec Charles d'Anjou, promettant de ne prendre pour podestat qu'un ami du roi et de l'Eglise; fournit à saint Louis des vaisseaux pour sa croisade; consent enfin à une trêve avec Venise.

Mais l'alliance avec Charles d'Anjou dura peu. Cette fois, la ligne de conduite, à l'extérieur, fut modifiée par un changement de gouvernement, à l'intérieur. La révolution de 1270, surtout quand les nouveaux capitaines eurent expulsé les principaux guelfes, était une véritable rupture du pacte de 1269, survenant au moment où Charles d'Anjou, dans l'attente de la fin prochaine de l'interrègne, avait plus d'intérêt que jamais à occuper une forte position dans l'Italie septentrionale. Les guelfes bannis lui offraient la seigneurie de leur patrie ; il les soutint énergiquement. De là sa guerre avec Gênes, dans laquelle il échoua. Le traité qu'il dut conclure en 1276 et qui effaçait celui de 1269 marque le premier recul sensible de sa puissance. Il ouvrait au contraire pour Gênes quelques années de paix, durant lesquelles la ville renoue son alliance avec Paléologue, et développe son commerce avec l'empire grec et dans la mer Noire ; tandis que se préparent les événements qui vont porter un coup terrible à la domination angevine. Le récit de ces événements, M. Caro l'a réservé pour son second volume, que le premier, d'une information remarquablement étendue et précise, est de nature à faire attendre avec impatience. Puisse-t-on bientôt posséder, pour les autres grandes villes italiennes, des monographies aussi solides !

E. Jordan.

CHRONIQUE

95. — M. Emile Picot a réimprimé, avec une introduction et des notes, *Le Pionnier de Seurdre, monologue dramatique récité à Angers en* 1524 (Paris, librairie Techener, 1896, gr. in 8° de 33 p.) Le savant critique, dans son étude sur le monologue dramatique (*Romania*, t. XVI, 1887), avait parlé avec détail du *Franc Archier de Cherré*, pièce récitée à Angers vers la fin de 1523 ou plutôt vers le commencement de 1524, et il avait cité, d'après les manuscrits inédits de Bruneau de Martifume, une seconde pièce qui faisait pendant à la première et qui paraissait perdue, *Le Pionnier de Seurdre*. Il a eu la bonne fortune d'en acquérir un exemplaire à Munich, qui contient à la fois *le Franc Archier et le Pionnier*, réimpression exécutée dans le dernier quart du XVIe siècle et qui prouve la vogue prolongée qu'obtinrent les productions du théâtre angevin. M. Picot donne, d'après cette réimpression, le fac-similé du titre des deux pièces ; il fournit divers détails sur l'imprimeur

Antoine Hernault, sur l'auteur probable, Jehan Daniel, dit maître Mitou, qui se fit connaître à la fois comme musicien et comme joueur de farces. Dans l'établissement du texte, comme dans la rédaction des notes explicatives, il montre une fois de plus les qualités qui lui ont valu une si juste et si grande réputation. T. de L.

96 — La deuxième édition d'*Anne de Russie, reine de France et comtesse de Valois au xi*[e] *siècle* par le vicomte de CAIX DE SAINT-AYMOUR (Paris, Honoré Champion, 1896, très élégant in-8° de 116 p.), a tous les mérites, même le mérite de l'actualité. Ce récit, publié à la veille des inénarrables et inoubliables fêtes de Paris (l'achevé d'imprimer est du 1er octobre), survivra très longtemps à ce charmant épisode de l'histoire de notre splendide capitale. A l'agrément du style s'ajoute, dans le livre de M. de Caix de Saint-Aymour, la saveur à nulle autre pareille de la parfaite vérité. C'est avec raison que l'auteur constate (p. II) que tous les biographes qui ont parlé de la princesse russe ont, à l'envi, commis des erreurs grossières, ajoutant qu'une étude plus approfondie, d'après des documents spéciaux, lui a permis de les rectifier. C'est encore avec raison qu'il espère que la vie de cette reine de France si oubliée, perdue qu'elle était dans ce que, selon une vieille métaphore, on appelle la nuit des âges, n'étant pas dépourvue d'un certain attrait romanesque, lui fera pardonner par les lecteurs frivoles la partie purement documentaire de son travail, laquelle plaira surtout aux lecteurs sérieux. C'est ainsi que *tout le monde* voudra lire le volume où M. de Caix de Saint-Aymar ressuscite celle dont la féconde union précéda de plus de neuf cents ans l'alliance franco-russe actuelle. On s'intéressera d'autant plus à la biographie de cette noble fille du sang de Rurik venant de si loin s'asseoir, à côté d'un de nos rois capétiens, sur le trône de France — le premier des trônes *après celui du Ciel*; — que cette biographie est ornée des figures suivantes : *Anne d'Esclavonie, deuxième espouse de Roy Henri* I (xviie siècle. Jacques de Bie)[1] *Henri* Ier d'après un sceau conservé autrefois à l'abbaye de Saint-Germain-des-Prés sur un titre de l'année 1058 (Jacques de Bie); *Église de l'abbaye Saint-Vincent de Senlis*, d'après une photographie; *Philippe* Ier d'après un sceau de 1082 (J. de Bie); *Fac-similé de la signature autographe en caractères slavons de la reine Anne de Russie, sur une charte de 1063; Fac-similé d'un sceau de Henri* Ier conservé aux Archives nationales; *Fac-similé d'un sceau de Philippe* Ier (*Ibidem*).
T. de L.

1. La ressemblance n'est pas garantie.

97. — La Société d'Histoire contemporaine vient de faire paraître le tome II et dernier des *Lettres de Marie-Antoinette*, publiées par MM. Maxime de la Rocheterie et le marquis de Beaucourt (Paris, Picard, 1896, x-472 pages in-8°). Nous avons déjà eu l'occasion de dire tout le bien qu'il fallait penser de cette édition, la seule tout à la fois complète et critique. L'impression du second volume a été retardée par la difficulté qu'on éprouvait à collectionner aux Archives Impériales de Vienne le texte de trente lettres connues seulement par le recueil suspect de M. Feuillet de Conches. En face d'un refus formel, les éditeurs ont fini par insérer ces lettres à leur ordre chronologique, mais en caractères spéciaux, pour avertir loyalement le public, qu'ils font juge du procédé des archivistes viennois. Le fait est que c'est singulièrement entendre les intérêts de la science historique, le culte de la mémoire de Marie-Antoinette, et ce goût « des lumières » dont la maison de Habsbourg se pare volontiers depuis Joseph II.

L. DE L. DE L.

98. — M. le professeur Finke vient de publier une étude critique sur les tomes IV et V de la *Deutsche Geschichte* de Lamprecht (*Die Kirchenpolitischen und kirchlichen Verhœltnisse zu Ende des Mittelalters nach der Darstellung K. Lamprechts*, forme le quatrième fascicule supplémentaire de la *Rœmische Quartalschrift*). Légèreté, exagérations, généralisations hâtives, abus des expressions à effet, emploi de termes impropres presque toutes les fois qu'il est question d'idées théologiques, ignorance de quelques-uns des résultats les mieux établis de la critique, citations inexactes, partis pris manifestes ; tels sont les principaux chefs d'accusation formulés par M. Finke, qui apporte, il faut l'avouer, de nombreux exemples à l'appui de ses dires. Son travail, tout entier fait de remarques de détail, se prête peu, on le conçoit, à une analyse ou à une discussion. Mais les personnes qui auraient à se servir de l'ouvrage de Lamprecht feront bien de consulter aussi le volumineux errata qu'en a dressé M. Finke.

E. JORDAN.

ACADÉMIE DES INSCRIPTIONS ET BELLES-LETTRES

Séance du 6 novembre. — MM. HÉRON DE VILLEFOSSE et GAUKLER envoient une communication sur des antiquités trouvées à Carthage : 1° Tête de Dioscure imberbe, coiffée du bonnet traditionnel ; à rapprocher d'une autre tête de Dioscure de même provenance, donnée au Musée du Louvre par le commandant Marchant et d'une tête colossale de Dioscure, aussi de provenance carthaginoise et cédée au Louvre par le Musée britannique. 2° Tête d'homme d'un âge mûr, imberbe; sans doute le portrait d'un personnage considérable de Carthage qui vivait au Ier siècle ap. J.-C. 3° Une statue de femme romaine du IIIe siècle ap. J.-C. Le type, la coiffure et le costume peuvent faire penser à Julia Mammaea mère de Sévère Alexandre. La statue portait des attributs aujourd'hui disparus, qui restent à déterminer. — M. Deloche fait une communication sur deux inscriptions gravées sur l'anneau d'or de l'évêque d'Angers, Ulger, communiqué récemment à l'Académie. L'une, gravée sur le pourtour de l'anneau, donne B. E. S. T. A. R. A, mot que, d'après une indication de M. Oppert, M. Deloche regarde comme hébraïque et lit Besitra, c'est-à-dire « *dans le mystère* ». C'est également à l'hébreu qu'il faut demander le sens de l'autre inscription gravée à l'intérieur de la tige de l'anneau : ✢ THEBALGVTCVTTHANI. — M. A. Bertrand lit un mémoire sur *Les druides et le druidisme*, conclusion de son cours du Louvre de l'année dernière sur la religion des Gaulois. Les druides trouvèrent en Gaule de nombreuses superstitions, fortement enracinées, qu'ils furent contraints de respecter. Leur rôle fut de représenter une *institution sociale* d'une nature particulière, un groupement très ancien de certaines forces d'ordre intellectuel et moral, des *oasis* intellectuelles dans la barbarie, quelque chose comme les abbayes d'Irlande aux Ve et VIe siècles ou des grandes lamaseries du Thibet et de la Mongolie. Ce rôle, surtout politique, aurait eu une grande influence sur la vie des Gaulois avant l'invasion des tribus guerrières du groupe Kimro-Belge. — M. Foucart lit une note dans laquelle M. Radet démontre, d'après un passage d'Ammien Marcellin, que Mygdus, en Asie Mineure, ne doit pas être identifié avec Midaeum; c'est une autre localité, correspondant au village turc Mékedjé, et qui se trouvait sur la route de Nicée à Ancyre, au point où cette route atteint le Sangarius.

Henry THÉDENAT.

L'Éditeur-Propriétaire-Gérant : Albert Fontemoing.

Imprimerie Générale de Châtillon-sur-Seine. — A. Pichat.

BULLETIN CRITIQUE

---

150. — Dick May. — **L'enseignement social à Paris,** suivi des programmes détaillés du collège libre des sciences sociales pour l'année 1896-1897 et d'un index des bibliothèques appliquées aux études sociales. — 1896, in-12, Paris. Arthur Rousseau, 14, rue Soufflot.

« Ce petit livre n'a pas d'intérêt en soi, dit l'auteur au début de l'appendice. Il n'est que l'avant-propos d'une série de publications plus importantes. Il n'a voulu que poser quelques dates et résumer l'histoire de l'enseignement social à Paris, au moment précis (octobre 1896) où cet enseignement paraît en mesure de se concentrer et de s'organiser. »

Ne croyez pas l'auteur sur parole : l'histoire et les dates qu'il rapporte sont au contraire pleines d'intérêt. Il écrit au nom d'une société de professeurs éminents qui, l'année dernière, ont fondé le Collège libre de l'enseignement social (8, rue de Tournon). Leur but était de combler une lacune ; ce petit livre tend à prouver que cette lacune existait, mais que maintenant, grâce à Dieu ! elle est comblée.

L'auteur passe en revue les diverses écoles qui, dans ces dernières années, ont donné un enseignement concernant les phénomènes sociaux.

A tout seigneur tout honneur. L'école de le Play défile la première. L'auteur raconte avec charme sa fondation et ses progrès, jusqu'à la scission qui aboutit en 1886 à la constitution de deux écoles juxtaposées, se réclamant toutes deux du même maître : celle de la Réforme sociale et celle de la Science sociale.

Il montre ensuite la genèse du Musée social dont la direction fut confiée à un professeur de la Science sociale, et celle du comité de Défense et de Progrès social qui s'inspira plutôt de l'esprit de la Réforme sociale.

Vient alors une énumération rapide des cours libres professés sur les questions sociales à la faculté de droit, à l'Ecole des sciences morales et politiques, au Conservatoire des arts et métiers, à l'école de la ville de Paris, etc., etc.

Il résulte de cet examen que les sciences sociales ne sont pas l'objet à Paris d'un enseignement suivi, régulier, méthodique (si ce n'est peut-être à l'école de la Science sociale) ; d'où la nécessité de fonder un collège où toutes les doctrines sociales seront exposées par les hommes qui les représentent, et où la jeunesse apprendra à connaître « les droits et les devoirs de l'homme vivant, ou destiné à vivre en société » (p. 1.)

Le collège s'ouvrit l'année dernière à la fin de novembre. L'enseignement comprenait deux sections : celle de méthode, et celle de doctrines. Dans les cours de la première section on exposait la méthode monographique de le Play, la méthode de statistique, celle de démographie.

Les cours de la seconde section faisaient connaître les doctrines sociales d'Auguste Comte, de Karl Marx, de le Play ; la sociologie catholique, l'économie politique et le socialisme théorique étaient aussi librement exposés. C'était comme un congrès permanent des doctrines sociales. Des hommes de tous les partis enseignaient à tour de rôle dans la même chaire ; qu'il me suffise de nommer M. Delaire, rédacteur en chef de la Réforme sociale, et M. Yves Guyot, rédacteur en chef du Journal des Débats ; M. Gustave Rouanel, député socialiste et M. l'abbé de Pascal.

Une seule école n'est pas représentée, celle de la Science Sociale. Serait-ce parce que les fondateurs du Collège libre ne lui ont pas fait place, ou que MM. de Tourville, Demolins, de Rousiers, Pinot, et autres membres influents de la société, forts de leur orthodoxie, ont craint de déprécier leurs doctrines en n'en donnant qu'un exposé fragmentaire devant un auditoire trop démocratique ? L'auteur appelle « enseignement purement aristocratique » celui que donne la Science sociale.

Quoi qu'il en soit, les cours du Collège libre vont reprendre le 9 novembre 1896 ; le nombre en est doublé.

Il était dans le rôle de l'auteur d'exposer les faits et les doctrines, en s'abstenant de critiquer. Et néanmoins il juge, malgré qu'il s'en défende (p. 24 fin). La Science sociale qu'il croit peut-être la plus puissante et même la seule rivale du collège libre, est particulièrement l'objet de ses fines railleries. Il l'accuse d'avoir « dévié de la doctrine-mère » (p. 9); le groupe de la Réforme sociale est pour lui « la dynastie légitime » de le Play (p. 14); l'une des deux sociétés est la « famille héréditaire », l'autre « la famille annexée » (p. 15). Le motif secret de la rupture est attribué à « des conflits de personnes ». Tout cela ne donne pas une haute idée de l'impartialité de l'historien.

Voici qui est plus grave : l'auteur fait dire à la Science sociale le contraire de ce qu'elle pense. On lit en effet p. 32 : « La Science sociale remplace l'unité sociale de le Play, — famille, monographie de famille, — par une autre unité d'étude sociale, la monographie de société. » En note : « La Science sociale a pris comme *base d'étude* la monographie de société. »

Si M. Dick May avait parcouru de temps à autre la revue de la *Science sociale*, ou même s'il avait consulté un membre compétent de la société, il n'eût pas commis une erreur aussi grave.

M. Paul de Rousiers écrivait dans un rapport sur les doctrines de la Science sociale adressé à un périodique américain et qui a été inséré dans la revue, au n° de février 1894 : « Bien entendu, c'est la *famille ouvrière* qui reste comme la *base* de l'observation. C'est elle que le monographe doit étudier. » M. Champault s'exprimait de même dans le n° d'août 1894 du Mouvement social. « La nomenclature de Tourville embrasse *d'abord la famille ouvrière* dans tous les détails de son existence..... puis passant aux organismes sociaux superposés, elle saisit les liens étroits et multiples qu'ils ont, avec la famille d'abord, puis entre eux les uns avec les autres ».

Si M. Dick May cherche dans les faits un confirmatur de cette déclaration, il pourra lire l'intéressante monographie que M. Fernand Butel a écrite sur une « vallée pyrénéenne : la vallée d'Ossau ». Firmin Didot.

M. Dick May aurait été plus complet dans son jugement sur la Science sociale, s'il avait mentionné les quatre prix que la jeune société a obtenus depuis sa fondation (1886). Ce sont : *La vie américaine*, par Paul de Rousiers; ouvrage couronné par l'Académie française. — *Libre échange et protection*, par Léon Poinsard ; ouvrage couronné par l'Académie des sciences morales et politiques. — Le *Homestead ou l'insaisissabilité de la petite propriété*, par Paul Bureau ; mémoire qui a obtenu le prix de Rossi (5000 fr.) — *La uestion ouvrière en Angleterre*, par Paul de Rousiers ; ouvrage couronné par l'Académie des sciences morales et politiques. Il faudrait ajouter que ces livres sont les seules productions importantes de la petite société, et que tous les lauréats affirment ne devoir leur succès qu'à la méthode de la Science sociale.

L'auteur du petit livre que nous analysons, adresse plusieurs reproches à la Science sociale. « Le professeur, dit-il, entend enseigner la science sociale comme la chimie, et résoudre la question sociale par des procédés de laboratoire ». Les lignes suivantes, dues à la plume de le Play lui-même, jetteront peut-être quelque jour sur l'esprit de la méthode incriminée. « J'ai appliqué à l'observation des sociétés humaines des règles analogues à celles qui avaient dressé mon esprit à l'étude *des minéraux et des plantes*. J'ai construit un mécanisme scientifique » (*Ouvriers européens*, introduction).

La science sociale n'analyse pas tout ce qui est renfermé dans un phénomène social, elle laisse une part d'étude à la morale et à d'autres sciences. Aussi la chimie ne rend-elle pas compte de tout ce qui est contenu dans un minerai, mais elle abandonne à la physique l'étude des phénomènes de pesanteur, d'électricité, de chaleur, etc., qui s'y produisent. S'il n'avait pas été plus curieux que ne doit l'être un savant, M. Dick May ne se serait pas scandalisé de ne trouver dans la Science sociale « qu'une vérité maigre, trop simple, trop fine, appauvrie de toutes les vérités latérales qui la complètent ou la modifient » (p. 34).

Enfin M. Dick May s'amuse de « l'admiration. de l'Angleterre et de l'Amérique qui atteint à l'héroïsme dans certains de ces esprits, d'ailleurs distingués, curieux ou estimables éminemment. » (p. 35).

Tout savant a bien sa marotte. N'a-t-on pas entendu M. Berthelot promettre au nom de la chimie une ère de félicité pour l'humanité future. Et cependant nul ne songe à nier que la chimie ne soit une science et M. Berthelot un savant. A tout bien prendre, les littérateurs ont aussi leurs manies, et particulièrement celle du dilettantisme..... Il faut convenir que le collège libre de l'enseignement social eût gagné à se faire connaître au public par une autre plume que celle d'un littérateur.

Je me suis attardé à la critique de ce petit livre, non pas sans doute à cause de sa valeur intrinsèque, mais à cause de l'importance du sujet dont il traite. Les lecteurs du *Bulletin* sauront que l'enseignement social n'est pas donné seulement au jeune collège libre, rue de Tournon, — mais aussi à la Société de géographie, le mercredi et le samedi à quatre heures et demie par MM. Edmond Demolins et Robert Pinot, professeurs de la Science sociale.

L. DE LACGER.

---

151. — **Notice sur un livre annoté par Pétrarque** (ms. latin 2201 de la Bibliothèque nationale) par Léopold DELISLE, Tiré des Notices et Extraits des manuscrits, t. XXXV, 2ᵉ partie. Paris, C. Klincksieck, 1896. 20 pp., 2 héliogravures; in-4.

Le ms latin 2201 est un ms du XIIᵉ siècle contenant les traités de Cassiodore et de saint Augustin sur l'âme. Avant d'appartenir aux rois de France, il a fait partie de cette bibliothèque de Pavie d'où proviennent quelques-unes de nos richesses nationales. Mais auparavant il a eu un possesseur plus illustre que les Visconti, le poète Pétrarque. La notice de M. Delisle, aussi courte que pleine de faits, attire notre attention sur trois points.

D'abord le ms est orné de ces annotations que Pétrarque se plaisait à mettre en marge de ses livres. M. D. les a publiées. On y voit mentionnés plusieurs ouvrages de Cicéron et de saint Augustin, la *Consolation* de Boèce, le *De praedestinatione* de saint Cyprien, les Odes d'Horace, Juvénal, Lucain, Macrobe, Ovide, le *Phédon* de Platon, Pline, Salluste, Térence et Virgile. Mais les heureuses recherches de M. P. de Nolhac nous ont tellement comblés que nous devenons, à tort, moins sensibles à cet enrichissement de nos connaissances. Le ms 2201 donne en outre, de la main de Pétrarque, le texte de deux prières dont il est l'auteur. L'une d'entre elles seulement avait été publiée par M. A. Hortis d'après des copies. Enfin, et c'est là une découverte capitale pour l'histoire des études de Pétrarque et pour l'histoire de l'humanisme, le ms

2201 présente sur son dernier feuillet une liste authographe de livres ayant appartenu au poète. Nous sommes par suite assurés de la manière la plus authentique de l'exactitude des conclusions de M. de Nolhac, quant à la possession par Pétrarque des auteurs suivants : Sénèque, Boèce *Consol.*, Valère Maxime, Justin, Macrobe, Aulu-Gelle [1], Lucain, Ovide, Juvénal, Priscien et Donat [2]. Nous apprenons qu'il avait aussi l'abrégé historique de Festus, le lexique mis sous le nom de Papias et les *Catholica* de Probus. Le petit nombre de mss connus de ce dernier ouvrage, d'après Keil qui en cite quatre seulement [3], permettrait peut-être d'identifier rapidement celui dont Pétrarque fut le possesseur. Un dernier enseignement, que comporte ce catalogue, c'est de nous faire connaître l'état de la bibliothèque du poète à une certaine date. Les prières dont nous avons parlé sont datées du 1er juin 1335 et du 10 juillet 1337. D'autre part les listes de livres du dernier feuillet portent les mentions du 18 février et du 12 mai, sans indication de l'année. Il appartient à M. de Nolhac, qui a fait des variations de l'écriture de Pétrarque, une étude approfondie [4], de tirer de ces données les conclusions vraisemblables. Nous n'avons qu'à remercier M. Delisle de nous avoir fait connaître une si précieuse relique et un document si important pour l'histoire des études classiques.

Deux héliogravures Dujardin accompagnent la brochure. L'une donne la première page du ms, le commencement de la longue prière *Tibi Domine Jhesu Christe, creator mirifice*; l'autre reproduit le catalogue de la dernière page.

Paul Lejay.

---

1. Le catalogue du ms 2201 l'appelle *Agellius*; cp. Nolhac, *Pétrarque et l'humanisme*, pp. 297-298.

2. Comparez dans l'ouvrage cité ci-dessus les listes des pp. 96-97 et 368-371.

3. *Grammatici latini*, IV, pp. VII-VIII : Vienne 16, Paris 7520, Naples IV a 11 et 17.

4. *Fac-similés de l'écriture de Pétrarque et appendices au « Canzoniere » autographe*, dans les *Mélanges* de l'école française de Rome, t. VII.

152. — **Bossuet. Oraisons funèbres,** publiées avec une introduction, des notices, des notes et un index grammatical par Alfred Rébelliau, ancien élève de l'École normale supérieure, agrégé des lettres, sous-bibliothécaire de l'Institut. Un vol. in-16 de 600 pages : 3 fr. Paris, Hachette.

Trop heureux écoliers, s'ils savaient apprécier leur bonheur ! Depuis vingt-cinq ans, une légion de savants et de lettrés de la meilleure marque consacre son temps et ses forces à leur expliquer et à leur commenter le texte des chefs-d'œuvre classiques par des notes et illustrations variées où l'érudition s'ingénie à se rendre utile et attrayante. Pour eux aussi, la librairie parisienne se ruine à renouveler et à perfectionner l'impression et le cartonnage de ses éditions ; entre maisons concurrentes, c'est une touchante rivalité d'efforts et de sacrifices. On n'en fit jamais tant pour le grand Dauphin. Il est vrai qu'il ne profitait guère des éditions préparées à son usage. Ce n'était pas encourageant. A en juger par tout le mouvement contemporain, les fils imberbes de la démocratie française apprécient autrement les travaux des annotateurs modernes ; ils s'assimilent sans doute jusqu'au dernier iota leurs études préliminaires, leurs observations grammaticales et philologiques et font des grands écrivains ainsi cuisinés et mis en bouillon leur aliment favori et leur breuvage quotidien.

Respect à cette illusion ! La foi est la mère des bonnes œuvres. Elle était nécessaire à M. Rébelliau pour entreprendre et mener à terme une édition des *Oraisons funèbres* de Bossuet aussi exacte et aussi soignée. Il y a mis la science et la conscience qu'il apportait naguère à son étude si remarquée sur *Bossuet historien du protestantisme.* C'est tout dire. Aussi a-t-il fait une œuvre personnelle, où abondent les éclaircissements de toute sorte, digne de prendre place à côté de celle si distinguée de M. Jacquinet.

Ce recueil se signale par quelques innovations. L'une, dont M. Gazier avait déjà donné l'exemple, consiste à présenter en tête des six discours classiques, soit en entier, soit par extraits, les oraisons funèbres antérieures de Yolande de Monterby, du P. Bourgoing, de Nicolas Cornet. Le rapprochement ne manque point d'intérêt pour ceux qui veulent étudier, d'après les documents, les progrès du génie oratoire de Bossuet.

L'introduction offre un double attrait de nouveauté. C'est une heureuse idée de nous donner d'après la *Gazette de France* la description minutieuse de la pompe funèbre de Henriette d'Angleterre. La critique littéraire y trouve son compte non moins que la curiosité historique. Ce cadre imposant et ce somptueux décor, au milieu desquels se produit l'orateur, exigent une éloquence d'un genre à part, une parole solennelle en harmonie avec la pompe extérieure. Le ton familier y paraîtrait choquant. Bossuet a eu le sentiment de cette haute convenance dont quelques modernes ne lui ont pas su gré.

Un second attrait de l'introduction, c'est une analyse pénétrante de l'oraison funèbre telle que l'a conçue Bossuet, de l'idée inspiratrice du discours qui est toujours une leçon religieuse et morale; des servitudes du genre enfin qui condamnent l'orateur à une insincérité obligatoire. Les vues exposées dans ces pages nettes et précises sont presque toutes d'une grande justesse, et, en les développant, M. Rébelliau n'a pas eu de peine à venger Bossuet du reproche souvent renouvelé de flatterie et d'adulation à l'égard des grands.

S'il est d'une vérité indiscutable que le sujet moral et religieux s'empare de Bossuet et engendre tout le discours en pliant l'histoire à ses exigences, il me semble pourtant excessif de conclure que « Bossuet invente ses héros plus qu'il ne les raconte..... Rêvant un idéal, il le réalise en l'homme qui l'occupe, et peu à peu il en arrive à décrire un portrait, moins d'après la réalité objective qu'à esquisser un type symbolique d'après les souhaits de sa propre raison. » (p. xxx.) Le procès est grave, on le voit. Il ne s'agit pas seulement du silence que Bossuet a gardé souvent, comme le devait faire un homme de tact délicat, sur les vices, les défauts, les erreurs des personnages qu'il célèbre. A cet égard tout le monde est d'accord. L'oraison funèbre n'est pas l'histoire et l'orateur ne peut tout dire. Mais M. Rébelliau va plus loin. Selon lui, Bossuet prête à ses héros des qualités et des vertus imaginaires: au P. Bourgoing le don d'une éloquence chaleureuse qu'il n'avait pas, à Henriette de France une patience et une circonspection de langage auxquelles les faits donnent des démentis, à Condé une bonté qui ne fut pas la sienne. De la sorte, ce ne sont point des personnages réels qui paraissent à nos yeux, mais des abstractions morales et religieuses.

Cette thèse avait déjà été soutenue par M. Hanotaux dans son édition des *Mémoires* de madame de Motteville. A notre avis, elle est encore à prouver. En reconnaissant que Bossuet suit d'ordinaire pied à pied le récit de madame de Motteville, M. Hanotaux infirme déjà son jugement. M. Rébelliau ne nous paraît pas avoir suffisamment établi le sien. Je passe volontiers condamnation sur l'éloquence du P. Bourgoing, si l'on y tient, quoiqu'il nous soit très difficile de savoir au juste la vérité et de nous prononcer en connaissance de cause. La réputation d'orateur est tellement variable selon les goûts de l'auditoire et selon les circonstances que nous avons pu voir de nos jours se faire et se défaire rapidement telle ou telle renommée. Quoi qu'il en soit du P. Bourgoing, est-il vrai que la reine d'Angleterre ait été surfaite? M. Rébelliau en donne deux preuves : Henriette est présentée comme un modèle de patience; et cependant, poursuivie sur mer à coups de canon, elle avait donné ordre au capitaine de faire sauter le navire plutôt que de la laisser tomber aux mains des rebelles. Bossuet ne dit rien de cet incident caractéristique. En outre, on vante son aversion « pour les discours empoisonnés de la médisance, » et l'on sait, au contraire, d'après le témoignage de Mme de Motteville, « qu'elle raillait de bonne grâce, et que, pour l'ordinaire, il était difficile que le prochain n'y fût pas un peu blessé. » Voilà les deux faits sur lesquels s'appuie l'assertion.

En vérité, c'est trop peu. L'exaltation momentanée de la reine dans une circonstance aussi critique que cette fuite sur mer sous le canon de ses ennemis, ne nous paraît pas inconciliable avec des habitudes ordinaires de patience. Que Bossuet n'ait point parlé de ce détail intéressant, on peut le regretter; on n'en saurait tirer aucune conclusion contre la fidélité du portrait. Quant au second fait, M. Rébelliau en ruine la force démonstrative en reconnaissant loyalement lui-même que, d'après madame de Motteville, le goût de Henriette pour la raillerie avait disparu dans les derniers temps de sa vie. « A mesure qu'elle avançait dans la piété, à mesure aussi, elle se retenait de parler quasi sur toutes choses. »

La preuve ne nous paraît donc point faite. Et il reste un ensemble de traits essentiels qui réalisent la ressemblance de la physionomie : la tendresse dévouée de Henriette, son zèle outré et imprudent, son courage et son activité au milieu des luttes, sa constance dans le malheur, sa patience et sa résignation dans l'exil. C'est bien là une figure historique et non une figure « inventée. »

Nous nous contentons d'indiquer ce qui nous paraît le côté contestable de la thèse. Il ne serait pas difficile de montrer également, à propos de Henriette d'Angleterre et du prince de Condé, que Bossuet pouvait se rendre témoignage à lui-même et dire : « Nous ne donnons pas de fausses louanges devant les autels. »

L'annotation est riche de renseignements de toute sorte, en particulier sur le vocabulaire et la syntaxe de la langue du xviie siècle. M. Rébelliau verse ses trésors à pleines mains. Peut-être, en revanche, est-il un peu trop sobre de rectifications historiques. N'y avait-il pas lieu, par exemple, à propos du portrait de Charles Ier, de relever l'inconsistance, la duplicité, les maladresses et les innovations religieuses, qui rendirent ce monarque si impopulaire ? De même, n'y avait-il pas, chez Cromwell, sous l'hypocrite et le charlatan, un sectaire et un fanatique sincère ? La plupart des fautes de Henriette de France ne s'expliquent-elles pas par l'éducation frivole qu'elle avait reçue ? Elle ne s'était occupée que de dessin, de musique et de danse. Elle se plaignit plus tard d'avoir été laissée dans l'ignorance absolue de l'histoire, de la politique et d'avoir été jetée désarmée au milieu de difficultés qui exigeaient une tout autre préparation. Les notices sont très instructives sans doute, et cependant que de clartés M. Rébelliau eût pu jeter encore sur le texte, dût-il abréger ou sacrifier quelques notes grammaticales.

Ces légères critiques ne sauraient diminuer la valeur foncière d'un consciencieux travail. Quand un délicat, tel que M. de Sacy, voudra relire, au déclin de l'âge, les *Oraisons funèbres* de Bossuet, s'il lui plaît de prendre, à travers ce monde, disparu, un guide très instruit, très « au courant », et agréable, qu'il se confie à M. Rébelliau. Il ne saurait faire un meilleur choix.

A. Chauvin.

VARIÉTÉS

Les émaux byzantins de la collection de M. de Zwénigorodskoï.

Un livre a été publié récemment, où il semble bien que l'art de l'imprimerie et de la gravure en couleurs aient tenté leur dernier effort. C'est un livre d'érudition, une étude sur l'histoire de l'émail byzantin et la description d'une collection d'émaux byzantins unique au monde. Le maître de ces trésors n'a pas voulu les ensevelir jalousement; ce grand seigneur archéologue a convié une troupe choisie de savants et d'artistes à les admirer. Il a fait mieux, il les leur a donnés. Car les deux cents heureux qui ont reçu la caisse capitonnée où dormait le somptueux volume peuvent désormais partager les jouissances de M. de Zwénigorodskoï : ce sont de vrais émaux, dans tout leur chatoiement et leur transparence, que nous rendent ces gravures impeccables.

Le luxe du volume semble tout d'abord écrasant. Une délicieuse étoffe de soie brochée à dessins rouges, blancs, verts et or sur fond gris-vert, du vert des feuilles d'olivier, protège d'impurs touchers l'épaisse reliure de peau blanche, profondément gaufrée d'or et de noir, où le titre s'encadre de beaux motifs byzantins. La tranche est ciselée de feuillages rouges et verts à dessin d'or. Et le signet, large ruban tissé d'argent et d'or, porte en exergue un vers de l'E-rechthée d'Euripide : « Je voudrais dérouler ces feuilles qui nous parlent et font la gloire des sages ».

Avant de les dérouler, ces feuilles qui nous parlent, réjouissons encore nos yeux devant la splendide page de dédicace à Sa Majesté Impériale Alexandre III, Empereur de toutes les Russies, et devant le titre intérieur, pareil à un grand retable d'émail où trône la Vierge et bénit le Seigneur. Une eau-forte de Gaillard, la dernière œuvre de l'excellent artiste, nous montre une figure élégante et affinée par la maladie, des yeux au regard aigu et résigné. Elle suffirait seule, cette gravure, à faire vivre le nom de Zwénigorodskoï, lors même que la science et l'art ne lui devraient pas une durable gratitude.

C'est d'une manufacture de Strasbourg qu'est sorti ce vélin épais et sonore, qui vibre gravement sous la main, et c'est une imprimerie de Francfort, la maison Osterrieth, qui a tiré le texte et les chromos. Jamais, je le crois bien, pareille précision n'avait été atteinte dans le repérage des planches en couleurs; on ne relèverait pas une erreur d'une ligne dans la juxtaposition si difficile des séries de teintes, mariées au ton splendide de l'or de ducat. Je ne connais que quelques-unes des planches du grand catalogue Spitzer, exécutées par la maison Lemercier, qui approchent de cette habileté prodigieuse, et encore ne l'égalent-elles point.

L'histoire de ce livre, qui devait entraîner la fabuleuse dépense de plusieurs centaines de mille francs, fut une odyssée. M. de Z., s'étant décidé à publier sa collection, mais forcé par sa mauvaise santé à vivre loin de la Russie, chercha longtemps à quel savant d'Europe il confierait ce texte. On lui signala un prêtre d'Aix-la-Chapelle, Jean Schulz, connu en Allemagne par ses études sur l'émaillerie. Schulz eut mission de voyager en Allemagne, en Italie, en Belgique et en France; comme il ne savait pas le russe, une traduction lui fut faite de tous les traités et mémoires publiés en Russie sur l'émail byzantin. Deux travaux en résultèrent [1], qui montrèrent bien la compétence du savant en matière d'émaux rhénans et limousins, mais aussi sa parfaite ignorance des questions byzantines. C'était à un Russe qu'il appartenait d'écrire de choses russes. M. Kondakoff, conservateur au Musée de l'Ermitage, est aujourd'hui le grand spécialiste de l'art byzantin; il est très regrettable qu'une partie de ses travaux aient été publiés en langue slave, mais on apprécie fort en France son intéressante histoire de la miniature byzantine [2]. M. K. fut donc chargé à son tour d'un long voyage en Europe et au Caucase; il en rapporta une double étude, technique et historique, que M. Trawinski, lauréat de l'Institut, a traduite en français, et M. Kretschmann en allemand.

M. K. ne pouvait espérer résoudre le difficile problème des origines de l'émaillerie; au moins en a-t-il avancé la solution. Il a repris minutieusement et avec un détail nouveau les conjectures de

---

1. *Die byzantinischen Zellenemails der Sammlung Z.*, Aachen, 1884, et *Der byzantinische Zellenschmelz*, Francfurt am Mein, 1890.

2. *Histoire de l'art byzantin considéré principalement dans les miniatures*, trad. Trawinski, 2 vol., Paris, 1886-91.

l'érudit historien de l'orfèvrerie cloisonnée, Ch. de Linas. Il a relevé sur les bijoux égyptiens les traces indiscutables d'émail champlevé, et a démontré que l'émail cloisonné, dont la fabrication n'était pas encore assez sûre, y était remplacé par des incrustations de pierres fines et de verres. Il a expliqué comme la Phénicie s'était approprié les inventions d'Egypte et d'Asie, les avait amplifiées et colportées en Europe. Il a rassemblé brièvement et classé les plus anciens produits de l'Europe romaine et barbare autour de ce foyer d'Orient dont elle est tributaire; et il nous a fait soupçonner pour la première fois quelle part considérable les antiquités russes ont pu avoir dans ce premier essor de l'émaillerie. Les invasions asiatiques aux premiers siècles, tout en accumulant les ruines, déposaient sur le sol européen un limon généreux. Eliminant peu à peu les centres de production secondaires, M. K. arrive à la Perse, qu'il nous montre au commencement du Moyen Age inspiratrice des industries d'art jusqu'aux extrêmes confins de l'Orient, grâce à la richesse sans pareille d'une ornementation empruntée aux motifs de la flore et de la faune. Si l'on admet les faïences du palais de Suze comme prototype des émaux cloisonnés, on conviendra que nulle part on ne pouvait rencontrer de plus parfaits modèles; mais il faut bien reconnaître que nous ne possédons aucun émail primitif d'origine persane, et que sur ce point on doit, jusqu'à nouvel ordre, contrôler des hypothèses d'ailleurs très séduisantes et appuyées de la plus sérieuse érudition.

La partie vraiment nouvelle du travail de M. K. est l'abondante étude des monuments de l'émaillerie byzantine, étude critique, qui ajoute au catalogue déjà dressé un bon nombre de pièces inconnues, et soumet à une rigoureuse analyse des monuments dont la haute antiquité était généralement reçue. Il faudra sans doute désormais abaisser de deux siècles la date du *paliotto* de S. Ambroise de Milan, et il paraît démontré, après l'interprétation si précise donnée de son inscription, que la fameuse *Pala d'oro*, à S. Marc de Venise, est une œuvre du commencement du XIIe siècle remaniée et complétée au XIVe. Parmi les nombreux émaux de la Géorgie, certains sont de l'âge le plus reculé, et l'on y peut étudier (grâce aux expressives gravures sur bois dont est semé le texte) les phases diverses du style byzantin aux XIe et XIIe siècles. Les plaques de reliure, les reliquaires, les couronnes et les croix sont l'objet d'études approfondies, parmi lesquelles celle de la staurothèque de Limbourg, ce chef-d'œuvre de l'émaillerie byzantine, peut être citée comme un travail définitif. J'y ai cherché vainement, et je le regrette, la description de trois croix-reliquaires italiennes, celles de Velletri, de Gaëte et de Cosenza, que l'on pouvait tout récemment encore admirer à l'Exposition eucharistique d'Orvieto. Elles sont comparables, la troisième surtout, à ce que l'émaillerie byzantine a produit de plus achevé. La première, celle de Velletri, est connue depuis longtemps par un livre de l'érudit Borgia (*De cruce Veliterna*); celle de Cosenza, la plus grande, est ornée de médaillons encastrés, avec des rubis et des émeraudes, dans un fond d'or filigrané. Un de ces médaillons (au pied du Crucifix) offre la représentation précieuse pour l'iconographie chrétienne d'un autel où l'on voit une colombe près de la croix couronnée d'épines, un calice avec un linge, les quatre clous, la lance et l'éponge.

Quant aux émaux de la collection Z., ce sont pour la plupart des merveilles. Les douze médaillons détachés de la grande icone du monastère de Djoumati honoreraient le plus riche musée, et il y a dans les nimbes et les cadres émaillés une harmonie exquise de lignes et de nuances, digne d'inspirer nos meilleurs ornemanistes. Quel dommage, avouons-le, que de ce livre nécessaire aux archéologues, et qui serait à des peintres, à des orfèvres, un conseiller charmant, quel dommage qu'il n'y ait point une édition populaire, c'est-à-dire une édition de luxe, mais d'un luxe abordable! Cependant il faut savoir que nos Universités et nos grandes Bibliothèques ont reçu de M. de Z. ce royal cadeau ; c'est là que tous le trouveront. Et l'amateur qui fait à un pays autre que le sien ce don extraordinaire, mérite de ce pays un remerciement ému.

André PÉRATÉ.

CHRONIQUE

99. — Dans les *Texte und Untersuchungen* (Leipzig : Hinrichs) viennent de paraître les fascicules suivants : 1° *Aussercanonische Paralleltexte zu Johannes*, par A. Resch. Dans ce travail, très savant d'ailleurs, il y a quelques lacunes. M. Resch ne signale ni le texte de Papias sur la femme adultère, découvert par M. Conybeare, ni l'Évangile de Pierre. Ces lacunes sont signalées avec d'autres dans l'*Academy*, 5 sept., p. 160.

2° *Die Palästinischen Martyrer der Eusebius*, par B. Violet. L'auteur étudie les rapports de la plus courte des rédactions de cet opuscule avec la plus longue.

100. — Le tome IV des *Studia Biblica et Ecclesiastica* (Oxford, Clarendon Press) contient entre autres un article de M. Hicks sur *Saint Paul et l'Hellénisme*, l'auteur défend cette thèse que les éléments helléniques qu'on rencontre dans le Christianisme sont dus à une infiltration des idées grecques dans le Judaïsme, antérieure au Christianisme; un article de M. Ramsay, sur la question des Galates, une traduction des *Acta Pilati*, d'après deux manuscrits arméniens, par M. Conybeare; enfin une étude de M. Watson sur la terminologie de saint Cyprien.

101. — Le tome IV des *Texte and Studies* (Cambridge, University Press), renferme un travail de M. Forbes Robinson sur les *Evangiles apocryphes coptes*.

102. — Le n° 5 des *Studia Sinaitica* (Cambridge, University Press) contient la traduction des *Anaphora Pilati* d'après les versions syriaque et arabe des recensions arabes des *Recognitions clémentines* et du *Martyre de saint Clément*. Ces traductions dues à Mad. Gibson, donnent d'intéressantes variantes aux textes grecs des mêmes ouvrages.

103. — M. F. Blass vient de faire paraître (Leipzig, Teubner) les *Acta Apostolorum secundum formam quae videtur Romanam*. D'après M. Blass nous possédons deux recensions des actes, dues l'une et l'autre à saint Luc, la plus ancienne qu'il appelle le texte romain est représentée par le manuscrit D, Saint Irénée, les constitutions apostoliques, le cod. 137 et les notes marginales Harléennes. La plus récente est le texte reçu.

ACADÉMIE DES INSCRIPTIONS ET BELLES-LETTRES

Séance publique annuelle du 13 novembre. — M. G. SCHLUMBERGER, président, lit le discours d'usage et proclame le résultat des concours : ANTIQUITÉS DE LA FRANCE : 1re médaille, de 1500 fr. M. Fr. KURTH : *Clovis*; — 2e médaille de 1000 francs, M. A. BUHOT DE KERSERS : *Histoire et Statistique monumentale du département du Cher*; — 3e médaille de 500 francs, M. HENRI COURTEAULT : *Gaston IV, comte de Foix*; — 4e médaille (supplémentaire) de 500 francs, M. D'HERBOMEZ : *Histoire des châtelains de Tournai de la maison de Mortagne*. — 1re mention, M. l'abbé A. MIGNON : *les Origines de la scolastique et Hugues de Saint-Victor*; — 2e mention, M. le colonel BORELLI DE SERRES : *Recherches sur divers services publics du XIIIe au XVIIe siècle*; — 3e mention, MM. G. CHAUVET et J. GEORGE : *Cachette d'objets en bronze découverte à Venat commune de*

Saint-Yriex près Angoulême; — 4° mention, M. le docteur CARTON : *Découvertes épigraphiques et archéologiques faites en Tunisie*; 5° mention, M. le chanoine COCHARD: *La juiverie d'Orléans du VIe au XVe siècle*; — 6° mention M. PH. DE BOSREDON : *Sigillographie de l'ancienne Auvergne* (XIIe-XIIIe *siècle*). — Prix Duchalais (800 francs). Numismatique du moyen âge : M. DE LA TOUR : *Les médailleurs de la Renaissance*. — Une mention spéciale est accordée à M. DE BEAUFORT pour sa *Description générale des monnaies méroviengiennes*. — Prix Gobert. Pour le travail le plus savant et le plus profond sur l'histoire de France et les études qui s'y rattachent. — 1er prix (9000 francs) : M. NOEL VALOIS : *La France et le grand schisme d'Occident*. — 2e prix (1000 francs) : M. CH. PETIT-DUTAILLIS, *Étude sur la vie et le règne de Louis VIII*. — Prix Fould (5000 francs). Histoire des arts du dessin. — Le prix est partagé : 1° 3000 francs à M. ENLART : *Origines françaises de l'architecture gothique en Italie : Monuments religieux de l'architecture romane et de transition dans la région picarde*; — 2° Mille francs à MM. A. DE CHAMPEAUX et P. GAUCHERY : *Les travaux d'art exécutés pour Jean de France, duc de Berry*; — 3° Mille francs au duc DE RIVOLI : *Les Missels imprimés à Venise de 1481 à 1600, description, illustration, bibliographie*. — Le prix la Fons Mélicocq (1800 francs), au meilleur ouvrage sur l'histoire et les antiquités de la Picardie et de l'Ile-de-France, est partagé ex aequo entre : M. FERDINAND LOT : *Hariulf, chronique de l'abbaye de Saint-Riquier* (Ve siècle, 1104), et M. PILLOY : *Études sur d'anciens lieux de sépulture dans l'Aisne*. — Prix Stanislas Julien (1500 francs). Au meilleur ouvrage relatif à la Chine. Prix : M. MAURICE COURANT : *Bibliographie coréenne*, tomes I-II. — Prix Delalande-Guérineau (1000 francs). Au meilleur ouvrage concernant les études orientales. Le prix est partagé entre M. LOUIS FINOT : *Les Lapidaires indiens*, et M. LUCIEN FOURNEREAU : *Le Siam ancien*. — Prix de la Grange (1000 francs). En faveur de la publication du texte d'un poème inédit des anciens poètes de la France. — Le prix est décerné à la *Société des Anciens Textes Français*, pour l'ensemble de ses publications. — Fondation Garnier. Mission dans l'Afrique centrale ou dans la Haute Asie. 1° A M. FOUCHER, une somme de quatorze mille francs, pour la continuation de sa mission dans l'Inde septentrionale; — 2° A M. FOUREAU, une somme de dix mille francs, pour la continuation de sa mission dans le Sahara occidental. — Fondation Piot. Missions, fouilles, publications, etc. Est attribué sur les arrérages de la fondation : 1° Une subvention de deux mille francs à M. G. MILLET, pour la continuation de ses recherches d'archéologie byzantine, commencées à Mistra et dans les églises du mont Athos; — 2° Une subvention de trois mille francs, pour la publication du *Catalogue des bronzes de l'Acropole d'Athènes*, dressé par les soins de M. de RIDDER, ancien membre de l'École d'Athènes; — 3º Une nouvelle subvention de trois mille francs au R. P. DELATTRE, pour la continuation de ses fouilles dans la nécropole punique du terrain Douimés, à Carthage; — 4º Une subvention de quinze cents francs, pour la publication du *Catalogue des Camées de la Bibliothèque Nationale*, par M. BABELON; — 5º Une subvention de quatre mille francs, à M. PERDRIZET, pour la continuation de ses recherches archéologiques en Grèce. — Prix Saintour (3000 francs). Au meilleur ouvrage relatif au moyen âge et à la Renaissance. — Prix: M. E. MOLINIER: *Histoire générale des arts appliqués à l'industrie du V⁰ à la fin du XVIII⁰ siècle. Tome I⁰ʳ. Les ivoires.* — M. WALLON, secrétaire perpétuel, lit une *Notice historique sur la vie et .es travaux* de M. ABEL BERGAIGNE, membre ordinaire de l'Académie. — M. René CAGNAT, lit une étude sur l'*Activité scientifique de la France en Afrique depuis quinze ans.*

Séance du 20 novembre. — M. de BOISLISLE est élu membre du coseil de perfectionnement de l'École des Chartes en remplacement de M. de ROZIÈRE, décédé. — La commission de l'Afrique du Nord, sur un rapport présenté par M. CLERMONT-GANNEAU, a décidé qu'il était utile de dresser et de publier un plan de Carthage et de ses environs. L'Académie adopte ces conclusions. — L'Académie se forme ensuite en comité secret pour examiner les titres des candidats aux deux places vacantes par suite des décès de MM. de ROZIÈRE et HAURÉAU.

Séance du 27 novembre. — M. Gaston BOISSIER donne lecture d'une note que lui a envoyée, pour être présentée à l'Académie, M. GAUCKLER, directeur du service des antiquités en Tunisie:

« Après le superbe ensemble décoratif trouvé, cet été, dans les travaux de l'arsenal (mosaïques du triomphe du dieu Bacchus, de Ganymède, des Nymphes, de la Pêche, des Fleurs et des fruits, des Adieux d'Achille et de Briséis), voici que des soldats punis, employés à de menus travaux de voirie intérieure, viennent de mettre à jour, presque à fleur de terre, une mosaïque à trois personnages parfaitement conservée. Ce n'est qu'un petit tableau carré, ayant à peine un mètre de côté, mais le sujet qu'il représente — *Virgile composant l'Enéide* — est de nature à émouvoir tous ceux qui ont le culte des lettres latines. Le poète, vêtu d'une ample toge blanche à liseré bleu, négligemment drapée, est vu de face, assis sur un siège à dossier, les pieds chaussés de brodequins et reposant sur un degré. Il tient sur ses genoux un rouleau de papyrus, ouvert et replié, sur lequel est écrit, en lettres cursives, l'un des premiers vers de son poème : *Musa mihi causas memora quo numine laeso quidve...* La main droite posée sur la poitrine avec l'index levé, la tête haute, les yeux fixes, l'air inspiré, il écoute Clio et Melpomène qui, debout derrière lui, lui dictent tour à tour ses chants. Les deux Muses portent dans les cheveux la couronne de lierre et l'aigrette qui les caractérisent, mais elles diffèrent d'attributs et de costume. A droite de Virgile, la Muse de l'Histoire lit un manuscrit qu'elle tient dans ses deux mains. C'est une gracieuse jeune fille, simplement vêtue d'une tunique bleue, flottante, en étoffe légère, sur laquelle est jetée une écharpe jaune clair. La Muse de la Tragédie, accoudée à gauche sur le dossier du trône, écoute la lecture avec un geste d'attention. Elle a les traits plus accusés que ceux de sa compagne; c'est une femme d'une beauté sévère et sombre. Son costume est d'une grande richesse. Elle porte une robe de théâtre frangée, fixée très haut à la taille par une ceinture, et faite d'un épais brocart de pourpre brodé de vert et tout chamarré d'or. Sur le bras gauche, qui soutient un masque tragique, est jeté un manteau bleu foncé, aux plis lourds. Les pieds sont chaussés du cothurne. La composition est claire et sobre, balancée avec une symétrie qui n'a rien d'excessif, étant donné la variété des attitudes et la différence des costumes. La technique est irréprochable, sauf quelques smalts bleus, dont les cubes sont en marbre. La gamme des tons est assez limitée; mais le mosaïste a su lui donner une ampleur et un éclat extraordinaires par la graduation savante des nuances ou par l'opposition brusque des couleurs complémentaires. Ce tableau est donc d'un excellent style qui permet de le dater d'une très bonne époque, peut-être de la fin du premier siècle de notre ère. Mais si, au point de vue artistique, il présente un réel intérêt, sa valeur historique est inappréciable. C'est le premier portrait authentique de Virgile, aucun de ceux qu'on a tenté de lui attribuer jusqu'ici n'ayant le moindre caractère d'authenticité. Chose étrange! nous ne connaissons les traits de ce poète si populaire, devenu classique même avant de mourir, que par la courte et vague description de Donat et par quelques vers d'Horace où l'on a voulu reconnaître une allusion à l'auteur de l'*Enéide*. Pourtant son buste ornait, dès le premier siècle, écoles et bibliothèques publiques. Alexandre Sévère allait jusqu'à placer sa statue dans l'un de ses oratoires, et sa gloire, trouvant grâce devant les Pères de l'Église, conserva son éclat durant tout le moyen âge. Nous n'avons d'autres images de Virgile que quelques miniatures. Les plus anciennes, celles du Vaticanus, que l'on croyait datées du IVᵉ siècle, ne remontent en réalité qu'au XIIᵉ, c'est-à-dire que leur valeur iconographique est nulle. La valeur iconographique de celle de Sousse est-elle beaucoup plus grande? Ce portrait du poète n'a évidemment pas été fait d'après nature. Nous savons, en effet, que Virgile a séjourné en Sicile, mais il ne semble pas être venu en Afrique. D'ailleurs, la mosaïque est postérieure d'une centaine d'années à sa mort. Elle ne peut donc être que la reproduction d'un tableau célèbre, ou plutôt d'une de ces vignettes dont parle Martial, qui ornaient le premier feuillet des éditions manuscrites des poèmes virgiliens: *Quum brevis immensum capit membrana Maronis ipsius vultus tabella gerit.* Il importe, en effet, de noter la ressemblance que présente le Virgile de Sousse avec celui des miniatures du Vaticanus. Celles-ci le figurent, comme ici, sous les traits d'un homme imberbe, aux cheveux courts, vu de face, vêtu d'une toge blanche, les pieds chaussés de brodequins; il est assis sur un siège à degré et tient un manuscrit sur ses genoux. De cette série d'images concordantes, dit M. Gauckler, nous ne retiendrons ici qu'un détail iconographique : Virgile portait les cheveux courts. Cela suffit à permettre de trancher sans réplique la question d'authenticité de la tête du musée de Mantoue et de toute la série des bustes qui se rattachent au même type. Le caractère commun de ces sculptures est, en effet, de représenter un jeune homme aux traits fortement idéalisés, dont la chevelure, ceinte d'un bandeau, retombe en longues boucles sur les épaules. Le Virgile de Sousse n'a rien d'idéal. La face est plate avec des pommettes très saillantes; les cheveux tombent en désordre sur le front (*rusticius tonso*), les traits sont rudes et bien accusés (*facie rusticana*). Enfin, le menton paraît assez proéminent, détail typique qu'on retrouve aussi sur les miniatures du Vaticanus. Tel qu'il est, le portrait de Virgile présente des caractères individuels assez marqués pour qu'on soit autorisé à supposer qu'il ne défigurait pas trop les traits de son lointain modèle. La découverte de Sousse prouve, en tout cas, une fois de plus, la vogue dont l'auteur de l'*Enéide* jouissait en Afrique. On le lisait partout; on apprenait ses vers dans les écoles; on s'efforçait de l'imiter. Némésien de Carthage composait ses *Eglogues* et Septimus Serenus ses *Poésies champêtres* sur le modèle des *Bucoliques*; Gordien, une *Antonidade* sur le modèle de l'*Enéide*. Albinius écrivait des *Géorgiques* et Hosidius Géta façonnait sa tragédie de *Médée* en onze scènes et cinq cents vers, exclusivement formés d'hémistiches empruntés à Virgile. C'est que, pour les Liby-Phéniciens d'Afrique comme pour les Romains de la ville éternelle, quoique pour des raisons précisément inverses, Virgile est, en quelque sorte un poète national. Il célèbre les origines de Rome et aussi celles de Carthage, et, de ces deux grandes villes, ce n'est pas toujours à la plus heureuse qu'il donne le plus beau rôle dans ses chants. Ce qui, dans les poèmes de Virgile, était surtout de nature à émouvoir le cœur des Africains, n'est-ce pas le récit tragique des amours de Didon et d'Enée ? C'est une allusion directe à ce récit qui paraît, suivant M. Gauckler, motiver et justifier la présence de Melpomène aux côtés de Clio sur la mosaïque de Sousse. Ce précieux tableau a été enlevé, le jour même de sa découverte, par les soins de M. le colonel Decluzelle, et sera exposé, du moins provisoirement, dans la salle d'honneur du 4e tirailleurs à Sousse. » — L'Académie se forme ensuite en comité secret pour continuer l'examen des titres des candidats aux places de MM. Hauréau et de Rozière et pour entendre le rapport de la commission sur l'élection d'un associé étranger, en remplacement de M. Curtius.

Séance du 4 décembre. — Election d'un membre résidant en remplacement de M. Hauréau :

MM.	1er tour.	2e tour.	3e tour.	4e tour.	5e tour.
De Beaucourt	9	7	6	5	4
Derenbourg	8	9	11	12	10
Deveria	7	6	3	0	0
Salomon Reinach	10	11	14	16	19

L'Académie procède ensuite à l'élection d'un membre résidant en remplacement de M. de Rozière.

MM.	1er tour.	2e tour.	3e tour.
Babelon	6	7	8
M. Croiset	5	1	0
Derenbourg	1	0	0
J. Flach	6	5	1
A. Giry	10	15	20
Pottier	6	5	5

En conséquence MM. S. Reinach et Giry sont élus membres ordinaires. M. Comparetti, de Florence, est élu associé étranger en remplacement de M. Curtius, décédé.

Henry Thédenat.

L'Éditeur-Propriétaire-Gérant : Albert Fontemoing.

Imprimerie Générale de Châtillon-sur-Seine. — A. Pichat.

TABLE ALPHABÉTIQUE

A

	Art.	Pag.
Allenjoye (Cte d'). Monseigneur Puginier. (P. PISANI.)	116	537
Amelineau (E.). Notice des manuscrits coptes de la Bibliothèque nationale. (PHILIPPE VIREY)	60	308
Angot. Mémoires épistolaires sur la Révolution à Laval. (A. ROUSSEL)	120	554
Avenel (Vicomte G. d'). Histoire économique de la propriété, des salaires, des denrées et de tous les prix en général, depuis l'an 1200 jusqu'en l'an 1800 (PAUL BUREAU)	25	110

B

	Art.	Pag.
Babelon (E.). Carthage (A. DE BARTHÉLEMY)	110	522
Barthélemy (A. de). Note sur l'origine de la monnaie tournois (M. PROU)	97	461
Beaugrand. Une profession de foi rationnelle. (EUGÈNE BEURLIER)	146	682
Bellet (Ch. Félix). Les origines de l'Eglise de France et les Fastes épiscopaux. (L. DUCHESNE)	28	112
Berger (Elie). Histoire de Blanche de Castille. (LÉON MORIT)	40	204
Berger (Samuel). Un ancien texte latin des Actes des Apôtres. (E. B.)	136	623
Bhavnagar Archæological Department. A collection of prakrit and sanscrit inscriptions. (A. ROUSSEL)	52	272
Birkbeck (W. J.). Russia and the English Church. (A. BOUDINHON)	118	544
Bodson (L'abbé J. M. J.). Œuvres posthumes. (L. LESCŒUR)	96	453
Boislile (A. de). Mémoires de Saint-Simon, Tome XII. (A. INGOLD)	113	532
Bonet-Maury. Le Congrès des religions à Chicago en 1893. (ALFRED BAUDRILLART)	4	10
Borrelli de Serres. Notices relatives au XIIe siècle. (R. DELACHENAL)	56	290
Bourel de la Roncière. Les Registres d'Alexandre IV. Fasc. I et II. (J. GUIRAUD)	77	387
Brenous (J.). Etude sur les hellénismes dans la Syntaxe latine. (E. DEBRIE)	66	331
Brentano (Franz FUNK). Annales Gandenses. (H. G.)	37	187
Breuils (L'abbé). Saint-Austinde, archevêque d'Auch. (LOUIS GUÉRARD)	69	345
Broglie (L'abbé de). La réaction contre le positivisme. (EUGÈNE BEURLIER)	147	686
Burkitt. The old latin and the Itala. (S. BERGER)	98	481

C

	Art.	Pag.
Carette (E.). Les assemblées provinciales de la Gaule Romaine. (EMILE BEURLIER)	144	663
Castellane (Journal du maréchal). Tome II. (F. ROUSSEAU)	23	96

	Art.	Pag.
Castellane (Journal du maréchal.). Tomes III et IV. (F. ROUSSEAU)............	107	514
Catat (Docteur Louis). Voyage à Madagascar. (J. M. B.).....................	26	115
Chabot (L'abbé). Chronique syriaque de Denys de Tell-Mahré. (F. NAU)..	64	321
Chevalier (l'abbé Ulysse). Bibliothèque liturgique du moyen-âge, tomes I etc. (PAUL FOURNIER).....	789	29
Chossat (R. P. Marcel). Les jésuites et leurs œuvres à Avignon. (T. DE L.).........................	119	547
Chuquet (Arthur). Paris en 1790. Voyage de Halem. — Les guerres de la Révolution. (TAMIZEY DE LARROQUE)...............	59	302
Clément-Simon (Gustave). Le Protestantisme et l'érudition dans le pays Basque au commencement du XVIIᵉ siècle. (T. DE L.)	223	568
Cons (Henri). Précis d'histoire du commerce. (L. LEJEAL).:................	83	407
Courteault (Henri). Bibliothèque méridionale. (TAMIZEY DE LARROQUE).....	46	249
Crétineau-Joly. Histoire de la Vendée militaire. (A. ROUSSEL).................	139	628
Caro (Georges). Genua und die Mæchte am Mittelmeer. (E. JORDAN)........	149	691

D

	Art.	Pag.
Daniel (Rév. P. Ch.). Questions actuelles. Religion, Philosophie, Histoire, art, Littérature. (A. LARGENT).	33	154
Delaborde (H. François). Jean de Joinville. (LÉON MIROT)....	18	36
Delfour (L. C. C.). La religion des contemporains. (L. LESCŒUR)............	44	241
Delisle (Léopold). Notice sur un livre annoté par Pétrarque. (PAUL LEJAY).	151	705
Dick May L'enseignement social à Paris. (L. DE LACGER).........	150	704
Didiot (Le chanoine). Pensées de Blaise Pascal. (A. INGOLD...............	104	508
Doumic (René). Les jeunes. (A. DAVID SAUVAGEOT)....	53	272
Driver (S. R.). A critical and exegetical commentary on Deuteronomy. (A. LOISY)...........	54	281

E

	Art.	Pag.
Ebner (Adalbert). Quellen und Forschungen zur Geschichte und Kunstgeschichte des Missale Romanum in Mittelalter. (L. DUCHESNE).....	125	581

F

	Art.	Pag.
Faugère (P.). Les grands écrivains de la France. Blaise Pascal. (GABRIEL AUDIAT).................	55	285
Fonsegrive (G.). Essai sur le libre arbitre. (L. LABERTHONNIÈRE).............	42	226
France chrétienne dans l'histoire (La). (HENRY THÉDENAT)...............	132	601

G

	Art.	Pag.
Garofalo (F.). Gli Allobroges (E. BEAUDOIN)........	50	264
Giles (P.). A short Manual of comparative philology for classical students. (PAUL LEJAY.)...........	43	231
Gorce (Pierre de la). Histoire du second empire. Tomes I, II (F. ROUSSEAU)...................	16	52
Gorce (Pierre de la). Histoire du second empire. (Tome III) (F. ROUSSEAU).	129	588
Gould (E. P.). A critical and exegetical commentary on the Gospel according to Saint-Mark. (A. LOISY).................	58	301
Guibert. Les origines. Questions d'apologétique. (D. H.)....................	74	381
Guillaume (E.). Essai sur la théorie du dessin et de quelques parties des arts. (ANDRÉ BAUDRILLART)....	67	336
Guthlin (L'abbé A.). Les pensées de Pascal. (A. INGOLD).................	105	508

H

	Art.	Pag.
Halévy (Hélie). La théorie platonicienne des sciences. (C. HUIT)............	68	341
Hatzfeld, Darmesteter, Thomas. Dictionnaire géné-		

	Art.	Pag.
ral. Quelques remarques suivies d'un Lexique sommaire du *Mercure galant*. (A. TOUGARD)............	38	189
Hauvette (Amédée). Hérodote, historien des guerres médiques. (EMILE BEURLIER)..............	36	281
Havet (Julien). Œuvres. (L. DUCHESNE)..............	41	224
Hervieux (Léopold). Les fabulistes latins. (SALOMON REINACH)............	91	441
Hoonacker (Van A.). Nouvelles études sur la restauration juive après l'exil de Babylone. (A. F.).	135	622
Hugonin (Mgr). Études philosophiques. (EUGÈNE BEURLIER)..............	34	161

J

	Art.	Pag.
Janssen. L'Allemagne et la réforme, tome IV. Traduction de E. Paris. (ALFRED BAUDRILLART)......	35	171
Jeannez (Ed.). Pierre l'Ermite (ANT. HÉRON DE VILLEFOSSE)............	39	203
Jhering (R. Von). Les Indo-Européens avant l'histoire. Traduction de M. O. de Meulenaere. (J. VAN DEN GHEYN, S. J.).......	10	41

K

Kerallain (R. de). Les Français au Canada. La jeunesse de Bougainville et la guerre de Sept ans. (P. PISANI)................	48	256
Kirsch (Mgr). Die päpstlichen kollektorien in Deutschland während des XIV Jahrhunderts. (E. JORDAN)...........	102	502
Knopfler (Aloïs). Johann Adam Möhler. (H. HEMMER)................	106	512

L

Lafenestre (Georges). La Fontaine. (LOUIS ARNOULD)................	20	81
Laire (de). Mémoires du duc de Persigny. (F. ROUSSEAU)...............	61	309
Lammens (H.). Le chantre des Omiades. (B. DE VAUX).	51	268
Lang (A.). Mythes, Cultes et Religions. (A. ROUSSEL).	71	361
Langlois (Ch. V.). Manuel de bibliographie historique. (A. CLERVAL)........	131	595
Lanzac de Laborie (de). Mémorial de Norvins. T. I. (F. ROUSSEAU).........	90	432
Laurain (E.) Essai sur les Présidiaux. (R. DELACHENAL)................	103	506
Laveille (Auguste). Histoire de la Congrégation de Savigny. (A. ROUSSEL)....	112	529
Lavisse et Rambaud. Histoire générale du IVe siècle à nos jours. (H. D.)...	93	447
Le Blant. Sur deux déclamations attribuées à Quintilien. (LEJAY)......	76	385
Le Breton (André). Rivarol. (L. DE LANZAC DE LABORIE)................	138	625
Lecanuet (R. P.). Montalembert. Sa jeunesse. (A. CHAUVIN)............	45	244
Leitner (Franz). Die prophetische Inspiration (A. F.).................	134	621
Le Moyne de la Borderie (Arthur). Histoire de Bretagne. (T. DE L.)........	141	644
Lenotre. Un conspirateur royaliste pendant la Terreur. — Le baron de Batz. (F. ROUSSEAU)..........	145	665
Lesêtre (L'abbé Henri). La sainte Église au siècle des apôtres. (EMILE BEURLIER)................	109	521
Letourneau (C.). Histoire du Séminaire d'Angers. (A. LARGENT)............	89	430

M

Martha (Constant). Mélanges de littérature ancienne. (ANDRÉ BAUDRILLART).	117	541
Martinon (Ph.). Les Élégies de Tibulle, Lygdamus et Sulpicia. (J. J. P.).......	92	446
Maxe-Werly. Histoire numismatique du Barrois. (A. DE BARTHÉLEMY).....	57	294
Mazel. La synergie sociale. (H. BEAUNE).........	99	485
Michel (André). Notes sur l'art moderne. (Peinture). (L. P. R.).............	108	516
Michel (Henry). De Stuarti Millii Individualismo. (A. P.)..................	62	312
Moeller (Ch.). Éléonore d'Autriche et de Bourgogne, reine de France. (H. GAILLARD)............	70	350

	Art.	Pag.
Moore (R. G. F.). A critical and exegetical commentary on Judges. (A. LOISY)............	11	43
Morlais (L'abbé). Études philosophiques et religieuses sur les écrivains latins. (A. ROUSSEL)......	63	313
Mourlot (Félix). Essai sur l'histoire de l'Augustalité de l'empire romain. (EMILE BEURLIER)............	143	661

N

	Art.	Pag.
Navarre (Octave). Dionysos. (EMILE BEURLIER)........	75	383
Neuilly (E. S. de). Les Psaumes. Traduction de l'hébreu. Livre I. (A. LOISY).	27	121

O

	Art.	Pag.
Ollé-Laprune (Léon). Le prix de la vie. (E. BEURLIER)..................	5	21

P

	Art.	Pag.
Payart d'Hermansart. Les Procureurs de ville à Saint-Omer. (P. FOURNIER)..............	3	10
Paguelle de Follenay (Le Chanoine J.). Vie du cardinal Guibert (P. PISANI).	130	591
Paris (P.). Les artistes célèbres. Polyclète. (ANDRÉ BAUDRILLART)......	6	26
Perraud (S. E. le Cardinal). Discours militaires. (A. BOUÉ)..............	95	451
Perret (P. M.). Histoire des relations de la France avec Venise du XIIIe siècle à l'avènement de Charles VIII (T. DE L.).	101	490
Piat (L'abbé). L'Idée. (F. MOMAS)..........	24	101
Pierre (Victor). La déportation ecclésiastique sous le Directoire. (A. ROUSSEL)	84	412
Plessis et Poirot. C. Licini Calvi reliquiæ (E. JOLY).	111	523
Pratapa Chandra Roy. The Mahâbhârata of Diva-Krishna-Dwaipâyana Vyâsa. (A. ROUSSEL)...	121	561
Pressensé (Francis de). Le Cardinal Manning. (ALFRED BAUDRILLART)...	124	573
Prou (Maurice). Catalogue des monnaies françaises de la Bibliothèque nationale. (A. DE BARTHÉLEMY).	87	426

R

	Art.	Pag.
Rance-Bourrey (A.). Mémoires du Cardinal Consalvi. (A. ROUSSEL)...	94	446
Ravaisson (F.). Monuments grecs relatifs à Achille. (B.)................	148	690
Réaux (Marquise des) Le roi Stanislas et Marie Leczinska (A. B.)......	114	533
Rébelliau (Alfred). Oraisons funèbres de Bossuet. (A. CHAUVIN).......	152	707
Reinach (S.). Antiquités nationales. Bronzes figurés de la Gaule Romaine. (EMILE BEURLIER)...	79	401
Reinach (S.). Bibliothèque des monuments figurés grecs et romains. (EMILE BEURLIER)........	80	401
Ridder (A. de). Catalogue des bronzes de la Société archéologique d'Athènes. (EMILE BEURLIER)...	81	401
Ridder (A. de). Catalogue de bronzes trouvés sur l'acropole d'Athènes. (EMILE BEURLIER)....	82	401
Rive (Théodore de la). De Genève à Rome. (PAUL FESTUGIÈRE)........	19	66
Roberty (de). La philosophie du siècle. (EUG. BEURLIER)............	85	421
Roberty (de). Agnosticisme. (EUGÈNE BEURLIER)......	86	421
Robinson (J. A.). The fourth book of Ezra, by the late Professor Bensly and. M. R. James. (S. BERGER)............	30	141
Robinson (J. A.). Euthaliana. (S. BERGER).......	31	143
Rolland (Romain). Les origines du théâtre lyrique moderne. Histoire de l'Opéra en Europe avant Lully et Scarlatti. (CAMILLE BELLAIGUE)......	29	131
Rousse (Joseph). La poésie bretonne au XIXe siècle. (ALFRED ROUSSEL)...	15	50
Rule (Martin). The Missal of S. Augustin's abbey Canterbury. (L. DUCHESNE)................	127	582

S

	Art.	Pag.
Saint-Chamans (Général comte de). Mémoires. (F. ROUSSEAU)............	73	373

	Art.	Pag.
Sanday (R. W.). **et Headlam** (R. A. C.). Commentary on the Epistle to the Romans. (A. LOISY)	38	202
Schanz (P.). Das Alter des Menschengeschlechts. (ALFRED LOISY)	49	261
Schrader (F.). Atlas de géographie historique. (P. PISANI)	47	252
Sorel (Albert). Bonaparte et Hoche (L. DE LANZAC DE LABORIE)	78	389
Spiegelberg. Correspondance du temps des rois prêtres. (PHILIPPE VIREY)	60	307
Spuller (E.). Royer-Collard. (A. CHAUVIN)	115	533
Stephens. The life and letters of E. A. Freeman. (L. GUÉRIN)	22	90
Stern (Alfred). Vie de Mirabeau (L. DE LANZAC DE LABORIE)	137	624
Stuart Jones. Select passages from ancient writers illustrative of the History of Greek sculpture. (EMILE BEURLIER)	1	1
Susemihl (Franz). The Politic of Aristotle. (E. BEURLIER)	12	47
Syveton. Une cour et un aventurier au XVIIIᵉ siècle, le baron de Ripperda. (ALFRED BAUDRILLART)	128	583

T

	Art.	Pag.
Tancrède Rothe. Traité de droit naturel théorique et appliqué. (HENRI BEAUNE)	13	48
Tanon. Histoire des tribunaux de l'Inquisition en France. (E. CHÉNON)	65	327
Teil (Joseph du). Le livre de raison de noble Honoré du Teil. (M. C.)	14	50
Thureau-Dangin. Saint-Bernardin de Sienne (ALFRED BAUDRILLART)	88	429
Torreilles (Ph.). et **Desplanques** (E.). L'Enseignement élémentaire en Roussillon depuis ses origines jusqu'au commencement du XIXᵉ siècle. (T. DE L.)	21	87
Toutain (J.). Les cités romaines de la Tunisie. (JULES MAURICE)	72	365

V

	Art.	Pag.
Valois (Noël). La France et le grand schisme d'Occident. (ALFRED BAUDRILLART)	32	146
Vanel (L'abbé). Les Bénédictins de Saint-Maur à Saint-Germain-des-Prés. (A. INGOLD)	133	612
Vianey (Joseph). Mathurin Régnier (P. LAUMONIER)	122	565
Vie du B. Innocent V (P. Pisani)	100	488

W

	Art.	Pag.
Waltzing (J. P.). Etude historique sur les corporations professionnelles chez les Romains (E. BEURLIER)	140	641
Wilson (H. A.). The Missal of Robert of Jumièges. (L. DUCHESNE)	126	582

Z

	Art.	Pag.
Zahm. Bible, Science et Foi, traduction de l'abbé Flageolet (D. LE HIR)	17	61
Zévort (E.). Histoire de la troisième République. (L. DE LANZAC DE LABORIE)	142	654

TABLE MÉTHODIQUE

EXÉGÈSE.

	Art.	Pag.
Berger (Samuel). Un ancien texte latin des Actes des Apôtres. (E. B.)........	136	623
Burkitt. The old latin and the Itala. (S. BERGER)....	98	481
Driver (S. R.). A critical and exegetical commentary on Deuteronomy. (A. LOISY).	54	281
Gould (E. P.). A critical and exegetical Commentary on the Gospel according to St Mark. (A. LOISY)...	58	301
Hoonacker (VAN A.). Nouvelles études sur la restauration juive après l'exil de Babylone. (A. F.).	135	622
Leitner (FRANZ). Die prophetische Inspiration. (A. F.)..................	134	621
Moore (R. G. F.). A critical and exegetical Commentary on Judges. (A. LOISY).	11	43
Neuilly (E. S. de). Les Psaumes. Traduction de l'hébreu, livre I. (A. LOISY)..................	27	121
Robinson (G. A.). The fourth book of Ezra, by the late prof. Bensly and M. B. James. (S. BERGER).....	30	141
Robinson (J. A.). Euthaliana (S. BERGER).............	31	141
Sanday (R. W.). et **Headlam** (R. A. C.). Commentary on the Epistle to the Romans (A. LOISY).........	38	201
Schanz (P.). Das Alter des Menschengeschlechts. (ALFRED LOISY).	49	261
Zahm. Bible, science et Foi, traduction de l'abbé Flageolet. (D. LE HIR)........	17	61

HISTOIRE DU DOGME. THEOLOGIE. APOLOGETIQUE.

	Art.	Pag.
Bodson (L'abbé J. M. J.). Œuvres posthumes. (L. LESCŒUR)................	96	453
Daniel (R. P. Ch.). Questions actuelles, Religion, Philosophie, Histoire, Art, Littérature. (A. LARGENT.)	33	154
Delfour (L. C. C.). La religion des contemporains. (L. LESCŒUR)..........	44	241
Guibert. Les Origines. Questions d'apologétique. (D. H.)..............	74	381
Rive (Théodore de la), De Genève à Rome. (PAUL FESTUGIÈRE)............	19	66

HISTOIRE DES RELIGIONS.

	Art.	Pag.
Bonet-Maury. Le Congrès des religions à Chicago en 1893. (ALFRED BAUDRILLART).............	4	10
Lang (A.). Mythes, Cultes et Religions. (A. ROUSSEL)..	71	361
Mourlot (Félix). Essai sur l'histoire de l'Augustalité de l'Empire romain (EMILE BEURLIER).........	143	661
Navarre (Octave). Dionysos. (EMILE BEURLIER)........	75	383
Pratapa Chandra Roy. The Mahâbhârata of Krishna-Dwaipâyana-Vyâsa. (A. ROUSSEL).....	121	561

HISTOIRE DE L'EGLISE.

	Art.	Pag.
Bellet (Ch. Félix). Les origines de l'Eglise de France et les Fastes épiscopaux. (L. DUCHESNE)..........	28	122

	Art.	Pag.
Birkbeck (W. J.). Russia and the English Church, (A. BOUDINHON)	118	544
Bourel de la Roncière. Les Registres d'Alexandre IV, Fasc. I et II (J. GUIRAUD)	77	387
Chossat (R. P. Marcel). Les Jésuites et leurs œuvres à Avignon. (T. DE L.)	119	547
Clément-Simon (Gustave). Le Protestantisme et l'érudition dans le pays basque au commencement du XVIIe siècle. (T. DE L)	223	568
Ebner (Adalbert). Quellen und Forschungen zur Geschichte und Kunstgeschichte des Missale Romanum in Mittelalter. (L. DUCHESNE)	125	581
La France chrétienne dans l'Histoire. (HENRY THÉDENAT)	132	601
Janssen. L'Allemagne et la Réforme, tome IV, traduction de E. Paris. (ALFRED BAUDRILLART)	35	171
Kirsch (Mgr). Die päpstlichen kollektorien in Deutschland wahrend des XIV Jahrhunderts. (E. JORDAN)	102	502
Laveille (Auguste). Histoire de la Congrégation de Savigny. (A ROUSSEL)	112	529
Lesêtre (l'abbé Henri). La sainte Eglise au siècle des Apôtres. (EMILE BEURLIER)	109	521
Letourneau (C.). Histoire du séminaire d'Angers. (A. LARGENT)	89	430
Rule (Martin). The Missal of S. Augustin's Abbey Canterbury. (L. DUCHESNE)	127	582
Valois (Noël). La France et le grand schisme d'Occident. (ALFRED BAUDRILLART)	32	146
Vanel (L'abbé). Les Bénédictins de Saint-Maur à Saint-Germain-des-Prés. (A. INGOLD)	133	612
Wilson (H. A.). The Missal of Robert of Jumièges. (L. DUCHESNE)	126	582

HISTOIRE ANCIENNE.

	Art.	Pag.
Babelon (E.). Carthage. (A. DE BARTHÉLEMY)	110	252
Carette (E.). Les assemblées provinciales de la Gaule Romaine. (EMILE BEURLIER)	144	663
Garofalo (F.). Gli Allobroges. (E. BEAUDOIN)	50	264
Hauvette (Amédée). Hérodote historien des guerres médiques. (EMILE BEURLIER)	36	281
Jhering (R. Von). Les Indo-Européens avant l'histoire, traduction de M O. de Meulenaere. (J VAN DEN GHEYN, S. J.)	10	41
Spiegelberg. Correspondance du temps des rois prêtres. (PHILIPPE VIREY)	60	307
Toutain (J.). Les cités romaines de la Tunisie. (JULES MAURICE)	72	365

HISTOIRE DU MOYEN-AGE.

	Art.	Pag.
Berger (Elie). Histoire de Blanche de Castille. (LÉON MIROT)	40	204
Borrelli de Serres. Notices relatives au XIIIe siècle. (R. DELACHENAL)	56	290
Brentano (Frantz FUNCK). Annales Gandenses. (H. G.)	37	187
Caro (Georges). Genua und die Mœchte am Mittelmeer. (E. JORDAN)	149	691
Delaborde (H. François). Jean de Joinville et les seigneurs de Joinville. (LÉON MIROT)	18	63
Havet (Julien). Œuvres. (L. DUCHESNE)	41	221
Jeannez (Ed.). Pierre l'Ermite. (ANT. HÉRON DE VILLEFOSSE)	39	203
Lammens (H). Le chantre des Omiades. (B. DE VAUX)	51	268
Lavisse et Rambaud. Histoire générale du IVe siècle à nos jours. (H. D.)	93	474
Perret (P. M.). Histoire des relations de la France avec Venise du VIIIe siècle à l'avénement de Charles VII. (T. DE L.)	101	490

HISTOIRE MODERNE.

	Art.	Pag.
Angot. Mémoires épistolaires sur la Révolution à Laval. (A. ROUSSEL)	120	554
Boislisle (A. de). Mémoires de Saint-Simon. Tome XII. (A. INGOLD)	113	532
Castellane (Journal du ma-		

	Art.	Pag.
réchal). Tome II. (F. ROUSSEAU)	23	96
Castellane (Journal du maréchal). Tome III et IV. (F. ROUSSEAU)	107	514
Chuquet (Arthur). Paris en 1790. Voyage de Halem. — Les guerres de la Révolution. (TAMIZEY DE LARROQUE).	59	302
Crétineau-Joly. Histoire de la Vendée militaire. (A. ROUSSEL)	139	628
Gorce (Pierre de la). Histoire du second empire. T. I et II. (F. ROUSSEAU)	16	52
Gorce (Pierre de la). Histoire du second empire. T. III. (F. ROUSSEAU)	129	588
Kerallain (R. de). Les Français au Canada. La jeunesse de Bougainville et la guerre de Sept ans. (P. PISANI)	48	256
Laire (de). Mémoires du duc de Persigny. (F. ROUSSEAU)	61	309
Lanzac de Laborie (de). Mémorial de Norvins. T. I. (F. ROUSSEAU)	90	432
Laurain (E.). Essai sur les Présidiaux. (R. DELACHENAL)	103	506
Le Moyne de la Borderie (Arthur). Histoire de Bretagne. (T. DE L.)	141	644
Lenotre. Un conspirateur royaliste pendant la terreur. Le baron de Batz. (F. ROUSSEAU)	145	665
Mœller (Ch.). Eléonore d'Autriche et de Bourgogne reine de France. (H. GAILLARD)	70	350
Perraud (S. E. le cardinal). Discours militaires. (A. BOUÉ)	95	454
Pierre (Victor). La déportation ecclésiastique sous le Directoire. (A. ROUSSEL)	84	412
Réaux (Marquise des). Le roi Stanislas et Marie Leczinska. (A. B.)	144	533
Saint-Chamans (Général comte de). Mémoires. (F. ROUSSEAU)	73	373
Sorel (Albert). Bonaparte et Hoche. (L. DE LANZAC DE LABORIE)	78	389
Syveton. Une cour et un aventurier au XVIIIe siècle, le baron de Ripperda. (ALFRED BAUDRILLART)	128	583
Zévort (E.). Histoire de la troisième république. (L. DE LANZAC DE LABORIE)	142	654

HAGIOGRAPHIE.

	Art.	Pag.
Breuils (L'abbé). Saint Austinde, archevêque d'Auch. (LOUIS GUÉRARD)	69	345
Thureau-Dangin. Saint Bernardin de Sienne. (ALFRED BAUDRILLART)	88	429
Vie du B. Innocent V. (P. Pisani)	100	488

BIOGRAPHIES-MÉMOIRES MONOGRAPHIES.

Allenjoye (C. d'). Monseigneur Puginier. (P. PISANI)	116	537
Knopfler (Aloïs). Johann Adam Möhler. (H. HEMMER)	106	512
Lecanuet (R. P.). Montalembert, sa jeunesse. (A. CHAUVIN)	45	244
Paguelle de Follenay (Le chanoine J.). Vie du cardinal Guibert (P. PISANI)	130	591
Pressensé (Francis de). Le cardinal Manning. (ALFRED BAUDRILLART)	124	573
Rance-Bourrey (A.). Mémoires du cardinal Consalvi. (A. ROUSSEL)	94	449
Spuller (E.). Royer-Collard. (A. CHAUVIN)	115	533
Stephens. The life and letters of E. A. Freeman. (L. GUÉRIN)	22	90
Stern (Alfred). Vie de Mirabeau. (L. DE LANZAC DE LABORIE)	137	624

PHILOSOPHIE.

Beaugrand. Une profession de foi rationnelle. (EUGÈNE BEURLIER)	146	682
Broglie (L'abbé de). La réaction contre le positivisme. (EUGÈNE BEURLIER)	147	686
Didiot (Le chanoine). Pensées de Blaise Pascal. (A. INGOLD)	104	508
Fonsegrive (G.). Essai sur le libre arbitre. (L. LABERTHONNIÈRE)	42	226
Guthlin (L'abbé A.). Les Pensées de Pascal. (A. INGOLD)	105	508
Halévy (Elie). La théorie		

	Art.	Pag.
platonicienne des sciences. (C. HUIT)	68	341
Hugonin (Mgr). Etudes philosophiques. (EUGÈNE BEURLIER)	34	161
Mazel. La synergie sociale. (H. BEAUNE)	99	485
Michel (Henry). De Stuarti Millii Individualismo. (A. P.)	62	312
Ollé-Laprune (Léon). Le prix de la vie. (E. BEURLIER)	5	21
Piat (L'abbé). L'Idée. (F. MOMAS)	24	101
Roberty (de). La philosophie du siècle. (EUGÈNE BEURLIER)	85	421
Roberty (de). Agnosticisme. (EUGÈNE BEURLIER)	86	421

DROIT. INSTITUTIONS.

	Art.	Pag.
Pagart d'Hermansart. Les Procureurs de ville à Saint-Omer. (P. FOURNIER)	3	10
Tancrède Rothe. Traité de droit naturel théorique et appliqué. (HENRI BEAUNE)	13	48
Tanon. Histoire des tribunaux de l'Inquisition en France. (E. CHÉNON)	65	327

ECONOMIE POLITIQUE.

	Art.	Pag.
Avenel (Vicomte G. d'). Histoire économique de la propriété, des salaires, des denrées et de tous les prix en général, depuis l'an 1200 jusqu'en l'an 1800. (PAUL BUREAU)	25	110
Cons (Henri). Précis d'histoire du commerce. (L. LEJEAL)	83	407
Teil (Joseph du). Le livre de raison de noble Honoré du Teil. (M. C.)	14	50
Waltzing (J. P.). Etude historique sur les corporations professionnelles chez les Romains. (E. BEURLIER)	140	641

LITTÉRATURE ET PHILOLOGIE ANCIENNES.

	Art.	Pag.
Brenous (J.). Etude sur les hellénismes dans la syntaxe latine. (E. DEBRIE)	66	334
Chabot (L'abbé). Chronique syriaque de Denys de Tell-Mahré. (F. NAU)	64	331
Giles (P.). A short manual of comparative philology for classical students. (PAUL LEJAY.)	43	231
Hervieux (Léopold). Les fabulistes latins. (SALOMON REINACH)	91	441
Le Blant. Sur deux déclamations attribuées à Quintilien. (LEJAY.)	76	385
Martha (Constant). Mélanges de littérature ancienne. (ANDRÉ BAUDRILLART).	117	541
Martinon (Ph.). Les Elégies de Tibulle, Lygdamus et Sulpicia. (J.-J. P.)	92	446
Morlais (L'abbé). Etudes philosophiques et religieuses sur les écrivains latins. (A. ROUSSEL)	63	313
Plessis et Poirot. C. Licini Calvi reliquiæ. (E. JOLY).	112	523
Susemihl (Franz). The Politic of Aristotle. (E. BEURLIER)	12	47

LITTERATURE ET PHILOLOGIE MODERNES.

	Art.	Pag.
Courteault (Henri). Bibliothèque méridionale (TAMIZEY DE LARROQUE)	46	249
Doumic (René). Les Jeunes. (A. DAVID SAUVAGEOT)	53	272
Faugère (P.). Les grands écrivains de la France. Blaise Pascal. (GABRIEL AUDIAT)	55	285
Hatzfeld, Darmesteter, Thomas. Dictionnaire général. Quelques remarques suivies d'un Lexique sommaire du *Mercure galant*. (A. TOUGARD)	38	189
Lafenestre (Georges). La Fontaine. (LOUIS ARNAULD)	20	81
Le Breton (André). Rivarol. (L. DE LANZAC DE LABORIE)	138	625
Rebelliau (A.). Oraisons funèbres de Bossuet (A. C.)	152	707
Rousse (Joseph). La poésie bretonne au XIXe siècle. (A. R.)	15	50
Vianey (Joseph). Mathurin Régnier. (P. LAUMONIER)	121	565

ARCHÉOLOGIE. BEAUX-ARTS. HISTOIRE DE L'ART.

Guillaume (E.). Essai sur la théorie du dessin et de quelques parties des arts.

	Art.	Pag.
(ANDRÉ BAUDRILLART)	67	336
Michel (André). Notes sur l'art moderne. (Peinture). (L. P. R.)	108	516
Paris (P.). Les artistes célèbres. Polyclète. (ANDRÉ BAUDRILLART)	6	26
Ravaisson (F.). Monuments grecs relatifs à Achille. (B.)	128	698
Reinach (S.). Antiquités nationales. Bronzes figurés de la Gaule romaine. (EMILE BEURLIER)	79	401
Reinach (S.). Bibliothèque des monuments figurés grecs et romains. (EMILE BEURLIER)	80	401
Ridder (A. de). Catalogues des bronzes de la Société archéologique d'Athènes. (EMILE BEURLIER)	81	401
Ridder (A. de). Catalogue des bronzes trouvés sur l'acropole d'Athènes. (EMILE BEURLIER)	82	401
Rolland (Romain). Les origines du théâtre lyrique moderne. Histoire de l'Opéra en Europe avant Lully et Scarlatti. (CAMILLE BELLAIGUE)	29	131
Stuart Jones. Selects passages from ancient writers illustrative of the history of greek sculpture. (EMILE BEURLIER)	1	1

EPIGRAPHIE. PALEOGRAPHIE. BIBLIOGRAPHIE.

	Art.	Pag.
Amélineau (E.). Notice des manuscrits coptes de la Bibliothèque nationale. (PHILIPPE DE VIREY)	60	308
Bhavnagar Archœological Department. A collection of prakrit and sanscrit inscriptions. (A. ROUSSEL)	52	272
Chevalier (Ulysse). Bibliothèque liturgique du moyen-âge, tome I, etc. (PAUL FOURNIER)	789	29
Delisle (Léopold). Notice sur un livre annoté par Pétrarque. (PAUL LEJAY).	151	705
Langlois (Ch. V.). Manuel de bibliographie historique. (A. CLERVAL)	131	595

NUMISMATIQUE.

	Art.	Pag.
Barthélemy (A. de). Note sur l'origine de la monnaie tournois. (M. PROU).	97	461
Maxe-Werly. Histoire numismatique du Barrois. (A. DE BARTHÉLEMY)	57	294
Prou (Maurice). Catalogue des monnaies françaises de la Bibliothèque nationale. (A. DE BARTHÉLEMY)	87	426

PÉDAGOGIE. HISTOIRE DE L'ENSEIGNEMENT.

	Art.	Pag.
Torreilles (Ph.). et **Desplanque** (E.). L'enseignement élémentaire en Roussillon depuis ses origines jusqu'au commencement du XIXᵉ siècle. (T. DE L.)	21	87
Dick May. L'enseignement social à Paris. (L. DE LACGER)	150	701

GEOGRAPHIE.

	Art.	Pag.
Catat (Docteur Louis). Voyage à Madagascar. (J. M. B.)	26	115
Schrader (F.). Atlas de géographie historique. (P. PISANI)	47	252

VARIÉTÉS.

Quelques remarques sur le Dictionnaire général de Hatzfeld, Darmesteter et Thomas (A. TOUGARD), p. 189 ; — Les manuscrits de Denys le Chartreux (A. B.) p. 258 ; — A la recherche des manuscrits de Denys le Chartreux (INGOLD), p. 351 ; — Nouvelle étude sur la chronique attribuée à Denys de Tellmahré (F. NAU), p. 464 ; — Ch. DE HARLEZ. Recueil de travaux offert à M. de Harlez à l'occasion du 25ᵉ anniversaire de son professorat à l'Université de Louvain (J. G.) p. 575. — TEMPS PASSÉ *Journal sans date* par P. MAX SIMON. (H. B.) p. 576 ; — Les moulages de Delphes au Musée du Louvre, (ETIENNE MICHON), p. 632. Les émaux byzantins de la collection de M. de Zwénigorodskoï (ANDRÉ PÉRATÉ), p. 711.

CORRESPONDANCE.

Lettre du capitaine Espérandieu à Monsieur le secrétaire de la Rédaction du *Bulletin Critique*............................ 71
Notes de M. l'abbé Thédenat................... 72
Lettre de M. l'abbé Ulysse Chevalier à M. le secrétaire du *Bulletin Critique*................................. 173
Lettre de M. Paul Fournier à MM. les directeurs du *Bulletin Critique*. 209
Lettre de M. Chabot aux directeurs du *Bulletin Critique*........ 414

CHRONIQUE.

Pages : 16, 34, 56, 97, 117, 135, 155, 173, 197, 217, 235, 275, 296, 315, 337, 357, 394, 417, 434, 455, 479, 496, 538, 558, 577, 597, 614, 637, 655, 671, 697, 714.

CHRONIQUE D'ALLEMAGNE.

Pages : 136.

CHRONIQUE D'ANGLETERRE.

Pages : 16, 315, 337, 455.

CHRONIQUE D'ITALIE.

Pages : 198, 396, 671.

SOCIÉTÉ NATIONALE DES ANTIQUAIRES DE FRANCE.

Séances du 4 décembre, p. 19 ; — du 11 décembre, p. 37 ; — du 18 décembre, p. 59 ; — du 8 janvier, p. 98 ; — du 15 janvier, p. 99 ; — du 22 janvier, p. 140 ; — du 29 janvier, p. 179 ; — du 5 février, p. 217 ; — du 12 février, p. 218 ; — du 19 février, p. 236 ; du 26 février, p. 237 ; — du 4 mars, p. 238 ; — des 11 et 18 mars, p. 259 ; — du 25 mars, p. 277 ; — du 1er avril, p. 278 ; — du 8 avril, p. 297 ; — des 15 et 22 avril, p. 317 ; — du 29 avril, p. 318 ; du 6 mai, p. 319 ; — des 13 et 20 mai, p. 358 ; — du 27 mai, p. 459 ; — du 3 juin, p. 460 ; — des 10 et 17 juin, p. 497 ; — du 24 juin, p. 498 ; — des 1er et 8 juillet, p. 517 ; — des 15 et 22 juillet, p. 518 ; — du 29 juillet, p. 519 ; — du 9 septembre, p. 617 ; du 4 novembre, p. 659.

ACADÉMIE DES INSCRIPTIONS ET BELLES-LETTRES.

Séances du 22 novembre, p. 20 ; — du 29 novembre, p. 37 ; — des 6 et 13 décembre, p. 38 ; — du 20 décembre, p. 39 ; — du 27 décembre, p. 40 ; — du 3 janvier, p. 59 ; — des 10 et 17 janvier, p. 100 ; — des 24 et 31 janvier, p. 119 ; — du 7 février, p. 157 ; — du 14 février, p. 158 ; — du 21 février, p. 219 ; — du 28 février, p. 220 ; — du 6 mars, p. 239 ; — du 13 mars, p. 260 ; — des 20 et 27 mars, p. 279 ; — du 1er avril, p. 298 ; du 10 avril, p. 320 ; — des 17 et 24 avril, p. 339 ; — du 1er mai, p. 340 ; — du 8 mai, p. 359 ; — du 15 mai, p. 378 ;

— du 22 mai, p. 379 ; — du 29 mai, p. 398, — du 5 juin, p. 399 ; — du 12 juin, p. 419 ; — du 19 juin, p. 420 ; — du 26 juin, p. 437 ; — du 3 juillet, p. 439 ; — du 10 juillet, p. 499 ; — du 17 juillet, p. 519 ; — du 24 juillet, p. 539 ; du 31 juillet, p. 559 ; du 7 août, p. 579 ; — du 14 août, p. 608 ; — du 21 août, p. 618 ; — du 28 août, p. 619 ; — du 4 septembre, p. 639 ; — du 11 septembre, p. 659 ; — des 18 et 25 septembre, p. 660 ; — du 2 octobre, p. 677 ; — du 9 octobre, p. 678 ; — des 16 et 23 octobre, p. 679 ; — du 30 octobre, p. 680 ; — du 6 novembre, p. 699 ; — du 13 novembre, p. 715 ; — des 20 et 27 novembre 717 ; — du 4 décembre, p. 720.

Imprimerie Générale de Chatillon-sur-Seine — A. PICHAT.

Albert FONTEMOING, Editeur
Rue Le Goff, 4, à Paris

Vient de paraître

ELÉONORE D'AUTRICHE ET DE BOURGOGNE
REINE DE FRANCE
Un épisode de l'histoire des Cours au XVI siècle
Par Charles MOELLER
Professeur à l'Université de Louvain

1 beau volume grand in 8 — 10 »

HISTOIRE DE LA POESIE
MISE EN RAPPORT AVEC LA CIVILISATION ITALIENNE
DEPUIS LES ORIGINES JUSQU'À NOS JOURS
Par Ferdinand LOISE
Membre des Académies de Belgique et d'Espagne

1 fort volume in-8 — 5 »

UN
HYMNE A APOLLON
La musique du nouvel hymne de Delphes
Par MM. WEILL et Th. REINACH

1 brochure in-8 suivie de deux héliogravures une phototypie et 9 planches de musique. — Prix .... 2 fr. 50

LE JEU
DE
ROBIN & MARION
PAR
ADAM LE BOSSU
Trouvère artésien du XIII° siècle
PUBLIÉ PAR
Ernest LANGLOIS
Professeur à la Faculté des Lettres de Lille

1 volume in 12, imprimé en caractères elzéviriens sur papier de luxe avec 10 planches de musique. Tirage à 500 exemplaires numérotés. Prix 5 fr.

Adam de la Halle le Bossu d'Arras trouvère du XIII° siècle suivit à Naples Robert II comte d'Artois Il composa pour les divertissements de la Cour de Naples *le Jeu de Robin et Marion* comédie pastorale avec ariettes, qui eut un grand succès On le compte parmi les créateurs du Théâtre en France.
Bouillet D

Albert FONTEMOING, Éditeur
Rue Le Goff, 4, à Paris

VIENT DE PARAÎTRE
CONFÉRENCES
DE LA
SOCIÉTÉ D'ÉTUDES ITALIENNES
RÉUNIES PAR
Gustave GUÉNARD
MEMBRE DE LA SOCIÉTÉ D'ÉTUDES ITALIENNES

CONTENANT : De la tendresse dans le théâtre d'Alfieri, par Charles DEJOB, Maître de Conférences à la Faculté des Lettres de Paris — L'amour dans la Divine Comédie, par Max DURAND FARDEL, Membre de l'académie de Médecine. — Renée de France en Italie par ROVOGANACHI — Les origines de l'architecture gothique en Italie par C. ENLART, Archiviste paléographe, ancien membre de l'École française de Rome — Galilée destructeur de la scolastique et fondateur de la philosophie scientifique par M. PICAVET, Maître de Conférences à l'École des Hautes-Études.

Un vol in-8°

LE PANORAMA ILLUSTRÉ
DES
JEUX OLYMPIQUES
ÉTUDE HISTORIQUE
Accompagnée de plusieurs gravures et d'un plan d'Olympie avec le programme des jeux Olympiques de 1896
PAR
G. SPYRIDIS
AUTEUR DE LA *Méthode de la langue grecque actuelle*

Un volume in-8°.

VIENT DE PARAÎTRE
ÉTUDES SUR LE DROIT CELTIQUE
Par H. d'ARBOIS de JUBAINVILLE
Membre de l'Institut, professeur au Collège de France

Avec la collaboration de M. Paul COLLINET, Docteur en droit,
Avocat à la Cour d'Appel de Paris
— TOME DEUXIÈME —

Un volume in-8°.

Les *Études sur le Droit Celtique* formant deux volumes ; le tome II vient de paraître. Cet ouvrage constitue les tomes VII et VIII du *Cours de Littérature Celtique* de M. H. d'ARBOIS DE JUBAINVILLE.

LES CITÉS ROMAINES DE LA TUNISIE
ESSAI SUR L'HISTOIRE
DE LA
COLONISATION ROMAINE
DANS L'AFRIQUE DU NORD
Par J. TOUTAIN
Professeur à la Faculté des Lettres de Caen

Ouvrage accompagné de deux cartes en couleurs, 1 vol. grand in-8°.

Albert FONTEMOING, Éditeur
Rue Le Goff, 4, à Paris

VIENT DE PARAITRE

LE DROIT PUBLIC ROMAIN

Par Théodore MOMMSEN

TRADUIT DE L'ALLEMAND AVEC L'AUTORISATION DE L'AUTEUR

Par Paul-Frédéric GIRARD

Professeur agrégé à la Faculté de droit de Paris

TOME CINQUIÈME

Un beau volume in 8° raisin — 10 fr

Ce volume complete la traduction du *Manuel des Antiquités romaines*, qui forme ainsi 16 tomes en 17 volumes. Prix : 179 francs

---

EN PRÉPARATION

Tables générales du Droit public romain, par M. Paul Frédéric GIRARD. 1 fort volume in-8° raisin.

HISTOIRE DE LA LITTÉRATURE GRECQUE

PAR MM.

Alfred CROISET
Membre de l'Institut
Professeur à la Faculté des lettres de Paris

Maurice CROISET
Professeur de Littérature Grecque au Collège de France

TOME QUATRIÈME
PÉRIODE ATTIQUE
ÉLOQUENCE — HISTOIRE — PHILOSOPHIE

PAR
Alfred CROISET

1 fort volume in 8 raisin

N. B. — *Les volumes 1, 2 et 3 se vendent séparément au prix de 8 fr.*

LEXIQUE DES ANTIQUITÉS ROMAINES

RÉDIGÉ SOUS LA DIRECTION DE

R. CAGNAT, professeur au Collège de France, membre de l'Institut

PAR G. GOYAU, membre de l'École française de Rome

AVEC LA COLLABORATION DE

PLUSIEURS ÉLÈVES DE L'ÉCOLE NORMALE SUPÉRIEURE

Un volume in-8 raisin, sur deux colonnes, illustré de 365 dessins inédits dont 8 hors texte, d'un plan de Rome et d'une chromo-lithographie. — 7 fr.

Envoi franco du catalogue général sur demande affranchie.

17ᵉ Année   N° 36   25 Décembre 1896

BULLETIN CRITIQUE

Paraissant les 5, 15 et 25 de chaque mois

SOUS LA DIRECTION DE MM.

E. BEURLIER, L. DUCHESNE, membr. d. l. Institut, **L. LESCŒUR**
H. THÉDENAT

Secrétaires de la rédaction : MM. **A. BAUDRILLART**
et **A. ROUSSEL**

Deuxième série — Tome II

Les abonnements sont d'un an et partent du 1ᵉʳ janvier

FRANCE, ALGÉRIE & TUNISIE .... 10 fr | ÉTRANGER & COLONIES .... 12 fr

Un Numéro : Cinquante centimes

ADRESSER LES COMMUNICATIONS CONCERNANT LA RÉDACTION
aux secrétaires 2 quai des Célestins, Paris

SOMMAIRE

150 — DICK MAY. L'enseignement social à Paris. *L. de Lacger.* — 151. LÉOPOLD DELISLE. Notice sur un livre annoté par Pétrarque. *Paul Lejay.* — 152. ALFRED REBELLIAU. Bossuet. Oraisons funèbres. *A. Chauvin.* — VARIÉTÉS. Les émaux byzantins de la collection de M. de Zwénigorodskoï. *André Pératé.* — CHRONIQUE. ACADÉMIE DES INSCRIPTIONS ET BELLES-LETTRES.

PARIS
LIBRAIRIE THORIN & FILS
ALBERT FONTEMOING, Éditeur
LIBRAIRE DU COLLÈGE DE FRANCE, DE L'ÉCOLE NORMALE SUPÉRIEURE,
DES ÉCOLES FRANÇAISES D'ATHÈNES ET DE ROME
ET DE LA SOCIÉTÉ DES ÉTUDES HISTORIQUES

4 RUE LE GOFF 4

La maison A. Fontemoing se charge de fournir aux meilleures conditions tous les ouvrages français et étrangers que pourraient désirer les abonnés du Bulletin Critique.

Albert FONTEMOING, Éditeur
Rue Le Goff 4 à Paris

LA RESPONSABILITÉ MORALE
EXAMEN DES DOCTRINES NOUVELLES
Par Th DESDOUITS
Docteur ès lettres, lauréat de l'Institut
Ancien professeur de philosophie au lycée de Versailles
(*Ouvrage couronné par l'Académie des sciences morales et politiques*)

1 beau volume in 8 — **4**

LA PHILOSOPHIE DE KANT
D'APRÈS LES TROIS CRITIQUES
Par Th DESDOUITS
(*Ouvrage couronné par l'Institut de France*) 1 vol in 8 — **8**

LA RESPONSABILITÉ CIVILE
ART 1382-1386 DU CODE CIVIL
Par Jos WILLEMS, Docteur en droit
1 vol in 8 — **3 50**

LA PHILOSOPHIE DE LA FONTAINE
Par Louis DELAPORTE, Licencié ès lettres
1 beau vol in 18 — **2 »**

LES SÉLECTIONS SOCIALES
COURS LIBRE DE SCIENCE POLITIQUE
Professé à l'Université de Montpellier (1888-1889)
Par G de LAPOUGE
1 fort vol in 8 relié toile anglaise — **10**

LA PHILOSOPHIE DE DAVID HUME
Par Gab COMPAYRÉ
(*Ouvrage couronné par l'Académie française*) 1 vol in 8 — **7 50**

ESSAI SUR LA PHILOSOPHIE DE DUNS SCOT
Par E PLUZANSKI
1 vol in 8 — **5**

L'INSTINCT
Ses rapports avec la vie et avec l'intelligence
ESSAI DE PSYCHOLOGIE COMPARÉE
Par Henri JOLY, Doyen honoraire de la Faculté des lettres de Dijon
2 édition revue corrigée et augmentée, 1 beau vol in 8 — **7 50**
(*Ouvrage couronné par l'Académie française*)

TRAITÉ DE MORALE DE MALEBRANCHE
Réimprimé d'après l'édition de 1707 avec les variantes des éditions de 1684 et 1697
Avec une Introduction et des Notes
Par Henri JOLY
1 beau vol in 18 — **3 50**
(*Ouvrage prescrit pour le concours d'agrégation de philosophie*)

LES LOIS DE L'ORDRE SOCIAL
Par F SCHUTZENBERGER
2 forts vol in 8 — **10**

LA PHILOSOPHIE DES MÉDECINS GRECS
Par E CHAUVET, Professeur à la Faculté des lettres de Caen
1 vol in 8 — **8**

Albert FONTEMOING, Éditeur
Rue Le Goff, 4, à Paris

HISTOIRE DE LA LITTÉRATURE GRECQUE
PAR MM

ALFRED CROISET	MAURICE CROISET
Membre de l'Institut	Professeur
Professeur à la Faculté des lettres	au
de Paris	Collège de France

4 forts volumes in-8 raisin   32 fr.

Tome premier Homère La poésie cyclique, Hésiode. *Deuxième édition 1896.*
Tome second Lyrisme, Premiers prosateurs, Hérodote, par M. Alfred Croiset
Tome troisième Période attique Tragédie Comédie, Genres secondaires
Tome quatrième Période attique Éloquence Histoire, Philosophie par M. Alfred Croiset

Chaque volume se vend séparément   8 fr.

Le Tome 5 et dernier est sous presse

LEXIQUE DES ANTIQUITÉS ROMAINES
RÉDIGÉ SOUS LA DIRECTION DE
R CAGNAT, membre de l'Institut, professeur au Collège de France
Par G GOYAU, membre de l'École française de Rome
AVEC LA COLLABORATION DE PLUSIEURS ÉLÈVES
DE L'ÉCOLE NORMALE SUPÉRIEURE

DEUXIÈME TIRAGE 1896

1 volume in 8 raisin, sur deux colonnes, illustré de 363 dessins inédits, dont 8 hors texte d'un plan de Rome et d'une chromolithographie   7 fr

COURS D'ÉPIGRAPHIE LATINE
Deuxième édition entièrement refondue accompagnée de planches et de figures
Par RENÉ CAGNAT
Membre de l'Institut professeur d'épigraphie et antiquités romaines
au Collège de France

1 fort volume in-8 raisin   12 fr

MYTHOLOGIE GRECQUE & ROMAINE
INTRODUCTION FACILE & MÉTHODIQUE A LA LECTURE DES POÈTES
A L USAGE DE TOUS LES ÉTABLISSEMENTS D'INSTRUCTION
Par JEAN HUMBERT
Correspondant de l'Institut, membre des académies de Nancy,
Besançon, Marseille, etc.

Ouvrage autorisé par l'Université couronné par la Société pour l'instruction élémentaire, etc
TREIZIÈME ÉDITION REVUE ET CORRIGÉE AVEC SOIN

1 fort volume in-12, cartonné

VIENT DE PARAITRE
ARMANA PROUVENÇAU Per lou bel an de Dieu 1897 In 8   0 fr 75

Albert FONTEMOING, Éditeur
Rue Le Goff, 4, à Paris

AUTONOMIES ECCLESIASTIQUES

ÉGLISES SÉPARÉES

Par L'abbé L. DUCHESNE
MEMBRE DE L'INSTITUT DIRECTEUR DE L'ÉCOLE FRANÇAISE DE ROME

Un fort volume in 18   3 fr. 50

Vingt exemplaires ont été tirés sur papier Japon Prix   7 fr

Sous presse

MANUEL FORMULAIRE

DES

CONSEILS DE FABRIQUE

PAR
DUBIEF (Adrien)

1 vol in 18   3 fr 50

AVIS

Nous prions nos abonnés de vouloir bien renouveler leur abonnement au *BULLETIN CRITIQUE* pour 1897, avant le premier janvier, afin d'éviter tout retard dans la distribution du n° I de 1897

L'ÉDITEUR

IMPRIMERIE GÉNÉRALE DE CHATILLON SUR SEINE. — A. PICHAT

www.ingramcontent.com/pod-product-compliance
Lightning Source LLC
Chambersburg PA
CBHW081141230426
43664CB00018B/2766